五行大義

蔡振名——著

五行大義序（一）

五行內容淵微，源自古代先民對宇宙自然要素的樸素認識，被廣泛應用於哲學、中醫學和道學占卜等領域。唯五行大義是研究中國五行思想發展歷程必閱讀之書，然五行之文章醇古難懂。今蒙本書作者對五行大義進行了嚴謹有據而又通俗易懂的白話解讀，有助於現代人全面的認識和了解。

然五行大義之妙用無窮，希望能通過這本書讓更多人能因這本著作而得益，特別是對喜歡道學、哲學、文化研究者，更具有深層的知識與運用。

願本書對人類有所貢獻，願此序能帶給作者長盤重任，願五行大義道法萬代。

太玄道學院

太一傳人　王坤鈺　尊師歆序

庚子年四月初八日

五行大義序（二）

提起「五行」是一門探賾索隱之術，亦是古代文化最高深之學問，無論在哲學、醫藥學、命理學、天文學等，均有其獨到深奧之義。其中包含著無窮的玄妙。因此五千年來人們均依賴五行來表達其諸多涵義，其甚靈驗，實超乎任何科技學理之說，因此非精通研究五行者，實難窺出其究竟。雖介紹五行大義專書很多，但能由繁而簡，讓讀者融會五行教義為依歸，通過精深脫俗哲理之書少矣！

今日作者乃為誠入真道之士，以新的思路甚至是高質量的學術研究成果，完成五行大義一書，且即將付梓，這對廣大有志學習者來說，將會補給一點精神上的泉源，然作者撰寫該書全不為己，純屬弘揚道教文化絢麗多彩的道術，俾使寶貴的五行道法淵源流長。

末道才疏學淺，願向道者實之敬之，並為此寶典謹書術語寫序，以表達祝賀之忱。

中國嗣漢道教總會秘書長
中華道教會副理事長
陳文洲　謹識於南聖書院
庚子年孟夏

五行大義序（三）

振名兄，因緣結識於台灣省道教會。博覽古今中外之中華民族之五術各家精要，從古文原籍根源為來處，以現代的語法來作釋義，增進所有愛好五術玄學者對中華民族博大精深，亙古不變的五術玄學，為其基礎做最好釋義。

凡五術玄學之三要為氣侯、方位、時間，並寄於十天干，十二地支，五行，陰陽共廿九字當中，看似簡單廿九字，卻需要這本五行大義以七百頁以上的文字來做釋義，可見振名兄用了多少心血與心力，認真、務實、負責、承先啟後，為中華民族之學問傳承用心，凡五行，世人一般皆以金木水火土為之，但其所含納之意、義、境、形、華，均有所不同，感激振名兄重整這本著作，嘉應五術之愛好者，但請所有讀者，敬請詳閱總目，各卷書中均述其概要，共有廿四卷，從五行所衍伸之名、術、相生、相雜，其德、其合、其生扶或抑制、其相剋、其刑，其害、其衝破、其雜配，等等與其最後三十六禽與其演化。值得閱讀與傳承給自家的門生。振名兄編寫此書之辛苦非常人能體會，由衷欽佩，趁此拜讀之緣，謹附感謝之意。

臺灣省道教會第十一屆理事
臺灣省道教學院講座講師　許英徹

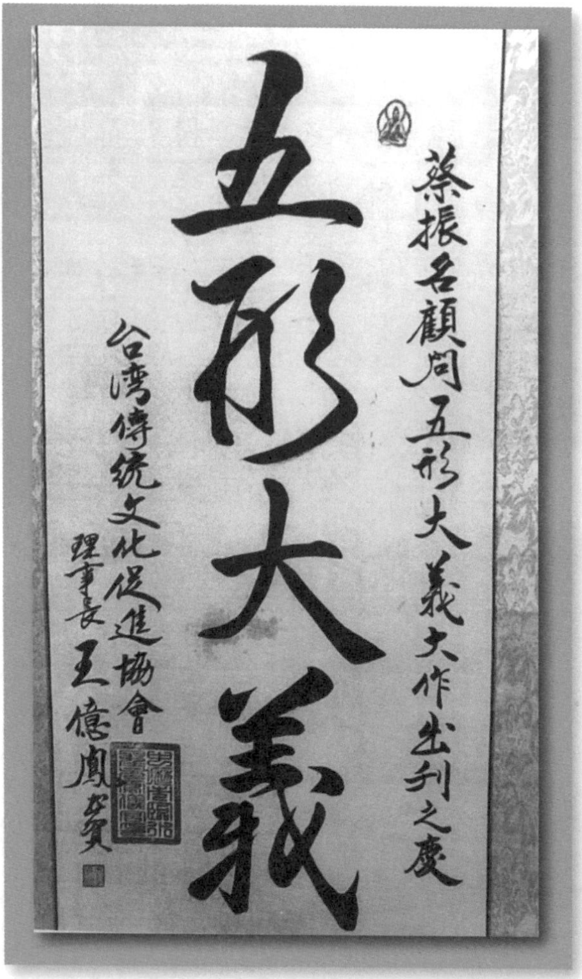
蔡振名顧問五形大義大作出刊之慶
五形大義
台灣傳統文化促進協會
理事長 王億鳳 敬賀

五行大義

總目

序

五行大義序

五行大義序

上儀同三司城陽郡公　蕭吉　撰

臺灣臺中寓鼇頭紹仁堂第錫代堂主蔡振名　編教

夫五行者。蓋造化之根源。人倫之資始。萬品稟其變易。百靈因其感通。本乎陰陽。散乎精像。周竟天地。布極幽明。子午卯酉為經緯。八風六律為綱紀。故天有五度以垂象。地有五材以資用。人有五常以表德。萬有森羅。以五為度。過其五者。數則變焉。寔資五氣。均和四序。孕育百品。陶鑄萬物。善則五德順行。三靈炳曜。惡則九功不革。六沴互興。原始要終。靡究萌兆。是以聖人體於未肇。故設言以筌象。立象以顯事。事既懸有。可以象知。象則有滋。滋故生數。數則可紀。象則可形。可形可紀。故其理可假而知。可假而知。則龜筮是也。龜則為象。故以日為五行之元。筮則為數。故以辰為五行之主。若夫參辰伏見。日月盈虧。雷動虹出。雲行雨施。此天之象也。二十八舍。內外諸官。七耀三光。星分歲次。此天之數也。山川水陸。高下平汙。嶽鎮河通。風迴露蒸。此地之象也。八極四海。三江五湖。九州百郡。千里萬頃。此地之數也。禮以節事。樂以和心。爵表章旗。刑用革善。此人之象也。百官以治。萬人以立。四教修文。七德閱武。此人之數也。因夫象數。故識五行之始末。藉斯龜筮。乃辨陰陽之吉凶。是以事假象知。物從數立。吉每尋閱墳索。研窮經典。自義農以來。迄於周漢。莫不以五行為政治之本。以蓍龜為善惡之先。所以傳云。天生五材。廢一不可。尚書曰。商王受命。狎侮五常。殄棄三政。故知得之者昌。失之者滅。昔中原喪亂。晉氏南遷。根本之書不足。枝條之學斯盛。虛談巧筆。競功於一時。碩學經邦。棄之於萬古。末代踵習。風軌遂成。雖復占候之術尚行。皆從左道之說。卜筮之法恆在爻象之理莫分。月令靡依。時制必爽。失之毫髮。千里必差。水旱興而不辨其由。妖祥作而莫知其趣。非因形像。罕徵窮者。觀其謬惑。歎其學人。皆信其末而忘本。竝舉其麤而漏細。古人有云。登山始見天高。臨壑方覺地厚。不聞先聖之道。無以知學者之大。況乃五行幽邃。安可斐然。今故博採經緯。搜窮簡牒。略談大義。凡二十四段。別而分之。合四十段。二十四者。節數之氣總。四十者。五行之成數。始自釋名。終於蟲鳥。凡配五行。皆在茲義。庶幾使斯道不墜。知其始焉。若能治心靜志。研其微者。豈直怡神養性。保德全身。亦可弼諧庶政。利安萬有。斯故至人之所達也。昔人感物制經。古今因事述義。異時而作。共軌殊途。歎味道之不齊。求利物之一致。倚焉來哲。補其闕焉。

註：

八風六律：《楚辭》與《左傳・昭公二十》有云，一氣、二體、三類、四物、五聲、六律、七音、八風、九歌。

一氣：指空氣，指聲音要用氣來發動。

晉方慶《風過簫賦》：「風之過兮，一氣之作。」

指混沌之氣。古代認為是構成天地萬物之本原。

《莊子・大宗師》：「彼方且與造物者為人，而遊乎天地之一氣。」

二體：指文、武兩種舞蹈形式。一說指陰柔、陽剛兩種音樂風格。

《左傳・昭公二十年》：「聲亦如味，一氣、二體。」杜預注：「舞者有文、武。」孔穎達疏：

「樂之動身體者，唯有舞耳。文舞執羽、籥，武舞執干、戚。舞者有文、武之二體。」

清毛奇齡《竟山樂錄》卷三：「二體者，聲有陰陽也。舊曰文、武二舞，非也。舞是樂容，非樂聲也。」

指陰、陽。宋范仲淹《水火不相入而相資賦》：「雖天生之材，本四象而區別；蓋日用之利，合二體以交相。」

三類：指《詩經》中之《風》、《雅》、《頌》。

《左傳・昭公二十年》：「聲亦如味，一氣，二體，三類。」杜預注：「風、雅、頌。」孔穎達疏：「《詩》有《風》、《雅》、《頌》，其類各別。知『三類』是《風》、《雅》、《頌》也。」

又三項，三種。

《宋史・選舉志六》：「文彥博又奏：《唐六典》所載，以德行、才用、勞效三類察在選之士，參辨能否。」

宋沈括《夢溪筆談・象數》：「星有三類：一、經星，北極謂之長；二、舍星，大火謂之長；三、行星，辰星謂之長。故皆謂之辰。」

四物：四方之物，四方出產的物品。指樂器用四方之物做成。

《左傳・昭公二十年》：「先王之濟五味，和五聲也，以平其心，成其政也。聲亦如味，一氣、二體、三類、四物、五聲、六律、七音、八風、九歌，以相成也。」孔穎達疏：「樂之所用，八音之器。金石絲竹，匏土革木，其物非一處能備，故雜用四方之物以成器。」

五聲：指宮、商、角、徵、羽五音。

《書・益稷》：「予欲聞六律、五聲、八音。」

《莊子・馬蹄》：「五聲不亂，孰應六律。」

唐元稹《高端婺州長史》：「和六飲、六膳以會其時，察五色、五聲以知其變。」

五聽。《周禮・秋官・小司寇》：「以五聲聽獄訟，求民情。一曰辭聽，二曰色聽，三曰氣聽，四曰耳聽，五曰目聽。」孫詒讓正義：「此五聲亦謂之五聽。」

六律：指用來確定聲音高低清濁的六個陽聲，定音器（竹管）。共有十二個，各有固定的音高和名稱：黃鐘（C）、大呂（#C）、太蔟（D）、夾鐘（#D）、姑洗（E）、仲呂（F）、蕤（竝儒佳切，音䝟）賓（#F）、林鐘（D）、夷則（#G）、南呂（A）、無射（#A）、應鐘（B），合稱十二律。區分開來，奇數（陽聲：黃鐘、太蔟、姑洗、蕤賓、夷則、無射）稱六律（此為尚書所說的六種標準樂音），偶數（陰聲：大呂、應鐘、南呂、林鐘、仲呂、夾鐘）稱六呂，合稱律呂。古書所說的六律，通常是就陰陽各六的十二律而言的。

《周禮・春官・典同》：「凡為樂器以十有二律為之數度，以十有二聲為之齊量。」

《周禮・春官・大師》：「掌六律、六同以合陰陽之聲。陽聲：黃鐘、太蔟、姑洗、蕤寶、夷則、無射；陰聲：大呂、應鐘、南呂、林鐘、仲呂、夾鐘。」按六同亦稱六呂，故稱律呂。

《國語・周語下》：「又稱六閒。王將鑄無射，問律於伶州鳩。對曰：「律所以立均出度也。古之神瞽考中聲而量之以制，度律均鐘，百官軌儀，紀之以三，平之以六，成於十二，天之道也。夫六，中之色也，故名之曰黃鐘，所以宣養六氣、九德也。由是第之：二曰太蔟，所以金奏贊陽出滯也。三曰姑洗，所以修潔百物，考神納賓也。四曰蕤賓，所以安靖神人，獻酬交酢也。五曰夷則，所以詠歌九則，平民無貳也。六曰無射，所以宣布哲人之令德，示民軌儀也。為之六間，以揚沉伏，而黜散越也。元間大呂，助宣物也。二間夾鐘，出四隙之細也。三間仲呂，宣中氣也。四間林鐘，和展百事，俾莫不任肅純恪也。五間南呂，贊陽秀也。六間應鐘，均利器用，俾應復也。」

《漢書・郊祀志下》：又稱六鐘。「《周官》天墜之祀，樂有別有合。其合樂曰『以六律、六鐘、五聲、八音、六舞大合樂。』」顏師古注：「六律，合陽聲者。六鐘，以六律六鐘之均也。」

《禮記・禮運》：「五聲，六律，十二管，還相為宮也。」鄭玄注：「始於黃鐘，管長九寸，下生者三分去一，上生者三分益一。」

古人律曆相配，十二律與十二月相適應，謂之律應。《白虎通・京師》：「《月令》云：『十一月律謂之黃鐘何？中和之色；鐘者，動也。言陽氣動於黃泉之下，動養萬物也。黃鐘律和冬至相應，時在十一月。』」

古代為了預測節氣，將葦膜燒成灰，放在律管內，到某一節氣，相應律管內的灰就會自行飛出。

《禮記・月令》：「仲冬之月，日在斗，昏東壁中，軫旦中，其日壬癸。其帝顓頊，其神玄冥。其蟲介。其音羽，律中黃鐘。其數六。其味鹹，其臭朽。其祀行，祭先腎。」

《淮南子・天文訓》：「日行一度，十五日為一節，以生二十四時之變。斗指子則冬至，音比黃鐘。」高誘注：「黃鐘，十一月也。鐘者，聚也，陽氣聚於黃泉之下也。」

漢蔡邕《獨斷》：「周以十一月為正，八寸為尺，律中黃鐘，言陽氣踵黃泉而出，故以為正也。」

十二月律之謂之大呂何？大，大也；呂者，拒也。言陽氣欲出，陰不許也。呂之為言拒者，旅抑拒難之也。

《禮記・月令》：「季冬之月，日在婺女，昏婁中，旦氐中，其日壬癸。其帝顓頊，其神玄冥。其蟲介。其音羽，律中大呂。其數六。其味鹹，其臭朽。其祀行，祭先腎。」

《國語・周語下》：「元間大呂，助宣物也。」韋昭注：「十二月，大呂。」

正月律謂之太蔟何？太，亦大也；蔟者，湊也。言萬物始大，湊地而出也。

《禮記・月令》：「孟春之月，日在營室，昏參中，旦尾中，其日甲乙。其帝大皞，其神句芒。其蟲鱗。其音角，律中太蔟。其數八。其味酸，其臭羶。其祀戶，祭先脾。」

《呂氏春秋・音律》：「太蔟之月，陽氣始生，草木繁動。」高誘注：「太蔟，正月。」

二月律謂之夾鐘何？夾者，孚甲也，言萬物孚甲，種類分也。

《禮記・月令》：「仲春之月，日在奎，昏弧中，旦建星中，其日甲乙。其帝大皞，其神句芒。其蟲鱗。其音角，律中夾鐘。其數八。其味酸，其臭羶。其祀戶，祭先脾。」

《史記・律書》：「夾鐘者，言陰陽相夾厠也。」

三月謂之姑洗何？姑者，故也；洗者，鮮也。言萬物皆去故就其新，莫不鮮明也。

《禮記・月令》：「季春之月，日在胃，昏七星中，旦牽牛中，其日甲乙。其帝大皞，其神句芒。其蟲鱗。其音角，律中姑洗。其數八。其味酸，其臭羶。其祀戶，祭先脾。」

四月謂之仲呂何？言陽氣極將，彼故復中難之也。

《禮記・月令》：「孟夏之月，日在畢，昏翼中，日婺女中，其日丙丁。其帝炎帝，其神祝融，其蟲羽。其音徵，律中中呂。其數七。其味苦，其臭焦。其祀灶，祭先肺。螻蟈鳴，蚯蚓出，王瓜生，苦菜秀。」

《呂氏春秋・季夏》：「仲呂之月，無聚大眾，巡勸農事。」高誘注：「仲呂，四月。」

《淮南子・天文訓》：「加十五日指乙，則清明風至，音比仲呂。」高誘注：「仲呂，四月也。陽在外，陰在中，所以呂中於陽助成功也，故曰仲呂。」

五月謂之蕤賓何？蕤者，下也；賓者，敬也。言陽氣上極，陰氣始，賓敬之也。蕤賓位於午，在五月，故代指農曆五月。

《國語・周語下》：「四曰蕤賓。」韋昭注：「五月，蕤賓。」

《禮記・月令》：「仲夏之月，日在東井，昏亢中，旦危中，其日丙丁。其帝炎帝，其神祝融。其蟲羽。其音徵，律中蕤賓。其數七。其味苦，其臭焦。其祀灶，祭先肺。」

亦代表農曆五月端午節。《全元散曲・迎仙客・五月》：「結艾人，慶蕤賓，菖蒲酒香開玉樽。」

六月謂之林鐘何？林者，眾也，萬物成熟，種類眾多。

《禮記・月令》：「季夏之月，日在柳，昏火中，旦奎中，其日丙丁。其帝炎帝，其神祝融。其蟲羽。其音徵，律中林鐘。其數七。其味苦，其臭焦。其祀灶，祭先肺。溫風始至，蟋蟀居壁，鷹乃學習，腐草為螢。」

《呂氏春秋・音律》：「林鐘之月，草木盛滿，陰將始刑。」高誘注：「林鐘，六月。」

七月謂之夷則何？夷，傷也；則，法也。言萬物始傷，被刑法也。

《禮記・月令》：「孟秋之月，日在翼，昏建星中，旦畢中，其日庚辛。其帝少皞，其神蓐收。

其蟲毛。其音商，律中夷則。其數九。其味辛，其臭腥。其祀門，祭先肝。」

《國語・周語下》：「五曰夷則，所以詠歌九則，平民無貳也。」韋昭注：「夷，平也；則，法也。言萬物既成，可法則也。」

《禮記・月令》：「孟秋之月……其音商，律中夷則。」

八月謂之南呂何？南者，任也，言陽氣尚有，任生薺麥也，故陰拒之也。

《禮記・月令》：「仲秋之月，日在角，昏牽牛中，旦觜觿中，其日庚辛。其帝少皞，其神蓐收。其蟲毛。其音商，律中南呂。其數九。其味辛，其臭腥。其祀門，祭先肝。」

《呂氏春秋・音律》：「南呂之月，蟄蟲入穴，趣農收聚。」高誘注：「南呂，八月也。」

九月謂之無射何？射者，終也。言萬物隨陽而終，當復隨陰而起，無有終已也。

《禮記・月令》：「季秋之月，日在房，昏虛中，旦柳中，其日庚辛。其帝少皞，其神蓐收。其蟲毛。其音商，律中無射。其數九。其味辛，其臭腥。其祀門，祭先肝。」

《周禮・春官・大司樂》：「乃奏無射，歌夾鐘，舞《大武》，以享先祖。」鄭玄注：「無射，陽聲之下也，夾鐘為之合。夾鐘，一名圜鐘。」

《史記・律書》：「九月也，律中無射。無射者，陰氣盛用事，陽氣無餘也，故曰無射。其於十二子為戌。戌者，言萬物盡滅也，故曰戌。」

十月謂之應鐘何？應者，應也；鐘者，動也。言萬物應陽而動下藏也。

《禮記・月令》：「孟冬之月，日在尾，昏危中，旦七星中，其日壬癸。其帝顓頊，其神玄冥。其蟲介。其音羽，律中應鐘。其數六。其味鹹，其臭朽。其祀行，祭先腎。」

《漢書．律曆誌上》：「應鐘，言陰氣應亡射，該臧萬物而雜陽閡種也。位於亥，在十月。」

七音：五音加二變合起來叫做「七音」或「七聲」。

古樂理以宮、商、角、徵、羽、變宮、變徵為七音。

《左傳．昭公二十年》：「聲亦如味，一氣、二體……九歌，以相成也。」陸德明釋：「七音：宮、商、角、徵、羽、變宮、變徵也。」

等韻之學，以唇音、舌音、牙音、齒音、喉音、半舌音、半齒音七種發音為七音。

《通志．總序》：「天籟之本，自成經緯，縱有四聲以成經，橫有七音以成緯。」

明宋濂《〈洪武正韻〉序》：「人之生也則有聲，聲出而七音具焉。所謂七音者，牙、舌、唇、齒、喉及舌、齒各半是也。」

八風：八風者，蓋風以應四時，起於八方，而性亦八變。

北方曰寒風。坎氣所生，一曰廣莫風。　東北曰炎風，艮氣所生，一曰融風。

東方曰滔風，震氣所生，一曰明庶風。　東南曰熏風，巽氣所生，一曰清明風。

南方曰巨風，離氣所生，一曰凱風。　西南曰淒風，坤氣所生，一曰涼風。

西方曰飂風，兌氣所生，一曰閶闔風。　西北曰厲風，乾氣所生，一曰不周風。

《史記．律書第三》：

不周風居西北，主殺生。東壁居不周風東，主辟生氣而東之。至於營室。營室者，主營胎陽氣而產之。東至於危。危，垝也。言陽氣之垝，故曰危。十月也，律中應鐘。應鐘者，陽氣之應，不用事也。其於十二子為亥。亥者，該也。言陽氣藏於下，故該也。

廣莫風居北方。廣莫者，言陽氣在下，陰莫陽廣大也，故曰廣莫。東至於虛。虛者，能實能虛，言陽氣冬則宛藏於虛，日冬至則一陰下藏，一陽上舒，故曰虛。東至於須女。言萬物變動其所，陰陽氣未相離，尚相胥也，故曰須女。十一月也，律中黃鐘。黃鐘者，陽氣踵黃泉而出也。其於十二子為子。子者，滋也；滋者，言萬物滋於下也。其於十母為壬癸。壬之為言任也，言陽氣任養萬物於下也。癸之為言揆也，言萬物可揆度，故曰癸。東至牽牛。牽牛者，言陽氣牽引萬物出之也。牛者，冒也，言地雖凍，能冒而生也。牛者，耕植種萬物也。東至於建星。建星者，建諸生也。十二月也，律中大呂。大呂者。其於十二子為丑。

條風居東北，主出萬物。條之言條治萬物而出之，故曰條風。南至於箕。箕者，言萬物根棋，故曰箕。正月也，律中太蔟。太蔟者，言萬物蔟生也，故曰太蔟。其於十二子為寅。寅言萬物始生螾然也，故曰寅。南至於尾，言萬物始生如尾也。南至於心，言萬物始生有華心也。南至於房。房者，言萬物門戶也，至於門則出矣。

明庶風居東方。明庶者，明眾物盡出也。二月也，律中夾鐘。夾鐘者，言陰陽相夾厠也。其於十二子為卯。卯之為言茂也，言萬物茂也。其於十母為甲乙。甲者，言萬物剖符甲而出也；乙者，言萬物生軋軋也。南至於氐者。氐者，言萬物皆至也。南至於亢。亢者，言萬物亢見也。南至於角。角者，言萬物皆有枝格如角也。三月也，律中姑洗。姑洗者，言萬物洗生。其於十二子為辰。辰者，言萬物之蜄也。

清明風居東南維，主風吹萬物而西之。軫。軫者，言萬物益大而軫軫然。西至於翼。翼者，言萬物皆有羽翼也。四月也，律中仲呂。仲呂者，言萬物盡旅而西行也。其於十二子為巳。巳者，言陽氣之已盡也。西至於七星。七星者，陽數成於七，故曰七星。西至於張。張者，言萬物皆張也。西至於注。注者，言萬物之始衰，陽氣下注，故曰注。五月也，律中蕤賓。蕤賓者，言陰氣幼少，故曰蕤；痿陽不用事，故曰賓。

景風居南方。景者，言陽氣道竟，故曰景風。其於十二子為午。午者，陰陽交，故曰午。其於十母為丙丁。丙者，言陽道著明，故曰丙；丁者，言萬物之丁壯也，故曰丁。西至於弧。弧者，言萬物之吳落且就死也。西至於狼。狼者，言萬物可度量，斷萬物，故曰狼。

涼風居西南維，主地。地者，沉奪萬物氣也。六月也，律中林鐘。林鐘者，言萬物就死氣林林然。其於十二子為未。未者，言萬物皆成，有滋味也。北至於罰。罰者，言萬物氣奪可伐也。北至於參。參言萬物可參也，故曰參。七月也，律中夷則。夷則，言陰氣之賊萬物也。其於十二子為申。申者，言陰用事，申賊萬物，故曰申。北至於濁。濁者，觸也，言萬物皆觸死也，故曰濁。北至於留。留者，言陽氣之稽留也，故曰留。八月也，律中南呂。南呂者，言陽氣之旅入藏也。其於十二子為酉。酉者，萬物之老也，故曰酉。

閶闔風居西方。閶者，倡也；闔者，藏也。言陽氣道萬物，闔黃泉也。其於十母為庚辛。庚者，言陰氣庚萬物，故曰庚；辛者，言萬物之辛生，故曰辛。北至於胃。胃者，言陽氣就藏，皆胃胃也。北至於婁。婁者，呼萬物且內之也。北至於奎。奎者，主毒螫殺萬物也，奎而藏之。九月也，律中無射。無射者，陰氣盛用事，陽氣無餘也，故曰無射。其於十二子為戌。戌者，言萬物盡滅，故曰戌。

條風至則出輕繫，去稽留。明庶風至則正封疆，修田疇。清明風至則出幣帛，使諸侯。景風至則爵有位，賞有功。涼風至則報地德，祀四郊。閶闔風至則收縣垂，琴瑟不張。不周風至則修宮室，繕邊城。廣莫風至則閉關梁，決刑罰。

又名八法，即利、衰、毀、譽、稱、譏、苦、樂。因此八法常為世人所愛憎，而且又能煽動人心，所以叫做八風。

九歌：古代樂曲。相傳為禹時樂歌。

《左傳・文公七年》：「九功之德，皆可歌也，謂之《九歌》。」

《楚辭・離騷》：「奏《九歌》而舞《韶》兮，聊假日以媮樂。」王逸注：「《九歌》，九德之歌，禹樂也。」一說天帝樂名。

《山海經・大荒西經》：「開（即啟）上三嬪於天，得《九辯》與《九歌》以下。」郭璞注：「皆天帝樂名也，開登天而竊以下用也。」

五度：金星、木星、水星、火星、土星。亦為五行。

《文子・自然》：「八風詘申，不違五度。」

《鶡冠子・天權》：「五度既正，無事不舉。」陸佃注：「左木、右金、前火、後水、中土是也。」

《淮南子・兵略訓》：「音氣不戾八風，詘申不獲五度。」許慎注：「五度，五行也。」

五材：亦作五才。

五種物質，指金、木、水、火、土。

《左傳・襄公二七年》：「天生五材，民並用之，廢一不可。」杜預注：「五材，金、木、水、火、土也。」

漢焦贛《易林・師之解》：「三德五才和合，四時陰陽順敍，國無咎災。」原注：「五才，金、木、水、火、土也。」

又五種物質，指金、木、皮、玉、土。

《周禮・冬官・考工記》：「或審曲面埶，以飭五材，以辨民器。」鄭玄注：「此五材，金、木、皮、玉、土。」

又五種德性。

《六韜・龍韜》：「所謂五材者，勇、智、仁、信、忠也。勇則不可犯，智則不可亂，仁則愛人，信則不欺，忠則無二心。」

五常：謂金、木、水、火、土五行。

《禮記・樂記》：「道五常之行，使之陽而不散，陰而不密。」鄭玄注：「五常，五行也。」

《雲笈七籤・卷三五》：「夫稟五常之氣，有靜有燥。」

又謂仁、義、禮、智、信。

漢董仲舒《賢良策一》：「夫仁、義、禮、智、信五常之道，王者所當修飭也。」

又指舊時的五種倫常道德，即父義、母慈、兄友、弟恭、子孝。

《書・泰誓下》：「今商王受，狎侮五常。」孔穎達疏：「五常即五典，謂父義、母慈、兄友、弟恭、子孝，五者人之常行。」

五德：指五行，木、火、土、金、水所代表的五種德性。

鄒衍：「如少昊以金德，伏羲以木德，顓頊以水德，堯以火德，黃帝以土德等。」後世帝王，亦都附會以五行之德，為王者受命運之說。

又指人的五種品德，謂溫、良、恭、儉、讓或謂智、信、仁、勇、嚴。

《論語・學而》：「夫子溫良恭儉讓以得之。」何晏集解引漢鄭玄曰：「言夫子行此五德而得之。」

《孫子・始計》：「將者，智信仁勇嚴也。」三國魏曹操注：「將宜五德備也。」

唐王維《謝集賢學士表》：「固當宣其五德，列在四科。」

趙殿成箋：「《新論》：五德者，智、信、仁、勇、嚴也。」

三靈：指日、月、星。

顏師古注引如淳曰：「三靈，日、月、星垂象之應也。」

指天神、地祇、人鬼。

《資治通鑑・後晉高祖天福三年》：「臣光曰：『治國家者固不可無信。然彥珣之惡，三靈所不容，晉高祖赦其叛君之愆，治其殺母之罪，何損於信哉！』」胡三省注：「三靈，謂天神、地祇、人鬼。」

又指靈臺、靈囿、靈沼。

《詩・大雅・靈臺序》：「靈臺，民始附也。」唐孔穎達疏：「《大雅・靈臺》一篇之詩，有靈臺，有靈囿，有靈沼，有辟廱。其如是也，則辟廱及三靈，皆同處在郊矣。」

道教稱三魂為三靈。

《黃庭內景經・瓊室》：「何為死作令神泣，忽之禍鄉三靈歿。」梁丘子注：「三靈，三魂也；

謂爽靈、胎光、幽精。」

九功：古謂六府三事為九功。

《左傳・文公七年》：「六府、三事，謂之九功。水、火、金、木、土、穀，謂之六府。正德、利用、厚生，謂之三事。」

《書・大禹謨》：「六府三事允治。」孔穎達疏：「正身之德，利民之用，厚民之生，此三事惟當諧和之。」

《淮南子・天文訓》：「何謂六府？子午、丑未、寅申、卯酉、辰戌、巳亥是也。」

又欲成功業者慎不可犯的九件事。

《逸周書・成開》：「勉茲九功，敬人畏天……九功：一、賓好在笥；二、淫巧破制；三、好危破事；四、任利敗功；五、神巫動眾；六、盡哀民匱；七、荒樂無別；八、無制破教；九、任謀生詐。」孔晁注：「不犯此則成功也。」

六沴：謂六氣不和。氣不和而相傷為沴。

沴：。

清陳昌治刻本《說文解字・卷十一・水部》：「水不利也。郎計切。」清段玉裁《注》：「服虔曰：『沴，河岸之坻也。』晉灼申之曰：『沴，渚也。按坻，礙水。令水不行，故謂之沴。』鄭曰：『沴，殄也。』司馬彪引五行傳說曰：『氣之相傷謂之沴。』」

《前漢・五行志》：「惟金沴木。又氣相傷謂之沴，沴猶臨莅不和意也。」《注》：「服虔曰：『沴，害也。』如淳曰：『沴音拂戾之戾。』」

《尚書大傳》卷三：「維時洪祀，六沴用咎於下，是用知不畏而神之怒。」

《漢書・孔光傳》：「其傳曰：時則有日月亂行，……又曰：『六沴之作』，歲之朝曰三朝，其應至重。」顏師古注：「沴，惡氣也。」

晉陸機《愍懷太子誄》：「精感六沴，咎徵紫房。」

宋蘇軾《御試製科策》：「夫五行之相沴，本不至於六；六沴者，起於諸儒欲以六極分配五行，於是始以皇極附益而為六。」

桂馥《義證》引王觀國說：「沴者，相違之義也。五行之性相違而不相為用，則災禍由之以生。古之論五行者有六沴：謂金沴木也，木沴金也，水沴火也，火沴水也，金木水火沴土也，金木水火土沴天也。」

龜筮：占卦。古時占卜用龜，筮用著，視其像與數以定吉凶。亦指占卦的人。

《書・大禹謨》：「鬼神其依，龜筮協從。」

蔡沈集傳：「龜，卜；筮，著。」

漢陳琳《大荒賦》：「假龜筮以貞吉，問神諗以休詳。」

唐韓愈《進士策問》之一：「汝則有大疑，謀及乃心，謀及卿士以至於庶人龜筮，考其從違，以審吉凶。」

二十八舍：即二十八宿。

《史記・律書第三》：「七正，二十八舍。律曆，天所以通五行八正之氣，天所以成孰萬物也。舍者，日月所舍。舍者，舒氣也。」司馬貞索引：「二十八宿，七正之所舍也。舍，止也，言日月五星運行，或舍於二十八次之分也。」
宋馬永卿《懶真子・星名音誤》：「二十八宿謂之二十八舍，又謂之二十八次。次也，舍也，皆有止宿之意，今乃音繡，此何理也。」
又二十八宿，指我國古代天文學家把周天黃道（太陽和月亮所經天區）的恆星分成二十八個星座。
《淮南子・天文訓》：「何謂九野？中央曰鈞天，其星角、亢、氐。東方曰蒼天，其星房、心、尾。東北曰變天，其星箕、斗、牽牛。北方曰玄天，其星須女、虛、危、營室。西北方曰幽天，其星東壁、奎、婁。西方曰顥天，其星胃、昴、畢。西南方曰朱天，其星觜巂、參、東井。南方曰炎天，其星輿鬼、柳、七星。東南方曰陽天，其星張、翼、軫。何謂五星？東方，木也，其帝太皞，其佐句芒，執規而治春。其神為歲星，其獸蒼龍，其音角，其日甲乙。南方，火也，其帝炎帝，其佐朱明，執衡而治夏。其神為熒惑，其獸朱鳥，其音徵，其日丙丁。中央，土也，其帝黃帝，其佐后土，執繩而制四方。其神為鎮星，其獸黃龍，其音宮，其日戊己。西方，金也，其帝少昊，其佐蓐收，執矩而治秋。其神為太白，其獸白虎，其音商，其日庚辛。北方，水也，其帝顓頊，其佐玄冥，執權而治冬。其神為辰星，其獸玄武，其音羽，其日壬癸。太陰在四仲，則歲星行三宿；太陰在四鉤，則歲星行二宿。二八十六，三四十二，故十二歲而行二十八宿。」高誘注：「二十八宿，東方：角、亢、氐、房、心、尾、箕；北方：斗、牛、女、虛、危、室、壁；西方：奎、婁、胃、昴、畢、觜、參；南方：井、鬼、柳、星、張、翼、軫也。」
又指東漢中興二十八將。

唐溫庭筠《太液池歌》：「夜深銀漢通柏梁，二十八宿朝玉堂。」顧予咸補注：「《後漢書論》中興二十八將，前世以為上應二十八宿。此指佐助光武帝建立東漢政權的二十八個有功的武將。明帝永平中，繪二十八將像於南宮雲台，故又稱『雲臺二十八將』。鄧禹為首，次為馬成、吳漢、王梁、賈复、陳俊、耿弇、杜茂、寇恂、傅俊、岑彭、堅鐔、馮異、王霸、朱祐、任光、祭遵、李忠、景丹、萬修、蓋延、邳彤、銚期、劉植、耿純、臧宮、馬武、劉隆。」

七耀三光：

七耀：亦稱七政、七緯、七耀。指日（太陽）、月（太陰）與金（太白）、木（歲星）、水（辰星）、火（熒惑）、土（填星、鎮星）五大行星。

《書・舜典》：「在璿璣玉衡以齊七政。」孔穎達疏：「七政，其政有七，於璣衡察之，必在天者，知七政謂日月與五星也。木曰歲星，火曰熒惑星，土曰鎮星，金曰太白星，水曰辰星。」《易・繫辭》：「天垂象，見（現）吉凶，聖人象之。此日月五星，有吉凶之象，因其變動為占，七者各自異政，故為七政。得失由政，故稱政也。」

晉范寧《春秋穀梁傳序》：「陰陽為之愆度，七曜為之盈縮。」楊士勳疏：「謂之七曜者，日月五星皆照天下，故謂之曜。」

南朝宋鮑照《河清頌》：「如彼七緯，細璧重珠。」錢仲聯注：「七緯，日月五星。」

《晉書・卷十一・志第一》中為：「然則三皇邁德，七曜順軌，日月無薄蝕之變，星辰靡錯亂之妖。」

國外，七曜也是相當出名的，很多地域以七曜代表一個星期的七日。月神主管星期一，所以星期一稱「月曜日」；火神主管星期二，即稱「火曜日」；水神主管星期三，即稱「水曜日」；木神主管星期四，即稱「木曜日」；金神主管星期五，即稱「金曜日」；土神主管星期六，即稱「土曜日」；太陽神主管星期日，即稱「日曜日」。七曜日分別代表一週七天的叫法最早出現於兩河流域的古巴比倫文明。

西元前七百年左右，古巴比倫出現了一個星期分為七天的制度，四星期合為一個月。古巴比倫人建造七星壇祭祀星神。七星壇分七層，每層有一個星神，從上到下依次為日、月、火、水、金、木、土七個神。七神每週各主管一天，因此每天祭祀一個神，每天都以一個神來命名。所以，西方每星期是以星期日開始計算的，與中國以星期一開始的習慣不同。

三光：指日、月、星。

《莊子・說劍》：「上法圓天以順三光，下法方地以順四時，中和民意以安四鄉。」

漢班固《白虎通・封公侯》：「天有三光日月星，地有三形高下平。」

晉葛洪《抱朴子・仁明》：「三光垂象者乾也，厚載無窮者坤也。」

又指日、月、五星。

《史記・天官書》：「衡、太微、三光之廷。」司馬貞索隱引宋均曰：「三光，日、月、五星也。」

又指房、心、尾三星宿。

《禮記・鄉飲酒義》：「立三賓以像三光。」鄭玄注：「三光，三大辰也。」孔穎達疏引《爾雅》：「大辰，房、心、尾也。」

八極：言八方極遠之地也。

《莊子・田子方》：「夫至人者，上闚青天，下潛黃泉，揮斥八極，神氣不變。」

《淮南子・原道訓》：「夫道者，覆天載地，廓四方，柝八極，高不可際，深不可測。」《高誘注》：「八極，八方之極也，言其遠。」

九州：古代分中國為九州。說法不一。傳統看法以為《禹貢》是夏制，《爾雅》是商制，《周禮》是周制。

《周禮・夏官・職方氏》：「東南曰揚州，正南曰荊州，河南曰豫州，正東曰青州，河東曰兗州，正西曰雍州，東北曰幽州，河內曰冀州，正北曰并州。」

《呂氏春秋・有始覽・有始》：「何謂九州？河、漢之間為豫州，周也。兩河之間為冀州，晉也。河、濟之間為兗州，衛也。東方為青州，齊也。泗上為徐州，魯也。東南為揚州，越也。南方為荊州，楚也。西方為雍州，秦也。北方為幽州，燕也。」

《尚書・禹貢》：「冀州，濟、河惟兗州，海、岱惟青州，海、岱及淮惟徐州，淮、海惟揚州，荊及衡陽惟荊州，荊、河惟豫州，華陽、黑水惟梁州，黑水、西河惟雍州。」

《爾雅・釋地》：「兩河間曰冀州，河南曰豫州，河西曰雝州，漢南曰荊州，江南曰楊州，濟河間曰兗州，濟東曰徐州，燕曰幽州，齊曰營州；此為九州。」

《淮南子・地形訓》：「何謂九州？東南神州曰農土，正南次州曰沃土，西南戎州曰滔土，正西兗州曰並土，正中冀州曰中土，西北台州曰肥土，正北泲州曰成土，東北薄州曰隱土，正東揚州曰申土。」

《後漢書・張衡傳》注引《河圖》：「天有九部八紀，地有九州八柱。東南神州曰晨土，正南昂州曰深土，西南戎州曰滔土，正西弇州曰開土，正中冀州曰白土，西北柱州曰肥土，北方玄州曰成土，東北咸州曰隱土，正東揚州曰信土。」

《初學記》卷八州郡部總敘州郡第一引《河圖括地像》：「天有九道，地有九州。天有九部八紀，地有九州八柱。崑崙之墟，下洞含右；赤縣之州，是為中則。東南曰神州，正南曰迎州一曰次州，西南曰戎州，正西曰拾州，中央曰冀州，西北曰柱州一作括州，正北曰玄州一曰宮州，又曰齊州，東北曰咸州一作薄州，正東曰陽州。」

後以「九州」泛指天下，全中國。

四教：舊時的四項教育科目。所指因教育對象而異。

孔子以文、行、忠、信為教人的四要目。

《論語・述而》：「子以四教：文、行、忠、信。」

《舊唐書・楊綰傳》：「文、行、忠、信，弘於四教。」

亦指儒家所傳授的四門學科：詩、書、禮、樂。

《禮記・王制》：「樂正崇四術，立四教，順先王詩、書、禮、樂以造士。春秋教以禮樂，冬夏教以詩書。」

唐王維《京兆尹張公德政碑》：「心在四教，語稱七德，目視六籍，口誦九歌。」

又指婦德、婦言、婦容、婦功。

《周禮・官・九嬪》：「九嬪掌婦學之法，以教九御，婦德、婦言、婦容、婦功。」

晉干寶《晉紀總論》：「而其后妃，躬行四教，尊敬師傅，服澣濯之衣，修煩辱之事，化天下以婦道。」

又指治家的四條準則：勤、儉、恭、恕。

《文中子・關朗》：「御家以四教：勤、儉、恭、恕。」

七德：指武功的七種德行。

《左傳・宣公十二年》：「夫武，禁暴、戢兵、保大、定功、安民、和眾、豐財者也。故使子孫無忘其章……武有七德，我無一焉，何以示子孫？」

《梁書・武帝紀》：「大司馬攸縱自天，體茲齊聖，文洽九功，武苞七德。」

又指文治的七種德行。

《國語・周語中》：「尊貴、明賢、庸勳、長老、愛親、禮新、親舊……若七德離判，民乃攜貳。」韋昭注：「七德，謂尊貴至親舊也。」

三墳：傳說中我國最古的書籍。

《左傳・昭公十二年》：「是能讀三墳、五典、八索、九丘。」杜預注：「皆古書名。」另指三皇之書，也有認為係指天、地、人三禮，或天、地、人三氣的，均見孔穎達疏引。章炳麟《檢論・尚書故言》：「墳、丘十二，宜即夷吾所記泰山刻石十有二家也。」今存《三墳書》，分山墳、氣墳、形墳，以《連山》為伏羲作、《歸藏》為神農作、《乾坤》為黃帝作，各衍為六十四卦，繫之以傳，且雜以《河圖》，實係宋人偽造。

三政：夏正建寅，殷正建丑，周正建子，合稱三正。

《夏書・甘誓》：「有扈氏威侮五行，怠棄三正。」陸德明釋文引馬融曰：「建子、建丑、建寅，三正也。」

清趙翼《陔餘叢考・三正》：「夏正建寅，商正建丑，周正建子，此三正也。」

《夏書・甘誓》：「有扈氏怠棄三正。」則夏之前已有三正矣。孔安國因商周在夏之後，故不敢以子丑寅釋之，而但謂天地人之正道。王肅亦云：「惟殷周改正，自夏以上皆以建寅為正。」

《尚書・大傳》：「王者存二代之後以備三正。」

一說指天、地、人之正道。

《孔傳》：「怠惰棄廢天地人之正道。」（也稱三統。）《史記・周本紀》：「今殷王紂乃用其婦人之言，自絕於天，毀壞其三正。」

張守節正義：「三正，三統也。周以建子為天統，殷以建丑為地統，夏以建寅為人統也。」

《魏書・儒林傳・李業興》：「雖三正不同，言時節者，皆據夏時正月。」

馬融注《夏書・甘誓》：「子、丑、寅也。」

失之毫髮，千里必差：開始時雖然相差很微小，結果會造成很大的錯誤。

《禮記・經解》：「《易》曰：『君子慎始，差若毫釐，繆以千里。』」

《魏書・樂志》：「但氣有盈虛，黍有巨細，差之毫釐，失之千里。」

登山始見天高，臨壑方覺地厚：語出荀子勸學篇第一：「君子曰：學不可以已。青，取之於藍，而青於藍；冰，水為之，而寒於水。木直中繩，輮以為輪，其曲中規，雖有槁暴，不復挺者，輮使之然也。故木受繩則直，金就礪則利，君子博學而日參省乎己，則知明而行無過矣。故不登高山，不知天之高也；不臨深谿，不知地之厚也；不聞先王之遺言，不知學問之大也。」

二十四節氣：每月第一個節氣為節氣，即：立春、驚蟄、清明、立夏、芒種、小暑、立秋、白露、寒露、立冬、大雪和小寒等十二個節氣；每月的第二個節氣為中氣，即：雨水、春分、穀雨、小滿、夏至、大暑、處暑、秋分、霜降、小雪、冬至和大寒等十二個節氣。節氣和中氣交替出現，各歷時十五天。

《淮南子・天文訓》：「子午、卯酉為二繩，丑寅、辰巳、未申、戌亥為四鉤。東北為報德之維也，西南為背陽之維，東南為常羊之維，西北為蹄通之維。日冬至則斗北中繩，陰氣極，陽氣萌，故曰冬至為德。日夏至則斗南中繩，陽氣極，陰氣萌，故曰夏至為刑。陰氣極，則北至北極，下至黃泉，故不可以鑿地穿井。萬物閉藏，蟄蟲首穴，故曰德在室。陽氣極，則南至南極，上至朱天，故不可以夷丘上屋。萬物蕃息，五穀兆長，故曰德在野。」

《玄都開闢律》云：「二十四氣為天使。一氣十五日，一歲十二月，月二氣，終歲為二十四氣，皆是自然之氣也。」唐朝的道士把這種曆法進一步改編成二十八宿旁通歷。宋朝沈括正是在這種曆法的啟發下提出了獨具創意的新曆法：十二氣歷。

兩維之間，九十一度十六分度之五而升，日行一度，十五日為一節，以生二十四時之變。斗指子則冬至，音比黃鐘；加十五日指癸則小寒，音比應鐘；加十五日指丑則大寒，音比無射；加十五日指報德之維，則越陰在地，故曰距日冬至四十六日而立春，陽氣凍解，音比南呂；加十五日指寅則雨水，音比夷則；加十五日指甲則雷驚蟄，音比林鐘；加十五日指卯中繩，故曰春分則雷行，音比蕤賓；加十五日指乙則清明風至，音比仲呂；加十五日指辰則穀雨，音比姑洗；加十五日指常羊之維則春分盡，故曰有四十六日而立夏，大風濟，音比夾鐘；加十五日指巳則小滿，音比太蔟；加十五日指午則陽氣極，故曰有四十六日而夏至，音比黃鐘；加十五日指丁則小暑，音比大呂；加十五日指未則大暑，音比太蔟；加十五日指背陽之維則夏分盡，故曰有四十六日而立秋，涼風至，音比夾鐘；加十五日指申則處暑，音比姑洗；加十五日指庚則白露降，音比仲呂；加十五日指酉中繩，故曰秋分雷戒，蟄蟲北鄉，音比蕤賓；加十五日指辛則寒露，音比林鐘；加十五日指戌則霜降，音比夷則；加十五日指蹄通之維則秋分盡，故曰有四十六日而立冬，草木畢死，音比南呂；加十五日指亥則小雪，音比無射；加十五日指壬則大雪，音比應鐘；加十五日指子。

月份	節氣	斗建	音律	中氣	斗建	音律
正	立春	報德之維	南呂	雨水	寅	夷則
二	驚蟄	甲	林鐘	春分	卯／中繩	蕤賓
三	清明	乙	仲呂	穀雨	辰	姑洗
四	立夏	常羊之維	夾鐘	小滿	巳	太蔟
五	芒種	丙	大呂	夏至	午／中繩	黃鐘
六	小暑	丁	大呂	大暑	未	太蔟
七	立秋	背陽之維	夾鐘	處暑	申	姑洗
八	白露	庚	仲呂	秋分	酉／中繩	蕤賓
九	寒露	辛	林鐘	霜降	戌	夷則

無射	亥	小雪	南呂	蹄通之維	立冬	十
黃鐘	子／中繩	冬至	應鐘	壬	大雪	十一
無射	丑	大寒	應鐘	癸	小寒	十二

四十者，五行之成數：五行：水一、火二、木三、金四、土五。

《尚書注疏・卷十二・洪範第六》：「天一生水，地二生火，天三生木，地四生金，天五生土，此其生數也。如此則陽無匹，陰無耦。故地六成水，天七成火，地八成木，天九成金，地十成土，於是陰陽各有匹耦而物得成焉。故謂之成數也。」

《會真集》：「前五位生數。從五土加水得成數水六。五土加火二，得成數火七。五土加木三得成數木八。五土加金四得成數金九。五土加五土得成數土十。」

《周易參同契》：「子午數合三，戊己號稱五。三五既和諧，八石正綱紀。」

《希尹》：「天地之數，各不過五，然上五位為生數，下五位為成數，生數與成數相遇然後合。天一生壬、地二生丁，天三生甲、地四生辛，天五生戊、地六成癸，天七成丙、地八成乙，天九成庚、地十成己。天一數、見地二數，然後合，所以必隔六也。故《易》曰：『天數五、地數五，五位相得、而各有合。』」

《玉門關集》：「壬癸北方亥子，生數一、成數六；丙丁南方巳午，生數二、成數七；甲乙東方寅卯，生數三、成數八；庚辛西方申酉，生數四、成數九；戊己居中辰戌丑未，生數五、成數十。」

《五行要論》：「天一生水，其於物為精，精者、一之所生也；地二生火，其於物為神，神者、二之所生也；天三生木，其於物為魂，魂從神者也；地四生金，其於物為魄，魄從精者也；天五生土，其於物體，體者、精神魂魄具而後有者也，自天一至天五，五行之生數，自地六至地十，五行之成數，以奇生者、成而偶，以偶生者、成而奇，其成之者皆五，五、天數之中，所以成於物也。道立於一，成於三，變於五，而天地之數具矣，其十也，偏之而已。」

第一卷

釋名

一、釋五行名（按：與五行方位）

夫萬物自有體質。聖人象類而制其名。故曰。名以定體。無名乃天地之始。有名則萬物之母。以其因功涉用。故立稱謂。禮云。子生三月。咳而名之。及其未生。本無名字。五行為萬物之先。形用資於造化。豈不先立其名。然後明其體用。春秋元命苞曰。木者。觸也。觸地而生。許慎云。木者。冒也。言冒地而出。字從於中下。象其根也。其時春。禮記曰。春之為言。蠢也。產萬物者也。位有在東方。尸子云。東者。動也。震氣故動。白虎通云。火之為言。化也。陽氣用事。萬物變化也。許慎曰。火者。炎上也。其字炎而上。象形者也。其時夏。尚書大傳云。何以謂之夏。夏。假也。假者方呼萬物而養之。釋名曰。夏假者。寬假萬物。使生長也。其位南方。尚書大傳云。南。任也。物之方任也。元命苞云。土之為言。吐也。含吐氣精。以生於物。許慎云。土者。吐生者也。王肅云。土者。地之別號。以為五行也。許慎云。其字。二以象地之下。與地之中。以一直畫。象物初出地也。其時季夏。季。老也。萬物於此成就。方老。王於四時之季。故曰老也。其位處內。內。通也。禮斗威儀云。得皇極之正氣。含黃中之德。能苞萬物。許慎云。金者。禁也。陰氣始起。萬物禁止也。土生於金。字從土。左右注。象金在土中之形也。其時秋也。禮記云。秋之為言。愁也。愁之以時察守義者也。尸子云。秋。肅也。萬物莫不肅敬恭莊。禮之主也。說文曰。天地反物為秋。其位西方。尚書大傳云。西。鮮也。鮮。訊也。訊者。始入之貌也。釋名。廣雅。白虎通。皆曰。水。準也。平準萬物。元命苞曰。水之為言。演也。陰化淖濡。流施潛行也。故立字。兩人交。一以中出者為水。一者。數之始。兩人。譬男女。陰陽交以起一也。水者。五行始焉。元氣之湊液也。管子云。水者。地之血氣筋脈之通流者。故曰水。許慎云。其字象泉並流。中有微陽之氣。其時冬。尸子云。冬。終也。萬物至此終藏也。禮記云。冬之為言。中也。中者。藏也。其位北方。尸子云。北。伏也。萬物至冬皆伏。貴賤若一也。五行之時及方位。故分而釋之。

（按：五行之順序乃：水一、火二、木三、金四、土五數也。）

註：

名以定體：《老子道德經第一章》：「道可道，非常道。名可名，非常名。無名天地之始，有名萬物之母。故常無欲，以觀其妙；常有欲，以觀其徼。此兩者同出而異名，同謂之玄，玄之又玄，眾妙之門。」

功：。古與工同，指器之精好者。

清陳昌治刻本《說文解字・卷十三・力部》：「以勞定國也。古紅切。」清段玉裁《注》：「以勞定國也。鄭曰：『保全國家若伊尹。』許則舉祭法文以釋之也。詩：『以奏膚公。』傳曰：『膚犬也。公，功也。』此謂叚公為功也。」

本義：功績、功業、功勞。

《周禮・司勳》：「國功曰功。」

又事情、工作。

《詩・豳風・七月》：「嗟我農夫，我稼既同。」

《書・益稷》：「惟荒度土功。」

《莊子・天地》：「事求可，功求成。」

又事也。

《詩・大雅・崧高》：「登是南邦，世執其功。」

《晏子春秋・內篇諫上》：「故男不群樂以妨事，女不群樂以妨功。」

咳：。小孩的笑聲。

清陳昌治刻本《說文解字・卷二・口部》：「小兒笑也。戶來切。」清段玉裁《注》：「小兒笑也。內則云：『孩而名之。為作小兒笑而名之也。』」

《史記・扁鵲傳》：「曾不可以告咳嬰之兒。」《注》：「咳嬰，言嬰兒初知笑者。」

《禮・內則》：「父執子之右手，咳而名之。」《疏》：「謂以一手執子右手，一手承子之咳而名之。」

觸：。抵、頂；碰，撞；遇著；因某種刺激而引起感情變化。

清陳昌治刻本《說文解字・卷四・角部》：「抵也。尺玉切。」清段玉裁《注》：「牴也。《牛部》曰：『牴，觸也。』」

因抵物而斷裂、露出斷口（孔眼）的角。

《新序雜事》：「獸窮則觸。」

《左傳》：「觸槐而死。」

又干犯，冒犯。

《漢書・元帝紀》：「去禮義，觸刑法。」

冒：。具有向外透或往上升、不顧、不加小心等意思。

清陳昌治刻本《說文解字・卷七・冂部》：「冡而前也。莫報切。」清段玉裁《注》：「冡而前也。冡者，覆也。引伸之有所干犯而不顧亦曰冒。如假冒，如冒白刃，如貪冒是也。邶風：『下土是冒。』傳曰：『冒，覆也。』」

貪求，不知滿足地追求。

《左傳・文公十八年》：「縉雲氏有不才子，貪於飲食，冒於貨賄。」

又蓋蒙。

《詩・邶風・日月》：「下土是冒。」

《漢書・翟方進傳》：「善惡相冒。」

又侵犯，違犯。

《漢書・禮樂志》：「習俗薄惡，民人抵冒。」

《國語・周語上》：「其君貪冒辟邪。」

《國語・晉語》：「有冒上而無忠下。」

蠢：。愚笨、笨拙與蠕動。

清陳昌治刻本《說文解字・卷十三・虫部》：「蟲動也。尺尹切。」清段玉裁《注》：「蟲動也。此與蝡義同。以轉注之法言之。可云蝡也。引申為凡動之稱。《詩》：『蠢爾荊蠻。』《毛傳》

曰：『蠢，動也。』《鄉飲酒義》曰：『東方者春。春之為言蠢也。產萬物者也。』《注》云：『蠢，動生之皃。亦叚春為之。』《考工記》：『張皮矦而棲鵠，則春以功。』《注》云：『春讀為蠢。作也。出也。』」

本義：群蟲喧鬧，動物鬧騰。

《詩・小雅・採芑》：「蠢爾蠻荊。」

又愚蠢、愚昧。

漢王充《論衡》：「時人愚蠢，不知相繩責也。」

又小貌。謂少量聚居。

《後漢書》：「百蠻蠢居，仞彼方徼。」《李賢注》：「蠢，小貌也。」

動：。改變原來的位置或狀態或常常、往往。

清陳昌治刻本《說文解字・卷十三・力部》：「作也。徒總切。」清段玉裁《注》：「作也。作者，起也。」

《易・彖傳》：「動而健。」《虞注》：「震也。」

《易・繫辭》：「效天下之動者也。」《虞注》：「發也，變動不居。」

《孟子》：「將終歲勤動。」《注》：「作也。」

《廣韻》：「出也。」

化：。古字為「匕」，本義為變化、改變；消除、去掉之意。

清陳昌治刻本《說文解字・卷八・匕部》：「教行也。呼跨切。」清段玉裁《注》：「教行也。教行於上。則化成於下。《賈生》曰：『此五學者既成於上，則百姓黎民化輯於下矣。』《老子》曰：『我無為而民自化。』」

《增韻》：「凡以道業誨人謂之敎。躬行於上，風動於下，謂之化。」

《易・繫辭傳》：「知變化之道。」《虞注》：「在陽稱變，在陰稱化，四時變化。」《荀注》：「春夏為變，秋冬為化，坤化為物。」

《禮記・樂記》：「和故百物化焉。」

《周禮・柞氏》：「若欲其化也。」《注》：「猶生也。」

《荀子・正名》：「狀態而實無別而為異者謂之化。」注：「化者改舊形之名。」

《國語・晉語》：「勝敗若化。」注：「言轉化無常也。」

《呂氏春秋・察今》：「因時而化。」

假：。通「叚」，引申義：代理，借用。再引申義：非真，不實。

清陳昌治刻本《說文解字・卷八・人部》：「非眞也。一曰至也。古疋切。」清段玉裁《注》：「非眞也。。叚，借也。然則假與叚義略同。」

《虞書》曰：『假于上下。』」

《墨子・經上》：「假，今不然也。」

《廣雅》：「假，借也。」

《禮記・曲禮》：「假爾大龜有常。」

《左傳・隱公十一年》：「而假手於我寡人。」

任：。王是任的初文。王即擔荷的擔子的豎立形；本義為挑擔、荷、肩負、堪、承當、禁受。

清陳昌治刻本《說文解字・卷八・人部》：「符也。如林切。」清段玉裁《注》：「保也。『保猶任也。』按上文云保，養也。此云任，保也。《周禮》：『五家為比。使之相保。』《注》云：『保猶任也。又孝友睦婣任恤。』《注》云：『任，信於友道也。』引伸之凡儋何曰任。《小雅》：『我任我輦。我車我牛。』《傳》云：『任者，輦者，車者，牛者。四云者者皆謂人也。』《邶風傳》：『任，大也。即釋詁之壬，大也。』」

《集韻》：「誠篤也。」

《詩・大雅・生民》：「是任是負。」《注》：「任，猶抱也。」

《國語・齊語》：「負任擔荷。」《注》：「任，抱也。」

吐：。顯露、呈現、長出、散發、開放。

清陳昌治刻本《說文解字・卷二・口部》：「寫也。他魯切。」

《詩・大雅・烝民》：「柔則茹之，剛則吐之。」

《史記・魯周公世家》：「然我一沐三捉發，一飯三吐哺。」

《後漢書・張衡傳》：「機發吐丸。」

老：。歷時長久、嫻熟、富有經驗、衰頹。

清陳昌治刻本《說文解字・卷八・老部》：「考也，七十曰老；言鬚髮變白也。盧皓切。」

《釋名》：「老，朽也。」

《史記・律書》：「酉者，萬物之老也。」

《公羊傳・宣十一年》：「使帥一二耋老而綏焉。」《注》：「六十稱耋，七十稱老。」

通：。傳遞、傳達、溝通、接通或同造意；瞭解、精通或調和。

清陳昌治刻本《說文解字・卷二・辵部》：「達也。他紅切。」

《易・繫辭》：「往來不窮謂之通。」推而行之謂之通。

《易・說卦》：「坎為通。」

《國語・晉語》：「道遠難通。」《注》：「至也。」

《呂氏春秋・達鬱》：「血脈欲其通也。」《注》：「利也。」

皇極：指古代有關天文、曆算、五行等方面的專門方術。

《新唐書・五行志一》：「向為《五行傳》，乃取其五事，皇極、庶證附於五行以為八事。」

《明史・方伎傳・周述學》：「自曆而外，圖書、皇極、律呂、山經、水志、分野、輿地……莫不各有成書。」

黃中：指心臟；內德。古代以五色配五行五方，土居中，故為黃為中央正色。心居五臟之中，故稱黃中。

《易・坤》：「君子黃中通理，正位居體，美在其中，而暢於四支，發於事業，美之至也。」

漢蔡邕《司空楊秉碑》：「非黃中純白，窮達一致，其惡能立功立事。」

禁：。勝任、承受得起或折磨、使受苦、忍住。

清陳昌治刻本《說文解字・卷一・示部》：「吉凶之忌也。居蔭切。」

通噤。口噤不開。

又閉結不通。

《素問・至真要大論》：「諸禁鼓慄，如喪神守，皆屬於火。」

《素問・六元正紀大論》：「太陽所至，為流洩禁止。」

又活動受限制。

《素問・六元正紀大論》：「關節禁固。」

又控制。

《丹溪心法》：「脾洩日久，大腸不禁，此脾已脫。」

又禁忌。

《素問・熱論》：「病熱少癒，食肉則復，多食則遺，此其禁也。」

愁：。使受苦、悽慘、慘淡、悲哀、哀傷。

清陳昌治刻本《說文解字・卷十・心部》：「憂也。士尤切。」

《墨子》：「傷形費神，愁力勞意。」

《說文》：「愁，憂也。從心秋聲。」

《禮記・哀公問》：「孔子愀然作色而對。」

《荀子・修身》：「見善愀然。」

《左傳・襄公二十九年》：「哀而不愁，樂而不荒。」

肅：。恭敬、嚴正、認真或萎縮。

清陳昌治刻本《說文解字・卷三・聿部》：「持事振敬也。戰戰兢兢也。息逐切。」清段玉裁《注》：「持事振敬也。《廣韵》：『恭也、敬也、戒也、進也、疾也。』會意為戰戰兢兢之貌也。」

《疏》：「厲，嚴也。肅，威也。」

《爾雅・釋言》：「肅雝，聲也。又縮也。」

《詩・豳風》：「九月肅霜。」

《傳》：「肅，縮也，霜降而收縮萬物。」

《禮・月令》：「季春行冬令，則寒氣時發，草木皆肅。」《注》：「謂枝葉縮栗。」

《呂氏春秋・季春紀》：「季春行冬令，則寒氣時發，草木皆肅。」

鮮：。少或新的、不陳的、不乾枯的、有光彩的。

清陳昌治刻本《說文解字・卷十一・魚部》：「魚名。出貉國。相然切。」

《疏》：「鮮，少乏也。」

《詩・鄭風》：「終鮮兄弟。」《箋》：「鮮，寡也。」

《禮・中庸》：「民鮮能久矣。」《注》：「鮮，罕也，又少也，亦善也。」

《詩・邶風》：「籧篨不鮮。」《箋》：「鮮，善也。」《朱傳》：「少也。」
《廣韻》：「潔也。」
《易・說卦》：「為蕃鮮。」《注》：「鮮，明也。」
《釋名》：「鮮，好也。」《玉篇》：「善也。」

訊：。古同「迅」，迅速。字亦作詢。
清陳昌治刻本《說文解字・卷三・言部》：「問也。思晉切。」清段玉裁《注》：「問也。《釋言》曰：『訊，言也。』《小雅》：『訊之占夢。』《毛》曰：『訊，問也。』」
《博雅》：「動也。」
《韻會小補》：「振訊，整理之義。」見《左傳・隱四年孔疏》。又通作誶。

準：。本義為平，不傾斜。
清陳昌治刻本《說文解字・卷十一・水部》：「平也。之允切。」字亦俗作準。清段玉裁注：「謂水之平也。天下莫平於水，水平謂之準。」
《禮記・祭義》：「推而放諸東海而準。」《注》：「猶平也。」
《禮・月令》：「先定準直。」
《正義》：「謂輕重平均。」
《周禮・冬官考工記》：「權之然後準之。」《注》：「謂準擊平正之也。」

演：。本義為水長流。衍生延展、濕潤；亦通「衍」，推演之意。

清陳昌治刻本《說文解字・卷十一・水部》：「長流也。一曰水名。以淺切。」清段玉裁《注》：「長流也，演之言引也，故為長遠之流。《周語注》曰：『水土氣通為演，引伸之義也。』」

《釋名・釋言語》：「演，延也，言蔓延而廣也。」

《國語・周語》：「夫水土演而民用也。」演於此為通也，潤也。

終：。窮究、詳究；到底、畢竟。

清陳昌治刻本《說文解字・卷十三・糸部》：「絿絲也。職戎切。」清段玉裁《注》：「《廣韵》云：『終，極也、竆也、竟也。』其義皆當作冬；冬者，四時盡也。故其引申之義如此。俗分別冬為四時盡，終為極也竆也竟也。」

永久，終久。

《素問・六元正紀大論》：「請陳其道，令終不滅，久而不易。」

又窮盡，終止。

《素問・天元紀大論》：「傳之後世，無有終時。」

又完畢，完盡。

《素問・至真要大論》：「知其要者，一言而終，不知其要，流散無窮。」

《廣雅》：「終，極也，終，窮也。」

《論語》：「天祿永終。」

《易・像下傳》：「君子以永終知敝。」《虞注》：「坤為永終。」

《易・訟》：「終朝三拕之。」

又結局。

《素問・至真要大論》：「其始則同，其終則異。」

又衰竭。指經氣消亡。

《素問・診要經終論》：「太陽之脈，其終也，戴眼，反折、瘈瘲、目睘絕系。」

又人死亡。

《史記・扁鵲倉公列傳》：「長終而不得反。」

又畢竟，終究。

《景岳全書・論治》：「終非治虛之法也。」

中：中。本義為中心、當中，指一定範圍內部適中的位置。或內，裡面與「外」相對。

清陳昌治刻本《說文解字・卷一・丨部》：「內也。中，和也。丨，上下通。陟弓切。」

《儀禮・大射儀》：「中離維綱。」

《周禮・射人》：「與太史數射中。」

《禮記・射義》：「持弓矢審固，然後可以言中。故盛算之器即曰中。」

《荀子・非相》：「五帝之中無傳政。」

《禮記・儒行》：「儒有衣冠中。」

《禮記・鄉射禮記》：「皮樹中、閭中、虎中、兕中、鹿中是也。」

藏：藏。本義為把穀物保藏起來，儲積、收藏、隱匿。

清陳昌治刻本《說文解字・卷一・艸部》：「匿也。昨郎切。《注》：『《漢書》通用臧字。』從艸，後人所加。」

《墨子三辯》：「農夫春耕夏耘，秋斂冬藏。」

《易・乾・文言》：「潛龍勿用，陽氣潛藏。又蓄也。」

《易・繫辭》：「君子藏器於身，待時而動。」

伏：。本義為俯伏、趴下、潛藏、埋伏。

清陳昌治刻本《說文解字・卷八・人部》：「司也。房六切。《注》曰：『司，今人作伺。』」

清段玉裁《注》：「司也。司者，臣司事於外者也。司今之伺字。凡有所司者必專守之。伏伺即服事也。引伸之為俯伏。又引伸之為隱伏。从人犬。犬司人也，謂犬伺人而吠之。」

《周禮・犬人》：「伏瘞亦如之。」《司農注》：「課伏犬以王車轢之。」

《釋名・釋姿容》：「伏，覆也。」

《禮記・曲禮上》：「寢毋伏。」

《漢書・五行誌中之上》：「雌雞伏子。」

《廣雅》：「伏，藏也。」

《老子》：「福兮禍所伏。」

《國語・晉語》：「物莫伏於蠱。」

二、論支干名（按：釋天干地支名諱）

支干者。因五行而立之。昔軒轅之時。大撓之所制也。蔡邕月令章句云。大撓採五行之情。占斗機所建也。始作甲乙以名日。謂之幹。作子丑以名月。謂之支。有事於天。則用日。有事於地。則用辰。陰陽之別。故有支干名也。而名有總別。先論總名。次言別號。總名支干者。干字乃有三種不同。一作幹。二作榦。三作干字。今解榦字者。此支榦既相配成用。如樹木之有枝條莖榦。共為樹體。所以云榦。又作幹者。幹濟為義。支者。支任為義。以此日辰。任濟萬事。故云支幹。又作干字者。亦是榦義。如物之在竿上。能豎立顯然。故亦云竿也。世書從易。故多干也。次別號者。詩緯推度災云。甲者。押也。春則開也。冬則闔也。鄭元注禮記月令云。甲者。抽也。乙者。軋也。春時萬物皆解孚甲自抽軋而出也。丙者。柄也。物之生長。各執其柄。鄭元云。丙者。炳也。夏時萬物強大。炳然著見也。丁者。亭也。亭。猶止也。物之生長。將應止也。戊者。貿也。生長既極。極則應成。貿易前體也。己者。紀也。物既始成。有條紀也。鄭元云。戊之言茂也。己之言起也。謂萬物皆枝葉茂盛。其含秀者抑屈而起也。庚者。更也。辛者。新也。謂萬物成代。改更復新也。鄭元云。謂萬物皆肅然改更。秀寔新成也。壬者。任也。癸者。揆也。陰任於陽。揆然萌牙於物也。鄭元云。時維閉藏。萬物懷任於下。揆然萌牙也。子者。孳也。陽氣既動。萬物孳萌。三禮義宗云。陽氣至。孳養生。丑者。紐也。紐者。繫也。續萌而繫長也。故曰孳萌於子。紐牙於丑。三禮義宗云。言居終始之際。故以紐結為名。寅者。移也。亦云引也。物牙稍吐。引而申之。移出於地也。淮南子云。寅。螾動生也。三禮義宗云。寅者。引也。肆建之義也。卯者。冒也。物生長大。覆冒於地也。淮南子云。卯。茂也。

茂。然也。三禮義宗云。丣。茂也。陽氣至此。物生滋茂。辰者。震也。震動奮迅。去其故體也。三禮義宗云。此月之時。物盡震動而長。巳者。已也。故體洗去。於是已竟也。三禮義宗云。巳。起也。物至此時。皆畢盡而起。午者。仵也。亦云萼也。仲夏之月。萬物盛大。枝柯萼布於午。淮南子云。午者忤也。三禮義宗云。仵。長也。大也。明物皆長大也。未者。昧也。陰氣已長。萬物稍衰。體蔓昧也。故曰。蔓昧於未。淮南子云。未。味也。三禮義宗云。時物向成。皆有氣味。申者。伸。伸猶引也。長也。衰老引長。淮南子云。申。呻也。三禮義宗云。申者。身也。物皆身體成就也。酉者。老也。亦云熟也。萬物老極而成熟也。淮南子云。酉。飽也。三禮義宗云。酉。猶也。猶。倫之義也。此時物皆縮小而成也。戌者。滅也。殺也。九月殺極。物皆滅也。三禮義宗云。此時物衰滅也。亥者。核也。閡也。十月閉藏。萬物皆入核閡。三禮義宗云。亥。劾也。言陰氣劾殺萬物也。爾雅歲次云。太歲在寅。名攝提格。淮南子注云。格。起也。萬物承陽而起。卯名單閼。單。盡。閼。止也。言陽氣推萬物而起。陰氣盡止也。辰名執徐。執。蟄也。徐。舒也。言伏蟄之物。皆散舒而出也。巳名大荒落。荒。大也。言萬物熾盛而大出。落落而布散也。午名敦牂。淮南子云。欃槍敦盛。牂。壯也。言萬物盛壯也。未名協洽。淮南子云。協。和也。洽。合也。言陰欲化。萬物和合也。申名涒灘。淮南子云。涒灘。大修也。言萬物皆修其精氣也。酉名作鄂。淮南子云。名作鄂。零落也。言萬物皆陊落也。戌名閹茂。閹。蔽也。茂。冒也。言萬物皆蔽冒也。亥名大淵獻。淵。藏。獻。迎也。言萬物終亥。大小深藏窟伏。以迎陽也。子名困敦。困。混也。敦。沌也。言陽氣混沌。萬物牙孽也。丑名赤奮若。奮。起也。若。從也。言陽氣奮迅萬物而起。無不順其性。赤。陽色也。春秋緯云。大陰所在之名。與淮南子。爾雅不同。此竝支干別名大意。終從氣解。故以具釋之。

註：

大撓：亦作「大橈」。傳說為黃帝史官，探察天地之氣機，探究五行（金木水火土），始作甲、乙、丙、丁、戊、己、庚、辛、壬、癸十天干，及子、丑、寅、卯、辰、巳、午、未、申、酉、戌、亥等十二地支，相互配合成六十甲子用為紀曆之符號。根據《五行大義》中記載，干支是大撓創制的。大撓「採五行之情，占斗機所建，始作甲乙以名日，謂之干；作子丑以名月，謂之支。有事於天則用日，有事於地則用月。陰陽之別，故有支干名也。」

《呂氏春秋・尊師》：「黃帝師大撓。」高誘注：「大撓作甲子。」

斗機：北斗七星的第三星，名天璣。璣，亦寫作「機」。亦泛指北斗。

漢蔡邕《青衣賦》：「南瞻井柳，仰察斗機，非彼牛女，隔於河維。」

幹：築牆時支撐在牆兩端的木材。同「榦」。

《說文解字》：「榦，築牆耑木也。」段玉裁《注》：「榦，俗作幹。」

《玉篇》：「幹，體也。」

《易・乾卦》：「貞者，事之幹也。又草木莖曰幹。」

《詩詁》：「木旁生者為枝，正出者為幹。又凡器之本曰幹。」

《禮・月令》：「羽箭幹。」《注》：「幹者，器之本也。」

《疏》：「器之材樸，總謂之幹。」

《廣雅》：「甲乙為幹。幹者，日之神也。又脅也。」

支：。支持、支援、支助。又曆法中用的十二個字：子丑寅卯辰巳午未申酉戌亥。

清陳昌治刻本《說文解字・卷三・支部》：「去竹之枝也。从手持半竹。章移切。」

曆法中用的十二個字。

《韻會》：「十二支，辰名。」

《史記・天官書注》：「爾雅釋天云：歲陽者，甲乙丙丁戊己庚辛壬癸十干是也。歲陰者，子丑寅卯辰巳午未申酉戌亥十二支是也。」

《後漢・王符傳》：「明帝時，以反支日，不受章奏。」《注》：「凡反支日，用月朔為正，十二支終戌亥，反還於子丑。如朔日遇戌亥，即初一為反支也。」

干：。觸犯、冒犯、衝犯。又古代用以記年、記月、記日、記時（亦作編排次序）的十個字：甲乙丙丁戊己庚辛壬癸。

清陳昌治刻本《說文解字・卷三・干部》：「犯也。古寒切。」

古代用以記年、記月、記日、記時（亦作編排次序）的十個字（甲乙丙丁戊己庚辛壬癸）。自甲至癸為天干。

《皇極經世》：「十干，天也。十二支，地也。支干，配天地之用也。」

《皇極內篇》：「十為干，十二為支。十干者。五行有陰陽也。十二支者，六氣有剛柔也。」

又闌干，橫斜貌。

《古樂府・善哉行》：「月沒參橫，北斗闌干。」

甲：。天干的第一位，用於作順序第一的代稱。

清陳昌治刻本《說文解字・卷十四・甲部》：「東方之孟，陽氣萌動，從木戴孚甲之象。一曰人頭宣為甲，甲像人頭。始於十，見於千，成於木之象。古狎切。」
《易・解卦》：「雷雨作而百果草木皆甲坼。」《疏》：「百果草木皆莩甲開坼，莫不解散也。」
《後漢・章帝紀》：「方春生養，萬物孚甲。」《注》：「葉裡白皮也。又十干之首。」
《爾雅・釋天》：「歲在甲曰閼逢，月在甲曰畢。」
《易・蠱卦》：「先甲三日，後甲三日。」《疏》：「甲者，造作新令之日。」
《書・益稷》：「娶於塗山，辛壬癸甲。」
《禮・郊特牲》：「社日用甲，用日之始也。又凡物首出羣類曰甲。」

押：。同壓。陪伴、執掌。
《集韻》：「乙甲切，竝音壓。署也。今人言文字押署是也。」
《文字指歸》：「押字才能也。」
《集韻》、《韻會》：「竝古狎切，音甲。輔也。」
《增韻》：「檢束也。」

春：。
《爾雅・釋天》：「春為青陽。」《注》：「氣清而溫陽。」
《周禮・春官・宗伯疏》：「春者出生萬物。」
《公羊傳・隱元年》：「春者何，歲之始也。」《注》：「春者，天地開闢之端，養生之首，法像所出。昏斗指東方曰春。」
《史記・天官書》：「東方木主春。」

《前漢・律曆志》：「陽氣動物，於時為春。春，蠢也。物蠢生，迺動運。」

《周禮・冬官考工記・梓人》：「張皮侯而棲鵠，則春以功。」《注》：「春讀為蠢。蠢，作也，出也。」

《集韻》：「尺尹切，音蠢。」《注》：「春讀為蠢。蠢，作也，出也。」

《爾雅・卷八・釋天》：「春為青陽（《注》：氣清而溫陽。），夏為朱明（《注》：氣赤而光明。），秋為白藏（《注》：氣白而收藏。），冬為玄英（《注》：氣黑而清英。）。四氣和謂之玉燭。（《注》：道光照。）春為發生，夏為長嬴，秋為收成，冬為安寧。（《注》：此亦四時之別號。《尸子》：皆以為大平祥風。）四時和為通正，（《注》：通平暢也。）謂之景風。（《注》：所以致景風。）甘雨時降，萬物以嘉，（《注》：莫不善之。）謂之醴泉。（《注》：所以出醴泉。）祥。云『春為青陽』者，言春之氣和，則青而溫陽也。云『夏為朱明』者，言夏之氣和，則赤而光明也。云『秋為白藏』者，言秋之氣和，則色白而收藏也。云『冬為玄英』者，言冬之氣和，則黑而清英也。云『四氣和謂之玉燭』。」《注》云：「『道光照』者，道，言也，言四時和氣，溫潤明照，故曰玉燭。」

抽：抽。

清陳昌治刻本《說文解字》：「引也。非也。」

《莊子・天地篇》：「挈水若抽，其名為槔。」

《箋》：「抽，猶出也。又收也。」

《陸機・文賦》：「思軋軋其若抽。又拔也，除也。」

乙：乁。

清陳昌治刻本《說文解字・卷十四・乙部》：「象春艸木冤曲而出，陰氣尚彊，其出乙乙也。與丨同意。乙承甲，象人頸。於筆切。」天干之第二位。東方，木行也。象春草木冤曲而出。

《爾雅・釋天》：「太歲在乙曰旃蒙，月在乙曰橘。」

《呂氏春秋・孟春季・孟春》：「其日甲乙。」注：「乙，木日也。」

《淮南子・天文訓》注：「甲、乙皆木也。」

《前漢・律曆志》：「奮軋於乙。」

《京房易傳》：「乙，屈也。」

又第二也。

《史記・殷本紀》：「河亶甲崩，子帝祖乙立。」

《昭明文選・卷一・賦甲》注：「賦甲者，舊題甲乙，所以紀卷先後。」

又屈曲也。

《京房易傳》：「乙，屈也。」

《白虎通・五行》：「乙者，物蕃屈有節欲出。」

又軋也。

漢劉熙《釋名・釋天》：「乙，軋也。自抽軋而出也。」

《廣雅・釋言》：「乙，軋也。」

《漢書・律曆志》：「奮軋於乙。」

又與一通。

清吳任臣《字彙補》：「泰一天一，丹元子作太乙天乙。」

軋：。

清陳昌治刻本《說文解字・卷十四・車部》：「車輾也。烏轄切。」

《史記》：「作軋沕。又軋忽，長遠之貌。」

《前漢・禮樂志》：「清風軋忽。又軮軋，無涯際也。」

《揚雄・甘泉賦》：「軮軋無垠。」

《集韻》：「膺眼切，音[illegible]。義同。又葉乙役切，音鬱。」

《張衡・南都賦》：「流湍投濈，砏汃輣軋。長輸遠逝，漻淚淢汨。」《注》：「輣軋，波相激之聲。」

丙：。

清陳昌治刻本《說文解字・卷十四・丙部》：「位南方，萬物成，炳然。陰氣初起，陽氣將虧。從一入冂。一者，陽也。兵永切。承乙，象人肩。」

天干之第三位。五行屬火。南方之位也。

《說文解字》：「丙，位南方，萬物成炳然，陰氣初起，陽氣將虧。从一入冂。一者，陽也。丙承乙，象人肩。」

《爾雅・釋天》：「太歲在丙曰柔兆，月在丙曰修。」

《淮南子・時則訓》：「其日丙丁。」《注》：「丙丁，火日也。」

又炳（炳）也。光明也。

清陳昌治刻本《說文解字・卷十・火部》：「明也。兵永切。」清段玉裁《注》：「昞也。《易》：『大人虎變，其文炳也。』從火。」

《玉篇》：「丙，又光明也。」

《易・革卦》：「大人虎變，其文炳也。」

《釋名・釋天》：「丙，炳也。物生炳然，皆著見也。」

《白虎通・五行》：「丙者，其物炳明。」

《廣韻》：「丙，又光也、明也。」

《廣雅・釋言》：「丙，炳也。」

又剛也。

《廣雅・釋天》：「丙，剛。」

柄：柄。

清陳昌治刻本《說文解字・卷六・木部》：「柯也。棅，或從秉。陂病切。」清段玉裁《注》：「柯也。柄之本義專謂斧柯。引伸為凡柄之稱。《周禮》、《禮經》作枋。」

本也。

《易・下繫》：「坤為地為柄。」

又通秉。斗柄。

《史記・天官書》：「作斗秉。」

丁：个。

清陳昌治刻本《說文解字・卷十四・丁部》：「夏時萬物皆丁實。象形。丁承丙，像人心。當經切。」清段玉裁《注》：「夏時萬物皆丁實。丁實小徐本作丁壯成實。《律書》：『丁者，言萬物之丁壯也。』《律曆志》曰：『大盛於丁。』《鄭注月令》曰：『時萬物皆強大。』」

盛也、強也、旺也。

《說文解字》：「丁，夏時萬物皆丁實。象形，丁承丙，象人心。」《段注》：「丁實，小徐本，作丁壯成實。《律書》曰：『丁者言萬物之丁壯也。』《律曆志》曰：『大盛於丁。』《鄭注》：『〈月令〉曰：「時萬物皆強大。」』。」

魏、張揖《廣雅・釋詁》：「丁，強也。」

《史記・律書》：「丁者，言萬物之丁壯也，故曰丁。」

又天干之第四位，五行屬火，方位在南。

《爾雅・釋天》：「太歲在丁曰強圉，月在丁曰圉。」

《禮記・月令》曰：「仲春之月，上丁命樂正，習舞釋菜。」

《呂氏春秋・孟夏》：「其日丙丁。」注：「丙丁，火日也。」

又當也。與當通。

清朱駿聲《說文通訓定聲》：「丁，借為當，丁當雙聲。」

《爾雅・釋詁》：「丁，當也。」

《詩經・大雅》：「雲漢一寧丁我躬。」《傳》：「丁，當也。」

《楚辭・九歎・惜賢》：「丁時逢殃，孰可奈何兮。」《劉向注》：「丁，當也。」

《後漢書・岑彭傳》：「我喜我生獨丁斯時。」《注》：「丁，猶當也。」

又丁寧也。彼此相囑曰丁寧。

唐歐陽詢《藝文類聚・卷三十八》：「《五經通義》曰：『丁者，反覆丁寧也。』」

亭：。

清陳昌治刻本《說文解字・卷五・高部》：「民所安定也。亭有樓，從高省。特丁切。」

《釋名》：「停也。道路所舍，人停集也。」

《風俗通》：「亭，留也，行旅宿會之所館也。」

亭毒，化育也。

《老子・道德經》：「亭之毒之。」《注》：「亭謂品其形，毒謂成其質。」

止：。

清陳昌治刻本《說文解字・卷二・止部》：「下基也。象艸木出有址，故以止為足。諸市切。」

《徐曰》：「初生根幹也。」

《廣韻》：「停也，足也。」

《易・艮卦》：「艮，止也。時止則止，時行則行。」

《老子・道德經》：「知足不辱，知止不殆。又靜也。」

《禮・玉藻》：「口容止。」《注》：「不妄動也。」

又已也，息也。

《論語》：「止吾止也。」

戊：。

清陳昌治刻本《說文解字・卷十四・戊部》：「中宮也。象六甲五龍相拘絞也。戊承丁，象人脅。莫候切。」

《集韻》：「竝莫候切，音茂。十干之中也。物皆茂盛也。」

《爾雅・釋天》：「歲在戊曰著雍，月在戊曰厲。」

《集韻》：「莫後切，音牡。義同。」

《詩・小雅》：「吉日維戊。」

《朱傳》：「戊，剛日也。凡外事用剛日，宣王田獵，外事也，故用剛日。」

貿：。

清陳昌治刻本《說文解字・卷六・貝部》：「易財也。莫候切。」

《說文》：「作貿。易財也。」《徐曰》：「貿，猶亂也，交互之義。」

《五經文字》：「貿，經典相承，隸省作貿。」

《爾雅・釋言》：「貿，市也。又買也。」

己：。

清陳昌治刻本《說文解字・卷十四・己部》：「中宮也。象萬物辟藏詘形也。己承戊，象人腹。居擬切。」

《釋名》：「紀也。」
《詩・小雅》：「式夷式己。」
《箋》：「為政當用平正之人，用能紀理其事也。」
日名。
《爾雅・釋天》：「太歲在己曰屠維，月在己曰則。」
《禮・月令》：「季夏之月，其日戊己。」《注》：「己之為言起也。」

紀：。

清陳昌治刻本《說文解字・卷十三・糸部》：「絲別也。居擬切。」
《詩・大雅》：「綱紀四方。」《傳》：「理之為紀。」《疏》：「紀者，別理絲數。」
《書・洪範》：「五紀：一曰歲，二曰月，三曰日，四曰星辰，五曰曆數。」《疏》：「五紀者，五事，為天之經紀也。」
《書・畢命》：「既歷三紀。」《傳》：「十二年曰紀。」
《詩・秦風》：「有紀有堂。」《傳》：「紀，基也。」《疏》：「山基也。」
《禮・月令》：「月窮於紀。」《注》：「紀，會也。」

茂：。

清陳昌治刻本《說文解字・卷一・艸部》：「艸豐盛。莫候切。《注》：『楙，古文。』」
《易・無妄》：「先王以茂對時，育萬物。」《注》：「茂，盛也。」
《詩・大雅》：「種之黃茂。」《注》：「茂，美也。」

《爾雅・釋詁》：「茂，勉也。」

《周語》：「先王之於民也，茂正其德，而厚其性。」

《白虎通》：「五人曰茂。」

庚：。

清陳昌治刻本《說文解字・卷十四・庚部》：「位西方，象秋時萬物庚庚有實也。庚承己，像人齎。古行切。」

《集韻》：「庚，十干名也。」

《說文》：「庚位西方，象秋時萬物庚庚有實也。」

《爾雅・釋天》：「太歲在庚曰上章。月在庚曰窒。」

《釋名》：「庚，剛也，堅強貌也。」

《玉篇》：「庚猶更也。」

《易・巽卦》：「先庚三日，後庚三日吉。」

《本義》：「庚，更也。事之變也。先庚三日，丁也。後庚三日，癸也。丁所以丁寧於其變之前，癸所以揆度於其變之後。」

《詩・小雅》：「東有啓明，西有長庚。」《傳》：「日出，明星為啓明。日既入，謂明星為長庚。」《注》：「長庚，即太白星。」

《詩緝》：「夾漈鄭氏曰：『啓明金星，長庚水星。金在日西，故日將出，則東見。水在日東，故日將沒，則西見。實二星也。』」

更：㪅。

清陳昌治刻本《說文解字・卷三・攴部》：「改也。古孟切。古行切。」

辛：辛。

清陳昌治刻本《說文解字・卷十四・辛部》：「秋時萬物成而熟；金剛，味辛，辛痛即泣出。皐也。辛承庚，像人股。息鄰切。」

《書・洪範》：「金曰從革，從革作辛。」

《白虎通》：「金味所以辛者，西方煞傷成物，辛所以煞傷之也，猶五味得辛乃委煞也。又歲、月、日之名。」

《爾雅・釋天》：「太歲在辛曰重光，月在辛曰塞。」

《禮・月令》：「其日庚辛。」《注》：「辛之言新也。」

《前漢・律曆志》：「悉新於辛。」

《史記・律書》：「言萬物之辛生也。」

新：新。

清陳昌治刻本《說文解字・卷十四・斤部》：「取木也。息鄰切。」

《博雅》：「初也。」

《易・大畜》：「日新其德。」

《書・胤徵》：「咸與惟新。」

《禮・月令》：「孟秋，農乃登穀，天子嘗新，先薦寢廟。」

壬：。與任同。負也。

清陳昌治刻本《說文解字・卷十四・壬部》：「位北方也。陰極陽生，故《易》曰：『龍戰於野。』戰者，接也。象人褱妊之形。承亥壬以子，生之敘也。與巫同意。壬承辛，象人脛。脛，任體也。如林切。」清段玉裁《注》：「位北方也。侌極陽生。《月令鄭注》：『壬之言任也。』時萬物懷任於下。《律書》曰：『壬之為言任也。』言陽氣任養萬物於下也。《律曆志》曰：『懷任於壬。』《釋名》曰：『壬，妊也。陰陽交。物懷妊，至子而萌也。』故《易》曰：『龍戰於野。』坤上六爻辭。戰者，接也。釋易之戰字。引易者，證陰極陽生也。《乾鑿度》曰：『陽始於亥，乾位在亥。《文言》曰：『為其兼於陽。故稱龍。許君以亥壬合德。亥壬包孕陽氣。至子則滋生矣。象人褱妊之形。』承亥壬㠯子生之敘也。故舉坤上六爻辭。坤上六在亥。壬與巫同意，巫像人兩袖舞，壬像人腹大也。壬承辛。象人脛。脛任體也。」

《爾雅・釋歲》：「太歲在壬曰玄黓，月在壬曰終。」

《淮南子・時則訓》：「戌在壬曰玄黓。」

《史記・律書》：「壬之為言任也。言陽氣任養萬物于下也。」

癸：。

清陳昌治刻本《說文解字・卷十四・癸部》：「冬時，水土平，可揆度也。像水從四方流入地中之形。癸承壬，像人足。居誄切。」清段玉裁《注》：「冬時水土平，可揆度也。揆癸疊韵。《律書》曰：『癸之為言揆也。言萬物可揆度。』《律曆志》曰：『陳揆於癸，像水從四方流入地中之形。』」
《正韻》：「癸者，歸也。於時為冬，方在北，五行屬水，五運屬火。」
《前漢．律曆志》：「陳揆於癸。又歲月日名。」
《爾雅．釋天》：「太歲在癸曰昭陽。月在癸曰極。」
《禮．月令》：「孟冬之月，其日壬癸。」《注》：「日之行，東北從黑道，閉藏萬物，月為之佐，時萬物懷任於下，揆然萌芽，又因以為日名焉。」

揆：。

清陳昌治刻本《說文解字．卷十二．手部》：「葵也。求癸切。」清段玉裁《注》：「度也。度者，法制也。因以為揆度之度。今音分去入。古無二也。《小雅》：『天子葵之。』《傳》曰：『葵，揆也。』謂叚葵為揆也。」
《爾雅．釋言》：「度也。」
《易．繫辭》：「初率其辭而揆其方。」《注》：「循其辭，以度其義。」
《詩．鄘風》：「揆之以日。」
《史記．律書》：「癸之為言揆也，言萬物可揆度，故曰癸。」

子：。

清陳昌治刻本《說文解字．卷十四．子部》：「十一月，陽氣動，萬物滋，人以為稱。象形。象髮也。即里切。《注》：『李陽冰曰，子在襁緥中，足併也。』」

《徐鍇曰》：「十一月夜半，陽氣所起。人承陽，故以為稱。」

《爾雅・釋天》：「太歲在子曰困敦。」

《前漢・律曆志》：「孳萌於子。」

孳：。

清陳昌治刻本《說文解字・卷十四・子部》：「汲汲生也。子之切。」

《廣韻》：「孳，息也。」

與孜同。

《孟子》：「孳孳為善者。」

《禮・表記》：「俛焉日有孳孳。」

《書・堯典》：「鳥獸孳尾。」《注》：「乳化曰孳，交接曰尾。」

丑：。《廣韻》、《集韻》、《韻會》：「敕久切。」《正韻》：「齒九切，有，上聲。」

清陳昌治刻本《說文解字・卷十四・丑部》：「紐也。十二月，萬物動，用事。象手之形。時加丑，亦舉手時也。敕九切。」

紐也。

《說文句讀》：「昧爽為丑，人皆起有為也。」

《六書正譌》：「丑，象子初生舉手。」

《漢書・律曆志》：「孳萌於子，紐牙於丑。」

又與紐（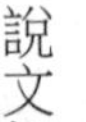）通。

清陳昌治刻本《說文解字・卷十四・糸部》：「係也。一曰結而可解。女久切。」

《博雅》：「束也。」

漢劉熙《釋名・釋天》：「丑，紐也。寒氣自屈紐也。」

《史記・律書》：「丑，紐也。」

《白虎通・五行》：「丑者，紐也。」

又十二地支之第二位。方位名。位在東北。

《淮南子・時則訓》：「招搖指丑。」

又用以代年。

《爾雅・釋天》：「太歲在丑，曰赤奮若。」

又用以代月。為十二月。

《說文解字》：「丑，十二月，萬物動用事。」

《禮記・月令》：「季冬之月，斗建丑。」

郝經〈長星行〉：「玉虹千丈月合丑。」

又用以代日。

《左傳・桓公五年》：「正月甲戌己丑。」

又用以代時。夜一時至三時為丑時。

《隋書・天文志》：「春秋分，日出卯正，日入酉正，晝五十刻，夜五十刻，子四刻，丑亥七刻。」

又五行以丑為土。

漢王充《論衡・物勢》：「丑，土也。」

又十二屬以丑為牛。

漢王充《論衡・物勢》：「丑，其禽牛也。」

又畜也。

漢揚雄《太玄經・玄數》：「辰戌丑未。」《注》：「丑之言畜也，畜養萌芽也。」

又閉也。

《淮南子・天文訓》：「丑為閉。」

寅：。

清陳昌治刻本《說文解字・卷十四・寅部》：「髕也。正月，陽氣動，去黃泉，欲上出，陰尚彊，象宀不達，髕寅於下也。弋眞切。《注》：『徐鍇曰，髕斥之意，人陽氣銳而出，上閡於宀臼，所以擯之也。』」清段玉裁《注》：「當作濥。《史記》、《淮南王》書作螾。《律書》曰：『寅言萬物始生螾然也。』《天文訓》曰：『斗指寅則萬物螾。』《高注》：『螾，動生皃。』《律曆志》曰：『引達於寅。』《釋名》曰：『寅，演也。演生物也。』《廣雅》曰：『寅，演也。』《晉書樂志》曰：『正月之辰謂之寅。寅，津也。謂物之津塗。』按《漢志》、《廣雅》演字皆濥之誤。《水部》曰：『濥，水脈行地中濥濥也。』演，長流也。俗人不知二字之別。濥多誤為演。以濥釋寅者。正月陽氣欲上出。如水泉欲上行也。螾之為物。詰詘於黃泉。而能上出。

故其字从寅。《律書》、《天文訓》以螾釋寅。正月陽氣動。句。去黃泉欲上出。侌尚強也。《杜注左傳》曰：『地中之泉，故曰黃泉。陰上強，陽不能徑遂。』」《徐曰》：「髕，擯斥之意。正月陽氣上銳，而出閡於宀也。臼，所擯也，象形。今作寅，東方之辰，一曰孟陬。」

《前漢・律曆志》：「引達於寅。」

《爾雅・釋天》：「太歲在寅曰攝提格。」

《玉篇》：「演也，敬也，强也。」

《書・堯典》：「寅賓出日。」《注》：「寅，敬也，以賓禮接之。出日，方出之日。蓋以春秋之旦，朝方出之日，而識其初出之景也。」

移：。

清陳昌治刻本《說文解字・卷七・禾部》：「禾相倚移也。一曰禾名。弋支切。《注》：『臣鉉等曰：多與移聲不相近，蓋古有此音。』」清段玉裁《注》：「禾相倚移也。相倚移者，猶言虛而與之委蛇也。』《呂氏春秋》曰：『苗其弱也欲孤。其長也欲相與俱。其熟也欲相扶。』」

《六書故》：「移秧也。凡種稻先苗之後移之。」

遷也。

《韻會》：「今遷徙之迻借作移。」

《書・多士》：「移爾遐逖。」

《廣韻》：「易也，延也。」

《博雅》：「轉也。」

《書・畢命》：「世變風移。」

《禮・大傳》：「絕族無移服。」《疏》：「在旁而及曰移。言不延移及之。」

卯：。

清陳昌治刻本《說文解字・卷十四・卯部》：「冒也。二月，萬物冒地而出。象開門之形。故二月為天門。莫飽切。」清段玉裁《注》：「冒也。二月萬物冒地而出。《律書》曰：『卯之為言茂也。言萬物茂也。』《律曆志》：『冒茆於卯。』《天文訓》：『卯則茂茂然。』《釋名》：『卯，冒也。載冒土而出也。』蓋陽氣至是始出地。象開門之形。字象開門也。故二月為天門。卯為春門。萬物已出。」《徐曰》：「二月，陰不能制，陽冒而出也。天門，萬物畢出也。」

《廣韻》：「辰名。」

《爾雅・釋天》：「歲在卯曰單閼。」

《晉書・樂志》：「卯，茂也，謂陽氣生而孳茂也。」

辰：。

清陳昌治刻本《說文解字・卷十四・辰部》：「震也。三月，陽氣動，靁電振，民農時也。物皆生，從乙、匕，象芒達；厂，聲也。辰，房星，天時也。從二，古文上字。植鄰切。《注》臣鉉等曰：『三月陽氣成，艸木生上徹於土，故從匕。』厂，非聲。疑亦象物之出。《徐鍇》曰：『匕音化。乙，艸木萌初出曲卷也。』」清段玉裁《注》：「震也。三月陽氣動。靁電振。民農時也。物皆生。震振古通用。振，奮也。《律書》曰：『辰者，言萬物之蜄也。』《律曆志》曰：『振美於辰。』《釋名》曰：『辰，伸也。物皆伸舒而出也。』季春之月。生氣方盛。陽氣發洩。

句者畢出。萌者盡達。二月靁發聲。始電至。三月而大振動。《豳風》曰：『四之日舉止。故曰民農時。』從乙匕。匕呼跨切。變也。此合二字會意。乙象春艸木冤曲而出。陰氣尚強。其山乙乙。至是月陽氣大盛。乙乙難出者始變化矣。匕象芒達。匕字依韻會補。芒達，芒者盡達也。厂聲。鉉等疑厂呼旱切，非聲。按厂之古音不可攷。文魂與元寒音轉亦冣近也。今植鄰切。辰，房星。天時也。此將言從二。先說其故也。晶部晨字下曰。房星，為民田時者。從晶，辰聲。或省作晨。此房星之字也。而此云辰，房星。《辰下》云：『房星為辰。』田候也。則字亦作辰。爾雅房心尾為大辰是也。《韋注周語》曰：『農祥，房星也。房星晨正，為農事所瞻仰。故曰天時。』引申之，凡時皆曰辰。《釋訓》云：『不辰，不時也。』房星高高在上。故從上。」

《釋名》：「辰，伸也。物皆伸舒而出也。」

時也。

《書・皐陶謨》：「撫於五辰。」《注》：「謂五行之時也。」

又日也。

《左傳・成九年》：「浹辰之間。」《注》：「自子至亥，十二日也。」

又歲名。

《爾雅・釋天》：「太歲在辰曰執徐。又三辰，日月星也。」

《左傳・桓二年》：「三辰旂旗。」《疏》：「日照晝，月照夜，星運行於天，昏明遞匝，民得取其時節，故三者皆為辰也。又日月合宿謂之辰。」

《書・堯典》：「曆象，日月星辰。」《注》：「辰，日月所交會之地也。」

又北辰，天樞也。

《爾雅・釋天》：「北極謂之北辰。」《注》：「北極，天之中，以正四時。」

又大辰，星名。

《春秋・昭十七年》：「有星孛於大辰。」

《公羊傳》：「大辰者何，大火也。大火為大辰，伐為大辰，北辰亦為大辰。」《注》：「大火謂心星，伐為參星。大火與伐所以示民時之早晚，天下所取正。北辰，北極天之中也，故皆謂之大辰。」

《爾雅・釋訓》：「不辰，不時也。」

《詩・大雅》：「我生不辰。」

《小雅》：「我辰安在。」

震：震。

清陳昌治刻本《說文解字・卷十一・雨部》：「劈歷，振物者。《春秋傳》曰：『震夷伯之廟。』章刃切。《注》臣鉉等曰：『今俗別作霹靂，非是。』」

清段玉裁《注》：「劈歷振物者。劈歷，疾雷之名。《釋天》曰：『疾靁為霆。』《倉頡篇》曰：『霆，霹靂也。』然則古謂之霆。許謂之震。詩十月之交，春秋隱九年，僖十五年皆言震。振與震疊韵。春秋正義引作震物為長。以能震物而謂之震也。引申之，凡動謂之震。《辰下》曰：『震也。』」

《說文》：「劈歷振物者。从雨辰聲。」《注》徐鉉曰：「今俗別作霹靂，非是。」

《易・說卦》：「震為雷。」

《詩・小雅》：「爗爗震電。」

《傳》：「震，雷也。」

《春秋・僖十五年》：「震夷伯之廟。」《疏》：「雷之甚者為震。」

《釋名》：「震，戰也。所擊輒破，若攻戰也。」

又卦名。

《易・說卦》：「萬物出乎震。震，東方也。」

《易・說卦》：「震，動也。」

《爾雅・釋詁》：「震，懼也。」

《易・震卦》：「洊雷震，君子以恐懼修省。」

《廣韻》：「威也。」

《易・未濟》：「震用伐鬼方。」

《詩・大雅》：「王奮厥武，如震如怒。」

《廣韻》：「起也。」

《易・雜卦傳》：「震，起也。」

巳：。

清陳昌治刻本《說文解字・卷十四・巳部》：「巳也。四月，陽氣巳出，陰氣巳藏，萬物見，成文章，故巳為蛇，象形。詳里切。」清段玉裁《注》：「巳也。《律書》曰：『巳者，言萬物之巳盡也。』《律曆志》曰：『巳盛於巳。』《淮南子天文訓》曰：『巳則生巳定也。』《釋名》曰：『巳，畢布巳也。』辰巳之巳，既久用為巳然巳止之巳，故即以巳然之巳釋之。《序卦傳》：『蒙者，蒙也。比者，比也。剝者，剝也。』四月，陽氣巳出，陰氣巳臧，今藏字。萬物見，成彣彰。故曰巳也。故巳為它，象形。巳不可像也，故以蛇象之。蛇，長而冤曲垂尾。其字像蛇，則象陽巳出陰巳藏矣。」

《史記・律書》：「巳者，言陽氣之巳盡也。」

《前漢・律曆志》：「振美於辰，巳盛於巳。」

《釋名》：「巳也，如出有所為，畢巳復還而入也。」

《玉篇》：「嗣也，起也。」

《爾雅・釋天》：「太歲在巳曰大荒落。」

巳：。

《集韻》、《韻會》、《正韻》：「養里切，竝音以。」

《玉篇》：「止也，畢也，訖也。」

《廣韻》：「成也。」《集韻》：「卒事之辭。」

《易・損卦》：「巳事遄往。」

午：。

清陳昌治刻本《說文解字・卷十四・午部》：「啎也。五月，陰氣午逆陽。冒地而出。此與矢同意。疑古切。」清段玉裁《注》：「啎也。啎者，屰也。五月侌氣啎屰陽。冒地而出也。」

啎屰各本作午逆。今正。《律書》曰：『午者，陰陽交。故曰午。』《律曆志》曰：『咢布於午。』《天文訓》曰：『午，仵也。陰氣從下上。與陽相仵逆也。』《廣雅釋言》：『午，仵也。』按仵即啎字。四月純陽。五月一陰屰陽。冒地而出。故製字以象其形。古者橫直交互謂之午。《注》云：『一縱一橫曰午。』」《徐曰》：「五月陽極陰生。仵者，正沖之也。」

又辰名。

《爾雅・釋天》：「太歲在午曰敦牂。」

《淮南子・時則訓》：「斗五月指午。」

《廣韻》：「交也。」《韻會》：「一縱一橫曰旁午，猶言交橫也。」

仵：。

《集韻》、《正韻》：「阮古切，竝音五。」

《玉篇》：「偶敵也。」

《宋史・瀘州蠻傳》：「範百祿作文誓曰：天子之德，雨暘覆護。三五噍類，請比涇仵。」

《正韻》：「仵作伍。」

未：。

清陳昌治刻本《說文解字・卷十四・未部》：「味也。六月，滋味也。五行，木老於未。象木重枝葉也。無沸切。」清段玉裁《注》：「味也。《口部》曰：『味者，滋味也。』六月滋味也。《韻會》引作六月之辰也。《律書》曰：『未者，言萬物皆成。』有滋味也。《淮南天文訓》曰：『未者，味也。』《律曆志》曰：『昧薆於未。』《釋名》曰：『未，味也。』日中則昃。

向幽昧也。《廣雅釋言》曰：『未，味也。』許說與《史記》同。五行木老於未。《天文訓》曰：『木生於亥。壯於卯。死於未。』此即昧薆之說也。」

《爾雅・釋天》：「太歲在未曰協洽。」

《禮・月令注》：「季夏者，斗建未之辰也。」

《前漢・律曆志》：「昧薆於未。」

《釋名》：「未，昧也。日中則昃，向幽昧也。」

昧：。

清陳昌治刻本《說文解字・卷七・日部》：「爽，旦明也。一曰闇也。莫佩切。」清段玉裁《注》：「昧爽，逗。昧字舊奪。今補。且朙也。各本且作旦。今正。且明者，將明未全明也。從日。莫佩切。一曰闇也。闇者，閉門也。閉門則光不明。明闇字用此不用暗。暗者，日無光也。」

《博雅》：「冥也。」

《易・屯卦》：「天造草昧。」《疏》：「昧謂冥昧。」

《書・堯典》：「宅西曰昧谷。」《傳》：「昧，冥也。日入於谷而天下冥，故曰昧谷。」

《書・太甲》：「先王昧爽丕顯。」《疏》：「昧是晦冥，爽是未明，謂夜向晨也。」

味：。

清陳昌治刻本《說文解字・卷二・口部》：「滋味也。無沸切。」

《說文》：「滋味也。」

《玉篇》：「五味，金辛、木酸、水鹹、火苦、土甘。」

《禮・王制》：「五味異和。」

《老子・道德經》：「味無味。」

申：。

清陳昌治刻本《說文解字・卷十四・申部》：「神也。七月，陰氣成，體自申束。從臼，自持也。吏臣餔時聽事，申旦政也。失人切。」清段玉裁《注》：「神也。神不可通。《律書》曰：『申者，言陰用事。』申則萬物。故曰申。《律曆志》曰：『申堅於申。』《天文訓》曰：『申者，申之也。』《廣韻》曰：『申，伸也。重也。從臼自持也。』臼，叉手也。」

《韻會》、《正韻》：「升人切，竝音身。十二支之一。」

《爾雅・釋天》：「太歲在申，曰涒灘。」

《釋名》：「申，身也。物皆成，其身體各申束之，使備成也。」

《史記・律書》：「七月也。律中夷則，其於十二子為申。申者，言陰用事，申賊萬物。又重也。」

《易・巽卦》：「重巽以申命。」

呻：。

清陳昌治刻本《說文解字・卷二・口部》：「吟也。失人切。」清段玉裁《注》：「吟也。按呻者吟之舒。吟者呻之急。渾言則不別也。」

酉：。

清陳昌治刻本《說文解字・卷十四・酉部》：「就也。八月黍成，可為酎酒。象古文酉之形。从卯，卯為春門，萬物已出。酉為秋門，萬物已入。一，閉門象也。與久切。」清段玉裁《注》：「就也。就，高也。《律書》曰：『酉者，萬物之老也。』《律曆志》曰：『畱孰於酉。』《天文訓》曰：『酉者，飽也。』《釋名》曰：『酉，秀也。秀者，物皆成也。八月黍成。可為酎酒。』此舉一物以言就。黍以大暑而種。至八月而成。猶禾之八月而孰也。不言禾者，為酒多用黍也。酎者，三重酒也。必言酒者，古酒可用酉為之。故其義同曰就也。」

《爾雅・釋天》：「太歲在酉曰作噩。」

《史記・律書》：「八月也。律中南呂，其於十二子為酉。酉者，萬物之老也。」

《淮南子・天文訓》：「指酉。酉者，飽也。律受南呂。」

《時則訓》：「仲秋之月，招搖指酉。」

《釋名》：「酉，秀也。秀者，物皆成也。」

《易》：「為兌。」

飽：。

清陳昌治刻本《說文解字・卷五・食部》：「猒也。博巧切。」

《玉篇》：「飽滿也。」

《廣韻》：「食多也。」

《易・漸卦》：「飲食衎衎，不素飽也。」

猶：。

清陳昌治刻本《說文解字・卷十・犬部》：「玃屬。一曰隴西謂犬子為猷。以周切。」清段玉裁《注》：「玃屬。《釋獸》曰：『猶如麂。善登木。』許所說謂此也。《曲禮》曰：『使民決嫌疑。定猶豫。』《正義》云：『說文。猶，玃屬。豫，象屬。』此二獸皆進退多疑。人多疑惑者似之。故謂之猶豫。亦作猶與。亦作冘豫。皆遲疑之皃。猶繹今。謂可已而不已者曰猶。即猶豫，夷猶之意也。《釋詁》曰：『猷，謀也。』《釋言》曰：『猷，圖也。』《召南傳》曰：『猶，若也。』《說文》：『圖者，畫也。計難也。謀者，慮難也。圖謀必酷肖其事而後有濟。』故圖也，謀也，若也為一義。一曰隴西謂犬子為猶。此別一義。益證從犬之意。」

《詩・小雅》：「克壯其猶。」《傳》：「猶，道也。」

《傳》：「猶，可也。又本作猷。」

《箋》：「猶，謀也，兵謀也。」《疏》：「能光大其運謀之道。」

戌：。

清陳昌治刻本《說文解字・卷十四・戌部》：「滅也。九月，陽氣微，萬物畢成，陽下入地也。五行，土生於戊，盛於戌。從戊含一。辛聿切。」

清段玉裁《注》：「烕也。九月陽氣微。萬物畢成。陽下入地也。烕大徐作滅。非。火部曰。烕，滅也。《本毛詩傳》：『火死於戌。』陽氣至戌而盡。故烕從火戌。此以烕釋戌之恉也。《律書》曰：『戌者，萬物盡滅。』《淮南子天文訓》：『戌者，滅也。』《律曆志》：『畢入於戌。』《釋名》：『戌，卹也。』物當收斂矜卹之也。九月於卦為剝。五陰方盛。一陽將盡。陽下入地。

故其字從土中含一。五行土生於戊。盛於戌。戊午合德。《天文訓》曰：『土生於午。』壯於戌。死於寅。從戊一。戊者，中宮。亦土也。一者，一陽也。戌中含一會意也。」

《前漢・律曆志》：「畢入於戌。」

《爾雅・釋天》：「歲在戌曰閹茂。」

滅：滅。

清陳昌治刻本《說文解字・卷十一・水部》：「盡也。亡列切。」

沒也。

《易・大過》：「過涉滅頂。又火熄也。」

《書・盤庚》：「若火之燎於原，不可嚮邇，其猶可撲滅。」

殺：殺。薙草曰殺。

清陳昌治刻本《說文解字・卷三・殺部》：「戮也。所八切。」

《禮・月令》：「利以殺草。又霜殺物曰殺。」

《春秋・僖三十三年》：「隕霜不殺草。」

《左傳・桓五年》：「始殺而嘗。又以火炙簡為殺青。」

《後漢・吳佑傳》：「欲殺青簡，以寫經書。」《注》：「殺青者，以火炙簡令汗，取其青，易書，復不蠹，謂之殺青。亦為汗青。」

亥：亥。

清陳昌治刻本《說文解字．卷十四．亥部》：「荄也。十月，微陽起，接盛陰。從二，二，古文上字。一人男，一人女也。從乙，象裹子咳咳之形。《春秋傳》曰：『亥有二首六身。』亥而生子，復從一起。胡改切。」清段玉裁《注》：「荄也。十月微陽起接盛陰。《律曆志》曰：『該閡於亥。』《天文訓》曰：『亥者，閡也。』《釋名》曰：『亥，核也。收藏萬物。核取其好惡眞僞也。』《許》云：『荄也者。』荄，根也。陽氣根於下也。十月於卦為坤。微陽從地中起接盛陰。即壬下所云陰極陽生。故《易》曰：『龍戰於野。』戰者，接也。從二。二，古文上字也。謂陰在上也。一人男，一人女也。其下從二人。一人男，一人女。像乾道成男，坤道成女。從乚。象裹子咳咳之形也。咳與亥音同。胡改切。亥而生子，復從一起。此言始一終亥，亥終則復始一也。」

《集韻》、《韻會》：「下改切，竝音頦。辰名。」

《爾雅．釋天》：「太歲在亥曰大淵獻。」

《前漢．律曆志》：「該閡於亥。」

《唐書．禮樂志》：「吉亥祀先農。」

《元史．祭祀志》：「黑帝位亥。」

核：。

清陳昌治刻本《說文解字．卷六．木部》：「蠻夷以木皮為篋，狀如籢尊。古哀切。」

《玉藻》：「食棗、桃、李，弗致於核。又籩實曰核，豆實曰殽。」

又通覈。

《注》：「斅，李梅之屬。又剋核。」
《莊子・人間世》：「剋核太甚，則必有不肖之心應之。」

閡：。

清陳昌治刻本《說文解字・卷十二・門部》：「外閉也。五漑切。」
外閉也。有外閉則為礙。
《玉篇》：「止也。」
《易・蒙卦注》：「退則困險，進則閡山。」《疏》：「坎在艮下，是山下有險，恐進退不可，故蒙昧也。」

劾：。

清陳昌治刻本《說文解字・卷十三・力部》：「灋有罪也。胡槩切。法者，謂以法施之。」
《玉篇》：「推劾也。」
《增韻》：「按劾也。」
《六書故》：「劾猶斅也，考劾其實也。」
《韻會》：「鞫也。」

太歲：古代（戰國時期至秦漢）的一種星歲紀年中的年名。該法假想有一顆速度與歲星（木星）視運動平均速度（十二年一周天）相同，而方向相反的天體，稱為「太歲」，以它的位置紀年。所以當木星位於丑位時，太歲即位於寅位，該年就稱為「攝提格」。
《爾雅・卷八・釋天》：「太歲在寅曰攝提格，在卯曰單閼，在辰曰執徐，在巳曰大荒落，在午曰敦牂（音臧），在未曰協洽（夾），在申曰涒（湯昆切）灘，在酉曰作噩（五各切），在戌曰閹（音俺）茂，在亥曰大淵獻，在子曰困敦（頓），在丑曰赤奮若。太歲在甲曰閼逢，在乙曰旃蒙，在丙曰柔兆，在丁曰強圉，在戊曰著雍，在己曰屠維，在庚曰上章，在辛曰重光，在壬曰玄黓，在癸曰昭陽。歲陽。載，歲也。夏曰歲，商曰祀，周曰年，唐虞曰載。」

歲陽名稱表：

天干	爾雅・釋天	史記・曆書
甲	閼逢	焉逢
乙	旃蒙	端蒙
丙	柔兆	游兆
丁	強圉	彊梧
戊	著雍	徒維
己	屠維	祝犁
庚	上章	商橫
辛	重光	昭陽
壬	玄黓	橫艾
癸	昭陽	尚章

歲陰（太歲）名稱表：

地支	爾雅・釋天	史記・曆書	史記・天官書	歲星
子	困敦	困敦	困敦	玄枵
丑	赤奮若	赤奮若／赤奪若	赤奮若	星紀
寅	攝提格	攝提格	攝提格	析木
卯	單閼	單閼	單閼	大火
辰	執徐	執徐	執徐	壽星
巳	大荒落	大荒落／大芒落／大芒駱	大荒駱	鶉尾
午	敦牂	敦牂	敦牂	鶉火
未	協洽	協洽／叶洽	叶洽	鶉首

申	涒灘	涒灘／汭漢	涒灘	實沉
酉	作噩	作鄂／作噩	作鄂	大梁
戌	閹茂	淹茂／閹茂	閹茂	降婁
亥	大淵獻	大淵獻	大淵獻	娵訾／諏訾

歲陽歲陰（太歲）名稱表：

甲子	閼逢困敦	丙子	柔兆困敦	戊子	著雍困敦	庚子	上章困敦	壬子	玄黓困敦
乙丑	旃蒙赤奮若	丁丑	強圉赤奮若	己丑	屠維赤奮若	辛丑	重光赤奮若	癸丑	昭陽赤奮若
丙寅	柔兆攝提格	戊寅	著雍攝提格	庚寅	上章攝提格	壬寅	玄黓攝提格	甲寅	閼逢攝提格
丁卯	強圉單閼	己卯	屠維單閼	辛卯	重光單閼	癸卯	昭陽單閼	乙卯	旃蒙單閼
戊辰	著雍執徐	庚辰	上章執徐	壬辰	玄黓執徐	甲辰	閼逢執徐	丙辰	柔兆執徐
己巳	屠維大荒落	辛巳	重光大荒落	癸巳	昭陽大荒落	乙巳	旃蒙大荒落	丁巳	強圉大荒落
庚午	上章敦牂	壬午	玄黓敦牂	甲午	閼逢敦牂	丙午	柔兆敦牂	戊午	著雍敦牂
辛未	重光協洽	癸未	昭陽協洽	乙未	旃蒙協洽	丁未	強圉協洽	己未	屠維協洽
壬申	玄黓涒灘	甲申	閼逢涒灘	丙申	柔兆涒灘	戊申	著雍涒灘	庚申	上章涒灘
癸酉	昭陽作噩	乙酉	旃蒙作噩	丁酉	強圉作噩	己酉	屠維作噩	辛酉	重光作噩
甲戌	閼逢閹茂	丙戌	柔兆閹茂	戊戌	著雍閹茂	庚戌	上章閹茂	壬戌	玄黓閹茂
乙亥	旃蒙大淵獻	丁亥	強圉大淵獻	己亥	屠維大淵獻	辛亥	重光大淵獻	癸亥	昭陽大淵獻

攝提格：星官名，屬亢宿，共六星，位於大角星兩側，左三星曰左攝提，右三星曰右攝提。為「寅」年的稱呼。

《爾雅．釋天》：「太陰在寅曰攝提格。」

《史記．天官書》：「攝提者，直斗杓所指，以建時節，故曰攝提格。」司馬貞索隱：「太歲在寅，歲星正月晨出東方。」

《史記．天官書》：「大角者，天王帝廷，其兩旁各有三星，鼎足句之，曰攝提。」司馬貞索隱：「攝提之言提攜也。言提斗攜角以接於下也。」

李巡云：「言萬物承陽起，故曰攝提格。格，起也。」

《淮南子．天文訓》：「太陰在寅，歲名曰攝提格，其雄為歲星，舍斗、牽牛，以十一月與之晨出東方，東井、輿鬼為對。」

單閼：歲陰名。「卯」年的別稱。

《爾雅．釋天》：「太歲在卯曰單閼。」

《史記．天官書》：「單閼歲，歲陰在卯、星居子。」司馬貞索隱引李巡曰：「陽氣推萬物而起，故曰單閼。」

《淮南子．天文訓》：「太陰在卯，歲名曰單閼，歲星舍須女、虛、危，以十二月與之晨出東方，柳、七星、張為對。」

執徐：古時以干支紀年，歲在「辰」。

《爾雅．釋天》：「太歲在辰曰執徐。」陸德明釋文引李巡云：「執，蟄也。徐，舒也。言蟄物皆敷舒而出，故曰執徐也。」

《淮南子・天文訓》：「太陰在辰，歲名曰執徐，歲星舍營室、東壁，以正月與之晨出東方，翼、軫為對。」

大荒落：亦作「大荒駱」、「大芒落」、「大芒駱」。太歲運行到地支「巳」的方位，為十二地支中巳的別稱。

《爾雅・釋天》：「太歲在巳曰大荒落。」

《史記・天官書》：「大荒駱歲：歲陰在巳，星居戌。」

《史記・曆書》：「祝犁大芒落四年。」裴駰集解：「芒，一作荒。」張守節正義引姚察曰：「言萬物皆熾盛而大出，霍然落之，故云荒落也。」

《史記・曆書》：「彊梧大荒落四年。」唐司馬貞索隱：「強梧，丁也。大芒駱，巳也。」

《淮南子・天文訓》：「太陰在巳，歲名曰大荒落，歲星舍奎、婁，以二月與之晨出東方，角、亢為對。」

敦牂：古稱太歲在「午」之年，意為當年萬物盛壯。

《爾雅・釋天》：「太歲在午曰敦牂。」郝懿行義疏：「《佔經》引李巡云：『言萬物皆茂壯，猗那其枝，故曰敦牂。』」

《史記・曆書》：「商橫敦牂後元元年。」張守節正義：「孫炎注《爾雅》云：『敦，盛也。牂，壯也。言萬物盛壯也。』」

《淮南子・天文訓》：「太陰在午，歲名曰敦牂，歲星舍胃、昴、畢，以三月與之晨出東方，氐、房、心為對。」

協洽：未年的別稱。

《爾雅．釋天》：「太歲在寅曰攝提格……在未曰協洽。」郝懿行義疏：「協洽者，《佔經》引李巡云：『言陰陽化生，萬物和合，故曰協洽。協，和也；洽，合也。』孫炎云：『物生和洽含英秀也。』」

《淮南子．天文訓》：「太陰在未，歲名曰協洽……協洽之歲，歲有小兵，蠶登稻昌，菽麥不為，民食三升。」高誘注：「協，和；洽，合也。言陰欲化，萬物和合。」

《淮南子．天文訓》：「太陰在未，歲名曰協洽，歲星舍觜巂、參，以四月與之晨出東方，尾、箕為對。」

涒灘：歲陰「申」的別稱。

《爾雅．釋天》：「太歲在申曰涒灘。」張守節正義：「孫炎注《爾雅》云：『涒灘，萬物吐秀傾垂之貌也。』」

《呂氏春秋．序意》：「維秦八年，歲在涒灘。」高誘注：「歲在申名涒灘……涒灘，誇人短舌不能言為涒灘也。」

《史記．曆書》：「横艾涒灘始元元年。」

《淮南子．天文訓》：「太陰在申，歲名曰涒灘，歲星舍東井、輿鬼，以五月與之晨出東方，斗、牽牛為對。」

作鄂：同作噩。十二支中「酉」的別稱，用以紀年。

《史記・曆書》：「昭陽作鄂四年。」司馬貞索隱：「作鄂，酉也。」

《爾雅・釋天》：「太歲在酉曰作噩。」

《淮南子・天文訓》：「太陰在酉，歲名曰作鄂，歲星舍柳、七星、張，以六月與之晨出東方，須女、虛、危為對。」

閹茂：地支中「戌」的別稱，用以紀年。

《淮南子・天文訓》：「太陰在戌，歲名曰閹茂，歲星舍翼、軫，以七月與之晨出東方，營室、東壁為對。」

大淵獻：亥年的別稱。古以太歲在天宮運轉的方向紀年。太歲指向亥宮之年稱大淵獻。

《爾雅・釋天》：「太歲在亥曰大淵獻。」後亦用作十二支中亥的別稱。

《史記・曆書》：「尚章大淵獻二年，閏十三。」司馬貞索隱：「尚章，癸也，《爾雅》作昭陽也。」張守節正義：「二年，癸亥歲也。」

《淮南子・天文訓》：「太陰在亥，歲名曰大淵獻，歲星舍角、亢，以八月與之晨出東方、奎、婁為對。」

困敦：十二支中「子」的別稱，用以紀年。

《爾雅・釋天》：「太歲在子曰困敦。」

《淮南子・天文訓》：「困敦之歲，歲大霧起，大水出。」高誘注：「困，混；敦，沌也。言陽氣皆混沌，萬物牙蘖也。」

《淮南子・天文訓》：「太陰在子，歲名曰困敦，歲星舍氐、房、心，以九月與之晨出東方，胃、昴、畢為對。」

赤奮若：古代星（歲星）歲（太歲，亦稱歲陰、太陰）紀年法所用名稱。謂太歲在「丑」、歲星在寅的年份為赤奮若。

《史記・天官書》：「赤奮若歲：歲陰在丑（當斗、牛二宿之位），星居寅（當尾、箕二宿之位）。」

《淮南子・天文訓》：「太陰在丑，歲名曰赤奮若，歲星舍尾、箕，以十月與之晨出東方，觜巂、參為對。」

一說：天神名。

《淮南子・墬形訓》：「赤奮若，清明風之所生也。」高誘注：「赤奮若，天神也。」

月令雅稱：

【農曆一月】正月、月正、徵月、新正、孟春、首春、上春、寅孟春、始春、早春、元春、新春、初春、端春、肇春、獻春、春王、華歲、歲歲、肇歲、開歲、獻歲、芳歲、初歲、初月、初陽、孟陽、新陽、春陽、首陽、妝陽、春王、太簇、歲始、王正月、初空月、霞初月、初春月、陬月、王月、端月、孟陬、泰月、謹月、建寅、寅月、楊月、孟春月、三微月、三正、三之日、睦月、上月。

【農曆二月】如月、梅見月、梅月、麗月、卯月、杏月、酣月、令月、跳月、小草生月、衣更著、夾鐘、仲鐘、仲春、仲陽、中和月、四陽月、四之月、春中、婚月、媒月、大壯、竹秋、花朝、花進、甜春、中春。

【農曆三月】暮春、末春、季春、晚春、杪春、褉春、蠶月、花月、桐月、桃月、夬月、嘉月、辰月、稻月、櫻筍月、姑洗、桃浪、雩風、五陽月、桃季月、花飛月、小清明、竹秋、尖月。

【農曆四月】乏月、荒月、陽月、農月、乾月、巳月、畏月、雲月、槐月、麥月、梅月、朱月、餘月、首夏、夏首、孟夏、初夏、維夏、始夏、槐夏、得鳥羽月、花殘月、仲侶、純陽、純乾、正陽月、清規戒律和月、麥秋月、麥候、麥序、六陽、乏月、陰月、中呂。

【農曆五月】仲夏、超夏、中夏、始月、星月、皇月、一陽月、蒲月、蘭月、忙月、午月、榴月、毒月、惡月、橘月、月不見月、吹喜月、皋月、蕤賓、榴月、端陽月、暑月、鶉月、鳴蜩、夏五、賤男染月、小刑、天中、芒種、啟明、鬱蒸。

【農曆六月】且月、荷月、暑月、焦月、伏月、季月、未月、暮夏、杪夏、晚夏、季夏、長夏、極暑、組暑、溽暑、林鐘、精陽。

【農曆七月】孟秋、首秋、上秋、瓜秋、早秋、新秋、肇秋、初秋、蘭秋、蘭月、申月、巧月、瓜月、涼月、相月、文月、七夕月、女郎花月、文披月、大慶月、三陰月、夷則、初商、孟商、瓜時、霜時。

【農曆八月】仲秋、秋半、秋高、橘春、清秋、正秋、桂秋、獲月、壯月、桂月、葉月、秋風月、酉月、月見月、紅染月、南呂、仲商、柘月、雁來月、中律、四陰月、爽月、大清月、竹小春。

【農曆九月】菊月、授衣月、青女月、小田月、剝月、貫月、霜月、長月、戌月、朽月、詠月、玄月、祢覺月、菊開月、紅葉月、季秋、暮秋、晚秋、菊秋、秋末、殘秋、涼秋、素秋、五陰月、窮秋、杪秋、秋商、暮商、季白、無射、霜序、季白、戌月、杪商、霜序。

【農曆十月】孟冬、初冬、上冬、開冬、玄冬、陽月、亥月、吉月、良月、陽月、坤月、正陽月、小陽春、神無月、拾月、時雨月、初霜月、應鐘、玄英、小春、大章、始冰、極陽、陽止。

【農曆十一月】仲冬、中冬、正冬、暢月、霜月、霜見月、子月、辜月、葭月、紙月、復月、天正月、一陽月、廣寒月、龍潛月、雪月、寒月、黃鐘、陽復、陽祭、冰壯、三至、亞歲、中寒。

【農曆十二月】臘月、除月、丑月、嚴月、冰月、餘月、極月、塗月、地正月、二陽月、嘉平月、三冬月、梅初月、春待月、季冬、暮冬、晚冬、杪冬、窮冬、黃冬、臘冬、殘冬、末冬、嚴冬、師走、大呂、星回節、殷正、清祀、冬素。

季令：

春：陽春，青春，三春，九春，芳春，青陽，艷陽，陽中。

夏：朱夏，三夏，九夏，昊天，長嬴，朱明。

秋：金秋，商秋，素科，三秋，九秋，素商，素節，高商，商節，金天。

冬：三冬，九冬，寒冬，安寧，玄英。

節令：

正月初一：元旦，元日，元朔，元正，元春，元辰，正朝，三朝，改旦，三元，歲朝。

初七：人日。

正月十五：元霄，元夕，元夜，燈節，上元。

二月初一：中和日。

三月初三：重三，上巳，三巳，令節，上除。
四月初八：浴佛日。
四月十九：浣花天，浣花日。
五月初五：端午，午日，蒲節。
六月初六：天貺節。
七月初七：七夕，乞巧節，星節。
七月十五：中元。
八月十五：中秋節。
九月初九：重陽，重九，菊花節。
十月十五：下元。
十二月三十：除夕，寧歲。
每月初一至十：上浣。（每月初一：朔，旦，額。）
每月十五：望。
每月十六：既望，望後。
每月末日：晦。
每年清明節前一至二日為：寒食節。

第　二　卷

辨體性

辨體性

體者。以形質為名。性者。以功用為義。以五行體性。資益萬物。故合而辨之。木居少陽之位。春氣和煦溫柔。弱火伏其中。故木以溫柔為體。曲直為性。火居大陽之位。炎熾赫烈。故火以明熱為體。炎上為性。土在四時之中。處季夏之末。陽衰陰長。居位之中。總於四行。積塵成實。積則有間。有間故含容。成實故能持。故土以含散持寔為體。稼穡為性。金居少陰之位。西方成物之所。物成則凝強。少陰則清冷。故金以強冷為體。從革為性。水以寒虛為體。潤下為性。洪範云。木曰曲直。火曰炎上。土曰稼穡。金曰從革。水曰潤下。是其性也。淮南子云。天地之襲精為陰陽。陰陽之專精為四時。四時之散精為萬物。積陰之寒氣。反者為水。積陽之熱氣。反者為火。水雖陰物。陽在其內。故水體內明。火雖陽物。陰在其內。故火體內暗。木為少陽。其體亦含陰氣。故內空虛。外有花葉。敷榮可觀。金為少陰。其體剛利。殺性在外。內亦光明可照。土苞四德。故其體能兼虛實。洪範傳曰。木曰曲直者。東方。易云。地上之木為觀。言春時出地之木。無不曲直。花葉可觀。如人威儀容貌也。許慎云。地上之可觀者。莫過於木。故相字。目傍木也。古之王者。登輿有鸞和之節。降車有佩玉之度。田狩有三驅之制。飲餞有獻酢之禮。無事不巡幸。無奪民時。以春。農之始也。無貪欲姦謀。所以順木氣。木氣順。則如其性。茂盛敷實。以為民用。直者中繩。曲者中鉤。若人君失威儀。酖酒淫縱。重傜厚稅。田獵無度。則木失其性。春不滋長。不為民用。橋梁不從其繩墨。故曰木不曲直也。火曰炎上。炎上者。南方。揚光輝在盛夏。氣極上。故曰炎上。王者向明而治。蓋取其象。古者明王南面聽政。攬海內雄俊。積之於朝。以助明也。退邪佞之人臣。投之於野。以通壅塞。任得其人。則天下大治。垂拱無為。易以離為火。為明。重離重明。則君臣俱明也。明則順火氣。火氣順則如其性。如其性。則能成熟。順人士之用。用之則起。捨之則止。若人君不明。遠賢良。進讒佞。棄法律。疎骨肉。殺忠諫。赦罪人。廢嫡立庶。以妾為妻。則火失其性。不用則起。隨風斜行。焚宗廟宮室。燎於民居。故曰火不炎上。土爰稼穡。稼穡者。種曰稼。斂曰穡。土為地道。萬物貫穿而生。故曰稼穡。土居中。以主四季。成四時。中央。為內事。宮室夫婦親屬之象。古者天子至於士人。宮室寢處。皆有高卑節度。與其過也寧儉。禹卑宮室。孔子善之。后夫人左右妾媵有差。九族有序。骨肉有恩。為百姓之所軌則。則如此。順中和之氣。則土得其性。得其性。則百穀實而稼穡成。如人君縱意。廣宮室臺榭。鏤雕五色。罷盡人力。親疎無別。妻妾過度。則土失其性。土失其性。則氣亂。稼穡不成。故五穀不登。風霧為害。故曰土不稼穡。金曰從革。從革者。革更也。從範而更。形革成器也。西方物既成。殺氣之盛。故秋氣起。而鷹隼擊。春氣動而鷹隼化。此殺生之二端。是以白露為霜。霜者。殺伐之表。王者教兵。集戎事以誅不義。禁暴亂以安百姓。古之人君。安不忘危。以戒不虞。故曰。天下雖安。忘戰者危。國邑雖強。好戰必亡。殺伐必應義。應義則金氣順。金氣順則如其性。如其性者。工冶鑄作。革形成器。如人君樂侵淩。好攻戰。貪色賂。輕百姓之命。人民騷動。則金失其性。冶鑄不化。凝滯渠堅。不成者眾。秋時萬物皆熟。百穀已熟。若逆金氣。則萬物不成。故曰金不從革。水曰潤下。潤下者。水流濕。就汙下也。北方至陰。宗廟祭祀之象。冬陽之所始。陰之所終。終始者。綱紀時也。死者魂氣上天為神。魄氣下降為鬼。精氣散在於外而不反。故為之宗廟。以收散也。易曰。渙。亨。王假有廟。此之謂也。夫聖人之德。又何以加於孝乎。故天子親耕。以供粢盛。王后親蠶。以供祭服。敬之至也。敬之至。

則鬼神報之以介福。此順水氣。水氣順。則如其性。如其性。則源泉通流。以利民用。若人君廢祭祀。漫鬼神。逆天時。則水失其性。水暴出。漂溢沒溺。壞城邑。為人之害。故曰水不潤下也。

註：

體：。

清陳昌治刻本《說文解字・卷四・骨部》：「總十二屬也。他禮切。」清段玉裁《注》：「總十二屬也。十二屬許未詳言，今以人體及許書覈之。首之屬有三，曰頂，曰面，曰頤。身之屬三，曰肩，曰脊，曰尻。手之屬三。曰肱，曰臂，曰手。足之屬三，曰股，曰脛，曰足。合說文全書求之，以十二者統之，皆此十二者所分屬也。」

《說文》：「總十二屬也。」

《釋名》：「體，第也。骨肉毛血表裡大小相次第也。」

《廣韻》：「四支也。」

《禮・中庸》：「動乎四體。」

《易・文言》：「君子體仁，足以長人。」《疏》：「體包仁道。」

性：。

清陳昌治刻本《說文解字・卷十・心部》：「人之陽氣性善者也。息正切。」清段玉裁《注》：「人之陽氣性。句。善者也。論語曰：『性相近也。』孟子曰：『人性之善也。』猶水之就下也。董仲舒曰：『性者，生之質也。』質樸之謂性。」

《中庸》：「天命之謂性。」
《注》：「性是賦命自然。」
《孝經・說曰》：「性者，生之質也。若木性則仁，金性則義，火性則禮，水性則知，土性則信。」
《通論》：「性者，生也。」
《周禮・地官・大司徒》：「以土會之法，辨五地之物生。」（杜子春讀生為性。）
《賈疏》：「性亦訓生，義既不殊，故後鄭不破之也。」

少陽：《易》四象之一。
《易》：「以七為少陽。」
《易・繫辭上》：「十有八變而成卦。」
唐孔穎達《疏》：「每一爻有三變……其兩多一少為少陽者，謂三揲之間，或有一箇九、有一箇八而有一箇四，或有二箇八而有一箇五，此為兩多一少也。如此三變既畢，乃定一爻。」
《漢書・律曆志》：「以陰陽言之，大陰者，北方。北，伏也，陽氣伏於下，於時為冬。冬，終也，物終臧，乃可稱。水潤下。知者謀，謀者重，故為權也。大陽者，南方。南，任也，陽氣任養物，於時為夏。夏，假也，物假大，乃宣平。火炎上。禮者齊，齊者平，故為衡也。少陰者，西方。西，遷也，陰氣遷落物，於時為秋。秋，胆也，物叧斂，乃成孰。金從革，改更也。義者成，成者方，故為矩也。少陽者，東方。東，動也，陽氣動物，於時為春。春，蠢也，物蠢生，乃動運。木曲直。仁者生，生者圜，故為規也。中央者，陰陽之內，四方之中，經緯通達，乃能端直，於時為四季。土稼嗇蕃息。信者誠，誠者直，故為繩也。五則揆物，有輕重圜方平直陰陽之義，四方四時之體，五常五行之象。」

溫柔：溫順體貼。

柔：。

清陳昌治刻本《說文解字・卷六・木部》：「木曲直也。耳由切。」清段玉裁《注》：「木曲直也。洪範曰：『木曰曲直。凡木曲者可直，直者可曲曰柔。』考工記多言揉。許作煣。云屈申木也。必木有可曲可直之性，而後以火屈之申之。此柔與煣之分別次弟也。詩荏染柔木。則謂生木。柔之引伸為凡耎弱之稱，凡撫安之稱。」

《易・說卦》：「立地之道，曰柔與剛。」

《書・洪範》：「沉潛剛克，高明柔克。」

《老子・道德經》：「豈非以其柔耶。又安也。」

《書・舜典》：「柔遠能邇。」

曲直：彎曲和平直，比喻是非。

《書・洪範》：「木曰曲直。」

炎上：火焰向上；火向上燃燒。

《書・洪範》：「火曰炎上。」孔穎達疏引王肅曰：「火之性，炎盛而升上。」

《尚書大傳》卷三：「棄法律，逐功臣，殺太子，以妾為妻，則火不炎上。」

《孔叢子・論勢》：「灶突炎上，棟宇將焚。」

積：。

清陳昌治刻本《說文解字・卷七・禾部》：「聚也。則歷切。」清段玉裁《注》：「聚也。禾與粟皆得稱積。引伸為凡聚之稱。」

《增韻》：「累也。堆疊也。」

《易・大有》：「大車以載，積中不敗也。」

《升卦》：「積小以高大。」

《詩・周頌》：「積之栗栗。」

《禮・月令》：「仲秋命有司，趣民多積聚。」

實：。

清陳昌治刻本《說文解字・卷七・宀部》：「富也。从宀从貫。貫，貨貝也。神質切。」

清段玉裁《注》：「富也。引伸之為艸木之實。會意。貫為貨物。以貨物充於屋下是為實。」

《廣韻》：「誠也，滿也。」《增韻》：「充也，虛之對也。」

《易・本義》：「乾一而實，坤二而虛。」

《孟子》：「充實之謂美，充實而有光輝之謂大。」

《宋程頤曰》：「心有主則實，實則外患不能入。」

有間：片刻，有一會兒。

《韓非子・喻老》：「立有間。」

含容：容納。

《隋書・禮儀志二》：「中迎含樞紐者，含容也，樞機有開闔之義，紐者結也。言土德之帝，能含容萬物，開闔有時，紐結有法也。」

稼穡：農事的總稱。春耕為稼，秋收為穡，即播種與收穫，泛指農業勞動。

《書・洪範》：「土爰稼穡。」

《漢書・高後紀贊》：「天下晏然。民務稼穡。」

從革：謂依從人的意願而改變（其形狀）。

《書・洪範》：「木曰曲直，金曰從革。」孔傳：「金可以改更。」孔穎達疏：「金可以從人改更，言其可為人用之意也。」

《漢書・五行誌上》：「劉歆以為金石同類，是為金不從革，失其性也。」

《說文・金部》：「金，從革不韋。」段玉裁注：「從革……謂順人之意以變更成器，雖屢改易而無傷也。」一說為從順和變革。

潤下：謂水性就下以滋潤萬物。

《書・洪範》：「水曰潤下，火曰炎上。」

孔傳：「言其自然之常性。」

襲：。

清陳昌治刻本《說文解字・卷八・衣部》：「左衽袍。從衣，似入切。」清段玉裁《注》：「小斂大斂之前衣死者謂之襲。士喪禮。乃襲三稱。注曰：『遷屍於襲上而衣之。』凡衣死者。

左衽不紐。按喪大記。小斂大斂。祭服不倒。皆左衽結絞不紐。襲亦左衽不紐也。袍，褻衣也。記曰：『纊為繭。縕為袍也。』許曰：『袍，襺也。士喪禮。襲衣有爵弁服，皮弁服，褖衣。』《注》：『褖衣所以表袍者。』子羔之襲繭衣裳與稅衣為一是也。斂始於襲。襲始於袍。故單言袍也。襲字引申為凡掩襲之用。若記曰帛為褶。士喪禮古文作襲。叚借字也。」

專：。

清陳昌治刻本《說文解字・卷三・寸部》：「六寸簿也。一曰專，紡專。職緣切。」清段玉裁《注》：「六寸簿也。說文無簿有薄。葢後人易艸為竹以分別其字耳。六寸簿，葢笏也。釋名曰：『笏，忽也。君有命則書其上。備忽忘也。』或曰薄可以簿疏物也。徐廣車服儀制曰：『古者貴賤皆執笏。』即今手版也。杜注左傳：『珽，玉笏也。』若今吏之持簿。裴松之曰：『簿，手版也。』玉藻曰：『笏度二尺有六寸。此法度也。』故其字從寸。一曰專，紡專。小雅：『乃生女子。載弄之瓦。』毛曰：『瓦紡專也。糸部紡，網絲也。』網絲者，以專為錘。廣韵曰：『叀紡錘是也。』今專之俗字作甎，塼。以專為嫥壹之嫥。廣韵曰：『擅也，單也，政也，誠也，獨也，自是也。』」

《廣韻》：「壹也，誠也。」《增韻》：「純篤也。」

《易・繫辭》：「夫乾，其靜也專。其動也直。」

《孟子》：「不專心致志，則不得也。又獨也。」

《書・說命》：「罔俾阿衡，專美有商。」

散：。

《集韻》：「顙旱切，竝音傘。通作散。」

《易・說卦》：「風以散之。」

《禮・曲禮》：「積而能散。」

《公羊傳・莊十二年》：「散舍諸宮中。」《注》：「散，放也。」

《博雅》：「布也。」《廣韻》：「散，誕也。」

《增韻》：「又冗散，閒散。」《韻會》：「不自檢束為散。」

四德：《易》：「乾卦元、亨、利、貞四德。」

《易・乾》：「文言曰：元者，善之長也；亨者，嘉之會也；利者，義之和也；貞者，事之幹也。君子體仁足以長人，嘉會足以合禮，利物足以和義，貞固足以乾事。君子行此四德者，故曰乾元亨利貞。」

鸞：。

清陳昌治刻本《說文解字・卷四・鳥部》：「亦神靈之精也。赤色，五采，雞形。鳴中五音，頌聲作則至。周成王時氐羌獻鸞鳥。洛官切。」清段玉裁《注》：「鸞，赤神之精也。《春秋元命苞》曰：『离為鸞。赤色五采。』謂赤多而五采畢具也。《後漢書輿服志》：『鸞雀立衡。』崔豹《古今注》：『五路衡上金雀。』金雀者，朱鳥也。或謂朱鳥者，鸞也。後漢太史令蔡衡曰：『多赤色者鳳。多青色者鸞。』《鄭》云：『取有虞氏之車有鸞和之節為名。春言鸞。夏言色。

互文。然則鄭不謂鸞鳥青色矣。雞形。《郭注西山經》云：『舊說鸞似雞。鳴中五音。《鑾下》曰：『鈴象鸞鳥聲和。頌聲作則至。』周成王之世是也。《西山經》曰：『見則天下安寧。』」

《集韻》《韻會》：「盧丸切。」《正韻》：「盧官切，竝音鑾。神鳥也，赤神之精，鳳凰之佐，雞身赤毛，色備五采，鳴中五音，出女牀山。」

《山海經》：「女牀山有鳥，狀如翟而五彩文，名曰鸞。見則天下安寧。」

《洽聞記》：「蔡衡曰：多赤色者鳳，多青色者鸞。」

《李賀詩》：「銅鏡立青鸞。又鸞鈴。」

《詩・小雅》：「和鸞雝雝。」

《毛傳》：「在軾曰和，在鑣曰鸞。」

《左傳・桓二年》：「錫鸞和鈴，昭其聲也。」

《杜注》：「錫在馬額，鸞在鑣，和在衡，鈴在旂，動皆有聲。」

《埤雅》：「鸞鳥，雌曰和，雄曰鸞。《禮》云：『在輿則聞鸞和之聲。』蓋取諸此。古時鸞輿順動，此鳥飛集車上，雄鳴於前，雌應於後。」

佩玉：古代繫於衣帶用作裝飾的玉。

《禮記・玉藻》：「君子在車，則聞鸞和之聲，行則鳴佩玉。」

《左傳・哀公二年》：「大命不敢請，佩玉不敢愛。」

南朝梁劉勰《文心雕龍・諧隱》：「叔儀乞糧於魯人，歌佩玉而呼庚癸。」

又用作佩飾之玉。

《大戴禮記・保傅》：「下車以珮玉為度。」

唐白居易《醉後走筆酬劉五主簿》詩：「蹇步何堪鳴珮玉，衰容不稱著朝衣。」

金元好問《范文正公真贊》：「朱衣玄冠，珮玉舒徐。」

三驅：古王者田獵之製。謂田獵時須讓開一面，三面驅趕，以示好生之德。

《易・比》：「九五，顯比，王用三驅。」孔穎達疏：「褚氏諸儒皆以為三面著人驅禽。必知三面者，禽唯有背己、向己、趣己，故左右及於後，皆有驅之。」

一說，田獵一年以三次為度。

陸德明釋文引馬融云：「三驅者，一曰乾豆，二曰賓客，三曰君庖。」

《漢書・五行誌上》：「故行步有佩玉之度，登車有和鑾之節，田獵有三驅之製。」此謂田獵以三驅為度。

唐吳兢《貞觀政要・君道》：「樂盤遊則思三驅以為度，憂懈怠則思慎始而敬終。」戈直《注》：「三驅者，圍合其三面，前開一路，使之可去，不忍盡物，好生之仁也。」

獻酢：謂主賓相互敬酒。

《詩・大雅・行葦》：「或獻或酢，洗爵奠斝。」鄭玄《箋》：「進酒於客曰獻，客答之曰酢。」

漢劉向《說苑・修文》：「此所以獻酢酳酬也。」

繩：。

清陳昌治刻本《說文解字・卷十三・糸部》：「索也。從糸。食陵切。」清段玉裁《注》：「索也。索下云。繩也。艸有莖葉，可作繩索也。繩可以縣，可以束，可以為閑。故《釋訓》曰：『兢兢，繩繩，戒也。』《周南傳》曰：『繩繩，戒慎也。』」

《漢書律曆志上》：「權與物鈞而生衡，衡運生規，規圜生矩，矩方生繩，繩直生準，準正則平衡而鈞權矣。是為五則。規者，所以規圜器械，令得其類也。矩者，所以矩方器械，令不失其形也。規矩相須，陰陽位序，圜方乃成。準者，所以揆平取正也。繩者，上下端直，經緯四通也。準繩連體，衡權合德，百工繇焉，以定法式，輔弼執玉，以翼天子。」

《急就篇注》：「繩謂糾兩股以上。總而合之者也。一曰麻絲曰繩，草謂之索。」

《易．繫辭》：「上古結繩而治。」

《書．說命》：「惟木從繩則正。」

《禮．經解》：「繩墨之於曲直。」

《前漢．律曆志》：「規圓生矩，矩方生繩，繩直生準。」

《書．冏命》：「繩愆糾謬。」《疏》：「木不正者，以繩正之。繩謂彈正。」

《史記．樂書注》：『王肅曰：繩，法也。』」

鉤：。鉤繩規矩係指四種工具：鉤可定曲，繩可定直，規可定圓，矩可定方。

清陳昌治刻本《說文解字．卷三．句部》：「曲也。從金從句。古矦切。」清段玉裁《注》：「曲鉤也。鉤字依韻會補。曲物曰鉤，因之以鉤取物亦曰鉤。鉤鑲、吳鉤、釣鉤皆金為之，故從金。」

形狀彎曲，用於探取、懸掛器物的用品。可分為釣鉤、掛鉤、帶鉤等。

《說文》：「鉤，曲也。」《韻會》：作「曲鉤也。」

《玉篇鉤》：「曲也，所以鉤懸物也。」

又鉤繩：圓規，木匠用來畫圓的工具。

又規也。

《前漢・揚雄傳》：「帶鉤矩而佩衡兮。」《注》：「鉤，規也。矩，方也。」

妾媵：古代諸侯貴族女子出嫁，以姪娣從嫁，稱媵。後因以妾媵泛指侍妾。

媵：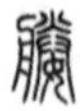。

《廣韻》、《集韻》、《韻會》、《正韻》：「竝以證切，音孕。」

《說文》：「送也。」

《釋名》：「三品曰姬，五品曰媵。」

《列子・楊朱》：「端木叔行年六十，氣乾將衰，棄其家事，都散其庫藏、珍寶、車服、妾媵。」

《後漢書・楊賜傳》：「今妾媵嬖人閹尹之徒，共專國朝，欺罔日月。」

九族：以自己為本位，上推至四世之高祖，下推至四世之玄孫為九族。

《書・堯典》：「克明俊德，以親九族。」

《孔傳》：「以睦高祖、玄孫之親。」一說父族四、母族三、妻族二為九族。

《漢書・高帝紀上》：「置宗正官以序九族。」

五色：青、赤、白、黑、黃五種顏色。古代以此五者為正色。

《書・益稷》：「以五采彰施於五色，作服，汝明。」

孫星衍《疏》：「五色，東方謂之青，南方謂之赤，西方謂之白，北方謂之黑，天謂之玄，地謂之黃，玄出於黑，故六者有黃無玄為五也。」

泛指各種顏色。

《老子》：「五色令人目盲，五音令人耳聾，五味令人口爽。」

鷹隼：亦作鷹鶽。鷹和鶻。泛指猛禽。

隼：。小鷹也。

《正韻》：「聳允切，竝音筍。」

《說文》：「祝鳩也。」

《爾雅・釋鳥》：「鷹隼丑。」《疏》：「陸璣云：『鷂屬也。齊人謂之擊徵，或謂之題肩，或謂之雀鷹。春化為布穀者是也。』」

《易・解卦》：「公用射隼，於高墉之上。」《疏》：「隼者，貪殘之鳥，鸇鷂之屬。」

《魯語》：「仲尼在陳，有隼集於陳侯之庭。」《注》：「隼，鷙鳥，今之鶚也。」

《禮記・月令》：「季夏之月行冬令，則風寒不時，鷹隼蚤鷙，四鄙入保。」

《大戴禮記・曾子疾病》：「鷹鶽以山為卑，而曾巢其上。」

南朝梁劉勰《文心雕龍・風骨》：「鷹隼乏采而翰飛戾天，骨勁而氣猛也。」

魂：。

陳昌治刻本《說文解字・卷九・鬼部》：「陽氣也。戶昆切。」

《易・繫辭》：「遊魂為變。」

《禮・檀弓》：「魂氣則無不之也。」

《左傳・昭七年》：「人生始化為魄。既生魄，陽曰魂。」《疏》：「魂魄，神靈之名。附形之靈為魄。附氣之神為魂也。」

《淮南子・說山訓》：「魄問於魂。」《注》：「魄，人陰神。魂，人陽神。」

《白虎通》：「魂，猶伝伝也，行不休於外也，主於情。」

魂氣：魂靈。

《禮記・郊特牲》：「魂氣歸於天，形魄歸於地。」

魄：。

清陳昌治刻本《說文解字・卷九・鬼部》：「陰神也。普百切。」清段玉裁《注》：「陰神也。陰當作侌。陽言氣，陰言神者，陰中有陽也。《白虎通》曰：『魄者，迫也。』猶迫迫然箸於人也。《淮南子》曰：『地氣為魄。』《祭義》曰：『氣也者，神之盛也。魄也者，鬼之盛也。』《鄭》云：『氣謂噓吸出入者也，耳目之聰明為魄。』《郊特牲》曰：『魂氣歸於天，形魄歸於地。』《祭義》曰：『死必歸土，此之謂鬼。其氣發揚於上，神之箸也。是以聖人尊名之曰鬼神。』按魂魄皆生而有之而字皆从鬼者，魂魄不離形質而非形質也。形質亡而魂魄存，是人所歸也。故从鬼。《孝經說》曰：『魄，白也。白，明白也。魂，芸也。』芸芸，動也。」

《玉篇》：「人之精爽也。」

《禮・祭義》：「魄也者，鬼之盛也。」《注》：「耳目之聰明為魄。」《疏》：「魄，體也。若無耳目，形體不得聰明。」

《關尹子・四符篇》：「因意有魄，因魄有精。」

《白虎通》：「魄者，迫然著人，主於性也。」
《晉語》：「其魄兆乎民矣。」《注》：「魄，形也。」

精：精。

清陳昌治刻本《說文解字・卷七・米部》：「擇也。子盈切。」清段玉裁《注》：「擇米也。米字各本奪。今補。擇米謂簡擇之米也。《莊子人閒世》曰：『鼓筴播精。』司馬云：『簡米曰精。』簡即柬。俗作揀者是也。引伸為凡冣好之稱。撥雲霧而見青天亦曰精。韓詩於定之方中云：『星，精也。』」

又靈也，眞氣也。

《易・繫辭》：「精氣為物。」《疏》：「陰陽精靈之氣，氤氳積聚而為萬物也。」
《左傳・昭七年》：「子產曰：『用物精多，則魂魄強，是以有精爽至於神明。』」
《莊二十五年・日有食之疏》：「日者陽精，月者陰精。」
《襄二十八年・春無水疏》：「五星者五行之精：木精曰歲星，火精曰熒惑，土精曰鎮星，金精曰太白，水精曰辰星。」
《老子・道德經》：「其中有精，其精甚眞。」
《莊子・德充符》：「勞乎子之精。」
《廣韻》：「正也，善也，好也。」
《禮・經解》：「潔靜精微易敎也。」

又明也。

《前漢・京房傳》：「陰霧不精。」《注》：「精，謂日光清明也。」

《韻會小補》：「巧也。」

《增韻》：「凡物之純至者皆曰精。又古者以玉為精。」

介福：大福。

《易・晉》：「受茲介福於其王母。」高亨注：「蓋謂王母嘉其功勞，錫之爵祿，爵祿即大福也。」

《詩・小雅・楚茨》：「報以介福，萬壽無疆。」

第 三 卷

論數

一、起大衍論易動靜數

凡萬物之始。莫不始於無而復有。是故易有大極。是生兩儀。兩儀生四序。四序生之所生也。有萬物滋繁。然後萬物生成也。皆由陰陽二氣。鼓舞陶鑄。互相交感。故孤陽不能獨生。單陰不能獨成。必須配合。以鑪冶爾。乃萬物化通。是則天有其象。精氣下流。地道含化。以資形始。陰陽消長。生殺用成。明其道難明。非數不可究。故因數以辨之。數之顯理。猶筌蹄之取魚兔。陽順唱始。陰佐其終。窮奇偶之數。備相成之道。極變化之源者。詳於蓍策之數也。七八為靜。九六為動。陽動而進。變七之九。象氣息也。明陽道之舒。以象君德。唱始不休。無所屈後。去極一等。而猶進之。故九動也。陰動而退。變八之六。象氣消也。以明臣法。有所屈後。唱和而已。事理近君。則靖息以聽命。必須退讓。以明其義。故八靜也。易曰。分二以象兩。掛一以象三。揲之以四。以象四時者。餘手有四七。故名七也。有四八。故名八也。有此。則靜爻之數。夏殷尚質。以用靜爻占之。餘有四九。故名九也。有四六。故名六也。此則動爻之數。周備質文。故兼用動爻。凡大衍極天地之數。五十有五也。京房以十日。十二辰。二十八宿。合應五十。其一不用者。天之生氣。將欲以虛求實。故用四十九焉。馬融以易之大極。謂北辰也。生兩儀。兩儀生日月。日月生四時。四時生五行。五行生十二月。十二月生二十四氣。北辰居位不動。其餘四十九。轉運而用也。鄭玄曰。貞悔六爻。本有五十。定所用者。四十有九。天地之數。本五十五。天五與地十通。天一與地六通。數之者。氣則有并。并則宜減焉。大衍減五。故有五十。其用減一。故四十有九。不并者。不可減也。今總其數。五十者。天一至地十。

凡五十五也。此合生成之數。若止言生數。唯有十五。從一至五也。易之所象。爻畫之有邃。故自天地以下。日月等數。皆為蓍卦所攝。循環變轉。萬世無窮。而五十有五。五本并數。并數者。天之與地共。各有一體。體各有一。正應敵對。今盈於五。則是氣之并數。并不再用。是其配義。配則為虛。不當於實。不當於實。故事無所主。所以揲蓍不用。又虛其一者。掛一象無。無無可象。故有之用極。則無之功見。故曰。尋太業而得吉凶。尋吉凶而得八卦。尋八卦以得四時。尋四時以至兩儀。尋兩儀以至太極。太極者。大殺而極。窮無之致也。遣有以極邃。減多以就少。此之謂也。故曰。太極無所復象。明其空寂。非言象所詮也。

註：

大極：即太極，古代哲學家稱最原始的混沌之氣。謂太極運動而分化出陰陽，由陰陽而產生四時變化，繼而出現各種自然現象，是宇宙萬物之原。

《易・繫辭上》：「易有太極，是生兩儀，兩儀生四象，四像生八卦。」孔穎達疏：「太極謂天地未分之前，元氣混而為一，即是太初、太一也。」

宋朝理學家則認為「太極」即是「理」。

《朱子語類》卷七五：「太極只是一箇渾淪底道理，裡面包含陰陽、剛柔、奇耦，無所不有。」

清王夫之《張子正蒙注・太和》：「道者，天地人物之通理，即所謂太極也。」

兩儀：指天地。

《易・繫辭上》：「是故易有太極，是生兩儀。」孔穎達疏：「不言天地而言兩儀者，指其物體；

下與四象（金、木、水、火）相對，故曰兩儀，謂兩體容儀也。」

《晉書・摯虞傳》：「考步兩儀，則天地無所隱其情；準正三辰，則懸象無所容其謬。」

四序：指春、夏、秋、冬四季。

《魏書・律曆誌上》：「然四序遷流，五行變易。」

筌蹄：亦作「筌蹏」，比喻達到目的的手段或工具。

《莊子集釋・卷九上・雜篇・外物》：「荃者所以在魚，得魚而忘荃；蹄者所以在兔，得兔而忘蹄；言者所以在意，得意而忘言。吾安得夫忘言之人而與之言哉！」筌，一本作「荃」，捕魚竹器；蹄，捕兔網。

《書序》唐孔穎達疏：「故《易》曰：『書不盡言，言不盡意。』是言者意之筌蹄，書言相生者也。」

順：。

清陳昌治刻本《說文解字・卷九・頁部》：「理也。食閏切。」清段玉裁《注》：「理也。理者，治玉也。玉得其治之方謂之理。凡物得其治之方皆謂之理。理之而後天理見焉。條理形焉。非謂空中有理。非謂性即理也。順者，理也。順之所以理之。未有不順民情而能理者。凡訓詁家曰從，順也。曰愻，順也。曰馴，順也。此六書之轉注。曰訓，順也。此六書之假借。人自頂以至於踵，順之至也。川之流，順之至也。」

《增韻》：「和也。」

《易・豫卦》：「豫順以動，故天地如之。」《疏》：「聖人和順而動，合天地之德，故天地亦如聖人而為之。」

蓍策：用蓍草占卜。

《淮南子・覽冥訓》：「磬龜無腹，蓍策日施。」

《易・繫辭上》：「是故四營而成易。」唐孔穎達疏：「營謂經營，謂四度經營蓍策，乃成易之一變也。」

靜：靜。

清陳昌治刻本《說文解字・卷五・青部》：「審也。爭聲。疾郢切。《注》徐鍇曰：『丹青，明審也。』」

《增韻》：「動之對也。」

《易・坤卦》：「至靜而德方。」

《書・堯典》：「靜言庸違。」《傳》：「靜，謀也。」

叶千廷切，音清。

《六韜》：「秋道斂，萬物盈。冬道藏，萬物靜。」

《連》、《歸》以七八不變為占，古稱為靜爻。《周》以九六變為占，古稱為動爻。

《鄭玄注易緯坤鑿度》：「陽動而進，變七之九，像其氣應；陰動而退，變八之六，像其氣消。九，六，爻之變動者也。」

氣：氣。氣息指呼吸。

清陳昌治刻本《說文解字・卷七・米部》：「饋客芻米也。《春秋傳》曰：『齊人來氣諸侯。』餼，氣或从食。許既切。」清段玉裁《注》：「聘禮殺曰饔，生曰餼。餼有牛羊豕黍粱稻稷禾薪芻等。不言牛羊豕者，以其字从米也。言芻米不言禾者，舉芻米可以該禾也。經典謂生物曰餼。

論語：『告朔之餼羊。』」

《玉篇》：「候也，息也。」

《文子・守弱篇》：「形者，生之舍也。氣者，生之元也。」

《易・乾卦》：「同氣相求。」

《繫辭》：「精氣為物。」

《禮・月令》：「孟春之月，天氣下降，地氣上騰。」

《祭義》：「氣也者，神之盛也。」《注》：「氣謂噓吸出入者也。」

天氣曰元氣。

《後漢・明帝紀》：「升靈臺，望元氣。」《注》：「元氣，天氣也。」

陰陽曰二氣。

《太極圖說》：「二氣交感，化生萬物。」

五氣。

《史記・五帝紀》炎帝修德振兵，治五氣。」《注》：「王肅曰：五氣，五方之氣。」

《書・洪範・曰雨曰暘曰燠曰寒曰風注》：「雨木氣，暘金氣，燠火氣，寒水氣，風土氣為五氣。」

《素問》：「寒熱風燥濕，五氣之聚也。寒生水，熱生火，風生木，燥生金，濕生土。」

六氣。

《左傳・昭元年》：「六氣：陰陽風雨晦明也。」

《莊子・逍遙遊》：「乘天地之正，而御六氣之辨。」《注》：「平旦為朝霞，日中為正陽，日入為飛泉，夜半為沆瀣，與天玄地黃為六氣。」

《王逸・楚辭注》、《陵陽子明經》：「春食朝霞，日欲出時黃氣也。秋食淪陰，日沒已後赤黃氣也。冬食沆瀣，北方夜半氣也。夏食正陽，南方日中氣也。幷天玄地黃之氣為六氣。」

年有二十四氣。

《內經》：「五日謂之候，三候謂之氣。」

《書・正義》：「二十八宿，布於四方，隨天轉運，所以敘氣節也。氣節者，一歲三百六十五日有餘，分為十二月，有二十四氣，一為節氣，謂月初也，一為中氣，謂月半也，以彼迭見之星，敘此月之節氣。」

曆家有候氣法。

《司馬彪・續漢書》：「候氣之法，為室三重，塗釁周密，布緹幔室中，以木為按，每律各一，內庳外高，從其方位，加律上，以葭灰抑其內端，案曆而候之。氣所動者，其灰斯散，人及風所動者，其灰聚。」

有望雲氣法。

《周禮・春官》：「保章氏以五雲之物，辨吉凶水旱之祲象。」《注》：「視日旁雲氣之色，青為蟲，白為喪，赤為兵荒，黑為水，黃為豐。」

《史記・天官書》：「雲氣有獸居上者勝。」《又》：「日旁雲氣，人主象。」

舒：。

清陳昌治刻本《說文解字・卷四・予部》：「伸也。一曰舒，緩也。傷魚切。」清段玉裁《注》：「經傳或假荼。或假豫。物予人得伸其意。傷魚切。一曰舒緩也。此與糸部紓音義皆同。」

《揚子・方言》：「舒，勃展也。東齊之閒凡展物謂之舒勃。」

《博雅》：「舒，展也。」

《廣韻》：「緩也，遲也，徐也。」

《爾雅・釋詁》：「舒，敘也。」

《詩・大雅》：「王舒保作。」《傳》：「舒，徐也。」《釋文》：「舒，序也。」

《禮・玉藻》：「君子之容舒遲。」《疏》：「舒遲，閒雅也。」

《淮南子・原道訓》：「柔弱以靜，舒安以定。」《注》：「舒，詳也。」

《爾雅・釋詁》：「緒也。」《注》：「又為端緒。」

《韻會》：「散也，開也。」

質：。

清陳昌治刻本《說文解字・卷六・貝部》：「以物相贅。之日切。」引伸其義為樸也，地也。

《易・繫辭》：「原始要終，以為質也。」《注》：「質，體也。」
《禮・樂記》：「中正無邪，禮之質也。」《注》：「質，猶本也。禮為之文飾也。」
《傳》：「的，質也。」《疏》：「十尺曰侯，四尺曰鵠，二尺曰正，四寸曰質。鵠及正、質，皆在侯中也。」
《周禮・地官・質人》：「大市曰質，小市曰劑。」《注》：「質劑者，為之券藏之也。」
《儀禮・士冠禮》：「質明行事。」《注》：「質，正也。」

大衍：後以大衍為五十的代稱。
《易・繫辭上》：「大衍之數五十。」韓康伯注引王弼曰：「演天地之數，所賴者五十也。」孔穎達疏引京房云：「五十者謂十日、十二辰、二十八宿也。」
大衍之數，有體有用。體是五十莖蓍草去一不用，此一即是太極。韓康伯引王弼之說：「不用而用以之通，非數而數以之成，斯易之太極也。」
用是以四十九蓍分二掛一揲四歸扐，以象兩儀三才四時閏月等，由此而成六十四卦，三百八十四爻；老陽每爻三十六策，老陰每爻二十四策，老陰老陽各一百九十二爻，總為一萬一千五百二十策，以當萬物之數。大衍的衍字，鄭康成當演字講，就是推演其數之義。演數必須五十莖蓍草，故取五十以為大衍之數。

五位相得：即天數一、三、五、七、九這五位數，是由太極一數和地數相加而得。地數二、四、六、八、十這五位數，是由天數中藏的地數與太極一數衍生後相加而得。

而各有合：既天數一、三、五、七、九合為二十有五，地數二、四、六、八、十合為三十。

凡天地之數五十有五：即天數二十有五與地數三十之和。為什麼天地之數五十不全用，是因為五十之中，有五個數代表太極，而太極為混沌未開，萬物未生之時，所以不能用。太衍之數五十，是因為這五十個數是太極衍生出來的，代表天地已開，萬物已生，所以演天地之變，所賴者五十也。

大衍數取卦法：

一、將在竹櫝或木櫝中的五十莖蓍草取出，以兩手執之，薰於香爐，命蓍，然後隨取一莖放回櫝中，留下四十九莖，也叫四十九策，用來揲蓍。此即「大衍之數五十，其用四十有九。」

二、信手將四十九策分為兩份，不需計數。分開後，就放在左右兩邊，以象兩儀。此即「分而為二以象兩。」

三、兩儀在左邊的象天，在右邊的象地，即在左邊的策數中分出一策象人，掛在右手的小指間，以象天地人三才。此即「掛一以象三。」

四、取左邊的蓍草，執於左手，以右手四四揲之。就是以四策為一計數單位，揲之就是數之，一數就是四策，以象一年的春夏秋冬。數到最後，視所餘的策數，或一，或二，或三，或四，都算是奇數，即將此奇數之策扐在左手的第三第四指之間。此即「歸奇於扐以象閏。」已經四四數過之策則放回左邊。

五、次取右邊之策執於右手，而以左手四四揲之。這也是「揲之以四，以象四時。」數到最後，視所餘之策，或一，或二，或三，或四，都算是奇數，而將此奇數之策扐在左手的第二第三指之間。此即「五歲再閏，故再扐而後掛。」已經四四數過之策則放回右邊。揲蓍到此，是為第一變。檢視扐在左手三四指間的左餘之策，以及扐在左手二三指間的右餘之策，如左餘一策，則右餘必三策，左二則右亦二，左三則右必一，左四則右亦四。合計左右所餘之策，以及在右手小指間的一策，即是一掛二扐的策數，不是五策，就是九策。即將這五策或九策另置一處，第一變即告完成。

六、再將左右兩邊已經數過的蓍草合起來，檢視其數，或是四十四策，或是四十策，再度分二、掛一、揲四、歸扐，如第一變這程序。最後檢視左右所餘之策，左一則右必二，左二則右必一，左三則右必四，左四則右必三。合計左右所餘之策，以及掛在右手小指間的一策，即是一掛二扐的策數，不是四策，就是八策。即將這四策或八策另置一處，是為第二變。

七、又將左右過揲之蓍合起來，檢視其數，或四十策，或三十六策，或三十二策，如第二變那樣分二、掛一、揲四、歸扐。最後檢視左右所餘之策，與第二變同，則將所餘之策與掛一之策合之，另置一處，是為第三變。

八、三變而成一爻，計算三變所得掛扐與過揲之策，便知所得何爻。

如三變合計得掛扐十三策，以減四十九策，則知三變合得過揲的策數是三十六策，以四除之，因為揲蓍時是以四四數之，此處故以四除，則三十六得九，是為老陽，其畫為「○」，名之為重。

如三變合得掛扐二十五策，則知三變合得過揲二十四策，四除，得六，是為老陰，其畫為「╳」，名之為交。

如三變合得掛扐二十一策，則知三變合得過揲二十八策，除以四，得七，是為少陽，其畫為

「⚊」，名之為單。

如三變合得掛扐十七策，則知三變合得過揲三十二策，以四除之，得八，是為少陰，其畫為「⚋」，名之為拆。

如是三變而成初爻，即將初爻畫在畫卦的版上。以下不再命著，即用四十九著，分二、掛一、揲四、歸扐，再經三變而成二爻。以後每三變都是如此。一卦六爻，十八變而成一卦。

就是三變後，總著草數又減少：

一、如一變為8，二變也為8，則總數為：49減16為33根。

二、如一變為8或為4，二變為4或為8，則總數：49減12為37根。

三、如一變為4，二變也為4，則總數：49減8為41根。不論總數是33、37、41哪一數，照著前法步驟做，其結果也是或4，或8。

這樣，三變均已完成。三變結果有下列四種情況：

（1）三變皆4，即4＋4＋4，計12根。

（2）三變皆8，即8＋8＋8，計24根。

（3）二4一8，即4＋4＋8，計16根。

（4）一4二8，即4＋8＋8，計20根。

確定卦爻的陰陽屬性，其計算方法是：用48總數減去三變累計結果，再以4除之，其商數為7、8、9、6四數之一，即以此商數來定。

七、八、九、六四數含意，略示如下：

七，屬陽，但未至於純，故不動，為靜，謂少陽。三變中得數為一個4，兩個8。

八，屬陰，但未至於純，故不動，為靜，謂少陰。三變中得數為一個8，兩個4。

九，屬陽，已至陽之極，極則反，反故動，謂老陽。三變中得數皆為4。

六，屬陰，已至陰之極，極則反，反故動，謂老陰。三變中得數均為8。

其中老少區分的由來是：

九數老陽者，三變皆為4，用四時之4逐個除之，即得三個1，1為奇為陽，三個皆1，故為全陽、老陽。

六數老陰者，三變皆為8，用四時之4逐個除之，即得三個2，2為偶為陰，故為全陰、老陰。

七數少陽者，經如以上計算後則得一個1、兩個2，少為王，多為眾，故其性屬陽。因還有陰，不全是陽，故為少陽。

八數少陰者，經如以上計算後則得一個2、兩個1，也是少為王，多為眾，故其性屬陰。因還有陽，不全是陰，故為少陰。

依其得數，陰陽動靜便一目了然，並記錄下來，一個爻的獲取計算過程全部結束。其他爻的取法同此，重新取49根蓍草，一變、二變、三變，每變均按四步程序做。

得爻的順序：畫卦時，由下往上畫。前九變而成三爻，出現一個三畫卦於內，即是初二三爻，稱為內卦。後九變又出現一個三畫卦於外，即是四五上爻，稱為外卦。每爻需要三變，所以一個卦的獲取必得十八變。得內卦是小成，得外卦是大成。

業：。

清陳昌治刻本《說文解字・卷三・丵部》：「大版也，所以飾縣鍾鼓。魚怯切。」

《詩・大雅》：「虡業維樅。」《疏》：「植鐘磬之木，植者名為虡，橫牽者為栒，栒上加大版為之飾為業。刻板捷業如鋸齒，故曰業。」

功業。

《易・繫辭》：「富有之謂大業。」

事業。

《易・坤卦》：「暢於四支，發於事業。」

二、論五行及生成數

行言五者。明萬物雖多。數不過五。故在天為五星。其神為五帝。孔子曰。昔丘聞諸老聃云。天有五行。木金水火土。其神謂之五帝。在地為五。其方鎮為五岳。物理論云。鎮之以五岳。在人為五藏。其候五官。黃帝素問云。五藏候在五官。眼耳口鼻舌也。五行遞相負載。休王相生。生成萬物。運用不休。故行云也。春秋繁露云。天地之氣。列為五行。夫五行者。行也。易上繫曰。天數五。王曰。謂一三五七九也。韓曰。五奇也。地數五。王曰。謂二四六八十也。韓曰。五偶也。五位相得。王曰。五位。金木水火土也。而各有合。王曰。謂水。在天為一。在地為六。六一合於北。火。在天為七。在地為二。二七合於南。金。在天為九。在地為四。四九合於西。木。在天為三。在地為八。三八合於東。土。在天為五。在地為十。五十合於中。故曰。五位相得。而各有合。謝曰。陰陽相應。奇偶相配。各有合也。韓曰。天地之數各有五。五數相配。以合成金木水火土也。尚書洪範篇曰。五行。一曰水。二曰火。三曰木。四曰金。五曰土。皆其生數。禮記月令篇云。木數八。火數七。金數九。水數六。土數五。皆其成數。唯上言生數。天以一生水於北方。君子之位。陽氣微動於黃泉之下。始動無二。天數與陽合而為一。水雖陰物。陽在於內。從陽之始。故水數一也。極陽生陰。陰始於午。始亦無二。陰陽二氣。各有其始。正應言一。而云二者。以陽尊故。尊既括始。陰卑贊和配。故能生。而陽數偶陰在火中。火雖陽物。義從陰。配合陰始。故從始立義。故火數二也。老子云。天得一以清。地得一以寧。是知皆有一義。唱和同始。是以云。

木配陽動。而左長於東方。長則滋繁。滋繁則數增。故木數三也。陰佐陽消。陰道右轉。而居於西。在陽之後。理無等義。故金數四也。陰陽之數。始乎一周。然後陽達於中。總括四行。芭則彌多。故土數五也。此竝生數。皆云據始。未明成數。數既未成。亦未能為用。穎容春秋釋例云。五行生數。未能變化。各成其事。水凝而未能流行。火有形而未生炎光。木精破而體剛。金強而斫。土鹵而斥。於是天以五臨民。君化之。傳曰。配以五成。所以用五者。天之中數也。於是水得於五。其數六。用能潤下。火得於五。其數七。用能炎上。木得於五。其數八。用能曲直。金得於五。其數九。用能從革。土得於五。其數十。用能稼穡。鄭玄云。數若止五。則陽無匹偶。陰無配義。故合之而成數也。奇者。陽唱於始。為制為度。偶者。陰之本。得陽乃成。故天以一始生水於北方。地以其六而成之。使其流潤也。地以二生火於南方。天以七而成之。使其光曜也。天以三生木於東方。地以其八而成之。使其舒長盛大也。地以四生金於西方。天以九而成之。使其剛利有文章也。天以五合氣於中央。生土。地以十而成之。以備天地之間所有之物也。合之。則地之六為天一匹也。天七為地二偶也。地八為天三匹也。天九為地四偶也。地十為天五匹也。陰陽各有合。然後氣性相得。施化行也。故四時之運。成於五行。土總四行。居時之季。以成之也。五行傳及白虎通皆云。木非土不生。根核茂榮。火非土不榮。得木著形。金非土不成。入範成名。水非土不停。隄防禁盈。土扶微助衰。應成其道。故五行更互須土。土王四季。而居中央。不以名成時。故知同時俱起。但託義相生。傳曰。五行竝起。各以名別。常從數義云。北方亥子。水也。生數一。丑。土也。生數五。一與五相得為六。故水成數六也。東方寅卯。木也。生數三。辰。土也。生數五。三與五相得為八。故木成數八也。南方巳午。火也。生數二。未。土也。生數五。二與五相得為七。故火成數七也。西方申酉。金也。生數四。戌。土也。生數五。

四與五相得為九。故金成數九也。中央戊己。土也。生數五。又土之位在中。其數本五。兩五相得為十。故土成數十也。此陰陽兩氣各一周也。共一周。則為生數。各一周。則為成數。陽以輕清上為天。陰以重濁下為地。而陽至第五而入中者。其體躁疾。故共一周而入中。陰至第十方入中者。其體遲殿。故各一周而始入耳。然五行皆得中氣而後成。土居中而王四季。并須土以成之也。洪範是上古創制之書。故言生數。禮記月令是時候之書。所貴成就事業。故言成數。唯土言生數者。土以能生為貴。且以成四行。足簡之矣。是其能生能成之義也。鄭玄曰。以天地相配。取陰陽之理。常從以支干數和合。取日辰為用。兩說雖別。大意還同。終會易經。天一至地十之義。孝經援神契言。以一立。以二謀。以三出。以四孳。以五合。以六嬉。以七變。以八舒。以九列。以十鈞。五行以一立水。一為生數。以五配一。水之成數。故言一立而六嬉。嬉是興義。二。是火之生數。七。是火之成數。故言二謀。火以變化為能。故曰七變。謀者。以其為變之始也。三。木之生數。八。木之成數。五行始於東方。故云三出。八而成長。故曰八舒。四。金之生數。九。金之成數。西方成就。故言四滋。品類不同。故稱九列。五是土之生數。十是土之成數。以天之五。合地之十。數義斯畢。所以五言其合。十言其均。均是成備之義。春秋元命苞云。胎錯儛。連以鈞。一動。合於二。成於三。故日月星序。張於四。故時起。立於五。故行動。布於六。故律踴。分於七。故宿改。萌於八。故風布。極於九。故州吐。畢於十。故功成數止。此并經緯共明。五行生成之數。不過十也。

註：

五星：古代星命術士以人的生辰所值五星之位來推算祿命，因以指命運。

指水、木、金、火、土五大行星，即東方歲星（木星）、南方熒惑（火星）、中央鎮星（土星）、西方太白（金星）、北方辰星（水星）。

《史記・天官書論》：「水、火、金、木、填星，此五星者，天之五佐。」

漢劉向《說苑・辨物》：「所謂五星者，一曰歲星，二曰熒惑，三曰鎮星，四曰太白，五曰辰星。」

五帝：傳說中的五個古代帝王。通常指黃帝、顓頊、帝嚳、唐堯、虞舜。

上古傳說中的五位帝王，說法不一。

一、黃帝（軒轅）、顓頊（高陽）、帝嚳（高辛）、唐堯、虞舜。

《大戴禮記・五帝德》：「孔子曰：『五帝用記，三王用度。』」

《史記・五帝本紀》唐張守節正義：「太史公依《世本》、《大戴禮》，以黃帝、顓頊、帝嚳、唐堯、虞舜為五帝。」

漢班固《白虎通・號》：「五帝者，何謂也？《禮》曰：『黃帝、顓頊、帝嚳、帝堯、帝舜也。』」

二、《禮記・月令》：「太昊（伏羲）、炎帝（神農）、黃帝、少昊（摯）、顓頊。」

三、少昊、顓頊、高辛、唐堯、虞舜。

《書》序：「少昊、顓頊、高辛、唐、虞之書，謂之五典，言常道也。」孔穎達疏：「言五帝之道，可以百代常行。」

晉皇甫謐《帝王世紀》：「伏羲、神農、黃帝為三皇，少昊、高陽、高辛、唐、虞為五帝。」

四、《易・繫辭下》、宋胡宏《皇王大紀》：「伏羲、神農、黃帝、唐堯、虞舜。」

古代所謂五方天帝。

《周禮・春官・小宗伯》：「兆五帝於四郊。」鄭玄注：「五帝，蒼曰靈威仰，太昊食焉；赤曰赤熛怒，炎帝食焉；黃曰含樞紐，黃帝食焉；白曰白招拒，少昊食焉；黑曰汁光紀，顓頊食焉。」按：汁光紀亦作葉光紀。

五岳：中國的五大名山，指東嶽泰山、西嶽華山、南嶽衡山、北嶽恆山和中嶽嵩山。

《周禮・春官・大宗伯》：「以血祭祭社稷、五祀、五嶽。」鄭玄注：「五嶽，東曰泰山、南曰衡山、西曰華山、北曰恆山、中曰嵩高山。」

《初學記》卷五引《纂要》：「嵩、泰、衡、華、恆，謂之五嶽。」今所言五嶽，即指此五山。

指東嶽泰山、南嶽霍山、西嶽華山、北嶽恆山、中嶽嵩山。

《爾雅・釋山》：「泰山為東嶽，華山為西嶽，翟山為南嶽，恆山為北嶽，嵩高為中嶽。」

郭璞注：「霍山即天柱山。」

漢應劭《風俗通・山澤・五嶽》：「南方衡山，一名霍山。」

指泰山、衡山、華山、嶽山、恆山。

《周禮・春官・大司樂》：「凡日月食，四鎮、五嶽崩。」鄭玄注：「五嶽，岱在兗州、衡在荊州、華在豫州、岳在雍州、恆在并州。」

《爾雅・釋山》：「河南，華；河西，岳；河東，岱；河北，恆；江南，衡。」郭璞注：「岳，吳岳。」

明楊慎《丹鉛總錄・地理》引《道經》：「道教謂五座仙山。即東嶽廣乘山，南嶽長離山，西嶽麗農山，北嶽廣野山，中嶽崑崙山。」

五藏：即五臟，指心、肝、脾、肺、腎。中醫謂五臟有藏精氣而不瀉的功能，故名。

《素問・五臟別論》：「所謂五藏者，藏精氣而不寫也。」

《管子・水地》：「五味者何？曰五藏。酸主脾，鹹主肺，辛主腎，苦主肝，甘主心。」

《漢書・王吉傳》：「吸新吐故以練臧。」唐顏師古注：「臧，五臧也。」

五官：耳、目、鼻、口、形，或謂耳、目、鼻、口、心。

《荀子・天論》：「耳、目、鼻、口、形，能各有接而不相能也，夫是之謂天官。心居中虛，以治五官，夫是之謂天君。」

《荀子・正名》：「五官簿之而不知，心徵之而無說。」楊倞注：「五官，耳、目、鼻、口、心也。」

《靈樞經・五閱五使》：「五官，歧伯曰：『鼻者肺之官也，目者肝之官也，口脣者脾之官也，舌者心之官也，耳者腎之官也。』」

苞：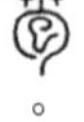。

清陳昌治刻本《說文解字・卷一・艸部》：「艸也。南陽以為麤履。布交切。」清段玉裁《注》：「苞，本也。此苞字之本義。若不謂為叚借，則當云苞，藨也。」

本也。

《易・否卦》：「繫於苞桑。」《疏》：「凡物繫於桑之苞本，則牢固也。」

《詩・商頌》：「苞有三蘖。」

斫：斫。

清陳昌治刻本《說文解字・卷十四・斤部》：「擊也。之若切。」清段玉裁《注》：「擊也。擊者，攴也。凡斫木，斫地，斫人皆曰斫矣。」

《注》：「斫，郗斫頑直之貌，今關西語亦皆然。」

斥：斥。

《廣韻》、《集韻》、《韻會》、《正韻》：「竝昌石切，音尺。逐也，遠也。」

《書・禹貢》：「海濱廣斥。」《釋文》：「斥謂地鹹。」

《前漢・刑法志》：「除山川沉斥。」

《周禮・冬官考工記・弓人》：「斥蠖。」《注》：「屈蟲也。」

形：形。

清陳昌治刻本《說文解字・卷九・彡部》：「象形也。戶經切。」清段玉裁《注》：「象當作像。謂像似可見者也。似也。似，像也。形容謂之形。因而形容之亦謂之形。六書二曰像形者謂形其形也。四曰形聲者，謂形其聲之形也。易曰：『在天成象。在地成形。』」

《釋名》：「形有形象之異也。」

《易・乾卦》：「品物流形。」

《繫辭》：「在地成形。」

又器也。

《史記・秦本紀》：「飯土塯，啜土形。」《注》：「如淳曰：『土形，飯器之屬，瓦器也。』」

名：。

清陳昌治刻本《說文解字・卷二・口部》：「自命也。夕者，冥也。冥不相見，故以口自名。武并切。」清段玉裁《注》：「祭統曰。夫鼎有銘。銘者，自名也。此許所本也。周禮小祝故書作銘。今書或作名。士喪禮古文作銘。今文皆為名。按死者之銘。以緇長半幅。縝末長終幅。廣三寸。書銘於末曰。某氏某之柩。此正所謂自名。其作器刻銘。亦謂稱揚其先祖之德。著己名於下。皆祇云名已足。不必加金旁。故許君於金部不錄銘字。從周宮今書，禮今文也。許意凡經傳銘字皆當作名矣。鄭君注經乃釋銘為刻。劉熙乃云：『銘，名也。記名其功也。』呂忱乃云：『銘，題勒也。』」

《春秋・說題》：「名，成也。」

《左傳・桓六年》：「九月丁卯，子同生，公問名於申繻。對曰：『名有五，有信，有義，有象，有假，有類。』」

自呼名也。

《禮・曲禮》：「父前子名，君前臣名。」

又名譽也。

《易・乾卦》：「不易乎世，不成乎名。」

又號令也。

《周語》：「言以信名。」《注》：「信，審也。名，號令也。」

又文字也。

《儀禮・聘禮》：「不及百名書于方。」《注》：「名書，文也，今謂之字。」《疏》：「名者，即今之文字也。」

停：停。行中止也。

清陳昌治刻本《說文解字・卷八・人部》：「止也。特丁切。」

《釋名》：「停，定也。定於所在也。」

《王弼易傳》：「八卦復位，六爻遷次，周而復始，上下不停。」

義：義。

清陳昌治刻本《說文解字・卷十二・我部》：「己之威義也。宜寄切。」清段玉裁《注》：「古者威儀字作義。儀者，度也。義，善也。引申之訓也。威儀出於己，故从我。董子曰：『仁者，人也。義者，我也。謂仁必及人。義必由中　制也。从羊者，與善美同意。』羛，《墨翟書》義从弗。从弗者，蓋取矯弗合宜之意。」

《釋名》：「義，宜也。裁制事物，使各宜也。」

《易・乾卦》：「利物足以和義。」

《說卦傳》：「立人之道，曰仁與義。」

躁疾：迅速。

《史記・天官書》：「辰星出入躁疾，常主夷狄。」

又急躁。

漢陸賈《新語・輔政》：「故懷剛者久而缺，持柔者久而長。躁疾者為厥速，遲重者為常存。」

遲：。

清陳昌治刻本《說文解字・卷二・辵部》：「徐行也。直尼切。」清段玉裁《注》：「今人謂稽延為遲。平聲。謂待之為遲。去聲。」

《孔子閒居》：「無體之禮，威儀遲遲。」《注》：「緩而不迫也。」

《廣韻》：「久也，緩也。」

又委遲，迴遠貌。

《詩・小雅》：「周道倭遲。」

《韻會》：「棲遲，息也。」

《詩・陳風》：「可以棲遲。」

又乃也。

《史記・春申君傳》：「遲令韓、魏歸帝重於齊。」《注》：「遲，猶值。值，猶乃也。」

殿：。

清陳昌治刻本《說文解字・卷三・殳部》：「擊聲也。堂練切。」清段玉裁《注》：「假借為宮殿字。廣雅曰：『堂堭，壂也。』爾雅：『無室曰榭。』郭注：『即今堂堭。然則無室謂之殿矣。』又假借為軍後曰殿。」

《正韻》：「蕩練切，竝音電。堂高大者。」

《初學記》《倉頡篇》：「殿，大堂也。」

《史記・秦始皇本紀》：「始作前殿。」

《漢書》：「則有甘泉、函德、鳳凰、明光、臯門、麒麟、白虎、金華諸殿。歷代殿名或沿或革，惟魏之太極，自晉以降，正殿皆名之。」

《摯虞・決疑要注》：「其制有陛，右堿左平。平以文塼相亞次，堿者為階級也。九錫之禮，納陛以登，謂受此陛以上殿。顏師古曰：古者屋高嚴。皆名為殿，不必宮中。」

《廣韻》：「都甸切。」《集韻》、《韻會》、《正韻》：「丁練切，竝音唸。軍前曰啓，後曰殿。」軍敗後奔曰殿。

《左傳・宣十二年》：「晉隨季殿其卒而退。又上功曰最，下功曰殿，戰功曰多。」

《春秋・繁露》：「考試之法，九分，三三列之，一為最，五為中，九為殿。又鎮也，定也。」

《詩・小雅》：「殿天子之邦。」

《毛傳》：「殿，鎮也。正義曰：軍行在後曰殿，取其鎮重之義。」

立：。

清陳昌治刻本《說文解字・卷十・立部》：「住也。从大立一之上。凡立之屬皆从立。力入切。」臣鉉等曰：『大，人也。一，地也。會意。』」清段玉裁《注》：「侸也。侸各本作住。」

《釋名》：「立，林也。如林木森然，各駐其所也。」
《廣韻》：「立，行立。」
《禮・曲禮》：「立必正方。」
又成也。
《禮・冠義》：「而後禮義立。」
又堅也。
《易・大過》：「君子以獨立不懼。」
《論語》：「三十而立。」
又樹立也。
《易・說卦傳》：「立天之道，曰陰與陽。立地之道，曰柔與剛。立人之道曰仁與義。」
又置也，建也。
《周禮・天官》：「建其牧，立其監。」
又存立也。
《論語》：「己欲立而立人。」

謀：。

清陳昌治刻本《說文解字・卷三・言部》：「慮難曰謀。莫浮切。」清段玉裁《注》：「左傳叔孫豹說皇皇者華曰：『訪問於善為咨。咨難為謀。』魯語作咨事為謀。圖，畫計難也。圖與謀同義。」《爾雅・釋言》：「心也。」《注》：「謀慮以心。」

《廣雅》：「議也。」

《玉篇》：「計也。」

《字彙》：「咨難慮患曰謀。」

《易・訟卦》：「君子以作事謀始。」《疏》：「凡欲興作其事，必先謀慮其始。」

《書・洪範》：「聰作謀。」《傳》：「度也。」

《詩・小雅》：「周爰咨謀。」《傳》：「咨事之難易為謀。」

《襄四年》：「咨難為謀。」《注》：「問患難也。」

出：。

清陳昌治刻本《說文解字・卷六・出部》：「進也。象艸木益滋，上出達也。凡出之屬皆從出。尺律切。」

《廣韻》：「見也，遠也。」

《增韻》：「出入也，吐也，寫也。」

《唐韻》、《集韻》、《韻會》：「尺類切。」《正韻》：「蚩瑞切，竝推去聲。自中而外也。」

《正韻》：「凡物自出，則入聲。非自出而出之，則去聲。然亦有互用者。」

合：。

清陳昌治刻本《說文解字・卷五・亼部》：「合口也。候閤切。」清段玉裁《注》：「亼口也。

各本亼作合。誤。此以其形釋其義也。三口相同是為合。十口相傳是為古。引伸為几會合之稱。」

《玉篇》：「同也。」

《易・乾卦》：「保合太和。」

《詩・小雅》：「妻子好合。」

又配也。

《詩・大雅》：「天作之合。」

又會也。

《禮・王制》：「不能五十里者，不合於天子。」《注》：「合，會也。」

又聚也。

《論語》：「始有曰：苟合矣。」《注》：「合，聚也。」

又閉也。

《前漢・兒寬傳》：「封禪告成，合祛於天地神明。」《注》：「李奇曰：『祛，開散。合，閉也。』」

又六合也。

《莊子・齊物論》：「六合之外，聖人存而不論。」

《梁元帝・纂要》：「天地四方曰六合。」

《唐韻》、《正韻》：「古沓切。」《集韻》、《韻會》：「葛合切，竝音閤。」《廣韻》：「合，集也。」

嬉：。

《廣韻》：「許其切。」《集韻》、《韻會》：「虛其切。」《正韻》：「虛宜切，竝音僖。」

《博雅》：「戲也。」

《增韻》：「美也，游也。」

變：。

清陳昌治刻本《說文解字・卷三・攴部》：「更也。祕戀切。」

《小爾雅》：「易也。」

《廣韻》：「化也，通也。」

《增韻》：「轉也。」

《正韻》：「改也。」

《易・乾卦》：「乾道變化。」

《易解》：「自有而無謂之變，自無而有謂之化。」

又動也。

《禮・檀弓》：「夫子之病革矣，不可以變。」《注》：「變，動也。」

列：。

清陳昌治刻本《說文解字・卷四・刀部》：「分解也。良薛切。」清段玉裁《注》：「本義為分解。故其字從刀。引伸為行列之義。」

《廣韻》：「行次也，位序也。」
《前漢・韋玄成傳》：「卹我九列。」《注》：「九卿之位。」
《周禮・地官・稻人》：「以列舍水。」《注》：「列者，凌其町畦，必使平垣，則水可止舍也。」
《集韻》：「力製切，音例。比也。」

鈞：。

清陳昌治刻本《說文解字・卷十四・金部》：「三十斤也。居勻切。」清段玉裁《注》：「斤者，十六兩也。三十斤，漢志曰：『鈞者，均也。陽施其氣。陰化其物。皆得其成就平均也。』按古多叚鈞為均。」
《書・五子之歌》：「關石和鈞。」《疏》：「三十斤為鈞，四鈞為石，鈞石所以一天下之重輕，而立民信也。」
與均同，平也。
《詩・大雅》：「四鍭既鈞。」《注》：「矢鏃重羽輕，必參亭而三分之，一在前，二在後，得平均也。」
等也，同也。
《左傳・成六年》：「善鈞從眾。」《注》：「鈞，等也。」

萌：。

清陳昌治刻本《說文解字・卷一・艸部》：「艸芽也。武庚切。」清段玉裁《注》：「艸木芽也。

月令。句者畢出。句，屈生者。」
《博雅》：「始也。」
《周禮・秋官》：「薙氏掌殺草，春始生而萌之。」《注》：「謂耕反其萌芽。」義與芒通。
《禮・月令》：「句者畢出，萌者盡達。」
《管子・五行篇》：「艸木區萌。區萌即句芒也。」

三、論支干數

支干數者。凡有二種。一通數。二別數。今先辨通數。後論別數。通數者。十干。十二支也。干有十者。應天地之大數也。易繫辭言。天數五。地數五。天地之數。不過於十。故以干極於十。十主日。十日為一旬也。支十二者。禮稽命徵言。布政十二。尊卑有序。援神契言。三三參行。四四相扶。天有四時之氣。以三月成一時。故言三三參行。四四相扶。天地人謂之三才。是為三者。物生之常數。因而各生三。本三而末九。所以十二。元命苞言。數成於三。故合於三。三月。陽極於九。故一時九十日也。支象於月。十二月為一歲也。此辨通數。別數者。支數。則子數九。丑八。寅七。卯六。辰五。巳四。午九。未八。申七。酉六。戌五。亥四。太玄經云。子午九者。陽起於子。訖於午。陰起於午。訖於子。故子午對衝。而陰陽二氣之所起也。寅為陽始。申為陰始。從所起而左數。至所始而定數。故自子數至申。數九。自午數至寅。亦九。所以子午九也。丑未為對沖。自丑數至申。數八。自未數至寅。亦八。所以丑未八也。寅申為對沖。自寅數至申。數七。自申數至寅。亦七。所以寅申七也。卯酉為對沖。自卯數至申。數六。自酉數至寅。亦六。所以卯酉六也。辰戌為對沖。自辰數至申。數五。自戌數至寅。亦五。所以辰戌五也。巳亥為對沖。自巳數至申。數四。自亥數至寅。亦四。所以巳亥四也。又云。陽數極於九。子午為天地之經。故取陽之極數。自丑未巳下。數各減一。從八至四。理自可知。干數者。甲九。乙八。丙七。丁六。戊五。己九。庚八。辛七。壬六。癸五。太玄經云。甲己九者。甲起甲子。從子故九。己為甲配。故與甲俱九。乙起乙丑。從丑故八。乙配於庚。與庚俱八。

丙起丙寅。從寅故七。辛配於丙。與丙俱七。丁起丁卯。從卯故六。丁配於壬。與壬俱六。戊起戊辰。從辰故五。癸配於戊。與戊俱五。支有十二。以對沖同數。故自九至四。干唯有十。以配合同數。故自九至五。又云。支從地。故數畢於陰。以四偶也。干從天。故數畢於陽。以五奇也。五則止於五氣。四則極於四時。上不過九者。陽之極數也。五行及支干之數。相則倍之。王則十而倍之。休則如本。囚死半之。以此四而孳。數乃無極。此并從氣增減。氣盛則多。氣衰則少也。

四、論納音數

納音數者。謂人本命所屬之音也。音。即宮商角徵羽也。納者取此音。以調姓所屬也。樂緯云。孔子曰。丘吹律定姓。一言得土曰宮。三言得火曰徵。五言得水曰羽。七言得金曰商。九言得木曰角。此并是陽數。凡五行有生數。壯數。老數三種。木。生數三。壯數八。老數九。火。生數二。壯數七。老數三。土。生數五。壯數十。老數一。金。生數四。壯數九。老數七。水。生數一。壯數六。老數五。管輅云。土老數一者。土為萬物之主。一切歸之。所以一也。三才交而人理具。火之為德。取三才之義。故老數三。水。上應五星。下同五藏。故水老數五。金配七曜。故金老數七。木。在天為九星。在地為九州。在人為九竅。故木老數九。先生數。次壯數。後老數。納音論其本命。故以終數言之。此釋猶為未盡。夫萬物皆稟五常之氣。化合而生物。生之後。必至成壯。成壯之後。必有衰老。故有三種義。為人之道。自壯及老。莫不本乎禮義。而以立身。然存禮義者。靡不有初。鮮克有終。今既論納音人之所屬。非人莫能行其禮義。故以終老之數。禮義明之。一言得土者。土以含弘德厚。位高為君。君為民主。主則無二。唱始之言。故數一也。三言得火者。火既主禮。孝敬為先。不敢棄所生之德。故其數三。從木數也。水居陰位。人臣之道。土能制水。如君制臣。縱之則行。壅之則止。水不自專。故從土數五也。金既主義。義是夫妻之道。妻無自專。有從夫之義。火為金夫。故用火數七也。木主仁孝。金能剋木。宗廟之象。式經云。金為骸骨。木為棺槨。此明金木為鬼神之事。以敬事。故木從金數。故數九也。一示君德。二順父母。三表臣節。四敬從夫。五事鬼神。此則禮義備。而人事畢矣。

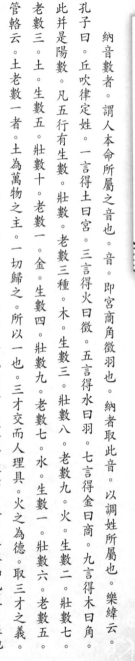

故納音用之數。納音者。子午屬庚。震卦所直日辰也。丑未屬辛。巽卦所直日辰也。寅申屬戊。坎卦所直日辰也。卯酉屬己。離卦所直日辰也。辰戌屬丙。艮卦所直日辰也。巳亥屬丁。兌卦所直日辰也。一言得土者。本命庚子。子屬於庚。數之。一言便以得之是也。三言得火者。本命丙寅。寅屬於戊。從丙數至戊。凡三是也。五言得水者。本命壬戌。戌屬於丙。從壬數至丙。凡五是也。七言得金者。本命壬申。申屬於戊。從壬數至戊。凡七是也。九言得木者。本命己巳。巳屬於丁。從己數至丁。凡九是也。六十甲子。例皆如是。支屬八卦。為納音者。皆以次而取對衝。如子午屬庚。子午相對衝也。餘例悉然。夫陽施陰化。故受氣定形。皆資於陰陽。以養成之。是以人之所屬。皆以陽數言也。所以子午屬庚之例者。乾為父。坤為母。共有六子。故曰。乾將三男。震坎艮。坤將三女。巽離兌。陰陽相生。故就乾索女。就坤索男。所以乾一索而得巽。曰長女。再索而得離。曰中女。三索而得兌。曰少女。坤一索而得震。曰長男。再索而得坎。曰中男。三索而得艮。曰少男。甲是陽干之始。乾下三爻取之。壬是陽干之末。乾上三爻取之。乙是陰干之始。坤下三爻取之。癸是陰干之末。坤上三爻取之。餘有六干。陽付其男。陰付其女。甲乙之後。次於丙丁。故以丙付少男艮。以丁付少女兌。丙丁之後。次於戊己。故以戊付中男坎。以己付中女離。戊己之後。次於庚辛。故以庚付長男震。以辛付長女巽。所以從少而付老。自小及大。從微至著故也。付干既訖。次付其支。震為長子。故其卦。初九得乾之子。九四得乾之午。震干庚。故子午屬庚。巽為長女。子後次丑。故其卦。初六得坤之丑。六四得坤之未。巽干辛。故丑未屬辛。坎為中男。丑後次寅。其卦。初六得乾之寅。未後次申。六四得乾之申。坎干戊。故寅申屬戊。離為中女。寅後次卯。故其卦。初九得坤之卯。申後次酉。九四得坤之酉。離干己。故卯酉屬己。艮為少男。卯後次辰。故其卦。初六得乾之辰。酉後次戌。六四得乾之戌。艮干丙。故辰戌屬丙。兌為少女。辰後次巳。故其卦。初九得坤之巳。戌後次亥。九四得坤之亥。兌干丁。故巳亥屬丁。六子取干。則乾坤之。餘取支。竝從乾坤而得。陽取於乾。陰取於坤。皆受於父母。故六子併主十二辰。人之納音。皆所繼焉。甲乙壬癸。不為納音者。以屬乾坤故也。或問曰。六子用干。則取父母之不用者。用支。則竝同於父母者何。答曰。干。是陽也。陽體奇。故正得一往分用。支。是陰也。陰體偶。故以再往用之。又復龜則用日。是以正求於干。故發兆分為十分。筮則用辰。正求於支。是以飛伏六爻。竝論十二支。雖復體不兼。要須相配以明義。干為尊。故不得不先設而後求支。筮雖不正用干。亦須干助。以顯其趣。猶如龜判十二支。兆體雖無支象。必約而論之。筮雖闕三甲。三壬。三乙。三癸。亦約虛以求寔。且設干往。先從父母而為始。後及六子。以甲付乾。以乙付坤。以丙付艮。以丁付兌。以戊付坎。以己付離。以庚付震。以辛付巽。歷八卦訖。壬還到乾。次癸還到坤。十干所在。六爻乾坤位尊。取其始末理然。體各得二干。支既當爻正用。故卦別皆備陽卦取其陽支。陰卦取其陰支。四卦同陽。四卦同陰。非正同於父母。當伏羲畫八卦為三爻。備天地人。所以分干。卦別取三。乾坤居始。故取甲乙。後神農重之。以為八純子。有重來之理。所以卦六干竝同父母。無二之義。故後卦取乎壬癸。其甲乙壬癸。各少三者。皆排在虛用之中。不全無者。陰有從陽之義。

五、論九宮數

九宮者。上分於天。下別於地。各以九位。天則二十八宿。北斗九星。地則四方四維及中央。分配九有。謂之宮者。皆神所遊處。故以名宮也。鄭司農云。太一行八卦之宮。每四乃入中央。中央者。地神之所居。故謂之九宮。易緯乾鑿度云。易一陰一陽之謂道也。故太一取其數。以行九宮。易曰。天一。地二。天三。地四。天五。地六。天七。地八。天九。地十。天地之數。合五十有五。九宮用者。天除一。地除二。人除三。餘四十九。以當蓍策之數。又四時除四。餘四十五。五者。五行。四十者。五行之成數。合之。則一節之數。分置五方。方各九者。一時九十日之數。四方成四時也。三宮相對。止十五者。為一氣之數。成二十四氣也。尚書洪範云。初一曰。五行位在北方。陽氣之始。萬物將萌。次二曰。敬用五事。位在西南方。謙虛就德。朝謁嘉慶。次三曰。農用八政。位在東方。耕種百穀。麻枲蚕桑。次四曰。協用五紀。位在東南方。日月星辰。雲雨竝興。次五曰。建用皇極。位在中宮。百官立表。政化公卿。次六曰。乂用三德。位在西北。抑伏強暴。斷制獄訟。次七曰。明用稽疑。位在西方。決定吉凶。分別所疑。次八曰。念用庶徵。位在東北。肅敬德方。狂僭亂行。次九曰。饗用五福。威用六極。位在南方。萬物盈寔。陰氣宣佈。時成歲德。陰陽和調。五行不忒。故黃帝九宮經云。戴九履一。左三右七。二四為肩。六八為足。五居中宮。總御得失。其數。則坎一。坤二。震三。巽四。中宮五。乾六。兌七。艮八。離九。太一行九宮。從一始。以少之多。順其數也。配筭曰。中央及四仲。各分九筭。命云木落歸本。分六至亥。故取震六筭。以置於乾。水流向末。分八至丑。故取坎八筭。以置於艮。金義而堅。分二還未。故取兑二筭。以置於坤。火本炎盛。自處其鄉。故離筭不動。土王四季。本生於巳。故分中宮四筭。以置於巽。故成戴九履一之位也。又初成八卦之法。命方之筭。先取北方九筭。命曰。水生木。縱一筭置寅上。一筭置卯上。一筭置辰上。又橫一筭置甲上。一筭置乙上。次取東方九筭。命曰。木生火於南方。布五位。又取南方之筭。命曰。火生土於中央。一筭於西北為戊。一筭於西南為巳。又取中央之筭。命曰。土生金於西方。布五位。又取西方之筭。命曰。金生水於北方。布五位。五方布十干十二支位訖。然後加陰干各一。命曰。陰數偶也。次加陽支各一。命曰。支體本加其始。餘筭十二月之數也。一筭置西北。命曰。乾之始也。二筭置西南。命曰。坤之始也。又餘筭九。置於中央。為易象也。命曰。乾主甲壬。即取甲壬上筭。以成乾卦。又命曰。坤主乙癸。次取乙癸上筭。以成坤卦。父母之卦。爻象既定。次及六子。先起長男。命曰。震主庚子午。即取庚及子午上筭。以成震卦。又次長女。命曰。巽主辛丑未。次取辛及丑未上筭。以成巽卦。又次中男。命曰。坎主戊寅申。次取戊及寅申上筭。以成坎卦。又次中女。命曰。離主己卯酉。次取己及卯酉上筭。以成離卦。又次少男。命曰。艮主丙辰戌。次取丙及辰戌上筭。以成艮卦。又次少女。命曰。兑主丁巳亥。次取丁及巳亥上筭。以成兑卦。八卦既成。問曰。八卦從何而始。曰。因五行生。又問。五行因何生。曰。因天地生。天地因何生。曰。因太一生。太一因何生。曰。因易生。故云。易有太極。是生兩儀。故變易字為太一。變太一字為天。天一生。地二生也。變天字為水。天生水也。變水字為木。水生木也。變木字成火。木生火也。變火字成土。火生土也。變土字成金。土生金也。變金字成八卦字。八卦因五行生也。變八卦字為十二月字。八卦所主月也。變十二月字成地。出萬物以終歸乎地也。此九宮八卦創制之法。備矣。九宮數一。起自北方始者。坎一正北。應天之始。始無二。故一。

北方五行之始。所以五行在北方。故云。陽氣之始。萬物將萌。五事數二。在西南者。五事。貌言視聽思也。別在後篇解。因五行而有五事。次之故二。又云。坤二在西南。應地之數。西南。林鐘之管。氣之次二也。五事人事之先也。故曰。謙虛就德。朝謁嘉慶。竝五事所主也。八政之數三。在東方者。八政。食。貨。祀。司空。司徒。司寇。賓。師也。既有五事。次修八政。故三。又云。震三正東。應人之數。三才義畢。東方。春。農之始也。食者。耕種炊烹也。貨者。畜積儲博。錢布金兵也。祀者。祭祀供神也。司空者。土地畝也。司徒者。民戶口大小數也。司寇者。禁備盜賊。糾察非常也。賓者。注籍往來。受容嘉慶也。師者。教訓農夫。耒耜設法也。故云。耕種百穀。麻枲蠶桑也。五紀數四。在東南者。五紀。歲。日月。奉化。日辰。曆數也。八政既修。非歲時日月。無以敷播植。次之故四。又云。巽四。東南。風行四時。以應四時之數。東南巳。純乾用事。乾主天。巽主號令。故居東南。歲者。以四時有序。盛衰始終也。日月者。照明萬物。氣候遠近也。奉化者。即仰王化。須建功貢寶也。日辰者。次序陰陽。斷制產物也。曆數者。記綴度數。農夫候望。賦斂隨時也。故曰。王者惟歲。稅數握成。以化下也。卿士惟月。奉化行道。以立實。師允惟日。陳列眾職。製作於萬品。歲月日時。無易修務。敬時以順紀也。故云。日月星辰。雲雨竝興也。皇極數五。在中央者。皇王建萬國。處中。分別四方。百官以治。萬事畢理。歲時成就。職貢均等。租稅五穀。以供王事。故在其中央。中央之數本五也。又云。土居中央。應五行之數。若王者動不得中。則不能建萬事。故曰。皇之不極。是謂不建也。故曰。百官立表。政化公卿也。三德數六。在西北者。三德。正直。剛克。柔克。乾為天位。人君之象。過五故數六。又云。乾在西北。陰陽氣分於西北。故應六律之數也。西北。乾之所處。故人君居之。正直者。人德也。君子方正以義。無所曲私。故云。平康正直。不疑其德。剛克者。天德也。法度不失。輕重罪服。故曰。沉潛剛克。柔克者。地德也。有德秩祿。安定眾職。賞賜萬國。故曰。高明柔克。故云。抑服強暴。斷制獄訟也。稽疑數七。在西方者。稽疑者。建立卜筮。問疑擇善。占天地之象。以定吉凶。蓍圓卦方。龜筮共知可否。三人占。從二人之言。昔者聖人。慎謀重始。動事作業。樹本開基。決嫌定疑。必謀以賢知。諮以耆艾。參以蓍龜。故舉無過事。慮無失計。蠻夷雖無君臣之序。亦有決疑之卜。或以金石。或以木草。故知稽疑之事。聖人所尚。以其次乾之後。故數七也。又云。兑正西。卯酉為天地之門。卯主始。酉主終。故斗指卯。則萬物皆出。指酉。則萬物皆入。兑應七星之數。兑為金。主悅言。故在西方。故云。決定吉凶。分別所疑也。庶徵數八。在東北者。庶徵者。眾徵也。王者以及眾庶。莫不內省咎過。外察徵祥。順徵知機。則無禍患。不審其過。不念庶徵。則禍至不悟。敗亡無日矣。有機徵見者。必恭事上帝。用不為過。則降以福應。詩云。昭事上帝。聿懷多福。如不共禦善。不畏上帝。群神乃怒。必有譴罰。數八者。次七後也。又云。艮八在東北。艮是止義。艮為徑路。萬物大出於震。小出於艮。震為眾男之長。艮為眾男之少。故應八卦之數。艮既為止。令止惡就善也。故在東北。故云。肅敬德方。狂僭亂行。五福六極數九。在南方。五福。壽。富。康寧。攸好德。考終命。壽者。孝悌道德備。然後修神丹。延壽命。富者。德化所及。豐穰無闕。康寧者。國化安寧。長樂無事。攸好德者。論理比類。進善抑惡。考終命者。順時成務。可以壽命統著善德。六極者。凶短折。疾。憂。惡。貧。弱。凶短折者。斬梟誅裂。大罪也。疾者。榜笞毆擊。疾臥養視也。憂。論作望兟朝日也。惡。髡鉗赭剁。戮辱固棄也。貧。償贓賦。沒財產也。弱。離邑里。徙邊地。以戒後也。此罪罰之理居後。故數九。又云。離既在午。以為子衡。極則還反。故離最其末。以為九宮之數。離為明。人君南面以聽政。象離之明。刑罰須明。故在南方。故云。萬物率盈寔也。

宮唯有九。不十者。八方與中央。數終於九。上配九天。九星。二十八宿。下配五岳。四瀆。九州也。九宮經言。一主恆山。二主三江。三主太山。四主淮。五主嵩高。六主河。七主華山。八主濟。九主霍山。又。一為冀州。二為荊州。三為青州。四為徐州。五為豫州。六為雍州。七為梁州。八為兗州。九為揚州。九州之名。互有改變。禹貢九州。即此配。唐時名同者。以堯命禹治洪水。分九州。因而不易。故周虞有十二州。加幽並營。舜以青州越海。分齊為營州。冀州南北太遠。分衛為并州。燕以北分置幽州。殷時九州。有幽營。無青梁。周官九州。有幽并。無徐梁。漢立十二州。增交益焉。冀州者。釋名云。冀州取地為名。有險易。帝王所都。太康地記曰。冀。近。其氣相近也。其地自太行東至碣石。王屋。底柱。禹貢云。冀州既載。呂氏春秋云。兩河之間為冀州。正北方。荊州者。釋名云。荊。警也。南蠻數為寇逆。州道先強。當警備之也。其地北據荊山。南及衡山之陽。禹貢云。荊及衡陽惟荊州。爾雅云。漢南曰荊州。呂氏曰。荊。楚也。青州者。釋名云。青。在東生也。太康地記曰。少陽色青。歲始事首。即以為名。其地東北據海。西距岱。禹貢云。海岱惟青州。呂氏云。東方海隅青州。齊也。徐州者。釋名曰。徐。舒也。土氣舒緩也。其地東至海。北至岱。南及淮。禹貢云。海岱及淮。惟徐州。呂氏云。泗上為徐州。魯也。爾雅云。濟東曰徐州。豫州者。釋名曰。豫。在九州之中。安豫也。太康地記云。稟中和之氣。性理安舒。其地南據荊。北距河。禹貢云。荊河惟豫州。呂氏云。河漢之間為豫州。爾雅云。河南曰豫州。雍州者。太康地記云。雍。居西北之位。陽所不至。陰氣壅閼。取以為名。其地西據黑水。東距西河。禹貢云。黑水。西河。惟雍州。呂氏云。雍州。秦也。爾雅云。河西曰雍州。梁州者。太康地記云。梁者。剛也。取西方金剛之氣。剛強以為名也。其地東據華山。西距黑水。禹貢曰。華陽黑水。惟梁州。兗州者。釋名云。取兗水為名。太康地記曰。辨其履信。稟貞正之意也。其地東南據濟。西北距河。禹貢曰。濟河惟兗州。揚州者。釋名云。揚州多水。水波揚也。其地北據淮。東距海。禹貢云。淮海惟揚州。呂氏曰。揚州。越也。爾雅曰。江南曰揚州。今依九宮之位。冀州正北。在坎宮。荊州西南。在坤宮。青州正東。在震宮。徐州東南。在巽宮。豫州中央。在中宮。雍州西北。在乾宮。梁州正西。在兌宮。兗州東北。在艮宮。揚州正南。在離宮。其位與此解相似。太一以兗州在正北。坎位。青州在東北。艮位。徐州在正東。震位。揚州在東南。巽位。荊州在正南。離位。梁州在西南。坤位。雍州在正西。兌位。冀州在西北。乾位。此竝從五行本始之氣。西北亥地。故坎水居之。東北寅地。故震木居之。東南巳地。故離火居之。西南申地。故兌金居之。乾為金。故從本金位。巽為木。故從本木位。坤艮俱土。故取地之經。居正南正北。此竝依周禮職方之始位。雖宮位微移。五行氣一。此九州上對九天。分二十八宿屬焉。淮南子云。中央鈞天。數五。其星角亢氐。韓鄭分。鈞。極也。布極四方。亦曰極天。為四行主。對中宮豫州。東方蒼天。數三。其星房心尾。房心。宋分。尾。燕分。東方色青也。對震宮青州。東北變天。數八。其星箕斗牛。箕。燕分。斗。吳分。牛。岱分。水之季。陰氣盡。陽始作。萬物將變。對艮宮兗州。北方玄天。數一。其星女虛危室。女。越分。虛危。齊分。室。衛分。水色黑。故云玄天。對坎宮冀州。西北幽天。數六。其星壁奎婁。壁。衛分。奎婁。魯分。金之季。即太陰幽闇也。對乾宮雍州。西方昊天。數七。其星胃昴畢。胃。魯分。畢昴。趙分。金色白。故曰昊天。對兌宮梁州。西南朱天。數二。其星觜參井。觜參。晉分。井。秦分。居火之季。陽色朱也。對坤宮荊州。南方炎天。數九。其星鬼柳星。鬼。秦分也。柳星。周分也。火性炎上。故曰炎天也。對離宮揚州。東南陽天。數四。其星張翼軫。張。周分。翼軫。楚分。木之季。將即太陽。故曰陽天也。對巽宮徐州。此九天。亦屬北斗九星之數。故下對九州。

炎天數九。屬斗第一樞星。應離宮。對揚州。變天數八。屬斗第二璇星。應艮宮。對兗州。昊天數七。屬斗第三璣星。應兑宮。對梁州。幽天數六。屬斗第四權星。應乾宮。對雍州。鈞天數五。屬斗第五衡星。應中宮。對豫州。陽天數四。屬斗第六開陽星。應巽宮。對徐州。蒼天數三。屬斗第七瑤光星。應震宮。對青州。朱天數二。屬斗第八星。應坤宮。對荊州。玄天數一。屬斗第九星。應坎宮。對冀州。屬斗第八第九二星。陰而不見。以其對陰宮也。又郭璞易占云。乾一。坤二。震三。巽四。坎五。離六。艮七。兑八。占人及物數。皆準此。蓋以父母男女為次也。此九宮八卦之數。故以備釋。

註：

九星：指四方及五星。

《逸周書・小開武》：「三極：一維天九星，二維地九州，三維人四左。」孔晁注：「九星，四方及五星也。」

又指星、辰、日、月、四時、歲。

《文選・任昉・宣德皇后令》：「九星仰止。」李善注：「《周書》：王曰：『余不知九星之光。』周公旦曰：『九星者星、辰、日、月、四時、歲，是謂九星。』」

又指天蓬天內等九星。

《素問・天元紀大論》：「九星懸朗。」王冰注：「九星，謂天蓬、天內、天衝、天輔、天禽、天心、天任、天柱、天英。」

九有：九州。後以九州泛指天下，全中國。

《詩・商頌・玄鳥》：「方命厥後，奄有九有。」毛傳：「九有，九州也。」

麻：。

清陳昌治刻本《說文解字・卷七・麻部》：「與林同。人所治，在屋下。莫遐切。」清段玉裁《注》：「枲也。麻與枲互訓。林，人所治也。在屋下。說从广之意。林必於屋下績之。故从广。然則未治謂之枲。治之謂之麻。」

枲：。

清陳昌治刻本《說文解字・卷七・木部》：「麻也。胥里切。」清段玉裁《注》：「麻也。玉篇云：『有子曰苴，無子曰枲。』喪服傳曰：『苴，麻之有蕡者也。牡麻者，枲麻也。』艸部曰：『萉，枲實也。』九穀攷曰：『苴，惡貌也。斬衰貌若苴，齊衰貌若枲，以今日北方種麻事目驗之。牡麻俗呼花麻，夏至開花，所謂榮而不實謂之英者。花落即拔而漚之，剝取其皮，是為夏麻。夏麻之色白。苴麻俗呼子麻，夏至不作花而放勃，勃即麻實，所謂不榮而實謂之秀者。八九月閒子熟則落，搖而取之，子盡乃刈，漚其皮而剝之，是為秋麻，色青而黯，不潔白。』」

《玉篇》：「枲屬也。皮績為布，子可食。」

《爾雅・釋草》：「枲麻。」《疏》：「麻，一名枲。禹貢青州云：『厥貢岱畎絲枲是也。』」

《本草圖經》：「雄者名枲麻，牡麻，雌者為苴麻，茡麻。又蕁麻。」

《詩・豳風》：「禾麻菽麥。」

《禮・月令》：「食麻與犬。」
《黃帝素問》：「麻麥稷黍豆，為五穀。」《正字通》：「麻，即油麻。又胡麻。」
《爾雅翼》：「胡麻，一名巨勝。」《正字通》：「言其大而勝，即今黑芝麻也。又疏麻。」
《楚辭・九歌》：「折疏麻兮瑤華。」《注》：「疏麻，神麻也。又升麻、天麻，皆藥名。」

蚕：。

清陳昌治刻本《說文解字・卷十三・虫部》：「任絲也。昨含切。」清段玉裁《注》：「任絲蟲也。言惟此物能任此事。美之也。絲下曰。蠶所吐也。」
《爾雅・釋蟲》：「螼蚓，豎蠶。」《注》：「江東呼寒蚓。」
《淮南子・天文訓》：「蠶珥絲而商絃絕。」
《博物誌》：「蠶三化，先孕而後交，不交者亦產子。」
《爾雅翼》：「蠶之狀，喙呥呥類馬，色斑斑似虎。初拂謂之蠔，以毛掃之，蠶尚小，不欲見露氣。桑葉著懷中令暖，然後切之得氣，則眾惡除也。」
《酉陽雜俎》：「食而不飲者蠶。又原蠶。」
《埤雅》：「再蠶謂之原蠶，一名魏蠶，今以晚葉養之。又紅蠶。蠶足於葉三俯三起，二十七日而蠶已老，則紅，故謂之紅蠶。又野蠶。」
《後漢・光武紀》：「野蠶成繭，被於山阜。又華蠶。」
《述異記》：「園客種五色香草，啖華蠶，得繭一百二十枚，大如甕。」
《本草》：「石蠶，一名沙蝨，乃東澗水中細蟲。又雪蠶，生陰山及峨嵋山，北人謂之雪蛆。」

又金蠶，屈如指環，食故緋帛錦，如蠶之食葉也。」

又蠶室。

《晉書・禮志》：「皇后親乘車東郊苑中蠶室祭蠶神。」

又蠶神。

《爾雅翼》：「今蠶神曰苑窳婦人、寓氏公主，凡二神。」

桑：。

清陳昌治刻本《說文解字・卷六・木部》：「蠶所食葉木。息郎切。」

《禮・月令》：「季春之月，命野虞毋伐桑柘。」《注》：「愛蠶食也。」

《周禮・冬官考工記》：「弓人，取榦之道，柘為上，檿桑次之。」

乂：。

清陳昌治刻本《說文解字・卷十二・丿部》：「芟艸也。魚廢切。」清段玉裁《注》：「《集韻》：『魚刈切，竝音刈。』禾部曰：『穫，乂穀也。是則芟艸穫穀總謂之乂。』鄭箋詩云：『芟末曰艾。刀部有鉤。金部有鎌，有鍥。所以芟艸也。銍則穫禾短鎌也。』」

《爾雅・釋詁》：「治也。」

《書・堯典》：「有能俾乂。」

又賢才之稱。

《書・皋陶謨》：「俊乂在官。」

稽疑：謂用卜筮決疑。

《書・洪範》：「明用稽疑。」

又泛指考察疑事。

《管子・君臣下》：「故正名稽疑，刑殺亟近，則內定矣。」

庶徵：各種徵候。

《書・洪範》：「庶徵：曰雨，曰暘，曰燠，曰寒，曰風。」孔傳：「雨以潤物，暘以乾物，煖以長物，寒以成物，風以動物，五者各以其時，所以為眾驗。」

《朱子語類卷一一七》：「以人事則有八政，以天時則有五紀。稽之於卜筮，驗之以庶徵，無所不備。」

饗：。

清陳昌治刻本《說文解字・卷五・食部》：「鄉人飲酒也。許兩切。」清段玉裁《注》：「傳曰：『饗，鄉人飲酒也。其牲，鄉人以狗。大夫加以羔羊。』凡食其獻曰饗。」

《玉篇》：「設盛禮以飯賓也。」

《箋》：「大飲賓曰饗。」

《禮・郊特牲》：「大饗尚腶脩而已矣。」《注》：「此大饗饗諸侯也。」

《儀禮・士昏禮》：「舅姑共饗婦，以一獻之禮。」《注》：「以酒食勞人曰饗。」

《公羊傳・莊四年》：「夫人姜氏饗齊侯於祝丘。」《注》：「牛酒曰犒，加羹飯曰饗。」

又祭名。

五福：五種幸福。

《禮・禮器》：「大饗其王事歟。」《注》：「祫祭也。」

《書・顧命》：「王三祭，上宗曰饗。」《注》：「宗伯曰饗者，傳神命以饗告也。」

《左傳・成十二年》：「享以訓恭儉，宴以示慈惠。」《注》：「享，同饗。宴，同燕。」

《集韻》：「祭而神歆之也。」

五福：五種幸福。

《書・洪範》：「五福：一曰壽，二曰富，三曰康寧，四曰攸好德，五曰考終命。」

漢桓譚《新論》：「五福：壽、富、貴、安樂、子孫眾多。」

又神名。賜福之神。

宋沈括《夢溪筆談・辯證一》：「正殿祠五福，而太一乃在廊廡，甚為失序。」

六極：謂六種極兇惡之事。

《書・洪範》：「六極：『一曰兇短折，二曰疾，三曰憂，四曰貧，五曰惡，六曰弱。』」

孔穎達疏：「六極，謂窮極惡事有六。」

又謂上下四方。

《莊子・應帝王》：「以出六極之外，而遊無何有之鄉。」

又謂命、醜、福、賞、禍、罰。

《逸周書・常訓》：「六極：『命、醜、福、賞、禍、罰。』六極不嬴，八政和平。」

中醫學名詞。即氣極、血極、筋極、骨極、精極、髓極，均為虛勞重症。

《雲笈七籤》卷三二：「五勞則生六極，一曰氣極，二曰血極，三曰筋極，四曰骨極，五曰精極，六曰髓極。六極即為七傷。」

歲德：謂土地一年四季滋生萬物的功德。

《管子・四時》：「春嬴育，夏養長，秋聚收，冬閉藏，大寒乃極，國家乃昌，四方乃服，此謂歲德。」尹知章注：「言土能成歲之德也。」

又歲中德神。

漢袁康《越絕書・計倪內經》：「太陰在陽，歲德在陰，歲美在是，聖人動而應之製。」

清允祿等《協紀辨方書・義例一・歲德》：「曾門經曰：『歲德者，歲中德神也。』」

忒：。

清陳昌治刻本《說文解字・卷十・心部》：「更也。他得切。」清段玉裁《注》：「尸鳩傳曰：『忒，疑也。』瞻卬傳曰：『忒，差也。』注云：『失常也。』」

《詩・大雅》：「鞫人忮忒。」

《魯頌》：「享祀不忒。」《鄭箋》：「變也。」

又疑也。

《詩・曹風》：「其儀不忒。」

《正義》：「執義如一，無疑貳之心。」

《廣韻》：「差也。」

《詩・大雅》：「昊天不忒。」

《鄭箋》：「不差忒也。」

又通作貣。

《禮・月令》：「毋或差貣。」

《呂覽》：「作差忒。亦通作貣。」

《史記・宋世家》：「卜五，占之用二衍貣。」

《書・洪範》：「作忒。」

亦通作慝。

《詩・鄘風》：「之死矢靡慝。」

箅：。

清陳昌治刻本《說文解字・卷五・竹部》：「長六寸。計歷數者。言常弄乃不誤也。蘇貫切。」

清段玉裁《注》：「漢志云：『箅法用竹徑一分，長六寸。二百七十一枚而成六觚。為一握。此謂箅籌。與算數字各用。計之所謂算也。』」

《類篇》：「損管切。數也。」

嘉慶：吉祥喜慶。亦指喜慶的事。

漢焦贛《易林・萃之夬》：「千懽萬悅，舉事為決，獲受嘉慶，動作有得。」

謂外出歸家拜見父母。

南朝宋顏延之《秋胡詩》：「上堂拜嘉慶，入室問何之。」

髡：。同髠。本義為古代一種剃去頭髮的刑罰。髡刖（去髮稱髡，斷足稱刖）；髡鉗（用鐵束

頸為鉗）；髡髮（剃去頭髮）；髡首（剃光頭髮，光頭）；髡人（被剃去頭髮的罪人）；髡頭（光頭。同髡首）。

清陳昌治刻本《說文解字・卷九・髟部》：「鬄髮也。髡，或從元。苦昆切。」清段玉裁《注》：「王《注》：『髡，鬄也。』鬄者，俗鬄字。《周禮・秋官・掌戮》：『髡者使守積。』《注》云：『此必王之同族不宮者。宮之為翦其類。髡之而巳。』《部》曰：『罪不至髡。完其而鬢曰耏。』」

《前漢・刑法志》：「當黥者，髡鉗為城旦舂。」

耏：。

清陳昌治刻本《說文解字・卷九・而部》：「罪不至髡也。耐，或從寸。諸法度字從寸。奴代切。」清段玉裁《注》：「罪不至髡也。罪當作辠。高帝紀：『令郎中有罪耐以上請之。』應劭曰：『輕罪不至於髡，完其耏鬢，故曰耏；古耏字從彡，髮膚之意也。』杜林以為法度之字皆從寸。後改如是。言耐罪以上皆當先請也。耐音若能。按耐之罪輕於髡。髡者，鬄髮也。不鬄其髮，僅去鬚鬢，是曰耐。亦曰完。謂之完者，言完其髮也。刑法志曰：『當髡者完為城旦舂。王粲詩：『許歷為完士。一言猶敗秦。』江遂曰：『漢令謂完而不髡曰耐。』然則應仲遠言完其耏鬢，正謂去而鬢而完其髮耳。」

《廣韻》：「**頾**也。」

頾：。

清陳昌治刻本《說文解字・卷十・立部》：「待也。相俞切。」清段玉裁《注》：「立而待也。今字多作需，作須。」

《玉篇》：「頰鬚也。」《釋名》：「耳耏也。耳有一體，屬著兩邊，耏耏然也。」

《後漢・章帝紀》：「冒耏之類。」《注》：「言鬚鬢多，蒙冒其面。」

《玉篇》：「髵，亦作耏。獸多毛。」

四瀆：長江、黃河、淮河、濟水的合稱。

《爾雅・釋水》：「江、河、淮、濟為四瀆。四瀆者，發原註海者也。」

《禮記・王制》：「天子祭天下名山大川，五嶽視三公，四瀆視諸侯。」

《史記・殷本紀》：「東為江，北為濟，西為河，南為淮，四瀆已修，萬民乃有居。」

又星名。屬井宿，共四星，在麒麟座內。

《晉書・天文誌上》：「東井南垣之東四星曰四瀆，江河淮濟之精也。」

第四卷

論相生

一、論相生

經云。天生一。始於北方水。地生二。始於南方火。人生三。始於東方木。時生四。始於西方金。五行生五。始於中央土。又曰。天始生一者。因一而生天。非天生一也。故云。一生二。二生三。三生萬物。地生二者。亦因二而生地。因三生人。因四生時。五行皆由一而生。數至於五。土最在後。得五而生五行也。五行同出而異時者。出離其親。有所配偶。譬如人生。亦同元氣而生。各出一家。配為夫妻。化生子息。故五行皆相須而成也。五行同胎而異居。有先後耳。夫五行皆資陰陽氣而生。故云。濡氣生水。溫氣生火。強氣生木。剛氣生金。和氣生土。故知五行同時而起。託義相生。傳曰。五行竝起。各以名別。然五行既以名別。而更互用事。輪轉休王。故相生也。穎容云。凡五行相生。謂異類相化。如男女異姓。能至繁殖。若以水濟水。不生嘉味。河閒獻王問溫城董君曰。孝者。天之經。地之義也。何謂也。對曰。天有五行。木火土金水是也。木生火。火生土。土生金。金生水。水生木。木為春。春主生。夏主長養。秋主收。冬主藏。藏者。冬之所成也。是故父之所生。其子長之。父之所長。其子養之。父之所養。其子成之。不敢不致如父之意。盡為人之道也。故五行者。五常也。白虎通云。木生火者。木性溫暖。火伏其中。鑽灼而出。故木生火。火生土者。火熱。故能焚木。木焚而成灰。灰即土也。故火生土。土生金者。金居石。依山津潤而生。聚土成山。山必生石。故土生金。金生水者。少陰之氣潤澤。流津銷金。亦為水。所以山雲而從潤。故金生水。水生木者。因水潤而能生。故水生木也。元命苞云。陽吐陰化。故水生木也。春秋繁露云。東方木。木。農之本。司農尚仁。五穀畜積。司馬食之。故木生火。火。本朝司馬。尚知。天時形兆未萌。昭然獨見。天下既寧。以安君臣。故火生土也。土。君。尚信。因時之威武強禦。以成大理司徒。故土生金。金。大理司徒。尚義。邊境安寧。寇賊不發。邑無獄訟。則安執法司寇。故金生水。水。執法司寇。尚禮。君臣有位。長幼有序。百工維時。以成歲用。器械既成。以給司農田官。故水生木。兩說事義雖別。而相生是同。五行各定形。唯火鑽灼方出者。火是大陽之氣。溫故乃生。鑽木出者。還寄託萬物耳。如聖人無名。能理萬物。還以萬物為名。陽氣至神。故有隱顯。

註：

濡：。

清陳昌治刻本《說文解字・卷十一・水部》：「水。人朱切。」

漬也。

《詩・邶風》：「濟盈不濡軌。」

又滯也。

《孟子》：「是何濡滯也。又鮮澤也。」

《詩・小雅》：「六轡如濡。」

又溺也。

《史記・倉公傳》：「不亟治病，必入濡腎。」

又溼也。

《禮・曲禮》：「濡肉齒決。」
又含忍曰濡。
《史記・聶政傳》：「無濡忍之心。」《注》：「濡，潤也。人性溼潤，則能含忍。」

溫：。不冷不熱、性情柔和。
清陳昌治刻本《說文解字・卷十一・水部》：「水。烏魂切。」

強：。
清陳昌治刻本《說文解字・卷十三・虫部》：「蚚也。巨良切。」清段玉裁《注》：「郭曰：『以腳自摩捋。』段借為彊弱之彊。」
與彊通。
《廣韻》：「剛強也，健也。」《禮・曲禮》：「四十曰強而仕。」
《疏》：「強有二義，一則四十不惑，是智慮強。二則氣力強也。」
《中庸》：「雖愚必明，雖柔必強。」
《集韻》：「勝也。」《禮・中庸注》：「南方以舒緩為強，北方以剛猛為強。」
《廣韻》：「暴也。」《史記・田延年傳》：「誅鉏豪強。」
《集韻》：「勉也。」
《爾雅・釋詁》：「勤也。」
《禮・中庸》：「或勉強而行之。」

《韻會》：「矯強。」

又勸也。

《周禮・地官》：「正其行，而強之道藝。」《注》：「強，猶勸也。」

《禮・樂記》：「強而弗抑則易。」《疏》：「師但勸強其神識，而不抑之令曉，則受者和易。」

剛：。

清陳昌治刻本《說文解字・卷四・刀部》：「彊斷也。古郎切。」清段玉裁《注》：「彊者，弓有力也。有力而斷之也。引伸凡有力曰剛。」

《增韻》：「堅也，勁也。」

《易・乾卦》：「大哉乾乎，剛健中正。」

《司馬光・潛虛》：「剛，天之道也。」

和：。

清陳昌治刻本《說文解字・卷二・口部》：「相應也。戶戈切。」

《廣韻》：「順也，諧也，不堅不柔也。」

《書・堯典》：「協和萬邦。」

《舜典》：「律和聲。」

《易・乾卦》：「保合太和。」

《中庸》：「發而皆中節謂之和。」

《詩・小雅》：「和鸞雝雝。」《傳》：「在軾曰和，在鑣曰鸞。」《疏》：「和，亦鈴也，以其與鸞相應和，故載見曰和鈴央央是也。」《諡法》：「不剛不柔曰和。」《禮運》：「五味，六和，十二食，還相為質也。」《注》：「春多酸，夏多苦，秋多辛，冬多鹹，加以滑甘，是謂六和。」

嘉味：美味。

漢荀悅《申鑑・雜言上》：「酸鹹甘苦不同，嘉味以濟，謂之和羹。」

河間獻王問溫城董君：《春秋繁露義證五行對第三十八》：「《孝經》曰：『夫孝，天之經，地之義。』何謂也？』對曰：『天有五行，木火土金水是也。木生火，火生土，土生金，金生水。水為冬，金為秋，土為季夏，木為春。春主生，夏主長，季夏主養，秋主收，冬主藏。藏，冬之所成也。是故父之所生，其子長之；父之所長，其子養之；父之所養，其子成之。諸父所為，其子皆奉承而續行之，不敢不致如父之意，盡為人之道也。故五行者，五行也。由此觀之，父授之，子受之，乃天之道也。故曰：夫孝者，天之經也。此之謂也。』王曰：『善哉。天經既得聞之矣，願聞地之義。』對曰：『地出雲為雨，起氣為風。風雨者，地之所為。地不敢有其功名，必上之於天。命若從天氣者，故曰天風天雨也，莫曰地風地雨也。勤勞在地，名一歸於天，非至有義，其孰能行此？故下事上，如地事天也，可謂大忠矣。土者，火之子也。五行莫貴於土。土之於四時無所命者，不與火分功名。木名春，火名夏，金名秋，水名冬。忠臣之義，孝子之行，取之土。土者，五行最貴者也，其義不可以加矣。五聲莫貴於宮，五味莫美於甘，五色莫盛於黃，此謂孝者地之義也。』王曰：『善哉！』」

經：經。

清陳昌治刻本《說文解字．卷十三．糸部》：「織也。九丁切。」清段玉裁《注》：「古謂橫直為衡從。毛詩云衡從其畝是也。韓詩曰：『東西耕曰橫。南北耕曰由。』織之從絲謂之經，必先有經而後有緯。是故三綱五常六藝謂之天地之常經。大戴禮曰：『南北曰經。東西曰緯。』縊死何言經死也。謂以繩直縣而死。」

《玉篇》：「經緯，以成繒帛也。」

《易．屯卦》：「君子以經綸。」《疏》：「經，謂經緯。」

《易．頤卦》：「拂經於丘。」《注》：「經猶義也。」

《書．酒誥》：「經德秉哲。」《傳》：「能常德持智。」

《左傳．昭二十五年》：「夫禮，天之經也。」《注》：「經者，道之常。」

《詩．大雅》：「經之營之。」《傳》：「經，度之也。」

《周禮．天官．冢宰》：「體國經野。」《注》：「經，謂為之里。」

《疏》：「南北之道謂之經，東西之道謂之緯。」

《周禮．天官．大宰》：「以經邦國。」《注》：「經，法也。王謂之禮經常所秉以治天下者也。」

鑽灼：古卜法。鑽龜里甲使薄，然後燃荊焞以灼所鑽處，使兆坼現於表面，藉以定吉凶。

《儀禮．士喪禮》：「楚焞置於燋。」漢鄭玄注：「荊焞所以鑽灼龜者。」

晉葛洪《抱朴子・暢玄》：「沉鱗甲於玄淵，以違鑽灼之災。」

焞：。

清陳昌治刻本《說文解字・卷十・火部》：「明也。他昆切。」清段玉裁《注》：「韋云：『淳，大也。燿，明也。』下文云：『敦大則焞燿。』自皆當訓明。士喪禮楚焞。所以鑽灼龜者。楚，荊也。焞，葢亦取明火之意。引申之又訓盛。采芑傳曰：『焞焞，盛也。』」

《集韻》：「徒渾切，音屯。」

《玉篇》：「焞焞。無光耀也。」

《集韻》：「灼龜火也。」

《集韻》：「一曰灼龜炬。」

《集韻》、《韻會》、《正韻》：「殊倫切，竝音純。」

《廣韻》：「明也。」

《韻會》：「火色也。」

《集韻》、《正韻》：「通回切。」《韻會》：「吐雷切，竝音推。」

《玉篇》：「焞焞，盛貌。」

《集韻》：「祖管切。」《韻會》：「作管切，竝音纂。」

《集韻》：「灼龜也。或作焌。」

《集韻》：「徂悶切，音鐏。然火以灼龜。或作焌。」

《集韻》、《類篇》：「竝祖寸切，音捘。」

《儀禮・士喪禮》：「楚焞置於燋，在龜東。」《注》：「楚荊也，荊焞所以鑽灼龜者。」《疏》：「荊是草名。古法鑽龜用，荊謂之荊焞也。」

又比喻得禍。

明陳霆《兩山墨談・卷十二》：「坡以戒失而事藏，然以玄緒之靈而不免鑽灼之禍。」

又猶鑽研。

南朝梁劉勰《文心雕龍・指瑕》：「夫車馬小事，歷代莫悟；辭賦近事，而千里致差；況鑽灼經典，能不謬哉！」

灼：。

清陳昌治刻本《說文解字・卷十・火部》：「炙也。之若切。」清段玉裁《注》：「炙謂炮肉。灼謂凡物以火附箸之。如以楚焞柱龜曰灼龜。其一耑也。七諫注曰：『點，污也。灼，炙也。猶身有病，人點炙之。醫書以艾灸體謂之壯。壯者，灼之語轉也。』淮南注曰：『然也。』廣雅曰：『爇也。』素問注曰：『燒也。』」

《玉篇》：「熱也。」

《廣韻》：「燒也。」

《魯語》：「如龜焉。灼其中，必文於外。」

《前漢・霍光傳》：「灼爛者，在於上行。」

《玉篇》：「明也。」

春秋繁露：漢董仲舒《春秋繁露・卷十三・五行相生・第五十八》：「天地之氣，合而為一，分為陰陽，判為四時，列為五行。行者，行也，其行不同，故謂之五行。五行者，五官也，比相生而間相勝也，故為治，逆之則亂，順之則治。

五官：五種官職，即五行之官。木正曰句芒，火正曰祝融，金正曰蓐收，水正曰玄冥，土正曰后土。

比相生：五行中相比鄰者相生。如木生火之類。

間相勝：五行中相間隔的相勝。如金勝水，火勝金之類。

東方者木，農之本。司農尚仁，進經術之士，道之以帝王之路，將順其美，匡其惡。執規而生，至溫潤下，知地形肥磽美惡，立事生則，因地之宜，召公是也。親入南畝之中，觀民墾草發淄，耕種五穀，積蓄有餘，家給人足，倉庫充實。司馬，本朝也。本朝者火也，故曰木生火。

農：。

《唐韻》、《集韻》：「竝奴冬切，音儂。」

《說文》：「耕也，種也。」

《書・洪範》：「農用八政。」《注》：「農者，所以厚生也。」

《周禮・天官・大宰》：「以九職任萬民。一曰三農生九穀。」《注》：「三農：山農、澤農、平地農也。」

《左傳・襄九年》：「其庶人力於農穡。」《注》：「種曰農，斂曰穡。」

又司農，官名。

《前漢・百官志》：「秦曰治粟內史，漢景帝更名大司農。」

仁：。

清陳昌治刻本《說文解字・卷八・人部》：「親也。如鄰切。」清段玉裁《注》：「親者，密至也。孟子曰：『仁也者，人也。』謂能行仁恩者人也。又曰：『仁，人心也。』謂仁乃是人之所以為心也。」

《釋名》：「忍也。」

《易・乾卦》：「君子體仁，足以長人。」

《禮・禮運》：「仁者，義之本也，順之體也。得之者尊。」《程顥曰》：「心如穀種。生之性，便是仁。」

《方書》：「手足痿痺為不仁。後漢班超妹昭，以兄老西域，請命超還漢土，上書云：『兄年七十，兩手不仁。』」

又果核中實有生氣者亦曰仁。

《六書正譌》：「元，从二从人。仁則从人从二。在天為元，在人為仁。人所以靈於萬物者，仁也。」

經術：猶經學。

《史記・太史公自序》：「仲尼悼禮廢樂崩，追脩經術，以達王道。」

道：。

清陳昌治刻本《說文解字・卷二・辵部》：「所行道也。徒皓切。」清段玉裁《注》：「毛傳云：

『行道也。』道者人所行。故亦謂之行。道之引伸為道理。亦為引道。」
《爾雅・釋宮》：「一達謂之道路。」
《前漢・董仲舒傳》：「道者所由適于治之路也。」
《廣韻》：「理也，眾妙皆道也，合三才萬物共由者也。」
《易・繫辭》：「一陰一陽之謂道。」《又》：「立天之道，曰陰與陽。立地之道，曰柔與剛。立人之道，曰仁與義。」
又順也。
《書・禹貢》：「九河既道。」《注》：「順其道也。」
又由也。
《禮・禮器》：「苟無忠信之人，則理不虛道。」
《中庸》：「尊德性而道問學。」
又治也。與導同。
《論語》：「道千乘之國。」
《史記・文帝紀》：「道民之略，在於務本。」
又引也。
《左傳・隱五年》：「請君釋憾於宋，敝邑為道。」
又從也。
《前漢・淮南王傳》：「諸使者道長安來。」

《山海經》：「風道北來。」《注》：「道，從也。」

帝王：泛指君主，國家的最高統治者。

《莊子・天道》：「夫帝王之德，以天地為宗。」

五帝和三王的並稱。

《莊子・秋水》：「帝王殊禪，三代殊繼。」成玄英疏：「帝，五帝也。王，三王。三代，夏、殷、周。」

三王：指夏、商、周三代之君。

夏禹、商湯、周武王。

《穀梁傳・隱公八年》：「盟詛不及三王。」范寧注：「三王，謂夏、殷、周也。夏後有鈞臺之享，商湯有景亳之命，周武有盟津之會。」

夏禹、商湯、周文王。

《孟子・告子下》：「五霸者，三王之罪人也。」趙岐注：「三王，夏禹、商湯、周文王是也。」

五霸：說法不一，一般指春秋時的齊桓公、晉文公、宋襄公、秦穆公、楚莊王。

商湯、周文王、周武王。

《尸子卷下》：「湯復於湯丘，文王幽於羑里，武王羈於王門；越王棲於會稽，秦穆公敗於崤塞，齊桓公遇賊，晉文公出走，故三王資於辱，而五霸得於困也。」

周之太王、王季、文王。

《國語・周語下》：「乙太蔟之下宮，布令於商，昭顯文德，底紂之多罪，故謂之宣，所以宣三王之德也。」韋昭注：「三王，太王、王季、文王也。」

匡：。

清陳昌治刻本《說文解字・卷十二・匚部》：「飯器，筥也。去王切。」清段玉裁《注》：「飯器。匡之引申叚借為匡正。小雅：『王於出征，以匡王國。』傳曰：『匡，正也。蓋正其不正為匡。凡小不平曰匡刺。』」

《玉篇》：「方正也。」

《爾雅・釋詁》：「匡，方也。」

《詩・小雅》：「既匡既敕。」

又救也。

《書・盤庚》：「不能胥匡以生。」

《廣韻》：「輔助也。」

《前漢・宣帝紀》：「以匡朕之不逮。」

恐也。

《禮・禮器》：「年雖大，殺眾不匡懼。」

磽：。

清陳昌治刻本《說文解字・卷九・石部》：「磬石也。口交切。」清段玉裁《注》：「孟子：『地有肥磽。』趙曰：『磽，薄也。』」

《玉篇》：「堅硬也。」
《孟子》：「則地有肥磽雨露之養。」
《前漢・景帝紀》：「郡國或磽陿，無所農桑。」《注》：「磽謂磽埆瘠薄。」

則：。

清陳昌治刻本《說文解字・卷四・刀部》：「等畫物也。子德切。」清段玉裁《注》：「說從貝之意。物貨有貴賤之差。故從刀介畫之。引伸之為法則。」
《徐曰》：「則，節也。取用有節，刀所以裁制之也。」
《玉篇》：「法也。」
《爾雅・釋詁》：「則，常也。」《疏》：「謂常禮法也。」
《周禮・天官・冢宰》：「以八則治都鄙。」《鄭注》：「則，法也。」
《增韻》：「凡制度品式皆曰則。」
《書・說命》：「明哲實作則。」
又天理不差曰則。
《周禮》：「五命賜則註：地未成國之名。」
又夷則，七月律名。
《前漢・律曆志》：「則，法也。言陽氣法度，而使陰氣夷當傷之物。」

淄：。

黑色曰淄。

《後漢・皇后紀》：「恩隆好合，遂忘淄蠹。」

《太玄・更》：「化白於泥淄。」

司馬：官名。相傳少昊始置。周時為六卿之一，曰夏官大司馬。掌軍旅之事。漢武帝元狩四年改太尉為大司馬。後漢因之旋又改名太尉，南北朝與大將軍並稱二大，至隋廢。後世用作兵部尚書的別稱，侍郎則稱少司馬。

《周禮》：「夏官大司馬之屬官，有軍司馬、輿司馬、行司馬、春秋晉作三軍，每軍別置司馬。其後漢宮門及大將軍、將軍、校尉屬官，都有司馬。邊郡亦置千人司馬，專主兵事，不治民。魏晉以後，州刺史帶將軍開府者，置府僚司馬。至隋廢州府之任，無復司馬，而有治中。唐制，節度使屬僚有行軍司馬。又於每州置司馬，以安排貶謫或閒散的人。後世稱府同知曰司馬，本此。」

王宮外門。

漢賈誼《新書・等齊》：「天子宮門曰司馬，闌入者為城旦；諸侯宮門曰司馬，闌入者為城旦。」

南方者火也，本朝。司馬尚智，進賢聖之士，上知天文，其形兆未見，其萌芽未生，昭然獨見存亡之機，得失之要，治亂之源，豫禁未然之前，至忠厚仁，輔翼其君，周公是也。成王幼弱，周公相，誅管叔蔡叔，以定天下。天下既寧以安君。官者，司營也。司營者土也，故曰火生土。

周公：西周初期政治家。姓姬名旦，也稱叔旦。文王子，武王弟，成王叔。輔武王滅商。武王崩，成王幼，周公攝政。東平武庚、管叔、蔡叔之叛。繼而釐定典章、制度，復營洛邑為東都，做為統治中原的中心，天下臻於大治。

春秋時天子之宰、卿士的通稱。

《左傳．僖公五年》：「秋，諸侯盟。王使周公召鄭伯。」杜預注：「周公，宰孔也。」

管叔：姬姓，名鮮。周武王之弟，周武王十二年，商朝滅亡。第二年封管叔鮮於管邑（今鄭州市老城區），所以，管叔鮮亦稱管叔或關叔，又稱叔鮮。武王給了他「相紂子武庚祿父，治殷遺民」的使命。周成王元年，天子年幼繼位，周公旦攝政。管叔鮮懷疑周公對己不利，與蔡叔度、霍叔處、武庚祿父等諸侯發動三監之亂，號稱清君側，引起周公東征。經過三年的戰爭，兵敗被殺，無後。

蔡叔：姬姓，名度，是周文王第五子，周武王的弟弟。他是西周諸侯國蔡國第一任國君，在位年大約是從武王滅商後至三監之亂期間。周武王滅亡商朝之後，把自己的八個弟弟分封在各個地方。叔度受封於蔡（今河南省上蔡縣），建立蔡國，以監護商紂王太子武庚所統領的頑軍遺民。在周成王時，蔡叔度因不滿周公旦專擅朝政，與管叔鮮、霍叔處、武庚發動了著名的三監之亂，聲討周公。

周公起兵東征，蔡叔度兵敗後被流放於郭鄰，卒於遷所。周公命蔡叔度子仲繼位於蔡。

司營：官名，相當於周禮中的司空。

相傳少昊時所置，周為六卿之一，即冬官大司空，掌管工程。漢改御史大夫為大司空，與大司馬、大司徒並列為三公，後去大字為司空，歷代因之，明廢。清時別稱工部尚書為大司空，侍郎為少司空。

主管囚徒之官。

《漢書・陳咸傳》：「為南陽太守。所居以殺伐立威，豪猾吏及大姓犯法，輒論輸府，以律程作司空，為地臼木杵，舂不中程，或私解脫鉗釱，衣服不如法，輒加罪笞。」顏師古注：「司空，主行役之官。」

中央者土，君官也。司營尚信，卑身賤體，夙同夜寐，稱述往古，以厲主意。明見成敗，微諫納善，防滅其惡，絕源塞執繩而制四方，至忠厚信，以事其君，據義割恩，太公是也。應天因時之化，威武強御以成。大理者，司徒也。司徒者金也，故曰土生金。

夙：。

《集韻》、《韻會》：「息六切，竝音宿。」

《說文》：「早敬也。」

《書・舜典》：「夙夜惟寅。」

《詩・大雅》：「祈年孔夙。」

寐：。

清陳昌治刻本《說文解字・卷七・夢部》：「臥也。蜜二切。」清段玉裁《注》：「俗所謂睡著也。周南毛傳曰：『寐，寢也。』」

《徐曰》：「寐之言迷也，不明之意。」

《廣韻》：「寢也，息也。」

《增韻》：「昧也，目閉神藏。」
《詩・小雅》：「夙興夜寐。」
《公羊傳・僖二年》：「寡人夜者寢而不寐。」

厲：。

清陳昌治刻本《說文解字・卷九・厂部》：「旱石也。力制切。」
《徐曰》：「旱石，麤悍石。」
《玉篇》：「磨石也。」
《詩・大雅》：「取厲取鍛。」
又磨也。
《左傳・成十六年》：「秣馬厲兵。」
《說文》：「嚴也。」
《論語》：「聽其言也厲。」
《廣韻》：「烈也，猛也。」
《禮・表記》：「不厲而威。」
《玉篇》：「危也。」
《易・乾卦》：「厲无咎。」
《爾雅・釋詁》：「厲，作也。」《注》：「穀梁傳曰：始厲樂矣。」《疏》：「興作也。」
《前漢・儒林傳》：「以厲賢才焉。」《注》：「師古曰：『厲，勸勉之也。』」

《息夫躬傳》：「鷹隼橫厲。」《注》：「師古曰：『厲，疾飛也。』」

太公：姜姓、呂氏、名尚、字子牙。也稱姜太公、姜子牙、太公望、呂望。其先祖本是姜姓，虞舜夏朝之際輔佐禹平水土有功，有人被封在呂，有人被封在申，到夏商之時，申、呂兩地的後裔，從其封地為氏，故曰呂尚。周文王去世後，周武王也尊稱他為「尚父、師尚父」。因輔佐武王滅商有功，同時為了討伐東夷，姜尚被分封於齊（現今山東），是齊國的始祖。諡號為齊太公。

司徒：官名。相傳少昊始置，唐虞因之。周時為六卿之一，曰地官大司徒。掌管國家的土地和人民的教化。漢哀帝元壽二年，改丞相為大司徒，與大司馬、大司空並列三公。東漢時改稱司徒。歷代因之，明廢。後別稱戶部尚書為大司徒。

西方者金，大理司徒也。司徒尚義，臣死君而眾人死父。親有尊卑，位有上下，各死其事，事不逾矩，執權而伐。兵不苟克，取不苟得，義而後行，至廉而威，質直剛毅，子胥是也。伐有罪，討不義，是以百姓附親，邊境安寧，寇賊不發，邑無獄訟，則親安。執法者，司寇也。司寇附親，邊境安寧，寇賊不發，邑無獄訟，則親安。司寇者，水也。故曰金生水。

矩：《集韻》、《韻會》：「果羽切，竝音踽。正方之則也。」

《爾雅．釋詁》：「常也。」《疏》：「度方有常也。」

《玉篇》：「圓曰規，方曰矩。」

《禮．經解》：「規矩誠設，不可欺以方圓。」

《前漢．律曆志》：「矩者，所以矩方器械，令不失其形也。」

《爾雅．釋詁》：「法也。」

《論語》：「不踰矩。」

子胥：春秋楚大夫伍員的字。楚平王殺其父奢兄尚，其經宋鄭入吳，助闔廬奪取王位，整軍經武。不久，攻破楚國，掘楚平王之墓，鞭屍三百。吳王夫差時，因力諫停止攻齊，拒絕越國求和，而漸被疏遠。後夫差賜劍命自殺，並以鴟夷革盛其屍浮於江上。

司寇：官名。夏殷已有之。周為六卿之一，曰秋官大司寇。掌管刑獄、糾察等事。春秋列國亦多置之。孔子嘗為魯司寇，因與季氏不和而去。清時別稱刑部尚書為大司寇，侍郎為少司寇。

北方者水，執法司寇也。司寇尚禮，君臣有位，長幼有序，朝廷有爵，鄉黨以齒，升降揖讓，般伏拜謁，折旋中矩，立而罄折，拱則抱鼓，執衡而藏，至清廉平，賂遺不受，請謁不聽，據法聽訟，無有所阿，孔子是也。為魯司寇，斷獄屯屯，與眾共之，不敢自專。是死者不恨，生者不怨，百工維時，以成器械。器械既成，以給司農。司農者，田官也。田官者木，故曰水生木。

齒：。

清陳昌治刻本《說文解字・卷二・齒部》：「口齗骨也，象口齒之形。牙，牡齒也。昌里切。」

《字彙》：「上曰齒，下曰牙。」

《顏師古・急就篇注》：「齒者總謂口中之骨，主齰齧者也。」

《周禮・秋官・小司寇之職》：「自生齒以上，登於天府。」《鄭注》：「人生齒而體備，男八月，女七月而生齒。」

《釋名》：「齒，始也。少長別，始乎此也。以齒食多者長也，食少者幼也。」

《爾雅・釋詁》：「齯齒，壽也。」

又年也。又列也。

《左傳．隱十一年》：「寡人若朝於薛，不敢與諸任齒。」《杜注》：「齒，列也。」

《疏》：「禮記文王世子曰：古者謂年齡，齒亦齡也。然則齒是年之別名，人以年齒相次列，以爵位用次列，亦名為齒，故云齒列也。」

《左傳．昭元年》：「使后子與子干齒。」《杜注》：「以年齒高下而坐。」

揖讓：賓主相見的禮儀。

《周禮．秋官．司儀》：「司儀掌九儀之賓客擯相之禮，以詔儀容、辭令、揖讓之節。」

《左傳．昭公二十五年》：「子大叔見趙簡子，簡子問揖讓、周旋之禮焉，對曰：『是儀也，非禮也。』」

漢劉向《說苑．君道》：「今王將東面，目指氣使以求臣，則廝役之材至矣；南面聽朝，不失揖讓之禮以求臣，則人臣之材至矣。」

晉葛洪《抱樸子．審舉》：「燎火及室，不奔走灌注，而揖讓盤旋，吾未見焚之自息也。」

指禮樂文德。

《漢書．禮樂志》：「揖讓而天下治者，禮樂之謂也。」

般伏：猶盤伏。屈身向下，一種行禮的動作。

般：

清陳昌治刻本《說文解字．卷八．舟部》：「辟也。象舟之旋。北潘切。」

《廣韻》：「般運。」《集韻》：「移也。」

《爾雅・釋言》：「般，還也。」《疏》：「般，還反也。」

《博雅》：「般桓，不進也。」

又般還。

《禮・投壺》：「主人般還曰辟。」《疏》：「主人見賓之拜，乃般曲折還，謂賓曰：『今辟而不敢受。』亦作般旋。」

《抱樸子・廣譬卷》：「般旋之儀，見憎於裸踞之鄉。」

《博雅》：「般，行也。」《又》：「任也。」

拜謁：拜見。

《史記・袁盎晁錯列傳》：「盎告歸，道逢丞相申屠嘉，下車拜謁，丞相從車上謝袁盎。」

禮拜；瞻仰。

《舊五代史・梁書・趙犨傳》：「又請為太祖立生祠於陳州，朝夕拜謁。」

謁：。

清陳昌治刻本《說文解字・卷三・言部》：「白也。於歇切。」清段玉裁《注》：「廣韵曰：『白，告也。』按謁者，若後人書刺自言爵里姓名並列所白事。」

《爾雅・釋詁》：「告也，請也。」

《左傳・隱十一年》：「唯我鄭國之有請謁焉。」《注》：「謁，告也。」

《禮・曲禮》：「問士之子，長曰能典謁矣，幼曰未能典謁也。」《注》：「謁，請也。典謁者，主賓客告請之事。」

《增韻》：「訪也，請見也。」
《後漢・卓茂傳》：「茂詣河陽，謁見光武。」
《釋名》：「謁，詣也，詣告也。書其姓名於上，以告所至詣者也。」
《正字通》：「刺名也。古之門狀，今之拜帖。」
《史記・高祖紀》：「高祖乃紿為謁曰：賀錢萬。實不持一錢。」《注》：「謁，謂以劄書姓名，若今之通刺。」

罄折：同磬折。罄，通磬。曲躬如磬，表示謙恭。
磬，通罄。表示不得志。
明張煌言《島居》詩之六：「蘆中長罄折，圯上獨盤桓。」
猶屈從。
章炳麟《俱分進化論》：「笞我，詈我，踝我，踐我，以主人臧獲之分而待我，我猶鞠躬罄折以承受之。」

拱：。
清陳昌治刻本《說文解字・卷十二・手部》：「斂手也。居竦切。」清段玉裁《注》：「皇侃論語疏曰：『拱，遝手也。』九拜皆必拱手而至地。立時敬則拱手。如論語子路拱而立。行而張拱曰翔。凡拱不必皆如抱鼓也。推手曰揖，則如抱鼓。拜手，則斂於抱鼓。稽首頓首，則以其斂於抱鼓者下之。引手曰厭，則又較斂於拜手。凡遝手，右手在內。左手在外。是謂尚左手。男拜如是。男之吉拜如是。喪拜反是。左手在內。右手在外。是謂尚右手。女拜如是。女之吉拜如是。喪拜反是。喪服記。袪尺二寸。注曰：『袪，袖口也。尺二寸足以容中人之併兩手也。』
吉時拱尚左手。喪時拱尚右手。合內則。」
《徐曰》：「兩手大指相拄也。」
《書・武成》：「垂拱而天下治。」《注》：「垂衣拱手也。」
《禮・玉藻》：「凡侍於君垂拱。」《疏》：「還手也。」
身俯則宜手還而下垂也。
《爾雅・釋詁》：「執也。」《注》：「兩手合持為拱。」

衡：。

清陳昌治刻本《說文解字・卷四・角部》：「牛觸，橫大木其角。戶庚切。」清段玉裁《注》：「牛觸，角箸橫木所以告也。是設於角者謂之告。此云牛觸橫大木。是闌閑之謂之衡。鄭注周禮云：『楅設於角。衡設於鼻。如椵狀。楅衡為二。許於衡不言楅。於楅不言衡。』」
《書・舜典》：「同律度量衡。」
《前漢・律曆志》：「衡，平也。所以任權而均物，平輕重也。」
《書・舜典》：「在璿璣玉衡，以齊七政。」《傳》：「璣衡，王者正天文之器，可運轉者。」
《漢書注》：「衡謂渾天儀也。」
又勺柄，龍頭也。
《周禮・冬官・玉人》：「大璋、中璋九寸，邊璋七寸，衡四寸。」
又眉目之閒也。

《蔡邕・釋誨》：「揚衡含笑。」

又橫也。

《前漢・刑法志》：「合縱連衡。」《師古曰》：「戰國時，齊楚韓魏燕趙為縱，秦國為衡。秦地形東西橫長，故為衡也。」

又楅衡，所以楅持牛，使不得抵觸也。

《周禮・地官》：「凡祭祀，飾其牛牲，設其楅衡。」

《小爾雅》：「斤十謂之衡，衡有半謂之秤。」

又維持冠者曰衡。

《左傳・桓二年》：「衡紞紘綖。」

楅：

清陳昌治刻本《說文解字・卷六・木部》：「以木有所逼束也。彼即切。」

《詩・魯頌》：「夏而楅衡。」《徐曰》：「楅衡，以防牛觸人，故以一木橫於角端也。」

《周禮・天官・凌人疏》：「楅土為室曰楅室，置生魚於中，糗乾之也。」

又承矢器。

《儀禮・鄉射禮》：「設楅於中庭南。」《注》：「楅猶幅也，所以承笴齊矢者。」《疏》：「義取邊幅整齊之意，長如笴，博三寸，厚寸有半，龍首，其中蛇交。」

輅：。

清陳昌治刻本《說文解字・卷六・貝部》：「遺也。洛故切。」清段玉裁《注》：「見魯頌大賂傳：『大猶廣也。廣賂者，賂君及卿大夫也。按以此遺彼曰賂。如道路之可往來也。』」

《韻會》：「以財與人也。」

遣：。

清陳昌治刻本《說文解字・卷二・辵部》：「縱也。去衍切。」清段玉裁《注》：「糸部曰縱，緩也。一曰舍也。」

《廣韻》：「送也。」

《儀禮・既夕》：「書遣於策。」《注》：「遣，猶送也。」

《正韻》：「祛也，逐也，發也。」

《前漢・孔光傳》：「遣歸故郡。」

阿：。

清陳昌治刻本《說文解字・卷十四・阜部》：「大陵也。一曰曲阜也。烏何切。」

《爾雅・釋地》：「大陵曰阿。」

《大雅》：「有卷者阿。」

《爾雅・釋地》：「偏高曰阿丘。」《釋名》：「阿，荷也。如人擔荷物，一邊偏高也。」

《玉篇》：「倚也。」

《玉篇》：「比也，曲也。」

《左傳・昭二十年》：「阿下執事。」

孔子：中國春秋末期思想家、教育家、儒家創始人。因父母曾為生子而禱於尼丘山，故名丘，字仲尼，魯襄公二十二年生於魯國陬邑（今山東曲阜東南）人。魯襄公二十四年，其父叔梁紇卒，葬於防山。孔母顏征在攜子移居曲阜闕里，生活艱難。魯哀公十六年四月，孔子患病，不癒而卒。葬於魯城北。

神：。

清陳昌治刻本《說文解字・卷一・示部》：「天神，引出萬物者也。《徐曰》：『申即引也，天主降氣，以感萬物，故言引出萬物。』乘人切，竝音晨。」

又神明：天地間一切神靈的總稱。

《易・繫辭下》：「陰陽合德，而剛柔有體，以體天地之變，以通神明之德。」孔穎達疏：「萬物變化，或生或成，是神明之德。」

《孝經・感應》：「天地明察，神明彰矣。」唐玄宗注：「事天地能明察，則神感至誠而降福佑，故曰彰也。」

又明智如神。

《淮南子・兵略訓》：「見人所不見謂之明，知人所不知謂之神。神明者，先勝者也。」

漢焦贛《易林・旅之漸》：「黃帝紫雲，聖且神明。」

又謂人的精神，心思。

《荀子・解蔽》：「心者，形之君也，而神明之主也。」

《素問・靈蘭祕典論》：「心者，君主之官也，神明出焉。」王冰注：「清靜棲靈，故曰神明出焉。」

又神聖，高超。

《易・繫辭上》：「聖人以此齊戒，以神明其德夫。」

《朱熹本義》：「使其心神明不測，如鬼神之能知來也。」

《禮記・檀弓上》：「其曰明器，神明之也。」孔穎達疏：「神明，微妨無方，不可測度，故云非人所知也。」

《孔傳》：「聖無所不通，神妙無方。」

《易・繫辭》：「陰陽不測之謂神。」

《王弼》：「神也者，變化之極，妙萬物而為言，不可以形詰。」

《孟子》：「聖而不可知之謂神。」

《周禮・大司樂》：「以祀天神。」注：「謂五帝及日月星辰也。」

《大戴禮記・曾子天圓》：「陽之精氣曰神。」

又鬼神。陽魂為神，陰魄為鬼。氣之伸者為神，屈者為鬼。

《左傳・莊公三十二年》：「泛指神靈神，聰明正直而壹者也。」

《易・說卦》：「神也者，妙萬物而為言者也。」

《莊子・養生主》：「精神方今之時，臣以神遇而不以目視，官知止而神欲行。」

《後漢書・張衡傳》：「靈驗驗之以事，合契若神。」

又謚法。

《史記》：「民無能名曰神。」

二、論生死所

五行體別。生死之處不同。遍有十二月。十二辰。而出沒。木。受氣於申。胎於酉。養於戌。生於亥。沐浴於子。冠帶於丑。臨官於寅。王於卯。衰於辰。病於巳。死於午。葬於未。火。受氣於亥。胎於子。養於丑。生於寅。沐浴於卯。冠帶於辰。臨官於巳。王於午。衰於未。病於申。死於酉。葬於戌。金。受氣於寅。胎於卯。養於辰。生於巳。沐浴於午。冠帶於未。臨官於申。王於酉。衰於戌。病於亥。死於子。葬於丑。水。受氣於巳。胎於午。養於未。生於申。沐浴於酉。冠帶於戌。臨官於亥。王於子。衰於丑。病於寅。死於卯。葬於辰。土。受氣於亥。胎於子。養於丑。寄行於寅。生於卯。沐浴於辰。冠帶於巳。臨官於午。王於未。衰病於申。死於酉。葬於戌。戌是火墓。火是其母。母子不同葬。進行於丑。丑是金墓。金是其子。義又不合。欲還於未。未是木墓。木為土鬼。畏不敢入。進休就辰。辰是水墓。水為其妻。於義為合。遂葬於辰。昔舜葬蒼梧。二妃不從。故知合葬非古。然季武子云。自周公已來。未之有改。詩云。穀則異室。死則同穴。蓋以敦其義合。骨肉同歸。水土共墓。正取此也。又以四季釋。所理歸於斯。高堂隆以土生於未。盛於戌。壯於丑。終於辰。長為水土墓。故辰日不哭。以辰日重喪故也。袒踴之哀。豈待移日。高堂所說。蓋為浮淺。其生王意。又別是一家。五行書云。土雖有寄王於火卿。生於巳。葬於辰。然土分王四季。各有生死之所。辰土。受氣於申酉。胎於戌。養於亥。生於子。沐浴於丑。冠帶於寅。臨官於卯。王於辰。衰病於巳。死於午。葬於未。未土。受氣於亥子。胎於丑。養於寅。生於卯。沐浴於辰。冠帶於巳。臨官於午。王於未。衰病於申。死於酉。

葬於戌。戌土。受氣於寅卯。胎於辰。養於巳。生於午。沐浴於未。冠帶於申。臨官於酉。王於戌。衰病於亥。死於子。葬於丑。丑土。受氣於巳午。胎於未。養於申。生於酉。沐浴於戌。冠帶於亥。臨官於子。王於丑。衰病於寅。死於卯。葬於辰。孝經援神契云。五行。土出利以給天下。龜經云。土。木動為辰土。火動為未土。金動為戌土。水動為丑土。又云。甲乙寅卯為辰土。丙丁巳午為未土。庚辛申酉為戌土。壬癸亥子為丑土。凡五行之王。各七十二日。土居四季。季十八日。并七十二日。以明土有四方。生死不同。此蓋卜筮所用。若論定位王相及生死之處。皆以季夏六月。為土王之時。禮記云。中央土。在季夏之後。此則歲之半。處四時之中央。天社。地神。人鬼。又竝在未。坤亦在未。卦主於土。故云。土德於未。終於丑。易曰。西南得朋。東北喪朋。此則明土王定在於未。墓定在辰也。五行皆以父母臨官中生者。取其盛壯能生養義。唯金在火中生者。巳中有方壯之土。能生金也。金非火。不革其形。故金在火位中生。又云。金生鬼中者。金父土戊己。寄治丙丁。父不能獨養。要須母也。金在南方。值巳火。金得火方化。金化而水生。戊己土有化生之水。則金不畏火。己含水氣。則金之繼母也。五行皆以葬後之月而受氣者。以其死還復生。神氣不絕故也。

註：

受氣：稟受自然之氣。

胎：䏻。

清陳昌治刻本《說文解字・卷四・肉部》：「婦孕三月也。土來切。」清段玉裁《注》：「釋詁曰：『胎，始也。』此引伸之義。方言曰：『胎，養也。』此假借胎為頤養也。又曰：『胎逃也。

則方俗語言也。』」

《廣韻》：「始也。」

《增韻》：「凡孕而未生，皆曰胎。」

《爾雅・釋詁》：「胎，始也。」《注》：「胚胎未成，亦物之始也。」

養：。

清陳昌治刻本《說文解字・卷五・食部》：「供養也。餘兩切。」

《玉篇》：「育也，畜也，長也。」

《易・頤卦》：「觀頤，觀其所養也。」

又取也。

《詩・周頌》：「於鑠王師，遵養時晦。」《傳》：「養，取也。」

又養養，憂貌。

《詩・邶風》：「中心養養。」《注》：「憂不定貌。」

《博雅》：「養，使也。」

《公羊傳・宣十二年》：「廝役扈養。」《注》：「艾草為防者曰廝，汲水漿者曰役，養馬者曰扈，炊烹者曰養。」

《玉篇》：「供養也，下奉上也。」

《禮・月令》：「收祿秩之不當，供養之不宜者。」《注》：「謂凡恩命濫賜膳服，侈僭踰制者。」

生：。

清陳昌治刻本《說文解字・卷六・生部》：「進也。象艸木生出土上。所庚切。」

《玉篇》：「起也。」

《莊子・外物篇》：「凡道不欲壅，壅則哽，哽而不止則跈，跈則眾害生。」《注》：「生，起也。」

《玉篇》：「產也。」

《博雅》：「人十月而生。」

《穀梁傳・莊三年》：「獨陰不生，獨陽不生，獨天不生，三合然後生。」

又出也。

《易・觀卦》：「上九觀其生，君子無咎。」《注》：「生，猶動出也。」

又養也。

《周禮・天官・大宰》：「五曰生以馭其福。」《注》：「生，猶養也。賢臣之老者，王有以養之。」

又造也。

《公羊傳・桓八年》：「遂者何，生事也。」《注》：「生，猶造也。專事之詞。」

又性也。

《書・君陳》：「惟民生厚，因物有遷。」《傳》：「言人自然之性敦厚，因所見所習之物，有遷變之道。」

《正韻》：「息正切，音性。」

《周禮・地官・司徒》：「以土會之灋，辨五土之物生。」《注》：「杜子春讀為性。」

沐浴：濯發洗身。泛指洗澡。

《周禮・天官・宮人》：「宮人掌王之六寢之脩，為其井匽，除其不蠲，去其惡臭，共王之沐浴。」

舊時婚喪禮俗之一。

《儀禮・士昏禮》：「夙興，婦沐浴纚笄，宵衣以俟見。」

蒙受；受潤澤。

《史記・樂書》：「沐浴膏澤而歌詠勤苦，非大德誰能如斯！」

比喻沉浸在某種環境中。

漢王充《論衡・累害》：「夫小人性患恥者也，含邪而生，懷偽而遊，沐浴累害之中，何招召之有！」

冠帶：帽子與腰帶。

《禮記・內則》：「冠帶垢，和灰請漱。」

戴帽子束腰帶。

《戰國策・楚策一》：「秦王聞而走之，冠帶不相及。」

本指服制，引申為禮儀、教化。

《韓非子・有度》：「兵四布於天下，威行於冠帶之國。」

比喻封爵，官職。

《戰國策・魏策四》：「且夫魏一萬乘之國，稱東藩，受冠帶，祠春秋者，以為秦之強足以為與也。」

臨官：臨官又名建祿，喻人長成強壯，創業謀生。

王：王。

清陳昌治刻本《說文解字・卷一・王部》：「天下所歸往也。董仲舒曰：『古之造文者，三畫而連其中謂之王。三者，天、地、人也，而參通之者王也。』孔子曰：『一貫三為王。』李陽冰曰：『中畫近上。王者，則天之義。』雨方切。」

《正韻》：「主也，天下歸往謂之王。」

《隨卦》：「王用享於西山。」

《易・坤卦》：「或從王事。」

《書・洪範》：「無偏無黨，王道蕩蕩。」

《詩・小雅》：「宜君宜王。」《注》：「君，諸侯也。」

《正韻》：「凡有天下者，人稱之曰王，則平聲。據其身臨天下而言曰王，則去聲。」

《詩・大雅》：「王此大邦。」《箋》：「王，君也。」

《廣韻》：「盛也。」

《莊子・養生主》：「神雖王，不善也。」《注》：「謂心神長王。」《釋文》：「王，於況反。」又音往。

《詩・大雅》：「昊天曰明，及爾出王。」《傳》：「王，往也。」《朱注》：「音往。」

衰：。減少、衰落、沒落。

清陳昌治刻本《說文解字・卷八・衣部》：「艸雨衣。秦謂之萆。穌禾切。」

穌：。

清陳昌治刻本《說文解字・卷七・禾部》：「把取禾若也。素孤切。」清段玉裁《注》：「禾若散亂。杷而取之。王逸曰：『蘇，取也。』漢書音義曰：『樵，取薪也。蘇，取草也。』玉篇云：『穌，息也。死而更生也。』」

《徐曰》：「穌，猶部斂之也。」

《廣韻》：「息也，舒悅也。」

《韻會》：「死而更生曰穌。通作蘇。」

《書・仲虺之誥》：「后來其蘇。」

《禮・樂記》：「蟄蟲昭蘇。」《注》：「更息曰蘇。」

病：。

清陳昌治刻本《說文解字・卷七・疒部》：「疾加也。皮命切。」

《玉篇》：「疾甚也。」

《釋名》：「病，竝也。竝與正氣在膚體中也。」

《廣韻》：「憂也。」

《禮‧樂記》：「病不得其眾也。」《注》：「病，猶憂也。以不得眾心為憂。」

又苦也。

《書‧呂刑》：「人極於病。」《傳》：「欲使惡人極於病苦，莫敢犯者。」

又困也。

《禮‧表記》：「君子不以其所能者病人。」《注》：「病謂罪咎之。」

又辱也。

《禮‧儒行》：「今眾人之命儒也妄，常以儒相詬病。」《注》：「詬病，猶恥辱也。」

又短也。

《晉語》：「公曰：舅所病也。」《注》：「病，短也。」

死：。

清陳昌治刻本《說文解字‧卷四‧死部》：「澌也，人所離也。息姊切。」清段玉裁《注》：

「澌，水索也。方言：『澌，索也。盡也。人所離也。形體與魂魄相離。』」

《白虎通》：「死之言澌，精氣窮也。」

《釋名》：「死者，澌也，若冰釋澌然盡也。」

窮、盡、停滯。

葬：。

《後漢書》：「訛言：『蒼天已死，黃天當立，歲在甲子，天下大吉。』」

清陳昌治刻本《說文解字・卷一・艸部》：「藏也、臧也。《易》曰：『古之葬者，厚衣之以薪。』則浪切。」

墓：。

清陳昌治刻本《說文解字・卷十三・土部》：「丘也。莫故切。」清段玉裁《注》：「丘墓也。丘謂之虛。故曰丘墓。亦曰虛墓。然則丘自其高言。墓自其平言。渾言之則曰丘墓也。墓之言規模也。方言：『凡葬而無墳謂之墓。所以墓謂之墲。』」

《鄭玄曰》：「塚塋之地，孝子所思慕之處。」

《禮・檀弓》：「古不修墓。」

又易墓非古也。

《王制》：「墓地不請。」

《周禮・春官》：「墓大夫掌凡邦墓之地域，為之圖，令國民族葬。凡爭墓地，聽其獄訟，帥其屬而巡墓厲。」《注》：「墓厲，謂塋限遮列之處。庶人不封不樹，故不言塚而云墓。」

《揚子・方言》：「凡葬，無墳謂之墓，有墳謂之塋。故檀弓云：『墓而不墳。』又平曰墓、封曰塚、高曰墳。』」

休：。

清陳昌治刻本《說文解字・卷六・木部》：「息止也。許尤切。」清段玉裁《注》：「周南曰『南有喬木。不可休思。』」

《集韻》、《韻會》、《正韻》：「虛尤切，並朽平聲。美善也，慶也。」
《書・太甲》：「實萬世無疆之休。」
《周官》：「作德心逸日休。」
又宥也。
《書・呂刑》：「雖休勿休。」《注》：「宥之也。我雖以為宥，爾惟勿宥。」
《爾雅・釋訓》：「休休，儉也。」《疏》：「良士顧禮節之儉也。」
又休息。
《禮・月令》：「季秋之月，霜始降，則百工休。」

妻：。

清陳昌治刻本《說文解字・卷十二・女部》：「婦與夫齊者也。持事，妻職也。七稽切。」
《禮記・內則》：「聘則為妻，奔則為妾。」
《禮記・哀公問》：「妻也者，親之主也。」
《春秋繁露》：「妻者，夫之合也。」

蒼梧：又名梧州，舜葬所；舜之兩姊妹妻妾，女英與姊娥皇跳下湘江自盡。
《山海經・海內經》：「南方蒼梧之丘，蒼梧之淵，其中有九嶷山，舜之所葬，在長沙零陵界中。」
《海內南經》：「蒼梧之山，帝舜葬於陽，帝丹朱葬於陰。」
《史記》：「舜踐位三十九年，南巡至蒼梧之野而崩。」

季武子：季孫氏，名宿，一作夙。季文子之子。春秋時魯國正卿。魯國舊有二軍，魯襄公十一年，利用禮法制度的規定，透過三軍的增設罷黜來達到分魯的目的。

穀則異室，死則同穴：西漢劉向《列女傳・息君夫人》：「夫人者，息君之夫人也。楚伐息，破之。虜其君，使守門。將妻其夫人，而納之於宮。楚王出遊，夫人遂出見息君，謂之曰：『人生要一死而已，何至自苦！妾無須臾而忘君也，終不以身更貳醮。生離於地上，豈如死歸於地下哉！』乃作《詩》曰：『穀則異室，死則同穴。謂予不信，有如皦日。』息君止之，夫人不聽，遂自殺，息君亦自殺，同日俱死。楚王賢其夫人，守節有義，乃以諸侯之禮合而葬之。君子謂夫人說於行善，故序之於詩。夫義動君子，利動小人。息君夫人不為利動矣。《詩》云：『德音莫違，及爾同死。』此之謂也。」

骨肉：比喻至親、親密，親情。指父母、兄弟、子女等親人。《墨子・尚賢下》：「當王公大人之於此也，雖有骨肉之親，無故富貴，面目美好者，誠知其不能也，不使之也。」

身體。

《禮記》：「骨肉歸復於土。」

同歸：相同趨向。

《書・蔡仲之命》：「為善不同，同歸於治，為惡不同，同歸於亂。」

一致、一同。

晉袁宏《三國名臣序贊》：「雖大旨同歸，所託或乖。」

高堂隆：字昇平，泰山郡平陽（今山東省新泰市）人。一開始是泰山郡的督郵，後來到濟南郡避難，投靠曹操，任丞相軍議掾。魏文帝時，改任平原王曹叡傅。魏明帝即位，任命師父為給事中、散騎常侍，多次直言上疏，後來官至侍中、光祿勛，景初元年去世。賜爵關內侯。

辰日不哭：《貞觀政要・卷六・禮樂第二十九》：「太宗謂侍臣曰：『經聞京城士庶居父母喪者，乃有信巫書之言，辰日不哭，以此辭於吊問，拘忌輟哀，敗俗傷風，極乖人理。宜令州縣教導，齊之以禮典。』」

《顏氏家訓》：「陰陽說云：『辰為水墓，又為土墓，故不得哭。』」

漢王充《論衡・辨崇》：「辰日不哭，哭則重喪。」

重喪：舊謂家屬有兩人相繼死亡。

舊時陰陽家所謂凶神之一。

明謝肇淛《五雜俎・天部二》：「一日之中，則有白虎、黑殺、刀砧、天火、重喪……等凶神。」

袒踊：袒左與跳踴。古代喪禮儀節。

《隋書・地理志下》：「其死喪之紀，雖無被髮袒踴，亦知號叫哭泣。」

袒左：古行禮時，袒出上衣之左袖，以左袖插入前襟之右，而露出裼衣；或袒所有衣服之左袖，而露出左臂。古代凡禮事皆左袒。

《儀禮・鄉射禮》：「唐賈公彥疏：『凡事無問吉凶，皆袒左，是以《士喪》主人左袒，此及《大射》亦皆袒左，不以凶吉相反，惟有受刑袒右。』」

社：𥘵。

清陳昌治刻本《說文解字・卷一・示部》：「地主也。《春秋傳》曰：『共工之子句龍為社神。』周禮：『二十五家為社，各樹其土所宜之木。』常者切。」清段玉裁《注》：「今孝經說曰：『社者土地之主。土地廣博，不可徧敬，封五土以為社。』古左氏說：『共工為後土，為社。』許君謹案曰：『春秋稱公社。』今人謂社神為社公。故知社是上公。非地祇。」

《禮・祭義》：「建國之神位，右社稷而左宗廟。」

《詩・小雅》：「以社以方。」《疏》：「社，五土之神，能生萬物者，以古之有大功者配之。共工氏有子句龍為後土，能平九州，故祀以為社。后土，土官之名，故世人謂社為后土。杜預曰：『在家則主中霤，在野則為社。』」

《白虎通》：「人非土不立，封土立社，示有土也。」

《禮・祭法》：「王為羣姓立社曰大社，王自為立社曰王社，諸侯為百姓立社曰國社，諸侯自為立社曰侯社，大夫以下成羣立社曰置社。」

《郊特牲》：「社祭土，而主陰氣也。天子大社，必受霜露風雨，以達天地之氣也。」又社日。

《月令廣義》：「立春後五戊為春社，立秋後五戊為秋社。」

三、論四時休王

休王之義。凡有三種。第一。辨五行體休王。第二。論支干休王。第三。論八卦休王。五行體休王者。春則木王。火相。水休。金囚。土死。夏則火王。土相。木休。水囚。金死。六月則土王。金相。火休。木囚。水死。秋則金王。水相。土休。火囚。木死。冬則水王。木相。金休。土囚。火死。支干休王者。春則甲乙寅卯王。丙丁巳午相。壬癸亥子休。庚辛申酉囚。戊己辰戌丑未死。夏則丙丁巳午王。戊己辰戌丑未相。甲乙寅卯休。壬癸亥子囚。庚辛申酉死。六月則戊己辰戌丑未王。庚辛申酉相。丙丁巳午休。甲乙寅卯囚。壬癸亥子死。秋則庚辛申酉王。壬癸亥子相。戊己辰戌丑未休。丙丁巳午囚。甲乙寅卯死。冬則壬癸亥子王。甲乙寅卯相。庚辛申酉休。戊己辰戌丑未囚。丙丁巳午死。八卦休王者。立春艮王。震相。巽胎。離沒。坤死。兌囚。乾廢。坎休。春分震王。巽相。離胎。坤沒。兌死。乾囚。坎廢。艮休。立夏巽王。離相。坤胎。兌沒。乾死。坎囚。艮廢。震休。夏至離王。坤相。兌胎。乾沒。坎死。艮囚。震廢。巽休。立秋坤王。兌相。乾胎。坎沒。艮死。震囚。巽廢。離休。秋分兌王。乾相。坎胎。艮沒。震死。巽囚。離廢。坤休。立冬乾王。坎相。艮胎。震沒。巽死。離囚。坤廢。兌休。冬至坎王。艮相。震胎。巽沒。離死。坤囚。兌廢。乾休。其卦從八節之氣。各四十五日。凡當王之時。皆以子為相者。以其子方壯。能助治事也。父母為休者。以其子當王。氣正盛。父母衰老。不能治事。如堯老委舜以國政也。所畏為死者。以其身王能制殺之。所剋者為囚者。以其子為相。能囚讎敵也。柳世隆云。木。王時為林園竹樹。相時為葦荻草萊。休時為椽柱船車。囚時為薪樵榛梗。死時為棺槨朽株。火。王時為陶冶炎光。相時為燈燭。休時為煙氣。囚時為炭爐。死時為灰。土。王時為國邑山嶽。相時為城社丘陵。休時為田宅。囚時為墻垣。死時為糞壤。金。王時為金玉寶器。相時為銀銅利刃。休時為鉛錫犁鋤。囚時為焦器釜鑊。死時為沙礫碎鐵。水。王時為海瀆。相時為湖澤陂泉。休時為溝渠。囚時為酒漿。死時為枯池涸井。此竝王時氣盛。故為洪大之物。相時氣劣。其比漸小。休時氣衰。故復轉微之。囚時彌惡。所以最下。死時棄不用。故是枯朽之類也。趙怡云。五行之位。得其方為盛。得其所畏為終。故木畏金。甲以女弟乙妻庚。庚得水氣。故木胎於金卿。而生於水中。盛於其方。衰於火卿。火中有生金。故終於未。至西方而木終。以金王也。丙以女弟丁妻壬。壬得火氣。故火胎於水卿。生於木中。盛於其方。衰於金位。至北方而終。以水王也。戊以女弟己妻甲。甲得土氣。故土胎於木卿。而生於火中。盛於其位。衰於水卿。至東方而終。以木王也。庚以女弟辛妻丙。丙得金氣。故金胎木卿。生火位。盛於其方。衰於水卿。至東方而終。有生火也。壬以女弟癸妻戊。戊得水氣。故水胎於土卿。生於金中。盛於其方。衰於木卿。至南方而終。有強土也。更互相生相畏。終始不絕之義也。

註：

八節：古代以立春、立夏、立秋、立冬、春分、夏至、秋分、冬至為八節。

《周髀算經》卷下：「凡為八節二十四氣。」趙爽注：「二至者，寒暑之極；二分者，陰陽之和；四立者，生長收藏之始；是為八節。」

葦：。本義為蘆葦。

清陳昌治刻本《說文解字・卷一・艸部》：「大葭也。於鬼切。」

荻：。多年生草本植物，生在水邊，葉子長形，似蘆葦，秋天開紫花，莖可以編席箔。

《韻會》：「亭歷切，竝音狄。」

《說文》：「萑也。」

《爾雅・釋草》：「蕭，荻。」《注》：「即蒿。」

草：。廣義指莖幹比較柔軟的植物，包括莊稼和蔬菜。

清陳昌治刻本《說文解字・卷一・艸部》：「草斗，櫟實也。一曰橡斗子。作艸，百卉也。經典相承作草。自保切。」

《禮・祭統》：「草艾則墨，未發秋政，則民弗敢草也。」《注》：「草艾，謂艾取草也。」

《詩・小雅》：「勞人草草。」《傳》：「草草，勞心也。」

《易・屯卦》：「天造草昧。」《疏》：「言天造萬物於草創之始。」

萊：。

清陳昌治刻本《說文解字・卷一・艸部》：「蔓華也。洛哀切。」

《玉篇》：「藜草也。」

《詩・小雅》：「北山有萊。」《疏》：「萊，草名。其葉可食。」

《周禮・地官・縣師》：「辨其夫家人民田萊之數。」《注》：「萊，休不耕者。郊內謂之易，郊外謂之萊。」

《周禮・地官・山虞》：「若大田獵，則萊山田之野。」《注》：「萊，除其草萊也。」

《詩・小雅》：「田卒汙萊。」《注》：「萊，草穢。」

椽：椽。

清陳昌治刻本《說文解字・卷六・木部》：「榱也。直專切。」清段玉裁《注》：「左傳：『以大宮之椽歸為盧門之椽。』釋名曰：『椽，傳也。』相傳次而布列也。」

《廣韻》：「屋角也。」

《爾雅・釋宮疏》：「屋椽，齊魯名桷，周人名榱。」

《左傳・桓十四年》：「宋以大宮之椽歸，為盧門之椽。」《注》：「圓曰椽，方曰桷。」

榱：榱。

清陳昌治刻本《說文解字・卷六・木部》：「秦名為屋椽，周謂之榱，齊魯謂之桷。所追切。」

《爾雅・釋宮注》：「桷，屋椽也。一名榱梠。」

《張衡・西京賦》：「飾華榱與璧璫。」《注》：「華榱，畫其榱也。」

桷：桷。

清陳昌治刻本《說文解字・卷六・木部》：「榱也。椽方曰桷。」《春秋傳》曰：『刻桓宮之桷。』古嶽切。」清段玉裁《注》：「桷之言棱角也。椽方曰桷，則知桷圜曰椽矣。」

《釋名》：「桷，確堅而直也。又平柯也。」

《易・漸卦》：「鴻漸於木，或得其桷。」

《博雅》：「槌也。」

薪：。

清陳昌治刻本《說文解字・卷一・艸部》：「蕘也。又柴也。息鄰切。」

《禮・月令》：「季秋草木黃落，乃伐薪為炭。」

《周禮・地官・甸師注》：「大木曰薪。」

又草亦曰薪。

《孟子》：「毀傷其薪木。」《趙岐注》：「恐其傷我薪草樹木也。」

樵：。

清陳昌治刻本《說文解字・卷六・木部》：「散木也。昨焦切。」

《集韻》：「同樵。」

又采薪曰樵。

《詩・小雅》：「樵彼桑薪，卬烘於煁。故采薪者謂之樵夫。」

《史記・孟嘗君傳》：「樵夫牧豎。」

又焚也。

《公羊傳・桓七年》：「焚之者何，樵之也。」

又與譙通。

《前漢・趙充國傳》：「為壍壘木樵。」《師古注》：「謂為高樓以望敵也。」

榛：。落葉灌木或小喬木，結球形堅果，稱榛子，果仁可食，木材可做器物。

清陳昌治刻本《說文解字・卷六・木部》：「木也。側詵切。」

《詩・邶風》：「山有榛。」

又聚木曰榛。

《淮南子・原道訓》：「木處榛巢，水居窟穴。」

梗：。植物的枝或莖。

清陳昌治刻本《說文解字・卷六・木部》：「山枌榆，有朿，莢可為蕪夷者。古杏切。」清段玉裁《注》：「方言：『凡草木刺人，自關而東或謂之梗。』郭注：『今云梗榆是也。』」

病也。

《詩・大雅》：「至今為梗。」

又禦災曰梗。

《周禮・天官》：「女祝以時招梗，禬禳以除疾殃。」

《爾雅・釋詁》：「梗，正直也。」

《揚子・方言》：「梗，略也。梗槩，大略也。」

又草木刺人為梗。

《張衡・西京賦》：「梗木為之靡拉。」

又枝梗。

《戰國策》：「桃梗土偶。」

棺：。

清陳昌治刻本《說文解字・卷六・木部》：「關也。所以掩屍。古丸切。」清段玉裁《注》：

「釋名曰：『棺，關也。關，閉也。』」

《玉篇》：「棺之言完，所以藏屍令完也。」

《孝經注》：「周屍為棺，周棺為槨。後漢趙諮曰：棺槨之造，自黃帝始。」

《禮・檀弓》：「有虞氏瓦棺，夏後氏堲，周殷人棺槨。」

《喪大記》：「國君大棺八寸，屬六寸，椑四寸。上大夫大棺八寸，屬六寸。下大夫大棺六寸，屬四寸。士棺六寸。」《注》：「大棺最在外，屬在大棺內，椑又在屬內，是國君三重也。」

《集韻》：「古玩切，音貫。棺斂也。」

《左傳・僖二十八年》：「晉人圍曹，門焉，多死。曹人屍諸城上，晉人稱舍於墓，師遷焉。曹人兇懼，為其所得者，棺而出之。」

槨：。與椁同。

清陳昌治刻本《說文解字・卷六・木部》：「葬有木郭也。古博切。」清段玉裁《注》：「木郭者。以木為之。周於棺。如城之有郭也。檀弓曰：『殷人棺槨。』注：『槨，大也。以木為之。』言郭大於棺也。」

《釋名》：「槨，廓也。唐賈公彥云：『棺周於衣，槨周於棺。』」

朽：。

《唐韻》、《集韻》、《韻會》、《正韻》：「竝許久切。木腐也。」

又與殠同。臭也。

《列子・周穆王篇》：「饗香以為朽。」

《仲尼篇》：「鼻將塞者，先覺焦朽。」

株：。

清陳昌治刻本《說文解字・卷六・木部》：「木根也。陟輸切。」徐曰：「在土曰根，在土上曰株。」

《易・困卦》：「困於株木。」《王肅注》：「謂最處底下也。」

又株枸，斷木也。

《莊子・達生篇》：「承蜩者處身若橛株枸。」

又幹也。

《韓非子・五蠹篇》：「宋人守株，冀復得兔。」

又木身也。

《蜀志・諸葛表》：「成都有桑八百株。」

又與誅通。

《釋名》：「罪及餘人曰誅。誅，株也，如株木根枝葉盡落也。」

《類篇》：「株儒，短柱也。」

陶冶：陶工和鑄工。

《墨子・節用中》：「凡天下羣百工，輪車韗鞄，陶冶梓匠，使各從事其所能。」

謂燒製陶器和冶煉金屬。

《荀子・王制》：「故澤人足乎木，山人足乎魚，農夫不斲削、不陶冶而足械用，工賈不耕田而足菽粟。」

製作和燒煉（陶瓷器）。

清朱琰《陶說・陶冶圖說》：「由內廷交出陶冶圖二十張，次第編明，為作圖說，進呈御覽。」

陶鑄、教化培育。

《漢書・董仲舒傳》：「臣聞命者天之令也，性者生之質也，情者人之欲也。或夭或壽，或仁或鄙，陶冶而成之，不能粹美。」顏師古注：「陶以喻造瓦，冶以喻鑄金也。言天之生人有似於此也。」

謂怡情養性。

北齊顏之推《顏氏家訓・文章》：「至於陶冶性靈，從容諷諫，入其滋味，亦樂事也。」

燼：《廣韻》、《集韻》、《韻會》、《正韻》：「疾刃切，音賮。」

《玉篇》：「同盡。」

《吳語》：「安受其燼。」《注》：「燼，餘也。」

垣：。

清陳昌治刻本《說文解字・卷十三・土部》：「牆也。雨元切。」清段玉裁《注》：「卑曰垣，高曰墉牆也。垣者。牆也。渾言之。牆下曰垣蔽也。析言之。垣蔽者，牆又為垣之蔽也。垣自其大言之。牆自其高言之。」

《釋名》：「援也。人所依阻，以為援衞也。」

《詩・大雅》：「大師維垣。」

糞壤：穢土。

《楚辭・離騷》：「蘇糞壤以充幃兮，謂申椒其不芳。」

指已死之人。

清蒲松齡《聊齋志異・公孫九娘》：「九娘才貌無雙，舅倘不以糞壤致猜，兒當請諸其母。」

指拌有肥料的灰土。

漢王充《論衡・率性》：「深耕細鋤，厚加糞壤，勉致人功，以助地力。」

指施肥。

元王禎《農書・卷三》：「田有良薄，土有肥磽，耕農之事，糞壤為急。糞壤者，所以變薄田為良田，化磽土為肥土也。」

犁：。

《正韻》：「鄰溪切。」

《說文》：「犁，耕也。」

耕地的農具。

唐杜甫《兵車行》：「縱有健婦把鋤犁。」

鋤：

《廣韻》：「士魚切。」《集韻》：「牀魚切，竝音鉏。」

《左傳・僖三十三年注》：「耨，鋤也。」

《釋文》：「本又作鉏。」

《楚辭卜居》：「寧誅鋤草茅，以力耕乎。」

《釋名》：「鋤，助也，去穢助苗長也。」

釜： 。

《廣韻》：「扶雨切。」《集韻》：「奉甫切，竝音父。」

《說文》：「鬴，俗省作釜。」

《古史考》：「黃帝始作釜。」

《易・說卦傳》：「坤為釜。」《疏》：「取其化生成熟也。」

《詩・召南》：「維錡及釜。」《注》：「有足曰錡，無足曰釜。」

又量名。

《左傳・昭二年》：「豆區釜鍾，四升為豆，各自其四，以登於釜，釜十則鍾。」《注》：「釜，六斗四升，鍾，六斛四斗。」

鑊：。

清陳昌治刻本《說文解字・卷十四・金部》：「鑴也。胡郭切。」清段玉裁《注》：「少牢饋食禮有羊鑊，有豕鑊。鑊所以煑也。」

《廣韻》：「鼎鑊。」《增韻》：「釜屬。」

《周禮・天官・亨人》：「掌共鼎鑊。」《注》：「鑊，所以煑肉及魚臘之器。」

《前漢・刑法志》：「有鑿顛抽脅鑊亨之刑。」《師古注》：「鼎大而無足曰鑊，以鬻人也。」

礫：。

清陳昌治刻本《說文解字・卷九・石部》：「小石也。郎擊切。」清段玉裁《注》：「釋名：『小石曰礫。礫，料也。小石相枝柱其間。料料然出內氣也。』楚辭王逸注兩云：『小石為礫。』西京賦薛注：『石細者曰礫。』」

《張衡・西京賦》：「爛若磧礫。」《注》：「石細者曰礫。」

又丹沙亦曰丹礫。

《郭璞・江賦》：「其下則金礦丹礫。」

陂：。

清陳昌治刻本《說文解字・卷十四・阜部》：「阪也。一曰沱也。彼為切。」清段玉裁《注》：「凡陂必邪立。故引申之義為傾邪。言旁積也。易：『無平不陂。』洪範：『無偏無陂。』一曰池也。」

《禮・月令》：「毋竭川澤，毋漉陂池。」《注》：「畜水曰陂。」

《前漢・禮樂志》：「騰雨師，灑路陂。」《注》：「路陂，路傍也。」

《集韻》：「蒲麋切，音皮。陂池，旁頹貌。」

《集韻》《韻會》：「竝滂禾切，音坡。」《集韻》：「與陁同。陁陀，不平也。」

《釋名》：「山旁曰陂，言陂陁也。」

《集韻》：「蒲波切，音婆。陂陁，不平。」《正韻》：「兵媚切，竝音賁。」

《玉篇》：「傾也，邪也。」《正韻》：「不平曰險，不正曰陂。」

《易・泰卦》：「無平不陂，無往不復。」

第五卷

論配支干

論配支干

支干之義。多所配合。今略論方位及配所。干不獨立。支不虛設。要須配合。以定歲月日時而用。如君臣夫婦。必配合以相成。總而言之。從甲至癸。為陽。為干。為日。從寅至丑。為陰。為支。為辰。別而言之。干則甲丙戊庚壬為陽。乙丁己辛癸為陰。支則寅辰午申戌子為陽。卯巳未酉亥丑為陰。陽則為剛。為君。為夫。為上。為外。為表。為動。為進。為起。為仰。為前。為左。為德。為施。為開。陰則為柔。為臣。為妻。為妾。為財。為下。為內。為裡。為止。為退。為伏。為位。為後。為右。為刑。為藏。為閉。陰陽所擬。例多且略。大綱如此。甲乙寅卯。木也。位在東方。丙丁巳午。火也。位在南方。戊己辰戌丑未。土也。位在中央。分王四季。寄治丙丁。庚辛申酉。金也。位在西方。壬癸亥子。水也。位在北方。甲為干首。子為支初。相配者。太陽之氣。動於黃泉之下。在建子之月。黃鐘之律。為氣之源。在子。故以子為先。萬物湊出。於建寅之月。皆以見形。甲屬此月。故以甲為先而配子。見者為陽。故從干。未見者為陰。故從支。所以用甲子相配。為六旬之始。干既有十。支有十二。輪轉相配。終於癸亥。故有六十日。十日一旬。故有六旬。一旬盡一甲癸。便以甲配子。盡干至癸酉。便盡干。餘支有戌亥。又起甲配戌。盡干至癸未。餘支有申酉。又起甲配申。盡干至癸巳。餘支有午未。又起甲配午。盡干至癸卯。餘支有辰巳。又起甲配辰。盡干至癸丑。餘支有寅卯。又起甲配寅。盡干至癸亥。十干有十二支相配。周畢還從甲子起。故六甲輪轉。止六十日。十日一旬。一旬之內。二支無配偶者。為之孤。所對衝者。為之虛。卜筮所云空亡。以支孤無干。故名為空亡。亡者。

無也。無干故亡。所對者全虛。故云空也。筭法橫下十二支。位於四方。縱下八干。位於四方。下戊己。位於中央。若甲子旬。取甲干以配子支。如此次第相配。至戊辰。位在中央。土為四行主。不可移。故取辰支。巳支。入中央。配戊己。餘悉以干就支。至戌亥。無干配之。單故為孤。辰巳之位。支干竝無。故名為虛。其空亡之辰。從五行言之。如甲子旬。無戌亥。水土半空亡。以戌是土。亥是水也。不全無亥子。故云半也。甲戌旬。無申酉。為金全空亡。以金二支竝無也。甲申旬。無午未。為火土半空亡。以巳午不全無也。甲午旬。無辰巳亦然。甲辰旬。無寅卯。亦云木全空亡。甲寅旬。無子丑。亦水土半空亡。竝以二支不俱無也。兵書云。陽生甲子。不足戌亥。仍為天門。陰生甲午。不足辰巳。仍為地戶。陽界甲寅。不足子丑。仍為鬼門。陰界甲申。不足午未。仍為人門。陽盛甲辰。卯為之隔。陰興甲戌。酉為之隔。此竝是六甲之空支也。春秋元命苞云。地不足東南。右動終而入虛門。此明甲子。孤在戌亥。虛在辰巳也。一干一支為一日者。以周天三百六十五度四分度之一日。日行一度。故正用一干一支。以主一日也。三旬為一月者。月日行十三度四分度之一。三旬而周天也。十二月為一歲者。四時時有三月。生殺之功。備遍十二支也。一歲合三百六十日者。六六三十六。六甲之數也。六甲間兩月之日者。以陰陽奇偶備也。陽者為奇。陰者為偶。萬物庶類。吉凶之理。以此彰矣。其支干相配。歲月日時竝然。立歲之元。起於上元甲子。立月之元。起甲巳之歲。十一月甲子。立日之元。六旬起自甲子。立時之元。冬夏二至後。得甲巳之日夜半。起甲子。四事皆以甲子為首也。其上配九星。下配九州者。黃帝兵決云。甲子從北斗魁第一星起。順數至庚午。在第七剛星。至辛未。還從第六星逆數至丙子。又從第一星順數盡六甲。其下配九州者。史書云。甲齊。乙東夷。丙楚。丁南夷。戊魏。己韓。庚秦。辛西夷。壬燕。癸北夷。漢書五行志云。甲乙。海外。日月不治。丙丁。江淮海岱。戊己。

中州河濟。庚辛。華山以西。壬癸。常山以北。子周。丑翟。寅楚。卯鄭。辰邯鄲。巳衛。午秦。未中山宋。申齊。酉魯。戌越。亥燕。龍首經曰。子齊青州。丑吳越揚州。寅燕幽州。卯宋豫州。辰晉兗州。巳楚荊州。午周三河。未秦雍州。申蜀益州。酉梁州。戌徐州。亥衛幷州。若地辰之位。史漢近之。星次而論。龍首為當。其配人身。甲乙為頭。丙丁為胸脇。戊己為心腹。庚辛為股。壬癸為手足。則子為頭。丑亥為胸臂。寅戌為手。卯酉為腰脇。辰申為尻肱。巳未為脛。午為足。此皆初為首末為足。配五藏也。干以甲乙為肝。丙丁為心。戊己為脾。庚辛為肺。壬癸為腎也。支以寅卯為肝。巳午為心。辰戌丑未為脾。申酉為肺。亥子為腎。此皆從五行配之。又干以甲乙為皮毛。丙丁為爪筋。戊己為肉。庚辛為骨。壬癸為血脈也。支以寅卯為皮毛。巳午為爪筋。辰戌丑未為肉。申酉為骨。亥子為血脈也。木生在地上。故為皮毛。火有猛毅。故為爪筋。土有持載。故以為肉。金性堅剛。故為骨。水本流潤。故是血脈。竝支干所配。故以備釋。

註：

旬：。

清陳昌治刻本《說文解字・卷九・勹部》：「徧也。十日為旬。詳遵切。」清段玉裁《注》：「日之數十，自甲至癸而一徧。」

《書・堯典》：「朞三百有六旬有六日。」

《大禹謨》：「三旬。」《傳》：「旬，十日也。」

《禮・曲禮》：「凡卜筮日，旬之外曰遠某日，旬之內曰近某日。」

《詩・大雅》：「來旬來宣。」《傳》：「旬，偏也。」
《易・豐卦》：「雖旬無咎。」《注》：「旬，均也。」
《前漢・翟方進傳》：「旬歲間，免兩司隸。」《注》：「師古曰：旬，滿也。旬歲猶言滿歲也。」

虛：。

清陳昌治刻本《說文解字・卷八・丘部》：「大丘也。古者九夫為井，四井為邑，四邑為丘。丘謂之虛。丘如切。又，朽居切。」
《易・繫辭傳》：「周流六虛。」《注》：「六虛，六位也。」《疏》：「位本無體，因爻始見，故稱虛也。」
《大戴禮》：「虛土之人大。」《注》：「虛，縱也。」

兵書：《姜太公兵法・第四篇》：「陽生甲子不足，戌亥仍為天門；陰生甲午不足，辰巳仍為地戶。陽界甲寅不足，子丑仍為鬼門；陰界甲申不足，午未仍為人門。陽盛甲辰，卯為之隔；陰興甲戌，酉為之隔。」

天門：天機之門。指心。
《莊子・天運》：「故曰，正者，正也。其心以為不然者，天門弗開矣。」成玄英疏：「其心之不能如是者，天機之門擁而弗開。天門，心也。」
指鼻、口或天庭。
《老子》：「天門開闔，能無雌?」河上公注：「天門，謂北極紫微宮……治身，天門，謂鼻孔。」
《黃庭內景經・隱藏章》：「上合天門入明堂。」務成子注：「天門在兩眉間，即天庭是也。」

天宮之門。
《楚辭・九歌・大司命》：「廣開兮天門，紛吾乘兮玄雲。」
《淮南子・原道訓》：「昔者馮夷，大丙之禦也……經紀山川，蹈騰昆侖，排閶闔，淪天門。」
高誘注：「天門，上帝所居紫微宮門也。」
指皇宮之門。
唐杜甫《宣政殿退朝晚出左掖》詩：「天門日射黃金牓，春殿晴曛赤羽旗。」
星名。東方七宿角宿中之兩星。即室女座。

地戶：地的門戶。古代傳說天有門，地有戶，天門在西北，地戶在東南。因稱地之東南為地戶。
漢袁康《越絕書・外傳記越地傳》：「天運歷紀，千歲一至，黃帝之元，執辰破巳，霸王之氣，見於地戶。」
《河圖括地象》：「天不足西北，地不足東南。西北為天門，東南為地戶；天門無上，地戶無下。」原注：「天不足西北，是天門；地不足東南，是地戶。」
唐楊炯《益州新都縣學先聖廟堂碑文序》：「銀衡用九，天門厭西北之荒；銅蓋虛三，地戶坼東南之野。」
清錢大昕《廿二史考異・史記四・越王勾踐世家》：「春秋時，能病楚者吳，能病吳者越，以其當地戶也。」
泛指大地。
唐王勃《彭州九隴縣龍懷寺碑》：「粵若真無混沌，抱一氣於天門；象化童蒙，構三靈於地戶。」

道教稱人的鼻子。

《黃庭內景經・若得》：「日月飛行六合間，帝鄉天中地戶端。」梁丘子注：「鼻為上部之地戶。」

鬼門：傳說的鬼進出之門；通往陰間之門。

漢王充《論衡・訂鬼》：「《山海經》又曰：『滄海之中有度朔之山，上有大桃木，其屈蟠三千里，其枝間東北曰鬼門，萬鬼所出入也。』」

南朝梁劉勰《文心雕龍・哀悼》：「然履突鬼門，怪而不辭；駕龍乘去，仙而不哀。」

古關名，即鬼門關。

唐張說《南中送北使》詩之二：「山臨鬼門路，城繞瘴江流。」

即鬼門道。

明湯顯祖《牡丹亭・驚夢》：「向鬼門丟花介。」

陰陽家語。陰陽家謂西北間（乾）為天門，東南間（巽）為地門，西南間（坤）為人門，東北間（艮）為鬼門。鬼門為陰惡之氣所聚，百鬼所居。

《隋書・蕭吉傳》：「於是宣慈殿設神坐，有風從艮地鬼門來，掃太子坐。」

卜筮上的官鬼爻。以六爻干支與五行生剋定六親位，以剋我者為官鬼爻，是災難和不吉的爻象。

後世星命術士稱為官煞。

人門：用人環列護衛以為門。

《周禮・天官・掌舍》：「無宮則共人門。」鄭玄注：「謂王行有所逢偶，若住遊觀，陳列周衛，則立長大之人以表門。」

《孫子・軍爭》：「交和而舍。」三國魏曹操注：「以車為營曰轅門，以人為營曰人門。」

人品與門第。

《陳書・文學傳・蔡凝》：「黃散之職，固須人門兼美。」

《北史・裴叔業傳》：「裴植自言人門不後王肅，怪朝廷處之不高。」

宋王讜《唐語林・補遺一》：「柳潭以人門第一，選尚公主，拜太子洗馬。」

春秋元命苞：「地不足東南，陰右動終而入靈門。」

《太平御覽・卷三十六・地部一》：「地不足東南，故言立子午以相明之。子午者，陰陽之眾所見處也。故以二辰回轉所不同以為門也。右動，動而東也。靈門巳也，陰藏於巳也。」

靈門：上帝的宮門。

《淮南子・覽冥訓》：「女媧浮游消搖，道鬼神，登九天，朝帝於靈門，宓穆休於太祖之下。」

高誘注：「朝於上帝靈門也。」

靈府之門，心室之門。喻指智慧之門。

《雲笈七籤・卷二九》：「結氣不純，節滯盤固，鎮塞靈門。」

《雲笈七籤・卷九一》：「真氣擾於靈門，遊神駭於赤子。」

脇：。同脅。

清陳昌治刻本《說文解字・卷四・肉部》：「兩膀也。虛業切。」

《玉篇》：「身左右兩膀。」

《廣韻》：「胷脅。」《增韻》：「腋下也。」
《周禮・天官・醢豚拍魚醢注》：「拍為膊，謂脅也。」
《晉語》：「重耳過曹，聞其駢脅，欲觀其狀。」
《正字通》：「牲體，前為代脅，中為長脅，後為短脅。」

尻：。

清陳昌治刻本《說文解字・卷八・尸部》：「脽也。苦刀切。」清段玉裁《注》：「按釋名以尻與臀別為二。漢書：『結股腳，連脽尻，每句皆合二物也。』尻今俗云溝子是也，脽今俗云屁股是也。」
《玉篇》：「髖也。」
《增韻》：「脊骨盡處。」

肱：。

《集韻》：「姑弘切，竑音恭。臂上也。」《正韻》：「臂幹。」
《書・皐陶謨》：「帝曰：『臣作朕股肱耳目。』」
《詩・小雅》：「麾之以肱。」《傳》：「肱，臂也。」

脛：。

清陳昌治刻本《說文解字・卷四・肉部》：「胻也。胡定切。」清段玉裁《注》：「膝下踝上曰脛。脛之言莖也，如莖之載物。」

《廣韻》：「腳脛。」《釋名》：「脛，莖也。直而長，似物莖也。」
《詩・小雅・赤芾在股傳》：「脛本曰股。」
《史記・魏其武安侯傳》：「脛大於股，不折必披。」
《前漢・趙充國傳》：「聞苦腳脛寒泄。」《注》：「脛，膝以下骨也。」

第六卷

論五行相雜

一、論五行體雜

凡五行均布。遍在萬有。不可定守一途。今先論五行體雜。但其氣周流。隨事而用。若言不雜。水只應一。何故謂五而為六。火金木土竝爾。當知生數為本。成數為雜。既有雜。故一行當體。即有五義。如木有曲直。此是木也。木中有火。則是火也。木堪為兵仗。有擊觸之能。即是金也。木中有潤。即是水也。木吐華葉子実。即是土也。火。外陽即是火也。內陰即是水也。能殺即是金也。能熟即是木也。能生即是土也。土能生。即是土也。能容即是水也。能成即是木也。能防故是金也。含陽即是火也。金。能斷即是金也。從革即是木也。含火即是火也。有汗即是水也。能生即是土也。水。外陰即是水也。內陽即是火也。含養即是木也。潤生即是土也。能殺即是金也。此皆以義釋。一行通有五氣。就事而論。義則不爾。或有或無。質弱者。則體相容。質堅者。則體不相容。金中無木。木中無金。金木以正相害故。水中無火。火中無水。兩法正相害故。亦水中無金。金中有水。木中亦有水。木中亦有火。石中亦有火。而水能生木。則木中有水。水生於金。金中有水。火生於木。木中有火。水復從金生。金中有水。水能生木。木中有火。火剋於金。那得石復有火。此是火性弱。故弱能入堅。而火中無金。是堅不能入弱。木生於水。木中含水。金能生水。金中含水。所以水中無金木者。金木在水中。不得言水體有金木。溼潤在木石中。木石便得有水義。此亦是弱能入堅。堅不能入弱。炎州有樹。生於火中。此非火能生樹。是火不能燒樹。亦非火在樹中。乃是樹在火中。而體不相雜。無異金在水中。而不能雜水體。亦如海中陰火潛燃。此水中有火。但非水體雜火。此稍涉靈奇。亦非五行常準。又木中有火。火還燒木。此是生火方盛。故能燒木。石中有火。火不燒石。是火至金鄉。氣已衰。故不能燒石。其以火消金者。亦取其盛。故能爍金。是不取衰火。猶如金能剋木。鉛錫不能斷。此是不堅之金也。土性包含。無所不受。故土中皆備有水金木火。火非直陽氣。猶如范陽地燃。是陰也。土火不相害。雖不恆爾。不得言無。等是四行。何故獨爾。土既居地。地即是陰。火即是太陽之氣。故不得恆有也。

註：

五氣：指五臟之氣。氣，指臟腑的功能活動。

《周禮．天官．疾醫》：「以五氣、五聲、五色眡其死生。」鄭玄注：「五氣，五藏所出氣也。肺氣熱，心氣次之，肝氣涼，脾氣溫，腎氣寒。」

五行之氣，五方之氣。

《史記．五帝本紀》：「軒轅乃修德振兵，治五氣，蓺五種，撫萬民，度四方。」裴駰集解引王肅曰：「五行之氣。」

北周庾信《配帝舞》：「四時咸一德，五氣或同論。」

中醫謂寒、暑、燥、濕、風五氣。

《素問．六節藏象論》：「天食人以五氣，地食人以五味。五氣入鼻，藏於心肺。」

《醫宗金鑑．四診心法要訣上》：「天有五氣，食人入鼻，藏於五藏。」注：「天以風、暑、濕、燥、寒之五氣食人，從鼻而入。」

五種情感。

《逸周書・官人》：「民有五氣：喜、怒、欲、懼、憂……五氣誠於中，發形於外，民情不可隱也。」

爍：。

清陳昌治刻本《說文解字・卷十・火部》：「灼爍，光也。書藥切。」

又與鑠通。

《周禮・冬官考工記》：「爍金以為刃。」

《釋文》：「爍音餘灼反。義當作鑠。始灼反。」

《集韻》：「或作鑠。」

二、論支干雜

支干雜者。五行書云。甲以女弟乙。嫁庚為妻。故乙中有雜金。立春木王。甲召乙還。乙懷金氣來。故仲春殺榆莢白也。丙以女弟丁。嫁壬為妻。丁中有雜水。立夏火王。丙召丁還。丁懷水氣來。故仲夏桑椹熟黑也。戊以女弟己。嫁甲為妻。己中有雜木。季夏土王。戊召己還。己懷木氣來。故季夏有菓實青也。庚以女弟辛。嫁丙為妻。辛中有雜火。立秋金王。庚召辛還。辛懷火氣來。故仲秋棗熟朱也。壬以女弟癸。嫁戊為妻。癸中有雜土。立冬水王。壬召癸還。癸懷土氣來。故仲冬草木皆黃也。甲丙戊庚壬。為男。剛強。故自有德不雜。乙丁己辛癸。為女。柔弱。不自專。從夫。故有雜。猶出嫁之女。即稱夫氏。歸寧之日。攜子而來。氏族便雜。五行十雜云。甲為木。乙為材。丙為火。丁為灰。戊為土。己為泥。庚為金。辛為鑪鍗。壬為水。癸為濁汙。此皆雜義也。寅卯為木。春懷火。故卯為純木。寅為雜木。巳午為火。夏懷土。故午為純火。巳為雜火。申酉為金。秋懷水。故酉為純金。申為雜金。亥子為水。冬懷木。故子為純水。亥為雜水。土居中央。分主四氣。故辰中有餘木。未中有餘火。戌中有餘金。丑中有餘水。各十二日。故四孟為懷任。生氣之所由。四仲。盛壯之所立。四季。葬送之所在。懷任及葬。皆有雜義。

註：

五行書：《正統道藏・正一部・洞真黃書》：「東方甲乙木，西方庚辛金，木畏金，甲以女弟，乙配西方庚，庚乙為夫妻。南方丙丁火，北方壬癸水，火畏水，丙以女弟，丁配北方壬，壬丁為夫妻。北方壬癸水，中央戊己土，水畏土，壬以女弟，癸配中央戊，戊癸為夫妻。中央戊己土，東方甲乙木，土畏木，戊以女弟，己配東方甲，甲己為夫妻。西方庚辛金，南方丙丁火，金畏火庚，以女弟，辛配南方丙，丙辛為夫妻。春三月東方木王甲女弟乙為庚妻，見家王持西方金還東方生，金剋木，故榆莢折是微陰殺。夏三月南方火王丙以女弟，丁為壬妻，見家王持北方水還南方生，水好滅火，故殺薺麥。秋三月西方金王庚以女弟辛為丙妻，見家王持南方火還西方金生，火消金，如成器故可穫禾報社。冬三月北方水王壬以女弟癸為中央戊妻，見家王持中央土還北方生，土好生萬物，故冬至之時，萬物動於黃泉之中，故易言潛龍勿用，孝經援神契曰：『瞑津始互濛頓滋萌。』此之謂也。」

榆莢：亦作榆筴。榆樹的果實。初春時先於葉而生，連綴成串，形似銅錢，俗呼榆錢。

《太平御覽・卷九五》：「漢崔寔《四民月令》：『二月榆莢成者，收乾以為醬。』」

歸：。

清陳昌治刻本《說文解字・卷二・止部》：「女嫁也。舉韋切。」清段玉裁《注》：「公羊傳、毛傳皆云：『婦人謂嫁歸。乃凡還家者假婦嫁之名也。』」

《詩・周南》：「之子於歸。」

《禮・禮運》：「男有分，女有歸。」

《穀梁傳・隱二年》：「婦人謂嫁曰歸，反曰來歸。」《注》：「嫁而曰歸，明外屬也。反曰來歸，明從外至也。」

《左傳・莊二十七年》：「凡諸侯之女歸寧曰來，出曰來歸。夫人歸寧曰如某，出曰歸於某。」

《集韻》：「居韋切，竝音餽。還也，入也。」

《詩・小雅》：「薄音旋歸。」

還所取之物亦曰歸。

《禮・祭義》：「父母全而生之，予全而歸之。」

《孟子》：「久假而不歸。皆還復之義。依歸也。」

《詩・曹風》：「於我歸處。」

《毛傳》：「歸，依歸也。」

歸附也。

《穀梁傳・莊二年》：「王者，民之所歸往也。」

寧：。

清陳昌治刻本《說文解字・卷五・丂部》：「願詞也。奴丁切。」

女嫁歸省父母曰寧。

《詩・周南》：「歸寧父母。」

又願辭也。

《書・大禹謨》：「與其殺不辜，寧失不經。」

又安也。

《易・乾卦》：「首出庶物，萬國咸寧。」

《詩・大雅》：「文王有聲，遹求厥寧。」

《書．康誥》：「裕乃以民寧。」《注》：「行寬政，乃以安民也。」
《書．洪範》：「五福，一曰壽，二曰富，三曰康寧，四曰攸好德，五曰考終命。」《注》：
「無疾病也。」

氏族：原始社會由血統關係聯繫起來的人的集體。氏族內部禁婚。
宗族。
漢班彪《王命論》：「故劉氏承堯之祚，氏族之世，著於春秋。」
宗族譜系。
唐劉肅《大唐新語．聰敏》：「秦府倉曹李守素尤諳氏族，時人號為肉譜。」

鑪：。
清陳昌治刻本《說文解字．卷十四．金部》：「方鑪也。洛胡切。」清段玉裁《說文解字注》：
「方對下圜言之。凡難炭之器曰鑪。」
《廣韻》：「火牀。」
《韻會》：「一曰火函。」
《周禮．天官．宮人》：「共鑪炭。」
《前漢．賈誼傳》：「天地為鑪，造化為工，陰陽為炭，萬物為銅。」
《正韻》：「酒器。」
又酒肆。
《史記．司馬相如傳》：「令文君當鑪。」《注》：「韋昭曰：『鑪，酒肆也。以土為墮，邊高似鑪。』」

《韻會》：「熏器。或作爐。」

《漢官典職》：「尚書郎給女，使執香爐。」

銻：。

清陳昌治刻本《說文解字・卷十四・金部》：「鎕銻（古稱火齊、火齊珠。顏色似金、形狀像雲母的一種礦物），火齊珠名。杜兮切。」

懷任：同懷妊，亦作懷妊。

懷孕。

《韓詩外傳》卷九：「吾懷妊是子，席不正不坐，割不正不食，胎教之也。」

漢董仲舒《春秋繁露・三代改制質文》：「法不刑有懷任、新產者，是月不殺。」

孕育。

漢班固《白虎通・天地》：「地者，元氣之所生，萬物之祖也……萬物懷任，交易變化始起。」

三、論方位雜

五行非直性相雜。當方亦有雜義。東方。甲乙寅卯辰。甲。木也。乙中有雜金。寅中有生火。辰。土也。卯中有死水。南方。丙丁巳午未。丙。火也。丁中有雜水。巳中有生金。未。土也。午中有死木。西方。庚辛申酉戌。庚。金也。辛中有雜火。申中有生水。戌。土也。又。酉中有胎木。北方。壬癸亥子丑。壬。水也。癸中有雜土。亥中有生木。子中有胎火。丑中有死金。此竝方別有五行也。寅午戌。火之位也。寅中有生火。在東方。午中有王火。在南方。戌中有死火。在西方。亥卯未。木之位也。亥中有生木。在北方。卯中有王木。在東方。未中有死木。在南方。申子辰。水之位也。申中有生水。在西方。子中有王水。在北方。辰中有死水。在東方。巳酉丑。金之位也。巳中有生金。在南方。酉中有王金。在西方。丑中有死金。在北方。此一行之體。雜在三方也。未辰丑戌。土之位也。未中有王土。辰中有死土。丑中有衰土。戌中有壯土。此土體雜在四方也。趙怡言。五行相雜。如錦綺焉。斯言當矣。

第七卷

論德

論德

德者得也。有益於物。各隨所欲。無悔悋。故謂之為德也。五行書云。若有一德。能禳百災。凡陰陽用事。遇德為善。謂之福德。為有救助。萬事皆吉。災害消亡。德有四德。三者從支干論之。一者從月氣論之。支干三種者。一曰干德。二曰支德。三曰支干合德。干德者。甲德自在。乙德在庚。丙德自在。丁德在壬。戊德自在。己德在甲。庚德自在。辛德在丙。壬德自在。癸德在戊。此十干者。甲丙戊庚壬為陽尊。故德自處。乙丁己辛癸為陰卑。故配德於陽。有從夫之義。所以不自為德。揚子云。配日之道。正有五日。甲己為木。丙辛為火。戊癸為土。乙庚為金。丁壬為水。陰陽之理。必相配偶。以則君臣夫婦之義。甲為君。為夫。己為臣。為妻。君位自在。臣位由君。故己德在甲。乙德在庚也。餘四皆然。陰從陽之道。支德者。子德在巳。丑德在午。寅德在未。卯德在申。辰德在酉。巳德在戌。午德在亥。未德在子。申德在丑。酉德在寅。戌德在卯。亥德在辰。此皆以其夫生助之所也。子以巳為德者。子。水也。以土為夫。巳中有生土。丑以午為德者。丑。土也。以木為夫。午中有死木。寅以未為德者。寅。木也。以金為夫。未中有冠帶金。卯以申為德者。卯。木也。以金為夫。申中有相金。辰以酉為德者。辰。土也。以木為夫。酉中有胎木。巳以戌為德者。巳。火也。以水為夫。戌中有冠帶水。午以亥為德者。午。火也。以水為夫。亥中有相水。未以子為德者。未。土也。以木為夫。子中有沐浴木。申以丑為德者。申。金也。以火為夫。丑中有養火。酉以寅為德者。酉。金也。以火為夫。寅中有生火。戌以卯為德者。戌。土也。以木為夫。卯中有王木。亥以辰為德者。亥。水也。以土為夫。

辰中有死土。或問云。從夫之義。生者有德。能相和養。故從。死者離背。不能和從。何以死猶為德。答曰。婦無再醮。一降適人。便稱夫氏。雖死猶從其族。豈得生而稱之。死便捨棄。故陰之從陽。生死常存。支干合德者。子德在甲。丑德在辛。寅德在丙。卯德在丁。辰德在庚。巳德在己。午德在戊。未德在辛。申德在壬。酉德在癸。戌德在庚。亥德在乙。此皆從子為德也。謂子能扶助其母。有孝養之性。以為德也。凡干為陽。支為陰。陽體剛強自在。陰體柔順從陽。婦人有三從之禮。每無自專之義。夫死從子。故以子為德。若有支干各自為德。皆從其夫。既今支干共為德。故離其夫位。故便從子也。子德在甲者。水為木母故也。例皆如之。一從月氣為德者。德不孤立。對之以刑。德為陽。以從乾。刑為陰。以從坤。亦如人之治政。刑德兩施。德有慶賜爵賞。所以配陽。刑有殺罰削奪。所以配陰。故王者日蝕則脩德。月蝕則脩刑。董仲舒春秋繁露云。天道之常。一陽一陰。陽者天之德。陰者天之刑。陰陽以終歲之行。以觀天之所親任。可以見德刑之用矣。然天之任陽不任陰。好德不好刑。故陽出而積於夏。任德以歲事。陰出而積於冬。錯刑以空處也。太公云。人主舉事。善則天應之以德。惡則天應之以刑。此竝陰陽相對。德不獨治。須偶之以刑也。從乾坤二卦之氣者。十月坤卦用事。自十一月而陽氣動。陰爻變。四月乾卦用事。自五月而陰氣動。陽爻變。故黃鐘蕤賓。陰陽之氣始也。德刑在焉。建子之月。坤初六爻變為陽。復卦用事。陽氣動於黃泉之下。陰氣布在蒼天之上。為德在室。而刑在野。建丑之月。坤六二爻變為陽。臨卦用事。陽氣稍出。萬物萌芽。陰氣將降。威怒已衰。為德在堂。而刑在街。建寅之月。坤六三爻變為陽。泰卦用事。陽氣已達。陰氣降入。陰陽交泰。萬物抽其牙葉。為德在庭。而刑在巷。建卯之月。坤六四爻變為陽。大壯卦用事。陽氣上騰乎天。陰氣下入乎地。陰陽氣交。萬物成出。德刑俱會於門。建辰之月。坤六五爻變為陽。夬卦用事。陽氣上達。

陰氣衰微。為德在巷。而刑在庭。建巳之月。坤上六爻變為陽。純陽用事。陽氣大盛。陰氣消除。萬物悅壯。無復刑殺。為德在街。而刑在堂。建午之月。乾初九爻變為陰。遘卦用事。陰氣動於黃泉之下。陽氣布於蒼天之上。為德在野。而刑在室。建未之月。乾九二爻變為陰。遯卦用事。陰氣稍昇。陽氣將損。萬物壯極。皆以衰老。為德在街。而刑在堂。建申之月。乾九三爻變為陰。否卦用事。陽氣沈退。陰氣進昇。陰陽否隔。殺威方盛。為德在巷。而刑在庭。建酉之月。乾九四爻變為陰。觀卦用事。陽氣內入。陰氣外施。陰陽合爭。萬物變衰。為德在門。刑復會於門。建戌之月。乾九五爻變為陰。剝卦用事。陽氣將盡。陰氣上達。萬物枯悴。殺害盛行。為德在庭。而刑在巷。建亥之月。乾上九爻變為陰。純坤復位。陽氣消除。陰氣大盛。萬物收藏。未見刑犯。為德在堂。而刑在街。此刑德二事。出入向趣。皆以用之。彌忘拙鑿。遇德則吉。逢刑則凶。故於此釋。

註：

德：。

清陳昌治刻本《說文解字・卷二・彳部》：「升也。多則切。」

《廣韻》：「德行也。」《集韻》：「德行之得也。」《正韻》：「凡言德者，善美，正大，光明，純懿之稱也。」

《易・乾卦》：「君子進德修業。」

《詩・大雅》：「民之秉彝，好是懿德。」

《書・皋陶謨》：「九德，寬而栗，柔而立，願而恭，亂而敬，擾而毅，直而溫，簡而廉，剛而塞，彊而義。」
《洪範》：「三德，一曰正直，二曰剛克，三曰柔克。」
《周禮・地官》：「六德：知、仁、聖、義、中、和。」
《玉篇》：「德，惠也。」
《書・盤庚》：「施實德於民。又善教也。」
《禮・月令》：「孟春之月，命相布德，和令，行慶，施惠。」《注》：「德謂善教。」
又感恩曰德。
《左傳・成三年》：「王曰：然則德我乎。」《疏》：「德加於彼，彼荷其恩，故謂荷恩為德。」
《韻會》：「四時旺氣也。」
《禮・月令》：「某日立春，盛德在木。又感恩曰德。」
《左傳・成三年》：「王曰：然則德我乎。」《疏》：「德加於彼，彼荷其恩，故謂荷恩為德。」
《韻會》：「四時旺氣也。」
《禮・月令》：「某日立春，盛德在木。」
《諡法》：「綏柔士民，諫爭不威，執義揚善，曰德。」
《說文》：「升也。」
《玉篇》：「福也。」

悋：。同吝。

清陳昌治刻本《說文解字・卷二・口部》：「恨惜也。良刃切。」清段玉裁《說文解字注》：

「慳吝亦恨惜也。」
《唐韻》、《集韻》、《韻會》、《正韻》：「竝良刃切，音藺。」
《易・屯卦》：「君子幾不如舍往吝。」《注》：「夫君子之動，豈取恨辱哉。故不如舍往吝窮也。」
《繫辭》：「悔吝者，憂虞之象也。」
《易・說卦》：「坤為吝嗇。」
《書・仲虺之誥》：「改過不吝。」《注》：「無所吝惜。」

禳：禳。

清陳昌治刻本《說文解字・卷一・示部》：「磔禳，祀除癘殃也。汝羊切。」
《徐曰》：「禳之為言攘也。」
《周禮・天官・女祝注》：「卻變異曰禳。」
祭名。祈禱消除災殃、去邪除惡之祭。
《儀禮・聘禮》：「禳乃入。」《注》：「祭名也。」
《左傳・昭公二十六年》：「齊有彗星，齊侯使禳之。」
去除。
梁宗懍《荊楚歲時記》：「五月五日采艾以為人，懸門戶上，以禳毒氣。」

福德：福分和德行。
《北史・元嵩傳》：「任城康王大有福德，文武頓出其門。」

指福份、福氣。

《京本通俗小說・碾玉觀音》：「這個女兒不受福德，卻跟一個碾玉的待詔逃走了。」

醮：。

清陳昌治刻本《說文解字・卷十四・酉部》：「冠娶禮。子肖切。」清段玉裁《注》：「冠娶禮祭也。士冠禮。若不醴則醮用酒。三加，凡三醮。鄭曰：『酌而無酬酢曰醮。士昏禮。父醮子。命之迎婦。嫡婦則酌之以醴。庶婦使人醮之。酌之以酒。』鄭曰：『酒不酬酢曰醮。』」

《博雅》：「醮，祭也。」

《前漢・郊祀志》：「或言益州有金馬碧雞之神，可醮祭而致。」

《禮・冠義》：「醮於客位。」《疏》：「酌而無酬酢曰醮。」

古冠，婚禮所行的一種簡單儀式。尊者對卑者酌酒，卑者接受敬酒後飲盡，不需回敬。

《說文》：「醮，冠娶禮祭。酌而無酬酢曰醮。」

《儀禮・士冠禮》：「若不醴則醮用酒。」

《儀禮・昏義》：「父親醮子而命之迎，男先於女也。」《注》：「父醮酌子命往迎婦，以男當倡導其女也。」

降：。

清陳昌治刻本《說文解字・卷十四・阜部》：「下也。古巷切。」

《爾雅・釋詁》：「降，落也。」

《玉篇》：「降，伏也。」

《爾雅・釋天》：「降婁，奎婁也。」《注》：「奎為溝瀆，故為降。」《疏》：「孫炎云：降，下也。」

《唐韻》、《集韻》、《韻會》、《正韻》：「竝古巷切，音絳。」《玉篇》：「下也，落也，歸也。」

蝕：損傷，虧缺。

《集韻》、《韻會》：「實職切，竝音食。」《廣韻》：「敗創也。」

《玉篇》：「日月蝕也。」

《釋名》：「日月虧曰蝕，稍小侵虧如蟲食草木之葉。」

《漢書・韋昭注》：「虧敗曰蝕。」

《晉書・天文志》：「十煇，五曰闇，謂日月蝕。或曰脫光也。」

董仲舒春秋繁露：《陰陽義第四十九》：

天地之常，一陰一陽。陽者天之德也，陰者天之刑也。跡陰陽終歲之行，以觀天之所親而任。成天之功，猶謂之空，空者之實也。故清溧之於歲也，若酸堿之於味也，僅有而已矣。聖人之治，亦從而然。天之少陰用於功，太陰用於空。人之少陰用於嚴，而太陰用於喪。喪亦空，空亦喪也。是故天之道以三時成生，以一時喪死。死之者，謂百物枯落也；喪之者，謂陰氣悲哀也。天亦有喜怒之氣、哀樂之心，與人相副。以類合之，天人一也。春，喜氣也，故生；秋，怒氣也，故殺；夏，樂氣也，故養；冬，哀氣也，故藏。四者天人同有之。有其理而一用之。與天同者大治，與天異者大亂。故為人主之道，莫明於在身之與天同者而用之，使喜怒必當義而出，如寒暑之必當其時乃發也。使德之厚於刑也，如陽之多於陰也。是故天之行陰氣也，少取以成秋，其餘以歸之冬。聖人之行陰氣也，少取以立嚴，其餘以歸之喪。喪亦人之冬氣，故人之太陰，不用於刑而用於喪，天之太陰，不用於物而用於空。空亦為喪，喪亦為空，其實一也，皆喪死亡之心也。

溧：。

清陳昌治刻本《說文解字・卷十一・水部》：「水。力質切。」清段玉裁《注》：「方輿紀要曰。今溧水在今溧陽縣北四十里，即永陽江也。又謂之陵水。范睢說秦昭王，子胥昭關至陵水是也。」

堿：。為鹼的俗字。亦同礆。

清陳昌治刻本《說文解字・卷十二・鹽部》：「鹵也。魚欠切。」清段玉裁《注》：「水和鹽也。」

《正字通》：「俗以竈灰淋汁曰鹼水，去垢穢。」

又石鹼。

《本草》：「出山東濟寧諸處，土人採蒿蓼之屬，掘坎浸水，漉起爆乾，燒灰，以原水淋汁，入粉麵汁內，久則凝如石，可澣衣，狀類鹼，故亦得鹼名。」

太公：姜尚，名望，呂氏，字子牙，或單呼牙，也稱呂尚。先後輔佐了六位周王，因是齊國始祖而稱太公望，俗稱姜太公。東海海濱人。西周初年，被周文王封為太師，被尊為師尚父，輔佐文王，與謀翦商。後輔佐周武王滅商。因功封於齊，成為周朝齊國的始祖。他是中國歷史上最享盛名的政治家、軍事家和謀略家。

《群書治要六韜》：「文王問太公曰：『人主動作舉事善惡，有福殃之應、鬼神之福無？』太公曰：『有之。主動作舉事，惡則天應之以刑，善則地應之以德，逆則人備之以力，順則神授之以職。故人主好重賦斂，大宮室，多遊臺，則民多病瘟，霜露殺，五穀、絲麻不成。人主好田獵罼弋，不避時禁，則歲多大風，禾穀不實。人主好破壞名山，雍塞大川，決通名水，則歲多大水，傷民，五穀不滋。人主好武事，兵革不息，則日月薄蝕，太白失行。故人主動作舉事，善則天應之以德，惡則人備之以力，神奪之以職。如響之應聲，如影之隨形。』文王曰：『誠哉！』」

堂：。

清陳昌治刻本《說文解字・卷十三・土部》：「殿也。正寢曰堂。徒郎切。」清段玉裁《注》：「堂之所以稱殿者，正謂前有陛四緣皆高起。古曰堂。漢以後曰殿。」

《釋名》：「高顯貌。」

又明堂，王者朝諸侯之宮。

《禮・明堂位》：「明堂也者，明諸侯之尊卑也。」

又堂室。

《爾雅・釋宮》：「古者有堂，自半已前虛之，謂之堂，半已後實之，謂之室。」

又官署。

《漢官儀》：「黃門有畫堂之署，中書省玉堂。」

街：街。

清陳昌治刻本《說文解字・卷二・行部》：「四通道也。古膎切。」

《風俗通》：「街，攜也，離也。四出之路，攜離而別也。」

《後漢・梁冀傳》：「冀乃大起第舍，而壽亦對街為宅。」

庭：庭。

清陳昌治刻本《說文解字・卷九・广部》：「宮中也。特丁切。」清段玉裁《注》：「宮者，室也。室之中曰庭。庭者，正直之處也。」

《玉篇》：「庭，堂階前也。」

《易・節卦》：「不出戶庭，無咎。」

《爾雅・釋詁》：「直也。」《疏》：「庭條，直也。」

巷：巷。

《集韻》、《正韻》：「戶降切，竝學去聲。」

《說文》：「里中道。從邑，從共，皆在邑中所共也。」

《增韻》：「直曰街，曲曰巷。」

《詩・鄭風》：「巷無居人。」《注》：「里塗也。」

門：。

清陳昌治刻本《說文解字・卷十二・門部》：「聞也。莫奔切。」清段玉裁《注》：「聞者，謂外可聞於內。內可聞於外也。」

《玉篇》：「人所出入也。在堂房曰戶，在區域曰門。」

《博雅》：「門，守也。」

《易・同人》：「同人於門。」《注》：「心無係吝，通夫大同，出門皆同，故曰同人於門也。」

今幕府亦稱轅門、牙門。

《楚辭・九辯》：「君之門以九重。」《注》：「天子九門：『關門、遠郊門、近郊門、城門、皋門、雉門、應門、路門、寢門，亦曰庫門。』」

又凡物關鍵處，皆謂之門。

《易・繫辭》：「道義之門。」《疏》：「物之得宜，從此易而來，故云道義之門，謂與道義為門戶也。」

野：。

清陳昌治刻本《說文解字・卷十三・里部》：「郊外也。羊者切。」清段玉裁《注》：「邑部曰：『距國百里曰郊。』冂部曰：『邑外謂之郊，郊外謂之野，野外謂之林，林外謂之冂。』」

《易・同人》：「同人於野，亨。」《疏》：「野，是廣遠之處。」《傳》：「邑外曰郊，郊外曰野。」

《周禮・秋官》：「縣士掌野。」《注》：「地距王城二百里以外至三百里曰野。」

室：。

清陳昌治刻本《說文解字・卷七・宀部》：「實也。至，所止也。式質切。」清段玉裁《注》：「古者前堂後室。人物實滿其中也。引伸之則凡所居皆曰室。釋宮曰：『宮謂之室，室謂之宮是也。』」

《孔穎達曰》：「宮室通名。因其四面穹隆曰宮，因其財物充實曰室。室之言實也。」

《易・繫辭》：「上古穴居而野處，後世聖人易之以宮室。」

《周禮・地官注》：「城郭之宅曰室。」

又宗廟曰世室。

《周禮・冬官考工記》：「夏後氏世室，殷人重屋，周人明堂。」《注》：「世室，宗廟也。」

又夫以婦為室。

《禮・曲禮》：「三十曰壯，有室。」

否隔：亦作否鬲。隔絕不通。

《漢書・薛宣傳》：「夫人道不通，則陰陽否鬲。」顏師古注：「否，閉也，音皮鄙反。鬲與隔同。」

悴：。

清陳昌治刻本《說文解字・卷十・心部》：「憂也。秦醉切。」

《晉書・涼武昭王李玄盛傳》：「人力雕殘，百姓愁悴。」
《集韻》：「徐醉切，音遂。」
《廣雅》：「困悴也。」
《集韻》：「昨律切，音崒。憂也。」

趣：。

清陳昌治刻本《說文解字・卷二・走部》：「疾也。七句切。」
《博雅》：「遽也。」
《廣韻》：「趣向。」
《易・繫辭》：「變通者，趣時者也。」
又與趨通。
《禮・月令》：「命有司趣民收斂。」《釋文》：「本又作趨，音促。」
《周禮・地官・縣正》：「趨其稼事而賞罰之。」《釋文》：「趨本又作趣，音促。」

拙：。

清陳昌治刻本《說文解字・卷十二・手部》：「不巧也。職說切。」清段玉裁《注》：「不能為技巧也。」
《書・周官》：「作僞心勞日拙。」
《老子・道德經》：「大巧若拙。」

《戰國策》：「教人而不能，則謂之拙。」

《釋名》：「屈也。使物否屈，不為用也。」

《史記・范雎傳》：「楚之鐵劍利，而倡優拙。」

鑿：鑿。

清陳昌治刻本《說文解字・卷十四・金部》：「穿木也。在各切。」清段玉裁《注》：「圜鑿而方枘。」

《廣韻》：「鏨也。」

《古史考》：「孟莊子作鑿。」《師古曰》：「鑿所以穿木也。」

《易・繫辭・刳木為舟疏》：「刳鑿其中。」

又黥刑。

《前漢・刑法志》：「其次用鑽鑿。」《注》：「鑿，黥刑也。」

又造也。

《公羊傳・成十三年》：「公鑿行也。」《注》：「鑿，猶更造之意。」

《釋文》：「鑿，在洛反。猶造意也。」

《集韻》：「穿空也。」

《周禮・冬官考工記・輪人》：「凡輻，量其鑿深以為輻廣。」

第八卷

論合

論合

孔子曰。乾陽也。坤陰也。陰陽合德。五行之本。受生於天。則受成於地。稟氣於陽。定形於陰。體無偏立。故各有合。總而言之。干為陽。屬天。支為地。屬陰。別而言之。干自有陰陽。甲陽。乙陰。丙陽。丁陰。戊陽。己陰。庚陽。辛陰。壬陽。癸陰。支亦自有陰陽。子陽。丑陰。寅陽。卯陰。辰陽。巳陰。午陽。未陰。申陽。酉陰。戌陽。亥陰。各象天地。而自相配合。有夫婦之道。干合者。己為甲妻。故甲與己合。辛為丙妻。故丙與辛合。癸為戊妻。故癸與戊合。乙為庚妻。故乙與庚合。丁為壬妻。故壬與丁合。季氏陰陽說曰。木八畏庚九。故以妹乙妻庚。庚氣在秋。和以木氣。是以薺麥當秋而生。所謂妻來之義。火七畏壬六。故以妹丁妻壬。壬得火熱氣。故款冬當冬而華。金九畏丙七。故以妹辛妻丙。丙得金氣。故首夏靡草薺麥死。故夏至之後。三庚為伏。以畏火也。土五畏甲八。故以妹己妻甲。土帶陰陽合。以雌嫁木。故能生物也。水六畏土五。故以妹癸妻戊。五行相和。是其合也。

支合者。日月行次之所合也。正月。日月會於娵訾之次。娵訾亥也。一名豕韋。斗建在寅。故寅與亥合。二月。日月會於降婁之次。降婁戌也。斗建在卯。故卯與戌合。三月。日月會於大梁之次。大梁酉也。斗建在辰。故辰與酉合。四月。日月會於實沉之次。實沉申也。斗建在巳。故巳與申合。五月。日月會於鶉首之次。鶉首未也。斗建在午。故午與未合。六月。日月會於鶉火之次。鶉火午也。斗建在未。故未與午合。七月。日月會於鶉尾之次。鶉尾巳也。斗建在申。故申與巳合。八月。日月會於壽星之次。壽星辰也。斗建在酉。故酉與辰合。九月。日月會於大火之次。大火卯也。斗建在戌。故戌與卯合。十月。日月會於析木之次。析木。寅也。斗建在亥。故亥與寅合。十一月。日月會於星紀之次。星紀丑也。斗建在子。故子與丑合。十二月。日月會於玄枵之次。玄枵子也。一名天黿。斗建在丑。故丑與子合。玄枵者。玄。黑也。枵。秏也。陰氣盛。故萬物始動。猶未出生。天下空虛。謂之曰秏。星紀者。紀。統也。領萬物所終始也。析木者。萬物始萌。分別水木也。大火者。東方木也。心宿在卯。火出木心也。壽星者。萬物始達。各任其命也。鶉尾者。南方朱雀之宿。以軫尾也。鶉火者。陽氣盛大。火星昏中。在七星朱鳥之處也。鶉首者。南方之宿。其形象鳥。以井為冠。以柳為口也。實沉者。陰氣沉重。降實於物也。大梁者。強也。白露已降。萬物堅強也。降婁者。降。下也。婁。曲也。陰氣上侵。萬物萎曲也。諏訾者。陰盛陽伏。萬物愁哀也。凡陰陽相配。善惡理均。凶不全凶。吉不獨吉。吉終則凶。凶終則吉。故合不專合。復有離義。就支干配日辰。乃有五合。五離。五合者。河圖云。甲寅乙卯天地合。丙寅丁卯日月合。戊寅己卯人民合。庚寅辛卯金石合。壬寅癸卯江河合。五離者。甲申乙酉天地離。丙申丁酉日月離。戊申己酉人民離。庚申辛酉金石離。壬申癸酉江河離。寅卯。陽之所昇。能生萬物。日常出之。月滿又出。東方少陽生長之處。物所欣會。故以為合。申酉。陰之所湊。肅殺之方。日月皆沒於其所。西方少陰衰老之處。物之所惡。故以為離。甲乙日干之首。卦屬乾坤。故比天地。丙丁陽光之盛。故方日月。戊己居中。能成萬物。故類人民。庚辛體自金石。壬癸居然江河。凡為萬事。吉則從合。凶則從離。遇合則休。遇離則否。選日定時。卜筮之用。彌所用也。

註：

薺：。

清陳昌治刻本《說文解字・卷一・艸部》：「蒺棃也。徂禮切。」

《集韻》《正韻》：「竝在禮切，音鱭。甘菜。」

《詩・邶風》：「誰謂荼苦，其甘如薺。」

《董仲舒・雨雹對》：「薺麥始生，由陽升也。」

諏訾：即娵訾。在十二支中為亥，在二十八宿為壁、室兩宿。

《禮記・月令》：「孟春之月，日在營室。」漢鄭玄注：「此云孟春者，日月會於諏訾，而斗建寅之辰也。」

《漢書・律曆志》：「日至其初為立春，至其中為驚蟄。」

《晉書・天文志》：「自危十六度至奎四度為諏訾，於辰在亥，衛之分野，屬幷州。」

降婁：與十二辰相配為戌，與二十八宿相配為奎、婁兩宿。

《晉書・天文志》：「自奎五度至胃六度為降婁，於辰在戌，魯之分野，屬徐州。」

《漢書・律曆志》：「日至其初為驚蟄，至其中為春分。」

明末後譯西方黃道十二宮中的白羊宮為降婁宮。

大梁：在十二支中為酉，在二十八宿為胃、昴、畢三星。

《晉書・天文志》：「自胃七度至畢十一度為大梁，於辰在酉，趙之分野，屬冀州。」

《國語・晉語四》：「歲在大梁，將集天行。」韋昭注：「自胃七度至畢十一度為大梁。」

《漢書・律曆志》：「日至其初為穀雨，至其中為清明。」

實沉：黃道十二宮的雙子座。在十二辰為申。古時為晉之分野。

《國語・晉語四》：「歲在大梁，將集天行，元年始受實沉之星也。實沉之墟，晉人是居，所以興也。」

《晉書・天文志》：「自畢十二度至東井十五度為實沉，於辰在申，魏之分野，屬益州。」

《漢書・律曆志》：「日至其初為立夏，至其中為小滿。」

鶉首：與十二辰相配為未，與二十八宿相配為井、鬼兩宿。分野主秦，屬雍州。

《漢書・律曆志》：「日至其初為芒種，至其中為夏至。」

《晉書・天文志》：「自東井十六度至柳八度為鶉首，於辰在未，秦之分野，屬雍州。」

明末後譯黃道十二宮的巨蟹宮為鶉首宮。

鶉尾：與十二辰相配為巳，二十八宿相配為翼、軫兩宿。

《國語・晉語》：「二三子志之：歲在壽星與鶉尾，其有此土乎？」

《晉書・天文志》：「自張十七度至軫十一度為鶉尾，於辰在巳，楚之分野，屬荊州。」

《漢書・律曆志》：「日至其初為立秋，至其中為處暑。」

明末後譯黃道十二宮的室女宮為鶉尾宮。

鶉火：與十二辰相配為午，與二十八宿相配為柳、星、張三宿。

南方有井、鬼、柳、星、張、翼、軫七宿，稱朱鳥七宿。首位者稱鶉首，中部者（柳、星、張）稱鶉火（也叫鶉心），末位者稱鶉尾。

《爾雅》：「古以柳宿為標誌星。分野主周，屬三河。」

《左傳・襄公九年》：「是故咮為鶉火，心為大火。」

《漢書・地理志》：「自柳三度至張十二度謂之鶉火之次。」
《國語・周語》：「昔武王伐殷，歲在鶉火，月在天駟。」
《晉書・天文志》：「自柳九度至張十六度為鶉火，於辰在午，周之分野，屬三河。」
《漢書・律曆志》：「日至其初為小暑，至其中為大暑。」
明末後譯黃道十二宮的獅子宮為鶉火宮。

壽星：在十二支為辰，在二十八宿則起於軫宿十二度。
《漢書・律曆志》：「日至其初為白露，至其中為秋分。」
《晉書・天文志》：「自軫十二度至氐四度為壽星，於辰在辰，鄭之分野，屬兗州。」
《爾雅・釋天》：「壽星，角亢也。」郭璞注：「數起角亢，列宿之長，故曰壽。」
《國語・晉語四》：「歲在壽星及鶉尾，其有此土乎？」韋昭注：「自軫十二度至氐四度，為壽星之次。」
即老人星。南部天空一顆光度較亮的二等星。
《史記・封禪書》：「於杜亳有三社主之祠、壽星祠。」司馬貞《索隱》：「壽星，蓋南極老人星也，見則天下理安，故祠之以祈福壽。」

大火：與十二辰相配為卯，與二十八宿相配為氐、房、心三宿。
《爾雅・釋天》：「大火謂之大辰。」郭璞注：「大火，心也，在中最明，故時候主焉。」
《晉書・天文志》：「自氐五度至尾九度為大火，於辰在卯，宋之分野，屬豫州。」
《漢書・律曆志》：「日至其初為寒露，至其中為霜降。」

析木：與十二辰相配為寅，與二十八宿相配為尾、箕兩宿。

《國語・周語》：「我姬氏出自天黿及析木者，有建星及牽牛焉。」

《漢書・律曆志》：「日至其初為立冬，至其中為小雪。」

晉傅玄《大寒賦》：「日月會於析木兮，重陰淒而增肅。」

古代幽燕地域的代稱。古代以析木次為燕的分野，屬幽州。

《晉書・天文志》：「自尾十度至南斗十一度為析木……燕之分野，屬幽州。」

星紀：與十二辰之丑相對應，二十八宿中之斗、牛二宿屬之。

《左傳・襄公二十八年》：「歲在星紀，而淫於玄枵。」杜預注：「星紀在丑，斗牛之次。」

《晉書・天文志》：「自南斗十二度至須女七度為星紀，於辰在丑，吳越之分野，屬揚州。」

《漢書・律曆志》：「日至其初為大雪，至其中為冬至。」

清鈕琇《觚賸・石言》：「端州分野直星紀。」

玄枵：與二十八宿相配為女、虛、危三宿，與十二辰相配為子，與占星術的分野相配為齊。相當於寶瓶宮。

《左傳・襄公二十八年》：「玄枵，虛中也。」楊伯峻注：「玄枵有三宿，女、虛、危。虛宿在中。」

《史記・天官書》：「北宮玄武虛危。」

唐張守節《正義》：「虛二星，危三星，為玄枵，於辰在子，齊之分野。」

《晉書・天文志》：「自須女八度至危十五度為玄枵，於辰在子，齊之分野，屬青州。」

《漢書・律曆志》：「日至其初為小寒，至其中為大寒。」

枵：。

清陳昌治刻本《說文解字・卷六・木部》：「木根空也。枵，虛也。許嬌切。」

《唐韻》《集韻》《韻會》：「竝虛嬌切，音囂。」

又虛也。

《左傳・襄二十八年》：「歲在星紀，而淫於元枵。」《杜注》：「元枵即虛也。」徐按《爾雅》虛星子位之次，枵，虛耗之名，北方樹木皆虛，從木色黑，故曰元。杜預曰：「元枵三宿，虛在其中。」

《周禮・地官》：「保章氏以星土辨九州之地。」《鄭注》：「元枵，齊也，青州分野。」

《正字通》：「凡物饑耗曰枵，人饑曰枵腹。」

地支	十二次	黃道十二宮	二十八宿	十二分野	方位
寅	析木	人馬宮	箕尾	燕 幽州	東方 蒼龍
卯	大火	天蠍宮	心房氐	宋 豫州	東方 蒼龍
辰	壽星	天秤宮	角亢	鄭 兗州	東方 蒼龍
巳	鶉尾	室女宮	翼軫	楚 荊州	南方 朱雀
午	鶉火	獅子宮	柳星張	周 三河	南方 朱雀
未	鶉首	巨蟹宮	鬼井	秦 雍州	南方 朱雀
申	實沉	雙子宮	參觜	晉 益州	西方 白虎
酉	大梁	金牛宮	畢昴胃	趙 冀州	西方 白虎
戌	降婁	白羊宮	婁奎	魯 徐州	西方 白虎
亥	諏訾（豕韋）	雙魚宮	壁室	衛 并州	北方 玄武
子	玄枵（顓頊）	寶瓶宮	虛危女	齊 青州	北方 玄武
丑	星紀	摩羯宮	斗牛	吳 揚州	北方 玄武

第九卷

論扶抑

論扶抑

扶者。以輔助為義。抑者。以止退立名。五行既成。盛衰有時。尊卑代易。故有相扶抑者。義其相遇也。母得子為扶。子遇母為抑。子有孝養順助之理。所以為扶。母有尊嚴訓制之道。所以為抑。相扶者。木扶水。水扶金。金扶土。土扶火。火扶木。此皆母得子。相抑者。木抑火。火抑土。土抑金。金抑水。水抑木。此皆子遇母也。柳世隆龜經云。扶者壽。抑者否。扶者起。抑者止。扶者仰。抑者俛。扶者進。抑者退。扶者行。抑者停。扶者吉。抑者凶。就此又須消息。凡父母有氣為真父母。無氣為宗廟鬼神。有氣為兒子福助。無氣為財帛功德。所以扶者必善。抑者為惡。生王之時。則為有氣。死沒之時。則是無氣。有氣無氣。復有二種。若遇合德。雖抑非害。若逢刑剋。為凶更重之。問曰。母之於子。訓制之道。謂之為凶。此未可解。尊嚴訓制。教以義方。欲其成人。何為反惡。答曰。前解已有二種。若遇一德合。雖抑非害。有氣為真父母。此是欲其成人。雖然當訓之時。於子交不遂心。亦是留礙。況逢刑剋。舜之至孝。尚大杖則逃。王祥扣冰。孟宗泣筍。此豈是義方之教。無氣為鬼神者。鬼神之來。多欲為祟。禱請祈求。乃可致福。此否抑者何。問曰。解云。有氣為父母。無氣為鬼神者。此亦有疑。夫鬼神雖居幽微。猶是有物。精靈感通。禍福斯應。若云無者。宗廟饗祀。何所依憑。答曰。所言有無者。正論生死。生則形存為有。死則氣散為無。不語幽微。何足疑也。問曰。若如此解。死則為無。無何所慮。而能為抑。答曰。鬼神雖無形質可見。而有善惡可求。故能為抑。問曰。若能為抑。便是有義。答曰。就抑則有。語形則無。今解無也。就氣而論。非是全無。但無王相之氣。而有死沒之氣。王相氣來則吉。死沒氣來則凶。所言無氣者。無王相氣耳。

註：

扶：。

清陳昌治刻本《說文解字・卷十二・手部》：「左也，手相助也。防無切。」

《說文》：「佐也。一日相也。」

《揚子・方言》：「護也。」郭璞注：「扶挾將護。」

《論語・季氏》：「危而不持，顛而不扶，則將焉用彼相矣？」

扶持，護持。

《荀子・勸學》：「蓬生麻中，不扶而直。」

攀緣。

《淮南子・本紀》：「扶搖抮抱羊角而上。」注：「攀也。」

抑：。

《集韻》、《韻會》：「乙力切，𥩟音億。」

《說文》：「按也。」

又慎密也。

《詩・小雅》：「威儀抑抑。」

又貶也。

《國語・楚語上》：「教之春秋，而為之聳善而抑惡焉。」

又治也，塞也。

又屈也，逼也。

《禮・學記》：「君子之教喻也，強而弗抑。」《疏》：「但勸強其神識，而不抑之令曉也。」

又遏也，止也。

《史記・平準書》：「抑天下物，名曰平準。」

又損也，退也。

《後漢・蔡邕傳》：「人自抑損，以塞咎戒。」

《班固・傳論》：「固之序事，不激詭，不抑抗。」《注》：「抑，退也。抗，進也。通作挹。」

大杖則逃：漢劉向《說苑・建本》：「舜之事父也，索而使之，未嘗不在側；求而殺之，未嘗可得。小箠則待，大箠則走，以逃暴怒也。」

漢韓嬰《韓詩外傳・第八卷》：「曾子有過，曾晳引杖擊之，僕地，有間，乃蘇，起曰：『先生得無病乎？』魯人賢曾子，以告夫子。夫子告門人：『參來，勿內也。』曾參自以無罪，使人謝孔子，孔子曰：『汝不聞：昔者、舜為人子乎？小箠則待笞，大杖則逃。索而使之，未嘗不在側；索而殺之，未嘗可得。今汝委身以待暴怒，拱立不去，殺身以陷父不義，其不孝孰大焉？汝非王者之民也，殺王者之民，其罪何如？』《詩》曰：『優哉柔哉！亦是戾矣！』又曰：『載色載笑，匪怒伊教。』」

王祥扣冰：《文苑英華・七百八十》：「王祥之母，鮮鱗是求。冰連釣浦，凍塞寒流。精誠有感，無假沉鉤。二老同膳，雙魚共浮。」

孟宗泣筍：《三國志・吳志・孫皓傳》：「相傳三國吳・孟宗以孝著稱。其母嗜筍，冬天無筍，孟宗到竹林中哀歎悲泣，竹筍為之出。」

第十卷

論相剋

論相剋

五行雖為君臣父子。生王不同。逐忌相剋。剋者。制罰為義。以其力強能制弱。故木剋土。土剋水。水剋火。火剋金。金剋木。白虎通云。木剋土者。專勝散。土剋水者。寔勝虛。水剋火者。眾勝寡。火剋金者。精勝堅。金剋木者。剛勝柔。春秋繁露云。木者。農也。農人不順如叛。司徒誅其率正矣。故金勝木。火者。本朝有讒邪。熒惑其君。法則誅之。故水勝火。土者。君大奢侈。過度失禮。民叛之窮。故木勝土。金者。司徒弱。不能使眾。則司馬誅之。故火勝金。水者。執法阿黨不平。則司寇誅之。故土勝水。勝者為君。為夫為官。為吏為鬼。負者為臣。為妻為財。君以威嚴尊高。夫以德義隆重。官以能有賞伐。吏以刑法裁斷。鬼以剋殺病喪。竝為勝者也。臣以畏伏其上。妻以敬從其夫。財以休彼制用。竝為負者。凡上剋下為順。下剋上為剝。喻如君有刑臣之法。臣無犯君之義。父有訓子之道。子無教父之方也。所以上之剋下。順理而行。下之剋上。乖理而剋。故白虎通云。陽為君。陰為臣。水以太陰之氣。制太陽之火。金以少陰之氣。制少陽之木。喻如失道之君。若般湯放桀。周武伐紂。此皆誅有罪也。凡卜筮。得其所剋者凶。得所受制者吉。五行之道。子能拯父之難。故金往剋木。火復其讎。火既消金。水雪其恥。然當衰氣者。反為王者所制。如鼎鑊中水。為火所煎。白虎通云。火熱水冷。有溫水無寒火何。明臣可為君。君不可為臣。火煎水為湯者。不改其形。但變其名也。水滅火為炭者。形名俱盡也。亦如君被廢而不存。臣有罪而退職也。五行相剋。木穿土不毀。火燒金不毀者。皆陽氣仁。好生故也。金伐木犯。水滅火犯者。陰氣貪。好殺故也。至如山崩川竭。木石為災。

天火下流。人火上燎。水旱鬲并。風霜為害。此竝失政於人。天地作譴。為五行相沴者。乖沴不和之義。以其氣衝相沴。不名剋也。沴。亦廢也。於木則南宮極震。於水則三川竭。於火則宮室災。於金則九鼎震。於土則齊楚山崩。木金水火俱沴土者。地動分拆是也。故五行氣衝。而有六沴。大概如斯。

註：

制：𠛐。

清陳昌治刻本《說文解字・卷四・刀部》：「裁也。未，物成有滋味，可裁斷。一曰止也。征例切。」

《增韻》：「正也，禦也，檢也，造也。」

《廣韻》：「禁制也。成法曰制。」

《左傳・隱元年》：「今京不度，非制也。」

白虎通：《白虎通德論・卷三・五行》：「五行所以相害者，天地之性，眾勝寡，故水勝火也；精勝堅，故火勝金；剛勝柔，故金勝木；專勝散，故木勝土；實勝虛，故土勝水也。」

春秋繁露：《漢董仲舒春秋繁露・五行相勝第五十九》：

木者，司農也。司農為奸，朋黨比周，以蔽主明，退匿賢士，絕滅公卿，教民奢侈，賓客交通，不勸田事，博戲鬥雞，走狗弄馬，長幼無禮，大小相虜，並為寇賊，橫恣絕理。司徒誅之，齊桓是也。行霸任兵，侵蔡，蔡潰，遂伐楚，楚人降伏，以安中國。木者，君之官也。夫木者農也。農者民也，不順如叛，則命司徒誅其率正矣。故曰金勝木。

朋黨：指同類的人以惡相濟而結成的集團。後指因政見不同而形成的相互傾軋的宗派。

比周：親近、集結、聯合或結黨營私。

齊桓是也：應作齊桓之相是也或齊桓相是也。齊桓公的相是管仲。

君之官也：應作君之相也。意思是說木者不當為君之官。

火者，司馬也。司馬為讒，反言易辭以譖愬人，內離骨肉之親，外疎忠臣，賢聖旋亡，讒邪日昌，魯上大夫季孫是也。專權擅政，薄國威德，反以怠惡，譖疎其賢臣，劫惑其君。孔子為魯司寇，據義行法，季孫自消，墮費郈城，兵甲有差。夫火者，大朝，有邪讒熒惑其君，執法誅之。執法者，水也。故曰，水勝火。

譖：。用壞話誣陷別人。

清陳昌治刻本《說文解字・卷三・言部》：「愬也。莊蔭切。」

《博雅》：「譭也。」

《玉篇》：「讒也。」

《韻會》：「旁入曰譖。」

《詩・小雅》：「譖言則退。」《注》：「有譖毀之言，則共為排退之。」

《韻會》：「子念切。與僭通。不信也。」

《詩・大雅》：「譖始竟背。」《釋文》：「譖本亦作僭。」

疎：。同疏，疏遠。

清陳昌治刻本《說文解字・卷十四・疋部》：「通也。所葅切。」

《經解》：「疏通知遠。」

又遠也。

《詩・大雅》：「予曰有疏附。」《傳》：「率下親上曰疏附。」《箋》：「疏附，使疏者親也。」

《禮・曲禮》：「夫禮者，所以定親疏。」

《傳》：「志疏數也。」《疏》：「遠者為疏，近者為數也。」

《禮・祭義》：「祭不欲疏，疏則怠，怠則忘。」

旋亡：逃亡，逃走。

魯上大夫季孫：季桓子，即季孫斯，春秋時魯國卿大夫。姬姓，季氏，名斯。謚桓，史稱季桓子。季孫斯之孫為尊稱，季孫並不是氏稱，季孫某僅限於對宗主的稱謂，宗族一般成員只能稱季某。故季桓子為季氏，而非季孫氏。

薄：。附著，即藉助。

清陳昌治刻本《說文解字・卷一・艸部》：「林薄也。一曰蠶薄。旁各切。」清段玉裁《注》：「劉注曰：『薄，不入之叢也。』引伸凡相迫皆曰薄。相迫則無間可入。凡物之單薄不厚者亦無間可入。故引伸為厚薄之薄。」

又厚薄。又少也。

《詩・周南》：「薄澣我衣。」

又聊也。

《詩・周南》：「薄言采之。」
又輕也。
《前漢・董仲舒傳》：「愍世俗之靡薄。」
又嫌也。
《前漢・張安世傳》：「薄朕忘故。」
又被也。
《揚子・方言》：「勉也。秦晉曰釗，或曰薄。故其鄙語曰薄努，猶勉努也。」
又侵也。
《書・益稷》：「外薄四海。」
《荀子・天論篇》：「寒暑未薄而疾。」

怠惡：怠慢厭惡。

費郈：為三都中的兩都。春秋魯三桓執政，皆建城擬於國都，季孫之費、孟孫之成、叔孫之郈稱三都。
《左傳・定公十二年》：「仲由為季氏宰，將墮三都。」杜預注：「三都，費、郈、成也。」

費：。
清陳昌治刻本《說文解字・卷六・貝部》：「散財用也。論語曰。君子惠而不費。房未切。」
《廣韻》《集韻》《正韻》：「竝兵媚切，音祕。邑名，在魯。同鄪。」
《書・費誓傳》：「費，魯東郊之地名。」

郈：郈。

清陳昌治刻本《說文解字・卷・部》：「東平無鹽鄉。胡口切。」清段玉裁《注》：「今山東東平州州東二十里有故無鹽城。左正義曰。此時尚為公邑。後為叔孫私邑。」

熒惑：使人迷惑、炫惑。

土者，君之官也。其相司營。司營為神，主所為皆曰可，主所言皆曰善，讇順主指，聽從為比。進主所善，以快主意，導主以邪，陷主不義。大為宮室，多為臺榭，雕文刻鏤，五色成光。賦斂無度，以奪民財；多發惡役，以奪民時，作事無極，以奪民力。百姓愁苦，叛去其國，楚靈王是也。作乾谿之臺，三年不成，百姓罷弊而叛，及其身弒。夫土者，君之官也。君大奢侈，過度失禮，民叛矣。其民叛，其君窮矣。故曰木勝土。

讇順：諂諛順從。

讇：讇。

清陳昌治刻本《說文解字・卷三・言部》：「諛也，諂也。丑剡切。」清段玉裁《注》：「讇者未有不諛。。」

《玉篇》：「佞也。」

《禮・少儀》：「為人臣下者，頌而無讇。」

《前漢・五行志》：「不知誰主為佞讇之計。」

《集韻》：「余廉切，音鹽。過恭也。」《禮・玉藻》：「立容辨卑無讇。」《鄭注》：「謂傾身以自下也。」

為比：猶相比較。又意偏袒黨羽。

比：。親近，同黨。

清陳昌治刻本《說文解字・卷八・比部》：「密也。毗至切。」清段玉裁《注》：「本義謂相親密也。擇善而從之也，阿黨也。」

《周禮・天官》：「凡禮事，贊小宰，比官府之具。」《注》：「比，校次之，使知善惡足否也。」

《儀禮・大射儀》：「遂比三耦。」《注》：「比，校也。」

又類也，方也。

《禮・學記》：「比物醜類。」《疏》：「謂以同類之事相比方，則學乃易成。」

金者，司徒也。司徒為賊，內得於君，外驕軍士，專權擅勢，誅殺無罪，侵伐暴虐，攻戰妄取，令不行，禁不止，將率不親，士卒不使，兵弱地削，令君有恥，則司馬誅之，楚殺其司徒得臣是也。得臣數戰破敵，內得於君，驕蹇不卹其下，卒不為使，當敵而弱，以危楚國，司馬誅之。

金者，司徒，司徒弱，不能使士眾，則司馬誅之，故曰火勝金。

不使：不從。使：從，順從。

司徒得臣：羋姓，成氏，名得臣，字子玉。楚國權臣，鬬伯比之子。楚成王時，代兄子文為令尹，治軍極刻。若敖氏得勢於楚。晉楚會於中原，成王不欲戰，子玉抗君命，率大軍與晉文公戰於城濮，楚師敗績。成王責子玉，子玉自裁。

芈：。

清陳昌治刻本《說文解字・卷四・羊部》：「羊鳴也。與牟同意。緜婢切。」

姓。楚之先也。

《鄭語》：「融之興者，其芈姓乎。」

《史記・楚世家》：「陸終生子六人，六曰季連，芈姓，楚其後也。」《注》：「芈姓，諸楚所出。」

驕蹇：驕傲不順從。

蹇：。不順從。

清陳昌治刻本《說文解字・卷二・足部》：「跛也。九輦切。」清段玉裁《注》：「易曰。蹇，難也。行難謂之蹇。言難亦謂之蹇。」

《釋名》：「蹇，跛蹇也，病不能執事役也。」

《易・蹇卦》：「蹇，難也，險在前也。」

卹：。憂也，愍也。體恤，關心。

清陳昌治刻本《說文解字・卷五・血部》：「憂也。一曰鮮少也。辛聿切。」清段玉裁《注》：「釋詁曰：『恤，憂也。』卹與心部恤音義皆同。古書多用卹字。後人多改為恤。」

水者，司寇也。司寇為亂，足恭小謹，巧言令色，聽謁愛賂，阿黨不平，慢令急誅，誅殺無罪，則司營誅之，營湯是也。為齊司寇。太公封於齊，問焉以治國之要，營湯對曰：『任仁義而已。』

太公曰：『任仁義奈何？』營湯對曰：『仁者愛人，義者尊老。』太公曰：『愛人尊老奈何？』營湯對曰：『愛人者，有子不食其力；尊老者，妻長而夫拜之。』太公曰：『寡人欲以仁義治齊，令子以仁義亂齊，寡人立而誅之，以定齊國。』夫水者，執法司寇也。執法附黨不平，依法刑人，則司營誅之，故曰土勝水。」

足恭：亦作「足共」。過度謙敬，以取媚於人。

《漢書・趙敬肅王劉彭祖傳》：「彭祖為人巧佞，卑諂足共。」顏師古注：「共讀曰恭。足恭，謂便闢也。」

令色：和悅的容色。

《詩・大雅・烝民》：「仲山甫之德，柔嘉維則，令儀令色，小心翼翼。」鄭玄箋：「嘉，美；令，善也。善威儀，善顏色，容貌翼翼然，恭敬。」

偽善、諂媚的臉色。

《後漢書・郎顗傳》：「今三公皆令色足恭，外厲內荏，以虛事上，無佐國之實。」附黨：應作阿黨。阿附，偏私之意。偏袒同夥。

順：。

清陳昌治刻本《說文解字・卷九・頁部》：「理也。食閏切。」清段玉裁《注》：「理者，治玉也。玉得其治之方謂之理。凡物得其治之方皆謂之理。」

《玉篇》：「從也。」

《詩・大雅》：「有覺德行，四國順之。」《箋》：「有大德行，則天下順從其政。」

《釋名》：「順，循也，循其理也。」

《增韻》：「和也。」

《易・豫卦》：「豫順以動，故天地如之。」《疏》：「聖人和順而動，合天地之德，故天地亦如聖人而為之。」

《增韻》：「不逆也。」

《爾雅・釋詁》：「舒業順，敘也。」《疏》：「順者不逆有敘也。」

剝：。

清陳昌治刻本《說文解字・卷四・刀部》：「裂也。北角切。」

《說文》：「裂也。從刀，彔聲。」

《玉篇》：「削也。」

《廣韻》：「落也，割也，傷害也。」

《增韻》：「褫也，脫也。又卦名。」

《易・剝卦》：「剝也，柔變剛也。」

《周禮・秋官・柞氏》：「冬日至，令剝陰木而水之。」《注》：「謂斫去次地之皮。又殺牲體解之名。」

《集韻》：「普木切。」《正韻》：「普卜切，竝音璞。力擊也。」

《詩・豳風》：「八月剝棗。」《注》：「擊也。又音卜。」

白虎通：《白虎通德論・卷三・五行》：「火陽，君之象也；水陰，臣之義也。臣所以勝其君何？

此謂無道之君也，故為眾陰所害，猶紂王也。」

讎：。

清陳昌治刻本《說文解字・卷三・言部》：「仇，讎也。市流切。」

《玉篇》：「對也。」《正字通》：「言相讎對也。」

《詩・大雅》：「無言不讎。」《毛傳》：「用也。」

《正義》：「相對謂之讎。讎者，相與用言語，故以讎為用。」《朱傳》：「答也。」

《書・微子》：「相為敵讎。」《傳》：「言不和同。」

《詩・邶風》：「反以我為讎。」《疏》：「讎者，至怨之稱。」

《左傳・襄三年》：「稱解狐其讎也。」《疏》：「讎者，相負挾怨之名。」

《字彙》：「報也。」

《周禮・地官・調人鄭注》：「難相與為仇讎。」《疏》：「按左氏桓公傳云：『怨耦曰仇，則仇是怨也。』讎謂報也。」

白虎通：《白虎通德論・卷三・五行》：「是使水得施行，金以蓋之，土以應之，欲溫則溫，欲寒，亦何從得害火乎？曰：『五行各自有陰陽，木生火所以還燒其母何？』曰：『金勝木，火欲為木害金。金者，堅強難消，故母以遜體助火燒金，此自欲成子之義。又陽道不相離，故為兩盛火死子乃繼之。』」

煎：。

清陳昌治刻本《說文解字・卷十・火部》：「熬也。子仙切。」清段玉裁《注》：「凡有汁而乾謂之煎。」

《玉篇》：「火去汁也。」

《廣韻》：「熟煑也。」

《揚子・方言》：「火乾也。凡有汁而乾謂之煎。」

《禮・內則》：「煎醢。」

湯：。

清陳昌治刻本《說文解字・卷十一・水部》：「熱水也。土郎切。」

《書・虞書疏》：「除殘去虐曰湯。」馬融又云：「雲行雨施曰湯。」

《風俗通・王霸篇》：「湯者，攘也，昌也。言其攘除不軌，天下熾盛。」

《廣韻》：「式羊切。」《集韻》、《韻會》、《正韻》：「屍羊切，竝音商。湯湯，流貌。一曰波動之狀。」

《詩・大雅》：「江漢湯湯。」

《廣韻》、《集韻》、《韻會》、《正韻》：「竝他浪切，音儻。熱水沃也。」

《禮・月令》：「如以熱湯。」

《集韻》：「余章切，音陽。與暘同。暘穀，日所出也。亦作陽。」

《淮南子・天文訓》：「日出於湯穀。」

《廣韻》：「他浪切，音盪。與蕩通。」

炭：。

《詩・陳風》：「子之湯兮。」《傳》：「湯，蕩也。」《箋》：「言遊蕩無不為也。」

清陳昌治刻本《說文解字・卷十・火部》：「燒木餘也。他案切。」

《禮・月令》：「草木黃落，乃伐薪為炭。」

又塗炭，塗泥也。炭，火也。

《書・仲虺之誥》：「民墜塗炭。」

又懸炭，古候氣法也。

《後漢・律曆志》：「權土炭放陰陽。日冬至陽氣應則景長極，黃鐘通土炭，輕而衡仰。日夏至陰氣應，則景短極，蕤賓通土炭，重而衡低。」

《淮南子・天文訓》：「水勝，故夏至濕。火勝，故冬至燥。燥，故炭輕，濕，故炭重。」

燎：。

清陳昌治刻本《說文解字・卷十・火部》：「放火也。力小切。」

《玉篇》：「庭燎國之大事，樹以照眾也。」

《詩・小雅》：「庭燎之光。《釋文》：「鄭云：『在地曰燎，執之曰燭，樹之門外曰大燭，於內曰庭燎，皆是照眾為明。』」

《禮・月令》：「以共郊廟及百祀之薪燎。」

《廣韻》：「放火也。」

《詩・大雅》：「瑟彼柞棫，民所燎矣。」
《廣韻》、《集韻》、《韻會》、《正韻》：「竝力照切，音療。」《廣韻》：「照也。」
《集韻》：「憐蕭切，音聊。縱火焚也。又離昭切，音撩。火在地曰燎。」

鬲：。

清陳昌治刻本《說文解字・卷三・鬲部》：「鼎屬，實五觳，斗二升曰觳。象腹交文，三足。郎激切。」
《爾雅・釋器》：「鼎款足謂之鬲。」《注》：「鼎曲腳也。」《疏》：「款，闊也。謂鼎足相去疎闊者名鬲。」
《前漢・郊祀志》：「其空足曰鬲。」《注》：「蘇林曰：足中空不實者，名曰鬲也。」
《儀禮・士喪禮》：「苴絰大鬲。」《注》：「鬲，搤也，中人之手，搤圍九寸，絰之差自此出焉。」
通隔。
《漢書・五行志中》：「阻隔鬲閉門戶，毋得擅上。」

譴：。

清陳昌治刻本《說文解字・卷三・言部》：「謫問也。去戰切。」
《廣雅》：「責也。」《廣韻》：「怒也，讓也。」《正韻》：「誚也。」
《詩・小雅》：「畏此譴怒。」《傳》：「罪責也。」

《戰國策》：「太卜譴之曰：『周之祭地為祟。』」《注》：「譴問也。」

沴：。

清陳昌治刻本《說文解字・卷十一・水部》：「水不利也。《五行傳》曰：『若其沴作。』郎計切。」清段玉裁《注》：「晉灼申之曰：『沴，渚也。』按坻，礙水。今水不行，故謂之沴。鄭曰：『沴，殄也。』司馬彪引五行傳說曰：『氣之相傷謂之沴。』」

《前漢・五行志》：「唯金沴木。又氣相傷謂之沴，沴猶臨莅不和意也。」《注》：「服虔曰：『沴，害也。』」如淳曰：「沴音拂戾之戾。」

又妖氣也。

《前漢・孔光傳》：「六沴之作。」《注》：「沴，惡氣也。」

又水渚也。

《揚雄・河東賦》：「秦神下讋，蹠魂負沴。」《注》：「沴，河岸之坻也。」

《集韻》、《韻會》、《正韻》：「竝徒典切，音殄。陵亂也。」

《莊子・大宗師》：「陰陽之氣有沴。」

南宮：南方星宿的宮，指朱鳥星座。

《史記・天官書》：「南宮朱鳥，權、衡。」

《書・洪範》：「月之從星，則以風雨。」唐孔穎達疏：「推此則南宮好暘，北宮好燠，中宮四季好寒。」

皇室及王侯子弟的學宮。

《史記・儒林列傳》：「高祖過魯，申公以弟子從師入見高祖於魯南宮。」

尚書省的別稱。謂尚書省象列宿之南宮，故稱。

《後漢書・鄭弘傳》：「建初，為尚書令……弘前後所陳有補益王政者，皆著之南宮，以為故事。」

三川：西周以涇、渭、洛為三川。

《國語・周語上》：「幽王二年，西周三川皆震。」韋昭注：「三川，涇、渭、洛，出於岐山。」

東周以河、洛、伊為三川。

《戰國策・秦策一》：「親魏善楚，下兵三川。」

《文選・鮑照・詠史》：「五都矜財雄，三川養聲利。」李善注引韋昭曰：「有河、洛、伊，故曰三川。」

九鼎：相傳夏禹鑄九鼎，象徵九州，夏商周三代奉為象徵國家政權的傳國之寶。戰國時，秦楚皆有興師到周求鼎之事。周顯王時，九鼎沒於泗水彭城下。唐武后、宋徽宗也曾鑄九鼎。

《史記・封禪書》：「禹收九牧之金，鑄九鼎。皆嘗亨鬺上帝鬼神。遭聖則興，鼎遷於夏商。周德衰，宋之社亡，鼎乃淪沒，伏而不見。」

齊楚：整齊美觀或齊備；齊全。

第十一卷

論刑

論刑

夫刑者。殺罰為名。自是刑於不義。非故相刑也。五行各在一方。寒暑推移。應時而動。不失其節。各不犯。各無應獨受刑者。但須用之不嚴而治。不可棄而不用。故皆還相刑。如以金治金。則成其器。以人治人。則成國政。呂氏春秋云。刑罰不可偃於國。笞怒不可廢於家。故五刑之屬三千。莫不本乎五行。周書曰。因五行相剋。而作五刑。墨。劓。剕。宮。大辟是也。火能變金色。故墨以變其肉。金能剋木。故剕以去其骨節。木能剋土。故劓以去其鼻。土能塞水。故宮以斷其淫泆。水能滅火。故大辟以絕其生命。至於漢文。去其肉刑。代之以鞭笞。其後梟斬流絞之徒。竝不越其五數。尚書云。流宥五刑。又五流相去。各五百里。鞭笞之數。起自於十。積而至百。亦依十干之數。尚書刑德攷云。大辟象天刑罰。贖之數三千。應天地人。日辰支干之刑。亦有三種。故天地人之刑。其揆一也。三種者。一。支自相刑。二。支刑在干。三。干刑在支。支自相刑者。子刑在卯。卯刑在子。丑刑在戌。戌刑在未。未刑在丑。寅刑在巳。巳刑在申。申刑在寅。辰午酉亥各自刑。漢書翼奉奏事云。木落歸本。故亥卯未。木之位。刑在北方。亥自刑。卯刑在子。未刑在丑。水流向未。故申子辰。水之位。刑在東方。申刑在寅。子刑在卯。辰自刑。金剛火強。各還其鄉。故巳酉丑。金之位。刑在西方。巳刑在申。酉自刑。丑刑在戌。寅午戌。火之位。刑在南方。寅刑在巳。午自刑。戌刑在未。干刑支者。寅刑在庚。卯刑在辛。辰刑在甲。巳刑在癸。午刑在壬。未刑在乙。申刑在丙。酉刑在丁。戌刑在甲。亥刑在己。子刑在戊。丑刑在乙。支刑干者。甲刑在申。乙刑在酉。丙刑在子。丁刑在亥。戊刑在寅。己刑在卯。

庚刑在午。辛刑在巳。壬刑在辰戌。癸刑在丑未。此竝以所勝為刑也。凡卜筮所用。遇刑非善。然所求之事。非刑不獲。史蘇龜經云。當成不成。視兆相刑。又問云。六合是吉。而巳申相剋者何。答曰。金帶水生火中。火為金鬼。水為火鬼。金共水生火中。則是鬼母子身。申是金位。兼復懷水。巳是火位。復有生金。還相讎。故以為刑也。然刑有上下。寅刑在巳者。巳為刑上。寅為刑下。餘例悉爾。故兵書云。刑上風來。坐者急起。行者急住。即此謂也。云三刑者。如寅刑在巳。巳刑在申。寅日申時。巳上起風。或巳上見妖。謂之三刑也。他亦效此。別有從氣為刑。與德相對者。已從前解。故不重釋。

註：

偃：。

清陳昌治刻本《說文解字・卷八・人部》：「僵也，仆也。於幰切。」

又服也，靡也，臥也。

《詩・小雅》：「或息偃在牀。」

《書・武成》：「偃武修文。」

《荀子》：「反而定三革，偃五兵，合天下，立聲樂。」

通匽。停止，停息。

倒下，倒伏。

《儀禮・鄉射禮》：「東面偃旌。」

答：。

清陳昌治刻本《說文解字・卷五・竹部》：「擊也。醜之切。」清段玉裁《注》：「笞所以擊人者。因之謂擊人為笞也。」

《前漢・刑法志》：「景帝六年詔曰：『笞者，所以教之也。其定箠令。丞相劉舍請笞者，捶長五尺，其本大一寸，其竹之末薄半寸，皆平其節。當笞者笞臀，毋得更人。』」《注》：「如淳曰：『然則先時笞背也。』師古曰：『毋更人，謂行笞者不更易人也。』」

《書》：「曰撲作教刑是也。」

《荀子・正論篇》：「捶、笞臏腳。」《注》：「捶笞皆杖擊也。」

《唐書・刑法志》：「斷獄之刑有五，一曰笞。笞之為言恥也，凡過之小者，捶撻以恥之。漢用竹，後世更以楚。」

楚：。

清陳昌治刻本《說文解字・卷六・林部》：「叢木。一名荊也。創舉切。」

《禮・學記》：「夏楚二物，收其威也。」《注》：「楚，荊也。撲撻犯禮者。」

墨：。

清陳昌治刻本《說文解字・卷十三・土部》：「書墨也。莫北切。」

五刑之一，鑿其額，涅以墨書。商周叫墨刑，秦漢叫黥刑。

《白虎通・五刑》：「墨者，墨其額也。」

《周禮・司刑》：「墨罪五百。」注：「黥也。先刻其面，以墨窒之。」

劓：。

《書・伊訓》：「臣下不匡其刑墨。」

《唐韻》、《集韻》：「魚器切。」

《說文》：「刖鼻也。」

《易・睽卦》：「其人天且劓。」

《玉篇》：「割也。」

剕：《唐韻》：「扶沸切。」《集韻》：「父沸切，竝肥去聲。」

《玉篇》：「刖也。」

《廣韻》：「刖足也。」

刖：。

清陳昌治刻本《說文解字・卷四・刀部》：「絕也。本作跀，斷足也。魚厥切。」

《徐曰》：「足見斷為跀，其刑名則刖也。今文但作刖。」

《前漢・百官公卿表》：「咎繇作士，正五刑。」《注》：「師古曰：剕，去髕骨也。」

髕骨：膝蓋部的一塊骨，略呈三角形，尖端向下。也叫膝蓋骨。

髕：。

清陳昌治刻本《說文解字・卷四・骨部》：「膝耑也。毗忍切。」清段玉裁《注》：「膝，脛頭節也。釋骨云：『蓋膝之骨曰膝髕。』」

《白虎通》：「髕，去膝蓋骨也。」

宮：。

清陳昌治刻本《說文解字・卷七・宮部》：「室也。居戎切。」

宮曰腐刑，即古代男子閹割生殖器的酷刑。

漢司馬遷《報任安書》：「最下腐刑，極矣。」

《書・呂刑宮辟注》：「宮，淫刑，次死之刑也。」

《禮・文王世子》：「公族無宮刑，不翦其類也。」

大辟：《書・呂刑》：「大辟疑赦，其罰千鍰。」孔傳：「死刑也。」孔穎達疏：「《釋詁》云：『辟，罪也。』死是罪之大者，故謂死刑為大辟。」

《漢書・禮樂志》：「自京師有誖逆不順之子孫，至於陷大辟受刑戮者不絕，繇不習五常之道也。」

辟：。

清陳昌治刻本《說文解字・卷九・辟部》：「法也。必益切。」

《書・酒誥》：「越尹人祇辟。」《注》：「正身敬法也。」

又明也。

《禮・王制》：「天子曰辟廱。」《注》：「辟，明也。廱，和也。使天下之人皆明達和諧也。」

《爾雅・釋訓》：「皇王后辟，君也。天子諸侯通稱辟。」

又人稱天曰辟。

《詩・大雅》：「蕩蕩上帝，下民之辟。」

又妻稱夫亦曰辟。

《禮・曲禮》：「妻祭夫曰皇辟。」

與僻同。偏也，邪也。

《禮・玉藻》：「非辟之心無自入也。」

《左傳・昭六年》：「楚辟我衷，若何效辟。」《注》：「辟，邪也。衷，正也。」

又傾也，側也。

《禮・曲禮》：「辟咡詔之。」《注》：「謂傾頭與語也。」

又刑也。

《書・君陳》：「辟以止辟。」

《周禮・秋官・小司寇》：「以八辟麗邦法。」

梟：。

清陳昌治刻本《說文解字・卷六・木部》：「不孝鳥也。日至，捕梟磔之。古堯切。」

《陸璣疏》：「自關而西，為梟為流離。其子適長大，還食其母。故張奐云：『鶹鷅食母。又其肉甚美，可為羹臛。』」

又縣首木上曰梟首。

《前漢・高帝紀》：「梟故塞王欣頭櫟陽市。」

又健也。

《前漢・高帝紀》：「北貉燕人來致梟騎助漢。」

又雄也。

《淮南子・原道訓》：「湫漻寂寞，為天下梟。」

絞：。

清陳昌治刻本《說文解字・卷十・交部》：「縊也。古巧切。」

《玉篇》：「繞也。」

《廣韻》：「縛也。」

《左傳・哀三年》：「若其有罪，絞縊以戮。」《注》：「絞，所以縊人物。」

《論語》：「直而無禮則絞。」《何晏注》：「絞，絞刺也。」《疏》：「絞，刺人之非也。」

宥：。

清陳昌治刻本《說文解字・卷七・宀部》：「寬也。於救切。」

《徐鉉曰》：「寬之而已，未全放也。」

《易・解卦》：「君子以赦過宥罪。」

《周禮・秋官》：「司刺掌三刺三宥之法，一宥曰不識，再宥曰過失，三宥曰遺忘。」

《書・大禹謨》：「宥過無大。」《注》：「謂不識而誤犯，雖大必赦宥也。」

又宏深也。

《詩．周頌》：「夙夜基命宥密。」《注》：「言其夙夜積德，以承藉天命者，宏深而靜密也。」又助也。
《左傳．僖二十五年》：「晉侯朝於王，王饗醴，命之宥。」《注》：「又加之以幣帛，以助勸也。」

五流：謂對犯五刑之罪者從寬處理，施以流放之罰。《書．舜典》：「汝作士，五刑有服，五服三就。五流有宅，五宅三居。」孔傳：「謂不忍加刑，則流放之，若四凶者。五刑之流，各有所居。」

第十二卷

論害

論害

相害者。逆行相逢於十二辰。兩兩相害。名為六害。戌與酉。亥與申。子與未。丑與午。寅與巳。卯與辰。是六害也。是殺傷之義。今此六害。或是君臣父子。或是夫妻。理不應害。孝經云。不愛其親。而愛他人者。謂之悖德。既違其慈愛之性。故有怒戮之理。五行所惡。其在破沖。今之相害。以與破沖合。故父失其慈。子違其孝。妻不敬順。夫棄和同。竝合讎忿。理成相害。至如命待熊蹯。飢探雀鷇。重耳外奔。申生賜盡。河內則夫婦相殘。塞外則君臣殺奪。此豈非害乎。辰卯為害者。卯與戌合。戌破於辰。辰土為卯木妻。戌辰為讎。卯與戌合。便是棄。辰與酉合。酉沖破卯。辰為卯妻。酉為卯讎。辰與酉合。酉能剋卯。婦姦外夫。殺本夫之象也。巳與申合。申沖於寅。巳為寅子。申能剋寅。巳與申合。子有逆行。丑午相害者。丑與子合。子沖破午。午與未合。未破於丑。亦是父子相害義也。未子相害者。未與午合。午沖破子。未土為君。子水為臣。午火為子水之財。君以財害臣之象也。子與丑合。丑破於未。丑又是土。子與丑合。欲引外君。共害其主。此則臣有逃亡之象也。申亥相害者。亥與寅合。寅沖於申。申與巳合。巳沖於亥。亦是父子相害義也。夫相生不必相生。相害不必相害。猶如火能燒物。遂有炎洲之火。而不能燒物。水能潤長。洪潦暴至。亦使草樹芸黃。此是相生反相害。相害反相生者。鑽木得火。而雲雨掣電。相因而有。此是相害反相生也。水本害火。膏油漬注。燈火益明。亦是相害反相生也。陰陽五行。萬物所存。吉凶之應。各以其類言之。或吉中有凶。凶中有吉。凶則視其所救。吉則觀其所害。凶而有救。不至於禍。吉而有害。不及於慶。純凶則禍大。純吉則福深。如丑午相害。以子沖破午。子有王水。此為純凶。未破於丑。丑有欲相之木。能制未土。為有救也。未子相害。午沖破於子。子是王水。水制午火。為凶中有吉。子與丑合。丑土反制子水。即是吉中有凶。生害之義。例皆如斯。

註：

害：。

清陳昌治刻本《說文解字・卷七・宀部》：「傷也。胡蓋切。」

《增韻》：「利，害之對。」

又殘也，禍也。

《易・謙卦》：「鬼神害盈而福謙。」

《繫辭》：「損以遠害，益以興利。」

又妨也。

《左傳・桓六年》：「謂其三時不害，而民和年豐也。」

又忌也。

《史記・燕世家》：「燕昭王使樂毅約趙楚伐齊，諸侯害齊湣王驕暴，皆許之。」《注》：「害猶言患之也。」

悖：。

《唐韻》、《韻會》、《正韻》：「蒲沒切。」《集韻》：「薄沒切，竝音孛。」

《說文》：「亂也。」

《玉篇》：「逆也。」

《周語》：「是以事行而不悖。」《注》：「步沒切。」

《荀子・正名》：「違反，違背悖其所辭。」注：「違也。」

《禮記・月令》：「毋悖於時。」注：「猶逆也。」

《韓非子・定法》：「故新相反，前後相悖。」

《史記》：「叛亂殄熄暴悖，亂賊滅亡。」

荒謬、謬誤。

《戰國策・秦策》：「計有一二者難悖也。」《注》：「誤也。」

《淮南子・原道》：「疏達而不悖。」《注》：「謬也。」

戮：。

清陳昌治刻本《說文解字・卷十二・戈部》：「殺也。力六切。」

《廣韻》：「刑戮。」

《晉語》：「殺其生者而戮其死者。」《注》：「陳屍為戮。」

懲罰。

《荀子・王制》：「防淫除邪，戮之以五刑。」

《國語》：「王使執而戮之。」

蹯：。

《集韻》：「符袁切。」《正韻》：「符艱切，竝音煩。」

《說文》：「作番，獸足也。」

《左傳・文元年》：「食熊蹯。」《注》：「熊掌。」

獸跡。

《國語・楚語》：「獸跡願食熊蹯，不獲而死。」

重耳外奔：晉文公，姬姓，晉氏，名重耳，晉獻公之子，春秋時著名的政治家，晉國國君，在位九年為春秋五霸之一。晉文公在即位之前，因逃國難出亡，歷經十九年，奔波八國。

《左傳・僖公四年》：初，晉獻公欲以驪姬為夫人，卜之不吉，筮之吉，公曰：「從筮。」卜人曰：「筮短龜長，不如從長。且其繇曰：『專之渝，攘公之羭，一薰一蕕，十年尚猶有臭。』必不可。」弗聽，立之。生奚齊。其娣生卓子。及將立奚齊，既與中大夫成謀。姬謂大子曰：「君夢齊薑，必速祭之。」大子祭於曲沃，歸胙於公。公田。姬寘諸宮六日，公至，毒而獻之。公祭之地，地墳。與犬，犬斃。與小臣，小臣亦斃。姬泣曰：「賊由大子。」大子奔新城，公殺其傅杜原款。或謂大子：「子辭，君必辯焉。」大子曰：「君非姬氏，居不安，食不飽。我辭，姬必有罪。君老矣，吾又不樂。」曰：「子其行乎？」大子曰：「君實不察其罪，被此名也以出，人誰納我。」十二月，戊申，縊於新城。姬遂譖二公子，曰：「皆知之。」重耳奔蒲，夷吾奔屈。

渝：。

清陳昌治刻本《說文解字・卷十一・水部》：「變汙也。羊朱切。」清段玉裁《注》：「釋言曰：『渝，變也。』」

《左傳・桓西元年》：「渝盟，無享國。」

《詩・鄭風・羔裘》：「彼其之子，捨命不渝。」

通輸、通達。

《國語・周語上》：「弗震弗渝。」

《墨子・非樂上》：「渝食於野。」

攘：。

清陳昌治刻本《說文解字・卷十二・手部》：「推也。汝羊切。」

又竊也。

《書・呂刑》：「奪攘矯虔。」

《禮・禮器》：「匹士太牢而祭，謂之攘。」

又因其自來而取曰攘。

《論語》：「其父攘羊。」

又卻也。

《禮・曲禮》：「左右攘辟。」

《前漢・鄒陽傳》：「攘袂而正議。」《注》：「攘袂，猶今人云捋臂。」

又除也。

羭：。

《詩・大雅》：「攘之剔之。」《疏》：「攘除翦剔。」

清陳昌治刻本《說文解字・卷四・羊部》：「夏羊牡。羊朱切。」

《爾雅・釋畜》：「牡羭。」《注》：「黑羝也。」

羝：。

清陳昌治刻本《說文解字・卷四・羊部》：「牡羊也。都兮切。」

《廣雅》：「吳羊牡三歲曰羝。」

《急就篇注》：「牂羊之牡也。」

《集韻》：「羭，美也。」

《山海經》：「羭，山神也。祠之用燭。」

薰：。

清陳昌治刻本《說文解字・卷一・艸部》：「香艸也。許雲切。」

《本草注》：「古人祓除，以此草薰之，故謂之薰。」

《山海經》：「浮山有草焉，名曰薰草，佩之巳厲。」

又灼也。

蕕：。

《易・艮卦》：「厲薰心。」

清陳昌治刻本《說文解字・卷一・艸部》：「水邊艸也。以周切。」

臭草。

《本草注》：「其氣臭，故謂之蕕。蕕者，朽木臭也。」

臭：。

清陳昌治刻本《說文解字・卷十・犬部》：「禽走，臭而知其跡者，犬也。尺救切。」

《易・說卦》：「巽為臭。」《疏》：「為臭，取其風所發也。」

《禮・月令》：「其臭羶。」《疏》：「通於鼻者謂之臭。」

又惡氣。與香臭別。

《書・盤庚》：「無起穢以自臭。」

《莊子・知北遊》：「是其所美者為神奇，所惡者為臭腐。」

《正韻》：「對香而言，則為惡氣，海濱逐臭之夫之類是也。」

齊薑：同齊姜。周朝的齊國為姜姓。古代女子以姓氏相稱，齊薑指齊君的宗女。後因借指名門官宦人家的女兒。

胙：。

清陳昌治刻本《說文解字・卷四・肉部》：「祭福肉也。昨誤切。」

《爾雅・釋天》：「夏日復胙。」《疏》：「胙，祭肉也。以祭之旦日，復陳其祭肉，以賓尸也。」

《左傳・僖九年》：「王使宰孔賜齊侯胙。」《注》：「胙，祭肉。」

《晉語》：「命公胙侑。」《注》：「胙，賜祭肉也。」
《史記・周本紀》：「顯王致文武胙於秦孝公。」《注》：「胙，膰肉也。又位也。」
《齊語》：「反胙於絳。」《注》：「反，復也。胙，位也。」

寘：。

清陳昌治刻本《說文解字・卷七・宀部》：「置也。支義切。」
《正韻》：「納之也，猶言安著也。」
《詩・小雅》：「寘子於懷。」《注》：「親之也。」
《廣韻》：「止也，廢也。」
《詩・周南》：「寘彼周行。」《注》：「寘，舍也。」

縊：。

清陳昌治刻本《說文解字・卷十三・糸部》：「經也。於賜切。」
《博雅》：「絞也。」
《釋名》：「懸繩曰縊。縊，阨也，阨其頸。」
《左傳・桓十三年》：「莫敖縊於荒穀。」《注》：「縊，自經也。」

《左傳・僖公二十三年》：晉公子重耳之及於難也，晉人伐諸蒲城，蒲城人欲戰，重耳不可，曰，保君父之命，而享其生祿，於是乎得人，有人而校，罪莫大焉，吾其奔也，遂奔狄。……狄人伐廧咎如，獲其二女叔隗、季隗，納諸公子。公子取季隗，生伯儵、叔劉。以叔隗妻趙衰，生盾。

將適齊，謂季隗曰：「待我二十五年，不來而後嫁。」對曰：「我二十五年矣，又如是而嫁，則就木焉。請待子。」處狄十二年而行。

廧：《韻會》、《正韻》：「竝慈良切，音牆。」

《玉篇》：「同牆。」

《戰國策》：「趙皆以荻蒿苫楚廧之。」

申生賜盡：申生，春秋時人，姬姓，晉獻公之嫡長子，齊薑所生，本晉國太子。後被驪姬陷害，不願作亂，自殺而死。諡號恭太子、恭世子。

《禮記・檀弓》：晉獻公將殺其世子申生。公子重耳謂之曰：「子蓋言子之志於公乎？」世子曰：「不可。君安驪姬，是我傷公之心也。」曰：「然則蓋行乎？」世子曰：「不可。君謂我欲弒君也。天下豈有無父之國哉？吾何行如之？」

潦：。

清陳昌治刻本《說文解字・卷十一・水部》：「雨水也。盧皓切。」清段玉裁《注》：「雨水謂之潦。雨水，謂雨下之水也。」

《說文》：「雨大貌。」

《禮・曲禮》：「水潦降。」

又路上流水也。

《廣韻》、《集韻》、《韻會》、《正韻》：「竝郎到切，勞去聲。與澇同。淹也。一曰積水。」

芸：。

清陳昌治刻本《說文解字・卷一・艸部》：「艸也。似目宿。王分切。」

《禮・月令》：「芸始生。」《注》：「芸，香草也。」

《爾雅翼》：「芸類豌豆，叢生，其葉極芳香，秋後葉閒微白如粉，南人採置席下，能去蚤蝨。今謂之七里香。」

《拾遺記》：「芳蔬園多異菜，有菜名芸薇，紫色者最繁，一名芸芝。」

掣：。

《唐韻》、《集韻》、《韻會》、《正韻》：「竝尺制切，音斥。」

《爾雅・釋訓》：「甹夆，掣曳也。」

《易・睽卦》：「見輿曳，其牛掣。」《注》：「滯隔不進也。又作摯。」

《唐韻》：「昌列切。」《集韻》、《韻會》：「尺列切，竝滯入聲。義同。亦挽也。」又揭也，取也。

《晉書・王獻之傳》：「七八歲時學書，羲之從後掣其筆不得。」

《正韻》：「敕列切，音徹。義同。」

《類篇》：「通作挈。」

《玉篇》：「牽也。」

膏油：油脂；燈油。

《三國志・吳志・周瑜傳》：「乃取蒙衝鬬艦數十艘，實以薪草，膏油灌其中。」

比喻滋潤作物的雨水。

唐韓愈《雙鳥詩》：「雷公告天公，百物須膏油。」

漬：。

清陳昌治刻本《說文解字・卷十一・水部》：「漚也。前智切。」清段玉裁《注》：「謂浸漬也。」

《詩・楚茨》：「剝削淹漬以為菹。」

《荀子》：「陷入行而供冀，非漬淖也；行而俯項，非擊戾也。」

第十三卷

論沖破

論沖破

沖破者。以其氣相格對也。衝氣為輕。破氣為重。支干各自相對。故各有沖破也。干沖破者。甲庚沖破。乙辛沖破。丙壬沖破。丁癸沖破。戊壬。甲戊。乙己。亦沖破。此皆對沖破。亦本體相剋。彌為重也。支沖破者。子午沖破。丑未沖破。寅申沖破。卯酉沖破。辰戌沖破。巳亥沖破。此亦取相對。其輕重皆以死生言之。四孟有生而無死。直衝而不破。四季有死而無生。直破而無衝。四仲死生俱興。故竝有沖破。四孟有生無死。直有衝無破者。寅有生火。巳有生金。申有生水。亥有生木也。四仲死生俱有者。卯有王木死水。午有王火死木。酉有王金死火。子有王水死金。四季有死而無生者。辰有死水。未有死木。戌有死火。丑有死金。死氣則重。故能破。生氣則輕。故相衝。又復甲往向庚為衝。庚往向甲為破。以強者制弱也。其沖破。皆以對位抗衡。最為不善。又互向對衝之地。我當在庚。令敵居甲。以強制弱故也。問曰。沴氣是相衝。而為今解沖破。而不喚為沴。此未可解。答曰。五行相沴。因事變重。非是常然。有伐則見。無災則止。今之所解。直是支干之位。常自格對。剛柔相衝。非問變異。寧得稱爾矣。

註：

四孟：農曆四季中每季頭一個月的合稱。即孟春（正月）、孟夏（四月）、孟秋（七月）、孟冬（十月）。《漢書・劉向傳》：「日月薄食，山陵淪亡，辰星出於四孟。」顏師古注：「四時之孟月也。」

孟：。

清陳昌治刻本《說文解字・卷十四・子部》：「長也。莫更切。」

妾媵生的長子稱孟，正妻生的長子稱伯，後來統稱長子。

《禮緯》：「嫡長曰伯，庶長曰孟。」

《玉篇》：「始也，四時之首月曰孟月。」

四季：春、夏、秋、冬四時的總稱。每季三個月，以農曆一月、四月、七月、十月為一季的開始。

漢蔡邕《月令問答》：「春，木王。木勝土，土王四季。四季之禽，牛屬季夏，犬屬季秋，故未羊可以為春食也。」

農曆四個季月的總稱。即指春三月，夏六月，秋九月，冬十二月。

《素問・刺要論》：「刺皮無傷肉，肉傷則內動脾，脾動則七十二日四季之月，病腹脹煩不嗜食。」王冰注：「七十二日四季之月者，謂三月、六月、九月、十二月各十二日後，土寄王十八日也。」

季：。

清陳昌治刻本《說文解字・卷十四・子部》：「少稱也。居悸切。」清段玉裁《注》：「叔季皆謂少者。而季又少於叔。」

《玉篇》：「稚也。」

《左傳・文十八年》：「高辛氏有才子八人，以伯仲叔季為序。」

《廣韻》：「末也，凡四時之末月曰季月。末世曰季世。」

四仲：農曆四季中每季的第二個月的合稱。即仲春(二月)、仲夏(五月)、仲秋(八月)、仲冬(十一月)。

《史記・封禪書》：「五月嘗駒，及四仲之月祠。」

《漢書・李尋傳》：「辰星主正四時，當效於四仲；四時失序，則辰星作異。」

古代天文學名詞。指十二辰的卯、酉、子、午。

《淮南子・天文訓》：「太陰在四仲，則歲星行三宿。」高誘注：「仲，中也。四中，謂太陰在卯、酉、子、午四面之中也。」劉文典集解：「陶方琦云：《占經》二十三引許：『太陰，謂太歲也；四仲，子、午、卯、酉也。』」

仲：。

清陳昌治刻本《說文解字・卷八・人部》：「中也。直眾切。」清段玉裁《注》：「伯仲叔季為長少之次。」

《釋名》：「父之弟曰仲父。仲，中也，位在中也。」

《禮・檀弓》：「幼名，冠字，五十以伯仲。」

第十四卷

論雜配

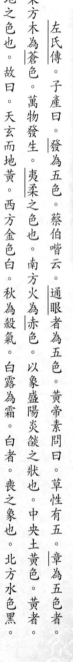

一、論配五色

左氏傳。子產曰。發為五色。蔡伯喈云。通眼者為五色。黃帝素問曰。草性有五。章為五色者。東方木為蒼色。萬物發生。夷柔之色也。南方火為赤色。以象盛陽炎燄之狀也。中央土黃色。黃者。地之色也。故曰。天玄而地黃。西方金色白。秋為殺氣。白露為霜。白者。喪之象也。北方水色黑。遠望黯然。陰闇之象也。溟海淼邈。玄闇無窮。水為太陰之物。故陰闇也。孝經援神契言。土之精黃。木之精青。火之精赤。金之精白。水之精黑。春秋考異郵云。北狄之氣生幽都。色黑。如群畜穹閭。南夷之氣生交趾。色赤聚隅。如旛旗鳥類。東夷之氣生菜柱。色蒼。搔撒布散。如林木。西夷之氣生沙丘。色白鋒積。如刀刃之浮。中央土會色黃。如城埒之形。黃氣四塞。土精舒。此五者為正色。其變色亦五。穎子嚴春秋釋例曰。經有赤狄。白狄。然則東青。北黑。中黃。皆正色也。土戊畏於木。故以妹己妻甲。以黃入於青。故東方間色綠也。詩云。綠兮衣兮。刺間色亂正色也。金庚畏於火。故以妹辛妻於丙。以白入於赤。故南方間色紅。論語鄉黨曰。紅紫不以為褻服。木甲畏於金。故以妹乙妻庚。以青入於白。故西方間色縹也。火丙畏於水。故以妹丁妻壬。以赤入於黑。故北方間色紫也。孔子曰。惡紫之奪朱也。水壬畏於土。故以妹癸妻戊。以黑入於黃。故中央間色騮黃。五行書云。甲為青。己為綠。丙為赤。辛為紅。庚為白。乙為縹。壬為黑。丁為紫。戊為黃。癸為騮黃。此皆夫為本色。妻為雜色也。柳世隆云。八卦各有其色。震為青。離為赤。兌為白。坎為黑。此皆當方正色。乾為紫。艮為紅。巽為綠。坤為黃。此竝間色也。坤取未土之正色。甲乙經云。青如翠羽。黑如烏羽。赤如雞冠。黃如蟹腹。白如豕膏。此五色為生氣見。青如草滋。黑如水苔。黃如枳實。赤如衃血。白如枯骨。此五色為死氣見。相經曰。青氣初來。如麥生。盛王之時。如樹葉青。欲去之時。如水上苔。赤氣初來。如赭柱。盛王之時。如朱丹。欲去之時。如乾血。黃氣初來。如蠶吐絲。盛王之時。如博棊。欲去之時。如枯葉。白氣初來之時。如璽璧。盛王之時。如粉上光。欲去之時。如鮮錢。黑氣初來之時。如死馬肝。盛王之時。如漆光。欲去之時。如苔垢。禮記曰。君子縗絰。則有哀色。端冕。則有敬色。甲冑。則有不可犯之色。大戴禮云。孔子曰。君子有三色焉。顯然怡樂。鐘鼓之色。意氣沈靜。憂喪之色。忿然競動。兵革之色。大戴禮觀人篇云。人有五性。喜。怒。欲。懼。憂。喜氣內畜。雖欲隱。陽喜必見。四氣皆然。五氣在誠乎中。發形於外。人情不可隱也。喜色猶然以出。怒色怫然以侮。欲色熙然以愉。懼色薄然以下。憂悲之色。瞿然以靜。盛智必有難盡之色。盛仁必有可尊之色。盛勇必有難懾之色。盛忠必有可親之色。誠潔必有難汙之色。聲真必有可信之色。其質色皓然因以安。偽色蔓然亂以煩。夫喜色則黃。怒色則赤。憂色則青。喪色則白。哀色則黑。此皆五常之色。動于五藏。而見于外。隨其善惡盛衰之應也。君子所觀。故於此釋。

註：

左氏傳：《昭公二十五年》：「

夏，會於黃父，謀王室也。趙簡子令諸侯之大夫輸王粟，具戍人，曰：『明年將納王。』子大叔見趙簡子，簡子問揖讓周旋之禮焉，對曰：『是儀也，非禮也。』簡子曰：『敢問何謂禮。』對曰：『吉也聞諸先大夫子產曰，夫禮，天之經也，地之義也。民之行也，天地之經，而民實則之，則天之明，因地之性，生其六氣，用其五行，氣為五味，發為五色，章為五聲；淫則昏亂，民失其性，是故為禮以奉之。為六畜、五牲、三犧，以奉五味；為九文、六采、五章，以奉五色；為九歌、八風、七音、六律，以奉五聲。為君臣上下，以則地義，為夫婦外內；以經二物，為父子、兄弟、姑姊、甥舅、昏媾、姻亞，以象天明；為政事，庸力行務，以從四時；為刑罰、威獄，使民畏忌，以類其震曜殺戮；為溫、慈、惠、和，以效天之生殖、長育。民有好惡喜怒哀樂，生於六氣，是故審則宜類，以制六志。哀有哭泣，樂有歌舞，喜有施捨，怒有戰鬥，喜生於好，怒生於惡，是故審行信令，禍福賞罰，以制死生。生，好物也；死，惡物也。好物樂也，惡物哀也，哀樂不失，乃能協於天地之性，是以長久。」

六氣：自然氣候變化的六種現象。指陰、陽、風、雨、晦、明。

《左傳・昭西元年》：「天有六氣，降生五味……六氣曰陰、陽、風、雨、晦、明也。」

《莊子・在宥》：「天氣不和，地氣鬱結，六氣不調，四時不節。」成玄英疏：「陰、陽、風、雨、晦、明，此六氣也。」

自然氣候變化的六種現象。謂朝旦之氣（朝霞）、日中之氣（正陽）、日沒之氣（飛泉）、夜半之氣（沆瀣）、天之氣、地之氣。

《莊子・逍遙遊》：「若夫乘天地之正，而禦六氣之辯。」成玄英疏引李頤曰：「平旦朝霞，日午正陽，日入飛泉，夜半沆瀣，並天地二氣為六氣也。」

《楚辭・遠遊》：「餐六氣而飲沆瀣兮，漱正陽而含朝霞。」王逸注引陵陽子《明經》言：「春食朝霞，朝霞者，日始欲出赤黃氣也；秋食淪陰，淪陰者，日沒以後赤黃氣也；冬飲沆瀣，沆瀣者，北方夜半氣也；夏食正陽，正陽者，南方日中氣也；並天地玄黃之氣，是為六氣也。」

謂好、惡、喜、怒、哀、樂六情。

《管子・戒》：「聖人齊滋味而時動靜，禦正六氣之變，禁止聲色之淫。」尹知章注：「六氣，即好、惡、喜、怒、哀、樂。」

中醫術語。或指寒、熱、燥、濕、風、火六種症候。

《素問・至真要大論》：「黃帝問曰：『五氣交合，盈虛更作，余知之矣。六氣分治，司天地者，其至如何？』……岐伯曰：『厥陰司天，其化以風；少陰司天，其化以熱；太陰司天，其化以濕；少陽司天，其化以火；陽明司天，其化以燥；太陽司天，其化以寒。』」

《靈樞經・決氣》：「指人體內的精、氣、津、液、血、脈，以其本為氣所化，故名。」

五味：指酸、甜、苦、辣、鹹五種味道。

《孫子兵法・勢篇》：「味不過五，五味之變，不可勝嘗也。」

《禮記・禮運》：「五味，六和，十二食，還相為質也。」鄭玄注：「五味，酸、苦、辛、鹹、甘也。」

《淮南子・原道訓》：「無聲而五音鳴焉，無味而五味形焉，無色而五色成焉。」

泛指各種味道或調和眾味而成的美味食品。

《老子》：「五味令人爽口。」明張甯《方洲雜言》：「平生不經嘗五味豐腴之物，清淡安全，所以致壽。」

《涅槃經・卷十四》：「佛教以乳、酪、生酥、熟酥、醍醐五者比喻華嚴、阿含、方等、般若、法華涅槃五時之教。」

五色：青、赤、白、黑、黃五種顏色。古代以此五者為正色。

《書・益稷》：「以五采彰施於五色，作服，汝明。」孫星衍疏：「五色，東方謂之青，南方謂之赤，西方謂之白，北方謂之黑，天謂之玄，地謂之黃，玄出於黑，故六者有黃無玄為五也。」

泛指各種顏色。

《老子》：「五色令人目盲，五音令人耳聾，五味令人口爽。」

三國魏曹丕《芙蓉池》詩：「上天垂光采，五色一何鮮。」

中醫指五臟反映在臉部的五種氣色。據以診斷疾病。

《史記・扁鵲倉公列傳》：「『公乘陽慶』更悉以禁方予之（倉公），傳黃帝、扁鵲之脈書，五色診病，知人死生，決嫌疑，定可治。」

張守節正義引《八十一難》：「五藏有色，皆見於面，亦當與寸口尺內相應也。」

《醫宗金鑑・幼科雜病心法要訣・察色》：「欲識小兒百病原，先從面部色詳觀，五部五色應五臟，誠中形外理昭然。」注：「五色者：『青為肝色，赤為心色，黃為脾色，白為肺色，黑為腎色也。』」

五聲：指宮、商、角、徵、羽五音。

《書・益稷》：「予欲聞六律、五聲、八音。」

《莊子・馬蹄》：「五聲不亂，孰應六律。」

五聽。

《周禮・秋官・小司寇》：「以五聲聽獄訟，求民情。一曰辭聽，二曰色聽，三曰氣聽，四曰耳聽，五曰目聽。」孫詒讓正義：「此五聲亦謂之五聽。」

漢語字音的五種聲調。即陰平、陽平、上、去、入。

南朝梁沉約《答陸厥問聲韻書》：「以累萬之繁，配五聲之約。」

王國維《觀堂集林・五聲說》：「古音有五聲，陽類一與陰類之平、上、去、入四是也。說以世俗之語，則平聲有二，上、去、入各一，是為五聲。」

病人的五種聲音。中醫藉以診察病情。即呼、笑、歌、哭（或為悲）和呻。

《周禮・天官・疾醫》：「以五氣、五聲、五色眡其死生。」孫詒讓正義：「《素問・陰陽應象大論》云：『木在藏為肝，在音為角，在聲為呼。火在藏為心，在音為徵，在聲為笑。土在藏為脾，在音為宮，在聲為歌。金在藏為肺，在音為商，在聲為哭。水在藏為腎，在音為羽，在聲為呻。』」

《醫宗金鑑・幼科雜病心法要訣・四診總括》：「診兒之法聽五聲……心病聲急多言笑，肺病聲悲音不清，肝病聲呼多狂叫，脾病聲歌音顫輕，腎病聲呻長且細。」

六畜：指馬、牛、羊、雞、狗、豬。

《左傳・昭公二十五年》：「為六畜、五牲、三犧，以奉五味。」杜預注：「馬、牛、羊、雞、犬、豕。」

《周禮・天官・庖人》：「掌共六畜、六獸、六禽，辨其名物。」鄭玄注：「六畜，六牲也。始養之曰畜，將用之曰牲。」

泛指各種牲畜。
《淮南子．墬形訓》：「其地宜禾，多牛羊及六畜。」
清紀昀《閱微草堂筆記．灤陽消夏錄五》：「六畜充庖，常理也；然殺之過當，則為惡業。」
方言。詈詞。畜生之意。

五牲：古代用作祭品的五種動物。即牛、羊、豕、犬、雞。
《左傳．昭公十一年》：「五牲不相為用。」杜預注：「五牲：牛、羊、豕、犬、雞。」
《大戴禮記．曾子天圓》：「成五穀之名，序五牲之先後貴賤。」
指麇、鹿、麐、狼、兔。
《左傳．昭公二十五年》：「為六畜、五牲、三犧，以奉五味。」杜預注：「麇、鹿、麐、狼、兔。」

三犧：三隻純色的牛。
《左傳．僖公二十九年》：「介葛盧聞牛鳴，曰：『是生三犧，皆用之矣。』」
指祭祀用的雁、鶩、雉。
《左傳．昭公二十五年》：「為六畜、五牲，三犧，以奉五味。」孔穎達疏引服虔云：「三犧，鴈、鶩、雉。」一說指牛羊豕。
王引之《經義述聞．春秋左傳下》：「今案五牲，牛羊豕犬雞也；三犧，牛羊豕也。」

九文：古代天子禮服上的九種圖案。
《左傳．昭公二十五年》：「為九文、六采、五章以奉五色。」杜預注：「九文謂山、龍、華、蟲、藻、火、粉米、黼、黻也。」

粉米：古代貴族禮服上的白色米形繡文。

《書・益稷》：「日、月、星辰、山、龍、華蟲，作會（繪）；宗彝、藻、火、粉米、黼、黻，絺繡。」孔穎達疏引鄭玄曰：「粉米，白米也。」蔡沉集傳：「粉米，白米，取其養也。」一說，粉米為二物。《孔傳》：「粉，若粟冰；米，若聚米。」

《後漢書・輿服志下》：「天子備章，公自山以下，侯伯自華蟲以下，子男自藻火以下，卿大夫自粉米以下。」

黼：黼。古代禮服上繡的半黑半白的花紋。

清陳昌治刻本《說文解字・卷七・黹部》：「白與黑相次文。鄭曰：『文章黼黻繡五者。言刺繡采所用也，繡以為裳。』方榘切。」

《周禮・冬官考工記》：「白與黑謂之黼。」

《爾雅・釋器》：「斧謂之黼。」《疏》：「黼，蓋半白半黑，似斧刃白而身黑，取能斷意。一說白西方色，黑北方色，西北黑白之交，乾陽位焉，剛健能斷，故畫黼以黑白為文。」

黻：黻。古代禮服上黑與青相間的花紋。

清陳昌治刻本《說文解字・卷七・黹部》：「黑與青相次文。分勿切，竝音弗。」

《爾雅・釋言》：「黼黻，彰也。」《郭注》：「黼文如斧，黻文如兩己相背。」

《詩・秦風・終南》：「君子至止，黻衣繡裳。」

《晉書・慕容儁載記》：「祭饗朝慶，宜正服袞衣九文，冠冕九旒。」

六采：謂天地四方之色，即青、白、赤、黑、玄、黃六色。

《左傳・昭公二十五年》：「為九文、六采、五章，以奉五色。」杜預注：「畫繢之事，雜用天地四方之色，青與白，赤與黑，玄與黃，皆相次，謂之六色。」

《周禮・考工記・畫繢》：「畫繢之事雜五色，東方謂之青，南方謂之赤，西方謂之白，北方謂之黑，天謂之玄，地謂之黃。青與白相次也，赤與黑相次也，玄與黃相次也。」

五章：指服裝上的五種不同文采。用以區別尊卑。

《書・皋陶謨》：「天命有德，五服五章哉。」《孔傳》：「五服：天子、諸侯、卿、大夫、士之服也。尊卑采章各異，所以命有德。」

《左傳・昭公二十五年》：「為九文、六采、五章，以奉五色。」杜預注：「青與赤謂之文，赤與白謂之章，白與黑謂之黼，黑與青謂之黻，五色備謂之繡。集此五章，以奉成五色之用。」

兵卒的五色徽號，用以分別隊伍的行列。

《尉繚子・經卒令》：「卒有五章：前一行蒼章，次二行赤章，次三行黃章，次四行白章，次五行黑章。」

九歌：古代樂曲。相傳為禹時樂歌。

《左傳・文公七年》：「九功之德，皆可歌也，謂之九歌。」

《楚辭・離騷》：「奏九歌而舞韶兮，聊假日以媮樂。」王逸注：「九歌，九德之歌，禹樂也。」

一說天帝樂名。

《山海經・大荒西經》：「開（即啟）上三嬪於天，得九辯與九歌以下。」郭璞注：「皆天帝樂名也，開登天而竊以下用也。」

泛指各種樂章。

《漢書・禮樂志》：「千童羅舞成八溢，合好效歡虞泰一。九歌畢奏斐然殊，鳴琴竽瑟會軒朱。」

七音：古樂理以宮、商、角、徵、羽、變宮、變徵為七音。

《左傳・昭公二十年》：「聲亦如味，一氣，二體，三類，四物，五聲，六律，七音，八風，九歌，以相成也。」陸德明釋文：「七音：宮、商、角、徵、羽、變宮、變徵也。」

等韻之學，以唇音、舌音、牙音、齒音、喉音、半舌音、半齒音七種發音為七音。

《通志・總序》：「天籟之本，自成經緯，縱有四聲以成經，橫有七音以成緯。」

明宋濂《洪武正韻序》：「人之生也則有聲，聲出而七音具焉。所謂七音者，牙、舌、唇、齒、喉及舌、齒各半是也。」

昏媾：姻親；通婚關係。

《左傳・隱公十一年》：「唯我鄭國之有請謁焉，如舊昏媾。」楊伯峻注：「謂相親若舊通婚之國。」

姻亞：亦作姻婭。亦作婣婭。有婚姻關係的親戚。

《詩・小雅・節南山》：「瑣瑣姻亞，則無膴仕。」

《左傳・昭公二十五年》：「為父子、兄弟、姑姊、甥舅、昏媾、姻亞，以象天明。」杜預注：「婿父曰姻，兩婿相謂曰亞。」

晉庾亮《讓中書令表》：「臣於陛下，後之兄也，姻婭之嫌，實與骨肉中表不同。」

六志：指好、惡、喜、怒、哀、樂六情。

《左傳・昭公二十五年》：「民有好、惡、喜、怒、哀、樂，生於六氣，是故審則宜類，以制六志。」杜預注：「為禮以制好惡喜怒哀樂六志，使不過節。」

發：。

清陳昌治刻本《說文解字・卷十二・弓部》：「射發也。方伐切。」

《傳》：「發，矢也。」

《前漢・匈奴傳》：「矢四發。」《注》：「射禮三而止，每射四矢，故以十二矢為一發。」

師古曰：「發，猶今言箭一放兩放也。」

《廣韻》：「起也。」

《孟子》：「舜發於畎畝之中。」

又洩也。

《楚辭・大招》：「春氣奮發。」

《曆法》：「春夏曰發，秋冬曰斂。」

舒也，揚也。

《易・乾卦》：「六爻發揮。」《疏》：「發，越也。」

《坤卦》：「發於事業。」《疏》：「宣發也。」

《博雅》：「開也。」

《書・武成》：「發鉅橋之粟。」《疏》：「謂開出也。」

《玉篇》：「進也，行也。」

《博雅》：「去也。」

《詩・齊風》：「履我發兮。」《疏》：「行必發足而去，故以發為行也。」

《釋名》：「撥也。撥使開也。」

《禮・王制》：「有發，則命大司徒，教士以車甲。」《疏》：「謂有軍旅以發士卒也。」

《廣韻》：「明也。」

《論語》：「亦足以發。」《注》：「謂發明大體也。」

《廣韻》：「舉也。」《增韻》：「興也。」

《前漢・王吉傳》：「慎毋有所發。」《注》：「謂興舉眾事也。」

又亂也。

《詩・邶風》：「毋發我笱。」

又伐也。

《詩・周頌》：「駿發爾私。」《疏》：「以耜擊伐其私田，使之發起也。」

又遣也。

《禮・檀弓》：「晉獻文子成室，晉大夫發焉。」《注》：「發禮往賀也。」

又見也。

《禮・禮器》：「君子樂其發也。」《注》：「樂多其外見也。」

又動也。

《老子・道德經》：「地無以寧，將恐發。」

又發發，疾貌。

《詩・小雅》：「飄風發發。」《箋》：「寒且疾也。」

《詩傳》：「長發，大禘也。」《疏》：「大禘之樂歌也。」

《汲塚周書》：「發人鹿鹿者，若鹿迅走。」《注》：「發，東夷也。」

通：。

清陳昌治刻本《說文解字・卷二・辵部》：「達也。他紅切。」

《正韻》：「徹也。」

《易・繫辭》：「始作八卦，以通神明之德。」

《易・繫辭》：「往來不窮謂之通。」

又亨也，順也。

《禮・儒行》：「上通而不困。」《注》：「謂仕則上達乎君，不困於道德之不足也。」

《易・節卦》：「不出戶庭，知通塞也。」

又暢也。

《爾雅》：「四時和為通正。」《注》：「通，平暢也。開也。」

《前漢・何武傳》：「通三公官。」《注》：「謂更開置之也。」

眼：。

清陳昌治刻本《說文解字・卷四・目部》：「目也。五限切。」清段玉裁《注》：「眼，限也。瞳子限限而出也。」

《靈樞經・大惑論》：「五藏六府之精氣，皆上注於目，為之精。精之窠為眼，骨之精為童子，筋之精為黑眼，氣之精為白眼，故童子黑眼法於陰，白眼赤脈法於陽。」

《集韻》、《韻會》、《正韻》：「竝魚懇切，垠上聲。」

《周禮・冬官考工記・輪人》：「望其轂欲其眼也。」《注》：「眼出大貌。一曰突出貌。」

章：章。

清陳昌治刻本《說文解字・卷三・音部》：「樂竟為一章。諸良切。」清段玉裁《注》：「歌所止曰章。」

樂名。

《禮・記註》：「大章，堯樂名。」

又采也。

《書・皋陶謨》：「五服五章哉。」

《周禮・冬官考工記》：「畫繢之事，青與赤謂之文，赤與白謂之章。」

又明也。

《易・姤卦》：「品物咸章。」

《書・洪範》：「俊民用章。」

又文章也。

《詩・小雅》：「維其有章矣。」《箋》：「禮文也。」
又條也，程也。
《史記・高祖紀》：「約法三章。」
《爾雅・釋天》：「太歲在庚曰上章。」
《左傳・僖五年》：「日南至。」《疏》：「步曆之始，以朔旦冬至為首，曆之上元，其年是十一月朔旦冬，至十九年閏月盡，復得十一月。朔旦冬至，故以十九年為一章，積章成部，積部成紀。治曆者以此章部為法，以知氣朔。」

蒼：。

清陳昌治刻本《說文解字・卷一・艸部》：「艸色也。七岡切。」清段玉裁《注》：「引伸為凡青黑色之稱。」
《易・說卦傳》：「震為蒼筤竹。」《臨川吳氏注》：「蒼，深青色。」
《廣雅》：「蒼，青也。」

夷：。

清陳昌治刻本《說文解字・卷十・大部》：「平也。易也。以脂切。」
又辛夷，花名。又留夷，香草。
《楚辭・九歌》：「辛夷楣兮葯房。」

柔：。

清陳昌治刻本《說文解字・卷六・木部》：「木曲直也。耳由切。」清段玉裁《注》：「洪範曰：『木曰曲直。凡木曲者可直，直者可曲曰柔。』」

草木新生曰柔。

《詩・小雅》：「薇亦柔止。」

又柔者剛之反。

《易・說卦》：「立地之道，曰柔與剛。」

《書・洪範》：「沉潛剛克，高明柔克。」

赤：。

清陳昌治刻本《說文解字・卷十・赤部》：「南方色也。昌石切。」清段玉裁《注》：「鄭注易曰：『朱深於赤。』按赤色至明，引申之，凡洞然昭著皆曰赤。如赤體謂不衣也，赤地謂不毛也。」

《玉篇》：「朱色也。」

《易・說卦》：「乾為大赤。」《疏》：「取其盛陽之色也。」

《書・禹貢》：「厥貢惟土五色。」《疏》：「天子社廣五丈，東方青，南方赤，西方白，北方黑，上冒以黃土。」

《禮・曲禮》：「周人尚赤。」《注》：「以建子之月為正，物萌色赤。」

黯：。

清陳昌治刻本《說文解字・卷十・黑部》：「深黑也。乙減切。」

《家語》：「孔子曰：『黯然而黑。』」

《廣韻》：「黯然，傷別貌。」

溟海：神話傳說中的海名。

《列子・湯問》：「終北之北有溟海者，天池也。」

唐崔湜《塞垣行》：「疾風卷溟海，萬里揚砂礫。」

指沙漠。

淼邈：淼渺也。水廣闊無際貌。

明吾邱瑞《運甓記・新亭灑泣》：「遙省，陸海波澄，見東南淼渺，炊桂餐珠難忍。」

玄：。

清陳昌治刻本《說文解字・卷四・玄部》：「幽遠也。黑而有赤色者為玄。象幽而入覆之也。胡涓切。」

《周禮・染人》：「夏纁玄。」注：「玄纁者，天地之色。」

《小爾雅》：「玄，黑也。」

闇：。

清陳昌治刻本《說文解字・卷十二・門部》：「閉門也。烏紺切。」清段玉裁《注》：「藉以為幽暗字。」

《廣韻》：「冥也。」

《玉篇》：「幽也。」

《易・蒙卦疏》：「蒙者微昧闇弱之名，物既蒙昧，惟願亨通，但闇者求明，明者不諮於闇，故云童蒙求我也。」

《禮・曲禮》：「孝子不服闇。」《注》：「闇，冥也。不於闇冥之中從事。」

《博雅》：「闇，夜也。」

《禮・祭義》：「夏後氏祭其闇。」《注》：「闇，昏時也。」

北狄：原指古代的狄族。因其主要居住於北方，故稱。後用為對北方各少數民族的泛稱。

《孟子・梁惠王下》：「東面而征西夷怨，南面而征北狄怨。」

幽都：北方之地。

《書・堯典》：「申命和叔宅朔方，曰幽都。」孔傳：「北稱幽，則南稱明，從可知也。都，謂所聚也。」

謂陰間都府。

《楚辭・招魂》：「魂兮歸來，君無下此幽都些。」王逸注：「幽都，地下後土所治也。地下幽冥，故稱幽都。」

穹閭：穹廬、氈帳。

《史記・天官書》：「北夷之氣如羣畜穹閭。」

司馬貞索隱：「《天文志》作弓字，音穹。蓋謂以氈為閭，崇穹然。」

南夷：舊指南方的少數民族。又指南方邊遠地區。
《詩・魯頌・閟宮》：「淮夷蠻貊，及彼南夷，莫不率從，莫敢不諾。」

交趾：亦作交阯。原為古地區名，泛指五嶺以南。漢武帝時為所置十三刺史部之一，轄境相當今廣東、廣西大部和越南的北部、中部。東漢末改為交州。越南於十世紀三十年代獨立建國後，宋亦稱其國為交趾。
《禮記・王制》：「南方曰蠻，雕題、交趾。」

隅：。
清陳昌治刻本《說文解字・卷十四・阜部》：「陬也。宇俱切。」清段玉裁《注》：「廣雅曰：『陬，角也。』小雅箋曰：『丘隅，丘角也。』」
《詩・邶風》：「俟我於城隅。」
《禮・曲禮》：「摳衣趨隅。」《注》：「趨隅，升席也。」

旛旗：旌旗。

東夷：古代對我國中原以東各族的統稱。
《禮記・曲禮下》：「其在東夷、北狄、西戎、南蠻，雖大曰子。」

萊柱：應為萊夷。古國名。殷周時分布在今山東半島東北部。魯襄公六年為齊所滅。
《書・禹貢》：「萊夷作牧。」孔傳：「萊夷，地名，可以放牧。」

搔：。

清陳昌治刻本《說文解字・卷十二・手部》：「刮也。穌遭切。」
《詩・邶風》：「搔首踟躕。」
《禮・內則》：「疾痛苛癢，而敬抑搔之。」《注》：「抑按搔摩也。」
《前漢・枚乘傳》：「十圍之木，始生如櫱，足可搔而絕。」《注》：「搔，謂抓也。」

撽：。

《集韻》、《韻會》：「竝吉歷切。同擊。」
《集韻》：「口教切，敲去聲。義同。」
《莊子・至樂篇》：「撽以馬捶。」《注》：「擊也。」

西夷：古代指我國西部地區的部族。

《書・仲虺之誥》：「東征西夷怨，南征北狄怨。」
《孟子・離婁下》：「文王生於岐周，卒於畢郢，西夷之人也。」
《史記・西南夷列傳》：「西夷君長什數，夜郎最大。」

沙丘：在風力作用下由沙粒聚成的沙堆。多呈丘狀或壟崗狀。常見於沙漠地區及河岸、海濱的沙灘上。

《爾雅・釋丘》：「邐迤沙丘。」
古地名。相傳殷紂在此廣築苑臺，做酒池肉林，淫樂通宵；戰國趙武靈王被圍，餓死於沙丘宮；秦始皇巡視途中病逝於沙丘平臺。

鋒：。

《唐韻》、《集韻》、《韻會》：「竝敷容切，音豐。」

《說文》：「兵耑也。本作鏠。省作鋒。」《釋名》：「刀其末曰鋒，言若鋒刺之毒利也。」

浮：。呈現，湧現。

清陳昌治刻本《說文解字・卷十一・水部》：「氾也。縛牟切。」

在表面上。

《禮記・表記》：「恥名之浮於行也。」

墎：《集韻》：「光鑊切，音郭。」《說文》：「度也。凡民之所度居也。」

同郭：。

《正韻》：「古博切。」《集韻》、《韻會》：「光鑊切，竝音槨。」

《廣韻》：「內城外郭。」《釋名》：「郭，廓也。廓落在城外也。」

《白虎通》：「所以必立城郭者，示有固守也。」

《說文》：「郭，外城也。」

《管子・度地》：「城外為之郭。」

《孟子・公孫丑下》：「三里之城，七里之郭，環而攻之而不勝。」

形：。

清陳昌治刻本《說文解字・卷九・彡部》：「象形也。戶經切。」

《釋名》：「形有形象之異也。」

《易・乾卦》：「品物流形。」

《繫辭》：「在地成形。」

《玉篇》：「形，容也。」

《書・說命》：「乃審厥象，俾以形旁求於天下。」《傳》：「審所夢之人，刻其形象。」

《穀梁傳・桓十四年》：「望遠者，察其貌而不察其形。」《注》：「貌，姿體。形，容色。」

《韻會》：「形，體也。」

《正韻》：「現也。」

《前漢・楊王孫傳》：「形骸者，地之有也。」

《大學》：「此謂誠於中，形於外。」

又骨露也。

《禮・曲禮》：「居喪之禮，毀瘠不形。」《注》：「形謂骨見。」

又地勢也。

《史記・高祖本紀》：「秦形勝之國。」《注》：「得形勢之勝便者。」

《前漢・晁錯傳》：「臣聞用兵臨戰合刃之急者。一曰得地形。」

舒：。

清陳昌治刻本《說文解字・卷四・予部》：「伸也。一曰舒，緩也。傷魚切。」

《博雅》：「舒，展也。」

《揚子・方言》：「舒，勃展也。東齊之間凡展物謂之舒勃。」

《廣韻》：「緩也，遲也，徐也。」

《爾雅・釋詁》：「舒，敘也。」

《詩・大雅》：「王舒保作。」《傳》：「舒，徐也。」《釋文》：「舒，序也。」

《禮・玉藻》：「君子之容舒遲。」《疏》：「舒遲，閒雅也。」

《淮南子・原道訓》：「柔弱以靜，舒安以定。」《注》：「舒，詳也。」

《爾雅・釋詁》：「緒也。」《注》：「又為端緒。」

《韻會》：「散也，開也。」

間色：紅、黃、藍三種原色配合成的顏色，如紅和黃配合成的橙色，黃和藍配合成的綠色。

藍、黃、赤、白、黑五種正色之外的顏色；雜色。

刺：。

清陳昌治刻本《說文解字・卷四・刀部》：「君殺大夫曰刺。刺，直傷也。七賜切。」

《爾雅・釋詁》：「刺，殺也。」《廣韻》：「針刺也。以針黹物曰刺。」

《唐韻》、《集韻》、《韻會》、《正韻》：「竝七跡切，音磧。穿也，傷也。」《增韻》：「刃之也。」

褻：。

清陳昌治刻本《說文解字・卷八・衣部》：「私服。私列切。」清段玉裁《注》：「引伸為凡昵狎之稱。」

貼身的衣服。

《漢書・卷一百・敘傳上》：「思有短褐之褻。」

輕謾、不莊重。

《禮記・表記》：「無禮不相見也，欲民之毋相褻也。」

親近的、熟識的。

《論語・鄉黨》：「見齊衰者，雖狎，必變。見冕者與瞽者，雖褻，必以貌。」

縹：。

清陳昌治刻本《說文解字・卷十三・糸部》：「帛青白色也。敷沼切。」

《博雅》：「縹青也。」

《釋名》：「縹猶漂。漂，淺青色也。有碧縹，有天縹，有骨縹，各以其色所象言之也。」

《廣韻》：「青黃色也。」

驪：。

清陳昌治刻本《說文解字・卷十・馬部》：「馬深黑色。呂支切。」清段玉裁《注》：「魯頌傳曰：『純黑曰驪。按引伸為凡黑之稱。』」

《小爾雅》：「驪，黑也。」

甲乙經：晉皇甫謐《黃帝三部鍼灸甲乙經・五色第十五》：「夫精明五色者，氣之華也。赤欲如白裹朱，不欲如赭色也。白欲如白璧之澤（一云鵝羽），不欲如堊（一云鹽）也。青欲如蒼璧之澤，不欲如藍也。黃欲如羅裹雄黃，不欲如黃土也。黑欲如重漆色，不欲如炭（《素問》作地蒼）也。

五色精微象見，其壽不久也。青如草滋，黑如炱煤，黃如枳實，赤如衃血，白如枯骨，此五色見而死也。青如翠羽，黑如烏羽，赤如雞冠，黃如蟹腹，白如豕膏，此五色見而生也。生於心，如以縞裹朱。生於肺，如以縞裹紅。生於肝，如以縞裹紺。生於脾，如以縞裹栝蔞實。生於腎，如以縞裹紫。此五臟所生之外營也。凡相五色，面黃目青，面黃目赤，面黃目白，面黃目黑者，皆不死也。面青目赤（一作青），面赤目白，面青目黑，面黑目白，面赤目青者，皆死也。」

炱：。煙氣凝積而成的黑灰（俗稱煙子或煤子）。

清陳昌治刻本《說文解字・卷十・火部》：「灰，炱煤也。徒哀切，竝音臺。」清段玉裁《注》：「通俗文曰：『積煙曰炱煤。』玉篇曰：『炱煤，煙塵也。』廣韻曰：『炱煤，灰入屋也。』」

衃：。

清陳昌治刻本《說文解字・卷五・血部》：「凝血也。芳桮切。」

《素問・六節藏象論》：「赤如衃血者死。」《注》：「衃血，謂敗惡凝聚之血，色赤黑也。」

豕膏：豬油。

《周禮・天官・庖人》：「夏行腒鱐膳，膏臊。」鄭玄注引漢鄭司農曰：「膏臊，豕膏也，以豕膏和之。」

雞冠：雄雞頭上的肉冠。

三國魏曹丕《與鍾大理書》：「竊見玉書稱美玉，白如截肪，黑譬純漆，赤擬雞冠，黃侔蒸栗。」

草本植物名。一年生，花狀如雞首之肉冠。

明李時珍《本草綱目・草四・雞冠》：「雞冠，處處有之。三月生苗。入夏高者五六尺，矬者纔數寸……六七月梢間開花，有紅白黃三色。其穗圓長而尖者，儼如青葙之穗；扁卷而平者，儼如雄雞之冠。」

水苔：苔藻類植物。也叫石髮、石衣、水衣、水綿、藫。可吃。

《爾雅》：「藫、石衣。」晉郭璞注：「水苔也，一名石髮，江東食之。」

苔：。

《唐韻》：「徒哀切。」《韻會》、《正韻》：「堂來切，竝音臺。蘚也。」

《淮南子注》：「青苔，水垢也。」

《陸龜蒙・苔賦》：「高有瓦苔，卑有澤葵，散岩竇者曰石髮，補空田者曰垣衣，在屋曰昔邪，在水曰陟釐。」

《述異記》：「苔，又名重錢，呼為宣蘚，南人呼為姤草。」

枳實：枳樹未熟的果實，皮厚而中實，乾製後可入藥。

元王逢《留別陸芳潤張孟膚田仲耘王孟翼》詩：「楓葉殷紅枳實肥，蘋風蕭瑟芰荷衣。」

枳：。落葉灌木或小喬木，小枝多刺，果實黃綠色，味酸不可食，可入藥（亦稱枸橘）；枳實（中藥稱枳、構櫞等的近成熟的果實）。

清陳昌治刻本《說文解字・卷六・木部》：「木，似橘。諸氏切。」

《周禮・冬官考工記》：「橘踰淮而北為枳。又木高多刺，可為籬落。」《張衡・西京賦》：

「楷枳落突棘藩。」

麥：。

清陳昌治刻本《說文解字・卷五・麥部》：「芒穀，秋穜厚薶，故謂之麥。麥，金也。金王而生，火王而死。莫獲切，竝音脈。」

《禮・月令》：「孟夏麥秋至。」《蔡邕曰》：「百穀各以初生為春，熟為秋。麥以初夏熟，故四月於麥為秋。」

《前漢・武帝紀》：「勸民種宿麥。」《注》：「師古曰：歲冬種之，經歲乃熟，故云宿麥。」

《爾雅・釋草》：「蘥雀麥。」《注》：「即燕麥也。」

《爾雅・釋草》：「大菊蘧麥。」《注》：「大菊，一名麥句薑，即瞿麥。」

種：。早種晚熟的穀物。

清陳昌治刻本《說文解字・卷七・禾部》：「埶也。之用切，竝音同。」

古同種。

薶：。

清陳昌治刻本《說文解字・卷一・艸部》：「瘞也。莫皆切。」

《唐韻》：「與埋同。」

《博雅》：「藏也。」

《爾雅・釋天》：「祭地曰瘞薶。」《注》：「既祭薶藏之。」

《集韻》：「陵之切，音釐。」

《爾雅・釋言》：「窒薶，塞也。」

赭：。

清陳昌治刻本《說文解字・卷十・赤部》：「赤土也。之也切。」

《前漢・司馬相如傳》：「其土則丹青赭堊。」《注》：「赭，今之赤土也。」

堊：。

清陳昌治刻本《說文解字・卷十三・土部》：「白涂也。烏各切。」清段玉裁《注》：「以白物塗白之也。周禮曰：『其祧則守祧黝堊之。』注云：『幽讀為黝。黝，黑也。堊，白也。』爾雅曰：『地謂之黝。牆謂之堊。』郭云：『黑飾地，白飾牆也。』釋名曰：『堊，亞也。亞，次也。先泥之。次以白灰飾之也。』按謂塗白為堊。因謂白土為堊。古用蜃灰。」

《唐韻》：「烝政切。」《集韻》、《韻會》、《正韻》：「時正切，竝成去聲。」

《博雅》：「多也。」《廣韻》：「長也。」《增韻》：「大也。茂也。」

《易・繫辭》：「日新之謂盛德。」

《禮・月令》：「生氣方盛，陽氣發泄。又猶嘉也。」

《張衡・東京賦》：「盛夏後之致美，爰敬恭於神明。」

又受物曰盛。

《前漢・東方朔傳》：「壺者，所以盛也。」

《文選・司馬相如・子虛賦》：「其土則丹青赭堊。」

《博雅》：「赤也。」

《漢書・王莽傳》：「桃湯赭鞭。」師古曰：「赭，赤也。」

《詩・邶風》：「赫如渥赭。」《疏》：「赫然而赤，如厚漬之丹赭。」

朱丹：一種紅色寶石。

《玉臺新詠・古詩為焦仲卿妻作》：「口含如朱丹。」

紅色。

《明史》：「勢家朱丹其門。」

即朱砂。

《後漢書・西域傳・大秦》：「大秦國土多金銀奇寶，有夜光璧、明月珠、駭鷄犀、珊瑚、虎魄、琉璃、琅玕、朱丹、青碧。」

用紅色塗料塗飾。

漢揚雄《解嘲》：「紆青拖紫，朱丹其轂。」

指用朱砂製的墨。

唐韓愈《送靈師》詩：「材調真可惜，朱丹在磨研。」

用朱砂做的紅色塗料或化妝品。

《三國志・魏志・齊王芳傳》：「天子之宮，有斲礱之制，無朱丹之飾。」

《三國志・魏志・倭人傳》：「以朱丹塗其身，如中國用粉也。」

棊：。

清陳昌治刻本《說文解字・卷六・木部》：「博棊。渠之切。」

《集韻》、《韻會》：「竝居之切，音基。」《集韻》：「根柢也。或作櫀。」

《史記・律書》：「萬物根棋。」

《博物志》：「堯造圍棊，丹朱善之。」

《唐韻》、《集韻》、《韻會》：「渠之切。」《正韻》：「渠宜切，竝音其。或作碁、櫀，通作棋。」

《說文》：「博棊。」《徐曰》：「棊者，方正之名。古通謂博奕之子為棊。」

璽：。

《廣韻》：「斯氏切。」《韻會》：「想氏切，竝音徙。」

《說文》：「王者印也。本作壐。」

《玉篇》：「天子諸侯印也。」《釋名》：「璽，徙也。封物使可轉徙，而不可發也。」

《韻會》：「信也。古者尊卑共之，秦漢以來唯至尊以為稱。」

《正字通》：「又舊制，乘輿六璽，唐改為寶，唐末亡失，周廣順中，詔作二寶。初太宗刻受命元璽，以白玉為螭首。」

璧：。

清陳昌治刻本《說文解字・卷一・玉部》：「瑞玉圜也。比激切。」

《玉篇》：「瑞玉圜以象天也。」
《白虎通》：「璧者，外圜象天，內方象地。」
《周禮・大宗伯》：「以蒼璧禮天。」
唐李朝威《柳毅傳》：「柱以白璧，砌以青玉。」

粉： 粉。

清陳昌治刻本《說文解字・卷七・米部》：「傅面者也。方吻切。」
《篇海》：「米粉。」《釋名》：「分也。研米使分散也。」
《韻會》：「古傅面亦用米粉。又染之為紅粉，後乃燒鉛為粉。」
《博物志》：「燒鉛成胡粉。」《釋名》：「胡粉，胡餬也，脂和以塗面也。」
《正韻》：「設采潤色謂之粉澤。」
又煅石為白灰，塗牆壁曰粉。
《白居易詩》：「文昌新入有光輝，紫界金牆白粉闈。」《注》：「尚書省皆以粉圖壁，畫古賢列士，曰畫省，亦曰粉省。」
《集韻》：「方問切，音奮。傳也。飾也。」
《字彙補》：「粉，白飾也。」

煆：

《廣韻》：「呼訝切。」《集韻》：「虛訝切，竝音罅。」
《玉篇》：「熱也，乾也。」
《揚子・方言》：「煦煆，熱也。乾也。吳越曰煦煆。」

鮮：鮮。

《廣韻》：「許加切。」《集韻》：「虛加切，竝音呀。」《廣韻》：「火氣。」

清陳昌治刻本《說文解字・卷十一・魚部》：「魚名。出貉國。相然切。」

《禮・內則》：「冬宜鮮羽。」《注》：「鮮，生魚也。」

《玉篇》：「生也。」

《廣韻》：「潔也。」

《易・說卦》：「為蕃鮮。」《注》：「鮮，明也。」

《釋名》：「鮮，好也。」

《玉篇》：「善也。」

錢：錢。

清陳昌治刻本《說文解字・卷十四・金部》：「銚也。古田器。即淺切。又，昨先切。」

《玉篇》：「財也。」

《集韻》：「貨泉也。其藏曰泉，其行曰布。取其流行無不徧也。」

《正字通》：「冶銅為錢，易貨也。古之為市，所有易所無，布幣金刀龜貝之法窮，錢始行。周制以商通貨，太公望立九府圜法，錢外圓而內孔方，輕重以銖。圜者為均通也。九府者，掌財帛之官也。」

又綠錢，苔別名。

《沈約詩》：「賔階綠錢滿，客位紫苔生。」

馬肝：馬的肝。相傳馬肝有毒，食之能致人於死。

《史記・封禪書》：「文成食馬肝死耳。」司馬貞索隱：「《論衡》云：『氣熱而毒盛，故食走馬肝殺人。』」

馬肝石，可以作硯。

宋蘇軾《孫莘老寄墨》詩之一：「谽石琢馬肝，剡藤開玉板。」趙次公注：「端州深溪之石，其色紫如馬肝者為上。」

漆：。

清陳昌治刻本《說文解字・卷十一・水部》：「水。出右扶風杜陵岐山，東入渭。一曰入洛。親吉切。」

木名。

《詩・鄘風》：「椅桐梓漆。」

《書・禹貢》：「厥貢漆絲。」

又木汁可髹物。

又物之黑者曰漆。

《周禮・春官》：「巾車漆車藩蔽。」《注》：「漆車，黑車也。」

垢：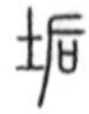。

清陳昌治刻本《說文解字・卷十三・土部》：「濁也。古厚切。」清段玉裁《注》：「水部曰水名也。而濁穢字用之。」
《左傳・宣十五年》：「國君含垢，天之道也。」
《韓非子・大體篇》：「不洗垢，而察難知。」
《莊子・大宗師》：「仿偟乎塵垢之外。」

禮記：《禮記・表記》子曰：「仁之難成久矣，惟君子能之。是故君子不以其所能者病人，不以人之所不能者愧人。是故聖人之制行也，不制以己，使民有所勸勉愧恥，以行其言。禮以節之，信以結之，容貌以文之，衣服以移之，朋友以極之，欲民之有壹也。《小雅》曰：『不愧於人，不畏於天。』是故君子服其服，則文以君子之容；有其容，則文以君子之辭；遂其辭，則實以君子之德。是故君子恥服其服而無其容，恥有其容而無其辭，恥有其辭而無其德，恥有其德而無其行。是故君子衰絰則有哀色；端冕則有敬色；甲冑則有不可辱之色。《詩》云：『惟鵜在梁，不濡其翼；彼記之子，不稱其服。』」

縗：縗。
清陳昌治刻本《說文解字・卷十三・糸部》：「服衣。長六寸，博四寸，直心。倉回切。」
《玉篇》：「喪服也。」
《左傳・襄十七年》：「晏嬰麤縗斬。」《注》：「縗，在胷前。」
《釋文》：「縗，本又作衰。」

絰：。

清陳昌治刻本《說文解字・卷十三・糸部》：「喪首戴也。徒結切。」

《儀禮・喪眼》：「苴絰。」《注》：「麻在首、在要，皆曰絰。首絰象緇布冠之缺項，要絰象大帶。」

《禮・檀弓》：「絰也者，實也。」《注》：「所以表哀戚。」

《周禮・春官・司服》：「凡弔事，弁絰服。」《注》：「弁絰者，如爵弁而素，加環絰。」

端：。

清陳昌治刻本《說文解字・卷七・耑部》：「物初生之題也。上象生形，下象其根也。多官切。」

《說文》：「直也，正也。」

《禮・曲禮》：「振書端書於君前。」《注》：「端，正也。」

《篇海》：「萌也，始也，首也。」

《禮・禮運》：「人者，天地之心，五行之端也。」

《韻會小補》：「美辨切。同冕。大夫以上冠也。」

《禮・玉藻》：「諸侯玄端以祭，天子玄端以朝，日於東門之外。」《注》：「端，皆音冕。」

冕：。

清陳昌治刻本《說文解字・卷七・曰部》：「夫以上冠也。古者黃帝初作冕。亡辡切。」

《徐曰》：「冕，上加之也。長六寸，前狹圓，上廣方，朱綠塗之，前後邃延。斿，其前垂珠也，俯仰逶迤，如水之流。纊紞，黃色也，以黃綿綴冕兩旁，下繫玉瑱，又謂之珥，細長而銳若筆頭，以屬耳中，無作聰明，虛己以待人之意。冕之言俛也，後仰前俯，主於恭也。」

斿：《唐韻》：「以周切。」《集韻》、《韻會》：「夷周切，竝音由。」

《說文》：「作遊。旌旗之流也。」

《玉篇》：「斿，旌旗之末垂。或作遊。」

《博雅》：「天子十二斿至地，諸侯九斿至軫，大夫七斿至軹，士三斿至肩。」

《禮・玉藻》：「諸侯裨冕以朝。」

《禮器》：「天子之冕朱綠藻，十有二旒，諸侯九，上大夫七，下大夫五，此以文為貴也。」

《正韻》：「禮記：士玄端，諸侯玄端以祭，天子玄端而朝日於東門之外。端皆作冕。」

五性：《大戴禮記・文王官人》：

四曰民有五性：喜、怒、欲、懼、憂也。喜氣內畜，雖欲隱之，陽喜必見。怒氣內畜，雖欲隱之，陽怒必見。欲氣內畜，雖欲隱之，陽欲必見。懼氣內畜，雖欲隱之，陽懼必見。憂悲之氣內畜，雖欲隱之，陽憂必見。五氣誠於中中，發形於外，民情不隱也。喜色由然以生，怒色拂然以侮，欲色嘔然以偷，懼色薄然以下，憂悲之色纍然而靜。誠智必有難盡之色，誠仁必有可尊之色，誠勇必有難懾之色，誠忠必有可親之色，誠絜必有難汙之色，誠靜必有可信之色。質色皓然固以安，偽色縵然亂以煩；雖欲故之中，色不聽也，雖變可知；此之謂觀色也。

欲：。

清陳昌治刻本《說文解字・卷八・欠部》：「貪欲也。餘蜀切。」
《禮・曲禮》：「欲不可從。」《疏》：「心所貪愛為欲。」
《禮運》：「何謂人情。喜怒哀懼愛惡欲七者，弗學而能。」
又物欲。
《禮・樂記》：「人生而靜，天之性也。感於物而動，性之欲也。」
《老子・道德經》：「不見可欲，使心不亂。」
《增韻》：「愛也。」
《孟子》：「可欲之為善。」
又與慾通。
《詩・大雅》：「匪棘其欲。」《注》：「與慾同。」

懼：。
清陳昌治刻本《說文解字・卷十・心部》：「恐也。其遇切。」
《集韻》：「懼俱切，音劬。亦恐也。」
《前漢・惠帝贊》：「聞叔孫通之諫，則懼然。」

畜：。
清陳昌治刻本《說文解字・卷十三・田部》：「田畜也。醜六切。」
又止也。

《孟子》：「畜君何尤。」《注》：「畜，止也。」
《廣韻》、《集韻》、《韻會》、《正韻》：「竝許六切，音旭。養也。」
《易・師卦》：「地中有水師，君子以容民畜眾。」
又容也。
《左傳・襄二十六年》：「天下誰畜之。」《注》：「畜，猶容也。」
又起也。
《詩・小雅》：「拊我畜我。」《箋》：「畜，起也。」
又順也。
《禮・祭統》：「孝者，畜也。順於道，不逆於倫，是之謂畜。」《注》：「畜謂順於德教。」

由：。

《廣韻》：「以周切。」《集韻》、《韻會》：「夷周切。」
《正韻》：「於求切，竝音猷。」《廣韻》：「從也。」《韻會》：「因也。」
《爾雅・釋詁》：「自也。」《注》：「猶從也。」
《論語》：「觀其所由。」《注》：「經也，言所經從。」
《禮・內則》：「由衣服飲食，由執事。」《注》：「由，自也。」
《儀禮・士相見禮》：「願見無由達。」《注》：「言久無因緣，以自達也。」
《博雅》：「由，行也。」
《書・微子之命》：「率由典常，以蕃王室。」

《詩・小雅》：「君子無易由言。」《箋》：「由，用也。」
《孟子》：「由由然與之偕，而不自失焉。」《注》：「由由，自得之貌。」

拂：。

清陳昌治刻本《說文解字・卷十二・手部》：「過擊也。浮物切。」
《廣韻》：「去也，拭也，除也。」
《禮・曲禮》：「進幾杖者，拂之。」《疏》：「拂去塵埃也。」
又絕也。
《吳語》：「吾將許越成，而無拂吾慮。」
《正韻》：「矯也，逆也。」
《集韻》、《韻會》：「竝符勿切，音佛。與咈通。違也，戾也。」
《易・頤卦》：「顚頤拂經於丘。」
《集韻》、《韻會》、《正韻》：「竝薄密切。與弼同。輔也。」
《孟子》：「入則無法家拂士。」

嘔：《廣韻》、《集韻》、《韻會》、《正韻》：「竝烏侯切，音歐。」
《廣韻》：「唲嘔，小兒語也。」
《荀子・富國篇》：「唲嘔之。」
《博雅》：「嘔嘔，喜也。」
《集韻》、《韻會》、《正韻》：「竝匈於切，音訏。」

《集韻》：「悅言也。」《正韻》：「慈愛之聲。」

《史記・韓信傳》：「言語嘔嘔。」

《廣韻》：「與歐同，吐也。」

《左傳・哀二年》：「簡子曰：『吾伏弢嘔血，鼓音不衰。』」

纍：。

清陳昌治刻本《說文解字・卷十三・糸部》：「綴得理也。一曰大索也。力追切。」

《玉篇》：「繫也。」

《廣韻》：「係也。亦作縲。」

《左傳・僖三十三年》：「不以纍臣釁鼓。」《注》：「纍，囚繫也。」

《詩・周南》：「葛藟纍之。」

《釋文》：「纍，纏繞也。」

《史記・孔子世家》：「纍纍若喪家之狗。」《注》：「纍纍然，不得志之貌也。」

盡：。

清陳昌治刻本《說文解字・卷五・皿部》：「器中空也。慈刃切。」

《小爾雅》：「止也。」

《玉篇》：「終也。」

《廣韻》：「竭也。」《集韻》：「悉也。」

《易・繫辭》：「書不盡言，言不盡意。」
《荀子・正名篇》：「欲雖不可盡，可以近盡也。」《注》：「適可而止也。」
《唐韻》、《正韻》：「即忍切。」《集韻》、《韻會》：「子忍切，竝津上聲。」
《類篇》：「極也。」
《正韻》：「盡之也。」
《書・康誥》：「往盡乃心。」
《類篇》：「任也。」
《增韻》：「縱令也。」
《左傳・文十四年》：「公子商人，盡其家貸於公。又盡盡，極視盡物之貌。」
《荀子・非十二子篇》：「學者之嵬盡盡然，盱盱然。」

尊：。

《唐韻》、《韻會》：「祖昆切。」《集韻》、《正韻》：「租昆切，竝音遵。」
《說文》：「高稱也。」
《廣韻》：「重也，貴也，君父之稱也。」
《易・繫辭》：「天尊地卑，乾坤定矣。」
《孟子》：「天下有達尊三：『爵一，齒一，德一。』又敬也。」
《禮・曲禮》：「禮者，自卑而尊人。雖負販者，必有尊也。」
又敬重，推崇。

《論語》：「尊五美，屏四惡，斯可以從政矣。」

《左傳》：「視牟夷非卿而書，尊地也。」

又撙也。節制，謙抑。

《易・謙》：「謙尊而光。」

又同遵。遵行，遵從。

《墨子》：「守者必善，而君尊用之，然後可以守也。」

又尊貴，高貴。

《荀子》：「天子者，執位聖尊。」

又高，高出。

《易・繫辭》：「天尊地卑，乾坤定矣。」

又重要，緊要。

《淮南子》：「為客治飯而自藜藿，名尊於實也。」

懾：。

清陳昌治刻本《說文解字・卷十・心部》：「失氣也。一曰服也。怖也。之涉切。」

《禮・曲禮》：「則志不懾。」

《荀子・不苟篇》：「憂則挫而懾。」

《集韻》：「失涉切，音攝。懾慴，恐懼也。」

親：。

清陳昌治刻本《說文解字・卷八・見部》：「至也。七人切。」

《廣韻》：「愛也。」

《孝經序》：「親譽日著。」《注》：「慈愛之心曰親。」

《荀子・不苟篇》：「交親而不比。」《注》：「親謂仁恩。」

《周語》：「慈惠保民，親也。」

又近也。

《易・乾卦》：「本乎天者親上，本乎地者親下。」

《增韻》：「躬也。」

《詩・小雅》：「弗躬弗親。」《箋》：「言不躬而親之也。」

《禮・文王世子》：「世子親齊玄而養。」《注》：「親，猶自也。」

《釋名》：「櫬也。言相隱櫬也。」

《增韻》：「姻也。」

又六親，父母、兄弟、妻子也。

《管子・牧民篇》：「上服度則六親固。」

《前漢・禮樂志註》：「如淳曰：『父、子、從父昆弟、從祖昆弟、曾祖昆弟、族昆弟，為六親。』」

汙：。

清陳昌治刻本《說文解字・卷十一・水部》：「薉也。一曰小池為汙。一曰塗也。烏故切。」

《說文》：「濁水不流也。一曰窊下。」

窊：。

清陳昌治刻本《說文解字・卷七・穴部》：「汙衺，烏瓜切。」

《馬融・長笛賦》：「波瀾鱗淪，窊隆詭戾。」《注》：「窊隆。高下貌。」

《前漢・禮樂志》：「窅窊桂華。」《注》：「不滿貌。」

《詩・小雅》：「田卒汙萊。」《傳》：「下則汙，高則萊。」

《正義》：「汙者，池停水之名。禮記曰汙其宮而瀦焉是也。」

瀦：《唐韻》：「陟魚切。」《集韻》、《韻會》：「張如切，竝音豬。」

《說文》：「水所停也。」

《周禮・地官》：「稻人以瀦畜水。」

《左傳・隱三年》：「潢汙行潦之水。」《疏》：「畜水謂之潢水，不流謂之汙。」

又行濁亦曰汙。

《賈誼・新書道術篇》：「放理潔靜謂之行，反行為汙。」

又降也，殺也。

《禮・檀弓》：「道隆則從而隆，道汙則從而汙。」《注》：「有隆有殺，進退如禮。」

又勞事亦曰汙。

《左傳・昭元年》：「處不辟汙。」

《正義》：「言事之勞身，若穢之汙物。」

《唐韻》、《集韻》、《韻會》、《正韻》：「竝烏故切，惡去聲。」

《說文》：「歲也。又染也。一曰去垢汙曰汙。」

《詩・周南》：「薄汙我私。」《傳》：「汙，煩也。」

又曲也。

《左傳・成十四年》：「春秋之稱，盡而不汙。」《杜註》：「言盡其事實，無所汙曲。」

信：。

清陳昌治刻本《說文解字・卷三・言部》：「誠也。息晉切。」

《唐韻》：「息晉切。」《集韻》、《正韻》：「思晉切，竝音訊。慤也，不疑也，不差爽也。」

《說文》：「信，誠也。」

《孟子》：「有諸已之謂信。」

《墨子經》：「信，言合於意也。」

《白虎通・情性》：「信者，誠也。專一不移也。」

《易・繫辭》：「人之所助者，信也。」

又真實，不虛偽。

《老子》：「信言不美，美言不信。」

又證實，應驗。
《老子》：「其精甚真，其中有信。」
又符契，憑證。
《戰國策・燕策》：「行而無信。」
又果真，的確。
《史記・華佗傳》：「若妻信病，賜小豆四十斛，寬假限日。」
又古人謂使者曰信。與訊通。
《史記・韓世家》：「陳軫說楚王，發信臣，多其車，重其幣。」
《集韻》、《正韻》：「竝升人切。與申同。」
《易・繫辭》：「往者，屈也。來者，信也。」

縵：縵。

清陳昌治刻本《說文解字・卷十三・糸部》：「繒無文也。莫半切。」
《周禮・春官・巾車》：「卿乘夏縵。」《注》：「五采畫無瑑。」《疏》：「言縵者，亦如縵帛無文章。」
《前漢・食貨志》：「一歲之收，常過縵田。」《注》：「縵田，謂不為甽者也。」
《廣韻》：「謨晏切。」《集韻》：「莫晏切，竝音幔。」
《周禮・春官・磬師》：「教縵樂。」《注》：「縵，謂雜聲之和樂者也。」
《莊子・齊物論》：「縵者，窖者，密者。」

《音義》：「縵，寬心也。」

猶：。

清陳昌治刻本《說文解字・卷十・犬部》：「玃屬。一曰隴西謂犬子為猷。以周切。」清段玉裁《注》：「曲禮曰：『使民決嫌疑。定猶豫。』正義云：『說文：猶，玃屬。豫，象屬。此二獸皆進退多疑。人多疑惑者似之。故謂之猶豫。』」

《集韻》：「居山中，聞人聲豫登木，無人乃下。世謂不決曰猶豫。」

《爾雅・釋獸》：「猶如麂，善登木。」《注》：「健上樹。」

《禮・曲禮》：「所以使民決嫌疑，定猶與也。」《疏》：「猶與，二獸，皆進退多疑。人多疑惑者似之，故謂之猶與。」

《集韻》：「可止之辭也。」

《詩・魏風》：「上慎旃哉，猶來無止。」《傳》：「猶，可也。」

又本作猷。

《詩・小雅》：「克壯其猶。」《傳》：「猶，道也。」

《箋》：「猶，謀也，兵謀也。」《疏》：「能光大其運謀之道。」

《廣韻》：「尚也。」

《禮・檀弓》：「仲子亦猶行古之道也。」

彿：。

清陳昌治刻本《說文解字・卷十・心部》：「鬱也。符弗切。」

《玉篇》、《廣韻》：「符弗切。」《集韻》、《韻會》、《正韻》：「符勿切，竝音佛。」

《說文》：「鬱也。」

《魏樂府苦寒行》：「我心何怫鬱。」

《集韻》：「怫愲，心不安也。」

《集韻》：「芳未切。音費。耗之費忿貌。」

《莊子・天地篇》：「怫然作色。」

亦作沸。

《史記・河渠書瓠子歌》：「作沸鬱。」

熙：。

清陳昌治刻本《說文解字・卷十・火部》：「燥也。許其切。」

《爾雅・釋詁》：「緝熙，光也。」

《詩・大雅》：「於緝熙敬止。」

《爾雅・釋詁》：「熙，興也。」

《詩・周頌》：「時純熙矣。」《朱傳》：「亦光也。」

《周語》：「熙，廣也。」

《書・堯典》：「庶績咸熙。」

《前漢・禮樂志》：「熙事備成。」《注》：「師古曰：『福熙之事也。』」

又與嬉通。

《宋玉・登徒子好色賦》：「出咸陽熙邯鄲。」《注》：「熙，戲也。」

《集韻》：「盈之切，音飴。」

《揚子・方言》：「鬱熙，長也。」《注》：「謂壯大也。」

薄：。

清陳昌治刻本《說文解字・卷一・艸部》：「林薄也。一曰蠶薄。旁各切。」清段玉裁《注》：「引伸凡相迫皆曰薄。相迫則無閒可入。凡物之單薄不厚者亦無閒可入。故引伸為厚薄之薄。」

《楚辭注》：「林草不交錯曰薄。」

《揚雄・甘泉賦》：「列新雉于林薄。」《注》：「草叢生曰薄。」

又簾也。

《禮・曲禮》：「帷薄之外不趨。」

又少也。

《詩・周南》：「薄澣我衣。」

又聊也。

《詩・周南》：「薄言采之。」

又輕也。

《前漢・董仲舒傳》：「涽世俗之靡薄。」

又嫌也。

《前漢・張安世傳》：「薄朕忘故。」
迫也。
《易・說卦傳》：「雷風相薄。」
《左傳・僖二十四年》：「薄而觀之。」
又侵也。
《荀子・天論篇》：「寒暑未薄而疾。」

瞿：。

清陳昌治刻本《說文解字・卷四・瞿部》：「鷹隼之視也。九遇切。又音衢。」
《說文》：「鷹隼之視也。」《徐曰》：「驚視貌，會意。」
《廣韻》：「視貌。」《集韻》：「心驚貌。」
《禮・檀弓》：「曾子聞之瞿然。」
《雜記》：「見似目瞿，聞名心瞿。」《注》：「瞿然驚變也。」
又瞿瞿，驚遽不審貌。
《禮・玉藻》：「視容瞿瞿。」
又瞪視貌。
《荀子・非十二子篇》：「學者之嵬瞿瞿然。」
又無守貌。
《詩・齊風》：「狂夫瞿瞿。」《注》：「謂精神不立，志無所守。」

《爾雅・釋訓》:「儉也。」
《詩・唐風》:「良士瞿瞿。」《疏》:「李巡曰:良士顧禮節之儉也。」
《集韻》:「衢遇切。」《正韻》:「忌遇切,竝衢去聲。與懼通。恐也。」
《禮・檀弓》:「瞿然失席。」《注》:「瞿,本又作懼。」
《集韻》:「訖力切,音亟。瞿瞿,居喪視不審貌。」
《禮・檀弓》:「瞿瞿如有求而弗得。」

盛:。

清陳昌治刻本《說文解字・卷五・皿部》:「黍稷在器中,以祀者也。氏征切。」
《書・泰誓》:「犧牲粢盛。」《傳》:「黍稷曰粢,在器曰盛。」
《廣韻》:「受也。」
《詩・召南》:「於以盛之,維筐及筥。」
《古今注》:「城者,盛也,所以盛受民物也。」
又成也。
《周禮・冬官考工記》:「白盛。」《注》:「盛之言成也。以蜃灰堊牆,所以飾成宮室。」

蜃灰:用蜃殼燒成的灰。其用途與石灰同。
《周禮・秋官・赤犮(同犬)氏》:「以蜃炭攻之。」唐賈公彥疏:「蜃炭者,謂蜃灰是也。」

蜃:。蛤蜊。

清陳昌治刻本《說文解字・卷十三・虫部》：「雉入海，化為蜃。時忍切，竝音腎。」

《禮・月令》：「雉入大水為蜃。」《注》：「大蛤曰蜃。」

《山海經注》：「蜃，一名蚌，一名含漿。」

《本草》：「蜃，蛟之屬，其狀亦似蛇而大，有角如龍狀，紅鬣，腰以下鱗盡逆，食燕子。能籲氣成樓臺城郭之狀，將雨即見，名蜃樓，亦曰海市。其脂和蠟作燭，香凡百步，煙中亦有樓臺之形。」

《漢書・天文志》：「海旁蜃氣象樓臺。」

又蜃炭。

《左傳・成二年》：「宋文公卒，始厚葬，用蜃炭。」《注》：「燒蜃為炭。」

《考工記・匠人》：「白蜃。」注：「灰也。」

誠：。

清陳昌治刻本《說文解字・卷三・言部》：「信也。氏征切。」

《廣雅》：「敬也。」《增韻》：「純也，無僞也，眞實也。」

《易・乾卦》：「閑邪存其誠。」《疏》：「言防閑邪惡，當自存其誠實也。」

《尚書正義・卷八・太甲下第七》：「鬼神無常享，享於克誠。言鬼神不保一人，能誠信者則享其祀。」《傳》：「言鬼神不係一人，能誠信者則享其祀。」

《禮・樂記》：「著誠去僞，禮之經也。」

《中庸》：「誠者，天之道也。誠之者，人之道也。」《注》：「誠者，眞實無妄之謂。」

《玉篇》：「審也。」

《禮・經解》：「故衡誠縣，不可欺以輕重。」《注》：「誠，猶審也。」

聲：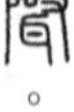。

清陳昌治刻本《說文解字・卷十二・耳部》：「音也。書盈切。」清段玉裁《注》：「生於心有節於外謂之音。宮商角徵羽，聲也。絲竹金石匏土革木，音也。」

《書・舜典》：「詩言志，歌永言，聲依永，律和聲。」《傳》：「聲謂五聲，宮商角徵羽也。」

《禮・月令》：「仲夏之月，止聲色。」《注》：「聲謂樂也。又凡響曰聲。」

《張載・正蒙》：「聲者，形氣相軋而成。兩氣者，谷響雷聲之類。兩形者，桴鼓叩擊之類。形軋氣，羽扇敲矢之類。氣軋形，人聲笙簧之類。皆物感之良能，人習而不察耳。」

又聲譽。

《孟子》：「故聲聞過情，君子恥之。」《注》：「聲聞，名譽也。」

又宣也。

《孟子》：「金聲而玉振之也。」《注》：「聲，宣也。」

皓：。

《唐韻》、《正韻》：「胡老切。」《集韻》：「下老切，竝音昊。」

《爾雅・釋詁》：「光也。」

《小爾雅》：「白也。」

《博雅》：「皓皓，明也。」

《集韻》：「潔白也。」

又虛曠貌。

《大戴禮》：「常以皓皓，是以眉壽。」

又皓膠，水凍貌。

《楚辭・大招》：「霧雨淫淫，白皓膠只。又通作昊。太皓，天也。」

《後漢・郎顗傳》：「太皓悅和，靁聲乃發。」

《荀子・賦篇》：「皓天不復。」《注》：「皓，同昊。」

《唐韻》、《韻會》、《正韻》：「竝古老切，音槁。皓皓，潔白精瑩貌。」

蔓：。

清陳昌治刻本《說文解字・卷一・艸部》：「葛屬。無販切。」

《詩・鄭風》：「野有蔓草。」

《傳》：「蔓，延也。」

《前漢・禮樂志》：「蔓蔓日茂。」《注》：「蔓蔓言其長久。」

又雜亂也。

二、論配音聲

子產曰。章為五聲。蔡伯喈云。通於耳者為聲。青作角聲。白作商聲。黑作羽聲。赤作徵聲。黃作宮聲。律曆志云。角者觸也。陽氣蠢動。萬物觸地而生也。徵者祉也。萬物大盛蕃祉也。宮者中也。居中央暢四方。唱始施生。為四聲之經。商者章也。物成章明也。羽者宇也。物藏聚萃宇覆之也。樂緯云。春氣和。則角聲調。夏氣和。則徵聲調。季夏氣和。則宮聲調。秋氣和。則商聲調。冬氣和。則羽聲調。樂記曰。宮為君。故宮亂則荒。其君驕。商為臣。商亂則陂。其臣壞。徵為事。徵亂則哀。其事勤。羽為物。羽亂則危。其賤遺。角為民。角亂則憂。其民怨。五者不亂。則天下和平。無弊敗之音。素問云。木音角。在聲為呼。火音徵。在聲為笑。土音宮。在聲為歌。金音商。在聲為哭。水音羽。在聲為呻。樂記曰。樂者。音之所由生。其本在人心之感於物。是故哀心感者。其聲噍以殺。樂心感者。其聲嘽以緩。喜心感者。其聲發以散。怒心感者。其聲粗以厲。貞心感者。其聲直以廉。愛心感者。其聲和以婉。六者。非性也。感於物而後動。審聲以知音。審音以知樂。審樂以知政。而治道備矣。故詩序曰。聲成文謂之音。治世之音安以樂。其政和。亂世之音怨以怒。其政乖。亡國之音哀以思。其民困。大戴禮觀人篇云。誠在其中。必見諸外。以其見。占其隱。以其細。占其大。聲象其實。氣初生物。物生有聲。聲有剛柔。清濁。好惡。咸發於聲。故心氣嘩誕者。其聲流散。心氣順信者。其聲順節。心氣鄙戾者。其聲腥醜。心氣寬柔者。其聲溫和。故聖人聽其聲。觀其色。知其善惡。夫獨發者謂之聲。合和者謂之音。毛詩序云。聲成文謂之音。故因五聲而有八音。樂緯云。物以三成。以五立。三與五如八。故音以八。八音。金。石。絲。竹。土。木。匏。革。以發宮。商。角。徵。羽也。金為鐘。石為磬。絲為絃。竹為管。土為塤。木為柷敔。匏為笙。革為鼓。鼓主震。笙主巽。柷敔主乾。塤主艮。管主坎。絃主離。磬主坤。鐘主兌。樂緯。汁圖徵篇云。坎主冬至。宮者君之象。人有君。然後萬物成。氣有黃鐘之宮。然後萬物調。所以始正天下也。能與天地同儀。神明合德者。則七始八終。各得其宜。而天子穆穆。四方取始。故樂用管。艮主立春。陽氣始出。言雷動百里。聖人授民田。亦不過百畝。此天地之分。黃鐘之度。九而調八音。故聖人以九頃成八家。上農夫食九口。中者七口。下者五口。是為富者不足以奢。貧者無飢餒之憂。三年餘一年之蓄。九年餘三年之蓄。此黃鐘之所成。以消息之和。故樂用塤。震主春分。天地陰陽分均。故聖王法承天。以立五均。五均者。亦律調五聲之均也。音至眾也。聲不過五。物至蕃也。均不過五。為富者慮貧。強者不侵弱。智者不詐愚。市無二價。萬物同均。四時當得。公家有餘。恩及天下。與天地同德。故樂用鼓。巽主立夏。言萬物長短各有差。故聖王法承天。以法授事焉。尊卑各有等。於士則義讓有禮。君臣有差。上下皆次。治道行。故樂用笙。離主夏至。陽始下。陰又成物。故聖王法承天。以法授衣服制度。所以明禮義。顯貴賤。明燭其德。卒之以度。則女功有差。男行有禮。故樂用絃。坤主立秋。陽氣方入。陰氣用事。昆蟲首穴欲蟄。故聖王法之。授宮室度量。又章制有宜。大小有法。貴賤有差。上下有順。故樂用磬。兌主秋分。天地萬物人功皆以定。故聖王法承天。以定爵祿。爵祿者不過其能。宮為君。商為臣。商。章也。言臣章明君之功德。尊卑有位。位有物。物有宜。功成者爵賞。功敗者刑罰。故樂用鐘。乾主立冬。陰陽終而復始。萬物死而復蘇。故聖王法承天。以制刑法。誅一動千。殺一感萬。使死者不恨。生者不怨。故樂用柷梧。國語曰。瓦絲琴瑟尚宮。鐘金尚羽。石尚角。匏竹尚徵。革木尚商。呂以和樂。律以平聲。金石以動之。絲竹以行之。歌以詠之。匏以宣之。瓦以贊之。革木以節之。物得其常曰樂。所奪曰擊。相保曰和。細大不踰曰平。瓦絲皆大也。故尚宮。子母相應之道。鐘金尚羽。亦然。石尚角者。石。金也。與角為牝牡相和之義。匏。土也。竹。木也。尚徵。亦子母相應也。革木俱角。尚商。亦以牝牡相和也。宮聲和以舒。其和博以柔。動脾。商聲散以明。其和溫以虛。動肺。角聲防以約。其和靜以清。動肝。徵聲敗以疾。其和平以均。動心。羽聲疾以虛。其和短以散。動腎。黃帝兵決云。兩敵相當。使人去敵營一百二十步。以管注耳聽之。聞隆隆如車。如雷。如鼓聲者。宮也。其將寬和有信。聞金石相和。轟轟擊攻。如鐘磬霹靂聲者。商也。其將威怒好殺。宜數忿之。聞如奔馬炎炮掣裂聲者。徵也。其將猛烈勇敢。難與爭鋒。聞肅肅習習。如動樹木。如人呼愁愁聲者。角也。其將仁庶不可欺。聞滔滔如流水揚波。激氣相笑聲者。羽也。其將貪冒多奸謀。審此五音。以知敵性。候風之聲。亦皆如之。此竝論音聲之狀。故以備釋。

註：

祉：祉。

清陳昌治刻本《說文解字・卷一・示部》：「福也。敕裡切。」

《徐曰》：「祉之言止也，福所止不移也。」

《易・泰卦》：「以祉元吉。」

《詩・小雅》：「既受多祉。」

《左傳・哀公九年》：「祉，祿也。」

宇：。

清陳昌治刻本《說文解字・卷七・宀部》：「屋邊也。王榘切。」

《釋名》：「宇，羽也，如鳥羽翼，自覆蔽也。」

《易・繫辭》：「上棟下宇，以待風雨。」

《詩・豳風》：「八月在宇。」《注》：「宇，簷下也。」

《玉篇》：「方也，四方上下也。屍子曰：天地四方曰宇。」

《廣韻》：「大也。」

《史記・秦本紀》：「包舉宇內。」

《孔穎達・正義》：「於屋，則簷邊為宇。於國，則四垂為宇。」

又空間。上下四方，天地之間。

《三蒼》：「四方上下曰宇，古往今來曰宙。」

《呂氏春秋・下賢》：「神覆宇宙。」《注》：「四方上下曰宇。以屋喻天地也。」

陂：。本義為山坡、斜坡。

清陳昌治刻本《說文解字・卷十四・阜部》：「阪也。一曰池也。彼為切。」

又池塘。

《風俗通義》：「陂者，繁也。言因下鍾水，以繁利萬物也。今陂皆以溉灌。」

《禮・月令》：「毋竭川澤，母漉陂池。」《注》：「畜水曰陂。」

又邊際，旁邊。

《前漢・禮樂志》：「騰雨師，灑路陂。」《注》：「路陂，路傍也。」

《集韻》：「蒲糜切，音皮。陂池，旁頹貌。」

《釋名》：「山旁曰陂，言陂陁也。」《玉篇》：「陂陀，靡迆也。」

賤：。

清陳昌治刻本《說文解字・卷六・貝部》：「賈少也。在線切，竝音羨。」

《玉篇》：「卑下也，不貴也。」

《廣韻》：「輕賤。」

《易・屯卦》：「以貴下賤，大得民也。」

《書・旅獒》：「不貴異物，賤用物。」

行為卑鄙、下流。

《孟子・公孫丑下》：「有賤丈夫焉，心求尤斷而登之，以左右望而罔市利。」

使其地位低下。

《後漢書》：「朕能生君，能殺君；能貴君，能賤君；能富君能貧君。」

遺：。

清陳昌治刻本《說文解字・卷二・辵部》：「亡也。廣韻：『失也。贈也。加也。』夷隹切，竝音夷。」

《易・泰卦》：「不遐遺。」《注》：「用心弘大，無所遺棄也。」
《詩・小雅》：「棄予如遺。」《注》：「言忘去不復存省也。」
《正韻》：「失也。」
《前漢・賈誼傳》：「功不遺矣。」
《後漢・桓榮傳》：「慮無遺計。」
《集韻》：「餘也。」
《禮・樂記》：「有遺音者矣。」《注》：「有不盡之音。」
《屈原・離騷》：「依彭咸之遺則。」《注》：「遺，餘也。」
又留也。
《書・大誥》：「寧王遺我大寶龜。」
《左傳・昭十九年》：「古之遺愛也。」

樂記：《禮記・樂記・第十九》：「樂者，音之所由生也，其本在人心之感於物也。是故其哀心感者，其聲噍以殺；其樂心感者，其聲嘽以緩；其喜心感者，其聲發以散；其怒心感者，其聲粗以厲；其敬心感者，其聲直以廉；其愛心感者，其聲和以柔。六者，非性也，感於物而后動。是故先王慎所以感之者。故禮以道其志，樂以和其聲，政以一其行，刑以防其姦。禮樂刑政，其極一也，所以同民心而出治道也。」

噍：。
清陳昌治刻本《說文解字・卷二・口部》：「齧也。才肖切。又，才爵切。」

《玉篇》：「嚼也。」

《王充・論衡》：「口齒以噍食。」

《廣韻》：「即消切。」《集韻》、《韻會》、《正韻》：「茲消切，竝音焦。」

《廣韻》：「啁噍，聲也。」《集韻》：「鳥聲。」

嘽：。

清陳昌治刻本《說文解字・卷二・口部》：「喘息也。一曰喜也。他幹切。」

《廣韻》：「馬喘。」

《詩・小雅》：「嘽嘽駱馬。」《傳》：「嘽嘽，喘息之貌。」

《詩・小雅》：「戎車嘽嘽。」《傳》：「嘽嘽，眾也。」

《詩・大雅》：「徒禦嘽嘽。」《傳》：「嘽嘽，喜樂也。」《箋》：「車徒之行，嘽嘽安舒，言得禮也。」

《詩・大雅》：「王旅嘽嘽。」《傳》：「嘽嘽然盛也。」《箋》：「嘽嘽，閒暇有餘力之貌。」

《疏》：「嘽嘽，閒暇之貌。由軍盛所以嘽嘽然，故云盛也。」

散：。

《廣韻》、《韻會》：「蘇旱切。」《集韻》：「顙旱切，竝音傘。」

《易・說卦》：「風以散之。」

《公羊傳・莊十二年》：「散舍諸宮中。」《注》：「散，放也。」

《博雅》：「布也。」

《韻會》：「不自檢束為散。」

厲：。

清陳昌治刻本《說文解字・卷九・厂部》：「旱石也。《徐曰》：『旱石，麤悍石。』力制切。」

《玉篇》：「磨石也。」

《詩・大雅》：「取厲取鍛。又磨也。」

《左傳・成十六年》：「秣馬厲兵。」

《廣韻》：「烈也，猛也。」

《禮・表記》：「不厲而威。」

《玉篇》：「危也。」

《易・乾卦》：「厲無咎。」

《爾雅・釋詁》：「厲，作也。」《注》：「穀梁傳曰：『始厲樂矣。』」《疏》：「興作也。」

《玉篇》：「虐也。」

《孟子》：「厲民以自養也。」

《玉篇》：「上也。」

《詩・衞風》：「在彼淇厲。」

《韻會》：「岸危處曰厲。」

《史記・嚴安傳》：「民不夭厲。」《注》：「厲，病也。」

《前漢・儒林傳》：「以厲賢才焉。」《注》：「師古曰：『厲，勸勉之也。』」
《息夫躬傳》：「鷹隼橫厲。」《注》：「師古曰：『厲，疾飛也。』」

廉：。

清陳昌治刻本《說文解字・卷九・广部》：「仄也。力兼切。」清段玉裁《注》：「廉之言斂也。堂之邊曰廉。天子之堂九尺，諸侯七尺，大夫五尺，士三尺，堂邊皆如其高。賈子曰：『廉遠地則堂高，廉近地則堂卑是也。堂邊有隅有稜，故曰廉。』廉，隅也。又曰：『廉，棱也。』引伸之為淸也、儉也，嚴利也。」
《儀禮・鄉飲酒禮》：「設席於堂廉東上。」《注》：「側邊曰廉。」
《前漢・賈誼傳》：「廉遠地則堂高。」《注》：「廉，側隅也。」
《釋名》：「斂也，自檢斂也。」
《玉篇》：「淸也。」
《廣韻》：「儉也。」
《周禮・天官・小宰》：「以聽官府之六計，弊羣吏之治。一曰廉善，二曰廉能，三曰廉敬，四曰廉正，五曰廉法，六曰廉辨。」《注》：「既斷以六事，又以廉為本。」《疏》：「廉者，潔不濫濁也。又嚴利也。」
《禮・月令》：「其器廉以深。」
《周禮・冬官考工記・弓人》：「紾而摶廉。」《注》：「廉，嚴利也。」

婉：。

清陳昌治刻本《說文解字・卷十二・女部》：「順也。於阮切。」

《左傳・昭三十一年》：「春秋之稱婉而辨。」

又婉婉，龍飛貌。

《屈原・離騷》：「駕八龍之婉婉。」

《集韻》：「鄔管切，音盌。美也。」

《詩・邶風》：「燕婉之求。」

乖：。

《唐韻》：「古懷切。」《集韻》、《韻會》、《正韻》：「公懷切，竝怪平聲。」

《說文》：「背呂也。象脅肋形。」

《玉篇》：「戾也，異也。睽也，背也。」

《賈子道術》：「剛柔得適謂之和，反和為乖。」

《易・序卦傳》：「家道窮必乖，故受之以睽。睽者，乖也。」

又分離、離別。

魏曹植《朔風》：「昔我同袍，今永乖別。」

又靈巧、聰明、伶俐。

《西遊記・十五回》：「行者的眼乖。」

大戴禮觀人篇：《大戴禮・文王官人》：「三曰誠在其中，此見於外；以其見占其隱，以其細占其大，以其聲處其氣。初氣主物，物生有聲；聲有剛有柔，有濁有清，有好有惡。咸發於聲也。心氣華誕者，其聲流散；心氣順信者，其聲順節；心氣鄙戾者，其聲斯醜；心氣寬柔者，其聲溫好。信氣中易，義氣時舒，智氣簡備，勇氣壯直。聽其聲，處其氣，考其所為，觀其所由，察其所安；以其前占其後，以其見占其隱，以其小占其大。此之謂『視中』也。」

嘩：。**同譁：**。本義為喧嘩，聲大而雜亂。

清陳昌治刻本《說文解字・卷三・言部》：「讙也。呼瓜切。」

人聲嘈雜，喧鬧。

唐柳宗元《捕蛇者說》：「譁然而駭者。」

唐柳宗元《答韋中立論師道書》：「有輒嘩笑之。」

《類篇》：「諠譁也。」

《書・費誓》：「嗟人無譁聽命。」

《集韻》、《韻會》、《正韻》：「竝胡瓜切，音華。義同。」《集韻》：「或作嘩、誇。」

誕：。

清陳昌治刻本《說文解字・卷三・言部》：「詞誕也。《徐曰》：『妄為大言也。』徒旱切。」

《廣韻》：「欺也。」

《書・無逸》：「乃逸乃諺既誕。」《蔡傳》：「誕妄。」《孔傳》：「欺誕。」

《荀子・修身篇》：「易言曰誕。」
《說苑・尊賢篇》：「口銳者多誕而寡信。」
《正韻》：「放也。」
《左傳・昭元年》：「伯州犁曰：『子姑憂子晳之欲背誕也。』」《注》：「放誕也。」
《爾雅・釋詁》：「大也。」
《書・大禹謨》：「帝乃誕敷文德。」《傳》：「大也。」
《詩・大雅》：「誕彌厥月。」《毛傳》：「大也。」《朱傳》：「發語辭。」
《字彙》：「闊也。」
《詩・國風》：「旄丘之葛兮，何誕之節兮。」《箋》：「土氣緩，則葛生闊節。」
《廣韻》：「育也。」
《後漢・裴楷傳》：「昔文王一妻，誕致十子。」
《晉書・袁宏傳》：「誕靈物以瑞德。」

順信：順從誠信。
《逸周書・官人》：「心氣華誕者其聲流散，心氣順信者其聲順節。」
漢焦贛《易林・小過之乾》：「積德累仁，靈祐順信，福祉日增。」

鄙戾：鄙詐乖戾。
《大戴禮記・文王官人》：「心氣鄙戾者，其聲斯醜。」王聘珍解詁：「鄙謂鄙詐。戾，乖戾也。」

寬柔：寬緩和柔。
《逸周書・官人》：「心氣寬柔者，其聲溫和。」
《漢書・哀帝紀》：「至今有司執法，未得其中，或上暴虐，假勢獲名，溫良寬柔，陷於亡滅。」

合和：匹配。
《管子・入國》：「凡國都皆有掌媒，丈夫無妻曰鰥，婦人無夫曰寡，取鰥寡而合和之。」
又和諧，和睦。
《禮記・樂記》：「故樂者……所以合和父子君臣，附親萬民也。」
《呂氏春秋・有始》：「天地合和，生之大經也。」
又摻合，調製。
北魏賈思勰《齊民要術・白醪酒》：「作白醪麴法：『取小麥三石，一石熬之，一石蒸之，一石生。三等合和，細磨作屑。』」

八音：我國古代對樂器的統稱，通常為金、石、絲、竹、匏、土、革、木八種不同材質所製。
《書・舜典》：「三載，四海遏密八音。」孔傳：「八音：金、石、絲、竹、匏、土、革、木。」
《周禮・春官・大師》：「皆播之以八音：金、石、土、革、絲、木、匏、竹。」鄭玄注：「金，鐘鎛也；石，磬也；土，塤也；革，鼓鞀也；絲，琴瑟也；木，柷敔也；匏，笙也；竹，管簫也。」

金：。如鐘、鑼、鈸、鐃等。
清陳昌治刻本《說文解字・卷十四・金部》：「五色金也。黃為之長。久埋不生衣，百鍊不輕，從革不違。西方之行。居音切。」

《易・繫辭註》：「天地之數，五五相配以成金木水火土。」《疏》：「地四與天九相得，合為金。」

《書・洪範》：「五行，四曰金，金曰從革。」《傳》：「金可以改更。」《疏》：「可銷鑄以為器也。」

《又》：「從革作辛。」《傳》：「金之氣味。」《疏》：「金之在火，別有腥氣，非苦非酸，其味近辛，故云金之氣味。」

《爾雅・釋器》：「黃金謂之璗，其美者謂之鏐，白金謂之銀，其美者謂之鐐。」

璗：。

清陳昌治刻本《說文解字・卷一・玉部》：「金之美者，與玉同色。徒朗切，竝音蕩。」

《爾雅・釋器》：「黃金謂之璗。」《郭璞注》：「金之別名。」

鏐：。

清陳昌治刻本《說文解字・卷十四・金部》：「弩眉也。一曰黃金之美者。力幽切。」

《廣韻》：「紫磨金。」

《爾雅・釋器》：「黃金謂之璗，其美者謂之鏐。」《注》：「鏐即紫磨金。」

又與璆通。

《書・禹貢》：「厥貢璆鐵銀鏤砮磬。」《注》：「璆，紫磨金。」

鐐：。

清陳昌治刻本《說文解字・卷十四・金部》：「白金也。洛蕭切，竝音遼。」

《爾雅・釋器》：「白金謂之銀，其美者謂之鐐。」

《書・禹貢》：「厥貢惟金三品。」《傳》：「金銀銅也。」

《前漢・食貨志》：「金有三等，黃金為上，白金為中，赤金為下。」《注》：「白金，銀也。赤金，丹陽銅也。」師古曰：「金者五色，黃金、白銀、赤銅、青鉛、黑鐵。」

《左傳・成十二年》：「金奏作於下。」《疏》：「金奏，擊鐘以為奏樂之節。金，謂鐘及鎛也。」

《周禮・春官・鍾師》：「掌金奏。」

又兵也。

《禮・中庸》：「衽金革。」《朱注》：「金戈兵之屬。」

《韻會》：「軍行鉦鐸曰金。」《釋名》：「金鼓。金，禁也，為進退之禁也。」

石：。如磬（石磬）。構成地殼的礦物質硬塊。

清陳昌治刻本《說文解字・卷九・石部》：「山石也。常隻切。」

《唐韻》、《集韻》、《正韻》：「常隻切。」《韻會》：「常亦切，竝音碩。」

《增韻》：「山骨也。」

《釋名》：「山體曰石。」

《易・說卦傳》：「艮為山，為小石。」

《楊泉物理論》：「土精為石，石氣之核也。氣之生石，猶人筋絡之生爪牙也。」

《春秋・說題詞》：「石，陰中之陽，陽中之陰，陰精補陽，故山含石。」

《書・益稷》：「擊石拊石。」《注》：「石，磬也。」

又樂聲不發揚亦曰石。

《周禮・春官・典同》：「厚聲石。」《注》：「鐘太厚則如石，叩之無聲。」

絲：。如有琴、瑟、箏等。

清陳昌治刻本《說文解字・卷十三・絲部》：「蠶所吐也。息茲切。」

《急就篇注》：「抽引精繭出緒曰絲。」

《周禮・春官・大師》：「皆播之以八音：『金石土革絲木匏竹。』」《注》：「絲，琴瑟也。」

《禮・緇衣》：「王言如絲。」《疏》：「微細如絲。」

竹：。如笛（橫吹）和簫（直吹）。

清陳昌治刻本《說文解字・卷五・竹部》：「冬生艸也。陟玉切。」清段玉裁《注》：「云冬生者，謂竹胎生於冬。且枝葉不凋也。」

《周禮・春官》：「播之以八音：金石土革絲木匏竹。」

《禮・樂記》：「竹聲濫，濫以立會，會以聚眾。」

《史記・律書注》：「古律用竹。」

《前漢・律曆志》：「黃帝使泠綸，自大夏之西，崑崙之陰，取竹之解穀生，其竅厚均者，斷兩節間而吹之，以為黃鐘之宮。」

《釋名》：「竹曰吹。吹，推也，以氣推發其聲也。」

匏：。本義為葫蘆的一種，即匏瓜。如笙。

清陳昌治刻本《說文解字・卷九・包部》：「瓠也。取其可包藏物也。薄交切。」

《詩・邶風》：「匏有苦葉。」《注》：「陸佃曰：『短頸大腹曰匏。』」

《陸璣詩疏》：「匏葉少時可為羹。又可淹煮，至八月葉即苦。」

《爾雅翼》：「匏在八音之一，笙十三簧，竽三十六簧，皆列管匏內，施簧管端。」

又以為飲器。

《詩・大雅》：「酌之用匏。」

《禮・郊特牲》：「器用陶匏，以象天地之性。」

土：。如壎。

清陳昌治刻本《說文解字・卷十三・土部》：「地之吐生物者也。它魯切。」

《易・離象傳》：「百穀草木麗乎土。」

《書・禹貢》：「冀州厥土惟白壤，兗州厥土黑墳，青州厥土白墳，徐州厥土赤埴墳，揚州荊州厥土惟塗泥，豫州厥土惟壤下土墳壚，梁州厥土青黎，雍州厥土惟黃壤。」

又黏土所塑的樂器。

革：。牛皮也，如鼓。

清陳昌治刻本《說文解字・卷三・革部》：「獸皮治去其毛，革更之。徐鍇曰：『皮去其毛，染而瑩之曰革。』古覈切。」

《韻會》：「皮熟曰韋，生曰革。呂氏曰：『革者，去毛而未為韋者也。』」

《書・禹貢》：「齒革羽毛。」《傳》：「犀皮。」

《詩・召南》：「羔羊之革。」《傳》：「革，猶皮也。」《疏》：「獸皮治去其毛曰革。」

《周禮・春官・大師》：「皆播之以八音：金、石、土、革、絲、木、匏、竹。」《注》：「革，鼓鞀也。」

木：。如木魚、梆子、拍板、柷和敔（常用於祭孔大典中）。

清陳昌治刻本《說文解字・卷六・木部》：「冒也，冒地而生。莫補切，音沐。」

《書・洪範》：「五行：『一曰水、二曰火、三曰木、四曰金、五曰土。』」

《易・說卦傳》：「巽為木。」《疏》：「木可以揉曲直，即巽順之謂也。」

《禮・月令》：「某日立春，盛德在木。」《疏》：「春則為生，天之生育，盛德在於木位。」

《周禮・春官・太師》：「金石土革絲木匏竹。」《注》：「木，柷敔也。」

柷敔：樂器名。奏樂開始時擊柷，終止時敲敔。一說二者同用以和樂，不分終始。

《書・益稷》：「下管鞀鼓，合止柷敔。」

《周禮・春官・小師》：「小師掌教鼓鞀柷敔。」

晉陸機《演連珠》：「柷敔希聲，以諧金石之和。」

《明史・周洪謨傳》：「古者，鳴球琴瑟為堂上之樂，笙鏞柷敔為堂下之樂，而干羽則舞於兩階。」

柷：。古代打擊樂器，像方匣子，用木頭做成，奏樂開始時敲打。

清陳昌治刻本《說文解字・卷六・木部》：「樂，木空也。所以止音為節。昌六切，另音祝，義同。」

《書・益稷謨》：「合止柷敔。」《注》：「柷狀如桼桶，方二尺四寸，深一尺八寸。中有椎柄，連底挏之，令左右擊。郭璞云：『樂之初，擊柷以作之。樂之末，戛敔以止之。』」

敔：。古代打擊樂器，奏樂將終時，擊之使演奏停止。

清陳昌治刻本《說文解字・卷三・攴部》：「禁也。一曰樂器，椌楬也，形如木虎。魚舉切。」

《爾雅・釋樂注》：「敔如伏虎，背上有二十七鉏鋙，以木長尺櫟之。」

《釋名》：「敔，衙也。衙，止也，所以止樂也。」

《書・益稷》：「合止柷敔。」

《周禮・春官・小師》：「鼓鞀柷敔。」

鏞：。

清陳昌治刻本《說文解字・卷十四・金部》：「大鐘謂之鏞。余封切。」

《書・益稷》：「笙鏞以閒。」《注》：「鏞，大鐘。」

又質樸。

《論語》：「剛毅木訥近仁。」

又木彊，不和柔貌。
《前漢・周勃傳》：「勃為人木彊敦厚。」

笙：。管樂器名，一般用十三根長短不同的竹管製成，吹奏。

清陳昌治刻本《說文解字・卷五・竹部》：「十三簧。象鳳之身也。笙，正月之音。物生，故謂之笙。所庚切。」
《釋名》：「笙，生也。象物貫地而生也。」
《博雅・釋樂》：「以瓠為之，十三管，宮管在左方。」
《白虎通》：「笙者大蔟之氣，象萬物之生故謂之笙。」
《爾雅・釋樂》：「大笙謂之巢，小者謂之和。」《注》：「大者十九簧，和，十三簧者。」
《前漢・律曆志》：「匏曰笙。」《注》：「匏，瓠也。列管瓠中，施簧管端。」
《詩・小雅》：「笙磬同音。」
《宋書・謝靈運傳論》：「夫五色相宜，八音協暢，由乎玄黃律呂，各適物宜。」

律：。

清陳昌治刻本《說文解字・卷二・彳部》：「均布也。呂戌切。」
《玉篇》：「六律也。」
《說文》：「均布也。十二律均布節氣，故有六律，六均。」
《爾雅・釋器》：「律謂之分。」《注》：「律管，所以分氣。」

《前漢・律曆志》：「律有十二，陽六為律，陰六為呂，黃帝之所作也。黃帝使泠綸自大夏之西，昆侖之陰，取竹之解穀生，其竅厚均者，斷兩節閒而吹之，以為黃鐘之宮，制十二筩以聽鳳之鳴。其雄鳴為六，雌鳴亦六，比黃鐘之宮而皆可以生之，是為律本。」

《史記・律書注》：「古律用竹，又用玉。漢末以銅為之。」

《書・舜典》：「同律度量衡。」

《禮・王制》：「考時月，定日同律。」

《爾雅・釋詁》：「法也。又常也。」《注》：「謂常法。」

《正韻》：「律呂萬法所出，故法令謂之律。」

《管子・七臣七主篇》：「律者，所以定分止爭也。」《釋名》：「律，累也。累人心，使不得放肆也。」

呂：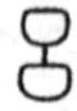。

清陳昌治刻本《說文解字・卷七・呂部》：「脊骨也。力舉切。」

六呂，陰律也。

《周禮・春官・大司樂》：「奏黃鐘，歌大呂，奏姑洗，歌南呂，奏夷則，歌小呂。」《注》：「小呂一名中呂。」

《大師》：「陰聲，大呂應鐘，南呂函鐘，小呂夾鐘。」

《前漢・律曆志》：「陰六為呂，呂以旅陽宣氣。」

又鐘名。

《戰國策》：「大呂陳於元英，故鼎反乎磨室。」《注》：「大呂，齊鐘名。」

《史記・平原君傳》：「使趙重於九鼎大呂。」《注》：「正義曰：大呂，周廟大鐘。」

泛指音樂。

明宋應星《天工開物・冶鑄》：「虛其腹以振盪空靈，而八音起。」

八風之音。

《呂氏春秋・孝行》：「雜八音，養耳之道也。」高誘注：「八音，八卦之音。」陳奇猷校釋：「八音，八風之音……陰陽家以八風分屬八卦，故高謂八卦之音。」

鐘：鐘。《周》、《禮》皆作鍾，古字通用。

清陳昌治刻本《說文解字・卷十四・金部》：「樂鐘也。秋分之音，物種成。職茸切。」

《廣韻》：「世本曰：『垂作鐘。』」《釋名》：「鐘，空也。內空受氣多，故聲大也。」

《詩・周南》：「鐘鼓樂之。」

《韻會》：「律名，黃鐘十一月，夾鐘二月，林鐘六月，應鐘十月。」

磬：磬。古代打擊樂器，形狀像曲尺，用玉、石製成，可懸掛。

清陳昌治刻本《說文解字・卷九・石部》：「樂石也。苦定切。」

《五經要義》：「磬立秋之樂。」

《白虎通》：「磬者，夷則之氣，象萬物之成。」

《禮・明堂位》：「叔之離磬。」《注》：「叔之離磬者，叔之所作編離之磬。」

又編磬，特磬。

《陳用之曰》：「叔之離磬，特懸之磬也。」

《三禮圖》：「股廣三寸，長尺三寸半，十六枚同一筍虡，謂之編磬。」

又笙磬，頌磬。

《周禮・春官・眡瞭》：「掌凡樂擊頌磬笙磬。」《注》：「磬在東方曰笙。笙，生也。在西方曰頌。或作庸。庸，功也。」

又玉磬，石磬。

《書・益稷》：「戛擊鳴球。」

《禮・明堂位》：「拊搏玉磬。」

《書・禹貢》：「泗濵浮磬。」《傳》：「泗水中見石，可以為磬。」澔曰：『玉磬，天子樂器。諸侯當擊石磬，故郊特牲以擊玉磬為諸侯之僭禮。』」

絃：《廣韻》、《正韻》：「胡田切。」《集韻》、《韻會》：「胡千切，竝音賢。」

《五經文字》：「琴瑟弦。」

《禮・樂記》：「清廟之瑟，朱絃而疏越。」

《論語》：「聞絃歌之聲。」

管：。

清陳昌治刻本《說文解字・卷五・竹部》：「如篪，六孔。十二月之音。物開地牙，故謂之管。古滿切。」

樂器。

《書・益稷篇》：「下管鞀鼓。」

鞀：鞀。

清陳昌治刻本《說文解字・卷三・革部》：「鞀遼也。徒刀切。」

《玉篇》：「與鞉同。如鼓而小，持柄搖之，旁耳還自擊。」

《禮・月令》：「命樂師修鞀鞞鼓。」《釋名》：「鞀，導也，所以導樂作。」

《詩・商頌》：「嘒嘒管聲。」

嘒嘒：形容星光微小而明亮。

《魏書・術藝傳・張淵》：「丈人極陽而慌忽，子孫嘒嘒於參嵎。」原注：「嘒，小貌。孫二星，在子東。」

又形容清亮的聲音。

《詩・商頌・那》：「鞉鼓淵淵，嘒嘒管聲。」孔穎達疏：「嘒嘒然而清烈者，是其管籥之聲。」

又蟬鳴聲。

《詩・小雅・小弁》：「菀彼柳斯，鳴蜩嘒嘒。」毛傳：「蜩，蟬也。嘒嘒，聲也。」

嘒：嘒。

清陳昌治刻本《說文解字・卷二・口部》：「小聲也。呼惠切。」

《廣韻》：「聲急。」

《詩・小雅》：「鳴蜩嘒嘒。」《傳》：「嘒嘒，聲也。又和也。」
《詩・召南》：「嘒彼小星。」《傳》：「嘒，微貌。」
《儀禮・大射儀》：「乃管新宮。」《注》：「管，謂吹簜以播新宮之樂。」
《爾雅・釋樂》：「大管謂之簥，其中謂之篞，小者謂之篎。」《注》：「管長尺，圍寸，併漆之。有底，如笛而小，併兩而吹。」

簥：古代一種發音洪亮的管樂器。
《廣韻》：「舉喬切。」《集韻》：「居妖切，竝音喬。大管名。」
《爾雅・釋樂》：「大管謂之簥。」《注》：「長尺，圍寸，併漆之，有底，賈氏以為如篪六孔。」
《疏》：「李巡云：『聲高大，故曰簥。簥，高也。』」

篞：古代一種聲音柔和的管樂器。
《廣韻》：「奴結切。」《集韻》、《韻會》、《正韻》：「乃結切，竝音涅。」

篎：。古代的一種發音清脆的管樂器。
清陳昌治刻本《說文解字・卷五・竹部》：「小管謂之篎。亡沼切。」
《前漢・律曆志》：「竹曰管。」

篇：。古代通風鼓火器上的管子。
清陳昌治刻本《說文解字・卷五・竹部》：「書僮竹笘也。以灼切。」清段玉裁《注》：「笘下曰：『潁川人名小兒所書寫為笘。』」

《唐韻》、《廣韻》：「以灼切。」《集韻》、《類篇》、《正韻》：「弋灼切。」《韻會》：「弋約切，竝音藥。」《廣韻》：「樂器，似笛。」

《爾雅・釋樂》：「大籥謂之產，其中謂之仲，小者謂之約。」《注》：「籥，如笛，三孔而短小。」

《廣雅》：「籥，七孔。」

《詩・衛風》：「左手執籥。」《傳》：「籥，六孔。」

《周禮・春官》：「籥師掌敎國子舞羽歈籥。」《注》：「文舞有持羽吹籥者，所謂籥舞也。」

《禮・文王世子》：「秋冬學羽籥。」《疏》：「籥，笛也。籥聲出於中冬，則萬物藏于中云。」

塤：。古代用陶土燒製的一種吹奏樂器，圓形或橢圓形，有六孔，大小如鵝蛋，頂端為吹口。

亦稱陶塤。音義同壎：。

清陳昌治刻本《說文解字・卷十三・土部》：「樂器也。以土為之，六孔。況袁切。」

《說文》：「壎，樂器也。以土為之，六孔。字亦作塤。」

《唐韻》：「況袁切。」《集韻》、《韻會》：「許元切，竝音暄。樂器也。燒土為之，銳上平底，形似稱錘。」

《白虎通》：「壎之言熏也。陽氣於黃泉之下，熏烝而萌也。」

《詩・小雅》：「伯氏吹壎。亦作塤。」

《前漢・律曆志》：「八音，土曰塤。」

《禮圖》：「塤大如鴈卵者曰雅塤，如雞卵者曰頌塤。」
《周禮・小師》：「塤簫管。」《注》：「大如雁卵。」
《禮記・月令》：「調竽笙壎篪。」
《詩・小雅・何人斯》：「伯氏吹壎，仲氏吹篪。」
《詩・大雅・板》：「如壎如篪。」《注》：「其聲平下，與篪相諧。」
《白虎通》：「禮樂壎坎音也。」
《新定三禮圖・投壺圖・塤》：「凡六孔，上一、前三、後二。」

鼓：。打擊樂器，圓柱形，中空，兩頭蒙皮。
清陳昌治刻本《說文解字・卷五・鼓部》：「郭也。春分之音，萬物郭皮甲而出，故謂之鼓。」
《徐鍇曰》：『郭者，覆冒之意。』工戶切。」
《玉篇》：「瓦為椌，革為面，可以擊也。樂書，鼓所以檢樂，為羣音長。」
《釋名・釋樂器》：「鼓，廓也。張皮以冒之，其中空也。」
《詩・邶風・擊鼓》：「擊鼓其鏜。」
《漢書・律曆志上》：「皮曰鼓。」

鏜：。
清陳昌治刻本《說文解字・卷十四・金部》：「鏜鼓之聲。《詩》曰：『擊鼓其鏜。』上郎切。」
《詩・邶風》：「擊鼓其鏜。」《傳》：「鏜然，擊鼓聲也。」

儀：儀。

清陳昌治刻本《說文解字・卷八・人部》：「度也。魚羈切。」清段玉裁《注》：「度，法制也。毛傳曰：『儀，善也。』又曰：『儀，宜也。』又曰：『儀，匹也。』其義相引伸。」

《唐韻》《集韻》：「魚羈切。」《韻會》：「疑羈切，竝音宜。兩儀，天地也。又三儀，天地人也。」

《周禮・地官・保氏》：「教國子以六儀，一祭祀，二賔客，三朝廷，四喪紀，五軍旅，六車馬之容。」

《春官・典命》：「掌諸侯之五儀。」《注》：「公、侯、伯、子、男也。」

《釋名》：「宜也。得事宜也。」

又象也，法也。

《詩・大雅》：「儀刑文王。」

穆穆：端莊恭敬。

《書・舜典》：「賓於四門，四門穆穆。」曾運乾正讀：「賓讀為儐。四方諸侯來朝者，舜賓迎之也。四門穆穆，《史記》云：『諸侯遠方賓客皆敬。』」

《爾雅・釋訓》：「穆穆，敬也。」

《大戴禮記・五帝德》：「亹亹穆穆，為綱為紀。」

又儀容或言語和美。

《詩・大雅・文王》：「穆穆文王，於緝熙敬止。」毛傳：「穆穆，美也。」

又寧靜，靜默。
《楚辭・遠遊》：「形穆穆以浸遠兮，離人羣而遁逸。」
又盛集貌。
宋范仲淹《上時相議制舉書》：「十數年間，異人傑士，必穆穆於王庭矣。」

餒：𩚵。
《廣韻》：「奴罪切。」《集韻》、《韻會》、《正韻》：「弩罪切，𠀤音鮾。」
《說文》：「餒，饑也。」
《玉篇》：「餓也。」
《左傳・襄二十年》：「吾有餒而已。」
又洩氣，喪氣。
《孟子・公孫丑》：「其為氣也配義與道。於是，餒也。」
又魚爛也。
《爾雅・釋器》：「魚謂之餒。」《注》：「肉爛。」《疏》：「魚爛從內發，故云內爛。」

燭：𤎺。
清陳昌治刻本《說文解字・卷十・火部》：「庭燎，火燭也。之欲切。」
《集韻》、《韻會》：「朱欲切，𠀤音囑。」《廣韻》：「燈燭。」
《玉篇》：「照也。」

《爾雅・釋天》：「四時和謂之玉燭。」《注》：「道光照也。」

卒：。

清陳昌治刻本《說文解字・卷八・衣部》：「隸人給事者為卒。卒，衣有題識者。臧沒切。」

《集韻》、《韻會》、《正韻》：「即聿切，竝音啐。」

《爾雅・釋詁》：「盡也。」《疏》：「終盡也。」

《詩・衞風》：「畜我不卒。」

《爾雅・釋言》：「已也。」

《唐韻》、《集韻》、《正韻》、《韻會》：「倉沒切，竝村入聲。」

《廣韻》：「急也。」

《韻會》：「匆遽之貌。」

《前漢・司馬遷傳》：「卒卒無須臾之間。」

《趙充國傳》：「則亡以應卒。」《注》：「卒謂暴也。」

功：。

清陳昌治刻本《說文解字・卷十三・力部》：「以勞定國也。古紅切，竝音公。」

《廣韻》：「功績也。」

《周禮・司勳》：「國功曰功。」

事情，工作。

《書・益稷》：「惟荒度土功。」

事。

《晏子春秋・內篇諫上》：「故男不群樂以妨事，女不群樂以妨功。」

行：。

清陳昌治刻本《說文解字・卷二・行部》：「人之步趨也。戶庚切。」清段玉裁《注》：「步，行也。趨，走也。二者一徐一疾。皆謂之行。統言之也。《爾雅・釋宮》：『室中謂之時。堂上謂之行。堂下謂之步。門外謂之趨。中庭謂之走。大路謂之奔。』」

《廣韻》：「適也，往也，去也。」

又語也。

《爾雅・釋詁》：「行，言也。」《注》：「今江東通謂語為行。」

《玉篇》：「行，跡也。」

《周禮・地官・師氏》：「敏德以為行本。」《注》：「德行內外，在心為德，施之為行。」

又行業。原指工商業中的類別，後亦泛指職業。

《史記・陳涉世家》：「皆次當行。」

蟄：。

清陳昌治刻本《說文解字・卷十三・虫部》：「藏也。直立切。」

《爾雅・釋詁》：「蟄，靜也。」《疏》：「藏伏靜處也。」

《易・繫辭》：「龍蛇之蟄，以存身也。」

《集韻》：「質入切，音執。」

《莊子・天運篇》：「蟄蟲始作。」

瓦：。

清陳昌治刻本《說文解字・卷十二・瓦部》：「土器已燒之總名。象形。五寡切。」清段玉裁《注》：「瓦謂已燒者也。凡土器未燒之素皆謂之坏。已燒皆謂之瓦。」

《詩・小雅》：「載弄之瓦。」《傳》：「瓦，紡塼也。」

《禮・儒行》：「毀方而瓦合。」《注》：「呂氏曰：『陶者為瓦，必圓而割，分之則瓦，合之則圓，而不失其瓦之質。』」

又瓦解。

《史記・匈奴傳》：「其困敗則瓦解雲散矣。」

又古八音中土的別稱。

《國語》：「匏以宣之，瓦以贊之。」

琴瑟：樂器，琴和瑟。亦偏指琴瑟的一種。

《書・益稷》：「戛擊鳴球，搏拊琴瑟以詠，祖考來格。」指琴瑟之聲，古人以之為雅樂正聲。

《荀子・非相》：「聽人以言，樂於鐘鼓琴瑟。」

琴：。古代絃樂器，最初是五根弦，後加至七根弦（亦稱七弦琴，通稱古琴）。

清陳昌治刻本《說文解字・卷十二・琴部》：「禁也。神農所作。洞越。練朱五弦，周加二弦。《徐曰》：『君子所以自禁制也。』巨今切。」

《白虎通》：「琴以禁制淫邪，正人心也。」

《琴論》：「伏羲氏削桐為琴，面圓法天，底方象地，龍池八寸通八風，鳳池四寸合四氣。琴長三尺六寸，象三百六十日。廣六寸，象六合。前廣後狹，象尊卑也。上圓下方，法天地也。五絃象五行，大絃為君，小絃為臣，文武加二絃，以合君臣之恩。」

《三禮圖》：「琴第一絃為宮，次商角羽徵，次少宮，次少商。琴有絃有徽，有首有尾，有脣有足，有腹有背，有腰有肩有越。脣名龍脣，足名鳳足，背名仙人，腰名美女。越長者龍池，短者鳳沼。臨嶽琴首，緪絃者也。岳山琴尾高起，緪絃者也。城路，岳山下路也。鴈足支肩下，繫絃者也。軫支足下，轉扭調絃者也。」

瑟：。

清陳昌治刻本《說文解字・卷十二・琴部》：「庖犧所作弦樂也。《徐曰》：『黃帝使素女鼓五十絃琴，黃帝悲，乃分之為二十五絃。今文作瑟。』所櫛切。」

《樂書》：「朱襄氏使士達制五絃之瑟，後瞽瞍判五絃瑟為十五絃，復增以八為二十三。」

《禮圖》：「雅瑟八尺一寸，廣一尺八寸，二十三絃，其常用者十九絃，頌瑟七尺二寸，廣同，二十五絃盡用。」

《爾雅・釋樂》：「大瑟謂之灑。《注》：「長八尺一寸，廣一尺八寸，二十七絃。」
《集韻》：「矜莊貌。」
《詩・衛風》：「瑟兮僩兮。」《傳》：「瑟，矜莊貌。」《朱注》：「瑟，嚴密之貌。」

詠：。

清陳昌治刻本《說文解字・卷三・言部》：「歌也。為命切，音泳。」
《玉篇》：「長言也。」《增韻》：「詠歌謳吟也。」
《書・益稷》：「戛擊鳴球，搏拊琴瑟以詠。」《傳》：「以合詠歌之聲也。」
《爾雅序》：「敘詩人之興詠。」《疏》：「詠者，永言也。」
又通作詠。
《史記・樂書》：「歌詠其聲也。」
《禮・樂記》：「作歌詠。」
《說文長箋》：「省作永。」
《書・舜典》：「詩言志，歌永言。」

宣：。

清陳昌治刻本《說文解字・卷七・宀部》：「天子宣室也。須緣切，竝音瑄。」
《爾雅・釋言》：「徧也。」
《詩・大雅》：「既順廼宣。」《注》：「順，安。宣，徧也。」

《左傳・賈注》：「通也。」

《詩・周頌》：「宣哲維人。」《注》：「宣，通。哲，智也。」

又布也，散也。

《書・臯陶謨》：「日宣三德。」

《禮・月令》：「季秋，會天地之藏，無有宣出。」《注》：「物皆收斂，無有宣露出散也。」

《增韻》：「召也。」

又盡也，明也，示也。

《周語》：「為川者，決之使導。為民者，宣之使言。」

《左傳・成十三年》：「是用宣之，以懲不壹。」

贊：。

清陳昌治刻本《說文解字・卷六・貝部》：「見也。《注》：『徐鉉曰：兟，音詵，進也。執贄而進，有司贊相之。』則旰切。」

《易・說卦》：「幽贊於神明。」《注》：「贊，明也。」《疏》：「贊者，佐而助成，而令微者得著，故訓為明也。」

《書・大禹謨》：「益贊於禹曰。」《傳》：「贊，佐也。」

又進也。

《前漢・東方朔傳》：「朔自贊曰。」《注》：「師古曰：『贊，進也。』」

《廣韻》：「出也，助也。」

節：。

清陳昌治刻本《說文解字・卷五・竹部》：「竹約也。子結切。」清段玉裁《注》：「約，纏束也。竹節如纏束之狀，引伸為節省、節制。」

又操也。

《左傳・成十五年》：「諸侯將見子臧於王而立之，子臧辭曰：『前志有之曰：聖達節，次守節，下失節。為君非吾節也。』」

又止也、檢也、制也。

《易・頤象》：「君子以慎言語，節飲食。」《疏》：「節，裁節。」

《節卦》：「節亨。苦節不可貞。」《疏》：「節者，制度之名，節止之義，制事有節，其道乃亨。」

《說卦傳》：「節，止也。」

《爾雅・釋樂》：「和樂謂之節。」《疏》：「八音克諧，無相奪倫，謂之和樂，樂和則應節。」

《左傳疏》：「凡春、秋分，冬、夏至，立春、立夏為啟。立秋、立冬為閉。用此八節之日登觀臺，書其所見雲物氣色。」

擊：。

清陳昌治刻本《說文解字・卷十二・手部》：「攴也。《徐曰》：『撲也。』古歷切。」

《廣韻》：「打也。」《增韻》：「扣也。」

《易・蒙卦》：「擊蒙。」《注》：「擊去童蒙，以發其昧。」

又攻殺也。

《楚語》：「刲羊擊豕。」《注》：「擊，殺也。」

又觸也。

《莊子・田子方》：「目擊而道存矣。或作擻。」

和：𠰓。

清陳昌治刻本《說文解字・卷二・口部》：「相應也。戶戈切。」

《廣韻》：「順也，諧也，不堅不柔也。」

《書・堯典》：「協和萬邦。」

《舜典》：「律和聲。」

《易・乾卦》：「保合太和。」

《中庸》：「發而皆中節謂之和。」

《爾雅・釋樂》：「大笙謂之巢，小笙謂之和。」《注》：「和，十三簧。」

《謚法》：「不剛不柔曰和。」

《廣韻》、《集韻》、《韻會》、《正韻》：「竝胡臥切，禾去聲。」《廣韻》：「聲相應。」

《易・中孚》：「鳴鶴在陰，其子和之。」

《爾雅・釋樂》：「徒吹謂之和。」

《集韻》：「調也。」

《禮・檀弓》：「竽笙備而不和。」

《禮運》：「五味，六和，十二食，還相為質也。」《注》：「春多酸，夏多苦，秋多辛，冬多鹹，加以滑甘，是謂六和。」

踰：。

清陳昌治刻本《說文解字・卷二・足部》：「越也。羊朱切。」清段玉裁《注》：「越，度也。踰與逾音義略同。」

《博雅》：「遠也，渡也。」

《易・謙卦》：「卑而不可踰。」

《書・費誓》：「無敢寇攘踰垣牆。」

《禮・曲禮》：「禮不踰節。」

平：。

清陳昌治刻本《說文解字・卷五・亏部》：「語平舒也。符兵切。」

《廣韻》：「平，正也。」《增韻》：「平，坦也。」

《易・泰卦》：「無平不陂。」

《廣韻》：「平，和也。」

《書・堯典》：「平章百姓。」《傳》：「平和章明。」

又成也。謂解恕和好也。

《爾雅・釋詁》：「平，成也。」

《春秋・宣十五年》：「宋人及楚人平。」《左傳疏》：「平者，和也。言其先不平，而今始平。」

又治也。

《書・大禹謨》：「地平天成。」《傳》：「水土治曰平。」

又治之也。

《詩・大雅》：「修之平之，其灌其栵。」《疏》：「修理之平治之者，其為灌木其為栵木之處也。」

又平服也。

《詩・大雅》：「四方既平，王國庶定。」《疏》：「四方既已平服，王國之內幸應安定。」

《玉篇》：「平，齊等也。」

《增韻》：「平，均也。」

《易・乾卦》：「雲行雨施，天下平也。」《疏》：「言天下普得其利，而均平，不偏陂。」

又樂聲不相踰越也。

《周語》：「樂從和，和從平。」

《爾雅・釋詁》：「平，易也。」《疏》：「易者，不難也。」

牝：。雌性的鳥或獸。

清陳昌治刻本《說文解字・卷二・牛部》：「畜母也。毗忍切。」

《易・坤卦》：「利牝馬之貞。」《書・牧誓》：「牝雞無晨。」

牡：。雄性的鳥或獸，亦指植物的雄株。

清陳昌治刻本《說文解字・卷二・牛部》：「畜父也。莫厚切，音母。」

《詩・邶風》：「雉鳴求其牡。」《傳》：「飛曰雌雄，走曰牝牡。」《箋》：「喻人所求非所求。」

《疏》：「雌雉鳴也。乃鳴求其走獸之牡，非其道。」

博：。

清陳昌治刻本《說文解字・卷三・十部》：「大通也。補各切。」

《玉篇》：「廣也，通也。」

《增韻》：「普也。」

《荀子・修身篇》：「多聞曰博。」

又寬廣。

《史記・屈原賈生列傳》：「博聞強志，明於治亂，嫻於辭令。」

又眾多，豐富。

《論語・子罕》：「博我以文，約我以禮。」

又廣泛，普遍。

《荀子・天論》：「風雨博施。」

防：。

清陳昌治刻本《說文解字・卷十四・阜部》：「隄也。符方切。」

《廣韻》：「防禦也。」
《爾雅・釋地》：「墳，大防。」《疏》：「墳謂崖岸，狀如墳墓，名大防也。」
《左傳・襄二十五年》：「町原防。」《注》：「防，隄也。」
《穀梁傳・昭八年》：「艾蘭以為防。」《注》：「防為田之大限。」
《孟子》：「無曲防。」
《玉篇》：「備也。」
《易・既濟》：「君子以思患而豫防之。」
《玉篇》：「禁也。」
《禮・檀弓》：「蕢也，宰夫也。非刀匕是供，又敢與知防。」《注》：「防，禁放溢也。」
《爾雅・釋宮》：「容謂之防。」《注》：「形如今牀頭小曲屏風，唱射者所以自防隱也。」
《顏延之・答鄭尚書詩》：「踟躕清防密。」《注》：「清防，屏風也。」

約：。

清陳昌治刻本《說文解字・卷十三・糸部》：「纏束也。於略切。」清段玉裁《注》：「束者，縛也。引申為儉約。。」
《詩・小雅》：「約之閣閣。」《傳》：「約，束也。」
《禮・曲禮》：「約信曰誓。」《疏》：「共相約束，以為信也。」
《禮・坊記》：「君子約言。」《疏》：「謂省約其言也。」
《禮・坊記》：「小人貧斯約。」《注》：「約猶窮也。」

《論語》：「以約失之者，鮮矣。」《何晏註》：「儉約無憂患。」
《戰國策》：「蘇代約燕王曰。」《注》：「約，止也。」
《莊子・逍遙遊》：「淖約若處子。」《音義》：「淖約，柔弱貌。」
《荀子・勸學篇》：「春秋約而不速。」《注》：「文義隱約。」
《呂氏春秋》：「旄象之約。」《注》：「約，節也。一曰美也。」
《楚辭・招魂》：「土伯九約。」《注》：「屈也。」

敗：。

清陳昌治刻本《說文解字・卷三・攴部》：「毀也。薄邁切。」
《爾雅・釋言》：「覆也。」
《釋名》：「潰也。又壞也。」
《玉篇》：「破也。」
《增韻》：「損也。又頹也。」
《易・需卦》：「敬慎不敗也。」
《書・大禹謨》：「反道敗德。」
《爾雅・釋器》：「肉謂之敗。」《注》：「臭壞。」

疾：。

清陳昌治刻本《說文解字・卷七・疒部》：「病也。秦悉切。」

《說文》：「病也。一曰急也。」《徐曰》：「病來急，故從矢。矢，急疾也。」
《易・復卦》：「復亨出入無疾。」
《玉篇》：「患也。」
《左傳・桓六年》：「謂其不疾瘯蠡也。」《疏》：「不疾者，猶言不患此病也。」

瘯：癬疥一類的皮膚病。
《廣韻》、《集韻》、《韻會》：「竝千木切，音蔟。」
《玉篇》：「瘯蠡，皮膚病。」
《左傳・桓六年》：「謂其不疾瘯蠡也。」《疏》：「瘯蠡，畜之小病，瘯族生疥類是也。蠡則綠生癬類是也。」

蠡：。蟲蛀木，引申為器物歷久磨損要斷的樣子。
清陳昌治刻本《說文解字・卷十三・虫部》：「蟲齧木中也。盧啓切。」段玉裁《注》：「蠡之言劙也，如刀劙物。」
《玉篇》：「蠡蠡，行列貌。」
又瓠瓢，用葫蘆做的瓢。
《漢書・東方朔傳》：「以蠡測海。」

劙：。
清陳昌治刻本《說文解字・卷四・刀部》：「剺也。劃也。里之切。」

《韻會》：「通作黎。」

《後漢・耿恭傳》：「黎面流血。」《注》：「即剺字。又與棃通。」

《玉篇》：「速也。」

《廣韻》：「急也。」

《易・繫辭》：「帷神也，故不疾而速。」

《詩・大雅》：「昊天疾威。」《傳》：「疾猶急也。」

《禮・月令》：「季冬之月，征鳥厲疾。」《疏》：「疾，捷速也。」

《增韻》：「惡也。」

《左傳・昭九年》：「辰在子卯，謂之疾日。」《注》：「疾，惡也。」

《爾雅・釋言》：「疾，齊壯也。」《疏》：「急速齊整，皆於事敏速強壯也。」

又虐也。

《詩・大雅》：「疾威上帝。」《朱注》：「疾威，猶暴虐也。」

又怨也。

《管子・君臣篇》：「有過者不宿其罰，故民不疾其威。」《注》：「疾，怨也。」

均：。

清陳昌治刻本《說文解字・卷十三・土部》：「平徧也。居勻切。」

《唐韻》：「居勻切。」《集韻》、《韻會》、《正韻》：「規倫切，竝音鈞。」

《說文》：「平也。」

《詩・小推》：「大夫不均。」
又調也。
《詩・小雅》：「六轡既均。」
又偏也。
《易・說卦》：「坤為均。」
《莊子・寓言篇》：「萬物皆種也。以不同形相禪，始卒循環，莫得其倫，是謂天均。」
又樂器。
《禮・樂記》：「樂所以立均。」《尚書疏》：「堂上之樂，皆受笙均。堂下之樂，皆受磬均。」
《後漢・律曆志》：「冬夏至，陳八音，聽五均。」《注》：「均，長七尺，繫以絲，以節樂音。」

短：。

清陳昌治刻本《說文解字・卷五・矢部》：「有所長短，以矢為正。《徐曰》：『若以弓為度也。』都管切。」
《廣韻》：「促也，不長也。」
《書・堯典》：「日短星昴，以正仲冬。」
《禮・月令》：「度有長短。」
又凡指人過失曰短。
《史記・屈原傳》：「上官大夫短屈原於頃襄王。」
《前漢・蕭望之傳》：「鄭朋數稱述望之，短車騎將軍。」《師古注》：「短謂毀其短惡也。」

注耳：傾耳。

《文選・馬融・長笛賦》：「攢乎下風，收精注耳。」李善注：「注耳專聽。」

《敦煌變文集・降魔變文》：「巡街歷巷，注耳傾心。」

忿：。

清陳昌治刻本《說文解字・卷十・心部》：「悁也。敷粉切。」清段玉裁《注》：「忿與憤義不同。憤以氣盈為義。忿以狷急為義。」

《玉篇》：「恨也，怒也。」

《書・君陳》：「爾無忿疾於頑。」《傳》：「無忿怒疾之也。」

掣：。

《唐韻》、《集韻》、《韻會》、《正韻》：「竝尺制切，音斥。」

《易・睽卦》：「見輿曳，其牛掣。」《注》：「滯隔不進也。」

《唐韻》：「昌列切。」《集韻》、《韻會》：「尺列切，竝滯入聲。義同。亦挽也。又揭也，取也。」

《晉書・王獻之傳》：「七八歲時學書，羲之從後掣其筆不得。」

《正韻》：「敕列切，音徹。義同。」

《類篇》：「通作挈。」

《玉篇》：「牽也。」

肅肅：恭敬貌。

《詩・大雅・思齊》：「雝雝在宮，肅肅在廟。」毛傳：「肅肅，敬也。」

嚴正貌。

《詩・小雅・黍苗》：「肅肅謝功，召伯營之。」鄭玄箋：「肅肅，嚴正之貌。」

疾速貌。

《詩・召南・小星》：「肅肅宵征，夙夜在公，實命不同。」毛傳：「肅肅，疾貌。」

形容網目細密。

《詩・周南・兔罝》：「肅肅兔罝，椓之丁丁。」馬瑞辰通釋：「肅肅，蓋縮縮之假借。」《通俗文》：「物不申曰縮。兔罝本結繩為之，言其結繩之狀，則為縮縮。」

又陰沉，蕭瑟，清冷。

《莊子・田子方》：「至陰肅肅，至陽赫赫。肅肅出乎天，赫赫發乎地。」

又清幽，靜謐。

漢張衡《思玄賦》：「出紫宮之肅肅兮，集大微之閬閬。」

紫宮：星官名。指紫微垣。

漢趙曄《吳越春秋・勾踐歸國外傳》：「於是范蠡乃觀天文，擬法於紫宮築作小城，周千一百二十二步，一圓三方。」

指帝王宮禁。

《文選・左思・詠史之五》：「列宅紫宮裡，飛宇若雲浮。」李周翰注：「紫宮，天子所居處。」

神話中天帝的居室。

《淮南子・天文訓》：「紫宮者，太一之居也。」

大微：同太微。

古代星官名。三垣之一。位於北斗之南，軫、翼之北，大角之西，軒轅之東。諸星以五帝座為中心，做屏藩狀。

《楚辭・遠遊》：「召豐隆使先導兮，問大微之所居。」王逸注：「博訪天庭在何處也。大，一作太。」

《史記・天官書》：「衡，太微，三光之廷。匡衛十二星，藩臣：西，將；東，相；南四星，執法；中，端門；門左右，掖門。」古以為天庭。

用指朝廷或帝皇之居。

宋沈遘《謝兩府三啟》：「抱槧懷鉛，出入乎承明之署；荷囊持槖，上下乎太微之廷。」

又鳥羽、蟲翅的振動聲。

《詩・小雅・鴻雁》：「鴻鴈於飛，肅肅其羽。」毛傳：「肅肅，羽聲也。」

又風聲。

《後漢書・列女傳・董祀妻》：「處所多霜雪，胡風春夏起，翩翩吹我衣，肅肅入我耳。」

又泛指其他聲音。

唐杜甫《春遠》詩：「肅肅花絮晚，菲菲紅素輕。」

習習：頻頻飛動貌。

《楚辭・九辯》：「駖白霓之習習兮，歷群靈之豐豐。」朱熹集注：「習習，飛動貌。」

微風和煦貌。

《詩・邶風・穀風》：「習習谷風，以陰以雨。」毛傳：「習習，和舒貌。」

盛多貌。

《文選・左思・魏都賦》：「習習冠蓋，莘莘蒸徒。」張銑注：「習習，盛也。」

清雅和諧貌。

《文選・嵇康・琴賦》：「洋洋習習，聲烈遐布。」李周翰注：「洋洋習習，清雅貌。」

形容辛辣、痛癢等感覺。

宋沈括《夢溪筆談・藥議》：「細辛出華山，極細而直，深紫色，味極辛，嚼之習習如（生）椒，其辛更甚於椒。」

庶：。

清陳昌治刻本《說文解字・卷九・广部》：「屋下眾也。商署切。」

《易・乾卦》：「首出庶物，萬國咸寧。」

《書・堯典》：「庶績咸熙。」

《爾雅・釋言》：「侈也。」《注》：「眾多為奢侈。」

《爾雅・釋言》：「幸也。」《注》：「庶幾僥倖。」

《詩・大雅・卷阿》：「既庶且多。」

《春秋考異郵》：「明庶風至。」

又近詞。

《論語》：「回也其庶乎。」《集注》：「庶，近也。」

又幾乎，將近，差不多。

《孟子・梁惠王下》：「王之好樂甚，則齊國其庶幾乎？」

三、論配氣味

子產云。氣為五味。鄭元云。通口者為五味。通鼻者為五臭。禮記月令云。春之日。其味酸。其臭羶。木之臭味也。說文云。羶者羊臭。春物氣。與羊相類。木所以酸者。象東方萬物之生。酸者鑽也。言萬物鑽地而出生。五味得酸乃達也。元命苞云。酸之言端也。氣始生。專心自端也。禮記云。夏之日。其味苦。其臭焦。火所以苦者。南方主長養也。苦者。所以長養之。五味須苦。乃以養之。元命苞云。苦者。勤苦乃能養也。方言。苦。快也。臭焦者。陽氣蒸動。燎火之氣也。許慎云。焦者。火燒物。有焦燃之氣。夏氣同也。禮記云。季夏之日。其味甘。其臭香。土味所以甘者。中央中和也。甘美也。元命苞云。甘者。食常言安其味也。甘味為五味之主。猶土之和成於四行也。臭香者。土之鄉氣。香為主也。許慎云。土得其中和之氣。故香。禮記云。秋之日。其臭腥。其味辛。西方殺氣腥也。許慎云。未熟之氣腥也。西方金之氣象此。味辛者。物得辛乃萎殺也。亦云。故新之辛也。故物皆盡。新物已成。故云新。元命苞云。陰害故辛。殺義故辛。刺陰氣使其然也。禮記云。冬之日。其味鹹。其臭朽。朽者。水之氣也。若有若無。言氣微也。亦云。水者。受垢濁。故其臭腐朽也。許慎云。朽爛之氣。北方氣同此。味鹹者。北方物。鹹所以堅之也。猶五味得鹹乃堅也。許慎云。鹹者。銜也。元命苞云。鹹者。鎌。鎌清也。至寒之氣。故使其清而鹹。鄭元云。五味醯酸。酒苦。蜜甘。薑辛。鹽鹹。黃帝甲乙經言。穀則米甘。麻酸。大豆鹹。麥苦。黍辛。一云。稻米辛。菓則棗甘。李酸。栗鹹。杏苦。桃辛。菜則葵甘。韮酸。藿鹹。薤苦。蔥辛。畜則牛甘。犬酸。彘鹹。羊苦。雞辛。本草云。石則玉甘。金辛。雄黃苦。曾青酸。赤石脂鹹。草則茯苓甘。桂心辛。天門冬苦。五味子酸。玄參鹹。蟲則蜚零甘。

蚿蛔辛。蚺蛇苦。伊威酸。蜥蜴醎。藥食之物例多。且舉大略。配五味如此。皆是五行氣所生。氣有偏。故其味則別。總而言之。五穀則芒以配木。散以配火。房以配金。莢以配水。萃以配土。芒。大小麥之屬。散。糜黍之屬。房。胡麻之屬。莢。大小豆之屬。萃。稷粟之屬。芒者。取其鋒芒纖長。象木生出地。如鋒芒也。散。舒也。象火氣溫暖。物舒散也。房。方也。象金裁割。體方正也。莢。狹也。象水流長而狹也。萃。聚也。象萬物皆聚於土。乃為用也。五菓則子以配木。核以配火。皮以配金。殼以配水。房以配土。子。梨柰之屬。核。桃李之屬。皮。柑橘之屬。殼。胡桃栗之屬。房。蒲陶之屬。子取其含潤。如木生光潤。子實茂盛。核取其在肉內。不堪食。如火陰在內。無所堪容。皮取其厚急。如金氣衰老。物至西方而急縮也。殼取其肉在內堪食。如水陽在內。堪能容納也。房取其結聚如土。物皆聚也。此則總論穀菓。以配五味。則略如前釋。月令云。春食麥與羊。麥有孚甲。故屬木。羊火畜。春氣猶寒。以此安性。夏食菽與雞。菽有孚甲而堅。合於水。雞屬木畜。故為熱時所食。中央食稷與牛。稷是穀之長。牛是土畜。以其甘和。故象於時。秋食麻與犬。麻屬金。犬亦金畜。故從秋也。冬食黍與豕。黍舒散屬火。豕水畜。兼其水火。以為冬食。此之五食。義有不同。春猶寒。食溫。夏方熱。食寒。此意可解。苦甘味和。故隨時適用。此亦可解。秋冬兩食。此應宜熱。所以不熱。其故何也。若依蔡邕解。直云。食味相宜。則無復疑。若依鄭解。則誠未盡。今廣鄭言。少陽太陽。其氣舒散。少陰太陰。其氣斂閉。故河上公解老子言。躁氣在上。陽氣伏於下。所以故寒。靜氣在上。陰氣伏於下。所以故熱。人體陰陽。義亦如是。春夏舒散。陽氣開發。宜以溫食。用和陰氣。秋冬閉斂。陽氣在內。宜用寒食。以調陽氣。冬兼水火。又異於秋。正以藏閉之時。事甚於秋。故均以水火也。今又取甲乙。以竝鄭義。微有乖張。甲乙以羊麥俱苦。皆是火味。鄭元云。羊火畜同。以麥屬木。此是取其孚甲之形。

用溫還同。甲乙以菽鹹雞辛。鄭元云。菽合水同。雞屬木異。此取其將旦而鳴。近寅木故。又振羽翼。有陽性也。則是酉鳥屬金為實。甲乙以麻犬俱酸。鄭以麻犬俱金。酸是木味。用調金氣。以少陽之氣味。調少陰之氣。理則可通。金還調金。恐乖和適。甲乙以黍辛彘鹹。鄭元云。彘合水同。黍屬火異。此言黍色赤性熱。故以為火。若依鄭意。以如前解。若以甲乙明堂月令之意。夏食合冷者。欲令調炎暑鬱毒之氣。冬食亦寒者。去藏中伏熱。春寒用溫。二意不殊。秋以少陽和於少陰。為有殺氣。故以生味相補。鄭全乖越。周禮天官云。凡和。春多酸。夏多苦。秋多辛。冬多鹹。調以滑甘。解有兩家。一云。宜從時氣。春食須多酸。夏食須多苦。一云。多者過也。春食過酸。宜減其鹹味。夏食過苦。宜減其酸味。是以後句云。調以滑甘。今依前解。四時之味。各隨時所當。故逐時鹹苦。養體之宜。土既居中。總戴四財。是以四時味。兼須甘味以調之。又云。會膳食之所宜。牛宜稌。稌稻也。羊宜黍。豕宜稷。犬宜粱。鳥宜麥。魚宜菰。菰。彫胡也。凡君子之食恆放焉。凡藥。酸養骨。苦養氣。甘養肉。辛養筋。鹹養脈。此竝相扶之義。河圖云。人食無極鹹。使腎氣盛。心氣衰。令人發狂。喜衄吐血。心神不定。無極辛。使肺氣盛。肝氣衰。令人懦怯悲愁。目盲髮白。無極甘。使脾氣盛。腎氣衰。令人癡淫泄精。腰背痛。利膿血。無極苦。使心氣盛。肺氣衰。令人果敢輕死。欬逆胸滿。無極酸。使肝氣盛。脾氣衰。令人穀不消化。噎聾癥固。此五藏相制剋之義。黃帝養生經云。酸入肝。辛入任。苦入心。甘入脾。鹹入腎。病在筋。無食酸。病在氣。無食辛。病在骨。無食鹹。病在血。無食苦。病在肉。無食甘。口嗜而飲食之。不可多也。必自賊也。故名五賊。又云。肝病禁辛。心病禁鹹。脾病禁酸。肺病禁苦。腎病禁甘。此皆所惡之味。故禁。又云。肺病宜食糯米飯。牛肉。棗。葵。心病宜食麥。羊肉。杏。薤。腎病宜食大豆。黃黍。彘肉。藿。肝病宜食麻。犬肉。李。韭。脾病宜食雞肉。

桃。黍。蔥。此五宜食者。肝心腎三藏實。故各以其本味補之。脾肺虛。故以其子母相養者也。春秋潛潭巴云。五味生五藏者。鹹生肝。酸生心。苦生脾。甘生肺。辛生腎。養生經云。肝色青。宜食鹹。稻米。牛肉。棗。心色亦。宜食酢。犬肉。李。肺色白。宜食甘。麥。羊肉。杏。脾色黃。宜食苦。大豆。豕肉。栗。腎色黑。宜食辛。黍。雞肉。此五食皆以所生。能養其子也。又云。五味之入口也。各有所走。各有所病。酸走筋。多食之令人癃。鹹走血。多食之令人渴。辛走氣。多食之令人洞心。苦走骨。多食之令人變。甘走皮。多食之令人惡心。辛散。酸收。甘緩。苦堅。鹹濡。五穀為養。五菓為助。五畜為益。氣味合而服之。隨四時。五藏所宜也。又云。人黃色宜甘。青色宜酸。黑色宜鹹。赤色宜苦。白色宜辛。此皆依本體所宜。家語曰。食水者。善遊能寒。食土者。無心不息。食木者。多力不治。食草者。善走而愚。食桑者。有緒為蛾。食肉者。勇敢。食氣者。神明而壽。食穀者。惠巧。不食者。不死而神。此皆氣味之類。故附而述之。五味所解。例多不舉。語經所明可解者如此。

註：

萎：。枯槁、凋謝。

清陳昌治刻本《說文解字・卷一・艸部》：「食牛也。於僞切。」

《廣韻》：「萎，蔫也。」

《集韻》：「萎，草木枯死。」

《詩・小雅》：「無木不萎。」

又病也。衰落，衰弱。

《禮・檀弓》：「哲人其萎乎。」

銜：。

清陳昌治刻本《說文解字・卷十四・金部》：「馬勒口中。銜，行馬者也。《徐曰》：『馬銜所以制之行也。』會意。戶監切，竝音咸。」

《正字通》：「凡口含物曰銜。」

《詩・豳風・勿士行枚箋》：「初無行陳銜枚之事。」

《正字通》：「奉君命而行曰銜命。」

又感也。

《管子・法法篇》：「法立而民樂之，令出而民銜之。」

《林景熙詩》：「心銜造化仁。」

又憾也。

《前漢・外戚傳》：「栗姬怒不應，言不遜，景帝心銜之。」

鎌：。又通鐮，即鐮刀，收割穀物和割草的農具。

清陳昌治刻本《說文解字・卷十四・金部》：「鍥也。力鹽切，竝音廉。」

《釋名》：「鎌，廉也，體廉薄也。其所刈稍稍取之。又似廉者也。」

又鋒利的棱角。

《方言九》：「凡箭鏃胡合嬴者四鐮。」注：「棱也。」

醯：。醋也。

清陳昌治刻本《說文解字・卷五・皿部》：「酸也。呼雞切。」清段玉裁《注》：「酸，酢也。關東謂酢曰酸。」

《玉篇》：「酸味也。」

《廣韻》：「酢味也。」

《禮・曲禮》：「醯醬處內。」

《史記・貨殖傳》：「醯醬千　。」

《釋名》：「醯多汁者曰醯。」

酢：。

清陳昌治刻本《說文解字・卷十四・酉部》：「醶也。倉故切，竝倉故切，音措。」清段玉裁《注》：「凡味酸者皆謂之酢。《徐曰》：『今人以此為酬酢字，反以醋為酢字，時俗相承之變也。』」

《玉篇》：「酸也。」

《急就篇》：「酸鹹酢淡辨濁清。」

《馬第伯・封禪記》：「酢棃酸棗。」

《廣韻》：「在各切。」《集韻》、《韻會》、《正韻》：「疾各切，竝音昨。客酌主人也。」

《廣韻》：「酬酢。」

《倉頡篇》：「主答客曰酬，客報主人曰酢。」
《易・繫辭》：「是故可與酬酢，可與祐神矣。」
《詩・小雅》：「君子有酒，酌言酢之。」《傳》：「酢，報也。」

⿰土瓦：
《廣韻》：「徒古切。」《集韻》：「動五切，竝音杜。」
《廣韻》：「瓶也。」
《博雅》：「⿰土瓦甕也。」
《廣韻》：「口含切。《集韻》：「枯含切，竝音龕。瓦器。」
《集韻》：「徒故切，音度。土瓶。」

酒：。
清陳昌治刻本《說文解字・卷十四・酉部》：「就也，所以就人性之善惡。一曰造也，吉凶所造也。古者儀狄作酒醪，禹嘗之而美，遂疏儀狄。杜康作秫酒。子酉切。」
《釋名》：「酒，酉也，釀之米麴，酉澤久而味美也。亦言踧也，能否皆彊相踧持飲之也。又入口咽之，皆踧其面也。」

踧：。
清陳昌治刻本《說文解字・卷二・足部》：「行平易也。子六切，竝音狄。」
《詩・小雅》：「踧踧周道。」《傳》：「踧踧，平易也。」
《廣韻》《集韻》《正韻》：「竝子六切，音蹴。踧踖，行而謹敬也。」

《周禮・天官・酒正》：「辨三酒之物，一曰事酒，二曰昔酒，三曰清酒。」《注》：「事酒，有事而飲也。昔酒，無事而飲也。清酒，祭祀之酒。」

《前漢・食貨志》：「酒，百藥之長。」

又玄酒，明水也。

《禮・明堂位》：「夏后氏尚明水，殷尚醴，周尚酒。」

又天酒，甘露也。

《瑞應圖》：「王者施德惠，則甘露降，一名天酒。」

蜜：。

《唐韻》：「彌畢切。」《集韻》、《韻會》、《正韻》：「覓畢切，竝音謐。」

《說文》：「蠭甘飴也。」

蠭：。

清陳昌治刻本《說文解字・卷十三・虫部》：「飛蟲，螫人者。夫容切，竝敷容切，音豐。」

《爾雅・釋蟲》：「蠭，醜螸。」《又》：「土蠭。」《注》：「江東呼大蠭在地中作房者為土蠭，啖其子，即馬蠭。」

《又》：「木蠭。」《注》：「似土蠭而小，在樹上作房，江東亦呼為木蠭，又食其子。」

《爾雅翼》：「蜂種類至多，其黃色細腰者，謂之稺蜂。又蜜蜂，人收而養之，一日兩出而聚鳴，號為兩衙，其出採花者，取花鬚上粉置兩髀，或採而無所得，經宿不敢歸房中。」

隸書傳省作蜂。

《埤雅》：「蜂，其毒在尾，垂穎如鋒，故謂之蜂也。」

《爾雅翼》：「土蜜。北方地燥，多在土中，故曰土蜜。而南方地濕，多在木中，故曰木蜜。」

又崖蜜，櫻桃別名。

《陸士衡賦》：「朱藍崖蜜。」

薑：多年生草本植物。根莖肥大，呈不規則塊狀，有辛辣味，可作蔬菜、調料，並供藥用。

《集韻》同蘁。

鹽：。

清陳昌治刻本《說文解字・卷十二・鹽部》：「鹹也。古者，宿沙初作煑海鹽。余廉切。」

清段玉裁《注》：「鹵也。天生曰鹵。人生曰鹽。」

《唐韻》、《集韻》、《韻會》：「余廉切。」《正韻》：「移廉切，竝音閻。」

《周禮・天官・鹽人》：「掌鹽之政令，以共百事之鹽，祭祀共其苦鹽散鹽，賓客共其形鹽散鹽，王之膳羞共飴鹽。」《注》：「苦鹽出於池，鹽為顆未鍊治，味鹹苦。散鹽即末鹽，出於海及井，幷煑鹻而成者，鹽皆散末也。形鹽即印鹽，積鹵所結，形如虎也。飴鹽以飴雜和，或云生戎地，味甘美也。」

《正字通》：「鹽種類非一，或出於鹵地，或出於井，出於崖，或出於石，出於木。」

米：。

清陳昌治刻本《說文解字・卷七・米部》：「粟實也。莫禮切。」清段玉裁《注》：「鹵部曰：『粟，嘉穀實也。嘉穀者，禾黍也。』」

本義為穀物和其他植物去殼後的籽實。

《說文》：「粟實也。象禾實之形。」《注》：「穬顆粒也。十，其稃彙開而米見也。八八，米之形。」

《周禮・地官》：「舍人掌米粟之出入。」《注》：「九穀六米。」《疏》：「九穀六米者，九穀之中，黍、稷、稻、粱、苽、大豆六者皆有米，麻與小豆、小麥三者無米，故云九穀六米。」

特指稻米。

《世說新語・雅量》：「餉米千斛，修書累紙。」

《周禮・地官》：「掌米粟之出入，辨其物。」

大豆：一年生草本植物，花白或紫色，有根瘤，豆莢有毛。種子可食用，亦可榨油。亦可稱這種植物的種子。

黍：。一年生草本植物，葉線形，子實淡黃色，去皮後稱黃米，比小米稍大，煮熟後有黏性。

清陳昌治刻本《說文解字・卷七・黍部》：「禾屬而黏者也。以大暑而種，故謂之黍孔子曰：『黍可為酒，禾入水也。』舒呂切，竝音暑。」

《字彙》：「粟屬。苗似蘆，高丈餘，穗黑色，實圓重，土宜高燥。」

《詩緝》：「黍有二種，黏者為秫，可以釀酒。不黏者為黍，如稻之有秔糯也。」

秫：。黏高粱，可以做燒酒，有的地區泛指高粱。

清陳昌治刻本《說文解字・卷七・禾部》：「稷之黏者。食聿切，竝音術。」清段玉裁《注》：「九穀攷曰：『稷，北方謂之高粱。或謂之紅粱。其粘者黃白二種。所謂秫也。秫為黏稷。而不黏者亦通呼為秫秫。』」

《爾雅・釋草》：「眾，秫。」《疏》：「眾一名秫，謂黏粟也。北人用之釀酒，其莖稈似禾而麤大者是也。」

《禮・月令》：「仲冬乃命大酋，秫稻必齊。」

《周禮・冬官考工記》：「染羽以朱湛丹秫。」《注》：「丹秫，赤粟也。」

秔：。

清陳昌治刻本《說文解字・卷七・禾部》：「稻屬。稻之不黏者。古行切，竝音庚。」清段玉裁《注》：「稻有至黏者，稬是也。有次黏者，稉是也。有不黏者，稴是也。稉比於稬則為不黏。比於稴則尚為黏。稉與稴為飯。稬以釀酒，為餌餈。」

《玉篇》：「秈稻也。」

《前漢・東方朔傳》：「馳騖禾稼稻秔之地。」《注》：「稻，有芒之穀總稱也。秔，其不黏者也。」

或作粳。俗作稉。」

稬：。同糯。

清陳昌治刻本《說文解字・卷七・禾部》：「沛國謂稻曰稬。稻之黏者，可為酒。奴亂切，竝音愞，音暖。」

穤：。黏性稻。

《集韻》：「奴臥切，音懦。稻名。」《說文》：「沛國謂稻曰稬。或作穤。」

秈：《廣韻》、《集韻》：「竝相然切，音仙。」

《揚子・方言》：「江南呼稉為秈。」

《爾雅翼》：「黍，大體似稷，故古人併言黍稷，今人謂黍為黍穄。」

又角黍。

《續齊諧記》：「角黍，菰葉裹黏米為之，楚俗投汨羅水祠屈原。」

稴：。

清陳昌治刻本《說文解字・卷七・禾部》：「稻不黏者。一曰青稻白米。力兼切，竝音濂。」

棗：。落葉灌木或喬木，枝有刺，葉卵形，開小黃花，核果稱棗子或棗兒，橢圓形，熟時紅色，可食。

清陳昌治刻本《說文解字・卷七・朿部》：「羊棗也，果名。子皓切，音蚤。」

《小爾雅》：「棘實謂之棗。」

《埤雅》：「大者棗，小者棘。」

李：。落葉喬木，春天開白色花，果實叫李子，熟時黃色或紫紅色，可食。

清陳昌治刻本《說文解字・卷六・木部》：「果也。良止切，竝音里。」

《爾雅翼》：「李，木之多子者。」

《埤雅》：「李性難老，雖枝枯，子亦不細，其品處桃上。」

《詩・小雅》：「投我以桃，報之以李。」

栗：。一種落葉喬木，果實叫栗子，果仁味甜，可以吃。木材堅實，供建築和製器具用，樹皮可供鞣皮及染色用，葉子可餵柞蠶。

《唐韻》、《集韻》、《韻會》、《正韻》：「竝力質切，音慄。」

《周禮・天官・籩人》：「饋食之籩，其實栗。又菱曰水栗。」

《武陵記》：「兩角曰菱，三角、四角曰芰（奇記切），通謂之水栗。」

《方言》：「秦俗以批髮為栗。」

杏：。落葉喬木，葉卵形，花白色或淡紅色，果實稱杏兒、杏子，酸甜，可食。

清陳昌治刻本《說文解字・卷六・木部》：「果也。何梗切。」

《唐韻》《正韻》：「何梗切。」《集韻》、《韻會》：「下梗切，竝音幸。」

《格物叢話》：「杏實，味香於梅，而酸不及，核與肉自相離。」

《盧諶・祭法》：「夏祀用杏。」

《管子・地員篇》：「五沃之土，其木宜杏。」

《文獻通考》：「杏多實不蟲，來年秋禾善。」

《左思・吳都賦・李善注》：「平仲果，其實如銀。一名銀杏。」

桃：。落葉小喬木，品種很多，果實略呈球形，表面有短絨毛，味甜，有大核，核仁可入藥。

清陳昌治刻本《說文解字・卷六・木部》：「果也。徒刀切，音陶。」
《爾雅・釋木》：「旄（謨袍切，竝音毛），冬桃。榹（相支切，竝音思），山桃。」
《禮・月令》：「仲春桃始華。」
《內則》：「桃曰膽之。」《疏》：「桃多毛，拭治令青滑如膽。」
又含桃，櫻桃也。
《爾雅》：「謂之楔。」
又胡桃。
《名物志》：「謂之羌桃。」
又桃枝，竹名。
《爾雅・釋草》：「桃枝四寸有節。」

葵：。一年生草本植物，果實扁圓形。種子、根、莖、葉均可入藥。
清陳昌治刻本《說文解字・卷一・艸部》：「菜也。彊惟切。」清段玉裁《注》：「崔實曰：『六月六日可種葵。中伏後可種冬葵。九月可作葵菹，乾葵。』」
《儀禮・士虞禮》：「夏秋用生葵。」
《王禎・農書》：「葵，陽草也，為百菜之主，備四時之饌。」

韭：。多年生草本植物，葉細長而扁，夏秋間開小白花，葉和花嫩時可食，種子可入藥。
清陳昌治刻本《說文解字・卷七・韭部》：「菜名。一種而久者，故謂之韭。舉友切，竝音久。」

《集韻》：「同韭。」
《世說新語》：「庾杲之清素自業，食惟有韮菹、瀹韮、生韮。」
《韻會》：「通志云：『韭性溫，謂之草鍾乳。』」
《內則》：「豚，春用韭，秋用蓼。」
《爾雅・釋草》：「藿，山韭。」《疏》：「韭生山中者名藿。」
《本草》：「麥門冬，一名禹韭，齊名愛韭，秦名烏韭，楚名馬韭，越名羊韭。」

蓼：。一年生草本植物，葉披針形，花小，白色或淺紅色，果實卵形、扁平，生長在水邊或水中。
莖葉味辛辣，可用以調味。全草入藥。亦稱水蓼。
清陳昌治刻本《說文解字・卷一・艸部》：「辛菜，薔虞也。盧鳥切，竝音了。」

藿：。
清陳昌治刻本《說文解字・卷一・艸部》：「艸也。餘六切，音育。」
《爾雅・釋草》：「藿，山韭。」《疏》：「韭生山中者名藿。」
《王應麟・詩攷》：「六月食鬱及藿。」
又通薁：。即郁李，一種落葉小灌木，似李而形小，果味酸，肉少核大，仁可入藥。亦稱唐棣。
清陳昌治刻本《說文解字・卷一・艸部》：「嬰薁也。於六切，音郁。」
《詩・豳風》：「六月食鬱及薁。」《注》：「薁，蘡薁也。」《疏》：「蘡薁者，亦是鬱類而小別。」

藿：。多年生草本植物，葉子心臟形，花藍紫色，瘦果倒卵性。莖葉香氣很濃，可入藥。另指豆類植物的葉子。。

《唐韻》：「虛郭切，音霍。」

《儀禮・公食大夫禮》：「牛藿。」《注》：「藿，豆葉。」

《爾雅・釋草》：「蔨，鹿藿。」《注》：「今鹿豆也。」

又香草。

《左思・吳都賦》：「草則藿蒳豆蔻。」《注》：「異物志曰：『藿香，交阯有之。』」

薤：。多年生草本植物，地下有鱗莖，鱗莖和嫩葉可食。

《唐韻》：「胡介切。」《正韻》：「下戒切，竝音械。」

《說文》：「菜也。」

《爾雅・釋草》：「薤，鴻薈。」《注》：「薤，似韭之菜也。」

《儀禮・士相見禮注》：「蔥薤之屬，食之止臥。」

蔥：。同葱。

清陳昌治刻本《說文解字・卷一・艸部》：「菜也。倉紅切，竝音聰。」

大蔥：多年生草本植物，葉圓筒狀，中空，莖葉有辣味，是常用的蔬菜或調味品，兼作藥用，品種很多。

蔥頭：多年生草本植物，地下有扁球形鱗，白色或略帶紫紅色，可食；這種植物的鱗莖。亦稱洋蔥。

《本草》：「蔥從悤，外直中空，有悤通之象也。」

《禮・內則》：「膾春用蔥。」

彘：。

清陳昌治刻本《說文解字・卷九・彑部》：「豕也。後蹄廢謂之彘。彘足與鹿足同。直例切，音滯。」

《玉篇》：「豬也。」

《賈子胎教》：「彘者，北方之牲也。」

《西山經》：「竹山有獸焉，名曰毫彘。」《注》：「貆豬也。吳楚呼鸞豬。」

《韓非子・外儲說左上》：「故明主表信，如曾子殺彘也。」

雄黃：礦物名。也稱雞冠石。橘黃色，有光澤。可製造煙火、染料等。中醫用作解毒殺蟲藥。

晉葛洪《抱樸子・登涉》：「昔圓丘多大蛇，又生好藥。黃帝將登焉。廣成子教之佩雄黃，而眾蛇皆去。」

曾青：礦產名。色青，可供繪畫及化金屬用。道士常用為煉丹的藥品。

《管子・山至數》：「秦之明山之曾青，一筴也。」

《荀子・王制》：「南海有羽翮、齒革、曾青、丹乾焉。」楊倞注：「曾青，銅之精，可繢畫及化黃金者，出蜀山越巂。」

赤石脂：中藥名。砂石中矽酸類的含鐵陶土，多呈粉紅色。性溫，味甘澀，功能止血、止瀉。

晉葛洪《抱朴子・金丹》：「當先作玄黃，用雄黃水、礬石水、戎鹽、鹵鹽、礜石、牡蠣、赤石脂、滑石、胡粉各數十斤，以為六一泥，火之三十六日成。」

南朝宋劉義慶《世說新語・汰侈》：「石（石崇）以椒為泥，王（王愷）以赤石脂泥壁。」

茯苓：寄生在松樹根上的菌類植物，形狀像甘薯，外皮黑褐色，裡面白色或粉紅色。中醫用以入藥，有利尿、鎮靜等作用。

《淮南子・說山訓》：「千年之松，下有茯苓。」高誘注：「茯苓，千歲松脂也。」

明焦竑《焦氏筆乘・醫方》：「茯苓久服之，顏色悅澤，能滅瘢痕。」

桂心：肉桂樹皮的裡層，味辛香，可入藥，亦可作調味品。

南朝梁簡文帝《勸醫論》：「略知甘草為甜，桂心為辣。」

明李時珍《本草綱目・木一・桂》：「此即肉桂也，厚而辛烈，去粗皮用。其去內外皮者，即為桂心。」

天門冬：百合科。多年生攀援草本。莖細長。葉退化，由線形葉狀枝代替葉的作用。塊根紡錘形，簇生，肉質。中醫入藥，有潤肺止咳、養陰生津的功效。

五味子：中藥名。因具五味而得名。

明李時珍《本草綱目・草七・五味子》〔釋名〕引蘇恭曰：「五味，皮肉甘、酸，核中辛、苦，都有鹹味，此則五味具也。」

有南五味和北五味之分。南產者色紅，北產者色黑。以果實入藥，主治肺虛咳喘、盜汗、遺精等。

玄參：亦稱玄臺。多年生草本植物，花冠淡黃綠色，結卵形蒴果，根可入藥。

《神農本草經》卷三：「氣味苦，微寒，無毒。主腹中寒熱積聚，女子產乳餘疾，補腎氣，令人明目。」

明李時珍《本草綱目・草一・玄參》《釋名》引陶弘景曰：「其莖微似人參，故得參名。」

蜚零：土蜂也。俗名馬蜂。

《爾雅·釋蟲》：「土䗍。體圓而長，黑褐色，有細毛，尾有毒針，能螫人。腳短而粗。棲於沙土或朽木中。常捕捉金龜子的幼蟲等做為小土蜂的食物。」

蚿：即馬陸，一種節肢動物，有很多對腿。

《唐韻》、《正韻》：「胡田切。」《韻會》：「胡千切，竝音賢。」《廣韻》：「馬蚿，蟲。」

《博物志》：「百足，一名馬蚿，中斷成兩段，各行而去。」

《本草》：「馬蚿，形如蚯蚓，紫黑色，觸之即側臥如環，故又名刀環。」

《集韻》：「苦悶切，音困。」

《類篇》：「蟲名。」

蚺蛇：一種無毒的大蛇。體長可達一丈以上，頭部長，口大，舌的尖端有分叉，背部黃褐色，有暗色斑點，腹部白色，多產於熱帶近水的森林裡，捕食小禽獸。肉可食，皮可製物。又稱蟒蛇。

三國魏嵇康《答難養生論》：「蚺蛇珍於越土，中國遇而惡之；黼黻貴於華夏，裸國得而棄之。當其無用，皆中國之蚺蛇，裸國之黼黻也。」

《山海經・大荒南經》：「黑水之南，有玄蛇食麈。」晉郭璞注：「今南山（方）蚺蛇吞鹿，亦此類。」

晉葛洪《抱樸子・詰鮑》：「越人之大戰，由乎分蚺蚍之不均；吳楚之交兵，起乎一株之桑葉。」

唐劉恂《嶺表錄異》卷下：「蚺蛇，大者五六丈，圍四五尺。以次者，亦不下三四丈，圍亦稱是。身有斑文如故錦纈。」

蜥蜴：亦作蜥易。為一種爬行動物。又名石龍子，通稱四腳蛇。

漢荀悅《漢紀・武帝紀二》：「朔（東方朔）自請布卦射之曰：『臣欲以為龍，復無角；臣欲以為蛇，復有足；跂跂脈脈善緣壁，此非守宮，當是蜥蜴。』」

清李慈銘《越縵堂讀書記・夏小正補傳》：「匽讀為蝘，蝘蜓，守宮也。在壁曰蝘蜓，在艸曰蜥易。世稱它蠍之類，五日節必伏，興者生也。此說為前人所未發。」

伊威：蟲名。

《詩・豳風・東山》：「伊威在室，蠨蛸在戶。」陸璣疏：「伊威，一名委黍，一名鼠婦，在壁根下甕底土中生，似白魚者也。」

芒：。多年生草本植物，葉細長有尖，葉除可做綠籬和佈置庭園外，又可做造紙原料和編織草鞋，嫩葉可做牛的飼料。

《唐韻》：「莫郎切。」《集韻》、《正韻》：「謨郎切，竝音忙。」

《說文》：「芒，草端也。」

《周禮・地官・稻人》：「種之芒種。」鄭眾注：「芒種，稻麥也。」

《白虎通・五行》：「芒之為言萌也。」

《玉篇》：「稻麥芒也。」

《周禮・地官・稻人》：「澤草所生，種之芒種。」《注》：「芒種，稻麥也。」

房：房。

清陳昌治刻本《說文解字・卷十二・戶部》：「室在旁也。符方切，音防。」清段玉裁《注》：

「凡堂之內，中為正室。左右為房。所謂東房西房也。」

於植物的果實等物，相當於串、個。

唐封演《封氏聞見記》：「今有馬乳蒲萄，一房長二尺餘。」

蒲萄：同葡萄。

亦作蒲陶。亦作蒲萄。亦作蒲桃。為落葉藤本植物，葉掌狀分裂，花序呈圓錐形，開黃綠色小花，

漿果多為圓形和橢圓形，色澤隨品種而異，是常見的水果，亦可釀酒。亦指此植物的果實。

《漢書・西域傳上・大宛國》：「漢使采蒲陶、目宿種歸。」

莢：莢。一種植物果實的類型。由一個心皮生成的單子房發育而成，果皮成熟時乾燥，扁而長，

沿兩邊裂開；開裂後，果皮成對稱的兩片。豆類植物的果實，大都如此。

清陳昌治刻本《說文解字・卷一・艸部》：「艸實。古葉切，竝音夾。」

《博雅》：「豆角謂之莢。」

《周禮・地官・大司徒》：「其植物宜莢物。」《注》：「莢物，薺莢、王棘之屬。」《疏》：

「即今人謂之皁莢是也。」

萃：。

清陳昌治刻本《說文解字・卷一・艸部》：「草貌。秦醉切，音瘁。」

《集韻》：「萃，草盛貌。」

《博雅》：「苦萃，款冬也。」

引申為聚集，聚攏。

《易・卦名》：「坤下兌上萃。」《彖曰》：「萃，聚也。」

群，類。聚在一起的人或事物。

《孟子・公孫丑上》：「出於其類，拔乎其萃。」

糜：。

清陳昌治刻本《說文解字・卷七・米部》：「糝也，黃帝初教作糜。靡為切，竝音靡。」清段玉裁《注》：「以米和羹謂之糝。專用米粒為之謂之糝。糜亦謂之鬻。亦謂之饘。食部曰：『饘，糜也。』釋名曰：『糜，煑米使糜爛也。』」

《博雅》：「糜，糏也，饘也。」

《禮・月令》：「行糜粥飲食。」

《爾雅・釋言》注：「粥之稠者曰糜。」

又粉碎，搗爛。

《荀子・富國》：「以糜敝之。」《注》：「散也。」

又爛也。

《孟子》：「糜爛其民。」

梨：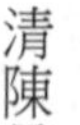。落葉喬木，葉子卵形。花多白色，果子多汁，可食。

清陳昌治刻本《說文解字・卷六・木部》：「果名。力脂切，竝音犁。」

《說文》：「棃，梨果也。」

《爾雅・釋木》：「棃，山樆。」《疏》：「在山曰樆，人植曰棃。」

《陶弘景・別錄》：「棃性冷利，多食損人，謂之快果。」

柰：。

清陳昌治刻本《說文解字・卷六・木部》：「果也。奴帶切，竝音耐。」

與林檎同類；蘋果的一種，通稱柰子；亦稱花紅、沙果。

《說文》：「果名。」

《廣韻》：「柰有青、白、赤三種。」

林檎：亦作林禽。植物名。又名花紅、沙果。落葉小喬木，葉卵形或橢圓形，花淡紅色。果實卵形或近球形，黃綠色帶微紅，是常見的水果。亦特指此種植物的果實。

《宋書・謝靈運傳》：「枇杷林檎，帶穀映渚。」

宋孟元老《東京夢華錄．四月八日》：「時菓則御桃、李子、金杏、林檎之類。」

花紅：又名林檎，薔薇科蘋果屬植物。

番荔枝：廣東潮汕地區稱之為林檎，番荔枝科番荔枝屬植物。

柑橘：柑。常綠灌木，果實圓形，似橘而大，赤黃色，味甜或酸甜，種類很多。樹皮、葉、花、種子均可入藥。

《唐韻》、《集韻》、《韻會》、《正韻》：「竝沽三切，音甘。果名。」

《南方草木狀》：「橘屬，滋味甘美特異者也。」

《唐書・蕭嵩傳》：「荊州進黃柑。」

《韓彥直・橘錄》：「柑別種有八，而乳柑推第一。」

橘：橘。常綠喬木，果實稱橘子，多汁，味酸甜可食。種子、樹葉、果皮均可入藥。

清陳昌治刻本《說文解字・卷六・木部》：「果。出江南，樹碧而冬生。居聿切。」

《書・禹貢》：「揚州厥包橘柚錫貢。」《注》：「小曰橘，大曰柚。」

《爾雅翼》：「江南為橘，江北為枳。」

孚甲：指草木種子分裂發芽。引申為萌發，萌生。孚，通莩，葉裡白皮。甲，草木初生時所帶種子的皮殼。

植物籽實的外皮。

《詩・小雅・大田》：「既方既皁。」漢鄭玄箋：「方，房也。謂孚甲始生而未合時也，盡生房矣，盡成實矣。」孔穎達疏：「謂米外之房者，言其孚甲，米生於中，若人之房舍然也。」

《禮記・月令》：「其日甲乙。」漢鄭玄注：「時萬物皆解孚甲，自抽軋而出，因以為日名焉。」

菽：尗。豆的總稱。

《唐韻》、《韻會》：「竝式竹切，音叔。」

《物理論》：「眾豆之總名。」

《詩・豳風》：「禾麻菽麥。」

《春秋・定元年》：「隕霜殺菽。」《注》：「大豆之苗。」

《禮・檀弓》：「王註熬豆而食曰啜菽。」

稷：稷。古代一種糧食作物，指粟或黍屬；而以稷為百穀之長，因此帝王奉祀為穀神。

清陳昌治刻本《說文解字・卷七・禾部》：「齋也。五穀之長。《徐曰》：『案本草，稷即穄，一名粢。楚人謂之稷，關中謂之糜，其米為黃米。』節力切，竝音即。」清段玉裁《注》：「程氏瑤田九穀攷曰：『稷，齋，大名也。粘者為秫。北方謂之高粱。通謂之秫秫。又謂之蜀黍。高大似蘆。』」

《通志》：「稷苗穗似蘆，而米可食。」

《月令章句》：「稷，秋種夏熟，歷四時，備陰陽，穀之貴者。」

又神名。

《風俗通義》：「稷，五穀之長。五穀眾多，不可偏祭，故立稷而祭之。」

犬：犬。

清陳昌治刻本《說文解字・卷十・犬部》：「狗之有縣蹏者也。象形。孔子曰：『視犬之字如畫狗也。』苦泫切。」清段玉裁《注》：「有縣蹏謂之犬，叩氣吠謂之狗。」

《埤雅》：「傳曰：『犬有三種，一者田犬，二者吠犬，三者食犬。食犬若今菜牛也。』」

《書・旅獒》：「犬馬非其土性不畜。」

《禮・曲禮》：「效犬者，左牽之。」《疏》：「狗，犬通名。若分而言之，則大者為犬，小者為狗。故月令皆為犬，而周禮有犬人職，無狗人職也。」

《周禮・秋官・司寇・犬人疏》：「犬是金屬，故連類在此。犬有二義，以能吠止人則屬艮，以能言則屬兌。」

豕：。

清陳昌治刻本《說文解字・卷九・豕部》：「彘也。竭其尾，故謂之豕。象毛足而後有尾。《徐曰》：『竭，舉也。』式止切，竝音始。」

《玉篇》：「豬豨之總名。」

《揚子・方言》：「豬，關東西或謂之彘，或謂之豕。」

《林氏小說》：「以其食不絜，故名之豕。」

《大戴禮・易本命》：「四主時，時主豕，故豕四月而生。」

李時珍《本草綱目》：「在畜屬水，在卦屬坎，在禽應室星。」

《埤雅》：「坎性趨下，豕能俯其首，又喜卑穢，亦水畜也。」

《詩・小雅》：「有豕白蹢，烝涉波矣。」《傳》：「犬喜雪，馬喜風，豕喜雨，故天將久雨，則豕進涉水波。」

《禮・曲禮》：「豕曰剛鬣。」《疏》：「豕肥則毛鬣剛大也。」

《周禮・天官・食醫》：「凡會膳食之宜，豕宜稷。」《疏》：「豭豬味酸，牝豬味苦，稷米味甘，是甘苦相成。」

豬：。

清陳昌治刻本《說文解字・卷九・豕部》：「豕而三毛叢居者。張如切，竝著平聲。」

《爾雅・釋獸》：「豕子，豬。」《注》：「今亦曰彘，江東呼豨，皆通名。」

《揚子・方言》：「吳揚之間謂之豬子。」

《埤雅》：「豬性卑而率。」

又山豬，即豪豬也。

豨：。

清陳昌治刻本《說文解字・卷九・豕部》：「豕走豨豨。虛豈切。」清段玉裁《注》：「方言：『豬，北燕，朝鮮之間謂之豭，關東西謂之彘，或謂之豕。南楚謂之豨。』」

《玉篇》：「豕也。」

《莊子・知北遊》：「監市履豨。」《注》：「豨，大豕也。」

《廣韻》：「楚人呼豬也。」

《揚子・太玄經》：「豨毅其牙。」《注》：「豨，人呼豬也。」

《說文》：「豕走豨豨。」《正韻》：「豕走聲也。」

豭：。

清陳昌治刻本《說文解字・卷九・豕部》：「牡豕也。居牙切，竝音家。」

《易・姤卦注》：「羣豕之中，豭強而牝弱。」

《左傳・隱十一年》：「卒出豭。」《疏》：「謂豕之牡者。」

《史記・秦始皇紀》：「夫為寄豭。」《注》：「夫淫他室，若寄豭之豬也。」

滑甘：古時用以給菜餚調味的佐料。

《周禮・天官・食醫》：「調以滑甘。」孫詒讓正義：「謂以米粉和菜為滑也。」

代指甘美的食物。

唐劉禹錫《述病》：「洎疾之殺也，雖飲食是念，無滑甘之思，日致復初，亦不自知也。」

稌：。特指糯稻。又特指粳稻。

清陳昌治刻本《說文解字・卷七・禾部》：「稻也。從禾餘聲。徒古切，竝音徒。稉稻也。」

《韻會》：「稻利下濕者。」

粱：。植物名。古代指粟的優良品種，籽實也稱粱，為細糧。

清陳昌治刻本《說文解字・卷七・米部》：「米名也。呂張切，竝音粱。」清段玉裁《注》：

「粱則專為禾米。粟中人曰米。米可食曰粱。」

《篇海》：「似粟而大，有黃青白三種，又有赤黑色者。」

《韻會小補》：「粱，粟類，米之善者，五穀之長，今人多種粟而少種粱，以其損地力而收穫少也。」
《周禮・天官》：「犬宜粱。」《疏》：「犬味酸而溫，粱米味甘而微寒，氣味相成，故云犬宜粱。」
《廣志》：「有具粱、解粱，有遼東赤粱。」
《本草》：「白粱味甘，微寒，無毒，主除熱益氣，有襄陽竹根者最佳。黃粱出青、冀。」

衂：**同衄**：。
清陳昌治刻本《說文解字・卷五・血部》：「鼻出血也。女六切，音忸。」清段玉裁《注》：「又脾移熱於肝，則為驚衄。」
《廣韻》：「挫也。」
《綱目集覽》：「敗北曰衄。」

菰：。多年生草本植物，生在淺水裡，嫩莖稱茭白、蔣，可做蔬菜。果實稱菰米，雕胡米，可煮食。
《唐韻》：「古胡切。」
《博雅》：「菰，蔣也。其米謂之胡菰。」
《西京雜記》：「菰之有米者長安人謂之雕胡，有首者謂之綠節。」

果敢：果決勇敢。
《逸周書・謚法》：「彊毅果敢曰剛。」

欬逆：咳喘氣逆。

《後漢書・皇后紀上・和熹鄧皇后》：「加欬逆唾血，遂至不解。」

晉葛洪《抱樸子・至理》：「款冬紫苑，可以治欬逆。」

瘖聾：聾啞。

漢班固《白虎通・考黜》：「諸侯瘖聾、跛躄、惡疾不免黜者何？尊人君也。」

喻人庸碌鄙陋。

唐劉知幾《史通・古今正史》：「鳳及以瘖聾不才，而輒議一代大典，凡所撰録，皆素責私家行狀，而世人敘事罕能自遠。」

癥：。通症。

《廣韻》：「陟陵切。」《集韻》：「知陵切。」《正韻》：「諸成切，竝音徵。」

《玉篇》：「腹結病也。」

《廣韻》：「腹病。」

《史記・扁鵲傳》：「以此視病，盡見五藏癥結。」

《王叔和脈經》：「左手脈橫癥在左，右手脈橫癥在右。」

五賊：道教謂命、物、時、功、神為五賊。

《陰符經上》：「天有五賊，見之者昌。」張果注：「五賊者，命、物、時、功、神也……故反經合道之謀其名有五，聖人禪之乃謂之賊，天下賴之則謂之德。故賊天之命，人知其天而不知其賊，黃帝所以代炎帝也。賊天之物，人知其天而不知其賊，帝堯所以代帝摯也。賊天之時，人知其天而不知其賊，帝舜所以代帝堯也。賊天之功，人知其天而不知其賊，大禹所以代帝舜也。賊天之神，人知其天而不知其賊，殷湯所以革夏命也，周武所以革殷命也。故見之者昌，自然而昌也。」

指五種有害禾稼的東西。

唐元稹《郊天日五色祥雲賦》：「正五刑以去五虐，繁五稼而除五賊。」

五種自傷致疾之事。

清唐甄《潛書・厚本》：「思淫心疾，氣淫肝疾，味淫脾疾，飲淫肺疾，色淫腎疾。此五者，內自賊者也。五賊日蝕，則漸傷而中虛，以成內疾。」

癃：。

清陳昌治刻本《說文解字・卷七・疒部》：「罷病也。力中切，竝音隆。」清段玉裁《注》：「病當作癃。罷者，廢置之意。凡廢置不能事事曰罷癃。」

《正韻》：「老也。」

《前漢・高帝紀》：「年老癃病勿遣。」

《後漢・光武紀》：「高年鰥寡孤獨，及篤癃無家屬，貧不能自存者如律。」《注》：「癃，病也。」

小便不利。

《素問・宣明五氣》：「膀胱不利為癃。」

渴：。

清陳昌治刻本《說文解字・卷十一・水部》：「盡也。丘葛切，竝音磕。」

《玉篇》：「欲飲也。」

《詩・小雅》：「載饑載渴。」

又急也。

《公羊傳・隱四年》：「不及時而日渴葬也。」

《廣韻》：「渠列切。」《集韻》、《韻會》、《正韻》：「巨列切，竝音傑。水涸也。」

洞：。

清陳昌治刻本《說文解字・卷十一・水部》：「疾流也。徒弄切，音恫。」清段玉裁《注》：「引伸為洞達，為洞壑。」

窟窿，孔穴。

《素問・四氣調神大論》：「心氣內洞。」《注》：「洞，謂中空也。」

又深也，朗徹也。

《顏延之詩》：「識密鑒亦洞。」

又通也。

《司馬相如・大人賦》：「洞出鬼谷之堀礨崴魁。」

又貫也。亦貫徹之意。

《史記・蘇秦傳》：「遠者括臂洞胸。」
又洞洞，質愨貌。
《禮・祭義》：「洞洞乎屬屬乎如弗勝。」
又洞疑，心不定也。
《史記・蘇秦傳》：「虛喝洞疑。」

變：。

清陳昌治刻本《說文解字・卷三・攴部》：「更也。祕戀切。」
《小爾雅》：「易也。」
《廣韻》：「化也，通也。」《增韻》：「轉也。」《正韻》：「改也。」
《易・乾卦》：「乾道變化。」
《易解》：「自有而無謂之變，自無而有謂之化。」
《禮・王制》：「一成而不可變。」《注》：「更也。」
《周禮・夏官・司爟》：「四時變國火，以救時疾。」《注》：「變，猶易也。」
《前漢・循吏傳》：「漢家承敝通變。」
又動也。
《禮・檀弓》：「夫子之病革矣，不可以變。」《注》：「變，動也。」

惡心：同噁心。
壞念頭。

《國語・魯語下》：「逸則淫，淫則忘善，忘善則噁心生。」

《元典章・禮部三・移葬嫁母骨殖》：「董拾得收內別無噁心。」

又想要嘔吐的感覺，反胃。

明馮惟敏《僧尼共犯》第二折：「但聞著葷酒氣兒，就頭疼噁心。」

寒：。

清陳昌治刻本《說文解字・卷七・宀部》：「凍也。河干切，竝音韓。」

《釋名》：「寒，捍也。捍，格也。」

《玉篇》：「冬時也。」

《易・繫辭》：「日月運行，一寒一暑。」

《書・洪範》：「庶徵曰燠，曰寒。」《傳》：「燠以長物，寒以成物。」

《列子・湯問注》：「涼是冷之始，寒是冷之極。」

《高唐賦》：「寒心酸鼻。」《注》：「寒心，謂戰慄也。」

恐懼，戰慄。

息：。

清陳昌治刻本《說文解字・卷十・心部》：「喘也。悉即切，竝音熄。」

《增韻》：「一呼一吸為一息。」

又大聲嘆曰太息。

《戰國策》：「閔王太息。」《注》：「長出氣也。」
《前漢．高帝紀》：「喟然太息。」《師古注》：「太息之大也。又累氣曰累息。」
一曰止也。
《禮．檀弓》：「細人之愛人也，以姑息。」《注》：「息猶安也。言苟且取安也。」
又處也。
《詩．小雅》：「無恆安息。」《傳》：「息，猶處也。」
又生也。
《周禮．地官》：「以保息六養萬民。」
《前漢．宣帝紀》：「刑者不可息。」《師古注》：「息謂生長。言劓刖之徒，不可更生長也。」
《禮．月令注》：「陽生為息。」
又勞也。
《儀禮．鄉飲酒禮》：「乃息司正。」《注》：「息，勞也。」《釋文》：「勞，力報反。」
又休也。
《周禮．春官．籥章》：「以息老物。」《注》：「休息之也。」
《冬官．考工記．梓人》：「張獸侯，則王以息燕。」《注》：「息者，休農息老物也。」
《釋名》：「息，塞也，塞滿也。」
滋息，生長。
《莊子．秋水》：「消息盈虛，終則有始。」

通熄。熄滅，消失。

《易・革》：「象曰：『革，水火相息。』」

《莊子・消遙遊》：「日月出矣，而爝火不息。」

治：。

清陳昌治刻本《說文解字・卷十一・水部》：「水。出東萊曲城陽丘山，南入海。直之切。」

理也。

《周禮・天官》：「大宰以九職任萬民，七日嬪婦，化治絲枲。」

又簡習也。

《周禮・春官・大宗伯》：「治其大禮。」

又校也。

《戰國策》：「皆無敢與趙治。」

又有所求乞也。

《周禮・地官・旅師》：「凡新甿之治，皆聽之。」

又監督也。

《周禮・地官・鄉師》：「用役則帥其民而至，遂治之。」

愚：。

清陳昌治刻本《說文解字・卷十・心部》：「戇也。牛俱切，竝音虞。」

《正韻》：「戇也，闇也，蒙也，昧也，蠢也，鈍也，愨也，滯也，固也，蔽也，冥也。一曰愚之言寓也，無所為，若寄寓然。」
《荀子・修身篇》：「非是是非之謂愚。」

緒：。

清陳昌治刻本《說文解字・卷十三・糸部》：「絲端也。徐呂切。」
本義為絲的頭緒。
《天工開物》：「凡繭滾沸時，以竹籤撥動水面絲緒。」
又頭緒，開端。
《淮南子・精神訓》：「反覆終始，不知其端緒。」
又次序。
《書・大誥》：「誕敢紀其緒。」

蛾：。

清陳昌治刻本《說文解字・卷十三・虫部》：「羅也。五何切，竝音莪。」
《玉篇》：「蠶蛾也。」
《韻會》：「蛾似黃蝶而小，其眉句曲如畫。」
《爾雅・釋蟲》：「蛾羅。」《疏》：「此即蠶蛹所變者也。」
《埤雅》：「繭生蛾，蛾生卵。」
《大戴禮》：「食桑者有絲而蛾。」

壽：。

清陳昌治刻本《說文解字・卷八・老部》：「久也，凡年齒皆曰壽。殖酉切。」

《左傳・僖三十二年》：「爾何知，中壽。」《注》：「上壽百二十歲，中壽百歲，下壽八十。」

《董子繁露》：「壽者，酬也。壽有短長，由養有得失。」

惠巧：機智精巧。惠，通慧。

南朝梁劉勰《文心雕龍・辨騷》：「《遠遊》、《天問》，瓌詭而惠巧。」

瓌：《廣韻》與瑰（）同。

清陳昌治刻本《說文解字・卷一・玉部》：「玟瑰。一曰圜好。公回切。」

本義為美玉、美石瑰。

《說文》：「攻瑰火齊也。」

《史記・司馬相如傳》：「赤玉攻瑰。」

珍貴，珍奇。

班固《西都賦》：「固瑰材而究奇，抗應龍之虹梁。」

奇特，傑出。

宋王安石《遊褒禪山記》：「而世之奇偉、瑰怪、非常之觀常在於險遠，而人之所罕至焉。」

四、論配藏府

藏府者。由五行六氣而成也。藏則有五。稟自五行。為五性。府則有六。因乎六氣。是曰六情。情性及氣。別於後解。今論藏府所配合義。五藏者。肝。心。脾。肺。腎也。六府者。大腸。小腸。膽。胃。三焦。膀胱也。肝以配木。心以配火。脾以配土。肺以配金。腎以配水。膀胱為陽。小腸為陰。膽為風。大腸為雨。三焦為晦。胃為明。故杜子春秋醫和云。陰淫寒疾。陽淫熱疾。風淫末疾。末。四支也。雨淫腹疾。晦淫惑疾。明淫心疾。藏者。以其藏於形體之內。故稱為藏。亦能藏受五氣。故名為藏。府者。以其傳流受納。謂之曰府。白虎通云。肝之為言扞也。肺之為言費也。情動得序也。心之為言任也。任於思也。腎之為言賓也。以竅寫。脾之為言辨也。所以精稟氣也。元命苞云。脾者。弁也。心得之而貴。肝得之而興。肺得之而大。腎得之以化。肝仁。肺義。心禮。腎智。脾信。肝所以仁者何。肝。木之精。仁者好生。東方者。陽也。萬物始生。故肝象木。色青而有柔。肺所以義者何。肺。金之精。義者能斷。西方殺。成萬物。故肺象金。色白而有剛。心所以禮者何。心者。火之精。南方尊陽在上。卑陰在下。禮有尊卑。故心象火。色赤而光。腎所以智者何。腎。水之精。智者進而不止。無所疑惑。水亦進而不惑。故腎象水。色黑。水陰。故腎雙。脾所以信者何。脾。土之精。土主信。任養萬物為之象。生物無所私。信之至也。故脾象土。色黃。翼奉云。肝性靜。甲己主之。心性躁。丙辛主之。脾性力。戊癸主之。肺性堅。乙庚主之。腎性敬。丁壬主之。許慎五經異義。尚書夏侯歐陽說云。肝木。心火。脾土。肺金。腎水。此與前同。古文尚書說云。脾木。肺火。心土。肝金。此四藏不同。案禮記月令云。春祭以脾。夏祭以肺。季夏祭以心。秋祭以肝。冬祭以腎。皆五時自相得。

則古尚書是也。鄭元駁曰。此文異事乖。未察其本意。月令五祭。皆言先。無言後者。凡言先有後之辭。春祀戶。其祭也。先脾後腎。夏祀竈。其祭也。先肺後心肝。季夏祀中霤。其祭也。先心後肺。秋祀門。其祭也。先肝後心肺。冬祀行。其祭也。先腎後脾。凡此之義。以四時之位。五藏之上下。次之耳。冬位在後。而腎在下。夏位在前。而肺在上。春位小前。故祭先脾。秋位小卻。故祭先肝。肝腎脾俱在鬲下。肺心俱在鬲上。祭者必三。故有先後焉。此義不與行氣同也。八十一問云。五藏俱等。心肺獨在鬲上何。對曰。心主氣。肺主血。血行脈中。氣行脈外。相隨上下。故曰營衛。故令心肺在鬲上也。甲乙經云。黃帝問岐伯曰。人有五藏。藏有五變。肝為牡藏。其色青。其時春。其日甲乙。心為牡藏。其色赤。其時夏。其日丙丁。脾為牝藏。其色黃。其時季夏。其日戊己。肺為牝藏。其色白。其時秋。其日庚辛。腎為牝藏。其色黑。其時冬。其日壬癸。素問曰。肝者。魂之所居。陰中之小陽。故通春氣。心者。生之本。神之所處。為陽中之大陽。故通夏氣。脾者。倉廩之本。名曰興化。能化糟粕。轉味出入。至陰之類。故通土氣。肺者。氣之本。魄之所處。陽中之少陰。故通秋氣。腎者。主蟄。封藏之本。精之所處。陰中之太陰。故通冬氣。又云。春無食肝。夏無食心。季夏無食脾。秋無食肺。冬無食腎。周禮。疾醫掌養萬人之疾病者。以肝為木。心為火。脾為土。肺為金。腎為水。則疾多瘳。反其術則死。月令。中霤之禮。以陰陽進退為次。白虎通及素問。醫治之書。用行實為驗。故其所配是也。白虎通又云。木所以浮。金所以沉者何。子生於母義。肝以沉。肺以浮何。有知者。尊其母也。一說云。甲木畏金。以乙妻庚。受庚之化。木法其本。直甲故浮。肝法其化。直乙故沉。庚金畏火。以辛妻丙。受丙之化。金法其本。直庚故沉。肺法其化。直辛故浮。河上公注老子云。肝藏魂。肺藏魄。心藏神。腎藏精。脾藏志。五藏盡傷。則五神去矣。道經義云。魂居肝。魄在肺。神處心。精藏腎。

志託脾。此與素問同。魂為木氣。神為火氣。志為土氣。魄為金氣。精為水氣。魂通於目。神通於舌。志通於口。魄通於鼻。精通於耳。甲乙經云。鼻為肺之官。目為肝之官。口脣為脾之官。舌為心之官。耳為腎之官。故肺病。喘息。鼻張。肝病。目閉。眥青。脾病。口脣黃乾。心病。舌卷短。顏赤。腎病。權與顏黑黃。耳聾。此名五官。相書亦名五候。以鼻人中為一官。主心。餘竝同。候者以五藏善惡色出五官。可占候吉凶也。鼻人中。猶是口之分也。孝經援神契云。肝仁。故目視。肺義。故鼻候。心禮。故耳司。腎信。故竅寫。脾智。故口誨。元命苞曰。目。肝使。肝氣仁而外照。管子曰。脾發為鼻。肝發為目。腎發為耳。肺發為口。心發為下竅。道家太平經云。肝神不在。目無光明。心神不在。脣青白。肺神不在。鼻不通。腎神不在。耳聾。脾神不在。舌不知甘味。又一說云。目主肝。耳主腎。鼻主心。舌主脾。口主肺。肝腎二藏。諸經竝同。肝主目者。肝。木藏也。木是陽。東方顯明之地。眼目亦光顯照了。故通乎目。道家太式經云。天曰洞視。主目。目主肝。天。陽也。肝亦陽。目精明。亦陽。目光顯見。兼有常法。如日陽精無缺而明也。腎主耳者。腎。水藏。水。陰也。北方陰暗之地。耳能聽聲。聲是陰微之象。故通乎耳。太式經曰。地曰洞聽。主耳。耳主腎。地。陰也。耳法虛。則納聲。水主虛。陰主虛。陰主幽陰。聲又非恆。如月盈虛也。脾心肺三藏及候。各有異說。甲乙以鼻應肺。道家以鼻應心。管子以鼻應脾。甲乙應肺者。鼻以空虛納氣。肺亦虛而受氣故也。道家鼻主心者。陽也。老子經云。天以五行。氣從鼻入。藏於心。鼻以空通出入息。高象天。故與天通。而氣藏於心也。管子以脾是土。鼻在面之中。故為其候。甲乙以脾應口。道家以肺應口。與管子同。甲乙以脾應口者。口是出納之門。脾為受盛之所。口能論說。脾能消化。故以相通。道家以肺應口者。肺。金也。金能斷割。口有牙齒。亦能決斷。是金象也。管子之意。恐亦然也。甲乙以舌應心。道家以舌應脾。管子以心應下竅。甲乙以舌應心者。凡資身養命。莫過五味。辨了識知。莫過乎心。五味之入。猶舌知之。萬事是非。猶心鑒之。心欲有限舌陳。舌必言之。故心應舌。道家以舌應脾者。脾者。陰也。老子經云。地飴人以五味。從口入藏於胃。舌之所納。則有津實。地體既是質實。品味皆地所產。故舌與地通也。管子心應下竅者。以心能分別善惡。故通下竅。除滓穢也。五藏候在五官。口舌二官。共在一處。餘不共者。口是脾候。脾。土也。舌是心候。心。火也。共處者。土寄治於火鄉也。舌在口內者。火於五行。不常見也。須之則有。不用則隱。如舌在口內。開口即見。閉口則藏。又心為身之主貴。故在內也。土王四季。故曰四合也。甲乙。素問。是診候之書。故從行實而辨。道經。管子。各以一家之趣。六府者。河圖云。肺合大腸。大腸為傳道之府。心合小腸。小腸為受盛之府。肝合膽。膽為中精之府。脾合胃。胃為五穀之府。腎合膀胱。膀胱為津液之府。三焦孤立。為中瀆之府。甲乙。素問。說同。大腸為傳道之府者。肺通於鼻。鼻出入氣。大腸傳道五穀氣之道。故為其府。小腸為受盛之府者。心通於舌。舌進五味。小腸納之。故為受盛之府也。膽為中精府者。肝通於目。目是精明之物。又精神之主。故曰為中精府也。胃為五穀府者。脾通於口。口入五穀。而胃受之。故為其府。膀胱為津液之府者。腎是水藏。膀胱空虛受水。水清氣則為津液。濁氣則為涕唾。故以為其府。三焦為中瀆府者。五藏各合一府。三焦獨無所合。故曰孤立。處五藏之中。通上下行氣。故為中瀆府也。五藏而有六府。亦如六氣因五行生也。又如五性生六情也。素問云。皮應大腸。其榮毛。主心。脈應小腸。其榮色。主腎。筋應膽。其榮爪。主肺。肉應胃。其榮脣。主肝。腠理毫毛應三焦膀胱。其榮髮。主脾。皮應大腸。其榮毛。主心者。心是身之君。皮是身之城墎。毛是身之羽衛。大腸是氣之道路也。故竝相通。心是火藏。大腸是金府。故以配焉。丙辛之所主也。脈應小腸。其榮色。主腎者。腎。水也。

脈是血之溝渠。通流水氣。色是人之光采。血氣若盛。則榮色壯悅。血氣若衰。則容顏枯悴。腎為水藏。小腸既受盛。容著水氣。又是火府。故以配之。丁壬所主也。筋應膽。其榮爪。主肺者。筋是皮內之剛強也。爪是皮外之剛利也。肺是金藏。膽有剛精之性。又是木府。故以相配。乙庚所主也。肉應胃。其榮脣。主肝者。胃能消化五穀。精氣為肉。五穀從口而入。故榮潤在脣。肝是木之藏。仁而能生。胃是土府。故以相配。甲己所主也。腠理毫毛應三焦膀胱。其榮髮。主脾者。毫毛因籍津潤。腠理本自開通。脾。受資味之所。因資味而得津潤開通。因津潤開通。而生毛髮。書云。髮是血之餘。脾是土之藏。三焦膀胱。竝為水之府。故以相配。戊癸所主也。脾配二府。餘四藏各配一府者。脾是土藏。土為君道。君即陽也。陽數一。故藏不二也。三焦膀胱。竝是水府。水為臣道。臣即陰也。陰數偶。故府有二也。管子曰。脾生骨。腎生筋。肺生革。心生肉。肝生爪髮。元命苞云。肝生筋。脾生骨者。脾。土也。土能生木。骨是身之本。如木立於地上。能成屋室。故脾生之。腎生筋者。筋是骨之經絡。脈以流注。筋以相連節。竝通血氣。腎水故生之。肺生革者。肺。金也。金能裁斷。革亦限斷。故肺生之。心生肉者。心。火也。肉是身之土地。故心生之。肝生爪髮者。肝。木也。爪是骨之餘。髮是血之餘。皆水木之氣。故肝生之。元命苞云。以肝生筋。亦木氣之義。筋有枝條。象於木也。河圖云。仁慈惠施者。肝之精。悲哀過度。則傷肝。肝傷。則令目視芒芒。禮操列真。心之精。喜怒激切。傷心。心傷則疾衂吐逆。和厚篤信者。脾之精。縱逸貪嗜。則傷脾。脾傷則畜積不化。致否結之疾。義惠剛斷。肺之精。患憂憤勃。則傷肺。肺傷則致欬逆失音。智辨謀略。腎之精。勞欲憤滿。則傷腎。腎傷則喪精損命。此豈直違五常。而損年命。亦破六情。以亡國家也。至如桀紂兩帝。竝貪縱而喪其邦。梁賓二臣。亦皆奢逸而傾其家。雖彭子以色延命。齊王因怒袪病。如此異轍。皆有調節之宜。節之則四大獲安。縱之則五藏成患。素問云。肝者為將軍之官。謀慮出焉。心者為主守之官。神明出焉。脾者倉廩之官。五味出焉。肺者相傳之官。治節出焉。腎者作強之官。伎巧出焉。肝者為將軍之官。謀慮出者。木性仁。仁者必能深思遠慮。恒欲利安萬物。將軍為行兵之主。必以謀慮為先。故兵書曰。兵以仁舉。則無不從。得之以仁分。則無不從悅。又曰。將無謀。則士卒憂。將無慮。則士卒去。故肝為將軍。出謀慮也。心為主守之官。神明出者。火。南方。陽光輝。人君之象。神為身之君。如君南向以治。易以離為火。居太陽之位。人君之象。人之運動。情性之作。莫不由心。故為主守之官。神明所出也。脾為倉廩之官。五味出者。萬物生則出土。死亦歸之。五穀之入。脾以受之。故五味之出。亦由於此也。肺為相傳之官。治節出者。金能裁斷。相傳之任。明於治道。上下順教。皆有禮節。肺於五藏。亦治節所生。樂緯云。商者。章也。臣章明君德。以齊上下。相傳腎所由也。腎為作強之官。伎巧出者。水性是智。智必多能。故有伎巧。功則自強不息也。八十一問曰。藏各有一。腎獨兩者。何也。左者腎。右者命門。命門者。精神之所會也。河圖云。肝心出左。脾肺出右。腎與命門。竝出尺部。此脈候也。問曰。前解云。腎陰故雙。今言左腎右命門。此豈不自乖張乎。答曰。命門與腎。名異形同。水藏則體質不殊。故雙。主陰數為名。則左右兩別。故各有所主。猶如三焦膀胱。俱是水府。不妨兩號。老子經及素問云。心藏神者。神以神明照了為義。言心能明了萬事。神是身之君。象火。已如前解。腎藏精者。精以精靈叡智為稱。亦是精智氣。腎水智巧。故精藏焉。脾藏志者。志土。土主總四行。多所趣向。志以心願趣向為目。故藏於脾。肝藏魂者。魂以運動為名。肝是少陽。陽性運動。木性仁。故魂亦主善。故藏於肝焉。肺藏魄者。魄以相著為名。肺為少陰。陰性恬靜。金主殺。魄又主惡。故以藏之。五藏所主。乃以神。精。志。魂。魄五種。就陰陽論。唯有二別。陽曰魂。陰曰魄。

河上公章句云。五氣清微。為精神。聰明。音。聲五性。其鬼曰魂。魂者。雄也。主出入於鼻。與天通。五味濁溽。為形。骸。骨。肉。血。脈。六情。其鬼曰魄。魄者。雌也。出入於口。與地通。家語曰。宰我問孔子曰。聞鬼神之名。而不知其所謂。孔子曰。人生有氣。魂氣者。神之盛也。魄氣者。鬼之盛也。人生有死。死必歸土。此謂之鬼。魂氣歸乎天。此謂之神。合鬼與神而享之。教之至也。骨肉斃乎下。化為野土。其氣發揚乎上。此神之著也。聖人因人物之情。而明命鬼神。以為民。則爓燎羶薌。所以報氣也。薦黍稷。修肺肝。加以鬱暢。所以報魄也。漢書五行志云。人命終而形藏。精神散越。聖人為之宗廟。以收魂氣。春秋祭祀。以修孝道。尸子曰。鬼。歸也。古者謂死人為歸人。淮南子曰。人精神者。天之有也。骸骨者。地之有也。精氣入其門。而骸骨反其根。又云。天氣為魂。地氣為魄。禮記郊特牲云。凡祭慎諸此。魂氣歸乎天。形魄歸乎地。故祭求諸陰陽之義。故氣之清者曰神。即陽魂也。氣之濁者曰鬼。即陰魄也。延陵季子。葬其子於嬴博之間云。骨肉歸乎土。命也。魂氣無不之。越記云。王問范子曰。寡人聞。失其魂魄者死。得其魂魄者生也。物皆有之。將人乎。范蠡對曰。魄者。囊也。魂者。生氣之源。又云。魂者。生氣之精。魄者。死氣之舍。韓詩云。溱洧有二水。三月上巳。鄭國常於此水上。招魂續魄。左傳昭二十五年。宋公讌飲。使昭子叔右坐。語相泣樂。孔子曰。今君與子叔皆死乎。心之精爽。是謂魂魄。魂魄去之。何以能久。此竝明人身有魂魄二別。老子經云。魂藏肝。魄藏肺者。魂既屬天。天氣為陽。陽主善尚左。居肝在東方。木位。魄既屬地。地氣為陰。陰主惡尚右。故居肺在西方。金位。老子云。吉事尚左。凶事尚右。亦云。五氣藏於心。五味藏於胃者。此論氣。則是陽。以藏受之。心為火藏。陽氣所處。味則是陰。以府受之。胃為五穀之府。味之所處。心主精神。胃主受納。不乖魂魄陰陽之理。又云。魂有三。魄有七者。陽數奇。陰數偶。奇數始於一。

一則元氣。魂雖是陽。非曰始元。一後次三。故魂數三。又云。因天地二氣合而生人。人又一氣。三材各一氣。故魂有三。陰數二。二亦陰之始。魄雖是陰。又非元始。次二後四。陰不孤立。必資於陽。就魂之三。合而成七。又一解云。魂在東方。取震數三。魄居西方。取兌數七。三魂七魄。合而為十。是應天五行。地五行。兩五合為十。共成人也。五是天五氣。地五味也。春秋緯云。人感十而生。故十月方生也。又云。有六魄者。此乃道家三皇經。以五藏神為五魂。六府神為六魄。此亦五行六氣之義也。魂魄人之本。既配府藏。故釋之。甲乙云。魂屬精。魄屬神。

註：

五性：人的五種性情。指喜、怒、欲、懼、憂。

《大戴禮記．文王官人》：「民有五性，喜、怒、欲、懼、憂也。」

人的五種性情。指暴、淫、奢、酷、賊。

《太平廣記》卷三引《漢武內傳》：「上元夫人謂帝曰：『汝胎性暴、胎性淫、胎性奢、胎性酷、胎性賊……捨爾五性，反諸柔善。』」

人的五種性情。指喜、怒、哀、樂、怨。

南朝梁劉勰《文心雕龍．情采》：「故立文之道，其理有三：一曰形文，五色是也；二曰聲文，五音是也；三曰情文，五性是也。」

指仁、義、禮、智、信。

漢班固《白虎通．情性》：「五性者何？謂仁、義、禮、智、信也。」明宋濂《默齋銘》：「維人之生，內則五性七情，外則三綱六紀。」

五臟的特性。

《漢書・翼奉傳》：「五性不相害，六情更興廢。」顏師古注引晉灼曰：「翼氏五性：肝性靜，靜行仁，甲己主之。心性躁，躁行禮，丙辛主之。脾性力，力行信，戊癸主之。肺性堅，堅行義，乙庚主之。腎性智，知行敬，丁壬主之也。」

六情：人的六種感情：喜、怒、哀、樂、愛、惡。

漢班固《白虎通・情性》：「六情者何謂也？喜、怒、哀、樂、愛、惡謂六情。」

指廉貞、寬大、公正、奸邪、陰賊、貪狼六種性情。古代數術家據陰陽五行，由喜、怒、哀、樂、好、惡推演而出。

《漢書・翼奉傳》：「謂惡行廉貞，寅午主之；喜行寬大，巳酉主之；哀行公正，戌丑主之；樂行奸邪，辰未主之；怒行陰賊，亥卯主之；好行狼貪，申子主之。」

明楊慎《藝林伐山・五情六情》：「六情者，地支也：申子為貪狼，寅午為廉貞，亥卯為陰賊，巳酉為寬大，戌丑為公正，辰未為奸邪。」

人的六種情欲。

《韓詩外傳・卷五》：「人有六情：目欲視好色，耳欲聽宮商，鼻欲嗅芬香，口欲嗜甘旨，其身體四肢欲安而不作，衣欲被文繡而輕暖。此六者，民之六情也。」

猶六義。

《初學記卷二一》引《春秋孔演圖》：「《詩》含五際六情。」宋均注：「六情即六義，曰風，曰賦，曰比，曰興，曰雅，曰頌。」
猶六根。
《百喻經・飲水筩水喻》：「汝欲得離者，當攝汝六情，閉其心意，妄想不生，便得解脫。」

三焦：中醫學名詞。上焦、中焦、下焦的合稱。
《史記・扁鵲倉公列傳》：「別下於三焦、膀胱。」張守節正義引《八十一難》：「三焦者，水穀之道路，氣之所終始也。上焦在心下下鬲，在胃上口也；中焦在胃中脘，不上不下也。下焦在臍下，當膀胱上口也。」

寒疾：指因感受寒邪所致的疾病。
《左傳・昭西元年》：「陰淫寒疾，陽淫熱疾。」
《孟子・公孫丑下》：「寡人如就見者也，有寒疾，不可以風。」

熱疾：古指熱性過盛所致的病症。
《左傳・昭西元年》：「陰淫寒疾，陽淫熱疾。」
泛指一切急性發作、以體溫增高為主要症狀的疾病。

末疾：四肢的疾患。
《左傳・昭西元年》：「陽淫熱疾，風淫末疾。」杜預注：「末，四支也。」

腹疾：腹瀉等腸胃病。
《左傳・宣公十二年》：「河魚腹疾奈何？」
漢應劭《風俗通・皇霸・三皇》：「燧人始鑽木取火，炮生為熟，令人無復腹疾。」

惑疾：迷亂之病。謂精神失常。

《左傳・襄公二十四年》：「不然，其有惑疾，將死而憂也。」楊伯峻注：「惑疾即迷惑之疾，謂心情不安，疑神疑鬼。」

指沉湎女色，喪失心志之病。

《左傳・昭西元年》：「晦淫惑疾，明淫心疾。」杜預注：「晦，夜也。為宴寢過節，則心惑亂。」

心疾：勞思、憂憤等引起的疾病。春秋秦醫和所謂六疾之一。亦指心臟病。

《左傳・昭西元年》：「晦淫惑疾，明淫心疾。」杜預注：「思慮煩多，勞成心疾。」

《左傳・襄公三年》：「楚人以是咎子重，子重病之，遂遇心疾而卒。」杜預注：「憂恚故成心疾。」

精神病。

唐李肇《唐國史補》卷中：「初，劉闢有心疾，人自外至，輒如吞噬之狀。」

扞：。

清陳昌治刻本《說文解字・卷十二・手部》：「忮也。以手扞也。又衞也。侯旰切，音翰。」

《左傳・文六年》：「親帥扞之，送致諸竟。」

《前漢・刑法志》：「手足之扞頭目。《注》：「扞，禦難也。」

《增韻》：「抵也。」

《禮・學記》：「發然後禁，則扞格而不勝。」《注》：「扞，堅不可入之貌。」

費：。

清陳昌治刻本《說文解字・卷六・貝部》：「散財用也。《徐註》：『財散出如湯沸然。』房未切，音沸。」

《論語》：「君子惠而不費。」《何晏注》：「無費於財。」

《玉篇》：「損也，耗也。」

《禮・曲禮》：「不辭費。」

《韓詩外傳》：「不為公費乎。」

《玉篇》：「用也。」

任：任。

清陳昌治刻本《說文解字・卷八・人部》：「符也。誠篤也。如林切，竝音壬。」

《詩・邶風》：「仲氏任只。」《鄭箋》：「以恩相信曰任。」

《周禮・地官》：「大司徒之職，以鄉三物，敎萬民而賓興之。二曰六行，孝友睦婣任恤。」

《注》：「任，信於友道。」

《廣韻》：「堪也。」

《王粲・登樓賦》：「情眷眷而懷歸兮，孰憂思之可任。」《注》：「言誰堪此憂思也。」

又當也。

《左傳・僖十五年》：「眾怒難任。」

又負也，擔也。

《詩・小雅》：「我任我輦。」

《禮・王制》：「輕任并，重任分。」《注》：「并已獨任之，分析而二之。」

《集韻》、《韻會》、《正韻》：「竝如鴆切，王去聲。克也，用也。」

又所負也。

《論語》：「仁以為己任。」

又事也。

《周禮・夏官》：「施貢分職，以任邦國。」《注》：「事以其力之所堪。」

賓：。

清陳昌治刻本《說文解字・卷六・貝部》：「所敬也。必鄰切。」

《玉篇》：「客也。」

《易・觀卦》：「利用賓於王。」

《書・舜典》：「賓於四門。」

《洪範》：「八政，七曰賓。」《傳》：「禮賓客無不敬。」

《爾雅・釋詁》：「賓，服也。」《疏》：「賓者，懷德而服。」

《書・堯典》：「寅賓出日。」《傳》：「賓，導也。」《釋文》：「從也。」

又律名。

《禮・月令》：「律中蕤賓。」《注》：「仲夏氣至，則蕤賓之律應。」

《白虎通》：「蕤者，下也。賓者，敬也，言陽氣上極，陰氣始賓敬之也。」

竅：。

清陳昌治刻本《說文解字・卷七・穴部》：「穴也，空也。詰弔切，竝音俏。」

《禮・禮運》：「地秉陰竅於山川。」《疏》：「謂地秉持於陰氣，為孔於山川，以出納其氣。」

《周禮・天官》：「兩之以九竅之變。」《注》：「陽竅七，陰竅二。」《疏》：「七者在頭露見，故為陽。二者在下不見，故為陰。」

又凡藥以滑養竅。

《疏》：「凡諸滑物通利往來似竅，故以養之。」

寫：。

清陳昌治刻本《說文解字・卷七・宀部》：「置物也。悉也切，竝音瀉。」

《廣韻》：「除也，程也。」《增韻》：「傾也，盡也，輸也。」

《詩・邶風》：「駕言出遊，以寫我憂。」《注》：「寫，除也。」

《禮・曲禮》：「御食於君，君賜餘器之溉者不寫，其餘皆寫。」《注》：「謂萑竹所織，不可洗滌，則傳寫於他器而食之，不欲口澤之瀆也。」

《周禮・地官》：「稻人掌稼下地，以澮寫水。」

又洩也。

辨：。

《集韻》、《韻會》：「皮莧切。」《正韻》：「備莧切，竝音辯。」

《說文》：「判也。」

《廣韻》：「別也。」

《易‧乾卦》：「問以辨之。」

《禮‧學記》：「離經辨志。」《注》：「辨，謂考問得其定也。」

《周禮‧天官》：「弊羣吏之治，六日廉辨。」《注》：「辨，謂辨然於事分明，無有疑惑也。」

《易‧剝卦》：「剝牀以辨。」《疏》：「牀足之上，牀身之下，分辨處也。」《程傳》：「牀之幹也。」

又變也。

《楚辭‧九辨注》：「辨者，變也。謂 道德以變說君也。」

稟氣：亦作禀氣。天賦的氣性。

漢王充《論衡‧氣壽》：「人之稟氣，或充實而堅強，或虛劣而軟弱。」

中霤：指窗。

宋陸游《甯德縣重修城隍廟記》：「凡日用起居所賴者皆祭，祭門、祭灶、祭中溜之類是也。」

古代五祀所祭物件之一。即后土之神。

《禮記‧郊特牲》：「家主中霤而國主社。」孔穎達疏：「中霤謂土神。」

漢班固《白虎通‧五祀》：「六月祭中霤。中霤者，象土在中央也。」

霤：[illegible]。

《唐韻》、《集韻》、《韻會》、《正韻》：「竝力救切，音溜。」

《說文》：「屋水流也。從雨留聲。」

《禮・玉藻》：「端行，頤霤如矢。」《注》：「行既疾，身乃小折，而頭直俯臨前，頤如屋霤之垂也。」

《禮・月令》：「其祀中霤。」《注》：「中霤，猶中室也。土主中央，而神在室，古者複穴，是以名室為霤。《疏》：『土，五行之主，故其神在室之中央。中霤，所祭土神也。』杜註：『春秋，在家則祀中霤，在野則為社。』又郊特牲云：『家主中霤，而國主社。社神亦中霤神也。』古者複穴，皆開其上取明，故雨霤之，後因名室為中霤。」

《禮・祭法》：「中霤。」《注》：「中霤，主堂室居處。」

小卻：亦作小却。指稍稍後退。

《後漢書・馮異傳》：「異與禹合兵救之，赤眉小卻。」

稍後，過些時候。

晉王羲之《與人書》：「實望投老得盡田裡骨肉之歡……不知小卻得遂本心不？」

稍稍推辭。

宋郭應祥《虞美人・送張監稅》詞：「二年瀏水司征榷，小卻平戎略。」

鬲：。

清陳昌治刻本《說文解字・卷三・鬲部》：「鼎屬。實五觳。斗二升曰觳。象腹交文，三足。郎激切，竝音歷。」

《爾雅・釋器》：「鼎款足謂之鬲。」《注》：「鼎曲腳也。」《疏》：「款，闊也。謂鼎足相去疎闊者名鬲。」

《前漢・郊祀志》：「其空足曰鬲。」《注》：「蘇林曰：『足中空不實者，名曰鬲也。』」

通膈。為橫膈膜。

《素問・風論篇》：「食飲不下，鬲塞不通。」

營衛：護衛。

《雲笈七籤・卷一百零五》：「入山求芝草靈藥，所欲皆得，山神玉女自來營衛，狼虎百害不敢犯近。」

中醫指血氣之作用。

《靈樞經・營衛生會》：「營衛者，精氣也；血者，神氣也。故血之與氣，異名同類焉。」

清戴震《答彭進士允初書》：「飲食之化為營衛，為肌髓，形可並而一也。」

廩：《唐韻》：「力甚切。」《集韻》、《韻會》、《正韻》：「力錦切，竝音凜。」

《玉篇》：「倉廩也。」《釋名》：「廩，矜也。實物可惜者，投之其中也。」

《詩・周頌》：「亦有高廩，萬億及秭。」

《周語》：「廩於藉東南，鍾而藏之。」《注》：「廩，禦廩。一名神倉，東南生長之處。鍾，聚也。為廩以藏所藉田，以奉粢盛。」

《荀子・富國篇》：「垣窌倉廩者，財之末也。」《注》：「穀藏曰倉，米藏曰廩。」

又給也。

《後漢・章帝紀》：「恐人稍受廩，往來煩劇。」《注》：「廩，給也。」

糟粕：酒滓。喻指粗惡食物或事物的粗劣無用者。

漢劉向《新序・雜事二》：「凶年飢歲，士糟粕不厭，而君之犬馬有餘穀粟。」

蟄：。本義為動物冬眠，藏起來不食不動。

清陳昌治刻本《說文解字・卷十三・虫部》：「藏也。直立切。」

《爾雅・釋詁》：「蟄，靜也。」《疏》：「藏伏靜處也。」

《易・繫辭》：「龍蛇之蟄，以存身也。」

封藏：封閉收藏。

《史記・封禪書》：「其禮頗采太祝之祀雍上帝所用，而封藏皆祕之，世不得而記也。」

瘳：。

清陳昌治刻本《說文解字・卷七・疒部》：「疾病瘉也。《徐曰》：『忽愈，若抽去之也。』敕鳩切，竝音抽。」

《詩・鄭風》：「既見君子，云胡不瘳。」《傳》：「瘳，愈也。」

《左傳・昭十三年》：「事齊楚，其何瘳於晉。」《注》：「瘳，差也。」

《晉語》：「君不度而賀，大國之襲，於已何瘳。」《注》：「瘳，損也。」

又損也。

行實：亦作行寔。指行為樸厚。

唐韓愈《舉薦張籍狀》：「學有師法，文多古風，沉默靜退，介然自守，聲華行實，光映儒林。」

謂實際行為，實際。

《續資治通鑑・宋仁宗慶曆四年》：「范仲淹等意欲復古勸學，數言興學校，本行實，詔近臣議。」

又指生平事蹟。

唐黃滔《華嚴寺開山始祖碑銘》：「十一年，其徒從紹疏師行實於闕，昇其院為華嚴寺。」

猶行狀。記述死者生平事蹟的文章。

清方苞《書直隸新安張烈婦荊氏行實後》：「往年，或以烈婦荊氏行實視餘。」

化：。

清陳昌治刻本《說文解字・卷八・匕部》：「教行也。火跨切，竝花去聲。」

《增韻》：「凡以道業誨人謂之教。躬行於上，風動於下，謂之化。」

《韻會》：「天地陰陽運行，自有而無，自無而有，萬物生息則為化。」

又泛言改易，亦曰變化。

《易・繫辭》：「擬議以成其變化。」

革物曰化。

《周禮・春官・大宗伯》：「合天地之化。」《注》：「能生非類曰化。」

《正韻》：「告諭使人回心曰化。」

《書・大誥》：「肆予大化，誘我友邦君。」

又叶呼臥切，呼去聲。

《白虎通》：「火之為言化也。陽氣用事，萬物變化也。」《釋名》：「火，化也，消化物也。」

本：。

清陳昌治刻本《說文解字・卷六・木部》：「木下曰本。從木，一在其下，草木之根柢也。補袞切，竝奔上聲。」

《左傳・昭元年》：「木水之有本原。」

《玉篇》：「始也。」

《廣韻》：「舊也，下也。」

《禮・禮器》：「反本修古，不忘其初。」

《爾雅・釋器疏》：「柢本也，凡物之本，必在底下。」

浮：。

清陳昌治刻本《說文解字・卷十一・水部》：「氾也。房鳩切，竝音罘。」

又順流曰浮。

《書・禹貢》：「浮於濟漯。」

又溢也，過也。

《禮・坊記》：「君子與其使食浮於人也，寧使人浮於食。」

又輕也。

《楚語》：「疏其穢而鎮其浮。」

沉：。

清陳昌治刻本《說文解字・卷十一・水部》：「陵上滈水也；一曰濁黕也。持林切，竝音辰。」

《莊子・達生篇》：「沉有履。」《注》：「沉水，汚泥也。又沒也。」

《詩・小雅》：「載沉載浮。」

《廣韻》、《集韻》、《韻會》：「竝直禁切，音鴆。亦沒也。一曰投物水中也。」

權：。

清陳昌治刻本《說文解字・卷六・木部》：「黃華木。逵員切，竝音拳。」

《玉篇》：「稱錘也。又經權。」

《易・繫辭》：「巽以行權。」《注》：「權，反經而合道者也。」

又平也。

《禮・王制》：「原父子之情，立君臣之義以權之。」

又權謀。

《左傳・宣十二年》：「中權後勁。」《杜註》：「中軍制謀，精兵為殿。」

《爾雅・釋詁》：「權輿，始也。」

《詩・秦風》：「於嗟乎，不承權輿。」

又與顴通，兩頰也。

《前漢・高帝紀・隆準註》：「頰權，準也。」

誨：。

清陳昌治刻本《說文解字・卷三・言部》：「曉教也。《徐曰》：『丁寧誨之，若決晦昧也。』呼對切，竝音晦。」

《玉篇》：「教示也。」

《廣韻》：「教訓也。」

《易・繫辭》：「慢藏誨盜，冶容誨淫。」

陳：。

清陳昌治刻本《說文解字・卷十四・阜部》：「宛丘，舜後媯滿之所封。池鄰切，竝音塵。」

《玉篇》：「列也，布也。」

《廣韻》：「張也。」

《禮・表記》：「事君欲諫，不欲陳。」《注》：「陳謂言其過於外也。」

飴：。

清陳昌治刻本《說文解字・卷五・食部》：「米糱煎也；米部曰：『糱，芽米也。』火部曰：『煎，熬也。』以芽米熬之為飴。內則曰：『飴蜜以甘之。』與之切，竝音移。」

《六書故》：「以米蘖煎秫為目飴也。」

《本草》：「膠飴乾枯者曰餳。」

糱：生芽的米或釀酒的麴。

《集韻》、《正韻》：「竝魚列切，音臬。」
《玉篇》：「麯也。」
《書・說命》：「爾惟麯糵。」
《禮・禮運》：「禮之於人，猶酒之有糵也。」

秫：。

清陳昌治刻本《說文解字・卷七・禾部》：「稷之黏者。食聿切，竝音術。」清段玉裁《注》：「九穀攷：『稷，北方謂之高粱。或謂之紅粱。其黏者黃白二種。所謂秫也。秫為黏稷。而不黏者亦通呼為秫秫。』」
《爾雅・釋草》：「眾，秫。」《疏》：「眾一名秫，謂黏粟也。北人用之釀酒，其莖稈似禾而麤大者是也。」
《禮・月令》：「仲冬乃命大酋，秫稻必齊。」
《周禮・冬官考工記》：「染羽以朱湛丹秫。」《注》：「丹秫，赤粟也。」

餳：。

《集韻》、《韻會》、《正韻》：「竝徒郎切，音唐。」
《說文》：「飴和饊也。」
《揚子・方言》：「餳謂之餹。」《釋文》：「餳，洋也。煮米消爛，洋洋然也。」

津：。

清陳昌治刻本《說文解字・卷十一・水部》：「水渡也。資辛切，竝音蓁。」

《書・泰誓》：「大會於孟津。」《正義》：「孟是地名，津是渡處。」

又潤也。

《周禮・地官》：「辨五地之物生，二曰川澤，其民黑而津。」

又津津，溢也。

《莊子・庚桑楚》：「其中津津乎猶有惡。」

《韻補》：「葉將先切，音牋。」

《黃庭經》：「中有童子冥上玄，主諸六府九液源，外應兩耳百液津。」

生物的津液，口水。

《三蒼》：「津，液也，汁也。」

陸佃《埤稚・芥》：「令人望梅生津。」

滓穢：污濁。

《尸子・君治》：「水有四德：沐浴羣生，流通萬物，仁也；揚清激濁，蕩去滓穢，義也。」

又玷污。

南朝梁武帝《申飭選人表》：「且俗長浮競，人寡退情，若限歲登朝，必增年就宦，故貌寔昏童，籍已踰立，滓穢名教，於斯為甚。」

又指糞便。

《醫宗金鑑・刺灸心法要訣・小腸經文》：「當小腸下口，至是而泌別清濁，水液滲入膀胱，滓穢流入大腸。」

宋沈括《夢溪筆談・藥議》：「凡人之肌骨，五臟、腸胃雖各別，其入腸之物，英精之氣味，皆能洞達，但滓穢即入二腸。」

盛：盛。

清陳昌治刻本《說文解字・卷五・皿部》：「黍稷在器中，以祀者也，引伸為凡豐滿之稱。時征切。」

《集韻》、《韻會》、《正韻》：「時征切，竝音成。」

《書・泰誓》：「犧牲粢盛。」《傳》：「黍稷曰粢，在器曰盛。」

《廣韻》：「受也。」

《詩・召南》：「於以盛之，維筐及筥。」《古今注》：「城者，盛也，所以盛受民物也。」

又受物曰盛。

《前漢・東方朔傳》：「壺者，所以盛也。」《師古注》：「叶音去聲。」

五穀：一說為稻、黍、稷（粟）、麥、菽（大豆）。

《大戴禮記》：「麻（大麻）、黍、稷、麥、菽。」

近代植物學：指的是穗、懸、藤、角、根這五大分類的作物。

津液：中醫對人體內液體的總稱，包括血液、唾液、淚液、汗液等。通常專指唾液。

《素問・調經論》：「人有精氣津液。」

《醫宗金鑑・正骨心法要旨・作渴》：「如胃虛津液不足，用補中益氣湯。」

水滴，液汁。

漢焦贛《易林・坤之旅》：「津液下降，流潦霈霈。」

《天工開物・弧矢》：「凡造弓初成坯後，安置室中梁閣上，地面勿離火意。促者旬日，多者兩月，透乾其津液。」

中瀆：屬於十二正經和任脈、督脈的腧穴。又稱十四經穴。是全身腧穴的主要部分。其主治作用也和相應的經脈循行路線相關，有一定的規律。

在大腿外側，當風市下二寸，或在橫紋上五寸，股外側肌與股二頭肌之間。

瀆：瀆。

清陳昌治刻本《說文解字・卷十一・水部》：「溝也。一曰邑中溝。徒穀切，竝音牘。」

《易・讀卦》：「坎為溝瀆。」

輕慢，不敬。

《左傳・昭公十三年》：「瀆貨無厭。」

大川。

《爾雅》：「江淮河濟為四瀆。」

涕唾：亦作涕涶。鼻涕和唾液。

漢揚雄《解嘲》：「蔡澤，山東之匹夫也，顉頤折頞，涕唾流沫。」

擤鼻涕、吐口水。常用以表示鄙薄和輕視。

清黃宗羲《七怪》：「神仙之有無不可知，即有之，亦山林隱逸之徒，於朝市無與也。故其涕唾塵世之事，猶塵世之不得不隔絕山林矣。」

榮：。

清陳昌治刻本《說文解字・卷六・木部》：「桐木也。一曰屋梠之兩頭起者為榮。永兵切。」

《禮・喪大記》：「升自東榮，降自西北榮。」《注》：「榮屋翼也。」

又榮華。

《爾雅・釋草》：「木謂之華，草謂之榮。不榮而實者謂之秀，榮而不實者謂之英。」

《淮南子・時則訓》：「秋行夏令為華，行春令為榮。」

又榮者，辱之反。

《老子・道德經》：「知其榮，守其辱。」

又人以血為榮，以氣為衛。

《內經》：「榮衞不行，五臟不通。」

腠：。

《集韻》、《韻會》、《正韻》：「竝千候切，音湊。膚腠也，肉理分際也。」

《儀禮・鄉飲酒禮》：「皆右體進腠。」《注》：「腠理也。」

《史記・扁鵲傳》：「君有疾，在腠理。」《注》：「腠謂皮膚。」

《後漢・郭玉傳》：「腠理至微。」《注》：「腠理，皮膚之閒也。」

芒芒：廣大遼闊貌。

《詩・商頌・長髮》：「洪水芒芒，禹敷下土方。」

悠遠貌，久長貌。

《左傳・襄公四年》：「芒芒禹跡，畫為九州。」杜預注：「芒芒，遠貌。」

又迷茫，模糊不清。芒，通茫。

《文子・上仁》：「芒芒昧昧，因天之威，與天同氣。」

又繁雜貌，眾多貌。

《文選・束皙・補亡詩》：「芒芒其稼，參參其穡。」李善注：「芒芒，多貌。」

桀：又名癸、履癸，商湯將他諡號桀。為夏第十六代君主發之子，在位五十二年。履癸文武雙全，赤手可將鐵鉤拉直，但荒淫無度，暴虐無道。後商湯在名相伊尹謀劃下，起兵伐桀，湯先攻滅了桀的黨羽韋國、顧國，擊敗昆吾國，後直逼夏重鎮鳴條。後又被湯追上俘獲，放逐於此而餓死。

紂：中國商朝最後一位君主，有名的暴君。殷帝辛名受，天下謂之紂，人稱殷紂王。為帝乙少子，以母為正后，辛為嗣。帝紂天資聰穎，聞見甚敏；稍長又材力過人，有倒曳九牛之威，具撫樑易柱之力，深得帝乙歡心。時帝乙都沬已十有七載，帝乙崩，帝辛繼位。發明筷子。曾平定東夷，使中原文化逐漸傳播到江、淮流域，奠定中國統一的規模。雖材力過人，然拒諫飾非、耽於酒色、暴斂重刑，遂導致民怨四起。周武王東伐至盟津，諸侯叛商者八百；戰於牧野，紂軍敗，自焚於鹿臺。

梁冀：《後漢書・梁統列傳第二十四》：「梁統玄孫，字伯卓。為人鳶肩豺目，洞精矘眄，口吟舌言，裁能書計。少為貴戚，逸遊自恣。性嗜酒，能挽滿、彈潟、格五、六博、蹴鞠、意錢之戲，又好臂鷹走狗，騁馬鬥雞。初為黃門侍郎，轉侍中，虎賁中郎將，越騎、步兵校尉，執金吾。時質帝少而聰慧，知冀驕橫，嘗朝羣臣，目冀曰：『此跋扈將軍也。』冀聞，深惡之，遂令左右進鴆加煮餅，帝即日崩。桓帝立，冀改易輿服之制。元嘉元年，帝以冀有援立之功，欲崇殊典，乃大會公卿，共議其禮。於是有司奏冀入朝不趨，劍履上殿，謁贊不名，禮儀比蕭何；悉以定陶、陽成餘戶增封為四縣，比鄧禹；賞賜金錢、奴婢、彩帛、車馬、衣服、甲第，比霍光：以殊元勳。每朝會，與三公絕席。十日一入，平尚書事。宣布天下，為萬世法。冀猶以所奏禮薄，意不悅。專擅威柄，凶恣日積，機事大小，莫不諮決之。延熹元年，帝大怒，遂與中常侍單超、具瑗、唐衡、左悺、徐璜等五人成謀誅冀。使黃門令具瑗將左右廄騶、虎賁、羽林、都候劍戟士，合千餘人，與司隸校尉張彪共圍冀第。使光祿勳袁盱持節收冀大將軍印綬，徙封比景都鄉侯。冀及妻壽即日皆自殺。是時事卒從中發，使者交馳公卿失其度，官府市里鼎沸，數日乃定，百姓莫不稱慶。

論曰：順帝之世，梁商稱為賢輔，豈以其地居亢滿，而能以願謹自終者乎？夫宰相運動樞極，感會天人，中於道則易以興政，乖於務則難乎御物。商協回天之埶，屬雕弱之期，而匡朝恤患，未聞上術，憔悴之音，載謠人口。雖輿粟盈門，何救阻饑之厄；永言終制，未解屍官之尤。況乃傾側孽臣，傳寵凶嗣，以至破家傷國，而豈徒然哉！」

鳶肩豺目：聳肩似鷹，目兇如豺。形容人相貌陰險兇惡。

洞精：即通視。眼睛的一種生理缺陷。

矘眮：眼神直視貌。李賢注：「矘，音它蕩反。」

挽滿：拉滿強弓。李賢注：「挽滿，猶引強也。」

彈潟：埶經曰：「彈潟，兩人對局，白黑潟各六枚，先列潟相當，更先彈也。其局以石為之。」

格五：古代博戲名。棋類。

《簺法》曰：「簺白乘五，至五格不得行，故云格五。」顏師古注：「劉德曰：『格五，棊行。』」

六博：同六簙。古代一種擲采下棋的比賽遊戲。

王逸注：「投六箸，行六棊，故為六簙也。言宴樂既畢，乃設六簙，以菎蔽為箸，象牙為棊，麗而且好也。」

洪興祖補注引《古博經》云：「博法：二人相對坐向局，局分為十二道，兩頭當中名為水，用棊十二枚，六白六黑，又用魚二枚置於水中。其擲采以瓊為之，瓊畟方寸三分，長寸五分，鋭其頭，鑽刻瓊四面為眼，亦名為齒。二人互擲采行棊，棊行到處即豎之，名為驍棊，即入水食魚，亦名牽魚，每牽一魚獲二籌，翻一魚獲三籌。」

蹴鞠：亦作蹴毱、蹴踘、蹵踘，亦作蹵鞠。為我國古代的一種足球運動。用以練武、娛樂、健身。

顏師古注：「蹵，足蹵之也。鞠以韋為之，中實以物，蹵蹋為戲樂也。」

意錢：一種博戲。

李賢注引何承天《纂文》：「詭億，一曰射意，一曰射數，皆攤錢也。」

清黃生《義府》卷下：「即今猜枚，曰射，曰意，曰掩，居然可見。」

臂鷹：架鷹於臂。古時多指外出狩獵或嬉遊。

金吾：負責皇帝大臣警衛、儀仗以及徼循京師、掌管治安的武職官員。其名稱、體制、許可權歷代多有不同。漢有執金吾，唐宋以後有金吾衛、金吾將軍、金吾校尉等。

《漢書・百官公卿表上》：「中尉，秦官，掌徼循京師，有兩丞、侯、司馬、千人。武帝太初元年更名執金吾。」顏師古注：「應劭曰：『吾者，禦也，掌執金革以禦非常。』金吾，鳥名也，主辟不祥。天子出行，職主先導，以禦非常。故執此鳥之象，因以名官。」

晉崔豹《古今注》：「車輻棒也。漢朝執金吾，金吾亦棒也。以銅為之，黃金塗兩末，謂為金吾。」

髃：《集韻》、《韻會》、《正韻》：「竝魚侯切，音齵。」

《韻會》：「髆前骨也。俗曰肩頭。」

《儀禮・既夕》：「當髃用吉器。」《注》：「髃，肩頭也。」

跋扈：驕橫，強暴。引申為恃強抗拒。

《晉書・邵續傳》：「而續蟻封海阿，跋扈王命。」

亢滿：謂官位極高。

宋王安石《賀韓魏公啟》：「貴極富溢而無亢滿之累，名遂身退而有褒加之崇。」

埶：同藝。

《集韻》、《韻會》、《正韻》：「倪制切，竝同藝。才能也。」

《禮・禮運》：「月以為量，故功有藝也。」《注》：「藝猶才也。」

《周禮・天官・宮正》：「會其什伍，而教之道藝。」《注》：「藝謂禮、樂、射、御、書、數。」

《書・舜典》：「歸，格於藝祖。」《傳》：「告至文祖之廟。藝，文也。」
《說文》：「種也。」
《廣韻》、《集韻》、《韻會》：「竝始制切，音世。與勢同。」
《禮・禮運》：「刑仁講讓，示民有常，如有不由此者，在執者去眾以為殃。」《注》：「在埶，居尊位也。去謂不由禮而去仁讓及上著義考信著過五事也。」

雕弱：衰頹，衰落。

竇憲：《後漢書・竇憲列傳》：「字伯度，扶風平陵人。東漢權臣，名將，竇融曾孫，章德皇后兄。章帝建初二年，漢章帝立竇憲之妹為皇后。竇憲、竇篤兄弟親倖，賞賜累積，寵貴日盛，自王、主及陰、馬諸家，莫不畏憚。永元元年竇憲派遣刺客刺殺太后倖臣劉暢，嫁禍蔡倫，後因事洩獲罪，被囚於宮內。竇憲恐懼，請求出擊北匈奴以贖死。竇憲既破匈奴，權震朝廷，遂陰圖篡漢。漢和帝知其陰謀，與中常侍鄭眾計殺竇憲。永元四年，和帝命令逮捕其黨羽，沒收大將軍印綬，改封為冠軍侯，後將竇憲賜死。」

彭子：彭祖，姓籛，氏彭，名翦，也稱籛鏗、顓頊。遠古時期五帝之顓頊的玄孫。父為吳回的長子陸終，母係鬼方首領之妹女嬇，因擅長烹飪野雞湯，受帝堯賞識，後受封於大彭，為大彭氏國（今江蘇徐州），又稱彭鏗，傳說為彭姓的祖先。歷堯、夏，迄商時為守藏史，官拜賢大夫，周朝時擔任柱下史；娶妻四十九，生子五十四。相傳活了八百八十歲，實際壽命為一百四十歲。梁陶弘景撰《養性延命錄，又名養生延命錄・御女損益篇第六》：「采女問彭祖曰：『人年六十，當閉精守一，為可爾否?』彭祖曰：『不然。男不欲無女，無女則意動，意動則神勞，神勞則損壽。若念真正，無可思而大佳，然而萬無一焉。有強鬱閉之，難持易失，使人漏精尿濁，以致鬼交之病。又欲令氣未感動，陽道垂弱。欲以御女者，先搖動令其強起，但徐徐接之，令得陰氣，陰氣推之，須臾自強，強而用之，務令遲疏。精動而正，閉精緩息，瞑目偃外，導引身體，更復可御他女。欲一動則輒易人，易人可長生。若御一女，陰氣既微，為益亦少。又陽道法火，陰道法水，水能制火；陰亦消陽，久用不止，陰氣噏陽，陽則轉損，所得不補所失。但能御十二女子而復不泄者，令人老有美色。若御九十三女而不泄者，年萬歲。凡精少則病，精盡則死。不可不忍，不可不慎。數交而時一泄，精氣隨長，不能使人虛損。若數交接則瀉精，精不得長益，則行精盡矣。在家所以數數交接者，一動不瀉則贏得一瀉之精，減即不能數交接。但一月輒再瀉精，精氣亦自然生長，但遲微不能速起，不如數交接不瀉之速也。』

彭祖曰：『姦淫所以使人不壽者，非是鬼神所為也，直由用意俗猥，精動欲泄，務副彼心，竭力無厭，不以相生，反以相害，或驚狂消渴，或癲癡惡瘡，為失精之故。但施瀉輒導引，以補其處。不爾，血脈髓腦日損，風濕犯之，則生疾病，由俗人不知補瀉之宜故也。』

彭祖曰：『凡男不可無女，女不可無男。若孤獨而思交接者，損人壽，生百病，鬼魅因之共交，失精而一當百。若欲求子，令子長命，賢明富貴，取月宿日施精大佳。月宿日，直錄之於後。』」

齊王：齊湣王，本名田地，在位十七年，屢建武功，破秦、燕諸國，控制楚國，滅掉宋國。齊湣王三年，派孟嘗君入秦，昭王任以為相，後被扣押，賴雞鳴狗盜食客之助得脫，後任齊相。不久齊湣王整頓稷下學宮，粉碎了孟嘗君的政變，孟嘗君出奔。周赧王元年佔領燕都，燕昭王採納樂毅及蘇秦建議，爭取與國、孤立齊國，蘇秦兩次入齊離間，齊湣王相繼西向攻秦，周赧王三十一年燕上將軍樂毅以五國聯軍攻齊，達子戰死，燕軍攻入臨淄，湣王出逃至莒，為楚將淖齒所殺。在傳說，齊湣王戰敗後，走投無路，被飛來的鳳凰所救的說法。

《呂氏春秋・卷十一・仲冬紀・至忠》：「齊王疾痏，使人之宋迎文摯，文摯至，視王之疾，謂太子曰：『王之疾必可已也。雖然，王之疾已，則必殺摯也。』太子曰：『何故？』文摯對曰：『非怒王則疾不可治，怒王則摯必死。』太子頓首強請曰：『苟已王之疾，臣與臣之母以死爭之于王。王必幸臣與臣之母，願先生之勿患也。』文摯曰：『諾。請以死為王。』與太子期，而將往不當者三，齊王固已怒矣。文摯至，不解屨登床，履王衣，問王之疾，王怒而不與言。文摯因出辭以重怒王，王叱而起，疾乃遂已。王大怒不說，將生烹文摯。太子與王后急爭之，而不能得，果以鼎生烹文摯。爨之三日三夜，顏色不變。文摯曰：『誠欲殺我，則胡不覆之，以絕陰陽之氣？』王使覆之，文摯乃死。夫忠於治世易，忠於濁世難。文摯非不知活王之疾而身獲死也，為太子行難，以成其義也。」

痏：。

清陳昌治刻本《說文解字・卷七・疒部》：「疻痏也。羽軌切，竝音洧。」

《玉篇》：「瘡也。」

《廣韻》：「瘡痏。」

《前漢・薛宣傳》：「遇人不以義而見疻者，與痏人之罪鈞，惡不直也。」《注》：「應劭曰：『以杖手擊人，剝其皮膚腫起，青黑而無創瘢者，律謂疻痏。』」師古曰：「痏，音鮪。毆人皮膚腫起曰疻，毆傷曰痏。」

疷：。

清陳昌治刻本《說文解字・卷七・疒部》：「毆傷也。掌氏切，竝音紙。」

《抱樸子擢才卷》：「生瘡疷於玉肌。」

《張衡・西京賦》：「所惡成瘡疷。」《注》：「瘡疷謂瘢痕。」

斃：

《集韻》：「毗祭切。」

《爾雅・釋言》：「斃，踣也。」《注》：「前覆。」

《禮・檀弓》：「射之，斃一人。」《注》：「斃，仆也。」

羶：。通膻：。像羊肉的氣味。

《廣韻》：「式連切。」《集韻》、《韻會》：「屍連切，竝音杉。」

《說文》：「羴，或從亶。羊臭也。」

《玉篇》：「羊脂也，羊氣也。」

《周禮・天官・內饔》：「辨腥臊羶香之不可食者。」《注》：「羶謂羊也。」

《禮・月令》：「其臭羶。」《疏》：「凡草木所生，其氣羶也。」

《呂氏春秋》：「草食者羶。」《注》：「草食者，食草木，謂麞鹿之屬，故其臭羶也。」

薌：。古書上指用以調味的紫蘇之類的香草。

清陳昌治刻本《說文解字・卷一・艸部》：「穀氣也。許良切，音鄉。」

《禮・曲禮》：「黍曰薌合，粱曰薌萁。」

《內則》：「春宜羔豚膳膏薌。」《注》：「牛膏薌，犬膏臊。」

又通香。

《荀子・非相篇》：「芬薌以送之。」

《史記・滑稽傳》：「微聞薌澤。」

延陵季子：《公羊傳・襄公二十九年》：「指春秋時吳公子季箚。相傳吳王壽夢有四子：諸樊（或稱謁）、餘祭、餘眛（一作夷昧）、季箚。季箚賢，壽夢欲廢長立少。季箚讓不可。壽夢卒，諸樊立，與餘祭、餘眛相約，傳弟而不傳子，弟兄迭為君，欲終致國於季箚 。季箚離國赴延陵（一說封於延陵），終身不入吳國，故世稱延陵季子。

《禮記・檀弓下》：「延陵季子適齊，於其反也，其長子死，葬於嬴博之間。孔子曰：『延陵季子，吳之習於禮者也。』往而觀其葬焉。其坎深不至於泉，其斂以時服。既葬而封，廣輪掩坎，其高可隱也。既封，左袒，右還其封且號者三，曰：『骨肉歸復於土，命也。若魂則無不之也，無不之也。』而遂行。孔子曰：『延陵季子之於禮也，其合矣乎。』」

魂有三：《雲笈七籤・卷十三》：「道家謂人有三魂：一曰爽靈，二曰胎元，三曰幽精。」

《初刻拍案驚奇・卷十一》：「劉氏一聞此言，便如失去了三魂，大叫一聲，往後便倒。」

魄有七：《雲笈七籤・卷五四》：「道家謂人有七魄，各有名目。第一魄名屍狗，第二魄名伏矢，第三魄名雀陰，第四魄名吞賊，第五魄名非毒，第六魄名除穢，第七魄名臭肺。」

晉葛洪《抱樸子・地真》：「欲得通神，當金水分形，形分則自見其身中之三魂七魄。」

五、論配五常

五常者。仁。義。禮。智。信也。行之終久。恆不可闕。故名為常。亦云五德。以此常行。能成其德。故云五德。而此五德配於五行。鄭元注禮記中庸篇云。木神則仁。金神則義。火神則禮。水神則信。土神則智。詩緯等說亦同。毛公傳說及京房等說。皆以土為信。水為智。漢書天文志云。歲星於人。五常。仁也。五事。貌也。仁虧貌失。逆春令。傷木氣。罰見歲星。熒惑於人。五常。禮也。五事。視也。禮虧視失。逆夏令。傷火氣。罰見熒惑。太白於人。五常。義也。五事。言也。義虧言失。逆秋令。傷金氣。罰見太白。辰星於人。五常。智也。五事。聽也。智虧聽失。逆冬令。傷水氣。罰見辰星。鎮星於人。五常。信也。五事。思也。仁義禮智。以信為主。貌言視聽。以思為正。四事皆失。鎮星乃為之動。按毛公及京房。漢史。皆以土為信。可謂其當。所以然者。夫五常之義。仁者以惻隱為體。博施以為用。禮者以分別為體。踐法以為用。智者以了智為體。明叡以為用。義者以合義為體裁斷以為用。信者以不欺為體。附實以為用。其於五行。則木有覆冒滋繁。是其惻隱博施也。火有滅暗昭明。是其分別踐法也。水有含潤流通。是其了智明叡也。金有堅剛利刃。是其合義裁斷也。土有持載含容。以時生萬物。是其附實不欺也。鄭元及詩緯。以土為智者。以能了萬事。莫過於智。能生萬物。莫過於土。故以為智。水為信者。水之有潮。依期而至。故以水為信。此理寘證狹。於義乖也。其於五經。則仁以配易。其位東方。禮以配火。其位南方。義以配傳。其位西方。智以配詩。其位北方。信以配尚書。其位中央。易配東方仁者。易是創制之書。苞括萬有。有變易之義。東方。四時之始。仁化能生。易故就新。又帝出震。始作八卦。故以配仁。禮配南方者。禮能齊上下之法。別貴賤之差。

君臣父子。莫不以禮節之。如火能成就五味。明照萬物。故以南方配禮。傳配西方義者。春秋是魯史。褒貶得失。是時。王道既衰。諸侯力爭。戰伐之事。靡不書之。合義者褒。失德者貶。如金以義斷。裁制萬物。故以配義。詩配北方智者。詩言其志。以為風刺。有陰微之辭。和潤人情。動鬼神。感天地。以善惡之事。吟詠於聲樂。使聞者有益於行。作者無咎於身。如水潛流。無所不潤。故以智配。尚書配中央信者。此是上古之書。傳述帝王之言。信誓之事。靡不存焉。可宗尚。故如土有信。以時生物。四時所宗。故以信配。經。即常也。亦云由也。亦云法也。述經由事。故云由也。理可法則。故云法也。常為訓典。故即常也。然經體既為常法。其當體各備五常。事有所專。但以一方為主。未論文義。故不備說。五常之行。由經而明。故以配釋。

註：

漢書天文志：歲星曰東方春木，於人五常仁也，五事貌也。仁虧貌失，逆春令，傷木氣，罰見歲星。歲星所在，國不可伐，可以伐人。熒惑曰南方夏火，禮也，視也。禮虧視失，逆夏令，傷火氣，罰見熒惑。逆行一舍二舍為不祥，居之三月國有殃，五月受兵，七月國半亡地，九月地太半亡。因與俱出入，國絕祀。……太白曰西方秋金，義也，言也。義虧言失，逆秋令，傷金氣，罰見太白。日方南太白居其南，日方北太白居其北，為贏，侯王不寧，用兵進吉退凶。日方南太白居其北，日方北太白居其南，為縮，侯王有憂，用兵退吉進凶。當出不出，當入不入，為失舍，不有破軍，必有死王之墓，有亡國。太白者，猶軍也，而熒惑，憂也。故熒惑從太白，軍憂；離之，軍舒。出太白之陰，有分軍；出其陽，有偏將之戰。當其行，太白還之，破軍殺將。……

辰星，殺伐之氣，戰鬥之象也。與太白俱出東方，皆赤而角，夷狄敗，中國勝；與太白俱出西方，皆赤而角，中國敗，夷狄勝。……辰星不出，太白為客；辰星出，太白為主人。辰星與太白不相從，雖有軍不戰。……辰星曰北方冬水，知也，聽也。知虧聽失，逆冬令，傷水氣，罰見辰星。出蚤為月食，晚為彗星及天袄。一時不出，其時不和；四時不出，天下大饑。失其時而出，為當寒反溫，當溫反寒。當出不出，是謂擊卒，兵大起。與它星遇而鬥，天下大亂。出於房、心間，地動。……填星曰中央季夏土，信也，思心也。仁義禮智以信為主，貌言視聽以心為正，故四星皆失，填星乃為之動。填星所居，國吉。未當居而居之，若已去而復還居之，國得土，不乃得女子。……凡五星，歲與填合則為內亂，與辰合則為變謀而更事，與熒惑合則為飢，為旱，與太白合則為白衣之會，為水。太白在南，歲在北，名曰牡牡，年穀大孰。太白在北，歲在南，年或有或亡。

了：。

清陳昌治刻本《說文解字・卷十四・了部》：「尥也。盧皎切，竝聊上聲。」清段玉裁《注》：「尥，行脛相交也。牛行腳相交為尥。凡物二股或一股結糾紾縛不直伸者，曰了戾。」

《增韻》：「決也。」

《廣韻》：「慧也，曉解也。」

《後漢・孔融傳》：「融年十二聰慧。陳煒曰：小而了了，大未必奇。」

又訖也，畢也。

《晉書・傅毅傳》：「天下大器，非可稍了，而相觀每事欲了，生子癡了官事，官事未易了也。」

《揚子・方言》：「了，快也。」

尥：同尥：。為騾馬等跳起來用後腿向後踢。

清陳昌治刻本《說文解字・卷十・尣部》：「行脛相交也。牛行腳相交為尥。竝力弔切，音料。」清段玉裁《注》：「謂纏繞不適。」

《說文》：「尥本字。」

《五音集韻》：「都了切，音鳥。然也。」

《六書故》：「今人謂筋骨弱，舉足不隨為尥掉。」

明叡：聰明有遠見。

漢張衡《南都賦》：「且其君子，弘懿明叡，允恭溫良。」

《後漢書・文苑傳下・趙壹》：「惟君明叡，平其夙心。」

叡：。**同睿：**。

清陳昌治刻本《說文解字・卷四・又部》：「深明也，通也。俞芮切，竝音銳。」

《玉篇》：「聖也，智也。」

《書・洪範》：「思曰睿，睿作聖。」《蔡傳》：「睿者，通乎微也。」

《徐幹・中論修本篇》：「睿莫大乎自慮。」

寘：。

清陳昌治刻本《說文解字・卷七・宀部》：「置也。竝支義切，音至。」

《正韻》：「納之也，猶言安著也。」

《詩・小雅》：「寘子於懷。」《注》：「親之也。」

《廣韻》：「止也，廢也。」

《詩・周南》：「寘彼周行。」《注》：「寘，舍也。」

苞：。

清陳昌治刻本《說文解字・卷一・艸部》：「艸也。南陽以為麤履。班交切，竝音包。」

《司馬相如・子虛賦》：「其高燥，則生葴菥苞荔。」《注》：「苞，藨也。」《漢書注》：「即今所用作席者。」

又本也。

《易・否卦》：「繫於苞桑。」《疏》：「凡物繫於桑之苞本，則牢固也。」

又草木叢生也。

《爾雅疏》：「物叢生曰苞，齊人名曰稹。」

又通包。

《儀禮・既夕》：「苞二。」《注》：「所以裹羊豕之肉。」

《詩・大雅・常武》：「如山之苞。」

褎：。

清陳昌治刻本《說文解字・卷八・衣部》：「衣博裾。竝博毛切，報平聲。」

《玉篇》：「揚美也。」

《類篇》：「獎飾也。」

《白虎通》：「人臣之義，莫不欲褒大其君，掩惡揚善也。」

又嘉獎，表揚。

唐韓愈《朱文公校昌黎先生集》：「非敢褒其可褒，而貶其可貶也。」

貶：。

清陳昌治刻本《說文解字・卷六・貝部》：「損也。悲檢切，竝音疺。」

《公羊傳・隱二年》：「何以不氏貶。」《注》：「貶，猶損也。」

《詩・大雅》：「我位孔貶。」《傳》：「貶，墜也。又通作辯。」

《周禮・秋官・士師》：「若邦凶荒，則以荒辯之灋治之。」《注》：「辯，當為貶。遭饑荒，則刑罰，國事有所貶損，作權時灋也。」

《玉篇》：「減也。」

《增韻》：「謫也，抑也。」

靡：。

清陳昌治刻本《說文解字・卷十一・非部》：「披靡也。文彼切。」

《廣韻》：「偃也。」

《左傳・莊十年》：「望其旗靡。」

《史記・項羽紀》：「項王大呼馳下，漢軍皆披靡。」《注》：「正義曰：『靡，言精體低垂。』」

《玉篇》：「侈靡，奢侈也。」

《周禮・地官・司市》：「以政令禁物靡而均市。」《注》：「靡，謂侈靡也。」

《禮・檀弓》：「若是其靡也。」《戰國策》：「專淫逸侈靡。』」

《揚子・方言》：「私小也。秦晉曰靡。」《注》：「靡，細好也。」

《司馬相如・上林賦》：「靡曼美色於後。」《注》：「張揖曰：『靡，細也。』」

《爾雅・釋言》：「靡，無也。」

《揚雄・解嘲》：「胥靡為宰。」《注》：「張晏曰：『靡，無也。言相師以無為作宰者也。』」

《玉篇》：「罪累也。」

《詩・周頌》：「無封靡於爾邦。」《傳》：「封，大也。靡，累也。」《疏》：「奢侈淫靡，是罪累也。」

《書・畢命》：「商俗靡靡。」《疏》：「韓宣子稱紂使師延作靡靡之樂。靡靡者，相隨順之意。」

《史記・淮陰侯傳》燕從風而靡。《越語》：「靡王躬身。」《注》：「靡，損也。」

刺：。

清陳昌治刻本《說文解字・卷四・刀部》：「君殺大夫曰刺。刺，直傷也。七賜切，竝此去聲。」

《爾雅・釋詁》：「刺，殺也。」

《公羊傳》：「刺之者何，殺之也。」

《儀禮・士相見禮》：「庶人則曰刺草之臣。」《注》：「刺猶剗除之也。」

《前漢・郊祀志》：「刺六經中作王制。」《注》：「刺，採取之也。」
《廣韻》：「針刺也。以針㓨物曰刺。」
《詩・大雅》：「天何以刺。」《毛傳》：「刺，責之。」
《周禮・秋官》：「司刺掌三刺，一訊羣吏，二訊羣臣，三訊萬民。」《注》：「刺，訊決也。」
《唐韻》、《集韻》、《韻會》、《正韻》：「竝七跡切，音磧。穿也，傷也。」
《增韻》：「刅之也。」
《孟子》：「刺人而殺之。」
又諷刺。
《史記・屈原賈生列傳》：「上稱帝嚳，下道齊桓，中述湯、武，以刺世事。」
又指責，揭發。
《戰國策・齊策》：「群臣吏民能面刺寡人之過者，受上賞。」
又採取，採取。
《史記・封禪書》：「刺六經中作王制。」

六、論配五事

五事者。尚書洪範云。敬用五事。蓋以人事配五行也。一曰貌。以配木。二曰言。以配金。三曰視。以配火。四曰聽。以配水。五曰思。以配土。尚書洪範曰。貌曰恭。言曰從。視曰明。聽曰聰。思曰叡。恭作肅。從作乂。明作哲。聰作謀。叡作聖。貌曰恭者。天子之恭。曰穆穆。上恭肅則下敬矣。孔子曰。其行己也恭。其事上也敬。又曰。在體曰恭。加於人。施於事。曰敬。貌之不恭。是謂不肅。肅。敬也。夫洪範所陳五事。貌為首者。於易。貌為震。震為木。木可觀也。故經列三德。而服為其上。詩云。敬慎威儀。惟人之則。有威而可畏。謂之威。有儀而可象。謂之儀。君有威儀。其臣畏而愛之。則而象之。故能長有其國。臣有威儀。故能長守其職。君子在位可畏。施舍可愛。進退可度。周旋可則。容止可觀。作事可法。德行可象。聲氣可樂。動作有文。言語有章。以臨其下。謂之威儀。孔子曰。正其衣冠。尊其瞻視。儼然人望而畏之。不亦威而不猛。又曰。不嚴以蒞之。則人不敬。故失威儀之節。怠慢驕恣。謂之狂。狂則下不肅矣。下不敬。則上無威。夫不敬其君。不從其政。則陰氣勝。陰氣勝。則水象至。故曰。厥罰常雨。雨。則飢寒至。飢寒至。則上下不相信。大臣姦軌。民為寇盜。民多被刑。則其服妖。服妖者。輕剛漂泆。暴慢之服。以象風氣之化也。言者。於易之道曰兑。兑曰口。言之象。人君言出。令行則從。故易曰。悅以使民。民忘其勞。悅以犯難。民忘其死。是以明君薄斂而厚祿。賞疑從重。罰疑從輕。則順民心。故其教不肅而成。其政不嚴而治。此得民心。民心得。則眾歸之。眾歸之。則民死沒。且不忘之。況乎從其令也。若君失眾心。政令不從。亢陽自消。群陰不附。而下畏君之重刑。則陽氣勝。陽氣勝則旱。故曰。厥罰常暘。常暘。則飢貧。飢貧。不足。不足。不敢正言。則先發於歌謠之口也。氣逆則惡言至。蟲蝗生。皆口事也。視者。南方。目之象。視曰明。明以知人為本。於易為離。離為火。為目。夫視不明。微弱不知所信。必長伺黨。仇親同類。如此賢者不進。賢者不進。則不肖者不退。不肖者不退。則犯上者不誅。無罪者橫罰。百職廢壞。庶事滯塞。教政舒緩。故曰。厥罰常燠。燠則冬氣泄。冬氣泄。則不寒。春夏氣錯。疾疫起矣。犯上者不誅。則草犯霜而不死。貪取百姓之財。則蝗螟亦食人之食矣。此皆視之所象也。聽者在耳。耳者。於易。坎也。古者聖王有進善之旌。敢諫之鼓。謀於芻蕘。所以博延而廣聽也。人君不好謀。則下莫敢言。下莫敢言。則上無所聞。上無所聞。則不聽。不聽者。由不謀政事。故曰不聽。無所聞知。庶事擁屈。怨在心口。喜怒不節。故曰急也。夫寒者急物。冬物皆枯急。枯急。故曰厥罰常寒。常寒。則不生百穀。不生百穀。則民貧窮矣。故妖生於耳。以類相動。則有鼓妖聲音之類。坎為彘。耳氣傷。有彘禍。水色黑。有黑灾。此皆聽也。思者。心為五事之主。猶土體為五行主也。於易為坤。八正之氣。亦起於八風。風者。四時之主。思心得。謂之容。容者。能容畜臣子。故謂之聖也。思心不得。四者皆失。則不能容畜臣子。故曰。思心不容。是謂不聖。過在霿亂失紀。故風者。於易巽也。在三月。四月。純陽而治。於陽則為陰。於陰則為陽。大臣之象。君既霿亂。則大臣專恣。大臣專恣。而陰氣盛。陰氣盛。則應。故厥罰常風。陰氣多者。陰而不雨。其甚也。常陰。暗者。苞承於心。心氣傷。則為暗妖。易曰。坤為牛。坤土也。土氣傷。則牛多死。又曰。土為內事。內事亂。則有華孽。此皆思之事也。五事所感。其例甚多。略舉如此。

註：

尚書洪範：《尚書・周書・洪範》：「初一曰五行，次二曰敬用五事，次三曰農用八政，次四曰協用五紀，次五曰建用皇極，次六曰乂用三德，次七曰明用稽疑，次八曰念用庶徵，次九曰嚮用五福，威用六極。

一、五行：一曰水，二曰火，三曰木，四曰金，五曰土。水曰潤下，火曰炎上，木曰曲直，金曰從革，土爰稼穡。潤下作鹹，炎上作苦，曲直作酸，從革作辛，稼穡作甘。

二、五事：一曰貌，二曰言，三曰視，四曰聽，五曰思。貌曰恭，言曰從，視曰明，聽曰聰，思曰睿。恭作肅，從作乂，明作哲，聰作謀，睿作聖。

三、八政：一曰食，二曰貨，三曰祀，四曰司空，五曰司徒，六曰司寇，七曰賓，八曰師。……」

涖：同莅：。

《正韻》：「力地切，竝音利。」

《韻會》：「臨也。」

《易・明夷》：「君子以涖眾。」

《穀梁傳・僖三年》：「涖者，位也。」

《集韻》：「力質切，音栗。」

《司馬相如・上林賦》：「藰莅卉歙。」《師古注》：「林木鼓動之聲。」

泆：。

清陳昌治刻本《說文解字・卷十一・水部》：「水所蕩泆也。與溢同。弋質切，竝音逸。」

清段玉裁《注》：「蕩泆者，動盪奔突而出。」

《書・禹貢》：「入於河，溢為滎。」

又淫放。

《書・多士》：「大淫泆有辭。」

《左傳・隱三年》：「驕奢淫泆。」《疏》：「泆，謂放恣無藝。」

《廣韻》、《集韻》：「竝徒結切，音姪。泆蕩也。」

暘：。

清陳昌治刻本《說文解字・卷七・日部》：「日出也。移章切，竝音陽。」

《玉篇》：「明也，日乾物也。」

《書・堯典》：「宅嵎夷曰暘穀。」《傳》：「暘，明也。日出於穀而天下明，故曰暘穀。」

《洪範》：「曰雨曰暘。」《傳》：「暘以乾物也。」

蝗：。昆蟲，種類很多，軀體綠色或黃褐色。咀嚼式口器，後足適於彈跳，常常成群飛翔，是農業害蟲，亦稱螞蚱。

清陳昌治刻本《說文解字・卷十三・虫部》：「螽也。竝胡光切，音黃。」

《前漢・文帝紀》：「旱，蝗。」《師古注》：「蝗即螽也，食苗為災，今俗呼為簸鍾。」

《唐韻古音》：「戶盲切，音橫。」

《演春秋繁露》：「徽州稻苦蟲害，俗呼橫蟲。」

燠：。

清陳昌治刻本《說文解字・卷十・火部》：「熱在中也。乙六切，竝音郁。」

《爾雅》：「燠，煖也。」

《書・洪範》：「曰燠。」傳：「火氣也。」

《書・洪範》：「八，庶征：曰雨、曰暘、曰燠、曰寒、曰風、曰時。」

又通作奧。

《詩・唐風》：「不如子之衣，安且燠兮。」《注》：「奧本又作燠。」

螟：。主要生活於稻莖中，吃其髓部，危害很大。

清陳昌治刻本《說文解字・卷十三・虫部》：「蟲食穀葉者。吏冥冥犯法即生螟。忙經切，竝音冥。」清段玉裁《注》：「釋蟲、毛傳皆曰：『食心曰螟，食葉曰蟘，食根曰蟊，食節曰賊。云吏冥冥犯法即生螟，正為食心言之。』」

《詩・小雅》：「去其螟螣，及其蟊賊。」《疏》：「李巡云：『言其姦，冥冥難知也。』陸璣云：『螟似虸蚄而頭不赤。』」

又焦螟。

《列子・湯問篇》：「江浦之閒生麼蟲，其名曰焦螟，羣飛而集於蚊睫。」

蟘：。吃禾苗葉子的害蟲。

清陳昌治刻本《說文解字・卷十三・虫部》：「蟲，食苗葉者。吏乞貸則生蟘。徒得切，音特。」

蟊：。吃苗根的害蟲。

清陳昌治刻本《說文解字・卷十三・虫部》：「蠿蟊也。迷交切，竝音毛。與蝥同。」

《詩・大雅・瞻卬》：「蟊賊蟊疾。」

蠿：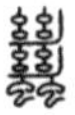。蜘蛛的別稱。

清陳昌治刻本《說文解字・卷十三・虫部》：「蠿蟊，作罔蛛蟊也。側八切，音札。又朱劣切，音拙。義同。」

芻：。

清陳昌治刻本《說文解字・卷一・艸部》：「刈艸也。象包束艸之形。楚徂切，竝音初。」

《詩・大雅》：「詢於芻蕘。」《疏》：「芻者飼牛馬之草。」

《孟子》：「猶芻豢之悅我口。」《趙注》：「草食曰芻。」

《韻會》：「羊曰芻，犬曰豢，皆以所食得名。」

《禮・祭統》：「士執芻。」《注》：「槁也。」

《詩・小雅》：「生芻一束。」《箋》：「茭草刈取以用曰芻，故曰生芻。」

又草名。

《小雅》：「終朝采綠。」《箋》：「綠，王芻也。」

蕘：。

清陳昌治刻本《說文解字・卷一・艸部》：「草薪也。竝如招切，音饒。」

《左傳・昭十三年》：「淫芻蕘者。」《疏》：「竝燃火之草也。」

又蕘花，藥名。

《本草注》：「蕘者，饒也，其花繁饒也。」

《集韻》：「尼交切，音鐃。菜名。」

《博雅》：「蘴蕘，蕪精也。」

《揚子・方言》：「陳楚之郊謂之蘴，魯齊之郊謂之蕘。」

華：。

清陳昌治刻本《說文解字・卷六・華部》：「榮也。胡瓜切，竝音劃。」

《書・舜典》：「重華協於帝。」《傳》：「華謂文德。」

《禮・檀弓》：「華而睆。」《疏》：「凡繪畫，五色必有光華，故曰華畫也。」

《廣韻》：「草盛也。」

又粉也。

《曹植・洛神賦》：「鉛華弗御。」

又髮白也。

《後漢・陳蕃傳》：「蹇諤之操，華首彌固。又與花同。」

《爾雅・釋草》：「華，荂也。」

《揚子・方言》：「齊楚之閒或謂之華，或謂之荂。」

《佩觿集》：「華有戶瓜，呼瓜二翻，俗別為花。」

《韻會》：「苦蛙切。」《正韻》：「枯瓜切，竝音誇。不正也。」

第十五卷

論律呂

論律呂

春秋元命苞云。律之為言率也。續漢書云。律。術也。律書云。呂。序也。序述四時之氣。定十二月之位也。陰陽各六。合有十二。陽六為律。陰六為呂。律六者。黃鐘。大蔟。姑洗。蕤賓。夷則。無射也。呂六者。林鐘。南呂。應鐘。大呂。夾鐘。仲呂也。史記云。律曆者。天所以運五行八正之氣。成熟萬物也。帝王世紀云。黃帝使伶倫於大夏之西。崑崙之陰。取竹解谷。其竅厚均者。斷兩節間。吹之以為黃鐘之管。以象鳳鳴。雌雄各六。以定律呂。以分星次。伶洲鳩曰。律。所以立均出度也。故云。紀以三。平以六。成以十二。天之道也。此六中之元。古之神瞽。考中聲而量之以制。度律均鐘。故名黃鐘。所以宣養六氣。二曰大蔟。所以金奏。乃贊陽出滯。三曰姑洗。所以脩潔百物。考神納賓。四曰蕤賓。所以安靜神人。獻酬交酢。五曰夷則。所以詠歌九則。平民無貳。六曰無射。所以宣布哲人之令德。示民軌儀。為之六間。以揚沉伏而黜散越。元間大呂。助宣物也。二間夾鐘。出四隙之細。三間中呂。宣中氣也。四間林鐘。和展百事。俾莫不任肅純恪也。五間南呂。贊陽秀也。六間應鐘。均利器用。俾應復也。律呂不易。無姦物也。三禮義宗云。律者。法也。言陽氣施生。各有其法。呂者。助也。助陽成功。一云。律。帥也。帥導陽氣。使之通達也。呂者。侶也。以對於陽。與之為侶。亦呂距也。諧陰陽之氣。有時相距。明陽出則陰除。陰升則陽損。故有相距之意。續漢書云。陽以圜為形。其性動。陰以方為節。其性靜。動者數三。靜者數二。以陽生陰而陪之。以陰生陽半之。皆以三而一。陽生陰曰下生。陰生陽曰上生。皆參天兩地。圓蓋方覆。六偶承奇之道也。淮南子云。

數始於一。一而不能生。故分為陰陽。陰陽合而生萬物。故一生二。二生三。三生萬物。故三月為一時。所以祭有三飯。喪有三踊。兵有三令。皆以三為節。三三如九。故黃鐘之律九寸。而宮音調。因而以九之。九九八十一。黃鐘之數立焉。黃鐘之氣在子。十一月建焉。其辰在星紀。下生林鐘。林鐘之數五十四。氣在未。六月建焉。其辰鶉火。上生大蔟。大蔟之數七十二。氣在寅。正月建焉。其辰諏訾。下生南呂。南呂之數四十八。氣在酉。八月建焉。其辰壽星。上生姑洗。姑洗之數六十四。氣在辰。三月建焉。其辰大梁。下生應鐘。應鐘之數四十二。氣在亥。十月建焉。其辰析木。上生蕤賓。蕤賓之數五十六。氣在午。五月建焉。其辰鶉首。上生大呂。大呂之數七十六。氣在丑。十二月建焉。其辰玄枵。下生夷則。夷則之數五十一。氣在申。七月建焉。其辰鶉尾。上生夾鐘。夾鐘之數六十八。氣在卯。二月建焉。其辰降婁。下生無射。無射之數四十五。氣在戌。九月建焉。其辰大火。上生中呂。中呂之數六十。氣在巳。四月建焉。其辰實沉。辰之與建。交錯為表裡。即其合然相生。以乾坤六體為之。黃鐘初九。下生林鐘初六。又上生大蔟。樂緯云。黃鐘中宮。數八十一。以天一地二人三之數。以增減。律成五音。中和之氣。增治上生。減治下生。上生者。三分益一。下生者。三分減一。益者。以四乘之。以三除之。減者。以二乘之。以三除之。三禮義宗云。凡黃鐘之管。本長九寸。所以九者。陽數之極也。數之所起。起自於三。三才天地人之道。合成數。故曰三才。是以天地人各有三數。陽得兼三。故稱九。陰但兼二。故稱六。以陽得氣兼三。故因而三之。三三如九。故陽數九為極。所以管用九寸。以度陽氣。陽氣應時而發。此自然神驗者也。又上生大蔟九二。又下生南呂六二。又上生姑洗九三。又下生應鐘六三。又上生蕤賓九四。又下生大呂六四。又上生夷則九五。又下生夾鐘六五。又上生無射上九。又下生中呂上六。所以同位象夫妻。異位象母子。所謂律娶妻。而呂生子者也。白虎通曰。黃鐘何。黃。中和之氣。鐘者。動也。言陽於黃泉之下動萬物也。淮南子云。黃。土色。鐘者。氣之所動。黃鐘為君。冬至得之。三禮義宗云。鐘。應也。言陽氣潛動於黃泉之下。應養萬物。萌牙欲出。大呂。大者。太也。呂者。距也。言陽氣欲出。陰距難也。淮南子云。呂者。旅也。旅而支也。三禮義宗云。呂。助也。十二月陽方生長。陰氣助之。生育之功。其道廣大也。故一云。呂者。侶也。與陽為侶。對生萬物。大蔟。言萬物始大。湊地而出也。淮南子云。萬物蔟而未出也。三禮義宗云。蔟者。湊之義也。正月之時。萬物始大。蔟地而出。夾鐘者。言萬物孚甲。種類而出也。淮南子云。種始夾也。三禮義宗云。夾者。佐也。二月之中。物未盡出。陰佐陽氣。應物而出。一云。夾者。俠也。言萬物為孚甲所俠。至此方解。鐘應而出。姑洗者。姑者。古也。洗者。鮮也。萬物去故就新。莫不鮮明也。淮南子云。姑洗。陳去而新來也。三禮義宗云。姑者。枯也。洗濯之義。三月物生新潔。洗除其枯也。中呂者。萬物當中皆出也。淮南子云。中。宛也。三禮義宗云。呂者。距難之義。言陰欲出。陽氣在於中距執之。一云。呂者。四月之時。陽氣盛長。陰助功微。故云爾。蕤賓者。蕤。下也。賓。敬也。言陽氣下降。故敬之也。淮南子云。蕤賓。安而服也。三禮義宗云。蕤者。垂下之義。賓者微也。五月陽氣下降。陰氣始起。共相賓敬。林鐘者。林。眾也。萬物成熟。種類眾多也。淮南子云。林鐘。引而止之也。三禮義宗云。林。茂盛也。六月之中。物皆盛茂。聚積於野。故為林也。夷則者。夷。傷也。則。法也。言萬物始傷。被刑法也。淮南子云。夷則。易其則也。三禮義宗云。夷。平也。則。法也。七月萬物將成。平均結實。皆有法則。德吉也。南呂者。南。任也。言陽氣有任生。孳長也。淮南子云。南呂者。任苞大也。三禮義宗云。南。任也。八月之中。物皆含秀。有懷任之象。助成功之義。無射者。射。終也。言萬物隨陽而終。當復隨陰而起。無終已也。淮南子云。無射者。人之無厭也。三禮義宗云。射。厭也。厭惡之義。九月物皆成實。無可厭惡。應鐘者。言萬物應時而鐘下藏也。淮南子云。應其所鐘。三禮義宗云。十月之時。歲功皆成。陰氣之用。應陽之功。收而聚積。故云鐘也。亦云。應者。應和之義。言此時將復應陽氣。而動於下也。樂緯云。黃鐘為宮。林鐘為徵。大簇為商。南呂為羽。姑洗為角。應鐘為變宮。蕤賓為變徵。以次配之。五音備矣。黃鐘下生林鐘。故林鐘為徵。次黃鐘。林鐘上生大簇。故大簇為商。次林鐘。大簇下生南呂。故南呂為羽。次大簇。南呂上生姑洗。故姑洗為角。次南呂。姑洗下生應鐘。故應鐘為變宮。次姑洗。應鐘上生蕤賓。故蕤賓為變徵。凡有七音。圜相為宮。七音者。蓋以相生數七故也。始黃鐘生林鐘。自十二月至六月。凡七月也。服虔解云。七律為七音。外傳解云。武王克商。歲在鶉火。日在天駟。鶉火去天駟。凡七宿。又地辰日在甲子。從子至午又七。天象。地辰。其數皆七。聖人以律同其數。以聲招之。故以七音。樂以七律配七始。故以定三元四時。故黃鐘以配天。林鐘以配地。大簇以配人。姑洗以配春。蕤賓以配夏。南呂以配秋。應鐘以配冬。凡三元者。周以建子月為天正。故黃鐘之管配之。殷以建丑月為地正。應以大呂之管配之。但陰數偶。未土王。又為天社。故取其沖。應地之氣。以林鐘之管配之。夏以建寅月為人正。故大簇之管配之。夫陽德自處。故以即位為正。陰德在他。故取其衡。漢書律曆志云。三元者。天施。地化。人事之紀也。十一月。乾之初九。陽氣伏於地下。始著為一。萬物萌動。鐘於太陰。故黃鐘為天元。律長九寸。九者。所以窮極中和。為萬物之元也。易曰。立天之道。曰陰與陽是也。六月。坤之初六。陰氣受任於太陽。繼養化軟。萬物生長。楙之未。令種剛強大。故林鐘為地元。律長六寸。六者。所以陰承陽之施。楙之於六合之內。令剛柔有體也。立地之道。曰柔與剛是也。乾知大始。坤作成物。正月。乾之九三。萬物棣通。簇出於寅。人奉而成之。仁以養之。義以行之。令事物各得其理。寅。木也。為仁。其聲。商也。為義。故大簇為人元。律長八寸。八象於卦。庖羲氏之所以順天地。
通神明。類萬物之情也。立人之道。曰仁與義是也。在天成象。在地成形。後以裁成天地人道。是為
三元。律之始也。感精符云。十一月建子。天始施之端。謂之天統。周正服色尚赤。象物萌色赤也。
十二月建丑。地始化之端。謂之地統。殷正服色尚白。象物牙色白。正月建寅。人始化之端。謂之人
統。夏正服色尚黑。象物生色黑也。此三正律者。亦以五德相承。以前三皇為正。謂天皇。地皇。人
皇。皆以天地人為法。周而復始。其歲首所書。乃因以為名。欲體三材之道。而君臨萬邦。故受天命
而王者。必調六律。而改正朔。受五氣而易服色。法三正之道也。周以天統。服色尚赤者。陽道尚左。
故天左旋。周以木德王。火是其子。火色赤。左行用其赤色也。殷以地統。服色尚白者。陰道尚右。
其行右轉。殷以水德王。金是其母。金色白。故右行。用其白色。夏以人統。服色尚黑者。人亦尚左。
夏以金德王。水是其子。水色黑。故左行。用其黑色。又云。帝王之興。多從符瑞。周感赤雀。故尚赤。
殷致白狼。故尚白。夏錫元珪。故尚黑。此皆先兆氣。王之符。子母相助之義。如漢以火德。鎮星之精
降為黃石。授子房以兵信。助沛公而滅楚。非五運之色。相扶為用。孔子云。夏正得天。此謂得天道
四時之氣。應八節生殺之期也。故云。行夏之時。乘殷之輅。服周之冕。兼三代而為法。蓋取其可久
者也。秦以建亥之月。而為歲首。漢初。因秦正朔。自魏已後。自用夏正。至今無改。以其得天氣也。
又遁甲。太乙。九宮。元辰。皆有三元。竝起甲子。初為天元。盡六甲。次甲子為地元。又次甲子為
人元。遁甲以冬夏二至後。甲己之日夜半時。為甲子元首。三元各分為三。故一百八十日為元。卒陰
陽兩道。盡一歲之用。太一以初元甲子六十年為一紀。次甲子為第二紀。滿六紀三百三十年為一周。
九宮別以己亥為元首。分為五元。初己亥六十年為天元。次己亥六十年為地元。次己亥六十年為人元。

次己亥六十年為河元。次己亥六十年為海元。九年一周。四九三十六。亦周六甲之大數也。三元正朔。竝從律呂。應歷定時。皆配五行。故同此釋。

註：

八正：八方的和風。

《淮南子・墬形訓》：「凡八紘之氣，是出寒暑，是合八正，必以風雨。」高誘注：「八正，八風之正也。」

《史記・律書》：「律曆，天所以通五行八正之氣，天所以成孰萬物也。」司馬貞索隱：「八謂八節之氣，以應八方之風。」

八紘：指八方極遠之地。

《後漢書・馮衍傳》：「上隴阪，陟高岡，遊精宇宙，流目八紘。」

紘：。

清陳昌治刻本《說文解字・卷十三・糸部》：「冠卷也，或從弘作紭。乎萌切，竝音宏。」

《儀禮・士冠禮》：「緇組紘。」《注》：「屈組為紘，垂為飾。」

《禮・雜記》：「管仲鏤簋朱紘。」《注》：「冠有笄者為紘，紘在纓處，兩端上屬，下不結。」

《左傳・桓二年》：「衡紞紘綖。」《注》：「紘，纓從下而上者。」《疏》：「紘纓皆以組為之，所以結冠於人首也。紘用一組，從下屈而上屬之於兩旁，結之於頷下，垂其餘也。」

《儀禮・大射禮》：「鞀鼓倚於頌磬西紘。」《注》：「紘，編磬繩也。」

《淮南子・原道訓》：「紘宇宙而章三光。」《注》：「紘，綱也。」
《淮南子・地形訓》：「八殥之外有八紘。」《注》：「紘，維也。維落天地而為之表，故曰紘。」
《淮南子・精神訓》：「天地之道至紘以大。」《注》：「紘，宏也。」

殥：《字彙補》：「翼眞切，音寅。」
《淮南子・地形訓》：「九州之外乃有八殥，八殥之外而有八紘。」《注》：「殥，猶遠也。」

解谷：《漢書律曆志》：「昆侖之北谷名，黃帝使伶綸取竹於是，斷兩節間而吹之。亦作巖谷。」

竅：。
清陳昌治刻本《說文解字・卷七・穴部》：「穴也，空也。詰弔切，竝音俏。」
《禮・禮運》：「地秉陰竅於山川。」《疏》：「謂地秉持於陰氣，為孔於山川，以出納其氣。」
《周禮・天官》：「兩之以九竅之變。」《注》：「陽竅七，陰竅二。」《疏》：「七者在頭露見，故為陽。二者在下不見，故為陰。」

均：。
清陳昌治刻本《說文解字・卷十三・土部》：「平偏也。規倫切，竝音鈞。」清段玉裁《注》：「平者，語平舒也。引申為凡平舒之稱。」
《周禮・地官・大司徒》：「以土均之法，均齊天下之政。」
《史記・夏本紀》：「均河海，通淮泗。」鄭元曰：「均讀沿。」又偏也。

《易・說卦》：「坤為均。」
《莊子・寓言篇》：「萬物皆種也。以不同形相禪，始卒循環，莫得其倫，是謂天均。」
又樂器。
《禮・樂記》：「樂所以立均。」《尚書疏》：「堂上之樂，皆受笙均。堂下之樂，皆受磬均。」
《後漢・律曆志》：「冬夏至，陳八音，聽五均。」《注》：「均，長七尺，繫以絲，以節樂音。」

度：度。

清陳昌治刻本《說文解字・卷三・又部》：「法制也。徒故切。」
《書・舜典》：「同律度量衡。」《傳》：「度，丈尺也。」
《前漢・律曆志》：「度者，分寸尺丈引也，所以度長短也。本起於黃鐘之長，以子穀秬黍中者，一黍之廣，度之九十分，黃鐘之長，一為一分，十分為寸，十寸為尺，十尺為丈，十丈為引，而五度審矣。」

九則：九功的法則。

《逸周書・大匡》：「昭明九則，九醜自齊。」
《國語・周語下》：「五曰夷則，所以詠歌九則，平民無貳也。」韋昭注：「言萬物既成，可法則也。故可以詠九功之則，成民之志，使無疑貳也。」
又九等。
《楚辭・天問》：「地方九則，何以墳之？」王逸注：「謂九州之地，凡有九品。」
《漢書・敘傳下》：「坤作墬勢，高下九則。」顏師古注引劉德曰：「九則，九州土田上中下九等也。」

揚：。

清陳昌治刻本《說文解字・卷十二・手部》：「飛舉也。移章切，竝音陽。」

《詩・王風》：「揚之水，不流束薪。」《傳》：「揚，激揚也。」《疏》：「謂水急激而飛揚，波流疾之意也。」

《豳風》：「以伐遠揚。」《疏》：「謂長條揚起者。」

《增韻》：「發也，顯也。」《廣韻》：「舉也。」

《易・夬卦》：「揚於王庭。」《疏》：「發揚決斷之事於王者之庭。」

《書・堯典》：「明明揚側陋。」

《禮・文王世子》：「或以言揚。」《疏》：「能言語應對，亦舉用之。」

又稱說也。

《禮・祭統》：「銘者，自名以稱揚其先祖之美，而明著之後世者也。」

《前漢・季布傳》：「使僕遊揚足下，名於天下，顧不美乎。」

黜：。

清陳昌治刻本《說文解字・卷十・黑部》：「貶下也。敕律切，竝音怵。」

《玉篇》：「退也，貶也，下也，去也，放絕也，減也。」

散越：猶激越。

《國語・周語下》：「為之六間，以揚沉伏而黜散越也。」韋昭注：「越，揚也……伏則不宣，散則不和。」

猶激揚。

《三國志・魏志・公孫淵傳》：「誘呼鮮卑，侵擾北方。」裴松之注引三國魏王沉《魏書》：「奉被今年七月己卯詔書，伏讀懇切，精魄散越。」

隟：古文隙：。

清陳昌治刻本《說文解字・卷十四・阜部》：「壁際孔也。乞逆切，竝音細。」清段玉裁《注》：「凡坼裂皆曰隙。又引申之，凡間空皆曰隙。」

《玉篇》：「穿穴也，裂也。」

《禮・三年問》：「若駟之過隙然。」《釋文》：「隙，本又作郤。」

《孟子》：「鑽穴隙相窺。」

《玉篇》：「間也。」

《左傳・隱五年》：「皆於農隙，以講事也。」《注》：「隙，間也。」

帥：。

清陳昌治刻本《說文解字・卷七・巾部》：「佩巾也。又音稅。朔律切，竝音蟀。」

《易・師卦》：「長子帥師。」

《禮・王制》：「命鄉簡不帥教者以告。」《注》：「帥，循也。」

《前漢・循吏傳》：「蕭曹以寬厚清靜，為天下帥。」《注》：「帥，遵也。」

《揚雄・甘泉賦》：「帥尒陰閉，霅然陽開。」《注》：「晉灼曰：『帥，聚也。』」

《廣韻》、《集韻》、《韻會》、《正韻》：「竝所類切，率去聲。」《廣韻》：「將帥也。」

《正韻》：「主也，率也，統也，領也。」

《周禮・夏官》：「二千五百人為師，師帥皆中大夫。五百人為旅，旅帥皆下大夫。」

尒：。古同爾。

清陳昌治刻本《說文解字・卷二・八部》：「詞之必然也。兒氏切。」

霅：。

清陳昌治刻本《說文解字・卷二・八部》：「霅霅，震電貌。一曰眾言也。直甲切，竝音喋。」

《後漢・馬融・廣成頌》：「霅爾雹落。」《注》：「霅，素洽反。廣雅曰：『雨也。』」

《左思・吳都賦》：「鞁霅驚捷。」《注》：「鞁霅，走捷貌。」

侶：。

清陳昌治刻本《說文解字・卷八・人部》：「徒伴也。兩舉切，竝音旅。」

曹植《洛神賦》：「命儔嘯侶，或戲清流，或翔神渚。」

蘇軾《赤壁賦》：「侶魚蝦而友麋鹿。」

形：。

清陳昌治刻本《說文解字・卷九・彡部》：「象形也。乎經切，竝音邢。」

《釋名》：「形有形象之異也。」
《易・乾卦》：「品物流形。」
《玉篇》：「形，容也。」
《書・說命》：「乃審厥象，俾以形旁求於天下。」《傳》：「審所夢之人，刻其形象。」
《穀梁傳・桓十四年》：「望遠者，察其貌而不察其形。」《注》：「貌，姿體。形，容色。」
《韻會》：「形，體也。」
《前漢・楊王孫傳》：「形骸者，地之有也。」
《正韻》：「現也。」
《大學》：「此謂誠於中，形於外。」
又骨露也。
《禮・曲禮》：「居喪之禮，毀瘠不形。」《注》：「形謂骨見。」
又地勢也。
《史記・高祖本紀》：「秦形勝之國。」《注》：「得形勢之勝便者。」

節：。

清陳昌治刻本《說文解字・卷五・竹部》：「竹約也。竝子結切，音接。」清段玉裁《注》：「約，纏束也。竹節如纏束之狀。引伸為節省，節制。」
又操也。
《左傳・成十五年》：「諸侯將見子臧於王而立之，子臧辭曰：『前志有之曰：聖達節，次守節，下失節。為君非吾節也。』」

又止也，檢也，制也。

《易・頤象》：「君子以慎言語，節飲食。」《疏》：「節，裁節。」

《節卦》：「節亨。苦節不可貞。」《疏》：「節者，制度之名，節止之義，制事有節，其道乃亨。」

《說卦傳》：「節，止也。」

《書・康誥》：「節性惟日其邁。」

《禮・檀弓》：「品節斯。」《注》：「制斷也。」

《爾雅・釋樂》：「和樂謂之節。」《疏》：「八音克諧，無相奪倫，謂之和樂，樂和則應節。

又時節。」

《左傳疏》：「凡春、秋分，冬、夏至，立春、立夏為啟。立秋、立冬為閉。用此八節之日登觀臺，書其所見雲物氣色。」

陪：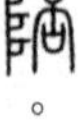。

清陳昌治刻本《說文解字・卷十四・阜部》：「重土也。一曰滿也。蒲枚切，竝音裴。」清段玉裁《注》：「左傳曰：『分之土田陪敦。』注曰：『陪，增也。敦，厚也。』諸侯之臣於天子曰陪臣。取重土之義之引申也。一曰滿也。一曰陪臣。陪，備也。」

《玉篇》：「貳也，隨也。」

《廣韻》：「厠也。」《增韻》：「伴也。」

《詩・大雅》：「爾德不明，以無陪無卿。」《傳》：「無陪貳也。」《釋文》：「陪，本又作培。」

《玉篇》：「加也。」

《左傳・昭五年》：「飧有陪鼎。」《釋文》：「陪，薄回反，又扶杯反。」

《定二年》：「分之土田陪敦。」《注》：「陪，增也。亦作倍。步回反。」

《魯語》：「士有陪乘告奔走也。」《注》：「陪，猶重也。」

《爾雅・釋言》：「陪，朝也。」《注》：「陪位為朝。」

《玉篇》：「助也，益也。」

《史記・孝文紀》：「淮南王弟也，秉德以陪朕。」《注》：「陪，輔也。」

祭：。

清陳昌治刻本《說文解字・卷一・示部》：「祭祀也。從示，以手持肉。子例切，音霽。」

《尚書・大傳》：「祭之言察也。察者，至也，言人事至於神也。」

《孝經・士章疏》：「祭者，際也，人神相接，故曰際也。」

《穀梁傳・成公十七年》：「祭者，薦其時也，薦其敬也，薦其美也，非享味也。」

《公羊傳・桓公八年》：「注無牲而祭曰薦，薦而加牲曰祭。」

《禮記・祭統》：「祭者，所以追養繼孝也。」

三飯：謂第三次用餐。

《儀禮・士昏禮》：「三飯卒食，贊洗爵酌酳主人。」

《禮記・玉藻》：「君既食，又飯飧。飯飧者，三飯也。」孔穎達疏：「三飯，並謂飧也，謂三度飧也。」

古時以樂佐食之樂師。

《論語・微子》：「大師摯適齊，亞飯干適楚，三飯繚適蔡。」邢昺疏：「天子、諸侯每食奏樂，樂章各異，各有樂師。」

喪：。

清陳昌治刻本《說文解字・卷二・哭部》：「亡也。四浪切，亡桑去聲。」清段玉裁《注》：「亡，逃也。亡非死之謂。故中庸曰：『事死如事生。事亡如事存。』尚書大傳曰：『王之於仁人也。死者封其墓。況於生者乎。王之於賢人也。』」

《正韻》：「持服曰喪。」

《禮・檀弓》：「故孔氏之不喪出母，自子思始也。」《又》：「子夏喪其子，而喪其明。」

《釋文》：「上喪字平聲，下喪字去聲。」

《廣韻》：「喪，器也，今謂之柩。」

《禮・曲禮》：「送喪不踰境。」

《正韻》：「失位也。」

《論語》：「二三子何患於喪乎。」《注》：「喪，失位也。」

《左傳・昭二十四年》：「昭公曰：『喪人不佞。』」

三踊：古代喪禮，向死者跳腳嚎哭，以示哀痛。凡初死、小斂、大斂皆哭踊，謂之三踊。

《禮記・雜記上》：「公七踊，大夫五踊，婦人居間，士三踊。」鄭玄注：「公，君也。始死及小斂、大斂而踊，君、大夫、士一也，則皆三踊矣。」

《淮南子・天文訓》：「故祭祀三飯以為禮，喪紀三踊以為節。」

兵：。

清陳昌治刻本《說文解字・卷三・八部》：「械也。補明切，竝丙平聲。」清段玉裁《注》：「械者器之總名。器曰兵。用器之人亦曰兵。」

《增韻》：「戎器也。」

《世本》：「蚩尤以金作兵。兵有五，一弓，二殳，三矛，四戈，五戟。」

又執兵器從戎者曰兵。

《禮・月令》：「命將帥選士厲兵。」

《周禮・夏官》：「中秋教治兵。」

《廣韻》：「戎也。」

《禮・曲禮》：「死寇曰兵。」《注》：「言能捍國難為寇所殺者，謂為兵也。」

令：。

清陳昌治刻本《說文解字・卷九・卩部》：「發號也。竝力正切，零去聲。律也，法也，告戒也。」清段玉裁《注》：「號部曰：『號者，嘑也。』口部曰：『嘑者，號也。』發號者，發其號嘑以使人也。是曰令。人部曰：『使者。令也。』引伸為律令，為時令。」

《書・冏命》：「發號施令，罔有不臧。」

《禮・月令》：「命相布德和令。」

《周禮・秋官》：「士師掌士之八成，四曰犯邦令，五月撟邦令。」

又三令。

《前漢・宣帝紀》：「令有先後，有令甲，令乙，令丙。」

俠：。

清陳昌治刻本《說文解字・卷八・人部》：「俜（傍丁切，音平。使也。）也。相與信為任，同是非曰俠。竝胡頰切，音協。」

《前漢・季布傳》：「任俠有名。」《師古曰》：「俠之言挾，以權力俠輔人也。」

又與挾通。

《前漢・叔孫通傳》：「殿下郎中俠陛。」

《集韻》：「古洽切。與夾通。傍也，竝也。」

《公羊傳・哀四年注》：「滕薛俠轂。」

楙：。

清陳昌治刻本《說文解字・卷六・林部》：「木盛也。莫候切，音茂。」

《前漢・律曆志》：「林鐘助蕤賓，君主種物，使長大楙盛。」《師古曰》：「楙，古茂字。」

《爾雅・釋木》：「楙，木瓜。」

《詩・衛風》：「投我以木瓜。」《毛傳》：「楙，木也。可食之木。」

捸：《集韻》：「他骨切，噋入聲。滑利也。」

簇：。

《廣韻》、《集韻》：「竝千木切，音鏃。小竹。」

又千候切，音湊。

《史記・律書》：「正月律中泰簇。泰簇者，言萬物簇生也。」《注》：「簇，千豆切。」

《白虎通》：「簇者，湊也，言萬物始大湊地而出之也。」

符瑞：吉祥的徵兆。多指帝王受命的徵兆。

《管子・水地》：「是以人主貴之，藏以為寶，剖以為符瑞。」

漢司馬相如《封禪文》：「符瑞臻茲，猶以為德薄，不敢道封禪。」

赤雀：傳說中的瑞鳥。

《三國志・吳志・孫休傳》：「泉陵言黃龍見。」裴松之注引晉胡沖《吳歷》：「赤雀見於豫章。」

《禮記・中庸》：「國家將興，必有禎祥。」唐孔穎達疏：「言人有至誠，天地不能隱，如文王有至誠，招赤雀之瑞也。」

白狼：白色的狼。古時以為祥瑞。

《國語・周語上》：「王不聽，遂征之，得四白狼、四白鹿以歸。」韋昭注：「白狼、白鹿，犬戎所貢。」

唐歐陽詹《珍祥論》：「殷湯上感，實獲白狼。」

錫：。

清陳昌治刻本《說文解字・卷十四・金部》：「銀鉛之間也。從金易聲。」《徐曰》：『銀色而鉛質也。』先的切，竝音裼。」

《詩・衞風》：「如金如錫。」《傳》：「金錫鍊而精。」

《爾雅・釋器》：「錫謂之鈏（以忍切，竝音引）。」《疏》：「錫，金白鑞也。一名鈏。」

《博雅》：「赤銅謂之錫。」

《爾雅・釋詁》：「賜也。」

《易・師卦》：「王三錫命。」

《書・堯典》：「師錫帝曰。」《傳》：「錫，與也。」

《左傳・莊元年》：「王使榮叔來錫桓公命。」《注》：「錫，賜也。」

《禮・緯文》：「九錫，一曰輿馬、二曰衣服、三曰樂器、四曰朱戶、五曰納陛、六曰虎賁、七曰弓矢、八曰鈇鉞、九曰秬鬯。」

《集韻》：「斯義切，音澌。予也。本作賜。」

珪：珪。古文圭：圭。

清陳昌治刻本《說文解字・卷十三・土部》：「瑞玉也。上圜下方。公執桓圭，九寸；矦執信圭，伯執躬圭，皆七寸；子執穀璧，男執蒲璧，皆五寸。以封諸矦。從重土。楚爵有執圭。珪，古文圭從玉。涓畦切，竝音閨。」清段玉裁《注》：「瑞者，以玉為信也。上圜下方。圭之制，上不正圜。以對下方言之，故曰上圜。上圜下方，法天地也。故應劭曰：『圭自然之形。陰陽之始也。』以圭為陰陽之始，故六十四黍為圭。四圭為撮。十圭為一合。量於此起焉。」

《書・禹貢》：「禹錫玄圭。」

《詩・大雅》：「錫爾介圭。」

《周禮・春官・典瑞》：「王執鎮圭，公執桓圭，侯執信圭，伯執躬圭。」

《周禮・春官》：「土圭以致四時日月，封國則以土地。」《注》：「土，猶度也。土圭，測日景之圭。」

又量名。

《前漢・律曆志》：「量多少者，不失圭撮。」《注》：「六十四黍為圭。」

《後漢・與服志》：「又凡合單紡為一系，四系為一扶，五扶為一首，五首為一文，文采淳為一圭。」

輅：。

清陳昌治刻本《說文解字・卷十四・車部》：「車軨前橫木也。魯故切，竝音路。」

《玉篇》：「大車也。」《釋名》：「天子所乘曰玉輅。謂之輅者，言行於道路也。」

又轅縛也。

《儀禮・既夕》：「賓奉幣，當前輅，致命。」《注》：「輅，轅縛，所以屬引。」《疏》：「謂以木縛於轅上，以屬引而輓之也。」

又大也。

《後漢・張湛傳》：「禮下公門軾輅馬。」《注》：「輅，大也。君所居曰輅，寢車曰輅車。」
《集韻》：「歷各切。」《韻會》：「轄各切，竝音核。」
《史記・婁敬傳》：「脫輓輅。」《注》：「一木橫遮車前，二人挽之，三人推之。」
《集韻》：「魚駕切。」《正韻》：「五駕切，竝音迓。」
《左傳・僖十五年》：「輅秦伯將止之。」《注》：「輅，迎也。」

冕：。

清陳昌治刻本《說文解字・卷七・冂部》：「大夫以上冠也。古者黃帝初作冕。《徐曰》：『冕，上加之也。長六寸，前狹圓，上廣方，朱綠塗之，前後邃延。斿，其前垂珠也，俯仰逶迤，如水之流。纊紞，黃色也，以黃綿綴冕兩旁，下繫玉瑱，又謂之珥，細長而銳若筆頭，以屬耳中，無作聰明，虛己以待人之意。冕之言俛也，後仰前俯，主於恭也。』美辨切，竝音免。」
《禮・玉藻》：「諸侯裨冕以朝。」
《禮器》：「天子之冕朱綠藻，十有二旒，諸侯九，上大夫七，下大夫五，此以文為貴也。」
《韻會》：「或作絻。」
《荀子・禮論篇》：「郊之麻絻。」
《正韻》：「禮記，士玄端，諸侯玄端以祭，天子玄端而朝日於東門之外。」端皆作冕。

第十六卷

論七政

論七政

夫七政者。乃是玄象之端。正天之度。王者仰之。以為治政。故謂之政。七者。數有七也。凡有三解。一云。日月五星。合為七政。二云。北斗七星為七政。三云。二十八宿。布在四方。方別七宿。共為七政。此三種七政。皆配五行。竝三辰之首也。日月五星為七政者。尚書考靈曜七政曰。日月者。時之主也。五星者。時之紀也。故曰。在璇璣玉衡。以齊七政。七政謂五行之政。七政即日月五星也。日者。河圖汗光篇云。日為陽精。始日實也。元命苞云。陽以一起。故日。日行一度。陽成於三。故有三足烏。烏者。陽精。其言僂呼。俗人見僂呼似烏。故以名之。又云。火精陽氣。故外熱內陰。象烏也。日尊故滿。滿故施。施故仁。仁故精。精在外。在外故大。日外暑。外暑故陽精外吐。天有三百六十五度四分度之一。布在四方。日。日一歷無差遲。使四方合如一。故其字四合一也。白虎通云。日徑千里。圍三千里。下於天七千里。太元經云。日一南。萬物死。日一北。萬物生。物理論云。夏則陽盛而陰衰。故晝長而夜短。冬則陰盛而陽衰。故晝短而夜長。行陽道長。出入卯酉之北。行陰道短。出入卯酉之南。春秋陰陽等。故行中道。晝夜等也。考靈耀云。春一日。日出卯入酉。昴星一度。中而昏。斗星十二度。中而明。仲夏一日。日出寅入戌。心星五度。中而昏。營室十度。中而明。秋一日。日出卯入酉。須女四度。中而昏。東井十一度。中而明。仲冬一日。日出辰入申。奎星一度。中而昏。氐星九度。中而明。卯酉陰陽交會。日月至此為中道。萬物盛衰出入之所。故號二八之門。以當二八月也。故詩推度災云。卯酉之際為改政。漢書天文志云。日者。君之象。君行急。則日行疾。君行緩。

則日行遲。遲疾失其常。則蝕。蝕在交道也。蝕者。陰侵陽。臣淩君之象也。故日蝕脩德以禳之。月者。春秋元命苞云。月者。陰精。為言闕也。中有蟾蜍與兔者。陰陽兩居相附託。抑詘合陽結治。其內光炬。中氣似文耳。兔善走。象陽動也。兔之言僖僖呼呼。溫煖名也。月。水之精。故內明而氣冷。陰生不滿者。詘於君也。至望而盈者。氣事合也。盈而缺者。詘嚮尊也。其氣卑。卑。故脩表成緯。陰受陽精。故精在內。所以金水內景。內景。故精陰沉執不動。月為陰精。體自無光。籍日照之乃明。猶如臣自無威。假君之勢。乃成其威。月初未政對日。故無光。缺。月半而與日相對。故光滿。十六日已後。漸缺。亦漸不對日也。漢書天文志云。月。日行十三度四分度之一。立春。春分。東從青道。立秋。秋分。西從白道。立冬。冬至。北從黑道。立夏。夏至。南從赤道。季夏行中道。赤青出陽道。白黑出陰道。晦而見西方。謂之朓。朔而見東方。謂之朒。若君舒緩。臣驕慢。故日行遲。而月行疾。君肅急。則臣恐懼。故日行疾。而月行遲。不敢迫近君位也。其行遲疾。失度亦蝕。蝕者。當日之沖。有闇虛。闇虛當月。則月蝕。當星則星亡。月蝕者。陽侵陰也。董仲舒云。於人。妃后大臣諸公之象。月為刑。故月蝕脩刑以攘之。五星者。說文云。星者。萬物之精。或曰。日分為星。故其字日下生。史記云。星。金之散精。星隕為石。此金是也。春秋云。隕石於宋。隕星也。又云。星者。陰精。金亦陰也。列而言之。各配五行。不獨主金。歲星。木之精。其位東方。主春。蒼帝之子。人主之象。五星之長。司農之官。主福慶。凡有六名。一名攝提。二名重華。三名應星。四名纏星。五名紀星。六名脩人星。其所主國曰吳。齊。超舍而前為盈。退舍為縮。行邪則主邪。行正則主正。政急則行疾。政緩則行遲。酷則行陰。和則行陽。行陽則旱。行陰則水。治則順度。亂則逆行。以其主歲。故名歲星。熒惑。火之精。其位南方。主夏。赤帝之子。方伯之象。五星之伯。上承太一。下司人君。謂天子理也。伺無道。出入無常。為天伺察。所往主兵亂賊喪飢疾。凡有二名。一名罰星。二名執法。其所主國。曰荊。越。是太白之雄。出南為熒惑。居西為天理。在東為縣息。以其出入無常。故名熒惑。

鎮星。土之精。其位中央。主四季。女主之象。主德。為五星之王。一名地候。伺女主之邪正。入陽則為外。入陰則為內。四星皆失。鎮星乃為動。以其鎮宿不移。故名鎮星。太白。金之精。其位西方。主立秋。白帝之子。大將之象。以司兵凶。曰南方。太白居其南。曰北方。太白居其北。曰盈。曰南方。太白居其北。曰北方。太白居其南。曰縮。未可出東方。而出東方。名重華。未可下東方。而下東方。名少歲。未可出西方。而出西方。名太白。未可下西方。而下西方。名白省。凡有六名。一名天相。二名天政。三名大臣。四名大皓。五名明星。六名大囂。詩云。東曰啓明。西曰長更。其所主國。曰秦。晉。鄭。太白是歲星之雄。太白主兵。兵。西方。金。色白。故曰太白。辰星。水之精。其位北方。主冬。黑帝之子。宰相之象。主刑。政酷則不入。政和則不出。凡有六名。一名安調。二名細極。三名熊星。四名鉤歲。五名伺農。六名勉星。其所主國。曰趙。代。辰星主德。是天之執正。出入平時。故曰辰星。星經云。五車西北。第一星曰太白。次北一星曰辰星。次東北一星曰歲星。次東南一星曰鎮星。次西南一星曰熒惑。此當五星分氣也。又云。歲星變為彗星。欃雲。槍雲。天狗。熒惑變為彗星。蚩尤旗。格澤。鎮星變為獄漢。天沸。旬始。虹蜺。太白變為彗星。即掃。辰星變為枉矢。天槍。天棓。竝是五星氣。亂見妖星也。王者視之。以知得失。考靈曜云。歲星為規。熒惑為矩。鎮星為繩。太白為衡。辰星為權。權衡規矩繩。竝皆有所起。周而復始。故政失於春。歲星滿偃。不居其常。政失於夏。熒惑逆行。政失於季夏。鎮星失度。政失於秋。太白失行。出入不當。政失於冬。辰星不效其鄉。五政俱失。五星不明。春政不失。五穀孳。夏政不失。甘雨時。季夏政不失。時無菑。秋政不失。

人民昌。冬政不失。少疾喪。五政不失。日月光明。此則日月五星。共為七政之道。亦名七曜。以其是光曜運行也。北斗為七政者。北斗。天樞也。天有七紀。斗有七星。第一至第四為魁。第五至第七為瓢。合有七也。尚書緯云。璇璣斗魁四星。玉衡拘橫三星。合七。齊四時五威。五威者。五行也。五威在人為五命。七星在人為七端。北斗居天之中。當昆崙之上。運轉所指。隨二十四氣。正十二辰。建十二月。又州國分野年命。莫不政之。故為七政。虞錄云。北斗七星。據璇璣玉衡。以齊七政。政者。天子所治天下。故王者承天行法。合誠圖云。北斗有七星。天子有七政。斗者。居陰布陽。故稱北斗。其七星各有四名。合誠圖云。斗第一星名樞。二名璇。三名璣。四名權。五名衡。六名開陽。七名標光。黃帝斗圖云。一名貪狼。子生人所屬。二名巨門。丑亥生人所屬。三名祿存。寅戌生人所屬。四名文曲。卯酉生人所屬。五名廉貞。辰申生人所屬。六名武曲。已未生人所屬。七名破軍。午生人所屬。孔子元辰經云。一名陽明星。二名陰精星。三名真人星。四名玄冥星。五名丹元星。六名北極星。七名天開星。遁甲經云。一名魁真星。二名魁元星。三名權九極星。四名魁細星。五名魓剛星。六名魑紀星。七名飄玄陽星。第一水。二水土。三木土。四金木。五金土。六火土。七火。所以子午各獨屬一星。其餘竝兩辰共屬者。子午為天地之經。斗第一及第七魁剛兩星。亦是斗之經。建所用指也。自餘非所指者。故竝兩屬。故六十甲子。從第一起甲子以配之。往還周旋。盡其數矣。北斗領二十八宿。一星主四時。魁起室。剛起角。以次分屬。若人行年至室。而五星行到此宿者。隨星吉凶也。合誠圖云。樞星為雍州。璇星為冀州。璣星為青兗州。權星為徐揚州。衡星為荊州。開陽星為梁州。標光星為豫州。此為三材之道。竝為斗之所政也。二十八宿為七政者。以其分定國邦。布官設位也。運斗樞云。天有將相之位。佐列宿為衛。皆據璇璣玉衡。以齊七政。四時布德。三道正氣。尚書考靈曜云。二十八宿。

周天三百六十五度四分度之一。故叶時月。正日度星。二十八宿配五行。有二別。一總配。二別配。
總配者。東方蒼龍七宿。角。亢。氐。房。心。尾。箕。木也。合三十二星。七十五度。南方朱雀七宿。東井。輿鬼。柳。七星。張。翼。軫。火也。合六十五星。一百五度。西方白虎七宿。奎。婁。胃。昴。畢。觜。參。金也。合五十一星。八十度。北方玄武七宿。斗。牽牛。須女。虛。危。營室。東壁。水也。合三十五星。九十八度。其屬土者。東則角亢。南則井鬼。西則奎婁。北則斗牛。皆居四季為土也。曾子云。春分鳥星昏。主春者。中可以種稷。夏至心星昏。主夏者。中可以種黍菽。秋分虛星昏。主秋者。中可以種麥。冬至昴星昏。主冬者。中山人可以伐器械。家人可以收萑葦。蓄積。田獵。王者坐視四星之中。而知民之緩急。急則不賦力役。故曰敬授民時也。此為總配。別配五行者。角二星。為天門。三光之路。十二度。於時在辰。鄭分。木也。亢四星。為天庭。尚書之曹。九度。於時在辰。鄭分。春夏為火。秋冬為水也。氐四星。為宿宮。路寢所止。十五度。於時在卯。宋分。春夏為金。秋冬為水也。房六星。為明堂。政教之道。五度。於時在卯。宋分。土也。心三星。為天王之位。五度。於時在卯。宋分。春夏為木。秋冬為火也。尾九星。為后宮。妃嬪之府。十八度。於時在寅。燕分。水也。箕四星。為王后所居。進御之寢。十一度。於時在寅。燕分。木也。春夏為金。秋冬為土也。斗六星。為主爵祿。褒賢進士。二十六度。於時在丑。吳分。木也。牽牛六星。為主橋樑。七政之始。八度。於時在丑。吳分。木也。須女四星。為主布帛。天之內藏。十二度。於時在子。越分。春夏為水秋冬為火也。虛二星。為廟堂。主祭祀事。十一度。於時在子。齊分。春夏為水。秋冬為金也。危三星。為墳墓。以識先祖。十七度。於時在子。齊分。春夏為水。秋冬為火也。營室二星。為主軍糧。以稟士卒。十六度。於時在亥。衛分。春夏為木。秋冬為土也。東壁二星。為文章。圖書之府。九度。於時在亥。衛分。春夏為金。秋冬為水也。奎十六星。為五兵之庫。禁禦暴亂。十六度。於時在戌。魯分。春夏為金。秋冬為火也。婁三星。為苑牧。主給享祠。十二度。於時在戌。魯分。春夏為水。秋冬為火也。胃三星。為倉廩。五穀所聚。十四度。於時在酉。趙分。春夏為木。秋冬為水也。昴七星。為主獄事。典治決斷。十一度。於時在酉。趙分。春夏為火。秋冬為金也。畢八星。為邊兵。備夷狄。十度。於時在酉。趙分。春夏為金。秋冬為水也。觜觽三星。為保藏。收檢秋物。二度。於時在申。晉分。春夏為火。秋冬為土也。參伐十星。為天大將。斬刈收獲。九度。於時在申。晉分。春夏為火。秋冬為土也。東井八星。為主水衡。以法平時。三十三度。於時在未。秦分。春夏為火。秋冬為水也。轝鬼五星。為視明。主察姦謀。四度。於時在未。秦分。春夏為水。秋冬為火也。柳八星。為上食。主和滋味。十五度。於時在午。周分。春夏為水。秋冬為火也。星七星。為衣裳。主蓋身體。七度。於時在午。周分。春夏為火。秋冬為水也。張六星。為主客。賜與讌嬉。十八度。於時在午。周分。水也。翼二十二星。為天唱。主以戲虞。十八度。於時在巳。楚分。春夏為木。秋冬為金也。軫四星。為死喪。以知灾凶。十七度。於時在巳。楚分。春夏為木。秋冬為土也。漢書天文志云。角。亢。氐。韓鄭兗州之分。房。心。宋豫州之分。尾。箕。燕幽州之分。井。鬼。秦雍州之分。柳。七星。張三河之分。翼。軫。楚荊州之分。奎。婁。胃。魯徐州之分。昴。畢。趙冀州之分。觜。參。魏梁州之分。斗。江湖之分。牽牛。須女。吳州之分。虛。危。齊青州之分。室。壁。衛并州之分。此皆當分所主。正其州國善惡。故為政也。石氏天官訓解云。角二星。是蒼龍之首。上角兩角間。天之道。日月五星所行。故名角。亢。為朝廷。對揚于王。夙夜謀諮四海之內。故名亢。氐。是正寢。冰解之室。故名氐。房。是天子四時所居。故名房。心。前一星為太子。中為天子。後一星為庶子。如人心處中。

為身之主。故名心。尾。是東方蒼龍宿之尾。故名尾。象形也。箕。近斗。象播揚五穀。故名箕。斗。量器也。斟酌爵祿。其形似斗。故名斗。牛亦象牛角。七政之始。故名牛。女。方正。裁割之象。婢妾之類。故名女。虛。耗也。其間空虛。廟堂之象。故名虛。危。似室屋。亦如墳墓。故名危。營室。有六星。為離宮。似宮室。故名室。壁。直立似壁。孔子藏書於壁。效此義也。故名壁。奎。為庫。主兵。形象庫周密。故奎。乖也。兵以乖違故舉。所以名奎。婁。如樓閣。亦似鐘婁。故養犧牲以為名。胃。在藏為五穀之府。主廩倉。故以為名。昴。悴聚。如囚之在牢獄。故主獄事。昴星也。聚則憂。故名為昴。畢。邊夷毛頭之類。如天子警蹕。毛頭唱之。蹕了唱。以警眾心。故以名之也。觜。聚也。為白虎之鼻。聚在虎觜鬚間。故以為名。參。共也。雜金土之氣。共行殺罰。故名參。井。精也。盛水亭平。精微之至。此星象法度。如水之平。故名井。鬼。歸也。陽歸於陰。所以其內一星闇而不明。鬼之象也。故以為名也。柳。留也。春秋傳曰。或食於任。柳。一名任也。祭祀鬼神。合和五味。留神靈也。故以名之。七星數七。如鳥之衣覆上。故以名之。張。開張也。為朱鳥之嗉。有容納。故主賓客也。翼。如六翮。似鳥兩翅之飛。故以名翼。軫。似小車。四馬。車後橫曰軫。凶事之用。故以為名。其伏見邪正。闕陵歷蝕。散為妖異。彗勃飛流。如此之徒。竝以占候飛開義釋。故不委具。三種七政。既配五行。略說如此。

註：

三足烏：古代傳說中的神鳥。為西王母取食之鳥。

《史記・司馬相如列傳》：「載勝而穴處兮，亦幸有三足烏為之使。」張守節正義引張楫曰：

「三足烏，青鳥也，主為西王母取食。」

又祥瑞之鳥。

《東觀漢記・章帝紀》：「三足烏集沛國，白鹿、白兔、九尾狐見。」

北魏酈道元《水經注・濕水》：「按《瑞應圖》有三足烏、赤烏、白烏之名。」

《周書・明帝紀》：「丙申，順陽獻三足烏。八月甲子，羣臣上表稱慶。」亦省作三足。

又日中之三足烏。

漢王充《論衡・說日》：「儒者曰：日中有三足烏，月中有兔、蟾蜍。」

《藝文類聚》卷一百引《黃帝占書》：「日中三足烏見者，大旱赤地。」後因以指日。

僂：。

清陳昌治刻本《說文解字・卷八・人部》：「尪也。盧侯切，竝音樓。」

《六書故》：「曲背也。別作瘻。」

又屈也。

《荀子・儒效篇》：「雖有聖人之知，未能僂指也。」

又曲薄曰聚僂。

《莊子・達生篇》：「聚僂之中，則為之。」《注》：「曲而可以聚物曰聚僂，畚筥之類是也。」

又迅速，立刻。

《荀子・儒效》：「彼寶也者，衣之不可衣也，食之不可食也，賣之不可僂售也。」

詩推度灾：建四始、五際而八節通，卯酉之際為革政，午亥之際為革命。

蝕：《集韻》、《韻會》：「實職切，竝音食。」《廣韻》：「敗創也。」
《玉篇》：「日月蝕也。」《釋名》：「日月虧曰蝕，稍小侵虧如蟲食草木之葉。」
《漢書・韋昭注》：「虧敗曰蝕。」
《晉書・天文志》：「十煇，五曰闇，謂日月蝕。或曰脫光也。」
《春秋》：「本作食。」
《韻會》：「凡物侵蠹皆曰蝕。」

禳：。
清陳昌治刻本《說文解字・卷一・示部》：「磔禳祀，除癘殃也。古者燧人禜子所造。如羊切，竝音穰。」清段玉裁《注》：「祀除厲殃也。厲殃，謂厲鬼凶害。《徐曰》：『禳之為言攘也。』」
祭名。祈禱消除災殃、去邪除惡之祭。
《周禮・天官・女祝注》：「卻變異曰禳。」
《儀禮・聘禮》：「禳乃入。」《注》：「祭名也。」
又去除。
梁宗懍《荊楚歲時記》：「五月五日采艾以為人，懸門戶上，以禳毒氣。」

僖：。
清陳昌治刻本《說文解字・卷八・人部》：「樂也。與喜通。竝許其切，音西。」
《謚法》：「小心畏忌曰僖，又剛克為僖。」

煖：。同暖。

清陳昌治刻本《說文解字・卷十・火部》：「溫也。許元切，竝音萱。」

《廣韻》：「本作暄。」《集韻》：「或作煊。」

《廣韻》、《集韻》、《韻會》、《正韻》：「竝乃管切，音餪。」

《玉篇》：「溫也。」

《禮・王制》：「七十非帛不煖。」

《樂記》：「煖之以日月。」

《廣韻》：「火氣也。」

詘：。

清陳昌治刻本《說文解字・卷三・言部》：「詰詘也。一曰屈襞。曲勿切，竝音屈。」

《禮・喪大記》：「凡陳衣不詘。」《注》：「謂舒而不卷也。」

《博雅》：「曲也，折也。」

《玉篇》：「枉曲也。」

《史記・管晏列傳》：「君子詘於不知己，而信於知己者。」

《廣韻》：「辭塞也。」

《戰國策》：「於是魏王聽此言也，甚詘。」

《類篇》：「充詘，喜失節貌。」

《禮・儒行》：「不充詘於富貴。」

《韻會》：「通作屈。」

《荀子・勸學篇》：「若挈裘領，詘五指而頓之。」《注》：「詘與屈同。」

又絕止貌。

《禮・聘義》：「叩之，其聲清越以長，其終詘然樂也。」

《正韻》：「盡也。」

《前漢・司馬相如傳》：「徼谻（胡官切，音桓）受詘。」《師古註》：「言獸有力盡者，受而有之。」

《集韻》：「敕律切，音怵。與黜同。」

《戰國策》：「彼公仲者，秦勢能詘之。」《注》：「詘，貶下也。」

《集韻》：「通作絀。」

《禮・射義》：「進爵絀地。」《注》：「《內則》以前作絀，《明堂位》以後作詘。」

《集韻》：「或作出。」

《左傳・襄三十年》：「譆譆出出。」

望：。

清陳昌治刻本《說文解字・卷十・亡部》：「出亡在外，望其還也。無放切，竝音妄。」清段玉裁《注》：「還者，復也。本義。引申之為令聞令望之望。」

《釋名》：「望，惘也，視遠惘惘也。」

又望日，夏曆每月十五，天文學上指月亮圓的那一天。
《釋名》：「月滿之名也。月大十六日，小十五日。日在東，月在西，遙在望也。」
《易・小畜》：「月幾望。」
《左傳・桓三年疏》：「月體無光，待日照而光生，半照即為弦，全照乃成望。」

脩：。

清陳昌治刻本《說文解字・卷九・彡部》：「飾也。思留切，竝音羞。」
又飾也，葺理也。
《書・禹貢》：「六府孔脩。」
《禮記・禮運》：「義之脩而禮之藏也。」《注》：「猶飾也。」
又興建，建造。
《呂氏春秋・先己》：「鐘鼓不脩。」
《三國志・諸葛亮傳》：「整治外結好孫權，內脩政理。」
又編纂，撰寫，寫。
《北史・序傳》：「始末脩撰，凡十六載。」
又古之聞人曰前脩。
《屈原・離騷》：「謇吾法夫前脩兮，非世俗之所服。」

表：。

《集韻》《韻會》《正韻》：「彼小切，竝音裱。」
《說文》：「表，上衣也。」
《玉篇》：「衣外也。」
又外也。
《書・立政》：「方行天下，至於海表，罔有不服。」
又標也。
《晉語》：「置茅蕝（租悅切，竝音撮），設望表。」《注》：「謂立木以為表，表其位也。」
又箋表。
《釋名》：「下言於上曰表。」
《蔡邕・獨斷》：「表者不需頭，上言臣某，下言臣某，誠惶誠恐，頓首。」

緯：。

清陳昌治刻本《說文解字・卷十三・糸部》：「織橫絲也。於位切，竝音胃。」
《釋名》：「緯，圍也。反覆圍繞，以為經也。」
《左傳・昭二十四年》：「嫠不恤其緯。」《注》：「織者常苦緯少。」
《莊子・列禦寇》：「江上有家貧緯蕭而食者。」《音義》：「緯，織也。」
《周禮・天官・塚宰體國經野疏》：「南北之道謂之經，東西之道謂之緯。」
《周禮・春官・大宗伯日月星辰註》：「星謂五緯。」《疏》：「五緯，即五星。言緯者，二十八宿隨天左轉為經，五星右旋為緯。」

又圖緯。

《司馬貞・三皇本紀》：「圖緯所載。」

景：景。

清陳昌治刻本《說文解字・卷七・日部》：「光也。舉影切，竝音警。」清段玉裁《注》：「火部曰：『光者，明也。』左傳曰：『光者遠而自他有燿者也。』日月皆外光。而光所在處物皆有陰。光如鏡故謂之景。景，明也。後人名陽曰光。名光中之陰曰影。」

《說文》：「景，日光也。」

《荀子・解蔽》：「濁明外景，清明內景。」

《爾雅》：「四時和謂之景風。」

《廣雅》：「南方景風。猶日光風也。」

《詩・小雅》：「景行行止。」《箋》：「景，明也。」《朱傳》：「大道也。」

籍：籍。

清陳昌治刻本《說文解字・卷五・竹部》：「簿書也。前歷切，竝音及。」清段玉裁《注》：「簿當作薄。六寸薄，引伸凡著於竹帛皆謂之籍。」

假借。通借。

《尚書・序疏》：「籍者，借也。借此簡書以記錄政事，故曰籍。」

漢書天文志：月有九行者：黑道二，出黃道北；赤道二，出黃道南；白道二，出黃道西；青道二，出黃道東。立春、春分，月東從青道；立秋，秋分，西從白道；立冬、冬至，北從黑道；立夏、夏至，南從赤道。然用之，一決房中道。青赤出陽道，白黑出陰道。若月失節度而妄行，出陽道則旱風，出陰道則陰雨。凡君行急則日行疾，君行緩則日行遲。日行不可指而知也，故以二至二分之星為候。日東行，星西轉。冬至昏，奎八度中；夏至，氐十三度中；春分，柳一度中；秋分，牽牛三度七分中：此其正行也。日行疾，則星西轉疾，事勢然也。故過中則疾，君行急之感也；不及中則遲，君行緩之象也。

黑道：日月運行的軌道之一。舊說日月運行有九道，即黃道一，青道二、赤道二、白道二，黑道二。

《漢書．天文志》：「月有九行者，黑道二，出黃道北。」

宋沈括《夢溪筆談．象數二》：「月行黃道之北，謂之黑道。」

黃道：地球一年繞行太陽轉一周，而我們從地球上看成太陽在天空中移動一圈，這樣移動的太陽路線叫做黃道。是天球上假設的一個大圓圈。即地球軌道在天球上的投影。黃道和天球赤道相交於北半球的春分點和秋分點。

赤道：指天球表面距離南北兩極相等的圓周線。現代天文學稱為天球赤道。

《漢書．天文志》：「立春、春分，月東從青道……立夏、夏至，南從赤道。」

《後漢書．律曆志下》：「黃道去極。」劉昭注引漢張衡《渾儀》：「赤道橫帶渾天之腹，去極九十一度十六分之五。」

《書．洪範》：「日月之行則有冬有夏。」唐孔穎達疏：「正當天之中央、南北二極中等之處謂之赤道，去南北極各九十一度。」

白道：月亮運行的軌道。亦即現代天文學指月球繞地球運行的軌道平面和天球相交的大圓。
南朝梁江淹《麗色賦》：「至乃西陸始秋，白道月弦。」
清朱大韶《實事求是齋經義・駁萬氏分至不系時說》：「故日行黃道與赤道交也，歲祇兩次，月之行白道與黃道交也，則月有兩交。」

青道：日月運行到東方天空的那一段軌跡叫青道。
宋沈括《夢溪筆談・象數二》：「月行黃道之東，謂之青道。」
《漢書・天文志》：「晷景長短之制也。」王先謙補注引清沈欽韓曰：「日春東從青道，夏南從赤道，秋西從白道，冬北從黑道。」

陽道：指房宿南二星中間的運行路線。

陰道：指房宿北二星中間的運行路線。
《史記・天官書》：「月行中道，安寧和平。陰間，多水，陰事。」

決：。同決。
清陳昌治刻本《說文解字・卷十一・水部》：「行流也。竝古穴切，音玦。」
斷也，判也。
《禮・曲禮》：「夫禮者，所以定親疎，決嫌疑。」
《淮南子・說山》：「決指而身死。」《注》：「傷也。」

房：。

清陳昌治刻本《說文解字・卷十二・戶部》：「室在旁也。竝符方切，音防。」清段玉裁《注》：「凡堂之內，中為正室。左右為房。所謂東房西房也。」
東南宿名。
《尚書運期授》：「所謂房四表之道。」
《禮・月令》：「十月日在房。」
《爾雅・釋天》：「天駟房也。」

中道：黃道。
《史記・天官書》：「月行中道，安寧和平。」
《漢書・天文志》：「日有中道，月有九行。中道者，黃道，一曰光道。」

晦：。
清陳昌治刻本《說文解字・卷七・日部》：「月盡也。呼對切，竝音誨。」
《釋名》：「晦，灰也。火死為灰，月光盡似之也。」
《左傳・成十六年》：「陳不違晦。」《注》：「晦，月終。」
《易・隨卦》：「君子以嚮晦入宴息。」《注》：「晦，晏也。」
《詩・陳風》：「風雨如晦。」《傳》：「晦，昏也。」
《左傳・昭元年》：「六氣，曰陰、陽、風、雨，晦、明也。」《注》：「晦，夜也。」

朓：。古稱夏曆月底月亮在西方出現。

清陳昌治刻本《說文解字・卷七・月部》：「晦而月見西方謂之朓。竝土了切，音窕。」
《前漢・五行志注》：「孟康曰：『朓者，月行疾在日前，故早見。』」
《漢書・五行志》：「三月晦朓魯衛分。」
《漢書・張敞傳》：「日朓月蝕，晝冥宵光。」

朔：。
清陳昌治刻本《說文解字・卷七・月部》：「月一日始蘇也。色角切，竝音槊。」
《白虎通》：「朔之言蘇也。明消更生，故言朔。」
《書・舜典》：「正月上日。」《傳》：「上日，朔日也。」《疏》：「月之始日謂之朔日。」

朒：農曆月朔前後月見於東方。
《正字通》：「女六切，音衄。」
《說文》：「朔而月見東方曰朒。」
謝莊《月賦》：「朒朒警闕。」

攘：。
清陳昌治刻本《說文解字・卷十二・手部》：「推也。如陽切，竝音穰。」清段玉裁《注》：
「上曲禮注曰：『攘古讓字。』許云：『讓者，相責讓也。攘者，推也。』」
又因其自來而取曰攘。
《論語》：「其父攘羊。」

又卻也。

《禮・曲禮》：「左右攘辟。」

《周禮・秋官・禁殺戮》：「掌司攘獄者，遏訟者，以告而誅之。」《注》：「攘，猶卻也。」

《疏》：「謂人有罪過，官有文書。追攝不肯受者。」

又除也。

《詩・大雅》：「攘之剔之。」《疏》：「攘除翦剔。」

《揚子・方言》：「止也。」

《唐韻》：「如兩切。」《集韻》、《韻會》、《正韻》：「汝兩切，竝音壤。擾也。」

《前漢・陳平傳贊》：「傾側擾攘楚魏之間。」

《唐韻》、《集韻》、《韻會》：「人漾切。」《正韻》：「人尚切，竝與讓通。遜也。」

《前漢・禮樂志》：「隆雅頌之聲，盛揖攘之容。」《注》：「攘，古讓字。」

星：星。

《唐韻》、《集韻》、《韻會》：「桑經切。」《正韻》：「先青切，竝音腥。」

《說文》：「萬物之精，上為列星。從晶生聲。一曰象形。從口。古口復注中，故與日同。」

清段玉裁《注》：「春秋說題辭云：『星之為言精也。陽之榮也。陽精為日。日分為星。故其字日生為星。』」

《釋名》：「星，散也，列位布散也。」

《書・堯典》：「曆象日月星辰。」《傳》：「星，四方中星。」

《洪範》：「五紀，四曰星辰。」《傳》：「二十八宿迭見，以敘節氣。」《又》：「庶民惟星，星有好風，星有好雨。」《傳》：「星，民象，箕星好風，畢星好雨。」

《史記・天官書》：「星者，金之散氣。」《注》：「五星五行之精，眾星列布，體生於地，精成於天，列居錯行，各有所屬。在野象物，在朝象官，在人象事。」

《前漢・天文志》：「經星常宿中外官，凡百七十八名，積數七百八十三星，皆有州國官宮物類之象。」

《淮南子・天文訓》：「日月之淫氣精者為星辰。」

隕：。

清陳昌治刻本《說文解字・卷十四・𨸏部》：「從高下也。羽敏切，竝音殞。」清段玉裁《注》：「釋詁曰：『隕，下，落也。』毛傳曰：『隕，隋也。』隋即陊字。」

《爾雅・釋詁》：「隕，墜也。」《又》：「隕，磒落也。」《注》：「磒，猶隕也。方俗語有輕重耳。」

《書・湯誥》：「慄慄危懼，若將隕於深淵。」

《易・姤卦》：「有隕自天。」

宋：。

清陳昌治刻本《說文解字・卷七・宀部》：「居也。蘇綜切，竝音送。」

周朝諸侯國名，微子所封地，即閼伯之商丘。

《左傳・昭十七年》：「宋，大辰之虛也。」
《三國演義》：「桓帝時，有黃星見於楚、宋之分。」

列：。
清陳昌治刻本《說文解字・卷四・刀部》：「分解也。力櫱切，竝音裂。」
《廣韻》：「行次也，位序也。」
《前漢・韋玄成傳》：「恤我九列。」《注》：「九卿之位。」
又布也，陳也。
《班固・西都賦》：「陛戟百重，周廬千列。」
《集韻》：「力制切，音例。比也。」

歲星：《史記・書・天官書》：「歲星一曰攝提，曰重華，曰應星，曰紀星。營室為清廟，歲星廟也。」
《太平御覽・卷七・天官・星占》：「歲星，其國齊，其位東方，蒼帝之子，人主之象也。其色明而內實暗，天下安寧。夫歲星所居國，人主有福，不可加以兵。歲星一曰攝提，一曰重華，一曰應星，一曰經星，一曰修人。歲星動，人主怒。無光，仁道失。歲星順行，仁德加也。歲星，農官也。主五穀，春不勸農則歲星盈縮，所在之國不可以罰。小則民多病，大則喜。」

熒惑：《史記・書・天官書》：「察剛氣以處熒惑。曰南方火，主夏，日丙、丁。禮失，罰出熒惑，熒惑失行是也。出則有兵，入則兵散。以其舍命國。熒惑為勃亂，殘賊、疾、喪、饑、兵。反道二舍以上，居之，三月有殃，五月受兵，七月半亡地，九月太半亡地。因與俱出入，國絕祀。」
《太平御覽・卷七・天官・星占》：「熒惑主夏，位在南，赤帝之子，方伯之象也。為天侯，主歲成敗，司察妖孽，所往有兵為亂，為賊、為疾、為喪、為饑、兵，蓋天下不理也。東西南北無有常，出則有兵，入則散，周旋止息，乃為死喪。」

鎮星：《史記・書・天官書》：「歷斗之會以定填星之位。曰中央土，主季夏，日戊、己，黃帝，主德，女主象也。歲填一宿，其所居國吉。未當居而居，若已去而復還，還居之，其國得土，不乃得女。其一名曰地侯，主歲。禮、德、義、殺、刑盡失，而填星乃為之動搖。贏，為王不寧；其縮，有軍不復。填星，其色黃，九芒，音曰黃鐘宮。」

《太平御覽・卷七・天官・星占》：「鎮星主德，女主之象也。所居國有德，不可以軍加也。」

太白：《史記・書・天官書》：察日行以處位太白。曰西方，秋（司兵月行及天矢），日庚、辛，主殺。殺失者，罰出太白。太白失行，以其捨命國。」

《太平御覽・卷七・天官・星占》：「太白，位在西方，白帝之子，天將之象也。一名天相，一名大正，一名大臣，一名大皓，一名明星。」

盈：。

清陳昌治刻本《說文解字・卷五・皿部》：「滿器也。怡成切，竝音贏。」

《博雅》：「滿也，充也。」

《易・豐・象》：「天地盈虛，與時消息。又古通作嬴。」

《正韻》：「盈縮，過曰盈，不及曰縮。」

《史記・蔡澤傳》：「進退盈縮。」

《天官書》：「作贏縮。」

《古詩》：「盈盈樓上女。」《注》：「盈同嬴，容也。」

縮：。

清陳昌治刻本《說文解字．卷十三．糸部》：「亂也。一曰蹴也。竝所六切，音蹜。」清段玉裁《注》：「通俗文云：『物不申曰縮。不申則亂。故曰亂也。不申者申之則直。』」

《爾雅．釋詁》：「縱縮，亂也。」《注》：「縱放掣縮，皆亂法也。」

《儀禮．鄉飲酒禮》：「磬階間縮霤北面鼓之。」《注》：「縮，從也。霤以東方為從。古文縮為蹙。」

《禮．檀弓》：「古者冠縮縫，今也衡縫。」《注》：「縮，從也。」

《玉篇》：「退也，止也。」

《廣韻》：「斂也，短也。」

辰星：《史記．書．天官書》：「察日辰之會，以治辰星之位。曰北方水，太陰之精，主冬，日壬、癸。辰星之色：春，青黃；夏，赤白；秋，青白，而歲熟；冬，黃而不明。」

《太平御覽．卷七．天官．星占》：「辰星，北之位，黑帝之子，宰相之祥也。一名安調，一名熊星，一名鉤星，一名伺晨，主德，常行四仲，當出不出，天下旱，色黃，五穀熟；色白，中謀泄；色青，大臣憂。」

執正：主持公道。

《淮南子．主術訓》：「使人主執正持平，如從繩準高下。」

謂駁正，糾正。

晉袁宏《後漢紀・獻帝紀上》：「臣下懦弱，莫敢執正夏侯之議。」

五車：星名。亦稱五潢，屬畢宿，共有五星。

《史記・天官書》：「西宮咸池曰天五潢，五潢，五帝車舍，中有三柱。軫南眾星曰天庫樓；庫有五車。」《張守節正義》：「咸池三星在五車中，天潢南，魚鳥之所托也。天庫一星，主太白，秦也，在五車中。」

《晉書・天文志上》：「五車五星，三柱九星，在畢北。五車者，五帝車舍也，五帝坐也，主天子五兵，一曰主五穀豐秏，西北大星曰天庫，三柱一曰三泉。……其中五星曰天潢。」

規：。

清陳昌治刻本《說文解字・卷十・夫部》：「有法度也。均窺切。」

《玉篇》：「正圜之器也。」

《禮・經解》：「規矩誠設，不可欺以方圜。」

《前漢・律曆志》：「衡運生規，規圜生矩。」

《莊子・馬蹄篇》：「圜者中規，方者中矩。」

《淮南子・時則訓》：「規者所以圜萬物也。又日月圓曰規。」

《謝靈運・遊南亭詩》：「密林含餘清，遠峰影半規。」《注》：「日落峰外，隱其半也。」

矩：《集韻》、《韻會》：「果羽切，竝音踽。正方之則也。」

《爾雅・釋詁》：「常也。」《疏》：「度方有常也。」

《玉篇》：「圓曰規，方曰矩。」

《禮・經解》：「規矩誠設，不可欺以方圓。」

《前漢・律曆志》：「矩者，所以矩方器械，令不失其形也。」

《管子・輕重己篇》：「心生規，規生矩，矩生方。」

《周禮・冬官考工記輸人》：「凡斬轂之道，必矩其陰陽。」《注》：「矩，謂刻識之也。」

《揚子・太玄經》：「天道成規，地道成矩，規動周營，矩靜安物。」

繩：。

清陳昌治刻本《說文解字・卷十三・糸部》：「索也。神陵切，竝音乘。」

《急就篇注》：「繩謂糾兩股以上。總而合之者也。一曰麻絲曰繩，草謂之索。」

《前漢・律曆志》：「規圓生矩，矩方生繩，繩直生準。」

《書・冏命》：「繩愆糾謬。」《疏》：「木不正者，以繩正之。繩謂彈正。」

《詩・周南》：「宜爾子孫繩繩兮。」《傳》：「繩繩，戒慎也。」《朱傳》：「不絕貌。」

《大雅》：「繩其祖武。」《傳》：「繩，戒也。」《朱傳》：「繩，繼也。」

《禮・樂記》：「省其文采，以繩德厚。」《注》：「繩，猶度也。」

《史記・樂書注》：「王肅曰：『繩，法也。』」

衡：。

清陳昌治刻本《說文解字・卷四・角部》：「牛觸，橫大木其角。何庚切，竝音行。」

《書・舜典》：「同律度量衡。」

《前漢・律曆志》：「衡，平也。所以任權而均物，平輕重也。」
《書・舜典》：「在璇璣玉衡，以齊七政。」《傳》：「璣衡，王者正天文之器，可運轉者。」
《漢書注》：「衡謂渾天儀也。」
斗之中央也。
《前漢・天文志》：「衡殷南斗。」

權：。

清陳昌治刻本《說文解字・卷六・木部》：「黃華木。逵員切，竝音拳。」清段玉裁《注》：
「釋木曰：『權，黃英。』」
《玉篇》：「稱錘也。」
《論語・堯曰》：「集解權，稱也。」
《廣雅・釋器》：「錘，謂之權。」
又平也，平衡也。
《禮・王制》：「原父子之情，立君臣之義以權之。」
《周禮》：「九和之弓，角與杆權。」
《爾雅・釋詁》：「權輿，始也。」
《詩・秦風》：「於嗟乎，不承權輿。」

菑：。

清陳昌治刻本《說文解字・卷一・艸部》：「不耕田也。側持切，音緇。」

《爾雅・釋地》：「田一歲曰菑。」《注》：「今江東呼初耕地反草為菑。」

《詩・小雅》：「於此菑畝。」《疏》：「菑者，災也，始災殺其草木也。」

《易・無妄》：「不菑畬。」《疏》：「不敢首發新田，惟治其菑熟之地。」

《正韻》：「將來切，同災。」

《詩・大雅》：「無菑無害。」

《韻會》：「側吏切，音廁。木立死曰菑。」

《詩・大雅》：「其菑其翳。」

七曜：亦作七燿、七耀。

指日、月和金、木、水、火、土五星。

《後漢書・劉陶傳》：「宜還本朝，挾輔王室，上齊七燿，下鎮萬國。」

晉范甯《穀梁傳序》：「陰陽為之愆度，七耀為之盈縮。」楊士勳疏：「日、月、五星皆照天下，故謂之七曜。」

又指北斗七星。

唐王勃《益州夫子廟碑》：「述夫帝車南指，遯七曜於中階。」

七政：指日、月和金、木、水、火、土五星。

《書・舜典》：「在璇璣玉衡，以齊七政。」孔傳：「七政，日月五星各異政。」孔穎達疏：「七政，謂日月與五星也。」

又指天、地、人和四時。

《尚書大傳》：「七政者，謂春、秋、冬、夏、天文、地理、人道，所以為政也。」

又指北斗七星。以七星各主日、月、五星，故曰七政。

《史記・天官書》：「北斗七星，所謂旋、璣、玉衡以齊七政。」裴駰集解引馬融注《尚書》云：「七政者，北斗七星，各有所主：第一曰正日；第二曰主月；第三曰命火，謂熒惑也；第四曰煞土，謂填星也；第五曰伐水，謂辰星也；第六曰危木，謂歲星也；第七曰剽金，謂太白也。日、月、五星各異，故曰七政也。」

又古代兵法指人、正、辭、巧、火、水、兵七者。

《司馬法・定爵》：「一曰人，二曰正，三曰辭，四曰巧，五曰火，六曰水，七曰兵，是謂七政。」

七星：二十八宿之一。南方朱鳥七宿的第四宿，有星七顆。

《禮記・月令》：「季春之月，月在胃，昏七星中。」孫希旦集解：「七星，南方朱鳥之第四宿。」

《雲笈七籤・卷二十四・總說星》：「七星第一星名曰天樞，魂神斗次；第二星名曰天璇，魂神斗次行；第三星名曰天機，魄精斗次行；第四星名曰天權，魄精斗次行；第五星名曰玉衡，魄靈斗次行；第六星名曰闓陽，魄靈斗次行；第七星名曰搖光。」

《雲笈七籤・卷二十四・北斗九星職位總主》：「《黃老經》曰，北斗第一天樞星，則陽明星之魂神也；第二天璇星，則陰精星之魂神也；第三天機星，則真人星之魄精也；第四天權星，則玄冥星之魄精也；第五玉衡星，則丹元星之魄靈也；第六闓陽星，則北極星之魄靈也；第七搖光星，則天關星之魂大明也。」

《雲芨七籤・卷二十四・日月星辰部二》：「陽明、陰精二星之間，星斗魂魄魁首也，名曰天樞魂神斗；次第二星名曰天璇魂神斗；次行第三星名曰天機魄精斗；次行第四星名曰天權魄精斗；次行第五星名曰玉衡魄靈斗；次行第六星名曰闓陽魄靈斗；次行第七星名曰搖光大明。……第一太星精名玄樞，神曰陽明；第二元星名曰北台，神曰陰精；第三真星名曰九極上真，神又曰真人；第四紐星名曰璇根，神曰玄冥；第五綱星名曰太平，神曰丹元；第六紀星名曰命機，神曰北極；第七關星名曰玄陽，神曰天關；第八帝星名曰高上皇，神曰八景虛元君；第九尊星號太微玉帝君，神曰太素七晨元君。」

《春秋運斗樞》：「開陽重寶，故置輔翼，易斗中曰北斗：第一曰破軍，第二曰武曲，第三曰廉貞，第四曰文曲，第五曰祿存，第六曰巨門，第七曰貪狼。」

魁：。

清陳昌治刻本《說文解字・卷十四・斗部》：「羹斗也。枯回切，竝音恢。」

《書・胤征》：「殲厥渠魁。」《傳》：「魁，帥也。」

《禮・檀弓》：「不為魁。」《注》：「魁，猶首也。」

又星名。

《史記・天官書》：「魁枕參首。」《注》：「魁，北斗第一星也。」

《後漢・郡國志》：「魁方杓。」《注》：「春秋緯曰：『瑤光第一至第四為魁。』」

《漢書・天文志》：「平旦建者魁。」

瓢：。瓠的一種，也稱葫蘆。

清陳昌治刻本《說文解字・卷七・瓠部》：「蠡也。毗霄切，竝音飄。」

《玉篇》：「瓠瓜也。」

《莊子・逍遙遊》：「剖之以為瓢，則瓠落無所容。」

《揚子・方言》：「蠡或謂之瓢。」

《古今注》：「瓢亦瓠也。瓠其總，瓢其別也。」

《三蒼》：「瓢，瓠勺也。」

此處應為杓：。玉衡（北斗五）、開陽（北斗六）和搖光（北斗七）的稱呼。

清陳昌治刻本《說文解字・卷六・木部》：「枓柄也。卑遙切，竝音標。」清段玉裁《注》：

「枓柄者，勺柄也。勺謂之枓。勺柄謂之杓。」

《前漢・天文志》：「一至四為魁，五至七為杓。」

《律曆志》：「玉衡杓建天之綱也。」

五命：周朝官爵分為九等，稱九命。五命為子男。

《周禮・春官・典命》：「子男五命，其國家宮室車旗衣服禮儀皆以五為節。」

《禮記・王制》：「小國之君，不過五命。」

謂古代帝王按五行相勝之理承受天命。

《漢書・王莽傳中》：「帝王受命，必有德祥之符瑞，協成五命，申以福應，然後能立巍巍之功。」顏師古注：「五命，謂五行之次，相承以受命也。」

端：。

清陳昌治刻本《說文解字・卷七・耑部》：「直也，正也。物初生之題也。上象生形，下象其根也。竝多官切，音偳。」

《禮・曲禮》：「振書端書於君前。」《注》：「端，正也。」

《玉藻》：「目容端。」

《篇海》：「萌也，始也，首也。」

《禮・禮運》：「人者，天地之心，五行之端也。」

《公羊傳・隱元年注》：「上係天端。」《疏》：「天端，即春也。春秋說云：『以元之深，正天之端。以天之端，正王者之政也。』」

昆崙：亦寫作昆侖。在新疆西藏之間，西接帕米爾高原，東延入青海境內。傳說昆侖山上有瑤池、閬苑、增城、縣圃等仙境。

漢東方朔《海內十洲記》：「號曰昆崚，在西海之戌地，北海之亥地，去岸十三萬里。又有弱水周回繞匝。山東南接積石圃，西北接北戶之室。東北臨大活之井，西南至承淵之谷。此四角大山，實昆侖之支輔也。為虛構的仙境之地。」

《書・禹貢》：「織皮，崐崘、析支、渠、搜，西戎即敘。」孔傳：「織皮，毛布。有此四國，在荒服之外，流沙之內。」一說此指昆侖山。

孔穎達疏引鄭玄曰：「衣皮之民，居此昆侖、析支、渠搜三山之野者，皆西戎也。」

《淮南子・原道訓》：「經紀山川，蹈騰昆侖，排閶闔，淪天門。」高誘注：「昆侖，山名也。」

在西北，其高萬九千里。」

三道：指人子事親的三種孝道，即生養、死葬和祭祀。

《禮記・祭統》：「是故孝子之事親也，有三道焉：生則養，沒則喪，喪畢則祭。」

指國體、人事、直言。

《漢書・晁錯傳》：「選賢良明於國家之大體，通於人事之終始及能直諫者，各有人數，將以匡朕之不逮，二三大夫之行，當此三道。」顏師古注引張晏曰：「三道：國體、人事、直言也。」

指古代軍事理論上的正道、奇道、伏道。

宋蘇洵《權書・攻守》：「攻者有三道焉，守者有三道焉。三道：一曰正，二曰奇，三曰伏。」

正氣：充塞天地之間的至大至剛之氣。體現於人則為浩然的氣概，剛正的氣節。

《楚辭・遠遊》：「內惟省以端操兮，求正氣之所由。」

又指光明正大的作風或純正良好的風氣。

《文子・符言》：「君子行正氣，小人行邪氣。內便於性，外合於義，循理而動，不繫於物者，正氣也；推於滋味，淫於聲色，發於喜怒，不顧後患者，邪氣也。」

又謂純陽之氣或純陰之氣。

漢董仲舒《雨雹對》：「敞（鮑敞）曰：『雨既陰陽相蒸，四月純陽，十月純陰，斯則無二氣相薄，則不雨乎？』曰：『然。純陽純陰，雖在四月、十月，但月中之一日耳。』敞曰：『月中何日？』曰：『純陽用事，未夏至一日；純陰用事，未冬至一日。朔旦夏至冬至，其正氣也。』」

又謂春由東方直出不偏之氣和夏由南方直出不偏之氣。

《藝文類聚》卷三引《易緯通卦驗》：「震，東方也。主春分，日出青氣，出直震，此正氣也。氣出右，萬物半死；氣出左，蛟龍出。」

《藝文類聚》卷三引《易通卦驗》：「離，南方也。主夏，日中赤氣出，直離，此正氣。出右，萬物半死；氣出左，赤地千里。」

叶：與涉切。字見周禮大史協事注：「曰故書協作叶。」杜子春云：「叶，協也。」

《玉篇》：「古文協字。」

《後漢・律曆志》：「叶時月正日。」

《集韻》：「同叶，和也。」

《前漢・五行志》：「次四曰叶用五紀。」《注》：「師古曰：『叶讀曰叶。』」

角：《晉書・天文志》：「**東方**。角二星為天關，其間天門也，其內天庭也。故黃道經其中，七曜之所行也。左角為天田，為理，主刑；其南為太陽道。右角為將，主兵；其北為太陰道。蓋天之三門，猶房之四表。其星明大，王道太平，賢者在朝；動搖移徙，王者行。亢四星，天子之內朝也，總攝天下奏事，聽訟理獄錄功者也。一曰疏廟，主疾疫。星明大，輔納忠，天下寧。氐四星，王者之宿宮，后妃之府，休解之房。前二星，適也，後二星，妾也。後二星大，則臣奉度。房四星，為明堂，天子布政之宮，亦四輔也。下第一星，上將也；次，次將也；次，次相也；上星，上相也。南二星君位，北二星夫人位。又為四表，中間為天衢，為天關，黃道之所經也。南間曰陽環，其南曰太陽；北間曰陰間，其北曰太陰。七曜由乎天衢，則天下平和；由陽道則旱喪；由陰道則水兵。亦曰天駟，為天馬，主車駕。南星曰左驂，次左服，次右服；次右驂。亦曰天廄，又主開閉，為畜藏之所由也。房星明，則王者明；驂星大，則兵起；星離，民流。又北二小星曰鉤鈐，房之鈐鍵，天之管籥，主閉鍵天心也。明而近房，天下同心。鉤鈐間有星及疏坼，則地動河清。心三星，天王正位也。中星曰明堂，天子位，為大辰，主天下之賞罰。天下變動，心星見祥。星明大，天下同。前星為太子，後星為庶子。心星直，則王失勢。尾九星，後宮之場，妃後之府。上第一星，後也；次三星，夫人；次星，嬪妾。第三星傍一星名曰神宮，解衣之內室。尾亦為九子，星色欲均明，大小相承，則後宮有敘，多子孫。箕四星，亦後宮妃後之府。亦曰天津，一曰天雞，主八風。凡日月宿在箕、東壁、翼、軫者風起。又主口舌，主客蠻夷胡貉；故蠻胡將動，先表箕焉。**北方。**南斗六星，天廟也，丞相太宰之位，主褒賢進士，稟授爵祿。又主兵，一曰天機。南二星魁，天梁也。中央二星，天相也。北二星，天府庭也，亦為壽命之期也。將有天子之事，占於斗。斗星盛明，王道平和，爵祿行。牽牛六星，天之關梁，主犧牲事。其北二星，一曰即路，一曰聚火。又曰，上一星主道路，次二星主關梁，次三星主南越。搖動變色則占之。星明大，王道昌，關梁通。須女四星，天少府也。須，賤妾之稱，婦職之卑者也，主布帛裁製嫁娶。虛二星，塚宰之官也，主北方邑居廟堂祭祀祝禱事，又主死喪哭泣。危三星，主天府天市架屋；餘同虛占。墳墓四星，屬危之下，主死喪哭泣，為墳墓也。營室二星，天子之宮也。一曰玄宮，一曰清廟，又為軍糧之府及土功事。星明，國昌；小不明，祠祀鬼神不享。離宮六星，天子之別宮，主隱藏休息之所。東壁二星，主文章，天下圖書之祕府也。星明，王者興，道術行，國多君子；星失色，大小不同，王者好武，經士不用，圖書隱；星動，則有土功。**西方。**奎十六星，天之武庫也。一曰天豕，亦曰封豕。主以兵禁暴，又主溝瀆。西南大星，所謂天豕目，亦曰大將，欲其明。婁三星，為天獄，主苑牧犧牲，供給郊祀。胃三星，天之廚藏，主食廩，五穀府也，明則和平。昴七星，天之耳目也，主西方，主獄事。又為旄頭，胡星也。昴、畢間為天街，天子出，旄頭罕畢以前驅，此其義也。黃道之所經也。昴明，則天下牢獄平。昴六星皆明，與大星等，大水。七星皆黃，兵大起。一星亡，為兵喪；搖動，有大臣下獄，及有白衣之會。大而數盡動若跳躍者，胡兵大起。畢八星，主邊兵，主弋獵。其大星曰天高，一曰邊將，主四夷之尉也。星明大，則遠夷來貢，天下安；失色，則邊兵亂。附耳一星，在畢下，主聽得失，伺愆邪，察不祥。星盛，則中國微，有盜賊，邊候驚，外國反；移動，佞讒行。月入畢，多雨。觜觿三星，為三軍之候，行軍之藏府，主葆旅，收斂萬物。明則軍儲盈，將得勢。參十星，一曰參伐，一曰大辰，一曰天市，一曰鈇鉞，主斬刈。又為天獄，主殺伐。又主權衡。所以平理也。又主邊城，為九譯，故不欲其動也。參，白獸之體。其中三星橫列，三將也。東北曰左肩，主左將；西北曰右肩，主右將；東南曰左足，主後將軍；西南曰右足，主偏將軍。故《黃帝占》參應七將。中央三小星曰伐，天之都尉也，主胡、鮮卑、戎、狄之國，故不欲明。七將皆明大，天下兵精也。王道缺則芒角張。伐星明與參等，大臣皆謀，兵起。參星失色，軍散敗。參芒角動搖，邊候有急，兵起，有斬伐之事。參星移，客伐主。參左足入玉井中，兵大起，秦大水，若有喪，山石為怪。參星差戾，王臣貳。**南方。**東井八星，天之南門，黃道所經，天之亭候，主水衡事，法令所取平也。王者用法平，則井星明而端列。

鉞一星，附井之前，主伺淫奢而斬之。故不欲其明，明與井齊，則用鉞於大臣。月宿井，有風雨。輿鬼五星，天目也，主視，明察奸謀。東北星主積馬，東南星主積兵，西南星主積布帛，西北星主積金玉，隨變占之。中央星為積屍，主死喪祠祀。一曰鈇鑕，主誅斬。鬼星明，大谷成；不明，百姓散。鑕欲其忽忽不明，明則兵起，大臣誅。柳八星，天之廚宰也，主尚食，和滋味，又主雷雨。七星七星，一名天都，主衣裳文繡，又主急兵盜賊。故星明王道昌；暗則賢良不處，天下空。張六星，主珍寶、宗廟所用及衣服，又主天廚飲食賞賚之事。星明則王者行五禮，得天之中。翼二十二星，天之樂府俳倡，又主夷狄遠客、負海之賓。星明大，禮樂興，四夷賓。動則蠻夷使來，離徙則天子舉兵。軫四星，主冥宰，輔臣也；主車騎，主載任。有軍出入，皆占於軫。又主風，主死喪。軫星明，則車駕備；動則車駕用。轄星傅軫兩傍，主王侯，左轄為王者同姓，右轄為異姓，星明，兵大起。遠軫，凶。轄舉，南蠻侵。長沙一星，在軫之中，主壽命。明則主壽長，子孫昌。又曰，車無轄，國有憂；軫就聚，兵大起。」

《史記・天官書》：「角、亢、氐，兗州。房、心，豫州。尾、箕，幽州。斗，江、湖。牽牛、婺女，楊州。虛、危，青州。營室至東壁，幷州。奎、婁、胃，徐州。昴、畢，冀州。觜觿、參，益州。東井、輿鬼，雍州。柳、七星、張，三河。翼、軫，荊州。」

《漢書・天文志》：「角、亢、氐，沇州。房、心，豫州。尾、箕，幽州。斗，江、湖。牽牛、婺女，揚州。虛、危，青州。營室、東壁，幷州。奎、婁、胃，徐州。昴、畢，冀州。觜觿、參，益州。東井、輿鬼，雍州。柳、七星、張，三河。翼、軫，荊州。」

進御：指為君王所御幸。

《詩・召南・小星序》：「小星，惠及下人也。夫人無妬忌之行，惠及賤妾，進御於君，知其命有貴賤，能盡其心矣。」

又猶進呈。

漢東方朔《七諫・亂》：「鉛刀進御兮，遙棄太阿。」

褎：。同褒。

清陳昌治刻本《說文解字・卷八・衣部》：「衣博裾。竝博毛切，報平聲。」

《玉篇》：「揚美也。」

《類篇》：「獎飾也。」

《白虎通》：「人臣之義，莫不欲褒大其君，掩惡揚善也。」

進士：古代指貢舉的人才。

《禮記・王制》：「大樂正論造士之秀者，以告於王，而升諸司馬，曰進士。」鄭玄注：「進士，可進受爵祿也。」

又薦舉賢士。

《墨子・親士》：「歸國寶，不若獻賢而進士。」

廟堂：太廟的殿堂。

晉葛洪《抱樸子・名實》：「故廟堂有枯楊之瑚簋，窮穀多不伐之梓豫也。」

又朝廷。指人君接受朝見、議論政事的殿堂。

《莊子・在宥》：「故賢者伏處大山嵁岩之下，而萬乘之君憂慄乎廟堂之上。」

《淮南子・主術訓》：「君人者，不下廟堂之上而知四海之外者，因物以識物，因人以知人也。」

又太廟和明堂。

《楚辭・劉向・九歎・逢紛》：「始結言於廟堂兮，信中塗而叛之。」王逸注：「廟者，先祖之所居也。言人君為政舉事，必告於宗廟，議之於明堂也。」

又廟宇。

北魏酈道元《水經注・陰溝水》：「城南有曹嵩塚，塚北有碑，碑北有廟堂，餘基尚存，柱礎仍在。」

軍粮：軍隊的餉糧。

《管子・問》：「城粟軍粮，其可以行幾何年也。」

《後漢書・荀彧傳》：「操保官度，與紹連戰，雖勝而軍粮方盡。」

五兵：五種兵器。所指不一。

《周禮・夏官・司兵》：「掌五兵五盾。」鄭玄《司兵》注引鄭司農云：「五兵者，戈、殳、戟、酋矛、夷矛也。」此指車之五兵。步卒之五兵，則無夷矛而有弓矢。

《穀梁傳・莊公二十五年》：「天子救日，置五麾，陳五兵五鼓。」范寧注：「五兵：矛、戟、鉞、楯、弓矢。」

《漢書・吾丘壽王傳》：「古者作五兵。」顏師古注：「五兵，謂矛、戟、弓、劍，戈。」

又泛指各種兵器。

《隋書・達奚長儒傳》：「且戰且行，轉鬭三日，五兵咸盡，士卒以拳毆之。」

又泛指軍隊。

《戰國策・齊策五》：「彼明君察相者，則五兵不動而諸侯從。」

享祠：宴餉，犒勞。享，通饗。祠，祭祀的犧牲。

《史記・周本紀》：「武王命宗祝享祠於軍。」

觜：。

清陳昌治刻本《說文解字・卷四・角部》：「鴟舊頭上角觜也。一曰觜觿也。竝遵為切，醉平聲。」

星名。觜觿，西方宿也。

《禮・月令》：「仲秋之月，日在角，旦觜觿中。」

《史記・天官書》：「觜觿，虎首，主葆旅事。」

又次名。娵觜，室壁之次也。

《爾雅・釋天》：「娵觜之口，營室東壁也。通作訾。」

《左傳・襄三十年》：「歲在娵訾之口。」

後用以指人的口，字亦作嘴。

《南齊書・劉休傳》：「覆背騰其喉唇，武人曆其觜吻。」

觿：。

清陳昌治刻本《說文解字・卷四・角部》：「佩角，銳耑可以解結。懸圭切，竝音攜。」

《詩・衛風》：「童子佩觿。」《朱傳》：「錐也。以象骨為之，所以解結。成人之佩，非童子之飾也。」

《禮・內則》：「左佩小觿，右佩大觿。」《注》：「觿，本作鑴，解結錐也。」

檢：。

清陳昌治刻本《說文解字・卷六・木部》：「書署也。《徐曰》：『書函之蓋，三刻其上，繩緘之，然後填以泥，題書其上而印之也。』竝居奄切，兼上聲。」

通斂。收斂，約束言行，收聚。

《書・伊訓》：「檢身若不及。」《正義》云：「檢，謂自攝斂也。」

《孟子》：「狗彘食人食而不知檢。」

《爾雅・釋詁》：「檢，同也。」《郭注》：「模範同等。」

又檢式也。

《淮南子・主術訓》：「人主立法，先自為檢式儀表，故令行於天下。」

《蒼頡篇》：「法式，法度。檢，法度也。」

《文心雕龍・物色》：「然物有恆姿，而思無定檢。」

又約束，限制。

《漢書・王莽傳》：「德亡首褎不檢。」《注》：「局之。」

又考查，察驗。

《後漢書・周黃徐姜申屠傳》：「驃騎執法以檢下。」《注》：「猶察也。」

刈：。

《集韻》：「魚刈切。」《正韻》：「倪制切，竝音乂。」

《說文》：「芟草也。」《徐曰》：「本作乂，後人又加刀作刈。」

《屈原・離騷》：「願竢時乎吾將刈。」《注》：「刈，穫也。草曰刈，穀曰穫。」

又通艾。

《前漢・匈奴傳》：「艾，朝鮮之旃。」《注》：「師古曰：『艾讀曰刈。刈，絕也。』」

《廣雅》：「刈，斷也。又，殺也。」

水衡：古官名。水衡都尉、水衡丞的簡稱。漢武帝元鼎二年所置，至隋始廢。掌皇家上林苑，兼管稅收、鑄錢。

《漢書・百官公卿表上》：「水衡都尉。」顏師古注引漢應劭曰：「古山林之官曰衡，掌諸池苑，故稱水衡。」

泛指管理水利之官。

《後漢書・張衡傳》：「前長離使拂羽兮，委水衡乎玄冥。」李賢注：「水衡，官名，主水官也。」

上食：獻食。

《莊子・說劍》：「宰人上食，王三環之。」

《史記・魏其武安侯列傳》：「漢武帝即罷起入，上食太后……太后怒，不食。」

主客：官名。戰國時已有此官，秦及漢初稱典客，為九卿之一。武帝時稱大鴻臚。漢成帝尚書置客曹，主管外交及處理民族間的事務。東漢光武分為南北主客二曹，晉分左右南北四主客，南朝單有主客，唐宋因之。明置主客郎中員外郎，為禮部的屬司，掌諸藩的朝貢，接待給事等事。清末廢。

漢時匈奴亦置此官。

《漢書・匈奴傳上》：「而使郭吉風告單于。既至匈奴，匈奴主客問所使。」

又主人與賓客。

《新唐書・食貨志二》：「戶無主客，以居者為簿，人無丁中，以貧富為差。」

讌：同宴。

《集韻》、《韻會》：「伊甸切，竝音宴。」

《類篇》：「合語也。」

《戰國策》：「孟嘗君讌坐。」《注》：「合語也。讌，即燕字。」

《玉篇》：「讌，設也。」《廣韻》：「燕會也。與醼同。」

嬉：。

《集韻》、《韻會》：「虛其切。」《正韻》：「虛宜切，竝音僖。」

《博雅》：「戲也。」

《增韻》：「美也，遊也。」

《史記・孔子世家》：「嬉戲常陳俎豆。」

虞：。

清陳昌治刻本《說文解字・卷五・虍部》：「騶虞也。白虎黑文，尾長於身。仁獸，食自死之肉。元俱切，竝音愚。」

度也。

《書・大禹謨》：「儆戒無虞。」

《左傳・桓十七年》：「疆埸之事，慎守其一，而備其不虞。」

又安也。

《儀禮・士虞禮註》：「士既葬其父母，迎精而返，日中而祭之於 宮以安之。」

又誤也。

《詩・魯頌》：「無貳無虞，上帝臨女。」《疏》：「言天下歸周，無有貳心，無有疑誤。」

又備也。

《晉語》：「衞文公有邢翟之虞。」

又樂也。

《孟子》：「霸者之民，驩虞如也。」《趙岐注》：「霸者行善卹民，恩澤暴見易知，故民驩虞樂之也。」

夙夜：朝夕，日夜。

《書・旅獒》：「夙夜罔或不勤，不矜細行，終累大德。」孔傳：「言當早起夜寐。」

謂日夜從事。

《詩・小雅・雨無正》：「三事大夫，莫肯夙夜。邦君諸侯，莫肯朝夕。」孔穎達疏：「三事大夫無肯早起夜臥以勤國事者。」

庫：。

清陳昌治刻本《說文解字・卷九・广部》：「兵車藏也。從車，在广下。竝苦故切，苦去聲。」

《釋名》：「庫，舍也。物所在之舍也，故齊魯謂庫曰舍。」

《禮・月令》：「審五庫之量。」

《蔡邕・章句》：「一曰車庫，二曰兵庫，三曰祭庫，四曰樂庫，五曰宴庫。」

又天庫，星名。

《春秋・文曜鉤》：「軫南四星曰天庫。天庫，五帝車舍也。」

乖違：背離，違背。

漢王充《論衡・順鼓》：「乖違禮意，行之如何？」

又失誤，不當。

《周書・宣帝紀》：「動止所為，莫不鈔錄，小有乖違，輒加其罪。」

又反常，顛倒。

晉干寶《搜神記・卷六》：「若四時失運，寒暑乖違，則五緯盈縮，星辰錯行，日月薄蝕，彗孛流飛，此天地之危診也。」

舉：。

清陳昌治刻本《說文解字・卷十二・手部》：「對舉也。一曰輿也。《徐曰》：『輿輦。』《增韻》：『扛也。』苟許切，竝音莒。」清段玉裁《注》：「對舉謂以兩手舉之。」

又挐也。

《廣韻》：「擎也。」

《周禮・冬官考工記・廬人》：「毄兵同強，舉圍欲細。」《注》：「舉，謂手所操。」

又動也。

《楚語》：「夫事君者，不為外內行，不為豐約舉。」

《注》：「舉，動也。」

又起也。

《晉語》：「舉而從之，陽子道與之語，及山而還。」《注》：「舉，猶起也。」

又行也。

《周禮・地官・師氏》：「凡祭祀賓客，會同喪紀，軍旅王舉則從。」《注》：「舉，猶行也。」

犧牲：供祭祀用的純色全體牲畜。

《書・泰誓上》：「犧牲粢盛，既於凶盜。」

《周禮・地官・牧人》：「凡祭祀，共其犧牲。」鄭玄注：「犧牲，毛羽完具也。」

《國語・周語上》：「使太宰以祝、史帥狸姓，奉犧牲、粢盛、玉帛往獻焉，無有祈也。」

韋昭注：「純色曰犧。」

《漢書・禮樂志》：「河龍供鯉醇犧牲。」顏師古注：「醇謂色不雜也。犧牲，牛羊全體者也。」

又指供盟誓、宴享用的牲畜。

《國語・魯語上》：「賜女土地，質之以犧牲，世世子孫無相害也。」

晉皇甫謐《帝王世紀》：「取犧牲以充庖廚，以食天下，故號曰庖犧氏。」

又泛指用其他動物所做的祭品。

唐白居易《自詠》：「老龜豈羨犧牲飽，蟠木寧爭桃李香。」

悴：。

清陳昌治刻本《說文解字・卷十・心部》：「憂也。竝秦醉切，音萃。與顇通。」清段玉裁《注》：「方言：『悴，傷也。』」

《晉書・涼武昭王李玄盛傳》：「人力雕殘，百姓愁悴。」

《集韻》：「徐醉切，音遂。」《廣雅》：「困悴也。」

毛頭：古代男子未成年者頭髮披垂，因用以借稱男孩子。另亦形容小伙子、年輕人。

蹕：。

《廣韻》：「卑吉切。」《集韻》、《韻會》、《正韻》：「壁吉切，竝音必。」

《周禮・天官・宮正》：「凡邦之事蹕。」《注》：「國有事，王當出，則宮正主禁絕行，若今衞士填街蹕也。」

《夏官・隸僕》：「掌蹕宮中之事。」《注》：「蹕，謂止行者清道，若今時警蹕。」

《漢官儀注》：「皇帝輦左右侍帷幄者稱警，出殿則傳蹕，止行人清道也。」

《古今注》：「警蹕，所以戒行徒。」

《周禮》：「蹕而不警。秦制出警入蹕。謂出軍者皆警戒，入國者皆蹕止也。又蹕路也，所行者皆警於塗路。」

唱：。

清陳昌治刻本《說文解字・卷二・口部》：「導也。竝尺亮切，音廠。」

《荀子・樂論》：「唱和有應。」

嗉：。鳥類喉嚨下裝食物的地方。

《廣韻》：「桑故切。」《集韻》、《韻會》、《正韻》：「蘇故切，竝音素。」

《爾雅・釋鳥》：「亢鳥嚨，其粻嗉。」《注》：「嗉者，受食之處，別名嗉。」

又星名。

《前漢・天文志》：「張嗉為廚，主觴客。」

六翮：謂鳥類雙翅中的正羽。用以指鳥的兩翼。

《戰國策・楚策四》：「奮其六翮而淩清風，飄搖乎高翔。」

翮：。

清陳昌治刻本《說文解字・卷四・羽部》：「羽莖也。竝下革切，音覈。」清段玉裁《注》：「莖，枝柱也。謂眾枝之柱。翮亦謂一羽之柱。」

《爾雅・釋器》：「羽本謂之翮。」《注》：「鳥羽根也。」

《周禮・地官・羽人》：「掌以時征羽翮之政，於山澤之農。」《注》：「翮，羽本。」

軫：。古代指車箱底部四周的橫木。

清陳昌治刻本《說文解字・卷十四・車部》：「車後橫木也。竝止忍切，音胗。」

《考工記・輿人》：「六分其广，以一為之軫圍。」

《考工記圖》：「輿下四面材合而收輿謂之軫，亦謂之收，獨以為輿後橫者，失其傳也。」

彗勃：即彗孛。彗星和孛星。孛，古人指光芒四射的一種彗星。舊謂彗孛出現是災禍或戰爭的預兆。

《後漢書・盧植傳》：「比年地震，彗孛互見。」

第十七卷

論八卦八風

論八卦八風

八卦者。周易云。古者庖羲氏之王天下也。仰則觀象於天。俯則觀法於地。觀鳥獸之文與地之宜。近取諸身。遠取諸物。於是始作八卦。以通神明之德。以類萬物之情。兼三才而兩之。故六畫而成卦。因八方之通八風。成八節之氣。故卦有八。其配五行者。乾兌為金。坎為水。震巽為木。離為火。坤艮為土。各以方位言之。易通卦驗云。艮。東北。主立春。震。東方。主春分。巽。東南。主立夏。離。南方。主夏至。坤。西南。主立秋。兌。西方。主秋分。乾。西北。主立冬。坎。北方。主冬至。坎居北方者。冬至之日。陽氣動於黃泉之下。子雖大陰之位。以陽氣動其下。故其卦外陰內陽。象水內明。中懷陽也。故居子位。以配水。艮在東北者。其卦一陽在上。象立春之時。陽氣已發。在於地上。下有重陰。象陰氣猶厚。陽氣尚微。艮既為山。以其重陰在下。積土深。故卦復在丑。丑為未沖。故以配土。震居東方者。震為長男。能主幹任。故居顯明之地。東方。春也。萬物咸得生出。明淨顯著。震為雷。雷動則萬物出。春分之時。天氣下降。地氣上騰。天地和同。萬物萌動。故震居卯。卯。木。少陽之位。故以配木。巽居東南者。其卦重陽在上。象立夏之時。陽氣已盛在上。陰氣微弱在於下。木之為物。入地最少。出土最多。巽卦二陽在上。象木出地之多。一陰居下。象木入地之少。木體是陽。亦宜明顯。故在東南。以配於木。離居南方者。夏至之時。陰動於黃泉之下。午是盛陽之位。而陰氣動。故其卦外陽內陰。象火外明內暗。懷陰氣也。故在南方。以配火。坤居西南者。坤卦純陰之象。能養萬物。莫過於地也。陰體卑順。不敢當首。陰動於午。至未始著。故坤後午之位。地體積陰。

坤既純陰。象地。禮以中央土在未。地。即土也。故在西南。以配土也。兌在西方者。兌卦一陰在上。象秋分之時。陽氣已深。金為少陰。故一陰居上。酉是金位。故在西方。以配金。乾居西北者。乾卦純陽之象。生萬物者。莫過乎天。乾為生物之首。陽氣起子。乾是陽氣之本。故先子之位。以純陽堅剛。故在西北。以配金。易傳曰。震主春分穀雨。穀雨得天兌。則萬物畢生。兌者。西方之卦。是時。日在昴。昴。西方之宿。以日在西。故曰天兌。貌順木得。則天兌為和。貌失木逆。則天兌為害。而常雨為罰。兌主秋分霜降。霜降得天震之動氣。則天下霜。萬物死。震。東方之卦。是時。日在房。房。東方之宿。以日在東方。故曰天震。言順金得。則天震為和。言失金逆。則天震為害。而旱罰。所以貌雨言旱者。震陽兌陰。陽旱陰雨也。木之所以雨。金之所以旱者。其人事貌失。則下怨。陰盛故雨。言失則失眾。孤陽獨立。群陰不附。故旱。春秋二時。震兌相臨。天地氣和。所以不極寒熱也。坎主冬至大寒。大寒得天坎之氣。則天下大寒。是時。日在虛。虛。北方之宿。故曰天坎。聽順水得。則天坎為和。聽失水逆。則天坎為罰。故常寒。離主夏至大熱。大熱發長。復得天離之氣。則天下大熱。萬事畢出。是時。日在七星。七星。南方七宿。故曰天離。視順火得。則天離為和。視失火逆。則天離為罰。故常燠。冬夏二時。天地氣併。坎離各當其方。所以極寒熱也。今分八卦。以配方位者。坎離震兌。各在當方之辰。四維四卦。則丑寅屬艮。辰巳屬巽。未申屬坤。戌亥屬乾。八卦既通八風。八方以調八節之氣。故坎生廣莫風。四十五日。至艮。生條風。四十五日。至震。生明庶風。四十五日。至巽。生清明風。四十五日。至離。生景風。四十五日。至坤。生涼風。四十五日。至兌。生閶闔風。四十五日。至乾。生不周風。四十五日。又至坎。陽氣生五極九。五九四十五。故左行四十五日。而一變也。廣莫風者。廣。大也。莫。沙漠也。寒氣廣遠。自沙漠而來也。亦云。此時陽氣在下。陰莫之廣大也。條風者。條。達也。此時達生萬物也。明庶風者。庶。眾也。此時陽以施惠之德。眾物皆明出也。清明風者。天氣明淨清涼也。此時清風吹萬物。使盛大明淨可觀也。景風者。景。高也。萬物至此太高也。亦言。景。竟也。陽道至此終竟也。涼風者。秋風涼也。此時陰氣淒涼。收成萬物也。閶闔風者。昌。盛也。此時萬物盛而收藏之也。不周風者。周。遍也。萬物備成。不周者。閉不通也。言此時純陰無陽。閉塞不通也。淮南子曰。東北方曰蒼門。生條風。東方曰開明門。生明庶風。東南方曰陽門。生清明風。南方曰暑門。生景風。西南方曰白門。生涼風。西方曰閶闔門。生閶闔風。西北方曰幽都門。生不周風。北方曰寒門。生廣莫風。蒼門者。東北木將用事。春之始。故曰蒼門。開明門者。明。陽也。日之所出。故曰開明門。陽門者。月建在巳。純陽用事。故曰陽門。暑門者。盛衰之時。故曰暑門。白門者。月建在申。金氣之始。故曰白門。閶闔門者。八月建在酉。萬物將收。閶大。闔。閉。收閉之時。故曰閶闔門。幽都門者。幽。暗也。玄冥將始用事。陰聚故幽也。故曰幽都門。寒門者。積寒所在。故曰寒門。此八極之方。是八風之所起也。呂氏春秋云。東方滔風。東南動風。南方巨風。西南淒風。西方飄風。西北厲風。北方寒風。東北炎風。此意亦同於前。太公兵書云。坎名大剛風。乾名折風。兌名小剛風。艮名凶風。坤名謀風。巽名小弱風。震名嬰兒風。離名大弱風。大剛風者。大陰之氣好殺。故剛。折風者。金強。能摧折物也。小剛風者。亦金殺故也。凶風者。艮在鬼門。凶害之所也。謀風者。坤為地。大陰之本。多陰謀也。小弱風者。巽為長女。故稱弱也。嬰兒風者。震為長男。愛之。故曰兒。大弱風者。離為中女。又弱於長女也。大剛。小剛。客勝。大弱。小弱。主人勝。凶。有凶害之事。謀。有謀逆之人。折。為將死。嬰兒風。主人強。此竝兵家觀客主盛衰。候風所從來也。楊泉云。春氣臑。其風溫以和。喜風也。夏氣盛。其風陽以貞。樂風也。秋氣勁。

其風熛以清。怒風也。冬氣冷。其風凝以厲。哀風也。又四維之風。隨生成之氣。方土異宜。各隨所感。而風者。天之號令。治政之象。若君有德令。則風不搖條。清和調暢。若政令失。則氣怒兇暴。飛沙折木。此天地報應之理也。此皆五行之氣。故竝釋焉。

註：

象：𧰼。

清陳昌治刻本《說文解字・卷九・象部》：「長鼻牙，南越大獸，三季一乳，象耳牙四足之形。似兩切，竝詳上聲。」

《爾雅・釋地》：「南方之美者，有梁山之犀象焉。」《疏》：「犀、象二獸，皮角牙骨，材之美者也。」

《王安石・字說》：「象牙感雷而文生，天象感氣而文生，故天象亦用此字。」

《易・繫辭》：「在天成象。」《疏》：「謂懸象日月星辰也。」

《禮・樂記・注》：「象，光耀也。」

又法也。

《書・舜典》：「象以典刑。」《傳》：「法用常刑，用不越法。」

《儀禮・士冠禮》：「繼世以立諸侯，象賢也。」《注》：「象，法也。」

法：灋。瀍也。

《集韻》、《韻會》：「弗乏切，竝翻入聲。」

《爾雅・釋詁》：「法，常也。」
又制度也。
《禮・曲禮》：「謹修其法而審行之。」
又象也。
《文心雕龍・書記篇》：「申憲述兵，則有律令法制。法者，象也。兵謀無方，而奇正有象，故曰法。」
又效法也。
《易・繫辭》：「崇效天，卑法地。」
又執法，星名。
《史記・天官書注》：「端門次東第一星為左執法，廷尉之象。端門西第一星為右執法，御史大夫之象。」

易通卦驗：《易通卦驗卷下、漢鄭康成注》：
乾西北也，主立冬。人定，白氣出直乾，此正氣也。氣出右，萬物半死；氣出左，萬物傷。
（立冬之左，霜降之地。右，小雪之地。霜物遍收，故其災物半死。小雪則殺物矣，故其災為傷。）
坎北方也，主冬至，夜半黑氣出直坎，此正氣也。氣出右，天下旱；氣出左，湧水出。
（冬至右，小雪之地。大小雪二氣方凝，其下難，故旱。小雪，水方盛，水行而出，湧之象也。）
艮東北也，主立春，雞鳴，黃氣出直艮，此正氣也。氣出右，萬物霜；氣出左，山崩，湧水出。

（立春之右，大寒之地。左，驚蟄之地也。萬物之生，而艮氣見於大寒之地，故霜。艮氣見於驚蟄之地，山崩，湧水則出也。）

震氣見立夏之分，雷氣盛，萬物蒙而死，不實，龍蛇數見，不雲而雷，冬至乃止。

（立春之分，穀雨小滿之地，秀實當成之時，推而加焉，故令之不盈而死。陰陽之常審者，必待雲雷氣盈，故獨行又過其節。）

巽東南也，主立夏。食時青氣出直巽，此正氣也。氣出右，風檝木；氣出左，萬物傷，人民疾濕。

（立夏之右，穀雨之地。左，小滿之地。穀雨之地有震，趺躁之氣，而巽氣見焉；故風檝木。風者搖養萬物，今失其位，為之風。又乾物失位，則不能戾之，人則病。）

離南方也，主夏至。日中，赤氣出直離，此正氣也。氣出右，萬物半死；氣出左，赤地千里。

（夏至之右，芒種之地。左，小暑之地。芒種之時，可稼澤地。離者熯物，而見於芒種之地，則澤稼獨生，陵陸死矣。赤地千里，言旱甚，且廣千里。穿井井乃得泉。）

坤西南也，主立秋，晡食，黃氣出直坤，此正氣也。氣出右，萬物半死；氣出左，地動。

（立秋之右，大暑之地。左，處暑之地也。坤為地，地主養物，而氣見大暑之地，旱，故物半死。地氣失位，則地動也。）

兌西方也，主秋分，日白氣出直兌，此正氣也。氣出右，萬物不生；氣出左，則虎害人。

（秋分之右，白露之地。左，寒露之地。兌主八月，其所生唯薺與麥，白露始殺，故使萬物不生。寒露殺氣浸盛，兌失位虎則為害。）

蒙：𧃅。

清陳昌治刻本《說文解字・卷一・艸部》：「《爾雅・釋草》：『蒙，王女也。』《注》：『女蘿別名。』謨蓬切，竝音濛。」
《易疏》：「蒙者，微昧闇弱之名。」
《書・洪範傳》：「蒙，陰闇也。」
《左傳・昭元年》：「又使圍蒙其先君。」《注》：「欺也。」
《前漢・宣帝紀》：「雖有患禍，猶蒙死而存之。」《注》：「冒也。」

橛：。
《唐韻》、《集韻》、《正韻》：「竝居月切，音厥。」
《說文》：「杙（夷益切，竝音弋）也。一曰門梱。」
《爾雅・釋宮》：「樴謂之杙。」《注》：「橜也。蓋直一段之木也。」
《列子・黃帝篇》：「若橜株駒。」《注》：「斷木。」
《詩・小雅》：「既備乃事。」《疏》：「引漢農書云：『孟春，土長冒橛，陳根可拔，耕者急發。』」

熯：。
清陳昌治刻本《說文解字・卷十・火部》：「乾貌。從火，漢省聲。忍善切，竝音橪。」清段玉裁《注》：「乾讀如干。」
《玉篇》：「火盛貌。」

《廣韻》、《韻會》：「呼旰切。」《集韻》：「虛旰切。」《正韻》：「虛汗切，竝音漢。」

《廣韻》：「火乾。」

《易・說卦》：「燥萬物者，莫熯乎火。」

晡：𣅿。

《廣韻》、《集韻》、《韻會》、《正韻》：「竝奔模切，音逋。」

《玉篇》：「申時也。」

《前漢・五行志》：「日中時食從東北，過半，晡時復。」

《淮南子・天文訓》：「日至於悲谷，是謂晡時。」

和同：指春秋時代兩個互為對應的常用語。和謂可否相濟，相輔相成；同謂單一不二，無所差異。和能生物，同無所成。

《國語・鄭語》：「夫和實生物，同則不繼。以他平他謂之和，故能豐長而物歸之；若以同裨同，盡乃棄矣：故先王……務和同也。」韋昭注：「和謂可否相濟，同謂同欲。」

《國語・周語中》：「和同可觀。」韋昭注：「以可去否曰和，一心不二曰同。和同之道行，則德義可觀也。」

《論語・子路》：「君子和而不同，小人同而不和。」何晏集解：「君子心和，然其所見各異，故曰不同；小人所嗜好者同，然各爭利，故曰不和。」朱熹集注引尹穀曰：「君子尚義，故有不同；小人尚利，安得而和？」

和睦同心。

《管子・立政》：「大臣不和同，國之危也。」
《漢書・吾丘壽王傳》：「今漢自高祖繼周，亦昭德顯行，布恩施惠，六合和同。」

調和。

《禮記・月令》：「孟春之月天氣下降，地氣上騰，天地和同，草木萌動。」
《素問・生氣通天論》：「筋脈和同，骨髓堅固。」
《淮南子・俶真訓》：「含陰吐陽，而萬物和同者，德也。」

黃泉：地下的泉水，地面。

《左傳・隱西元年》：「不及黃泉，無相見也。」
《荀子・勸學》：「下飲黃泉。」

墓地，迷信者稱人死後居住的地方或指人死後埋葬的地方，陰間。

《管子・小匡》：「應公之賜，殺之黃泉，死且不朽。」
唐王建《寒食行》：「三日無火燒紙錢，紙錢那得到黃泉。」

旱：旱。

清陳昌治刻本《說文解字・卷七・日部》：「不雨也。侯旰切，竝音翰。」
《書・說命》：「若歲大旱，用汝作霖雨。」
《詩・大雅》：「旱既太甚。」
《詩・大雅・云旱》：「旱既大甚，蘊隆蟲蟲。」
《穀梁傳・僖公十一年》：「不得雨曰旱。」

《墨子・七患》：「二穀不收謂之旱。」

燠：。

清陳昌治刻本《說文解字・卷十・火部》：「熱在中也。乙六切，竝音郁。」

《爾雅・釋言》：「燠煖也。」《注》：「今江東通言燠。」

《書・洪範》：「曰燠曰寒。」

《前漢・王褒傳》：「不苦盛暑之鬱燠。」

《爾雅》：「燠，煖也。」

《書・洪範》：「曰燠。」傳：「火氣也。」

《詩・唐風・無衣》：「安且燠兮。」

淮南子：《淮南子・墬形訓》：

何謂八風？東北曰炎風，東方曰條風，東南曰景風，南方曰巨風，西南曰涼風，西方曰飂風，西北曰麗風，北方曰寒風。八紘之外，乃有八極，自東北方曰方土之山，曰蒼門；東方曰東極之山，曰開明之門；東南方曰波母之山，曰陽門；南方曰南極之山，曰暑門；西南方曰編駒之山，曰白門；西方曰西極之山，曰閶闔之門；西北方曰不周之山，曰幽都之門；北方曰北極之山，曰寒門。凡八極之雲，是雨天下；八門之風，是節寒暑。八紘、八殥、八澤之雲，以雨九州而和中土。

玄冥：神名。水神。

《左傳・昭公十八年》：「禳火於玄冥、回祿。」杜預注：「玄冥，水神。」

神名。冬神。
《禮記・月令》：「孟冬、仲冬、季冬之月，其帝顓頊，其神玄冥。」
《楚辭・劉向・九歎・遠遊》：「就顓頊而敶詞兮，考玄冥於空桑。」王逸注：「玄冥，太陰之神。」
神名。北方之神。
《漢書・揚雄傳上》：「帝將惟田於靈之囿，開北垠，受不周之制，以終始顓頊、玄冥之統。」顏師古注引應劭曰：「顓頊、玄冥，皆北方之神，主殺戮也。」
又深遠幽寂，道家用以形容道。亦以指道。
《莊子・大宗師》：「於謳聞之玄冥，玄冥聞之參寥。」郭象注：「玄冥，所以名無而非無也。」成玄英疏：「玄者，深遠之名也；冥者，幽寂之稱。」
《莊子・秋水》：「始於玄冥，反於大通。」成玄英疏：「玄冥，妙本也。」

臑：。

清陳昌治刻本《說文解字・卷四・肉部》：「臂羊矢也。《徐曰》：『按史記，龜前臑骨，帶之入山林不迷。蓋骨形象羊矢。』奴報切，竝音鬧。」
臂上也。羊豕曰臑，在人曰肱。
《儀禮・少牢饋食禮》：「肩臂臑。」《注》：「肱骨。」
《廣韻》：「臂節。」《韻會》：「肩腳也。」
《禮・少儀》：「大牢，則以牛左肩臂臑折九箇。」《疏》：「臂臑謂肩腳也。」

《史記・龜筴傳》：「取前足臑骨，穿佩之。」《注》：「臑臂。」
《枚乘・七發》：「熊蹯之臑。」《注》：「臑，音而，熟也。」
《宋玉・招魂》：「肥牛之腱，臑若芳些。」《注》：「臑若，熟爛也。」
《集韻》：「五管切，音輐。體燠也。」

熛：。

清陳昌治刻本《說文解字・卷・部》：「火飛也。卑遙切，竝音摽。」
《詩・小雅・燎之方揚箋》：「燎之方盛之時，炎熾熛怒。」
《史記・淮陰侯傳》：「熛至風起。」
《揚雄・甘泉賦》：「前熛闕而後應門。」《注》：「晉灼曰：『熛闕，赤色之闕。南方之帝曰赤熛怒。應門正在熛闕之內也。』」
通飆。暴風。
《史記・司馬相如列傳》：「雷動熛至，星流霆擊。」
《漢書・敘傳下》：「勝廣熛起，梁籍扇烈。」

第十八卷

論情性

論情性

左傳子產云。則天之明。天有三光。故曰明也。因地之性。性。生也。生萬物。故因其所生而用之。生其六氣。用其五行。五行者。為五性也。六氣者。通六情也。翼奉云。五行在人為性。六律在人為情。性者。仁。義。禮。智。信也。情者。喜。怒。哀。樂。好。惡也。五性處內御陽。喻收五藏。六情處外御陰。俞收六體。故情勝性則亂。性勝情則治。性自內出。情從外來。情性之交。間不容系。說文曰。情。人之陰氣。有欲嗜也。性。人之陽氣。善者也。孝經援神契云。性者。人之質。人所稟受產。情者。陰之數。內傳著流。通於五藏。故性為本。情為末。性主安靜。恬然守常。情則主動。觸境而變。動靜相交。故間微密也。河上公章句云。五性之鬼。曰魂。為雄。六情之鬼。曰魄。為雌。此明性陽情陰也。六情既通六氣。今先依服注。左傳云。六氣者。陰。陽。風。雨。晦。明也。陰作土。陽與風作木。雨作金。晦作水。明作火。唯天陽不變。陰為土者。土是陰義。故陰凝為地。風作木者。風。動也。木亦動。觸地而出。箕星。東方之宿。主風。又巽為木。為風也。雨作金者。雨。水也。水性銷釋。金性亦可銷釋。畢星。西方之宿也。主雨。故詩云。月離於畢。雨俾滂沲矣。故雨作金也。晦作水者。晦。闇也。晦闇則水生。闇。黑。為水之色也。明作火者。明照於物。故為火也。皆從其類以之。鄭元注禮記云。木為雨。金為陽。火為燠。土為風。水為寒。震主春分。春分穀雨。得天兌。則萬物畢生。兌。西方之卦。是時。日在昴。昴。西方之宿也。以日在西方。故謂天兌。貌順木得。則天兌為和。故木為雨。詩云。習習谷風。以陰以雨也。金為陽者。秋時日行東方。房星之宿。得天震之氣。言順金德。則天震為和。震為陽也。秋時物成。所以燥物。是其和也。逆金氣。則為旱罰。故金為陽也。土為風者。傳云。思心有失。厥罰常風。言風者。土之氣也。莊子曰。大塊噫氣。其名曰風。土者。為君。君立教令。故為風。土立四季。故令失則風為災也。鄭以木為雨。服以木為風。服以金為雨。鄭以金為陽。鄭以土為風。服以土為陰。雨說煩反。各有其意。今就五行而辨。服近之矣。所以然者。水生於金。金體非陽。木為少陽。不應為雨。土為地。地本是陰。風自是陰陽之氣。不獨生於土。服以木為風者。取巽木。故為當也。六氣通於六情者。好為陽。惡為陰。怒為風。喜為雨。哀為晦。樂為明。好為陽者。陽氣好生。是以為好。惡為陰者。陰氣好殺。是以為惡。怒為風者。楊泉云。風者。陰陽孔氣。激發而起。猶人之內氣。因喜怒哀樂。激發起也。曾子曰。陰陽怒而為風。喜而為雨者。曾子曰。陰陽和而為雨。和潤故為喜也。哀為晦者。晦。闇也。愁則閉塞。故暗。所以為晦。樂為明者。樂。則情舒散。故明也。漢書禮樂志云。人含天地陰陽之氣。有喜怒哀樂之情。論衡曰。人五藏。以心為主。心發智慧。而四藏從之。肝為之喜。肺為之怒。腎為之哀。脾為之樂。故聖人節之。恐傷性也。翼奉云。好則膀胱受之。水好前。故曰好。怒則膽受之。少陽始盛。萬物前萌也。惡則小腸受之。夏長養萬物。惡偽。故曰惡。喜則大腸受之。金為珍物。故皆喜。樂則胃受之。土生養萬物。上下皆樂。哀則三焦受之。陰陽之府。陽升陰終。其宮室竭。故曰三焦。故哀悽也。論衡以四時論藏。翼奉以風通六情論府。脾腎二種。藏府是同。肝肺二藏及府不同者。藏以肺有殺罰之性。故怒。府以合肺金珍之用。故喜。肝則以春氣生。故喜。膽則以合火能焚燎。故怒。二理竝通。又云。喜氣為暖。當春。怒氣為晴。當秋。樂氣為陽。當夏。哀氣為陰。當冬。此與論衡意合。翼奉云。東方性仁情怒。怒行陰賊主之。南方性禮情惡。惡行廉貞主之。下方性信情哀。哀行公正主之。西方性義情喜。喜行寬大主之。北方性智情好。好行貪狼主之。上方性惡情樂。樂行奸邪主之。貪狼主求索財物。既云貪狼。理然求須。陰賊主之劫盜。此亦不疑。廉貞主上客遷召。寅為陽始。午為陽盛。故稱上客。既有廉貞之性。理自召任高遷。寬大主酒食慶善。寬大多所容納。故有善慶。善慶必置酒食。奸邪主疾病淫欺。淫欺。故因邪惡而生。邪惡必生疾病。公正主執仇諍諫。正故能爭。公故能執仇讎也。情好者。水。生申盛子。水性觸地而行。觸物而潤。多所好。故為好。多所好。則貪無厭。故為貪狼。申子主之。情怒者。木。生亥盛卯。性受水氣而生。貫地而出。故為怒。卯木生於子水。與卯還自相刑。亥又自刑。是以陰氣相賊。故為陰賊。亥卯主之。貪狼必得陰賊而後動。陰賊必得貪狼而後用。二陰竝行。是以王者。忌於子卯。相刑之日也。情惡者。火。生寅盛午。火性炎猛。無所容受。故為惡。其氣清明精耀。以禮自整。故為廉貞。寅午主之。情喜者。金。生巳盛酉。金為寶物。見之者喜。又喜以利刃加於萬物。故喜。利刃所加。無不寬廣。為器。則多容受。故為寬大。巳酉主之。二陽竝行。是以王者吉於午酉之日。情樂者。謂北與東。陽氣所萌生。故為上。亦主中央。辰。為水窮也。木落歸本。水流歸末。故木刑在未。水刑在辰。盛衰各得其所。故樂。水窮則無隟不入。木上出。窮則旁行為斜。故為奸邪。辰未主之。情哀者。謂南與西。陰氣所萌生。故為下。戌。窮火也。丑。為金窮也。金剛。火強。各歸其鄉。故火刑在午。金刑在酉。金火之盛。而被自刑。至窮無所歸。故曰哀。火性無私。金性剛斷。故曰公正。戌丑主之。故曰。五性居本。六情在末。情因性有。性而由情。情性相因。故以備釋。

註：

翼奉：《漢書・眭兩夏侯京翼李傳》：「翼奉字少君，東海下邳人也。治齊詩，與蕭望之、匡衡同師。三人經術皆明，衡為後進，望之施之政事，而奉惇學不仕，好律曆陰陽之占。元帝初即位，諸儒薦之，徵待詔宦者署，數言事宴見，天子敬焉。」

喻：**同諭**：。本義：告知，把情況通知某人。

清陳昌治刻本《說文解字・卷三・言部》：「告也。俞戍切，竝音裕。」

《廣雅》：「喻，告也。」

《禮記・文王世子》：「教之以利，而喻諸德者也。」

又曉喻，開導，知曉，明白。

《論語・里仁》：「君子喻於義。」皇疏：「喻，曉也。」

《荀子・正名》：「單足以喻則單。」注：「喻，曉也。」

《禮・祭義》：「諭其志意。」《疏》：「使祝官啓告鬼神，曉諭鬼神以志意。」

《周禮・秋官》：「訝士掌四方之獄訟，諭罪刑於邦國。」《注》：「告曉以麗罪，及制刑之本意。」《疏》：「諭為曉，故曰告曉。」

俞：。

清陳昌治刻本《說文解字・卷八・舟部》：「空中木，為舟也。雲俱切，竝音臾。」

《爾雅・釋言》：「然也。」《疏》：「然應也。」

《前漢・郊祀歌》：「星留俞。」《注》：「師古曰：『答也。』」

六體：人的頭、身和四肢。

《漢書・翼奉傳》：「天變見於星氣日蝕，地變見於奇物震動。所以然者，陽用其精，陰用其形，猶人之有五臧六體，五臧象天，六體象地。故臧病則氣色發於面，體病則欠申動於貌。」

南朝宋鮑照《藥奩銘》：「二脂六體，振衰返華。」

系：。

清陳昌治刻本《說文解字・卷十二・糸部》：「繫也。竝胡計切，音繫。」

《博雅》：「相連繫也。」

《前漢・敘傳》：「系高頊之玄冑兮。」《注》：「應劭曰：『連也。』」

《後漢・張衡傳》：「系曰。」《注》：「系，繫也。」

《張衡・東京賦》：「雖系以隤牆填塹。」《注》：「系，繼也。」

《廣韻》：「緒也。」《增韻》：「聯屬也。」

銷釋：消解，消散。

《漢書・王尊傳》：「姦邪銷釋，吏民説服。」顏師古注：「釋，解也。」

俾：。

清陳昌治刻本《說文解字・卷八・人部》：「益也。補弭切，竝音必。」

《爾雅・釋詁》：「俾，使也。」

《廣韻》：「從也。」

滂：。

《書・武成》：「罔不率俾。」

《爾雅・釋言》：「俾，職也。」《注》：「使共職也。」

清陳昌治刻本《說文解字・卷十一・水部》：「沛也。鋪郎切，竝音乓。」

《詩・小雅》：「俾滂沱矣。」

又滂洋，饒廣也。

《前漢・郊祀歌》：「福滂洋。」

又淜滂，風擊物聲。

《宋玉・風賦》：「飄忽淜滂。」

沲：。同沱。

清陳昌治刻本《說文解字・卷十一・水部》：「江別流也。湯何切，竝音駝。」

《書・禹貢》：「岷山導江東別為沱。」《注》：「引爾雅釋水，水自江出為沱，漢為潛。」

又涕垂貌。

《易・離卦》：「出涕沱若。」

又大雨貌。

《詩・小雅》：「俾滂沱矣。」

潭沲，隨波貌。

《郭璞・江賦》：「隨風猗萎，與波潭淹。」

大塊：大自然，大地。

《莊子・齊物論》：「夫大塊噫氣，其名為風。」成玄英疏：「大塊者，造物之名，亦自然之稱也。」

《文選・張華・答何劭・詩之二》：「洪鈞陶萬類，大塊稟羣生。」李善注：「大塊，謂地也。」

噫：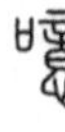。

清陳昌治刻本《說文解字・卷二・口部》：「飽出息也。竝於其切，音醫。」

《廣韻》：「噫氣。」

《禮・內則》：「不敢噦噫嚏咳。」《釋文》：「噫，於界反。」

《莊子・齊物論》：「大塊噫氣。」

《玉篇》：「痛傷之聲也。」

《詩・周頌》：「噫嘻成王。」《傳》：「噫，歎也。」

前：。

清陳昌治刻本《說文解字・卷二・止部》：「不行而進謂之前。才先切，竝音錢。」

《廣韻》：「先也。」

《禮・檀弓》：「我未之前聞也。」《注》：「猶故也。」

《儀禮・特牲》：「祝前主人降。」《注》：「前猶導也。」

《正韻》：「淺黑色。」

《周禮・春官・巾車》：「木路前樊，鵠纓。」《注》：「前，讀為緇翦之翦。淺黑也。」

三焦：中醫學名詞。上焦、中焦、下焦的合稱。

《史記・扁鵲倉公列傳》：「別下於三焦、膀胱。」張守節正義引《八十一難》：「三焦者，水穀之道路，氣之所終始也。上焦在心下下鬲，在胃上口也；中焦在胃中脘，不上不下也。下焦在臍下，當膀胱上口也。」

翼奉：《漢書・翼奉傳》：「知下之術，在於六情十二律而已。北方之情，好也；好行貪狼，申子主之。東方之情，怒也；怒行陰賊，亥卯主之。貪狼必待陰而後動，陰賊必待貪狼而後用，二陰並行，是以王者忌子卯也。禮經避之，春秋諱焉。南方之情，惡也；惡行廉貞，寅午主之。西方之情，喜也；喜行寬大，巳酉主之。二陽並行，是以王者吉午酉也。《詩》曰：『吉日庚午。』上方之情，樂也；樂行姦邪，辰未主之。下方之情，哀也；哀行公正，戌丑主之。九辰未屬陰，戌丑屬陽，萬物各以其類應。」

六情：人的六種感情：喜、怒、哀、樂、愛、惡。

漢班固《白虎通・情性》：「六情者何謂也？喜、怒、哀、樂、愛、惡謂六情。」

又指廉貞、寬大、公正、奸邪、陰賊、貪狼六種性情。古代數術家據陰陽五行，由喜、怒、哀、樂、好、惡推演而出。

《漢書・翼奉傳》：「謂惡行廉貞，寅午主之；喜行寬大，巳酉主之；哀行公正，戌丑主之；樂行奸邪，辰未主之；怒行陰賊，亥卯主之；好行狼貪，申子主之。」

明楊慎《藝林伐山・五情六情》：「六情者，地支也：申子為貪狼，寅午為廉貞，亥卯為陰賊，巳酉為寬大，戌丑為公正，辰未為奸邪。」

人的六種情欲。

《韓詩外傳・卷五》：「人有六情：目欲視好色，耳欲聽宮商，鼻欲嗅芬香，口欲嗜甘旨，其身體四肢欲安而不作，衣欲被文繡而輕暖。此六者，民之六情也。」

猶六義。

《初學記》卷二一引《春秋孔演圖》：「《詩》含五際六情。」宋均注：「六情即六義，曰風，曰賦，曰比，曰興，曰雅，曰頌。」

十二律：古樂的十二調。陽律六：黃鐘、太簇、姑洗、蕤賓、夷則、无射；陰律六：大呂、夾鐘、中呂、林鐘、南呂、應鐘。

《周禮・春官・典同》：「凡為樂器，以十有二律為之數度。」

《呂氏春秋・古樂》：「次制十二筒，以之阮隃之下，聽鳳皇之鳴，以別十二律。其雄鳴為六，雌鳴亦六，以比黃鐘之宮。」

《資治通鑑・後周世宗顯德六年》：「昔黃帝吹九寸之管，得黃鐘正聲，半之為清聲，倍之為緩聲，三分損益之以生十二律。」胡三省引《漢書・律曆志上》注：「三分其一而損益之，上生下生而十二律備矣。」

諍：。

清陳昌治刻本《說文解字・卷三・言部》：「止也。竝側迸切，爭去聲。」清段玉裁《注》：

「經傳通作爭。」

《韻會》：「謂止其失也。」《正韻》：「諫諍，救正也。」

《前漢・王褒傳》：「諫諍即見聽。」

《說苑・臣術篇》：「有能盡言於君，用則可生，不用則死，謂之諍。」

《集韻》、《韻會》：「甾莖切。」《正韻》：「甾耕切，竝音爭。訟也。」

《後漢・劉聖公傳》：「平理諍訟。」

清明：物之輕清者。亦謂清澈明朗。

《荀子・解蔽》：「故人心譬如槃水，正錯而勿動，則湛濁在下而清明在上，則足以見鬚眉而察理矣。」

又神志清晰，清察明審。

《禮記・玉藻》：「色容厲肅，視容清明。」鄭玄注：「察於事也。」

又東南風。

《國語・周語下》：「如是，而鑄之金，磨之石，繫之絲木，越之匏竹，節之鼓，而行之，以遂八風。」三國吳韋昭注：「東南曰巽，為木，為清明。」

又冷肅。

《素問・六元正紀大論》：「金髮而清明，火發而曛昧，何氣使然？」

《醫宗金鑑・運氣要訣・五運鬱極乃發歌》：「木發毀折金清明，火發曛昧有多少。」注：「金發之徵，微者為燥，甚為清明；清明，冷肅也。」

又金精，金神。

《意林》卷四引漢王逸《正部》：「山神曰螭，物精曰魅，土精曰羵羊，水精曰罔象，木精曰畢方，火精曰游光，金精曰清明。」

《廣雅・釋天》：「金神謂之清明。」

精耀：猶精氣。

漢班固《白虎通・崩薨》：「大夫曰卒，精耀終也，卒之為言，終於國也。」

精光輝耀。

漢王充《論衡・率性》：「隨侯 以藥作珠，精耀如真。」

隟：隙的俗字。

第十九卷

論治政

論治政

治政者。治者。治也。治立為名。政者。正也。不邪為稱。百姓不能自治。樹君以治之。萬民不能自正。立長以正之。正使不邪。治令不亂。不亂故安。不邪故善。善則盜賊不興。安則各保其業。所以能勝殘去殺。道路鴈行。蚖蛇可蹠。驎龍可駕。如此名政治也。孔子曰。為政以德。譬如北辰。居其所。而眾星共之。大戴禮云。君者。治之本。無君焉治。能法五行。謂之合道。所以寬猛喻之水火。仁義取於金木。順四序以教民。資五材而為用。任人任力。理歸一揆。春秋繁露治順五行篇云。木用事。其氣燥濁。而青七十二日。火用事。其氣燥陽。而赤七十二日。土用事。其氣溫濁。而黃七十二日。金用事。其氣堅凝。而白七十二日。水用事。其氣清寒。而黑七十二日。復木之用事。則行柔惠。進經術之士。至於立春。出輕繫。去稽留。除桎梏。開閉闔。通障塞。存幼孤。矜寡獨。此竝順春之施也。無伐木。恩及草木。則朱草。此詩人所歌。恩及行葦者也。不伐木者。不可違天陽生長之氣也。若夫人君馳騁無度。沉湎縱恣。重傜役。奪民時。厚稅斂。則民疾疢瘮。患足疾。傷春氣。故皆木病也。木傷敗。則龍深藏。木禽懼而不見也。鯨鯢出而為禍。鱗甲之蟲有金氣。所以傷木也。火用事。則正封疆。脩田疇。至於立夏。舉賢良。封有德。賞有功。出使四方。此順火之化。長養萬物也。無縱火。則火順人用。甘露降。鳳凰來。黃鵠見。鳳凰即朱雀之類。喜故出見。甘露。黃鵠。竝子慶其母也。若人君用讒佞。離骨肉。疎忠臣。棄法令。婦人為政。則民病血腫。國因不明。火為災。冬鴈不來。鳥為恠。火不善。故鳥有變恠。憂懼。故不來也。土用事。養長老。矜寡獨。賜孝悌。施恩澤。

順土寬和含養之德也。無興土功。宮室制度有差。親戚之恩有序。則五穀成。嘉禾出。賢聖來。土氣順。故嘉禾其和熟。德景大。故聖賢悅之而來。若人君淫樂無度。侮親老。困百姓。則民病。腹心之疾。心腹主土。氣不和。故病。賢人隱藏。百穀不登。裸蟲為災。土性傷。故稼穡不成。賢人惡之。所以不見。裸蟲。土氣也。傷。故為變。金用事。脩城郭。繕牆垣。審辟禁。飭甲兵。警百官。誅不法。此竝順金。以威嚴肅。殺之氣也。無焚金石。則白虎見。虎是金獸。喜故出也。若人君貪賂。好用兵。則民人病咳嗽。筋牽鼻塞。鼻主肺。肺病。故咳嗽而鼻塞。此并金為疾也。毛蟲金石為怪。金氣傷。故為變怪也。水用事。閉閭門。執當罪。飭關梁。此並順水。閉藏之義。無決池堰。恐水氣泄溢也。如此則醴泉出。恩及禽蟲。則靈龜見。書云。澤及昆蟲者也。甲蟲屬水。喜故見也。若人君廢祭祀。簡宗廟。執法不順。逆天氣。則民病流腫。水脹。痿痺。孔竅不通。此並水氣擁結之義。賢人以水居太陰之位。陰闇虛空。比之宗廟。人死精氣散越。立宗廟以收之。堂宇虛寂。陰暗無人。喻之水也。廢於祭祀。則失孝道。故太陰之氣。感而病人。為此疾也。水為災害。靈龜深藏。鬼哭。介蟲為怪。介蟲屬水。氣傷。故為覆藏而不見也。宗廟不祀。魂氣傷怨。故鬼哭也。孝經援神契云。木氣生風。火氣生蝗。土氣生蟲。金氣生霜。水氣生雹。失政於木。則風來應。失政於火。則蝗來應。失政於土。則蟲來應。失政於金。則霜來應。失政於水。則雹來應。作傷致風。侵至致蝗。貪殘致蟲。刻毒致霜。暴虐致雹。此皆并隨類而致也。桓子新論曰。人抱天地之體。懷純粹之精。有生之最靈者也。是以貌動於木。言信於金。視明於火。聽聰於水。思睿於土。五行之用。動靜還與神通。貌恭則肅。肅時雨若。言從則乂。乂時暘若。視明則哲。哲時燠若。聽聰則謀。謀時寒若。心嚴則聖。聖時風若。金木水火。皆載於土。雨暘燠寒。皆發於風。貌言視聽。皆生於心。尸子云。心者。身之君。天子以天下受令於心。

心不當。則天下禍。諸侯以國受令於心。心不當。則國亡。匹夫以身受令於心。心不當。則身戮。故人心者。乃天地之精。群生之本。故政之治亂。由於君之心也。是以聖人受命而王。莫不承天地。法五行。脩五事。而御宇宙。養蒼生者也。其制度法式。皆五行為本。車服威儀。朝廷俯仰。農桑播殖。施惠慶賜。木也。尊卑上下。制度禮式。封爵賞功。居高視遠。火也。宮室臺榭。夫婦親戚。布德含養。祿秩赦宥。土也。兵戎器械。獀狩武備。刑罰獄禁。金也。宗廟祭祀。儲積封藏。餞喪哀慕。卜筮決疑。水也。因五行而致百官。因百官而理萬事。萬事理而四海安。是政治之所由也。其居處。服御。器用所從。莫不本乎五行。乃通治道也。禮記云。春之月。天子居青陽左个。乘鸞輅。駕蒼龍。載青旂。衣青衣。服蒼玉。夏之月。居明堂左个。乘朱輅。駕赤騮。載赤旂。衣朱衣。服赤玉。中央土。居太廟太室。乘太輅。駕黃騮。載黃旂。衣黃衣。服黃玉。秋之月。居揔章左个。乘戎輅。駕白輅。載白旂。衣白衣。服白玉。冬之月。居玄堂左个。乘玄輅。駕鐵驪。載玄旂。衣玄衣。服玄玉。考靈曜云。春發令於外。行仁政。從天常。其時衣青。夏可以毀清銷銅。使備火。敬天之明。其時衣赤。中央土。舉有道之人。與之慮國。可以殺罪。不可起土功。犯地之常。其時衣黃。秋無毀金銅。犯陰之剛。用其時持兵。宜殺猛獸。其時衣白。冬無使物不藏。毋害水道。與氣相保。其時衣黑。家語云。孟春正月。東宮。衣青綵。鼓琴瑟。其兵矛。其樹柳。仲春二月。東宮。衣樂兵如前。其樹杏。季春三月。東宮。衣樂兵如前。其樹李。孟夏四月。南宮。衣赤綵。吹笙竽。其樹桃。其兵戟。仲夏五月。南宮。衣樂兵如前。其樹榆。季夏六月。中宮。衣黃綵。打大鼓。其樹梓。其兵弓。孟秋七月。西宮。衣白綵。撞洪鐘。其樹楝。其兵劍。仲秋八月。衣樂兵如前。其樹柘。季秋九月。衣樂兵如前。其樹槐。孟冬十月。北宮。衣黑綵。擊磬。其樹檀。其兵楯。仲冬十一月。北宮。衣樂兵如前。其樹棗。季冬十二月。

衣樂兵如前。其樹櫟。論時令。以待嗣藏之宜。周官云。春為杜。陳弓為前行。夏為方。陳戟為前行。六月為圓。陳矛為前行。秋為牝。陳劍為前行。冬為伏。陳楯為前行。此武備。亦依五氣也。錄圖云。君承木而王。為人青色。脩頸美髮。其民長身廣肩。尚仁。長。皆象木也。仁。木性也。善則時草豐茂。嘉穀竝生。鳥不胎傷。木氣盛也。失。則列星滅。色亂。禾稼不登。民多壓死。木生而上出。遇土傷則青而不得起。故壓死。承火而王。為人赤色。大目。離為目。故火。視明也。其人尖頭長腰。疾敏。尚孝。長腰。取兑。敏疾。火性。離為日。日有烏。烏者。孝也。善則賢人任用。政頌平。駮馬。文狐至。馬。火畜。善。故來。狐亦來。失則夏霜。日是火精。失故變蝕。雨土。猝蔽光明之象。承土而王。表其首。首大。表土也。其人廣肩大足。好大笑。戲儛。廣大象土。和故逸樂也。善則甘露降。醴泉竝應其善。失則蟲蝗生。天雨而常風。霧亂。皆土氣傷。故表異也。承金而王。為人白色。差肩耳。面方。毛也。其民白頸。長大。尚義。皆金氣也。善則大貝明珠出。外國遠貢珠貝。金之用。氣剛能制遠人。故來貢獻。失則火飛。天鳴。地坼。河溢。山崩。邪人進。蟲獸為災。火能剋金。金有失。故火伐之。乃飛。承水而王。為人黑色。大耳。坎為耳。主腎。水氣故大。其民聰耳。坎水。孔穴通。故聰。善則景雲至。龜龍被文。皆水氣為祥也。失則蟾蠩去月。民多溺死。常雨為害。皆水之憂也。此竝明治政之道。不越五行。故以備釋。

註：

樹：樹。

清陳昌治刻本《說文解字・卷六・木部》：「生植之總名。殊遇切，竝殊去聲。」清段玉裁

《注》：「植，立也。」
《禮・祭義》：「樹木以時伐焉。」
《淮南子・原道訓》：「萍樹根於水，木樹根於土。」
《唐韻》、《廣韻》、《集韻》、《韻會》、《正韻》：「竝臣庾切，音豎。扶樹也。」
《徐鍇曰》：「樹之言豎也。種樹曰樹。」
《易・繫辭》：「古之葬者，不封不樹。」
又立也。
《書・說命》：「樹後王君公，承以大夫師長。」
《泰誓》：「樹德務滋，除惡務本。」
《畢命》：「彰善癉惡，樹之風聲。」

鴈：。同雁。
清陳昌治刻本《說文解字・卷四・鳥部》：「鵝也。魚澗切，竝音贗。」清段玉裁《注》：「李巡云：『野曰鴈。家曰鵝。』」
《玉篇》：「大曰鴻，小曰鴈。」
《禽經》：「一名翁雞。一名鯊鶉。一名鷹。」
《揚子・方言》：「鴈，自關而東謂之鴚（居何切，竝音歌）鵝，南楚之外謂之鶬（千剛切，竝音倉）鴚。」
《法言》：「時來時往，朱鳥之謂歟。」《注》：「鴈也。」

又名陽鳥。

《書・禹貢》：「陽鳥攸居。」《傳》：「隨陽之鳥。鴈屬。」

《禮・月令》：「孟春之月，鴻鴈來。」

《正字通》：「鴈夜宿，鴻內鴈外，更相驚避，飛則銜蘆避矰繳，有遠害之道。」

《儀禮・士昏禮》：「下達納採用鴈。」《又》：「昏之夕，親迎奠鴈。」《疏》：「鴈，順陰陽往來，不再偶也。」

蚖：。

清陳昌治刻本《說文解字・卷十三・虫部》：「榮蚖，蛇醫，以注鳴者。竝愚袁切，音元。」

清段玉裁《注》：「釋魚曰：『蠑螈，蜥易也。』小雅節南山傳曰：『蜴，螈也。蜴當作易，螈當作蚖。』」

《韻會》：「吾官切，音刓。」《廣韻》：「毒蛇。」

《本草》：「蚖與蝮同類，即虺也。」

蹠：。

清陳昌治刻本《說文解字・卷二・足部》：「楚人謂跳躍。竝之石切，音隻。」

《揚子・方言》：「楚曰蹠。自關而西，秦晉之間曰跳。」

《廣韻》：「足履踐也。」

《前漢・揚雄傳》：「蹠彭咸之所遺。」《注》：「蹠，蹈也。」

《楚辭・九章》：「眇不知其所蹠。」《注》：「蹠，踐也。」
《淮南子・原道訓》：「自無蹠有。」《注》：「蹠，適也。」
《玉篇》：「同蹠。」
《戰國策》：「蹠穿膝暴。」《注》：「蹠，足下。」

驎：古同麒麟，傳說中的祥獸，形似鹿，獨角，全身有鱗甲。
又古代駿馬名。
《集韻》：「裡刃切，音吝。隱驎，馬色駮也。」
《玉篇》：「馬黑脣。」

共：。
清陳昌治刻本《說文解字・卷三・共部》：「同也。竝渠用切，蛩去聲。」
《玉篇》：「同也，眾也。」
《廣韻》：「皆也。」《增韻》：「合也，公也。」
《禮・王制》：「爵人於朝，與士共之。」
通供。
《周禮・羊人》：「共其羊牲。」
《國語・周語》：「事之共給。」
恭敬。通恭。
《詩・小雅・六月》：「共武之服。」

《說文》：「拱手，打共，同也。」徐灝曰：「共，古拱字。」
《論語・為政》：「居其所而眾星共之。」鄭注：「共，拱手也。」
《論語》：「環抱居其所而眾星共之。」

揆：。為大致估量現實狀況之意。

清陳昌治刻本《說文解字・卷十二・手部》：「葵也。巨癸切，竝葵上聲。」
《爾雅・釋言》：「度也。」
《易・繫辭》：「初率其辭而揆其方。」《注》：「循其辭，以度其義。」
《史記・律書》：「癸之為言揆也，言萬物可揆度，故曰癸。」
又準則，原則。
《孟子・離婁下》：「先聖後聖，其揆一也。」

春秋繁露治順五行篇：應為《春秋繁露・治水五行》：「日冬至，七十二日木用事，其氣燥濁而青。七十二日火用事，其氣慘陽而赤。七十二日土用事，其氣濕濁而黃。七十二日金用事，其氣慘淡而白。七十二日水用事，其氣清寒而黑。七十二日復得木。木用事，則行柔惠，挺群禁。至於立春，出輕擊，去稽留，除桎梏，開門闔，存幼孤，矜寡獨，無伐木。火用事，則正封疆，循田疇。至於立夏，舉賢良，封有德，賞有功，出使四方，無縱火。土用事，則養長老，存幼孤，矜寡獨，賜孝弟，施恩澤，無同土功。金用事，則修城郭，繕牆垣，審群禁，飭甲兵，警百官，誅不法，存長老，無焚金石。水用事，則閉門閭，大搜索，斷刑罰，執當罪，飭關梁，禁外徙，無決堤。」

《春秋繁露・五行逆順》：「木者春，生之性，農之本也。勸農事，無奪民時，使民歲不過三日，行什一之稅，進經術之士，挺群禁，出輕系，去稽留，除桎梏，開門闔，通障塞，恩及草木，則樹木華美，而朱草生，恩及鱗蟲，則魚大為，鱣鯨不見，群龍下。如人君出入不時，走狗試馬，馳騁不反宮室，好淫樂，飲酒沉琨，縱恣不顧政治，事多發役，以奪民時，作謀增稅，以奪民財，民病疥搔溫體，足胻痛，咎及於木，則茂木枯槁，工匠之輪多傷敗，毒水渰群，漉陂如漁，咎及鱗蟲，則魚不為，群龍深藏，鯨出現。疥搔：疥瘡。

漢焦贛《易林・渙之震》：「瘡瘍疥搔，孝婦不省。」

胻：。

清陳昌治刻本《說文解字・卷四・肉部》：「脛耑也。何庚切，竝音行。」清段玉裁《注》：「脛近膝者曰胻。如股之外曰髀也。言脛則統胻。言胻不統脛。」

《廣韻》：「牛勢胻也。」《五音集韻》：「肚也。」

《廣韻》：「呼郎切。」《集韻》：「寒剛切，竝音炕。」

《博雅》：「胻，脛也。」

《史記・龜筴傳》：「壯士斬其胻。」《注》：「腳脛也。」

渰：。

清陳昌治刻本《說文解字・卷十一・水部》：「雲雨貌。於檢切，竝音演。」

《詩・小雅》：「有渰淒淒。」《疏》：「天將降雨，則地氣上騰，薰蒸為濕潤，渰浸萬物。」

通渰。淹沒也。

《梁書・曹景宗傳》：「頗有渰溺，復還守先頓。」

漉：。

清陳昌治刻本《說文解字・卷十一・水部》：「浚也。一曰滲也。竝盧穀切，音祿。」

《戰國策・楚策》：「漉汁灑地，白汗交流。」

《釋文》：「竭也。」

《禮・月令》：「仲春毋漉陂池。」

火者夏，成長，本朝也。舉賢良，進茂才，官得其能，任得其力，賞有功，封有德，出貨財，振困乏，正封疆，使四方。恩及於火，則火順人，而甘露降；恩及羽蟲，則飛鳥大為，黃鵠出見，鳳凰翔。如人君惑於讒邪，內離骨肉，外疏忠臣，至殺世子，誅殺不辜，逐忠臣，以妾為妻，棄法令，婦妾為政，賜予不當，則民病血，壅腫，目不明。咎及於火，則大旱，必有火災，摘巢探鷇，咎及羽蟲，則飛鳥不為，冬應不來，梟鴟群鳴，鳳凰高翔。

甘露：甘美的露水。

《老子》：「天地相合，以降甘露。」

宋梅堯臣《和永叔桐花》：「曉枝滴甘露，味落寒泉中。」

明李時珍《本草綱目・水一・甘露》釋名引《瑞應圖》：「甘露，美露也。神靈之精，仁瑞之澤，其凝如脂，其甘如飴，故有甘、膏、酒、漿之名。」

又指甘蕉花苞中的甜味汁液。

清吳其濬《植物名實圖考・甘蕉》：「甘蕉，生嶺北者開花，花苞有露，極甘，通呼甘露。」

黃鵠：鳥名。

《商君書・畫策》：「黃鵠之飛，一舉千里。」

唐杜甫《秋興》詩之六：「珠簾繡柱圍黃鵠，錦纜牙檣起白鷗。」

又比喻高才賢士。

《文選・屈原・卜居》：「寧與黃鵠比翼乎？將與雞鶩爭食乎？」劉良注：「黃鵠，喻逸士也。」

鳳凰：亦作鳳皇。古代傳說中的百鳥之王。雄的叫鳳，雌的叫凰。通稱為鳳或鳳凰。羽毛五色，聲如簫樂。常用來象徵瑞應。

《詩・大雅・卷阿》：「鳳皇鳴矣，於彼高岡。」

唐韓愈《與崔群書》：「鳳皇、芝草，賢愚皆以為美瑞；青天、白日，奴隸亦知其清明。」

又比喻地位高貴或德才高尚的人。

漢劉楨《贈從弟》詩之三：「鳳凰集南嶽，徘徊孤竹根。」

《南史・范雲傳》：「昔與將軍俱為黃鵠，今將軍化為鳳皇。」

土者夏中，成熟百種，君之官，循宮室之制，謹夫婦之別，加親戚之恩，恩及於土，則五穀成而嘉禾興，恩及倮蟲，則百姓親附，城郭充實，賢聖皆頡，仙人降。如人君好淫佚，妻妾過度，犯親戚，侮父兄，欺罔百姓，大為臺榭，五色成光，雕文刻鏤，則民病心腹宛黃，舌爛痛，咎及於土，則五穀不成，暴虐妄誅，咎及倮蟲，倮蟲不為，百姓叛去，賢聖放亡。

宛黃：黃黑色。

清孫詒讓《箚迻・春秋繁露五行逆順注》：「此宛黃即《淮南》書之苑黃，宛、苑並驋之借字。」

金者秋，殺氣之始也。建立旗鼓、杖把旄鉞，以誅賊殘，禁暴虐，安集，故動眾興師，必應義理，出則祠兵，入則振旅，以閑習之，因於搜狩，存不忘亡，安不忘危，修城郭，繕牆垣，審群禁，飭兵甲，警百官，誅不法，恩及於金石，則涼風出，恩及於毛蟲，則走獸大為，麒麟至。如人君好戰，侵陵諸侯，貪城邑之賂，輕百姓之命，則民病喉咳嗽，筋攣，鼻鼽塞，咎及於金，則鑄化凝滯，凍堅不成，四面張罔，焚林而獵，咎及毛蟲，則走獸不為，白虎妄搏，麒麟遠去。

鼽：。

清陳昌治刻本《說文解字・卷四・鼻部》：「病寒鼻窒也。渠尤切，竝音裘。」

《釋名》：「鼻塞曰鼽。鼽，久也。涕久不通，遂至窒塞也。」

《廣雅》：「鼽，病也。」

《禮・月令》：「季秋行夏令，民多鼽嚏。」

水者冬，藏至陰也，宗廟祭祀之始，敬四時之祭，禘祫昭穆之序，天子祭天，諸侯祭土，閉門閭，大搜索，斷刑罰，執當罪，飭關梁，禁外徙，恩及於水，則醴泉出，恩及介蟲，則黿鼉大為，靈龜出。如人君簡宗廟，不禱祀，廢祭祀，執法不順，逆天時，則民病流腫、水張、痿痹、孔竅不通，咎及於水，霧氣冥冥，必有大水，水為民害，咎及介蟲，則龜深藏，黿鼉呴。

禘祫：古代帝王祭祀始祖的一種隆重儀禮。

《後漢書・章帝紀》：「其四時禘祫於光武之堂。」李賢注引《續漢書》：「五年再殷祭，三年一祫，五年一禘。」

禘：。

清陳昌治刻本《說文解字・卷一・示部》：「諦祭也。王者大祭名。大計切，竝音第。」清段玉裁《注》：「言部曰：『諦者，審也。』諦祭者，祭之審諦者也。」

《禮・大傳》：「禮，不王不禘，王者禘其祖之所自出，以其祖配之。」

《爾雅・釋天》：「禘，大祭也。漢儒說，禘有三。」

《論語・八佾》：「禘自既灌而往者，吾不欲觀之矣。」

祫：。

清陳昌治刻本《說文解字・卷一・示部》：「大合祭先祖親疏遠近也。胡夾切，竝音洽。」

《公羊傳・文二年》：「大事者何，大祫也。大祫者何，合祭也。毀廟之主，陳於太祖，未毀廟之主，皆升合食於太祖。」

《禮・王制》：「天子犆（竝敵德切，音特。犢牛也）礿（弋約切，竝音藥。亦作禴。祭名），祫禘，祫嘗，祫烝。」

黿：。

清陳昌治刻本《說文解字・卷十三・黽部》：「大鼈也。竝愚袁切，音元。」

《三蒼解詁》：「似鱉而大。」

《爾雅翼》：「黿，鱉之大者，闊或至一二丈，天地之初，介潭生先龍，先龍生元黿，元黿生靈龜，靈龜生庶龜。凡介者生於庶龜，然則黿介蟲之元也，以鼇為雌，黿鳴則鱉應。」

《埤雅》：「黿亦思生，其脂得火，可燃鐵。」

鼉：。

清陳昌治刻本《說文解字・卷十三・黽部》：「水蟲。《陸璣云》：『鼉似蜥蜴，長丈餘，其甲如鎧，皮堅厚，可冒鼓。』唐何切，竝音駝。」

《續博物志》：「鼉長一丈，其聲似鼓。」

《埤雅》：「鼉鳴應更，吳越謂之鼉更。又鼉欲雨則鳴，里俗以鼉識雨。」

《禮・月令》：「季夏，天子命漁師，伐蛟取鼉，登龜取黿。」

痿：。

清陳昌治刻本《說文解字・卷七・疒部》：「痹也。竝儒隹切，音偉。」

《正韻》：「濕病。一曰兩足不能相及。」

《內經》：「陽明虛則宗筋縱，帶脈不引故足痿。當各補其營，通其俞，調其虛實，和其逆順，筋脈骨肉，各以其時，受月則病已。」

《史記・韓王信傳》：「僕之思歸，如痿人不忘起。」《注》：「不能行。」

《前漢・哀帝紀痿痺註》：「如淳曰：『兩足不能過曰痿。』師古曰：『痿亦痺病也。』」

痹：。

清陳昌治刻本《說文解字・卷七・疒部》：「濕病也。竝必至切，音畀。」

《正字通》：「內經曰：『風寒濕三氣雜至，合而為痹。風氣勝者為行痹，寒氣勝者為痛痹，濕氣勝者為著痹。』」
《淮南子．俶眞訓》：「穀氣多痹。」
《抱樸子至理卷》：「菖蒲乾薑之止痹濕。」
《嵇康與山巨源絕交書》：「危坐一時，痹不得搖。」《注》：「痹，濕病也。」

朱草：一種紅色的草。古人以為祥端之物。
《鶡冠子．度萬》：「膏露降，白丹發，醴泉出，朱草生，眾祥具。」
晉葛洪《抱朴子．金丹》：「又和以朱草，一服之能乘虛而行雲。朱草狀似小棗，栽長三四尺，枝葉皆赤，莖如珊瑚。」
唐獨孤及《賀櫟陽縣醴泉表》：「彼丹井、朱草、白麟、赤雁，徒稱太平之瑞，未聞功施於人。」

行葦：路旁的蘆葦。
《詩．大雅．行葦》：「敦彼行葦，牛羊勿踐履。」
漢班彪《北征賦》：「慕公劉之遺德，及行葦之不傷。」
晉慧遠《答何鎮南》：「上極行葦之仁，內匹釋迦之慈。」
唐司空圖《華帥許國公德政碑》：「況我國家仁敷行葦，澤霈漏泉。」

疢：。
清陳昌治刻本《說文解字．卷七．疒部》：「熱病也。竝丑刃切，音趁。」
《詩．小雅》：「疢如疾首。」《箋》：「疢，猶病也。」

《禮・樂記》：「疾疢不作，而無妖祥。」

又美嗜為病。

《左傳・襄二十三年》：「臧孫曰：美疢不如惡石。石猶生我，疢之美，其毒滋多。」

瘮：《集韻》：「楚錦切，音墋。駭恐貌。」

《玉篇》：「寒病也。」

鯨：。

清陳昌治刻本《說文解字・卷十一・魚部》：「本作䲔，海大魚也。竝渠京切，音擎。」

《玉篇》：「魚之王。」

《古今注》：「鯨魚者，海魚也。大者長千里，小者數十丈。其雌曰鯢，大者亦長千里，眼如明月珠。」

《後漢・班固傳》：「於是發鯨魚，鏗華鐘。」《注》：「海岸中有大魚名鯨。」

又有獸名蒲牢。蒲牢素畏鯨魚，鯨魚擊蒲牢，蒲牢輒大鳴。凡鐘欲令其聲大者，故作蒲牢於其上，撞鐘者名為鯨魚。

鯢：。

清陳昌治刻本《說文解字・卷十一・魚部》：「刺魚也。研奚切，竝音倪。」

《爾雅・釋魚》：「鯢大者謂之鰕（何加切，竝音蝦）。」《注》：「今鯢魚似鮎（竝奴兼切，音拈），四腳，前似獮猴後似狗，聲如小兒啼，大者長八九尺，別名鰕。」《疏》：「鯢，雌鯨也。」

《本草》：「鯢魚，一名王鮪，在山溪中，似鮎，有四腳長尾，能上樹，天旱則含水上葉覆身，鳥來飲水，因而取之。伊洛間亦有，聲如小兒啼，故曰鯢魚。一名鱯（竝胡故切，音護）魚，一名人魚，膏燃燭不滅。」

《左傳・宣十二年》：「取其鯨鯢而封之。」《注》：「鯨鯢，大魚名。以喻不義之人吞食小國。」

《疏》：「雄曰鯨，雌曰鯢。」

《外物篇》：「灌瀆守鯢鮒。」《注》：「鯢、鮒（竝符遇切，音附），皆小魚也。」

鱗：。

清陳昌治刻本《說文解字・卷十一・魚部》：「魚甲也。離珍切，竝音鄰。」清段玉裁《注》：「甲者，鎧也。魚鱗似鎧。」

《玉篇》：「魚龍之鱗也。」

《周禮・地官・大司徒》：「其動物宜鱗物。」《注》：「鱗，龍之屬。」

《淮南子・地形訓》：「凡鱗者，生於庶魚。」

《易・主命》：「介鱗夏食冬蟄。」

甲：。

清陳昌治刻本《說文解字・卷十四・甲部》：「東方之孟，陽氣萌動，從木戴孚甲之象。一曰人頭宜為甲，甲象人頭。亦草木初生之莩子也。古洽切，竝音夾。」

《易・解卦》：「雷雨作而百果草木皆甲坼。」《疏》：「百果草木皆莩甲開坼，莫不解散也。」

《後漢・章帝紀》：「方春生養，萬物孚甲。」《注》：「葉裡白皮也。」
又爪甲。
《管子・四時篇》：「陰生金與甲。」《注》：「陰氣凝結堅實，故生金為爪甲也。」
又蟲介曰甲。即動物的堅硬的外殼。如：龜甲，鱗甲。

恠：俗怪：字。顏眞卿學王羲之東方朔贊，怪作恠，以就楷法。俗因誤從在。
清陳昌治刻本《說文解字・卷十・心部》：「異也。竝古壞切，乖去聲。」
《增韻》：「奇也。」
《風俗通》：「怪者，疑也。」
《白虎通》：「異之言怪也。凡行之詭異曰怪。」
又狀貌之瑰異亦曰怪。
《書・禹貢》：「鉛松怪石。」
《論衡・自紀》：「詭於眾而突出曰怪。」
《莊子・逍遙遊》：「齊諧者，志怪者也。」
又氣變常，人妖物孽曰怪。
《揚子・太玄經》：「怪分青赤白黑黃，皆物怪也。」

裸蟲：指蹄角裸現或無毛羽鱗甲蔽體的動物。
《漢書・五行志下之上》：「溫而風則生螟螣，有裸蟲之孽。」顏師古注：「裸亦羸字也，從衣果聲。」

又古代亦用以指人。

《晉書・五行志中》：「夫裸蟲人類，而人為之主。」

繕：。

清陳昌治刻本《說文解字・卷十三・糸部》：「補也。竝時戰切，音膳。」

《禮・月令》：「繕囹圄。」

《詩・鄭風・叔于田序》：「繕甲治兵。」《箋》：「繕之言善也。」

《周禮・夏官・繕人注》：「繕之言勁也，善也。」《疏》：「以其所掌弓弩，有堅勁而善，堪為王用者。」

《左傳・僖十五年》：「征繕以輔孺子。」《注》：「繕，治也。」

《前漢・息夫躬傳》：「繕修干戈。」《注》：「師古曰：『繕，備也。』」

又與勁同。

《禮・曲禮》：「招搖在上，急繕其怒。」《注》：「繕，讀曰勁。」

審：。

《唐韻》、《集韻》、《韻會》、《正韻》：「竝式荏切，音嬸。」

《說文》：「悉也。本作宷。」《徐鉉曰》：「『宀，覆也。釆，別也。能包覆而深別之也。今從篆作審。』」

《增韻》：「詳也，熟究也。」

《書・說命》：「乃審厥象，俾以形旁，求於天下。」
《中庸》：「審問之。」
《禮・樂記》：「審聲以知音，審音以知樂，審樂以知政，而治道備矣。」
《禮・月令》：「審卦吉凶。」《注》：「謂省錄也。」
《莊子・徐無鬼》：「水之守土也審，影之守人也審，物之守物也審。」《注》：「郭象曰：『無意，則止於分，所以為審。』循本曰：『言此理相守，未嘗相離，如水之守土，影之守人，物之守物，審定而不移也。』」

餝：。古同飾。

清陳昌治刻本《說文解字・卷七・巾部》：「㕞也。設職切，竝音識。」
《玉篇》：「修飾也。」
《逸雅》：「飾，拭也，物穢者拭其上使明，由他物而後明，猶加文於質上也。」
《禮・樂記》：「聲者，樂之象也。文采節奏，聲之飾也，故君子動其本，樂其象，然後治其飾。」《注》：「以聲而被之器也。」
《禮・曲禮》：「飾羔鴈者以繢。」《疏》：「飾，覆也。畫布為雲氣，覆之以相見也。」
《禮・月令》：「天子乃厲飾。」《注》：「厲飾謂戎服，尚威武也。」

警：。

清陳昌治刻本《說文解字・卷三・言部》：「戒也。舉影切，竝音景。」

《玉篇》：「敇也。」

《左傳・宣十二年》：「且雖諸侯相見，軍衞不徹警也。」《疏》：「戒之至也。」

《周禮・天官・小宰》：「正歲則以灋警戒羣吏，令修宮中之職事。」《注》：「勑戒之言。」

又猶起也。

《禮・文王世子》：「天子視學，大昕鼓徵，所以警眾也。」《疏》：「警動眾人，令早起也。」

《廣韻》：「寤也。」

《廣雅》：「警警，不安也。」

又通作儆。

《古今注》：「警蹕，所以戒行徒也。」

《前漢・梁孝王傳》：「出稱警，入言蹕。」《師古注》：「警者，戒肅也；蹕，止行人也。」

《周禮・夏官・鄭注》：「作儆蹕。」

誅：。

清陳昌治刻本《說文解字・卷三・言部》：「討也。追輸切，竝音株。」清段玉裁《注》：「凡殺戮，糾責皆是。」

《廣雅》：「殺也。」

《書・胤征》：「以干先王之誅。」

《禮・月令》：「詰誅暴慢。」《注》：「誅者，戮其人。」

《前漢・刑法志》：「征暴誅悖，治之威也。」

《莊子・庚桑楚》：「為不善乎顯明之中者，人得而誅之，為不善乎幽暗之中者，鬼得而誅之。」

《釋名》：「罪及餘人曰誅。誅，株也。如株木根，枝葉盡落也。」

《易・雜卦》：「明夷誅也。」《注》：「誅，傷也。」

《類篇》：「責也。」

《左傳・襄三十一年》：「誅求無時。」《注》：「誅，責也。」

《周禮・天官・大宰》：「誅以馭其過。」《疏》：「人有過失，非故為之者，則以言語責讓之。」

又翦除也。

《晉語》：「故以惠誅怨。」《注》：「誅，除也。」

《楚辭・卜居》：「寧誅鋤草茅，以力耕乎。」

牽：。

清陳昌治刻本《說文解字・卷二・牛部》：「引前也。從牛，象引牛之縻也。輕煙切，竝音千。」

清段玉裁《注》：「輓牛之具曰牽。牛人牽徬是也。」

《易・夬卦》：「牽羊悔亡。」

《書・酒誥》：「肇牽車牛。」

《禮・曲禮》：「效馬效羊者，右牽之。效犬者，左牽之。」

《玉篇》：「挽也。」

《左傳・襄十年》：「牽帥老夫，以至於此。」

《玉篇》：「連也。」

《易・小畜》：「九二牽復吉。」《疏》：「牽謂牽連。」

《玉篇》：「速也。」

《禮・學記》：「君子之教喻也，道而勿牽。」《疏》：「牽謂牽逼人。苟不曉知，亦不偪急，牽令速曉也。」

《廣韻》：「苦甸切。」《集韻》：「輕甸切，竝音欠。」《廣韻》：「牽挽也。」

閭：。

清陳昌治刻本《說文解字・卷十二・門部》：「里門也。淩如切，竝音驢。」清段玉裁《注》：「周制，二十五家為里。其後則人所聚居為里。不限二十五家也。里部曰：『里，尻也。里門曰閭。』」

《戰國策》：「齊桓公，宮中女市女閭七百。」

《注》：「閭里，中門也。」

《後漢・班固傳》：「閭閻且千。」《注》：「字林曰：『閭里，門也。』」

《墨子・貴義》：「商人之四方，市賈信徙，雖有關梁之難，盜賊之危，必為之。」

關梁：關口和橋樑。泛指水陸交通必經之處。這些地方往往設防戍守或設卡徵稅。比喻關鍵。

《鶡冠子・道端》：「此君臣之變、治亂之分、興壞之關梁、國家之閱也。」

《文選・宋玉・九辯》：「猛犬狺狺而迎吠兮，關梁閉而不通。」呂向注：「閉關，喻塞賢路也。」後指對官吏的保舉。

醴：。

清陳昌治刻本《說文解字・卷十四・酉部》：「酒一宿孰也。良以切，竝音禮。」

《玉篇》：「甜酒也。」

《釋名》：「醴，禮也。釀之一宿而成，醴有酒味而已也。」

《周禮・天官・酒正》：「辨五齊之名，二曰醴齊。」《注》：「醴，猶體也。成而滓汁相將，如今恬酒。」

《前漢・楚元王傳》：「元王每置酒，常為穆生設醴。」《注》：「師古曰：『醴，甘酒也。少麴多米，一宿而熟。』」

《廣韻》：「醴泉，美泉也。狀如醴酒，可養老。」

《爾雅・釋天》：「甘雨時降，萬物以嘉，謂之醴泉。」

《禮・禮運》：「故天降膏露，地出醴泉。」

《正字通》：「木醴。」

《建康實錄》：「陳末，覆舟山、蔣山松栢林冬日常出木醴，後主以為甘露。」

擁：。

《集韻》、《韻會》：「委勇切，竝雍上聲。」

《說文》：「抱也。」

持也。

《前漢・高帝紀》：「太公擁篲。」《注》：「如今卒持帚也。」

又衞也，羣從也。

《爾雅・釋言邕支載也疏》：「邕，又作擁。擁護支持，皆載任之義。」

《集韻》：「於容切，音雍。遮也。」

《禮・內則》：「女子出門，必擁蔽其面。」《注》：「擁，猶障也。」

通壅。阻塞也。

《史記・朝鮮列傳》：「又擁閼不通。」

《三國志・夏侯尚傳》：「事不擁隔。」

介蟲：有甲殼的蟲類。

《禮記・月令》：「孟秋行冬令，則陰氣大勝，介蟲敗穀。」鄭玄注：「介，甲也。甲蟲屬冬。」

《後漢書・五行志一》：「時則有介蟲之孽。」

有甲殼的水族。

《淮南子・說山訓》：「介蟲之動以固。」高誘注：「介蟲，魚鱉屬。」

純粹：純正不雜，精純完美。

《易・乾》：「大哉乾乎，剛健中正，純粹精也。」孔穎達疏：「純粹不雜。」

又樸實。

《韓非子・六反》：「嘉厚純粹，整穀之民也，而世少之曰愚戇之民。」

乂：。

清陳昌治刻本《說文解字・卷十二・丿部》：「芟艸也。魚刈切，竝音刈。」

《爾雅・釋詁》：「治也。」

又賢才之稱。

《書・皐陶謨》：「俊乂在官。」

暘：。

清陳昌治刻本《說文解字・卷七・日部》：「日出也。移章切，竝音陽。」

《玉篇》：「明也，日乾物也。」

《書・堯典》：「宅嵎夷曰暘穀。」《傳》：「暘，明也。日出於穀而天下明，故曰暘穀。」

《洪範》：「曰雨曰暘。」《傳》：「暘以乾物也。」

哲：。

清陳昌治刻本《說文解字・卷二・口部》：「知也。陟列切，竝音蜇。」清段玉裁《注》：「釋言曰：『哲，智也。』方言曰：『哲，知也。』古智知通用。」

《爾雅・釋言》：「哲，智也。」

《書・舜典》：「濬哲文明。」

《說命》：「知之曰明哲。」

《洪範》：「明作哲。」

《揚子・方言》：「哲，知也。齊宋之間謂之哲。」

聽：。

清陳昌治刻本《說文解字・卷十二・耳部》：「察也。麤叢切，竝音驄。」清段玉裁《注》：「察者，覈也。」

《廣韻》：「聞也，明也，通也，聽也。」

《書・洪範》：「聽作謀。」

《史記・商君傳》：「反聽之謂聽，內視之謂明。」

《管子・宙合篇》：「耳司聽，聽必順聞，聞審謂之聽。」《注》：「耳之所聞，既順且審，故謂之聽。」

謀：。

清陳昌治刻本《說文解字・卷三・言部》：「慮難曰謀。迷浮切，竝音牟。」

《爾雅・釋言》：「心也。」《注》：「謀慮以心。」

《廣雅》：「議也。」

《玉篇》：「計也。」

《字彙》：「諮難慮患曰謀。」

《易・訟卦》：「君子以作事謀始。」《疏》：「凡欲興作其事，必先謀慮其始。」

《書・洪範》：「聽作謀。」《傳》：「度也。」

《詩・小雅》：「周爰諮謀。」《傳》：「諮事之難易為謀。」
《左傳・宣十四年》：「貪必謀人。」《疏》：「計謀也。」

寒：。

清陳昌治刻本《說文解字・卷七・宀部》：「凍也。河干切，竝音韓。」
《釋名》：「寒，捍也。捍，格也。」
《玉篇》：「冬時也。」
《易・繫辭》：「日月運行，一寒一暑。」
《列子・湯問》：「注涼是冷之始，寒是冷之極。」
又恐懼，戰慄。
《高唐賦》：「寒心酸鼻。」《注》：「寒心。謂戰慄也。」

若：。

清陳昌治刻本《說文解字・卷一・艸部》：「擇菜也。日灼切，竝音弱。」
順也。
《書・堯典》：「欽若昊天。」《傳》：「敬順也。」
《詩・小雅》：「曾孫是若。」
又若若，垂貌。
《前漢・石顯傳》：「印何纍纍綬若若耶。」

又語辭。
《儀禮・士相見禮》：「君若降送之，則不敢顧。」《疏》：「若者，不定之辭也。」

嚴：。

清陳昌治刻本《說文解字・卷二・口部》：「教命急也。疑杴切，竝音言。」
《爾雅・釋詁》：「嚴，敬也。」
《玉篇》：「威也。」
《禮・祭義》：「嚴威儼恪。」《疏》：「嚴謂嚴肅。」
《禮・大傳》：「收族故宗廟嚴。」《注》：「嚴猶尊也。」
《廣韻》：「嚴，毅也。」
《韻會》：「戒也。」
又畏懼。
《孟子》：「無嚴諸侯，惡聲至，必反之。」

聖：。

清陳昌治刻本《說文解字・卷十二・耳部》：「通也。竝式正切，聲去聲。」
《易・乾卦》：「聖人作而萬物覩。」
《書・洪範》：「睿作聖。」《傳》：「於事無不通之謂聖。」
《禮・禮運・三代之英疏》：「萬人曰傑，倍傑曰聖。」

《孟子》：「大而化之之謂聖。」
《風俗通》：「聖者，聲也。聞聲知情，故曰聖也。」
《謚法》：「稱善賦　曰聖，敬賓厚禮曰聖。」

風：。

清陳昌治刻本《說文解字・卷十三・風部》：「八風也。風以動萬物也。方中切，竝音楓。」
《莊子・齊物論》：「大塊噫氣，其名為風。」
《河圖》：「風者，天地之使。」
《元命苞》：「陰陽怒而為風。」
《爾雅・釋天》：「南風謂之凱風，東風謂之穀風，北風謂之涼風，西風謂之泰風。」
《禮・樂記》：「八風從律而不姦。」《疏》：「八方之風也。」
《玉篇》：「散也。」
《易・繫辭》：「風以散之。」
《說命》：「四海之內，咸仰朕德，時乃風。」《注》：「言天下仰我德，是汝之教也。」
《詩・關雎序》：「風之始也。」《箋》：「風是諸侯政教也。」
又風俗。
《禮・樂記》：「移風易俗，天下皆寧。」
《廣韻》：「方鳳切，音諷。」
《詩・關雎序》：「詩有六義焉。一曰風，上以風化下，下以風刺上，主文而譎諫，言之者無罪，聞之者足戒，故曰風。」《箋》：「風化。風刺，皆謂譬諭，不直言也。」《釋文》：「下以風之。風，福鳳反。」《注》：「風刺同。」

秩：。

清陳昌治刻本《說文解字．卷七．禾部》：「積也。直質切，竝音姪。」

《廣韻》：「次也，常也，序也。」

《書．堯典》：「平秩東作。」《傳》：「次序東作之事以務農。」

《舜典》：「望秩於山川。」《傳》：「如其秩次望祭之。」

《增韻》：「職也，官也，整也。」

《周禮．天官．官伯》：「行其秩敘。」《注》：「秩，祿稟也。」《疏》：「謂依班秩受祿。」

《左傳．文六年》：「委之常秩。」《注》：「常秩，官司之常職。」

宥：。

清陳昌治刻本《說文解字．卷七．宀部》：「寬也。《徐鉉曰》：『寬之而已，未全放也。』爰救切，竝音又。」

《易．解卦》：「君子以赦過宥罪。」

《周禮．秋官》：「司刺掌三刺三宥之法，一宥曰不識，再宥曰過失，三宥曰遺忘。」

《書．大禹謨》：「宥過無大。」《注》：「謂不識而誤犯，雖大必赦宥也。」

獀狩：泛指狩獵。

《禮記・祭義》：「孝弟發諸朝廷，行乎道路，至乎州巷，放乎獀狩，脩乎軍旅，眾以義死之，而弗敢犯也。」

獀：。

清陳昌治刻本《說文解字・卷十・犬部》：「南趙名犬獿（尼交切，竝音鐃）獀。疎鳩切，竝音蒐。」

《玉篇》：「秋獵也。」

《集韻》：「所九切，音溲。春獵名。」

狩：。

清陳昌治刻本《說文解字・卷十・犬部》：「犬田也。舒救切，竝音獸。」

《爾雅・釋天》：「冬獵為狩。」

《左傳・隱九年》：「冬狩。」《注》：「狩，圍守也。冬物畢成，獲則取之，無所擇也。」

《白虎通義》：「冬謂之狩何，守地而取之也。」

《爾雅・釋天》：「火田為狩。」《注》：「放火燒草獵亦為狩。」

哀慕：謂因父母、君上之死而哀傷思慕。

《梁書・處士傳・范元琰》：「父靈瑜，居父憂，以毀卒。元琰時童孺，哀慕盡禮。」

服御：亦作服馭。指服飾車馬器用之類。

《史記・孝文本紀》：「帝加惠，令諸侯毋入貢，弛山澤，減諸服御狗馬，損郎吏員，發倉庾以振貧民。」

又使用，役使。

《戰國策・趙策四》：「葉陽君、涇陽君之車馬衣服，無非大王之服御者。」

青陽：指春天。

《尸子・仁意》：「春為青陽，夏為朱明。」

《漢書・禮樂志》：「青陽開動，根荄以遂。」

明堂名。明堂有五室，位於左面東方的叫青陽，為帝王祭祀、布政之所。

《資治通鑑・齊武帝永明十年》：「己未，魏主宗祀顯祖於明堂以配上帝，遂登靈臺以觀雲物，降居青陽左个，布政事。」胡三省注引鄭氏曰：「青陽左个，大寢東堂北偏。」

左个：左邊的偏室。

《儀禮・鄉射禮》：「左个之西北三步東面設薦俎。」

《禮記・月令》：「孟春之月天子居青陽左个。」鄭玄注：「青陽左个，大寢東堂北偏。」

王引之《經義述聞・通說上》：「案鄭訓个為偏，則其字當與介同。」

《呂氏春秋・孟夏紀》：「天子居明堂左个。」高誘注：「明堂，南鄉堂；左个，東頭室。」

《新唐書・陳子昂傳》：「朝三公、九卿、大夫於青陽左个。」

个：。

《廣韻》《正韻》：「古賀切。」《集韻》：「居賀切，竝歌去聲。枚也。」

《儀禮・大射儀》：「司射入於次搢三挾一个。」

又四面偏室。

《禮・月令》：「孟春，天子居青陽左个。季春居右个。」《注》：「明堂旁舍也。」

鸞：。

清陳昌治刻本《說文解字・卷四・鳥部》：「亦神靈之精也。赤色，五采，雞形。盧官切，竝音鑾。」

《正韻》：「神鳥也，赤神之精，鳳凰之佐，雞身赤毛，色備五采，鳴中五音，出女牀山。」

《山海經》：「女牀山有鳥，狀如翟而五采文，名曰鸞。見則天下安寧。」

《洽聞記》：「蔡衡曰：『多赤色者鳳，多青色者鸞。』」

《左傳・桓二年》：「錫鸞和鈴，昭其聲也。」《杜注》：「錫在馬額，鸞在鑣，和在衡，鈴在旂，動皆有聲。」

《埤雅》：「鸞鳥，雌曰和，雄曰鸞。」禮云：「在輿則聞鸞和之聲，蓋取諸此。古時鸞輿順動，此鳥飛集車上，雄鳴於前，雌應於後。」

《左傳・桓二年》：「錫鸞和鈴，昭其聲也。」《杜注》：「錫在馬額，鸞在鑣，和在衡，鈴在旂，動皆有聲。」

《埤雅》：「鸞鳥，雌曰和，雄曰鸞。」禮云：「在輿則聞鸞和之聲，蓋取諸此。古時鸞輿順動，此鳥飛集車上，雄鳴於前，雌應於後。」

又作鑾。

《古今注》：「玉輅衡上金雀，若朱鳥也。口銜鈴，鈴謂之鑾。或謂朱鳥鑾也。鸞口銜鈴，故謂之鑾。」

輅：。

清陳昌治刻本《說文解字・卷十四・車部》：「車軨（竝郎丁切，音靈）前橫木也。魯故切，竝音路。」

《玉篇》：「大車也。」

《釋名》：「天子所乘曰玉輅。謂之輅者，言行於道路也。」

又大也。

《後漢・張湛傳》：「禮下公門軾輅馬。」《注》：「輅，大也。君所居曰輅，寢車曰輅車。」

蒼龍：傳說中的青龍。古傳青龍為祥瑞之物。

《楚辭・九辯》：「左朱雀之茇茇兮，右蒼龍之躍躍。」

又青色駿馬。

《呂氏春秋・孟春》：「天子居青陽左个，乘鸞輅，駕蒼龍，載青旂，衣青衣，服青玉。」

高誘注：「《周禮》，馬八尺以上為龍，七尺以上為騋（郎才切，竝音來），六尺以上為馬也。」

青衣：古代帝王、后妃的春服。

《禮記・月令》：「孟春之月天子居青陽……駕倉龍，載青旂，衣青衣，服倉王。」鄭玄注：「皆所以順時氣也。」

《梁書・侯景傳》：「後景果乘白馬，兵皆青衣。」

蒼玉：青玉。倉，通蒼。

《禮記・月令》：「衣青衣，服倉玉。」孔穎達疏：「龍與玉言倉者，倉亦青也。」

北魏酈道元《水經注・清水》：「山西有倉谷，穀有倉玉、瑨石，故名焉。」

玉：王。

清陳昌治刻本《說文解字・卷一・玉部》：「石之美。有五德：潤澤以溫，仁之方也；䚡（桑才切，竝音鰓。角中骨也）理自外，可以知中，義之方也；其聲舒揚，尃（芳無切。竝與敷同。或作溥。本作佈，佈散也）以遠聞，智之方也；不橈而折，勇之方也；銳廉而不技，絜之方。《注》徐曰：『王中畫近上，王三畫均。』李陽冰曰：『三畫正均，如貫王也。』《類篇》：『隸始加點，以別帝王字。』《六書精蘊》：『帝王之王，一貫三為義。三者，天，地，人也。中畫近上，王者法天也。珠王之王，三畫相均，象連貫形。』俗書不知帝王字中畫近上之義，加點於旁以別之。虞欲切，竝音獄。」

《五音集韻》：「烈火燒之不熱者，眞玉也。」

《易・鼎卦》：「鼎玉鉉。」《疏》：「正義曰：『玉者，堅剛而有潤者也。』」

《說卦》：「乾為玉為金。」《疏》：「為玉為金，取其剛之清明也。」

《禮・聘義》：「君子比德於玉焉。溫潤而澤，仁也。縝密以栗，知也。廉而不劌，義也。垂之如隊，禮也。叩之其聲清越以長，其終詘然，樂也。瑕不掩瑜，瑜不掩瑕，忠也。孚尹旁達，信也。氣如白虹，天也。精神見於山川，地也。圭璋特達，德也。天下莫不貴者，道也。」

《管子・侈靡篇》：「玉者，陰之陰也。」

《白虎通》：「玉者，象君子之德，燥不輕，溫不重，是以君子寶之。」

又水玉，水精也。
《史記・司馬相如傳》：「水玉磊砢。」《注》：「水玉，水精也。」
又珍食曰玉食。
《書・洪範》：「惟辟玉食。」《釋文》：「漢書云：『玉食，珍食也。』」

明堂：古代帝王宣明政教的地方。凡朝會、祭祀、慶賞、選士、養老、教學等大典，都在此舉行。
《孟子・梁惠王下》：「夫明堂者，王者之堂也。」
唐杜甫《石鼓歌》：「大開明堂受朝賀，諸侯佩劍鳴相磨。」

朱：。
清陳昌治刻本《說文解字・卷六・木部》：「赤心木，松柏屬。專於切，竝音珠。」
《山海・西荒經》：「蓋山之國有樹，赤皮，名朱木。」
又朱赤，深纁也。
《詩・豳風》：「我朱孔陽。」《注》：「謂朱色光明也，寄位於南方。」

駵：古同騮：。
《廣韻》、《集韻》、《韻會》、《正韻》：「竝力求切，音留。」
《說文》：「赤馬黑毛尾也。」
《玉篇》：「赤馬黑鬣，紫騮馬。」

朱衣：大紅色的公服。

《資治通鑑・宋文帝元嘉三十年》：「甲子，宮門未開，劭以朱衣加戎服上，乘畫輪車，與蕭斌共載，衛從如常入朝之儀。」胡三省注：「朱衣，太子入朝之服。」

太廟：帝王的祖廟。

《論語・八佾》：「子入太廟，每事問。」

唐韓愈《請遷玄宗廟議》：「新主入廟，禮合祧藏太廟中第一夾室。」

太室：亦作大室。太廟中央之室，亦指太廟。

《書・洛誥》：「王入太室祼。」孔傳：「太室，清廟。」孔穎達疏：「太室，室之大者，故為清廟。廟有五室，中央曰太室。」

《春秋・文公十三年》：「大室屋壞。」杜預注：「大廟之室。」

太：。

《集韻》：「他蓋切，音汰。與大泰竝同。」

《說文》：「滑也。一曰大也，通也。」

極大。古作大，也作泰。凡言大而以為形容未盡，則作太。

《白虎通・五行》：「太亦大也。」

《易・繫辭》：「易有太極。」《注》：「大極者。」

黃衣：黃色的衣服。古代帝王、道士均穿黃色衣服。唐朝宦官也穿黃服。

《禮記・郊特牲》：「黃衣黃冠而祭。」

《論語・鄉黨》：「緇衣，羔裘；素衣，麑裘；黃衣，狐裘。」楊伯峻注：「表示衣服裡外的顏色應該相稱。古代穿皮衣，毛向外，因之外面一定要用罩衣，這罩衣就叫裼（先的切，竝音錫）衣。這裡的衣指的正是裼衣。」

揔：揔的訛字。持，攬也。

《集韻》：「作弄切，音總。倥偬也。」

戎：。

清段玉裁《注》：「兵者，械也。」

《唐韻》：「如融切。」《集韻》、《韻會》：「而融切。」《正韻》：「而中切，竝音絨。」

《禮・月令》：「以習五戎。」《注》：「五戎，弓殳矛戈戟也。」

又兵車。

《詩・小雅・六月》：「元戎十乘。傳：夏曰鉤車，殷曰寅車，周曰元戎。」

白：。

清陳昌治刻本《說文解字・卷七・白部》：「西方色也。陰用事，物色白。薄陌切，竝音帛。」

《增韻》：「素也。潔也。」

《易・賁卦》：「白賁無咎。」《注》：「其質素，不勞文飾也。」

白衣：白色衣服。

《呂氏春秋・孟秋》：「天子居總章左个，乘戎路，駕白駱，載白旂，衣白衣，服白玉。」

白玉：白色的玉。亦指白璧。

《禮記・月令》：「孟秋之月衣白衣，服白玉。」
《楚辭・九歌・湘夫人》：「白玉兮為鎮，疏石蘭兮為芳。」
《晉書・慕容德載記》：「障水得白玉，狀若璽。」

玄堂：北向的堂。古天子冬月所居。
《呂氏春秋・季冬》：「天子居玄堂右个。」高誘注：「玄堂，北向堂也。」
隋杜臺卿《玉燭寶典・十月孟冬》：「蔡雍孟冬章句曰……天子居玄堂左个，北曰玄堂，玄者黑也，其堂嚮玄，故曰玄堂。」
夏朝天子宣明政教的明堂。
宋羅泌《路史・後紀十二・夏后氏》：「玄堂世室，九階三階，厥用亡文。」羅蘋注：「玄堂，夏之明堂，夏尚黑也。」
又指墳墓。
《魏晉南北朝墓誌集釋・晉張朗碑》：「刊石玄堂，銘我家風。」
《文選・謝朓・齊敬皇后哀策文》：「翠帟舒皇，玄堂啟扉。」呂延濟注：「玄堂，謂墓中也。」

玄：。
清陳昌治刻本《說文解字・卷四・玄部》：「幽遠也。黑而有赤色者為玄。象幽而入覆之也。胡涓切。」
《考工記・鍾氏》：「五入為緅，七入為緇。」《注》：「凡玄色者，在緅緇之間，其六入者與。」
《周禮・染人》：「夏纁玄。」《注》：「玄纁者，天地之色。」

又泛指黑色。

《小爾雅》：「玄，黑也。」

驪：。

清陳昌治刻本《說文解字・卷十・馬部》：「馬深黑色。鄰知切，竝音離。」清段玉裁《注》：「魯頌傳曰：『純黑曰驪。』按引伸為凡黑之稱。」

《爾雅・釋畜》：「小領盜驪。」《郭注》：「《穆天子傳》曰天子之駿盜驪，綠耳，又曰右服盜驪。」

《禮・檀弓》：「夏后氏尚黑，戎事乘驪。」

《月令》：「冬駕鐵驪。」

又駕兩馬曰驪。

《後漢・寇恂傳》：「光武北征時，軍食急乏，寇恂以輦車驪駕轉輸，前後不絕。」《注》：「驪駕，併駕也。」

玄衣：古代祭祀穿的一種赤黑色禮服，天子祭群小祀時服之。

《周禮・春官・司服》：「祭羣小祀則玄冕。」漢鄭玄注：「玄者，衣無文、裳刺黻（分物切，竝音弗。黑與青相次文）而已…凡冕服皆玄衣纁裳。」

玄玉：黑色的玉。

《楚辭・招魂》：「紅壁沙版，玄玉梁些。」

《東觀漢記・安帝紀》：「新野君薨，贈以玄玉赤紱。」

天常：天的常道。常指封建的綱常倫理。

《左傳・文公十八年》：「顓頊氏有不才子，不可教訓，不知話言，告之則頑，舍之則嚚，傲很明德，以亂天常。」

漢蔡琰《悲憤詩》之一：「漢季失權柄，董卓亂天常。」

清：。

清陳昌治刻本《說文解字・卷十一・水部》：「朖（裡黨切，竝郎上聲。明也。古同朗）也。澂水之貌。七情切。」

清潔，潔淨，純潔。

張衡《東京賦》：「京室密清。」

《淮南子・原道》：「聖人守清道而抱雌節。」

清靜，恬靜。

《淮南子》：「太清之始也，和順以寂漠。」

通精。純粹也。

《管子・輕重己》：「清神生心，心生規，規生矩。」

《靈樞・大惑論》：「其氣不清則欲瞑。」

銷：。

清陳昌治刻本《說文解字・卷十四・金部》：「鑠金也。思邀切，竝音宵。」

《史記・秦始皇紀》：「收天下兵，聚之咸陽，銷以為鐘鐻（臼許切，竝音巨。樂器。形似夾鐘，削木為之）。」

又釋也，盡也。

《前漢・鄒陽傳》：「積毀銷骨。」

《禮・樂記》：「禮減而不進則銷。」《注》：「銷，音消。言不自進，則禮道銷衰也。」

《張協・七命》：「銷踰羊頭。」《注》：「銷，生鐵也。」

《淮南子・修務訓》：「羊頭之銷。」《注》：「羊頭之銷，白羊子刀。」

《釋名》：「鍤或曰銷。銷，削也。能有所穿削也。」

《淮南子・齊俗訓》：「剞劂銷鋸。」《注》：「銷，音削。」

又通作消。

《周禮・冬官考工記・栗氏為量改煎金錫則不耗注》：「消湅之精，不復減也。」

銅：銅。

清陳昌治刻本《說文解字・卷十四・金部》：「赤金也。徒東切，竝音同。」

《本草集解》：「銅有赤白青三種。赤銅出川廣雲貴等處，山中土人穴山採礦，鍊取之。白銅出雲南，青銅出南番。」

《前漢・律曆志》：「凡律度量用銅者，取為物至精，不為燥濕寒暑變節，不為霜露風雨改形也。」

《廣韻》：「金之一品。」

又銅青。

《本草集解》：「銅之精華，即空綠，以次空青也。」

《抱朴子．金丹卷》：「銅青塗腳，入水不腐。」

備火：猶言紮營。

唐劉知幾《史通．雜說上》：「《左氏》之敘事也，述行師則簿領盈視，哤聒沸騰，論備火則區分在目，修飾峻整。」

土功：指治水、築城、建造宮殿等工程。

《書．益稷》：「啟呱呱而泣，予弗子，惟荒度土功。」孔傳：「聞啟泣聲，不暇子名之，以大治度水土之功故。」

《呂氏春秋．季夏》：「不可以興土功，不可以合諸侯，不可以起兵動眾，無舉大事。」高誘注：「土功，築臺穿池。」

《資治通鑑．魏明帝青龍三年》：「帝好土功，既作許昌宮，又治洛陽宮，起昭陽太極殿，築總章觀，高十餘丈，力役不已，農桑失業。」

家語：查《淮南子．時則訓》：「孟春之月，招搖指寅，昏參中，旦尾中。其位東方，其日甲乙，盛德在木，其蟲鱗，其音角，律中太蔟，其數八，其味酸，其臭膻，其祀戶，祭先脾。東風解凍，蟄蟲始振蘇，魚上負冰，獺祭魚，候雁北。天子衣青衣，乘蒼龍，服蒼玉，建青旗，食麥與羊，服八風水，爨萁燧火。東宮御女青色，衣青采，鼓琴瑟，其兵矛，其畜羊，朝於青陽左个，以出春令。

招搖：星名。即北斗第七星搖光。亦借指北斗。

《禮記・曲禮上》：「行，前朱雀而後玄武，左青龍而右白虎，招搖在上，急繕其怒。」鄭玄注：「招搖星在北斗杓端主指者。」孔穎達疏：「招搖，北斗七星也。」

漢劉向《九歎・離世》：「指日月使延照兮，撫招搖以質正。」

獺：。

清陳昌治刻本《說文解字・卷十・犬部》：「如小狗也。水居食魚。竝他達切，音塔。」

《玉篇》：「獺如貓。」

《禮・王制》：「獺祭魚，然後虞人入澤梁。」

《孟子》：「為淵毆魚者，獺也。」

《埤雅》：「獺獸，西方白虎之屬，似狐而小，青黑色，膚如伏翼，取鯉於水裔，四方陳之，進而弗食，世謂之祭魚。舊說，蟾肪合玉，獺膽分巵。」又曰：「熊食鹽而死，獺飲酒而斃。」

淮南子曰：「獺穴知水之高下，猨鳴而獺候之，故束晳發蒙記曰：『猨以獺為婦。』」

《正字通》：「山獺出廣之宜州嵠峒，性淫。山中有此，牝獸皆去。」

《范成大虞衡志》：「山獺，土人呼為插翹，聞山中婦人氣，必躍來相抱。無偶，則抱木枯死。」

又海獺，生海中，似獺而大毛，著水不濡。

《李時珍》：「今人取其皮為風領，亞於貂。」

爨：。

清陳昌治刻本《說文解字・卷三・爨部》：「齊謂之炊爨。𦥑象持甑，冂為竈口，廾推林內火。」

取亂切，竝音竄。」

《玉篇》：「竈也。」

《詩・小雅》：「執爨踖踖。」《傳》：「爨，饔爨，廩爨也。」《疏》：「饔爨以煑肉，廩爨以炊米。」

《周禮・天官・亨人》：「職外內饔之爨亨煑。」《注》：「爨，今之竈。主於其竈煑物。」

《儀禮・士昏禮》：「大羹湆在爨。」《注》：「爨，火上。」

《周禮・夏官・挈壺氏》：「及冬，則以火爨鼎水，而沸之而沃之。」《注》：「以火炊水。」

燧：。

《廣韻》、《集韻》、《韻會》、《正韻》：「竝徐醉切，音遂。」

《玉篇》：「以取火於日。」

《禮・內則》：「左佩金燧，右佩木燧。」《注》：「金燧取火於日。木燧鑽火也。」

《左傳・文十年》：「命夙駕載燧。」

《周禮・冬官考工記》：「金有六齊，金錫半，謂之鑒燧之齊。」《注》：「鑒燧取水火於日月之器也。」

又作遂。

《周禮・秋官・司烜氏》：「掌以夫遂，取明火於日。」《注》：「夫遂，陽遂也。」《疏》：「取火於日，故名陽遂。猶取火於木，為木遂也。」

仲春之月，招搖指卯，昏弧中，旦建星中。其位東方，其日甲乙，其蟲鱗，其音角，律中夾鍾，其數八，其味酸，其臭膻，其祀戶，祭先脾。始雨水，桃李始華，蒼庚鳴，鷹化為鳩。天子衣青衣，乘蒼龍，服蒼玉，建青旗，食麥與羊，服八風水，爨萁燧火，東宮御女青色，衣青采，鼓琴瑟，其兵矛，其畜羊，朝於青陽太廟。

蒼庚：鳥名。即黃鶯。

《呂氏春秋・仲春》：「蒼庚鳴。」高誘注：「蒼庚，《爾雅》：商庚，黎黃。楚雀也。齊人謂之摶黍，秦人謂之黃離，幽冀謂之黃鳥。」

鳩：。鳩鴿科的鳥的泛稱。

清陳昌治刻本《說文解字・卷四・鳥部》：「鶻（竝古忽切，音骨。班鳩也）鵃（竝張流切，音輈。似山鵲而小）也。似山雀而小，短尾，青黑色。居尤切，竝九平聲。」

《禽經》：「拙者莫如鳩，不能為巢。」

《詩・召南》：「維鵲有巢，維鳩居之。」

《禮・月令》：「仲春，鷹化為鳩。」

《王制》：「鳩化為鷹，然後設罻羅。」《注》：「仲秋也。」

又蒙鳩，鷦鷯也。

《荀子・勸學篇》：「南方有鳥，名曰蒙鳩。」

孟夏之月，招搖指巳，昏翼中，旦婺女中，其位南方，其日丙丁，盛德在火，其蟲羽，其音徵，律中仲呂，其數七，其味苦，其臭焦，其祀灶，祭先肺。螻蟈鳴，丘蚓出，王瓜生，苦菜秀。天子衣赤衣，乘赤騮，服赤玉，建赤旗，食菽與雞，服八風水，爨柘燧火。南宮御女赤色，衣赤采，吹竽笙。其兵戟，其畜雞，朝於明堂左个，以出夏令。立夏之日，天子親率三公、九卿、大夫以迎歲於南郊。

螻：。

清陳昌治刻本《說文解字・卷十三・虫部》：「螻蛄也。盧侯切，竝音樓。」

又土螻，獸名。

《山海經》：「崑崙之丘有獸焉，其狀如羊而四角，名曰土螻，是食人。」

《竹書紀年注》：「有大螻如羊。」

蟈：。

《唐韻》、《韻會》：「竝古獲切，音國。」

《玉篇》：「蛙別名。」

《禮・月令》：「螻蟈鳴。」《注》：「螻蟈，蛙也。」

《急就篇注》：「蛙，一名螻蟈，色青，小形而長股。」

《周禮・秋官・蟈氏注》：「蟈，今御所食蛙也。」

丘蚓：即蚯蚓。

《呂氏春秋・孟夏》：「螻蟈鳴，丘蚓出。」

王瓜：植物名。一名土瓜。葫蘆科多年生攀援草本。葉互生，多毛茸。夏季開花，瓣緣細裂成絲狀。果橢圓，熟時呈紅色。

《禮記・月令》：「孟夏之月王瓜生，苦菜秀。」鄭玄注：「王瓜，萆挈也。」

《逸周書・時訓》：「王瓜不生，困於百姓。」朱右曾校釋：「王瓜，一名土瓜，四月生苗，延蔓，五月開黃花，子如彈丸，生青熟赤。」

明李時珍《本草綱目・草七・王瓜》：「土瓜，其根作土氣，其實似瓜也。或云根味如瓜，故名土瓜。王字不知何義。瓜似雹子，熟則色赤，鴉喜食之，故俗名赤雹、老鴉瓜。一葉之下一鬚，故俚人呼為公公鬚。」一說即栝樓。

《淮南子・時則訓》：「孟夏之月……王瓜生。」高誘注：「王瓜，栝樓也。」

五代邱光庭《兼明書・禮記・王瓜》：「《月令》：立夏之後十日王瓜生……王瓜即栝樓也。栝樓與王瓜形狀藤葉正相類，但栝樓大而土瓜小耳。以其大於土瓜，故以王字別之，《爾雅》諸言王者，皆此類也。」

苦菜：亦稱苦蕒。越年生菊科植物。春夏間開花。莖空，葉呈鋸形，有白汁。莖葉嫩時均可食，略帶苦味，故名。

《禮記・月令》：「孟夏之月王瓜生，苦菜秀。」

明李時珍《本草綱目・菜二・苦菜》：「苦菜，即苦蕒也。家栽者呼為苦苣，實一物也。」

仲夏之月，招搖指午，昏亢中，旦危中，其位南方，其日丙丁，其蟲羽，其音徵，律中蕤賓，其數七，其味苦，其臭焦，其祀灶，祭先肺。小暑至，螳螂生，貝鵙始鳴，反舌無聲。天子衣赤衣，乘赤騮，服赤玉，載赤旗，食菽與雞，服八風水，爨柘燧火。南宮御女赤色，衣赤采，吹竽笙。其兵戟，其畜雞，朝於明堂太廟。

螳螂：亦作螗螂。即螳蜋。

明徐渭《代雲南策問》之一：「此猶可委曰蹠犬不忘吠堯，螗螂盲蟲不知有車轍耳。」

鶪：《韻會》：「扃闃切，音局。即伯勞鳥。一名伯鷯，一名伯趙，一名姑惡，一名苦吻鳥。」

《爾雅・釋鳥》：「鶪，伯勞也。」《郭注》：「似鶷鶡而大。」

《禽經》：「伯勞似鴝鵒喙黑。」

《埤雅》：「鶪能制蛇，鶪鳴在上，蛇盤不動。」

《詩・豳風》：「七月鳴鶪。」

《禮・月令》：「仲夏之月，鶪始鳴。」

《易・通卦驗》：「云博勞，夏至應陰而鳴，冬至而止，故帝少皞以為司至之官。嚴粲云：『五月伯勞始鳴，應一陰之氣，至七月猶鳴，則三陰之候，寒將至，故七月聞闃之鳴，先時感事也。』」本作鶪。

《曹植・惡鳥論》：「鶪聲嗅嗅，故以名之。感陰而動，殘害之鳥也。」

八風水：五行家所謂八方之氣所凝結成的露水。

《淮南子・時則訓》：「孟春之月……食麥與羊，服八風水。」高誘注：「取銅槃中露水服之，八方風所吹也。」

季夏之月，招搖指未，昏心中，旦奎中，其位中央，其日戊己，盛德在土，其蟲蠃，其音宮，律中百鐘，其數五，其味甘，其臭香，其祀中霤，祭先心。涼風始至，蟋蟀居奧，鷹乃學習，腐草化為蚈。天子衣黃衣，乘黃騮，服黃玉，建黃旗。食稷與牛，服八風水，爨柘燧火，中宮御女黃色，衣黃采，其兵劍，其畜牛，朝於中宮。

嬴：。

清陳昌治刻本《說文解字・卷十二・女部》：「少昊氏之姓也。以成切。」

通贏。增益，增加。

《山海經・大荒東經》：「是維嬴土之國。」

《荀子》：「與世偃仰，緩急嬴絀。」

環繞。

《淮南子》：「俶真者，窮逐終始之化，嬴垀有無之精。」

蟋蟀：亦作螅蟀。昆蟲名。黑褐色，觸角很長，後腿粗大，善於跳躍。雄的善鳴，好鬥。也叫促織。

《詩・豳風・七月》：「十月蟋蟀入我牀下。」

《逸周書・時訓》：「螅蟀居辟。」朱右曾校釋：「螅蟀生土中，有翼而未能飛，但居壁上。辟、壁同。」

奥：。

《集韻》、《韻會》、《正韻》：「於到切，竝音墺。室西南隅，人所安息也。」

《禮・曲禮》：「為人子者，居不主奧。」

《禮運》：「人情以為田，故人以為奧也。」

又積聚。

《周語》：「野無奧草。」
《正韻》：「乙六切，音鬱。隈也。水內曰奧。與澳隩通。」

學習：小鳥學飛。
《禮記．月令》：「鷹乃學習。」陳澔集說：「學習，雛學數飛也。」

蚈：《集韻》：「輕煙切，竝音牽。蟲名，螢火也。」
《呂氏春秋》：「腐草化為螢蚈。」
《淮南子．兵略訓》：「故良將之卒，若蚈之足。」《注》：「蚈，馬蠸也。」
孟秋之月，招搖指申，昏斗中，旦畢中，其位西方，其日庚辛，盛德在金，其蟲毛，其音商，律中夷則，其數九，其味辛，其臭腥，其祀門，祭先肝。涼風至，白露降，寒蟬鳴，鷹乃祭鳥，用始行戮。天子衣白衣，乘白駱，服白玉，建白旗，食麻與犬，服八風水，爨柘燧火，西宮御女白色，衣白采，撞白鐘，其兵戈，其畜狗。朝於總章左个，以出秋令。求不孝不悌，戮暴傲悍而罰之，以助損氣。

祭鳥：鷹殺鳥而陳之若祭。
《逸周書．時訓》：「處暑之日，鷹乃祭鳥。」朱右曾校釋：「殺鳥而不即食，如祭然。」
《禮記．月令》：「孟秋之月，涼風至，白露降，寒蟬鳴，鷹乃祭鳥。」鄭玄注：「鷹祭鳥者，將食之示有先也。既祭之後不必盡食。」
孔穎達疏：「謂鷹欲食鳥之時，先殺鳥而不食，與人之祭食相似。猶若供祀先神，不敢即食，故云示有先也。」

季秋之月，招搖指戌，昏虛中，旦柳中，其位西方，其日庚辛，其蟲毛，其音商，律中無射，其數九，其味辛，其臭腥，其祀門，祭先肝。候雁來，賓雀入大水為蛤，菊有黃華，豺乃祭獸戮禽。天子衣白衣，乘白駱，服白玉，建白旗，食麻與犬，服八風水，爨柘燧火，西宮御女白色，衣白采，撞白鐘，其兵戈，其畜犬，朝於總章右个。

賓雀：亦作賓爵。老雀。泛指家雀。

《呂氏春秋．季秋》：「候鴈來，賓爵入大水為蛤。」高誘注：「賓爵者，老爵也，棲宿於人堂宇之間，有似賓客，故謂之賓爵。」

《爾雅．翼．釋鳥》：「雀，小隹，依人以居，其小者黃口，貪食易捕；老者黠，難取，號為賓雀。」

明李時珍《本草綱目．禽二．雀》：「雀，短尾小鳥也……棲宿簷瓦之間，馴近階除之際，如賓客然，故曰瓦雀、賓雀。」

蛤：。

《正韻》：「古遝切。」《韻會》：「葛合切，竝音鴿。」

《玉篇》：「蚌蛤也。」

《禮．月令》：「雀入大水為蛤。」

《國語注》：「小曰蛤，大曰蜃。」

《前漢．地理志》：「果蓏蠃蛤，食物常足。」《注》：「似蚌而圓。」

《大戴禮》：「蚌蛤龜珠，與月盈虧。」

又魁蛤。

《韻會》：「一名復累，老服翼所化。」

服翼：蝙蝠的別名。

漢劉向《新序・雜事五》：「黃鵠、白鶴，一舉千里，使之與燕、服翼試之堂廡之下，廬室之間，其便未必能過燕、服翼也。」

《方言》第八：「蝙蝠，自關而東謂之服翼。」

黃華：黃花也。

《山海經・西山經》：「峚山，其上多丹木，員葉而赤莖，黃華而赤實。」

又指菊花。

《禮記・月令》：「季秋之月，鞠有黃華。」陸德明釋文：「鞠，本又作菊。」

豺：。

清陳昌治刻本《說文解字・卷九・豸部》：「狼屬，狗聲。牀皆切，竝音儕。」清段玉裁《注》：「釋獸曰：『豺，狗足。許云：狗聲，似許長，其聲如犬，俗呼豺狗。』」

《急就篇・顏師古注》：「豺，深毛而狗足。」

《正字通》：「豺，長尾，白頰，色黃。」陸佃云俗云：「瘦如豺。豺，柴也。豺體細瘦，故謂之豺棘。」

祭獸：豺殺獸而陳之若祭。

《逸周書・時訓》：「霜降之日，豺乃祭獸。」朱右曾校釋：「豺似狗，高前廣後，黃色群行，其牙如錐，殺獸而陳之若祭。」

《禮記・月令》：「季秋之月，豺乃祭獸戮禽。」

清俞正燮《癸巳類稿・非無鬼》：「獺亦祭魚，豺亦祭獸。」

孟冬之月，招搖指亥，昏危中，旦七星中，其位北方，其日壬癸，盛德在水，其蟲介，其音羽，律中應鐘，其數六。其味鹹，其臭腐，其祀井，祭先腎。水始冰，地始凍，雉入大水為蜃，虹藏不見。天子衣黑衣，乘玄驪，服玄玉，建玄旗，食黍與彘，服八風水，爨松燧火。北宮御女黑色，衣黑采，擊磬石，其兵鎩，其畜彘，朝於玄堂左个，以出冬令。

雉：。鳥，雄的羽毛很美，尾長；雌的淡黃褐色，尾較短。善走，不能久飛。肉可食，羽毛可做裝飾品。通稱野雞。

清陳昌治刻本《說文解字・卷四・隹部》：「有十四種：盧諸雉，喬雉，鳪雉，鷩雉，秩秩海雉，翟山雉，翰雉，卓雉，伊洛而南曰翬，江淮而南曰搖，南方曰（市流切，音雔。耕治之田也），東方曰甾，北方曰稀，西方曰蹲。丈幾切，竝音薙。」

《尚書・大傳》：「雉者，野鳥。」

《韓詩章句》：「雉，耿介之鳥也。」

又直利切，音稚。野雞也。

《前漢・高後紀注》：「荀悅曰：『諱雉之字曰野雞。』師古曰：『呂後名雉，故臣下諱雉也。』」《韻會》：「漢人諱之，謂雉為野雞。」

蜃：。

清陳昌治刻本《說文解字・卷十三・虫部》：「雉入海，化為蜃。大蛤曰蜃。時軫切，竝音腎。」

《述異記》：「黃雀秋化為蛤，春復為黃雀，五百年為蜃蛤。」

《山海經注》：「蜃，一名蚌，一名含漿。」

虹：。

清陳昌治刻本《說文解字・卷十三・虫部》：「螮（當蓋切，音帶。蟲名。一曰蛇也）蝀（德紅切，音東）也。狀似蟲。胡公切，竝音洪。」

《禮・月令》：「季春，虹始見。孟冬，虹藏不見。」

《淮南子・說山訓》：「天二氣則成虹。」

《後漢・郎顗傳》：「凡日旁氣色白而純者，名為虹。」

鎩：。

清陳昌治刻本《說文解字・卷十四・金部》：「鈹有鐔也。所戒切，竝殺去聲。」

《左思・蜀都賦》：「鳥鎩翮。」《注》：「鎩，殘也。」

《廣韻》、《集韻》：「竝所例切，音細。戟屬。」

仲冬之月，招搖指子，昏壁中，旦軫中，其位北方，其日壬癸，其蟲介，其音羽，律中黃鐘，其數六，其味鹹，其臭腐，其祀井，祭先腎。冰益壯，地始坼，鶡鴠不鳴，虎始交。天子衣黑衣，乘鐵驪，服玄玉，建玄旗，食黍與彘，服八風水，爨松燧火。北宮御女黑色，衣黑采，擊磬石。

其兵鏦，其畜彘，朝於玄堂太廟。

鳱鴠：鳥名。似雞。冬無毛，晝夜常鳴。

《淮南子・時則訓》：「仲冬之月，冰益壯，地始坼，鳱(居寒切，竝音干)鴠(得爛切，竝音旦)不鳴。」高誘注：「鳱鴠，山鳥。是月陰盛，故不鳴也。」

《文選・枚乘・七發》：「朝則鸝黃鳱鴠鳴焉。」李善注：「《禮記》曰：『仲冬曷旦不鳴。』鄭玄曰：『曷旦，求旦鳥也。』」

季冬之月，招搖指丑，昏婁中，旦氐中，其位北方，其日壬癸，其蟲介，其音羽，律中大呂，其數六，其味鹹，其臭腐，其祀井，祭先腎。雁北向，鵲加巢，雉雊，雞呼卵。天子衣黑衣，乘鐵驪，服玄玉，建玄旗，食麥與彘，服八風水，爨松燧火。北宮御女黑色，衣黑采，擊磬石。其兵鏦，其畜彘。朝於玄堂右个。」

鵲：《廣韻》、《正韻》：「七雀切。」《集韻》、《韻會》：「七約切，竝音怯。鳥名。喜鵲也。一名乾鵲，一名鳷鵲。陶弘景謂之飛駁鳥。」

《本草》：「鵲大如鴉而長尾，尖觜黑爪，綠背白腹。上下飛鳴，以音感而孕，以視而抱。季冬始巢，開戶背太歲，向太乙，知來歲多風，巢必卑下，其鳴唶唶故謂之鵲，鵲色駁雜故謂之駁，靈能報喜故謂之喜，性最惡濕故謂之乾鵲。陸佃曰：傳枝受卵不墮地，故曰乾鵲。」

《禮・月令》：「季冬鵲始巢。」

《淮南子・修務訓》：「如鵲之駁。」

《正字通》：「鵲春三月乳子，已，舍巢去，他鳥居之。涉秋首無毛若髠，能制蝟。鵲所在蝟必反腹受其啄，鳴木上蜩伏不能興。」

雊：。

清陳昌治刻本《說文解字・卷四・隹部》：「雄雌鳴也。雷始動，雉鳴而雊其頸。居候切，竝音夠。」

《書・高宗肜日》：「越有雊雉。」

《禮・月令》：「雉雊，雞乳。」

綵：有五色文彩的絲織品。

《集韻》、《韻會》、《正韻》：「此宰切，竝音采。」

《玉篇》：「五綵備。」

《廣韻》：「綾綵。」《集韻》：「繒也。」

鼓：。

清陳昌治刻本《說文解字・卷五・鼓部》：「郭也。春分之音，萬物郭皮甲而出，故謂之鼓。

《徐鍇曰》：『郭者，覆冒之意。』革音之器。公土切，竝音古。」

《玉篇》：「瓦為椌（驅羊切，竝音腔。柷樂也），革為面，可以擊也。樂書，鼓所以檢樂，為羣音長。」

《周禮・地官・鼓人》：「掌教六鼓。」《注》：「六鼓：靁鼓八面，靈鼓六面，路鼓四面，鼖（竝符分切，音汾。大鼓也）鼓，臯（姑勞切，竝音高。從本從白。禮祝曰臯，登謌曰奏，故皋奏皆從本。本，進趣也）鼓，晉鼓，皆兩面。」

《前漢・五行志》：「天水冀南山大石鳴，曰石鼓，鳴則有兵。」

鐘磬被敲擊之處。

《周禮》：「銑（竝穌典切，音洗。金之最有光澤者名銑）間謂之于，於上謂之鼓。」

泛指敲擊，彈奏。

《孟子・梁惠王上》：「吾王之好鼓樂，夫何使我至於此極也。」

杏：。

清陳昌治刻本《說文解字・卷六・木部》：「果也。下梗切，竝音信。」

《格物叢話》：「杏實，味香於梅，而酸不及，核與肉自相離。」

《盧諶・祭法》：「夏祀用杏。」

《管子・地員篇》：「五沃之土，其木宜杏。」

《文獻通考》：「杏多實不蟲，來年秋禾善。」

《周禮・司爟注》：「夏取棗杏之火。」

《左思・吳都賦・李善注》：「平仲果，其實如銀。一名銀杏。」

李：。

清陳昌治刻本《說文解字・卷六・木部》：「果也。兩耳切，竝音里。」

《素問》：「東方木也。」

《爾雅翼》：「李，木之多子者。」

《埤雅》：「李性難老，雖枝枯，子亦不細，其品處桃上。」

《詩・小雅》：「投我以桃，報之以李。」

《韻會》：「世薦士謂之桃李。」

《劉向・說苑》：「樹桃李者，夏得休息，秋得其實焉。樹蒺藜者，夏不得休息，秋得其莿焉。世謂狄仁傑，桃李皆在公門，正用此事。」

竽：。

清陳昌治刻本《說文解字・卷五・竹部》：「管三十六簧也。雲俱切，竝音於。」

《周禮・春官疏》：「竽長四尺二寸。」《注》：「竽，管類。用竹為之，形參差象鳥翼。鳥，火禽。火數七，冬至之時吹之，冬水用事，水數六，六七四十二。竽之長，蓋取於此也。」

《世本》：「隨作竽。」《釋名》：「竽，汙也。其中汙空。」

《博雅》：「竽，象笙，三十六管，宮管在中央。」

《樂書》：「近代笙竽十九簧，竽與笙異器而同和，故《周官》竽與笙均掌之笙師。」

桃：。

清陳昌治刻本《說文解字・卷六・木部》：「果也。竝徒刀切，音陶。」

《爾雅・釋木》：「旄，冬桃。榹，山桃。」

《禮・月令》：「仲春桃始華。」

《內則》：「桃曰膽之。」《疏》：「桃多毛，拭治令青滑如膽。」
又桃諸。
《王肅云》：「諸，菹也，今之藏桃也。」
《典術》：「桃，五木之精，仙木也。」
《禮・檀弓》：「君臨臣喪，以巫祝桃茢執戈。」
《左傳・昭四年》：「桃弧棘矢，以除其災。」
《後漢・禮儀志》：「為桃印，施門戶，以止惡氣。」
又含桃，櫻桃也。
《爾雅》：「謂之楔。」
又桃氏，攻金之工也。
《周禮・冬官考工記》：「桃氏為刃。」
又胡桃。
《名物志》：「謂之羌桃。」
又銚芅曰羊桃。
《爾雅・釋草》：「萇楚，銚芅。」

戟：。

《廣韻》：「幾據切。」《集韻》：「訖逆切，竝音己。有枝兵也。」
《增韻》：「雙枝為戟，單枝為戈。」《釋名》：「戟，格也，傍有枝格也。」

《典略》：「周有雍狐之戟。」

《周禮・冬官考工記》：「戟廣寸有半寸，內三之，胡四之，援五之。」《注》：「戟，今三鋒戟也。內長四寸半，胡長六寸，援長七寸半。」

榆：榆。為落葉喬木，實扁圓，木材堅實，可製器具或供建築用。

清陳昌治刻本《說文解字・卷六・木部》：「榆，白枌。榆皮色赤，其白者為枌也。莢可食，亦可為醬。羊朱切。」清段玉裁《注》：「枌，白榆也。」

打：打。

清陳昌治刻本《說文解字・卷十二・手部》：「擊也。從手丁聲。竝都挺切，音頂。」

《穀梁傳・宣十八年》：「邾人戕繒子於繒，戕殺也。」《注》：「謂捶打。音頂。」

梓：梓。一種原產於中國的梓樹屬落葉喬木，葉對生，寬卵形，先端尖。大的圓錐花序，頂生，黃白色，略帶紫色斑點，蒴果長絲狀，種子扁平，木材可供建築及製作木器用。

清陳昌治刻本《說文解字・卷六・木部》：「楸也。從木，宰省聲。祖士切，竝音耔。」

《通志》：「梓與楸相似。」

《爾雅・釋木》：「椅，梓。」《郭注》：「即楸。」

《陸璣・草木疏》：「楸之疏理白色而生子者為梓。」

《埤雅》：「梓為百木長，故呼梓為木王。羅願云：『屋室有此木，則餘材皆不震。』」

《梓材》、《周書》篇名。古作杍材。《注》：「治木器曰梓，治土器曰陶，治金器曰冶。」

弓：弓。

清陳昌治刻本《說文解字・卷十二・弓部》：「以近窮遠。居中切，竝音宮。」

《周禮》：「六弓：『王弓、弧弓以射甲革甚質；夾弓、庾弓以射干矦鳥獸；唐弓、大弓以授學射者。』」

《釋名》：「弓，穹也。張之穹穹然也。」

《周禮・冬官考工記》：「弓人為弓，取六材，必以其時。六材既聚，巧者和之。幹也者以為遠也，角也者以為疾也，筋也者以為深也，膠也者以為和也，絲也者以為固也，漆也者以為受霜露也。」

撞：撞。

清陳昌治刻本《說文解字・卷十二・手部》：「卂擣也。傳江切，竝音幢。」清段玉裁《注》：「卂者，疾也。」

《廣韻》：「突也。」

又擊也。

《禮・學記》：「善待問者如撞鐘。」

《戰國策》：「迫則杖戟相撞。」《注》：「手擣也。」

《前漢・樊噲傳》：「持盾直撞入立帳下。」《注》：「謂以盾撞擊人。」

楝：楝。俗名苦楝子。亞洲的一種速生的小喬木。兩回羽狀複葉大，芳香、紫色、簇生而開展，果光滑、黃色。

清陳昌治刻本《說文解字・卷六・木部》：「木也。竝郎電切，音鍊。」

《爾雅翼》：「木高丈餘，葉密如槐而尖，三四月開花，紅紫色，實如小鈴，名金鈴子。俗謂之苦楝，亦曰含鈴。子可以楝，故名。」

《淮南子・時則訓》：「七月官庫其樹楝。」《注》：「楝實，鳳凰所食。」

《東皐雜錄》：「花信風、梅花風最先，楝花風最後。凡二十四番，以為寒絕。」

《荊楚歲時記》：「蛟龍畏楝，故端午以楝葉包糉，投江中祭屈原。」

劍：。

《唐韻》、《集韻》、《韻會》：「竝居欠切，檢去聲。」

《玉篇》：「籀文劍。」《說文》：「人所帶兵也。」

《釋名》：「劍，檢也，所以防檢非常。」

《管子・地數篇》：「葛盧之山，發而出金，蚩尤受而制之，以為劍鎧矛戟。」

柘：。落葉灌木或喬木，樹皮有長刺，葉卵形，可以餵蠶，皮可以染黃色，木材質堅而緻密，是貴重的木料。

清陳昌治刻本《說文解字・卷六・木部》：「桑屬。竝之夜切，音蔗。」

《蠶書》：「柘葉飼蠶為絲，中琴瑟絃，清響勝凡絲。」

《周禮・考工記》：「弓人取幹之道，柘為上。」

《本草》：「其本染黃赤色，謂之柘黃，天子服。」

《崔豹・古今注》：「桑實曰葚，柘實曰佳。」

槐：槐。落葉喬木。木材可供建築和製家具。花蕾可做黃色染料。

清陳昌治刻本《說文解字・卷六・木部》：「木也。乎乖切，竝音懷。」

《爾雅・釋木》：「櫰槐，大葉而黑，守宮槐葉晝聶宵炕。」

《藝文類聚》：「槐，季春五日而兔目，十日而鼠耳，更旬而始規，二旬而葉成。」

《春秋・說題辭》：「槐者，虛星之精。」

《周禮・夏官・司爟注》：「秋取槐檀之火。」

擊：擊。

清陳昌治刻本《說文解字・卷十二・手部》：「攴也。《徐曰》：『撲也。』吉歷切，竝音激。」

《廣韻》：「打也。」《增韻》：「扣也。」

《易・蒙卦》：「擊蒙。」《注》：「擊去童蒙，以發其昧。」

又攻殺也。

《楚語》：「刲羊擊豕。《注》：「擊，殺也。」

又觸也。

《莊子・田子方》：「目擊而道存矣。或作撽。」

檀：檀。落葉喬木，木質堅硬，用於製家具、樂器。

清陳昌治刻本《說文解字・卷六・木部》：「木也。唐闌切，竝音壇。」
《詩・小雅》：「爰有樹檀。」《注》：「善木。」
《鄭風》：「無折我樹檀。」《注》：「強韌之木。」
《周禮・冬官考工記》：「鄭注：『輻以檀。』」
《本草》：「紫檀白檀。」《綱目》：「總謂之旃檀。」

楯：楯。

清陳昌治刻本《說文解字・卷六・木部》：「闌檻也。《王逸曰》：『縱曰欄，橫曰楯，今階除木句欄是也。』乳允切，竝音盾。」清段玉裁《注》：「闌，門遮也。檻，櫳也。此云闌檻者，謂凡遮闌之檻。今之闌於是也。王逸楚辭注曰：『檻，楯也。從曰檻。橫曰楯。』古亦用為盾字。。」
又舞者所執。
《禮・明堂位》：「朱干玉戚。」《疏》：「干，楯也。戚，斧也。舞者左手執楯，右手執斧，謂之武舞。」
通盾。盾牌也。
《新唐書》：「左執楯而導之。」

棗：棗。落葉灌木或喬木，枝有刺，葉卵形，開小黃花，核果稱棗子或棗兒，橢圓形，熟時紅色，可食。

清陳昌治刻本《說文解字・卷七・朿部》：「果名。竝子皓切，音蚤。」
《小爾雅》：「棘實謂之棗。」
《埤雅》：「大者棗，小者棘。於文竝朿為棘，重朿為棗，蓋棗性重喬，棘則低矣。」
《儀禮・士昏禮》：「婦摯舅用棗栗。」《疏》：「以早自謹飭為義。棗，早也。栗，肅也。」
《聘禮》：「夫人勞擯（竝必仞切，賓去聲。斥也，棄也），使下大夫勞以二竹簠（斐古切，竝音甫。外方內圓曰簠，用貯稻粱，容一斗二升）兼執之以進。」《注》：「右手執棗，左手執栗。」
《疏》：「棗美，故用右手也。」

櫟：。落葉喬木，葉子長橢圓形，結球形堅果，葉可餵蠶；木材堅硬，可製家具、建築用，樹皮可鞣皮或做染料。亦稱麻櫟、橡；通稱柞樹。
清陳昌治刻本《說文解字・卷六・木部》：「木也。竝即狄切，音歷。」
《詩・秦風》：「山有苞櫟。」《疏》引《爾雅》云：「櫟，其實梂，橡也。《陸璣疏》：『秦人謂柞櫟為櫟，其子房生為梂。河內人謂木蓼為櫟，椒椴之屬也。』其子亦房生，此秦詩宜從其方土之言柞櫟是也。」
又不材之木也。
《莊子・人閒世》：「匠石見櫟社樹，其大蔽牛，觀者如市，匠石不顧。」
不生火之木也。
《淮南子・時則訓》：「十二月，其樹櫟。」《高誘注》：「木不生火，惟櫟為然。」

杜：。落葉喬木，果實圓而小，味澀可食，俗稱杜梨，亦稱甘棠、棠梨。木材可做扁擔或刻圖章。

清陳昌治刻本《說文解字・卷六・木部》：「甘棠也。牡曰棠，牝曰杜。樊光曰：『赤者為杜，白者為棠。』並動五切，音度。」

《陸璣・草木疏》：「赤棠，子澀而酢，無味。木理韌，可作弓幹。」

《小爾雅・廣詁》：「堵塞。杜，塞也。」

《周禮・大司馬》：「犯令陵政則杜之。」《注》：「杜塞使不得與鄰國交通。」

《書・費誓》：「杜乃護王。」《注》：「閉也。」

《周禮・夏官・大司馬》：「犯令陵政則杜之。」

《漢書・王陵傳》：「陵怒，謝病免，杜門竟不朝請。」顏師古注：「杜，塞也，閉塞其門也。」

《漢書・敘傳》：「塞隘杜津。」

方：。

清陳昌治刻本《說文解字・卷八・方部》：「併船也。象兩舟省總頭形。或從水作汸。分房切，並音芳。」

《詩・周南》：「江之永矣，不可方思。」《傳》：「方，泭（並芳無切，音敷。編木以渡也。一曰小木栰也）也。」《釋文》：「小筏曰泭。」

《爾雅・釋水》：「大夫方舟。」《注》：「併兩船。」

《易・坤卦》：「六二直方大。」《注》：「地體安靜，是其方也。」

《周禮・冬官考工記》：「圜者中規，方者中矩。」

《淮南子・天文訓》：「天道曰圓，地道曰方。方者主幽，圓者主明。」

《易・觀卦》：「君子以省方觀民設教。」《疏》：「省視萬方。」

《詩・大雅》：「監觀四方。」

《周禮・天官・塚宰》：「辨方正位。」《注》：「別四方。」《釋文》：「視日景，以別東西南北四方，使有分別也。」

《禮・內則》：「教之數與方名。」《注》：「方名，如東西也。」

《易・未濟》：「君子以慎辨物居方。」《疏》：「各居其方，皆得安其所。」

《詩・大雅》：「萬邦之方，下民之王。」《箋》：「方，猶嚮也。」《疏》：「諸言方者，皆謂居在他所，人嚮望之，故云：『方，猶嚮也。』」

又道也。

《易・恆卦》：「君子以立不易方。」《注》：「方，猶道也。」

《禮・樂記》：「樂行而民鄉方。」《注》：「方，猶道也。」

《易・復卦》：「後不省方。」《注》：「方，猶事。」《疏》：「不省視其方事也。」

又術也，法也。

《易・繫辭》：「方以類聚。」《疏》：「方謂法術性行。」

《左傳・昭二十九年》：「官修其方。」《注》：「方，法術。」

又放也。

《書・堯典》：「方命圮（延知切，竝音詒。橋也）族。」《釋文》：「方，放也。」

又有之也。

《詩・召南》：「維鵲有巢，維鳩方之。」《傳》：「方，有之也。」

又穀始生未實也。

《詩・小雅》：「既方既皁（在早切，竝曹上聲。賤人也）。」《箋》：「方，房也。謂孚甲始生而未合時也。」

圓：。

清陳昌治刻本《說文解字・卷六・口部》：「圜全也。與圜同。方之對也。於權切，竝音員。」

《韻會》：「古方圓之圓皆作圜，今皆作圓。」

《易・繫辭》：「蓍之德圓而神，卦之德方以智。」

《管子・心術篇》：「能大圓者，體乎大方。」

《韓非子・飾邪篇》：「左手畫圓，右手畫方，不能兩全。」

豐滿，周全。

《呂氏春秋・審時》：「其粟圓而薄糠。」

牝：。

清陳昌治刻本《說文解字・卷二・牛部》：「畜母也。婢忍切，竝音聘。」

《易・坤卦》：「利牝馬之貞。」

《書・牧誓》：「牝雞無晨。」

《禮・月令》：「遊牝於牧。」

泛指陰性的事物。

《大戴禮記・本命》：「谿谷為牝。」

《素問・水熱穴論》：「腎者，牝藏也。」

《老子》：「牝常以靜勝牡。」

伏：。

清陳昌治刻本《說文解字・卷八・人部》：「司也。偃也。竝房六切，音服。」清段玉裁《注》：「司者，臣司事於外者也。司今之伺字。凡有所司者必專守之。伏伺即服事也。引伸之為俯伏。又引伸之為隱伏。」

《廣韻》：「匿藏也。」

《書・大禹謨》：「嘉言罔攸伏。」

《詩・小雅》：「潛雖伏矣。」

《老子》：「福兮禍所伏。」

《國語・晉語》：「物莫伏於蠱。」

又屈服也。

《左傳・隱十一年》：「許既伏其罪矣。」

《文選・王褒・四子講德論》：「其所臨莅，莫不肌栗慴伏。」

駮：。

清陳昌治刻本《說文解字・卷十・馬部》：「獸，如馬，倨牙，食虎豹。北角切，竝音剝。」

《山海經》：「中曲山有獸，如馬而身黑，二尾一角，虎牙爪，音如鼓，名曰駮，食虎豹，可以禦兵。」

《正字通》：「此獸之別一種，非馬族也。」

《詩・秦風》：「隰有六駮。」《傳》：「駮如馬。」《疏》：「陸機云：『駮馬，梓榆也。其樹皮青白駮犖，遙視似駮馬，故謂之駮馬。』下章云：『山有苞棣，隰有樹檖，皆山隰（席入切，竝音習。隰，蟄也。蟄，濕意也）之木相配，不宜云獸。』」

文狐：有斑紋的狐。

《文選・曹植・七啟》：「曳文狐，掩狡兔。」張銑注：「文狐，狐有文者。」

《藝文類聚》卷九引《禮鬥威儀》：「君乘火而王，其政訟平，南海輸以文狐。」

猝：。

清陳昌治刻本《說文解字・卷十・犬部》：「犬從艸暴出逐人也。蒼沒切，竝音促。」

突然地，出其不意地。

《玉篇》：「言倉卒，暴疾也，突也。」

儛：古同舞：，樂也。用足相背也。

《集韻》：「同舞。」

《莊子・在宥篇》：「鼓歌以儛之。」

《楚辭・九歌》：「丘陵翔儛。」《注》：「山丘踴躍而歡喜也。」

坼：。

清陳昌治刻本《說文解字・卷十三・土部》：「裂也。土裂也。恥格切，竝同撤。」

《禮・月令》：「仲冬，地始坼。」

《後漢・安帝紀》：「日南地坼長百餘里。」

又龜坼。

《周禮・春官》：「史占墨卜人占坼。今江淮間天旱田裂亦曰龜坼。」

《淮南子・本經》：「天旱地坼。」《注》：「燥裂也。」

溢：。

清陳昌治刻本《說文解字・卷十一・水部》：「器滿也。弋質切，竝音逸。」清段玉裁《注》：「《禮經・溢米注》：『二十兩曰溢。』謂二十兩溢者，謂滿於一斤，十六兩之外也。」

《爾雅・釋詁》：「溢，盈也。」

《孔叢子・雜訓》：「兩手曰掬，一手曰溢。」

《廣雅》：「溢，滿也，過滿為溢。」

又水氾濫成災，淹沒。

《禮記》：「雖有凶旱水溢，民無菜色。」

景雲：祥雲；瑞雲。

《淮南子・天文訓》：「虎嘯而穀風生，龍舉而景雲屬。」

《文選・應貞・晉武帝華林園集詩》：「鳳鳴朝陽，龍翔景雲。」李善注：「《孝經援神契》：『王者德至山陵則景雲出。』孫柔之曰：『一名慶雲。』」

龜龍：龜和龍。古人以為均是靈物。

《禮記・禮運》：「何謂四靈？麟鳳龜龍，謂之四靈。」

漢蔡邕《郭泰碑》：「猶百川之歸巨海，鱗介之宗龜龍也。」

龜：。

清陳昌治刻本《說文解字・卷十三・龜部》：「舊也。甲蟲之長。外骨內肉者也。從它，龜頭與它頭同。天地之性，廣肩無雄；龜鼈之類，以它為雄。象足甲尾之形。居逵切，竝音歸。」

《玉篇》：「文也，進也。外骨內肉，天性無雄，以蛇為雄也。」

《爾雅・釋魚》：「十龜：一神龜，二靈龜，三攝龜，四寶龜，五文龜，六筮龜，七山龜，八澤龜，九水龜，十火龜。」

《爾雅・釋魚》：「龜三足，賁。」《疏》：「龜之三足者名賁也。」

《廣雅》：「龜貝，貨也。」

《前漢・食貨志》：「天用莫如龍，地用莫如馬，人用莫如龜。」

龍：。

清陳昌治刻本《說文解字・卷十一・龍部》：「鱗蟲之長。能幽，能明，能細，能巨，能短，能長；春分而登天，秋分而潛淵。盧容切，竝音籠。」

《廣雅》：「有鱗曰蛟龍，有翼曰應龍，有角曰虯龍，無角曰螭龍，未升天曰蟠龍。」

《本草注》：「龍耳虧聰，故謂之龍。」

又馬名或稱龍馬。古代傳說中龍頭馬身的神獸。

《周禮・廋人》：「馬八尺以上為龍。」

《禮・月令》：「駕蒼龍。」

《書・顧命》：「天球，河圖，在東序。」孔傳：「伏犧王天下，龍馬出河。遂則其文，畫八卦，謂之河圖。」

北魏酈道元《水經注・河水一》：「粵在伏羲，受龍馬圖於河，八卦是也。」

明李贄《方竹圖卷文》：「寧獨是，龍馬負圖，洛龜呈瑞，儀於舜，鳴於文，獲於魯叟，物之愛人，自古而然矣，而其誰能堪之。」

蟾蠩：亦作蟾蜍。亦作蟾諸。

兩棲動物。俗稱癩蛤蟆。形似蛙而大，背面多呈黑綠色，有大小疙瘩。耳後腺和皮膚腺分泌白色黏液，可入藥。

《淮南子・原道訓》：「夫釋大道而任小數，無以異於使蟹捕鼠，蟾蠩捕蚤。」

漢張衡《西京賦》：「蟾蜍與龜，水人弄蛇。」

《後漢書・天文志上》：「言其時星辰之變。」南朝梁劉昭注：「羿請無死之藥於西王母，姮娥竊之以奔月……姮娥遂託身於月，是為蟾蠩。」

又後用為月亮的代稱。

唐杜甫《八月十五夜月》詩之二：「刁斗皆催曉，蟾蜍且自傾。」

第二十卷

論諸神

論諸神

諸神者。靈智無方。隱顯不測。孔子曰。陽之精氣為神。又曰。陰陽不測之謂神。一解云。神。申也。萬物皆有質。礙屈而不申。神是清虛之氣。無所擁滯。故曰申也。語其神也。名有萬徒。三才之道。百靈非一。竝從五行。難可周盡。今且論所配五行。辨吉凶者。帝系譜曰。天地初起。即生天皇。以木德王。三五曆紀云。天皇十三頭。帝系譜曰。地皇以火德王。三五曆云。有神人。十一頭。號地皇。春秋命曆序曰。人皇九頭。宋均注云。兄弟九人。洞紀云。人皇分治九州。古語質。故以頭數言之。陶華陽云。此三皇。治紫微宮。其精為天皇太帝。世記云。天皇太帝曜魄寶。地皇為天一。人皇為太一甘公星經云。天皇太帝。本秉萬神圖。一星在勾陳中。名曜魄寶。五帝之尊祖也。天一太一主承神。承。猶侍也。有兩星。在紫微宮門外。俱侍星天皇太帝。天一。主戰鬬。知吉凶。甲戊庚壬王。治玉堂宮。乙己辛王。治明堂宮。丙丁癸王。治絳宮。是為三宮。太神太一。主風雨。水旱。兵革。飢疫。災害。復使十六神。遊於九宮。天一是含養萬物。太一是察災殃。是為天帝之臣。鄭元注乾鑿度云。太一者。北辰神名。居其所。曰太帝。行八卦日辰之間。曰太一。或曰天一。出入所逝。息紫宮之外。其星因以為名。天一之行。猶天子巡狩方岳。人君亦從而巡省。每卒則復。太一行八卦之宮。每四季。乃入於中央。天數大分。以陽出。以陰入。陽起於子。陰起於午。是乙太一下行九宮。從坎始也。九宮經云。天一之行。始於離宮。太一之行。始於坎宮。天一主豐穰。太一主水旱兵飢。合十二神。遊行九宮。十二位從少之多。六壬式經云。十二神將。以天一為主。甲戊庚日。旦治大吉。暮治小吉。乙己日。

旦治神后。暮治傳送。丙丁日。旦治微明。暮治從魁。六辛日。旦治勝先。暮治功曹。壬癸日。旦治太一。暮治大沖。此竝紫微宮門外。天一太一。非紫微之內。北辰之名大帝也。鄭元謬矣。太一十六神者。地主在子。陽氣動於黃泉。萬物孳產於地。子為陽氣之首。故曰。地主。陽德在丑。陽能生萬物至丑方生。故曰陽德也。和德在東北維。此時陰陽氣合。生於萬物。故曰和德。呂申在寅。呂。巨也。申。引長也。萬物漸申而巨大也。故曰呂申。高蘩在卯。萬物蘩而高大。故曰高蘩。太陽在辰。震動已後。陽氣大盛。故曰太陽。太昊在東南維。時陽已著。昊然昭明。故曰太昊。大神在巳。萬物已熟。其氣翼起。故曰大神。太威在午。陽衰陰生。形氣始動。故曰大威。天道在未。百物皆成。莫不資用。故曰天道。大武在西南維。陰氣用事。萬物皆傷。故曰大武。武德在申。薺麥方生。陰懷陽性。故曰武德。大族在酉。陰氣大殺。族類皆盡。故曰大族。陰主在戌。陽氣下藏。陰氣自在於上。故曰陰主。陰德在西北維。乾為天也。陰氣至此而極。方能生陽。故曰陰德。大義在亥。萬物於此懷任。陰氣含陽。故曰大義。又九宮十二神者。天一在離宮。太一在坎宮。天符在中宮。攝提在坤宮。軒轅在震宮。招搖在巽宮。青龍在乾宮。咸池在兌宮。太陰在艮宮。太一在巳如前解。餘七神。皆是星宮之名。與天一太一。行於九宮。一歲一移。九年復位。天一主豐穰。太一主水旱。天符主饑饉。攝提主疾苦。軒轅主雷雨。招搖主風雲。青龍主霜雹。咸池主兵賊。太陰主陰謀。又別有青龍。行十二辰。即太歲之名也。古者名歲曰青龍。此神主福慶。太陰三歲一徙。右行十二辰。即太歲之陰神也。后妃之象。主水雨。陰私。害氣。右行四孟。一歲一移。以其所至為害。故言害氣。合為十二神。九宮之所用也。又玄女拭經云。六壬所使十二神者。神后主子。水神。大吉主丑。土神。功曹主寅。木神。大衝主卯。木神。天剛主辰。土神。太一主巳。火神。勝先主午。火神。小吉主未。土神。傳送主申。金神。從魁主酉。金神。河魁主戌。土神。微明主亥。水神。子神后者。子為黃鐘。君道。故稱后。陽之始也。陽動於內而未形。故稱神也。丑大吉者。萬物至丑。皆萌。得陽生。故大吉也。寅功曹者。萬物至寅。其功已見。曹。眾也。眾物功既見於寅也。卯大沖者。萬物至卯。其皆大沖其心。皮抽莩也。辰天剛者。當斗星之柄。其神剛強也。巳太一者。純乾用事。天德在焉。故太一。神后也。午勝先者。陽氣大威。陰氣時動。惟陽在先為勝也。未小吉者。萬物畢熟成。故為小吉也。申傳送者。傳其成物。送與冬藏也。酉從魁者。從斗之魁第二星也。戌河魁者。河當首也。當斗魁首也。亥微明者。水體內明。不見於外。微其陽氣。至子方明也。神后主婦女。大吉主田農。功曹主遷邦。大沖主對吏。天剛主殺伐。太一主金寶。勝先主神祀。小吉主婚會。傳送主掩捕。從魁主死喪。河魁主疾病。微明主辟召。又十二將者。天一土將。前一。騰蛇火將。前二。朱雀火將。前三。六合木將。前四。勾陳土將。前五。青龍木將。後一。天后水將。後二。太陰金將。後三。玄武水將。後四。太裳土將。後五。白虎金將。後六。天空土將。天一已如前解。騰蛇主驚恐。朱雀主文書。六合主慶賀。勾陳主拘礙。青龍主福助。天后猶是神后。天一之妃。太陰主陰私。玄武主死病。太裳主賜賞。白虎主鬪訟。天空主虛耗也。遁甲九神者。天逢在坎。一名子經。木神。在斗居破軍星。天內在坤。一名子成。水神。在斗居破軍星。天沖在震。一名子翹。金神。在斗居破軍星。天輔在巽。一名子文。土神。在斗居武曲星。天禽在坤。一名子公。火神。在斗居廉貞星。天心在乾。一名子衰。木神。在斗居文曲星。天柱在兌。一名子達。水神。在斗居祿存星。天任在艮。一名子金。金神。在斗居巨門星。天英在離。一名子殺。土神。在斗居貪狼星。天逢已下。皆是星名。子經者。以子午為天地之經。位既在坎。故名經也。天內子成者。坤為地。能成萬物也。天衝子翹者。翹。動貌。翹在震動之象也。天輔子文者。巽為號令。有文章也。天禽子公者。居五土位。寄在坤。土為萬物之父。故言公也。天心子衰者。衰。善也。乾為天。慈施。故善也。天柱子違者。兑主金。金有殺伐。違天之道故也。天任子金者。艮在丑。丑。金之本也。天英子殺者。離。火也。火有燒燃之義也。遁甲經云。天逢宜安邊保固。天內宜宗道結友。天沖宜出軍伏仇。天輔宜脩禮設教。天禽宜請福除惡。天心宜避病求藥。天性宜匿屯守固。天任宜慶謁通財。天英宜遠行作樂。九神之名。上竝云天。下皆曰子者。此神屬於北斗。皆隸於天故也。子者。美稱。以此神尊美故也。孔子元辰云。北斗第一神。字希神子。第二神。字貞文子。第三神。字祿存子。第四神。字世惠子。第五神。字衛不鄰子。第六神。字微惠子。第七神。字大景子。此亦竝稱子也。春秋佐助期云。第一星神。名執陰。姓頸梁。第二星神。名斗諒。姓伊儁當。第三星神。名拒理。姓英劉領許。第五星神。名防作。姓雞尹堵。第六星神。名開寶。姓蚩。一名蒼兒部。第七星神。名招。姓肥脫絡馮。七星之名。竝是人年命之所屬。恆思誦之。以求福也。黃帝八神圖云。乾神軒轅。天承相使。舍於辰星。兑神時刑。北斗之使。舍於牛星。主軒研。坤神招搖。天之上公使。舍於角星。主殺害。離神昊時。天之遊徼使。舍於翼星。巽神天候。天執法使。舍於觜星。震神雷公。大陰之候使。舍於七星。艮神曲隆。天候東明之使。舍於奎星。坎神咸池。天雨師使。舍於井星。主雨。此八使之神。婦人產乳。忌低向之。此亦九宮之神。神既清虛。遊無定所。故在宮間。牙時有不同。既八卦配於五行。故附此而錄。諸神占候之法。各有別注。不勞於此。委碎名字之義。故以略談。至如日月星辰。風雨雷電。山川岳瀆。井竈衡門。爰及人身。諸神非一。帝王之所崇祭。百姓之所祈禱。如此之例。名數甚多。其於五行。更無別義。故不備說。又卜筮所用。殺曆諸神。正是左右歲月之間。逆順季孟之際。亦無俟於具談。寧勞曲解。此前諸神。占候之綱維。三才之理要。故以次述。

註：

靈智：智慧。

《晉書・文苑傳・李充》：「夫極靈智之妙、總會通之和者，莫尚乎聖人。」

隋彥琮《福田論》：「心有靈智，稱之曰神，隱而難知，謂之不測。」

《雲笈七籤》卷九五：「身為滓質，猶至虛妙，況其靈智益深益遠乎？」

無方：沒有方向、處所的限制。謂無所不至。

《易・益》：「天施地生，其益無方。」孔穎達疏：「其施化之益，無有方所。」

又無定法，無定式。

《禮記・檀弓上》：「事親有隱而無犯，左右就養無方。」鄭玄注：「方，猶常也。」

又猶言不拘一格。

《孟子・離婁下》：「湯執中，立賢無方。」朱熹集注：「方，猶類也。立賢無方，惟賢則立之於位，不問其類也。」

《金史・選舉志一》：「前代立賢無方，如版築之士，鼓刀之叟，垂光簡策者不可勝計。」

又謂變化無窮。

晉陸機《漢高祖功臣頌》：「灼灼淮陰，靈武冠世，策出無方，思入神契。」

唐韓愈《賀冊尊號表》：「無所不通之謂聖，妙而無方之謂神。」

又無與倫比。

漢牟融《理惑論》：「況佛身相好，變化神力無方，焉能捨而不學乎？」

《晉書・苻堅載記上》：「觀其才略，權智無方。」

測：。

清陳昌治刻本《說文解字・卷十一・水部》：「深所至也。初力切，竝音惻。」清段玉裁《注》：「深所至謂之測。度其深所至亦謂之測。猶不淺曰深。度深亦曰深也。」

又凡測度之稱。

《易・繫辭》：「陰陽不測之謂神。」

《周禮・大司徒》：「測土深。」《注》：「猶度也。」

《禮記・樂記》：「窮高極遠，而深深厚。」《疏》：「知也。」

《禮記・少儀》：「毋測未至。」《注》：「意度也。」

《國語・晉語》：「抑欲測吾心也。」《注》：「度也。」

天皇：天帝。

《史記・周本紀》：「殷之末孫季紂，殄廢先王明德，侮蔑神祇不祀，昏暴商邑百姓，其章顯聞於天皇上帝。」

《後漢書・張衡傳》：「叫帝閽使闢扉兮，覿天皇於瓊宮。」李賢注：「天皇，天帝也。」

《雲笈七籤》卷二三：「上朝天皇，還老反嬰。」

又古帝名，傳說中國遠古三皇之首。

《史記・秦始皇本紀》：「古有天皇，有地皇，有泰皇。」

人皇：傳說中遠古部落的酋長，後將其神化，與天皇、地皇合稱三皇。

唐司馬貞補《史記・三皇本紀》：「人皇九頭，乘雲車，駕六羽，出谷口。兄弟九人，分長九州，各立城邑。」

《初學記》卷九引《春秋緯》：「天皇地皇人皇，兄弟九人，分九州，長天下也。」

晉王嘉《拾遺記・春皇庖犧》：「昔者人皇蛇身九首，肇自開闢。」

紫微宮：即紫微垣。

《周書・武帝紀下》：「是夜，虹見於晉州城上，首向南，尾入紫微宮，長十餘丈。」

清梁章鉅《歸田瑣記・洪文襄公》：「太白星與日爭光，流星入紫微宮……紫微宮者，人君之位，流星敢於突入，上天垂象，誠宜警惕。」

《宋史・天文志二》：「紫微垣東蕃八星，西蕃七星，在北斗北，左右環列，翊衛之象也。一曰大帝之坐，天子之常居也，主命、主度也。」

天皇太帝：即天皇大帝。

《上精靈寶大法・卷四》：「乃北極帝座之左，有星四座，其形聯綴微曲如勾，是名勾陳，其下一大星正居其中，是為天皇大帝也。其總萬星，位同北極卻為樞紐，而天皇亦隨天而精，上應始制。」

《星經》：「勾陳六星在五帝下，為后宮，大帝正妃。又住天子六將軍，又主三公。」所以後人又以勾陳為后宮。

《晉書・天文志》：「勾陳六星皆在紫微宮中。……勾陳制中一星，曰天皇大帝，其神曰耀魄寶，主御群靈，執萬神圖。」

三宮：道教謂雙目為絳宮、兩耳為玉堂宮，鼻口為明堂宮。合稱三宮。

唐呂岩《別詩》之二：「三宮自有迴流法，萬物那無運用方。」

《雲笈七籤》卷八二：「遠世棄欲，息役沉光，滌清三宮，凝定九府。」

又謂明堂、辟雍、靈臺。

《文選・張衡・東京賦》：「乃營三宮，布教頒常。」薛綜注：「三宮，明堂、辟雍、靈臺。」

漢李尤《辟雍賦》：「太學既崇，三宮既章，靈臺司天，群曜彌光。」

又指紫微、太微、文昌三星座。

《楚辭・遠遊》：「後文昌使掌行兮。」漢王逸注：「天有三宮，謂紫宮、太微、文昌也。」

十六神：又稱太乙十六神。太乙家以四時之氣分在四維，行於十二支辰，故有十六神。即子神、丑神、艮神、寅神、卯神、辰神、巽神、巳神、午神、未神、坤神、申神、酉神、戌神、乾神、亥神。

《漢書・律曆志》：「太極運三辰五星於上，而元氣轉三統五行於下。」故太乙流布於四維十二支。

唐王希明《太乙金鏡式經・推十六神所主法》：「子神曰地主，時陽氣初發；丑神曰陽德，時二陽間事；艮神曰和德，時陰陽氣合；寅神曰呂申，時陽氣大申；卯神曰高叢，時萬物皆出；辰神曰太陽，時陽氣大盛；巽神曰太炅，時陽氣炎酷；午神曰大威，時陽附陰生。未神曰天道，時土旺於未；坤神曰大武，時陰氣施令；申神曰武德，時萬物欲死；酉神曰太簇，時萬物皆成；戌神曰陰主，時陰氣用事；乾神曰陰德，時陰前生陽；亥神曰大義，時群陽欲盡。」

九宮：又稱太乙九宮。

《易緯‧乾鑿度》：「太一行九宮法，而以乾為一宮逆行至巽九宮。一宮在乾，天門，主冀州；二宮在離，火門，主荊州；三宮在艮，鬼門，主青州；四宮在震，日門，主徐州；五宮曰中宮，太乙不入；六宮在兌，月門，主雍州；七宮在坤，入門，主益州；八宮在坎，水門，主兗州；九宮在巽，風門，主揚州。」

王希明《太乙金鏡式經‧推九宮所主法》：「《張良經》云：『八、三、四、九為陽，二、七、六、一為陰，一宮為純陽，九宮為純陰……凡六、四為絕氣。二午八子，冬夏之至位元元，陰陽交易之地，故曰絕氣，凡至陽絕之氣，與事皆凶也。』」故二宮，八宮為易氣，三宮、七宮為和。太乙數據時曆以成局，每太乙一元七十二局，太乙三年一宮遊，二十四年而九宮遊畢。

又《易》緯家有九宮八卦之說，即離、艮、兌、乾、坤、坎、震、巽八封之宮，加上中央宮。

《靈樞經‧九宮八風》：「九宮八風。立秋二，玄委，西南方；秋分七，倉果，西方；立冬六，新洛，西北方；夏至九，上天，南方；招搖，中央；冬至一，葉蟄，北方；立夏四，陰洛，東南方；春分三，倉門，東方；立春八，天留，東北方。」

《後漢書‧張衡傳》：「臣聞聖人明審律曆以定吉凶，重之以卜筮，雜之以九宮。」李賢注：「《易乾鑿度》：『太一取數以行九宮。』鄭玄注云：『太一者，北辰神名也。下行八卦之宮，每四乃還於中央。中央者，北辰之所居，故謂之九宮。』」

前蜀杜光庭《胡賢常侍安宅醮詞》：「六甲五行之象，九宮八卦之方，各靜封隅，永垂貞吉。」

又三光、三寶、三生的合稱。

《黃庭內景經‧五行》：「三五合氣九九節梁丘子注引《玄妙經》：「三者，在天為日、月、星，名曰三光；在地為珠、玉、金，名曰三寶；在人為耳、鼻、口，名曰三生……合三者為九宮。」

鄭元注乾鑿度：《易緯乾鑿度卷、漢鄭康成注》：「太一者，北辰之神名也。居其所曰太一，常行於八卦日辰之間。曰：『天一，或曰太一，出入所遊，息於紫宮之內外，其星因以為名焉。』故星經曰：『天一、太一，主氣之神。行猶待也。四正四維，以八卦神所居，故亦名之曰宮。』天一下行，猶天子出巡狩，省方嶽之事，每率則復太一下行八卦之宮，每四乃還於中央。中央者，北神之所居，故因謂之九。天數大分，以陽出，以陰入。陽起於子，陰起於午，是以太一下九宮從坎宮始。」

逝：。

清陳昌治刻本《說文解字・卷二・辵部》：「往也。時制切，竝音誓。」

《增韻》：「行也，去也。」

《正韻》：「亡也。」

《前漢・司馬遷傳》：「長逝者魂魄。」

《楚辭・九歌・少司命》：「倏而來兮忽而逝。」

息：。

清陳昌治刻本《說文解字・卷十・心部》：「喘也。悉即切，竝音熄。」清段玉裁《注》：「口部曰：『喘，疾息也。』喘為息之疾者，析言之。此云息者喘也，渾言之。人之氣急曰喘。舒曰息。引伸為休息之稱。又引伸為生長之稱。」

《增韻》：「一呼一吸為一息。」

一曰止也。
《禮・檀弓》：「細人之愛人也，以姑息。」《注》：「息猶安也。言苟且取安也。王氏曰：『且止之辭。』」
又處也。
《詩・小雅》：「無恆安息。」《傳》：「息，猶處也。」
又生也。
《周禮・地官》：「以保息六養萬民。」
《前漢・宣帝紀》：「刑者不可息。」《師古注》：「息謂生長。言劓刖之徒，不可更生長也。」
《禮・月令注》：「陽生為息。」
又勞也。
《儀禮・鄉飲酒禮》：「乃息司正。」《注》：「息，勞也。」《釋文》：「勞，力報反。」
又休也。
《周禮・春官・籥章》：「以息老物。」《注》：「休息之也。」
《冬官・考工記・梓人》：「張獸侯，則王以息燕。」《注》：「息者，休農息老物也。」

紫宮：星官名。指紫微垣。
漢趙曄《吳越春秋・勾踐歸國外傳》：「於是范蠡乃觀天文，擬法於紫宮築作小城，周千一百二十二步，一圓三方。」
南朝陳沈炯《太極殿銘》：「臣聞在天成象，紫宮所以昭著；在地成形，赤縣居其區宇。」

又神話中天帝的居室。

《淮南子・天文訓》：「紫宮者，太一之居也。」

漢揚雄《甘泉賦》：「閌閬閬其寥廓兮，似紫宮之崢嶸。」

巡狩：同巡守。謂天子出行，視察邦國州郡。

《書・舜典》：「歲二月，東巡守，至於岱宗，柴。」孔傳：「諸侯為天子守土，故稱守。巡，行之。」

《孟子・梁惠王下》：「天子適諸侯曰巡狩。巡狩者，巡所守也。」

《漢書・宣帝紀》：「武帝巡狩所幸之郡國，皆立廟。」

方嶽：同方嶽。四方之山嶽。古指東嶽泰山、西嶽華山、南嶽霍山（一指衡山）、北嶽恒山。

《書・周官》：「王乃時巡，考制度於四嶽，諸侯各朝於方嶽，大明黜陟。」孔傳：「覲四方諸侯，各朝於方嶽之下，大明考績黜陟之法。」

《舜典》：「四嶽羣牧。」孔穎達疏：「《釋山》云：『泰山為東嶽，華山為西嶽，霍山為南嶽，恆山為北嶽。』」

《左傳・昭公四年》：「四嶽。」晉杜預注：「東嶽岱，西嶽華，南嶽衡，北嶽恆。」

巡省：巡行視察。

《後漢書・應劭傳》：「今大駕東邁，巡省許都。」

南朝陳徐陵《與楊僕射書》：「逮乎中陽受命，天下同規，巡省諸華，無聞幽辱。」

大分：大體，大致。

《荀子・榮辱》：「先義而後利者榮，先利而後義者辱；榮者常通，辱者常窮；通者常制人，窮者常制於人，是榮辱之大分也。」楊倞注：「其中雖未必皆然，然其大分如此矣。」

又大要。

《漢書・百官公卿表上》：「故略表舉大分，以通古今，備溫故知新之義云。」

又名分，本分。多用於君臣之間。

《新唐書・劉濰傳》：「始事朱滔，常陳君臣大分，裁抑其凶。」

又大限，壽數。

晉陶潛《與子儼等疏》：「親舊不遺，每以藥石見救，自恐大分將有限也。」

《北史・魏收傳》：「死生大分，含氣所同。」

唐張鷟《朝野僉載》卷二：「夫生死者，人之大分，如來尚所未免。」

穰：。

清陳昌治刻本《說文解字・卷七・禾部》：「黍梨（良薛切，黍穰也）已治者。汝羊切，竝音攘。」清段玉裁《注》：「穰者，莖在皮中如瓜瓤在瓜皮中也。」

《廣韻》：「禾莖。」

又禾實豐也。

《詩・商頌》：「豐年穰穰。」

又凡物豐盛皆曰穰。

《詩・周頌》：「降福穰穰。」《傳》：「穰穰，眾也。」

《史記・滑稽傳》：「道傍有禳田者。」《注》：「謂為田求福禳。」

十二神：古代相傳與十二支相應的十二個神。所主不同，神名各異。

分主十二方位的神。

漢王充《論衡・難歲》：「式上十二神登明、從魁之輩，工伎家謂之皆天神也，常立子、丑之位，俱有沖抵之氣。」

唐韓愈《毛穎傳》：「其先明眎，佐禹治東方土，養萬物有功，因封於卯地，死為十二神。」

又指十二神之一。亦指宅中十二主神。

漢王充《論衡・解除》：「宅中主神，有十二焉，青龍白虎列十二位……宅主驅逐，名為去十二神之客，恨十二神之意，安能得吉？」

又驅逐疫鬼的十二個神。

《後漢書・禮儀志中》：「凡使十二神追惡凶，赫女軀，拉女幹，節解女肉，抽女肺腸，女不急去，後者為糧。」

又分主十二月之神。

宋高承《事物紀原・輿駕羽衛・十二神》：「《大饗明堂記》：『十二神輿載十二月之神象，自鉦鼓漏鐘及神輿、舊禮令無文，開寶通禮新加。』」

十二神將：又稱十二天將、十二將。式卜術中所用的十二位天將。

《六壬大全・卷二・天將總論》：「以天乙貴人為主，居中，前有五位：一騰蛇，二朱雀，三六合，四勾陳，五青龍；此為水、火、土之神，在左方。後有五位：一天后，二太陰，三玄武，四太常，五白虎；此為金、水、土之神。尚有一位天空，有名而無物。六壬術家用以配三傳四課，占斷吉凶。大抵以天乙貴人、青龍、六合為吉神，太常次之；白虎、滕蛇為凶神，玄武、勾陳次之，其餘平平。」

又六壬十二神：也稱十二神、十二月將。指六壬占術中的十二支神。

《六壬大全・十二神釋》：「一、登明，亥，正月將；二、河魁，戌，二月將；三、從魁，酉，三月將；四、傳送，申，四月將；五、小吉，未，五月將；六、勝光，午，六月將；七、太乙，巳，七月將；八、天罡，辰，八月將；九、大沖，卯，九月將；十、功曹，寅；十月將；十一、大吉，丑，十一月將；十二、神后，子，十二月將。」

《道藏・洞真部・黃帝授三子玄女經》：「天一所在，甲戊庚，旦，大吉；夕，小吉。乙己，晝，神后；夜，傳送。丙丁，旦，登明；暮，從魁。六辛，晝，先勝；夜，功曹。壬癸，晝，太一；夜，太沖。」

又十二將所主法：前一，騰蚍，火神，家在巳，主驚恐怖畏，凶將。騰蚍，騰蛇也。

前二，勾陣，土神，家在辰，主戰鬥諍訟，凶將。勾陣，勾陳也。

前三，青龍，木神，家在寅，主錢財慶賀，吉將。

前四，六合，木神，家在卯，主陰私和合，吉將。六口，六合也。

前五，朱雀，火神，家在午，主口舌懸官，凶將。

前六，天一，貴人，上神，家在丑，主福德之神，吉將。大無成。

後一，天后，水神，家在亥，主後宮婦女，吉將。

後二，太陰，金神，家在酉，主弊匿隱藏，吉將。
後三，玄武，水神，家在子，主亡遺盜賊，凶將。
後四，太裳，土神，家在未，主冠帶衣服，吉將。
後五，白虎，金神，家在申，主疾病死喪，凶將。
後六，天空，土神，家在戌，主欺殆不信，凶將。

前盡於五，後終六。天一立中央，為十二將定吉凶而斷事者也。

十二月將所主法：正月，徵明，水陰神，凶，治在亥，為河神，主穿獄門訟事。

二月，河魁，土陽神，凶，治在戌，為土神，主口舌婦人事。

三月，徵魁，金陰神，凶，治在酉，為灶神，主移徙搖動事。

四月，傳送，金陽神，吉，治在申，為道路神，主遠行商賣事。

五月，小吉，土陰神，吉，治在申，為天井，主酒食廚膳事。

六月，勝先，火陽神，吉，治在午，為外灶神，主五穀口舌事。

七月，太一，火陰神，凶，治在巳，為內灶神，主船車相連事。

八月，天罡，土陽神，凶，治在辰，為土神，主疾病死喪事。

九月，大沖，木陰神，凶，治在卯，為社樹，主林木船車事。

十月，功曹，木陽神，吉，治在寅，為大樹，主徵召長史事。

十一月，大吉，土陰神，吉，治在丑，為山神，主六畜宮土事。

十二月，神后，水陽神，吉，治在子，為北辰，主婦女陰私事。

藂：。俗叢字。

清陳昌治刻本《說文解字・卷三・丵部》：「聚也。徂聰切，竝族平聲。」

《周禮・大司徒》：「其植物宜叢物。」

《呂氏春秋・達鬱》：「則百惡竝起，而萬災叢至矣。」

又眾多，繁雜。

《後漢書・馮衍傳》：「惡叢巧之亂世兮。」

《漢書・酷吏傳贊》：「網密事叢。」

又作藂。

《前漢・息夫躬傳》：「藂棘棧棧。」《注》：「詩葛覃注：『灌木曰藂。』」

昊：。

《廣韻》《正韻》：「胡老切。」《集韻》、《韻會》：「下老切，竝音皓。」

《說文》：「作昦。」

《爾雅・釋天》：「夏為昊天。」《注》：「言氣皓旰。」《疏》：「昊者，元氣博大之貌。

李巡云：『夏萬物盛壯，其氣昊昊，故曰昊天。』」

《書・堯典》：「欽若昊天。」

《周禮・春官・大宗伯》：「以禋祀祀昊天上帝。」

又與皥通。

《禮・月令》：「其帝太皞。」《釋文》：「皞，亦作昊。」

饉：。

清陳昌治刻本《說文解字・卷五・食部》：「蔬不孰為饉。具吝切，竝音僅。」

《廣韻》：「無穀曰饑，無菜曰饉。」

《論語》：「因之以饑饉。」

《爾雅・釋天・李注》：「可食之菜，皆不熟為饉。」

《韓詩外傳》：「三穀不升謂之饉。」

又穀物欠收。

《墨子・七患》：「一穀不收謂之饉，二穀不收謂之旱。」

《穀梁傳・襄公二十四年》：「二穀不升謂之饑，三穀不升謂之饉。」

又通殣。餓死。餓死的人

《文選・班彪・王命論》：「夫餓饉流隸，饑寒道路，思有短褐之襲，儋石之蓄。」

又缺乏。

《鹽鐵論》：「多者不獨衍，少者不獨饉。」

霜：。

清陳昌治刻本《說文解字・卷十一・雨部》：「喪也。成物者。師莊切，竝音雙。」

《玉篇》：「露凝也。」

《釋名》：「其氣慘毒，物皆喪也。」
《大戴禮》：「陽氣勝，則散為雨露。陰氣勝，則凝為霜雪。」
《易・坤卦》：「履霜堅冰至。」
《詩・秦風》：「白露為霜。」

雹：。
清陳昌治刻本《說文解字・卷十一・雨部》：「雨冰也。弼角切，竝音薄。」
《大戴禮》：「陽之專氣為霰，陰之專氣為雹。霰雹者，一氣之化也。」《注》：「陽氣在雨，溫暖如陽。陰氣薄之，不相入，摶而為雹。」
《春秋・穀梁》：「雹者，陰脅陽之象也。」
《埤雅》：「陰包陽為雹。申豐以為古者藏冰固陰，沍寒而無雹，蓋陽無所洩，雹之所以生也。雹形似今半珠，其粒皆三出。雪六出成華，雹三出成實，雹冰之餘，造化權輿。曰：『雹者，雨之冰也。』」
又北方之氣，雲雨雹霰雪。亦稱硬頭雨。
《禮・月令》：「仲夏行冬令，則雹凍傷穀。」《注》：「子之氣乘之也。陽為雨，陰起脅之，凝為雹。」
《左傳・昭四年》：「聖人在上，無雹。雖有，不為災。」
《韻會補》：「洮岷間，雨雹曰白雨。」

陰謀：用兵的謀略。

《國語・越語下》：「陰謀逆德，好用兇器。」韋昭注：「陰謀，兵謀也。」

又祕計，詭計。

《管子・輕重甲》：「內則有女華之陰，外則有曲逆之陽，而得成其天子。此湯之陰謀也。」

《史記・陳丞相世家》：「陳平曰：『我多陰謀，是道家之所禁。』」

又暗中策劃，祕密計議。

《史記・蒙恬列傳》：「趙高迺與丞相李斯、公子胡亥陰謀，立胡亥為太子。」

四孟：農曆四季中每季頭一個月的合稱。即孟春（正月）、孟夏（四月）、孟秋（七月）、孟冬（十月）。

《漢書・劉向傳》：「日月薄食，山陵淪亡，辰星出於四孟。」顏師古注：「四時之孟月也。」

蕚：𠌶。

《韻會》：「逆各切，竝音鄂。」

《玉篇》：「花蕚也。」

《晉書・皇甫謐傳》：「春華發蕚，夏繁其實。」

《束晳・白華詩》：「白華朱蕚。」

辟召：徵召。

《後漢書・鄭均傳》：「均好義篤實，養寡嫂孤兒，恩禮敦至。常稱病家廷，不應州郡辟召。」

唐陸贄《請許臺省長官舉薦屬吏狀》：「漢朝務求多士，其選不唯公府辟召而已，又有父任兄任皆得為郎。」

虛耗：空竭。白白地消耗，浪費。

《韓詩外傳・卷十》：「今百姓之於外，短褐不蔽形，糟糠不充口，虛耗而賦斂無已，王收太半而藏之臺，是以天火之。」

《後漢書・西羌傳・東號子麻奴》：「自羌叛十餘年間，兵連師老，不暫寧息……延及內郡，邊民死者不可勝數，并涼二州遂至虛耗。」

唐劉肅《大唐新語・極諫》：「總章中，高宗將幸涼州，時隴右虛耗，議者以為非便。」

九神：天蓬、天任、天沖、天輔、天英、天芮、天柱、天心、天禽。

《道法會元卷・一百七十二》：「右禹步玄門者，言北斗九宸應化分精而為九神也。九神者，天蓬、天任、天沖、天輔、天英、天芮、天柱、天心、天禽也。謂順支辰總御陰陽，契合天地主張造化。」

偊：王矩切，音羽。偊偊，獨行貌。

[illegible]：都騰切，音登。

軒：。

清陳昌治刻本《說文解字・卷十四・車部》：「曲輈藩車。《徐曰》：『載物則直輈。軒，大夫以上車。轓，兩旁壁也。』竝虛言切，音掀。」

《定九年》：「與之犀軒。」《注》：「犀軒，卿車。夫人車以魚為飾，卿車以犀皮為飾也。」

又車前高曰軒，前下曰輊。

《詩・小雅》：「戎車既安，如輊如軒。」《注》：「輊，車覆而前也。軒，車卻而後也。」

《後漢・馬援傳》：「居前不能令人輊，居後不能令人軒。」《注》：「言為人無所輕重也。」

又簷宇之末曰軒。
《左思・魏都賦》：「周軒中天。」《注》：「周軒，長廊有窗而周迴者。」
又舞貌。
《淮南子・道應訓》：「軒軒然迎風而舞。」
又自得之貌。
《唐書・孔戣傳》：「軒軒自得。」
又與憲通。
《禮・樂記》：「致右憲左。」《注》：「憲讀為軒，足仰也。」

研：。細磨也。
清陳昌治刻本《說文解字・卷九・石部》：「䃺也。五堅切。」
《齊民要術》：「打取杏仁，以湯脫去黃皮，熟研，以水和之，絹濾取汁。」
又研究，探討。
《易・繫辭》：「能研諸侯之慮。」《注》：「研，俞思慮也。」疏：「精也。」
范曄《後漢書・張衡傳》：「研核陰陽。」
又同硯。

委碎：猶瑣碎。
《新唐書・韋巨源傳》：「其治委碎無大體，句校省中遺隱，下符斂克不少蠲，雖收其利，然下所怨苦。」

第二十一卷

論五帝

論五帝

遂古以來。所論五帝。凡有三種。河圖云。東方青帝。靈威仰。木帝也。南方赤帝。赤熛怒。火帝也。中央黃帝。含樞紐。土帝也。西方白帝。白招拒。金帝也。北方黑帝。叶光紀。水帝也。陶華陽云。有皇伯。皇仲。皇叔。皇季。皇少。兄弟五人。即靈威仰等。此五帝。竝天上神。下治於世。綜理神鬼。次第相接。治太微宮。其精為五帝之座。五星隨王受氣。即明堂所祭者也。故云。宗祀文王於明堂。以配上帝。禮記曰。春之月。其帝大皞。夏之月。其帝炎帝。中央土。其帝黃帝。秋之月。其帝少皞。冬之月。其帝顓頊。東方大昊庖義氏。主春。蒼精之君。南方炎帝神農氏。主夏。赤精之君。中央黃帝軒轅氏。主四季。黃精之君。西方白帝金天氏。主秋。白精之君。北方黑帝顓頊氏。主冬。黑精之君。易曰。帝出於震。此蓋人帝之始。始於伏義。五行之次。以木為先。四時相易。以春為首。故庖義為五帝之先也。又諸史以少昊。顓頊。高辛。唐。虞。謂之五帝。此蓋自舜已前。五行相承為帝也。易經乃上取伏義。下至虞舜。不言中間三帝者。以其因脩。無所造作。何以得言之。故不論也。

大昊帝庖義者。姓風也。母華胥。履大人跡。而生於成紀。蛇身人首。以木德王天下。為百王先。易曰。帝出於震。震。木。東方。主春。象日之明。故曰太昊。因象龜文。而畫八卦。為罔罟以田漁。古者。人畜相食。為害者多。帝觀蜘蛛之網。教民取犧牲。以充庖廚。故曰庖犧。是謂義皇。後世音謬。謂之伏犧。或云宓義。一號雄皇氏。孝經鉤命決云。伏義。日角。珠衡。戴勝。禮含文嘉云。伏義德洽上下。天應以鳥獸文章。地應以龜書。伏義則象。作八卦。炎帝神農氏。姓將姜。母任姒。名女登。感神龍而生帝於常羊。人身牛首。以火承木。位南方。主夏。故曰炎帝。作耒耜。始教民耕農。嘗別草木。令人食穀。以代犧牲之命。故號神農。一號魁隗氏。是為農皇。禮含文嘉云。神農作田道。就耒耜。天應以嘉禾。地出以醴泉。黃帝軒轅氏。姓姬。母附寶。見大電光繞北斗樞星。明照郊野。感而生帝於壽丘。以土承火。位在中央。故曰黃帝。治五氣。設五帝。始垂衣裳。作舟車。造屋宇。古者巢居穴處。黃帝易之。以上棟下宇。以蔽風雨。故號軒轅。亦云。居軒轅之丘。因以為號。一號帝鴻氏。或歸藏氏。或有熊氏。春秋文燿鉤云。黃帝龍顏。得天庭。法中宿。取象文昌。禮含文嘉云。黃帝脩兵革。以德行。則黃龍至。鳳皇來儀。少昊金天氏。姬姓。名摯。字青陽。母女節。有大星如虹。下流華渚。夢接意感。生帝。以金承土。故曰金天。即圖讖所謂白帝朱宣也。位在西方。主秋。金有光明。居小陰位。故曰少昊。文燿鉤云。帝摯戴干。是謂清明。發節移度。蓋象招搖。顓頊。高陽氏。姓姬。母景僕。見搖光貫月如虹。感而生帝於若水。以水承金。位在北方。主冬。故號顓頊。文燿鉤云。顓頊併干。上法月參。集威成紀。以理陰陽。此五帝。既禮所配五方者也。帝嚳高辛氏。姬姓。生而神異。自言其名曰逡。以木承水。五行名官。故號高辛。帝王世紀云。高辛駢齒。有聖德。能順三辰。帝堯陶唐氏。祁姓。母慶都。出洛渚。遇赤龍。感孕十四月。而生帝於丹陵。名放勛。以火承木。其兄帝摯。封之於唐。故是號陶唐氏。文燿鉤云。堯眉八彩。是謂通明。曆象日月。陳剬考功。禮含文嘉云。堯。廣被四表。致於龜龍。帝舜有虞氏。姓姚。母握登。見大虹。意感。生帝於姚墟。名重華。字都君。目重瞳子。故名重華。以土承火。堯封之於虞。故號有虞氏。設五色之服。文燿鉤云。舜重瞳子。是謂茲諒。上應攝提。以統三光。禮含文嘉云。舜損己。以安百姓。致鳥獸鶬鶬。鳳凰來儀。此三帝。并少昊。顓頊。共為五帝。史記以伏羲。女媧。神農。為三皇。黃帝以下為五帝。帝王世紀以羲皇。神農。黃帝。為三皇。少昊已下為五帝。今案禮記。郊配五德。自伏羲至顓頊為五帝。是其正位。所以然者。易稱帝出於震。蓋五德之首也。以次而行。至顓頊。則五德數終。若以少昊為首。則金非五德之先。若以黃帝為首。土居中央。本非創始。故從木為先。伏羲為五德之首。易言是也。其帝嚳已下。皆行次相承也。上帝有五。靈威仰等姓氏事。伏羲年代久遠。典籍遺漏。不可具釋。然五德相承。謂受天明命。必豫符瑞。以明會昌。若應命之主。皆承太微五帝之精。以誕於世。必有先徵示其萌兆也。木王則蒼帝之子。火王則赤帝之子。土王則黃帝之子。金王則白帝之子。水王則黑帝之子。故錄圖云。東方蒼帝。體為蒼龍。其人長頭。面大。角骨。起眉。背豐博。順金授火。南方赤帝體為朱鳥。其人尖頭。圓面。方頤。張目。小上廣下。鬚髯偃胸。順水授土。中央黃帝。體為軒轅。其人面方。廣顙。兑頤。緩脣。背豐厚。順木授金。西方白帝。體為白虎。其人方顙。直面。兑口。大鼻。小角。順火授水。北方黑帝。體為玄武。其人夾面。兑頭。深目。厚耳。垂腹。反羽。順土授木。此竝象五行之符。依其行次。以相傳授也。感精符云。蒼帝。望之廣。視之博。赤帝。望之火。煌煌然。視之尖上。黃帝。望之小。視之大。廣厚正方。白帝。望之明。視之茂。黑帝。望之巨。視之穊。元命苞云。蒼精用事。象歲星。赤精用事。象熒惑。黃精用事。象鎮星。白精用事。象太白。黑精用事。象辰星。此皆五德之依五行。子母相傳也。非其次者。必有尅代。而不終也。秦以金德代周。二世而亾。漢以火行繼周。代秦偽金。故其祚長遠。若是其行。次者則有符瑞也。春秋元命苞云。堯火精。故慶都感赤龍而生。漢以孔子獲麟。得圖書云。姬周亡。火曜。劉起。帝卯金。故高祖斬白蛇。而神母哭云。赤帝子殺我白帝子。光武感赤伏符而中興。此皆火德之徵也。四行所感。例皆如此。往代帝王。符瑞非一。不可具述。今略論五帝配五行如此。

註：

庖羲：即伏羲。中國神話中人類的始祖。

漢馬融《長笛賦》：「昔庖羲作琴，神農造瑟，女媧制簧，暴辛為塤。」

又古代傳說中的三皇之一。風姓。相傳其始畫八卦，又教民漁獵，取犧牲以供庖廚，因稱庖犧。

亦作伏戲、伏犧。

《太平御覽・皇王部三》：「太昊帝庖犧氏，風姓也，蛇身人首，有聖德，都陳。作瑟三十六弦。燧人氏沒，庖犧氏代之，繼天而生，首德於木，為百王先。帝出於震，未有所因，故位在東方，主春。象日之明，是稱太昊。制嫁娶之禮，取犧牲以充庖廚，故號曰庖犧皇。後世音謬，故或謂之，宓犧。一號雄皇氏，在位一百一十年。」

女媧：《太平御覽・皇王部三》：「女媧氏，亦風姓也。承庖犧制度，亦蛇身人首，一號女希，是為女皇。未有諸侯，有共工氏，任智刑以強，伯而不王，以水承木，非行次，故《易》不載。」

《莊子・繕性》：「逮德下衰，及燧人、伏羲始為天下，是故順而不一。」

《莊子・大宗師》：「伏戲氏得之，以襲氣母。」

漢揚雄《法言・問道》：「鴻荒之世，聖人惡之，是以法始乎伏犧而成乎堯。」

晉王嘉《拾遺記・春皇庖犧》：「庖者包也，言包含萬象；以犧牲登薦於百神，民服其聖，故曰庖犧，亦曰伏羲。」

《周禮・春官・大司樂》：「以樂舞教國子。」賈公彥疏引《孝經緯》：「伏犧之樂曰《立基》。」

唐楊炯《少室山姨廟碑》：「伏羲畫卦，唯觀鳥獸之文。」

神農：傳說中的太古帝王名。始教民為耒耜，務農業，故稱神農氏。又傳他曾嚐百草，發現藥材，教人治病。也稱炎帝，謂以火德王。

《易・繫辭下》：「包犧氏沒，神農氏作，斲木為耜，揉木為耒，耒耨之利，以教天下。」

《太平御覽・皇王部三》：「神農氏，姜姓也。母曰任姒，有喬氏之女，名女登，為少典妃。遊於華陽，有神龍首感女登於常，生炎帝，人身牛首，長於姜水，有聖德。以火承木，位在南方，主夏，故謂之炎帝，都於陳，作五弦之琴。凡八世，帝承、帝臨、帝明、帝直、帝來、帝哀、帝揄罔。又曰本起烈山，或時稱之，一號魁隗氏，是為農皇，或曰帝炎。時諸侯夙沙氏叛不用命，炎帝退而修德，夙沙之民自攻其君而歸炎帝，營都於魯。重八卦之數，究八八之體為六十四卦，在位百二十年而崩，葬長沙。」

《淮南子・主術訓》：「昔者，神農之治天下也，神不馳於胸中，智不出於四域，懷其仁誠之心，甘雨時降，五穀蕃植。」

又謂土神。後世稱司農事之官為神農。

《禮記・月令》：「季夏之月，毋發令而待，以妨神農之事也。」鄭玄注：「土神稱曰神農者，以其主於稼穡。」

《呂氏春秋・季夏紀》：「無發令而干時，以妨神農之事；水潦盛昌，命神農將巡功，舉大事則有天殃。」高誘注：「昔炎帝神農能殖嘉穀，神而化之，號為神農。後世因名其官為神農。」

軒轅：《史記・卷一・五帝本紀・第一》：「黃帝者，少典之子，姓公孫，名曰軒轅。生而神靈，弱而能言，幼而徇齊，長而敦敏，成而聰明。軒轅之時，神農氏世衰。諸侯相侵伐，暴虐百姓，而神農氏弗能征。於是軒轅乃慣用干戈，以征不享，諸侯咸來賓從。而蚩尤最為暴，莫能伐。炎帝欲侵陵諸侯，諸侯咸歸軒轅。軒轅乃脩德振兵，治五氣，藝五種，撫萬民，度四方，教熊羆貔貅貙虎，以與炎帝戰於阪泉之野。三戰然後得其志。蚩尤作亂，不用帝命。於是黃帝乃徵師諸侯，與蚩尤戰於涿鹿之野，遂禽殺蚩尤。而諸侯咸尊軒轅為天子，代神農氏，是為黃帝。天下有不順者，黃帝從而征之，平者去之，披山通道，未嘗甯居。

蚩尤：傳說中的古代九黎族首領。以金作兵器，與黃帝戰於涿鹿，失敗被殺。

《逸周書・嘗麥篇》：「蚩尤乃逐帝，爭於涿鹿之阿，九隅無遺，赤帝大懾。乃說於黃帝，執蚩尤，殺之於中冀。」

《山海經・大荒北經》：「蚩尤作兵伐黃帝。黃帝乃令應龍攻之冀州之野。應龍畜水。蚩尤請風伯雨師縱大風雨。黃帝乃下天女曰魃，雨止，遂殺蚩尤。」

司馬遷《五帝本紀・史記》正義引《魚龍河圖》：「萬民欲令黃帝行天子事，黃帝以仁義不能禁止蚩尤，乃仰天而嘆。天遣玄女下授黃帝兵信神符，制伏蚩尤，帝因使之主兵，以制八方。蚩尤沒後，天下復擾亂，黃帝遂畫蚩尤形像以威天下，天下咸謂蚩尤不死，八方萬邦皆為弭服。」

羆：。

清陳昌治刻本《說文解字・卷十・熊部》：「如熊，黃白文。班麋切，竝音陂。」

《爾雅・釋獸》：「羆如熊，黃白文。」《注》：「似熊而長頭高腳，憨猛多力，能拔樹木。」

《陸璣詩疏》：「羆有黃羆，有赤羆，大於熊，其脂如熊，白而麤理，不如熊白美也。」

《爾雅翼》：「羆則熊之雌者，力尤猛。」

貔：貔。

清陳昌治刻本《說文解字・卷九・豸部》：「豹屬，出貉國。頻脂切，竝音毗。」

《爾雅・釋獸》：「貔，白狐。」

《廣雅》：「貔，貍貓也。」

《書・牧誓》：「如虎如貔。」《傳》：「貔，一名執夷，虎屬也。」

《詩・大雅》：「獻其貔皮。」《陸璣疏》：「貔似虎，或曰似熊，遼東謂之白熊。」

貅：貅。

《集韻》、《韻會》、《正韻》：「虛尤切，竝音休。」

《禮・曲禮》：「前有摯獸，則載貔貅。」《注》：「貔貅，亦摯獸也。」

《史記・五帝紀》：「教熊羆貔貅貙虎，以與炎帝戰於阪泉之野。」《注》：「此六者猛獸，可以教戰。」

貙：貙。

清陳昌治刻本《說文解字・卷九・豸部》：「貙獌（無販切，竝音萬。《說文》：狼屬也），似貍者。椿俱切，竝音踰。」

《爾雅・釋獸》：「貙獌似貍。」《注》：「今貙虎也。大如狗，文如貍。」

《字林》：「似貍而大。一云似虎而五爪。」

《前漢・武帝紀》：「膢五日。」《注》：「蘇林曰：『膢（龍珠切，竝音軀。《說文》：楚俗，以二月祭飲食之神也），祭名也。貙，虎屬。常以立秋日祭獸，王者亦以此日出獵，還以祭宗廟，故有貙膢之祭也。』」東至於海，登丸山，及岱宗。西至於空桐，登雞頭。南至於江，登熊、湘。北逐葷粥，合符釜山，而邑於涿鹿之阿。遷徙往來無常處，以師兵為營衛。官名皆以云命，為雲師。置左右大監，監於萬國。萬國和，而鬼神山川封禪與為多焉。獲寶鼎，迎日推筴。舉風後、力牧、常先、大鴻以治民。順天地之紀，幽明之占，死生之說，存亡之難。時播百穀草木，淳化鳥獸蟲蛾，旁羅日月星辰水波土石金玉，勞勤心力耳目，節用水火材物。有土德之瑞，故號黃帝。

筴：《廣韻》：「楚革切。」《集韻》：「測格切。」《正韻》：「恥格切，竝音策。卜筮筴也。」

《禮・曲禮》：「龜為卜，筴為筮。又與策同，謀也。」

《史記・張耳陳餘傳》：「二人聞諸將為陳王徇地，多以讒毀得罪，怨陳王不用其筴。」又簡筴。

《魯語》：「臧文仲聞柳下季之言，使書以為三筴。」《注》：「筴，簡書也。」

《莊子・駢拇篇》：「挾筴讀書。」

黃帝二十五子，其得姓者十四人。

黃帝居於軒轅之丘，而娶於西陵之女，是為嫘祖為黃帝正妃，生二子，其後皆有天下：其一曰玄囂，是為青陽，青陽降居江水；其二曰昌意，降居若水。昌意娶蜀山氏女，曰昌僕，生高陽，高陽有聖德焉。黃帝崩，葬橋山。其孫昌意之子高陽立，是為帝顓頊也。」

《太平御覽・皇王部四》：「黃帝者，少典之子，姓公孫，名軒轅。諸侯有不順者，從而征之，未嘗寧居。東至於海，登丸山，及岱宗。西至崆峒，登雞頭山。南至江，登熊、湘。北極葷粥，合符釜山，而邑於涿鹿之阿。遷徙無常處，以師兵為營衛。官名皆以命，為雲師。置左右大監，監於萬國。獲寶鼎。舉風後、力牧、常先、大鴻以治民。有土德之瑞，故號曰黃帝。有二十五子，其得姓者十四人。黃帝居軒轅之丘，而娶於西陵氏之女，是為嫘祖。音縲為正妃，生二子，其後有天下：其一曰玄囂，是為青陽，降居江水；其二曰昌意，降居弱水。昌意娶蜀山氏女，曰昌僕，生高陽。高陽有聖德焉。黃帝崩，葬橋山。其孫昌意之子高陽立，是為帝顓頊。

《帝王世紀》：「黃帝，有熊氏少典之子，姬姓也。母曰附寶，其先即炎帝母家有蟜氏之女，世與少典氏婚，故《國語》兼稱焉。及神農氏之末，少典氏又取附寶，見大電光繞北斗樞星照郊野，感附寶，孕二十五月，生黃帝於壽丘，長於姬水。龍顏，有聖德，受國於有熊，居軒轅之丘，故因以為名，又以為號。與神農氏戰於阪泉之野，三戰而克之。力牧、常先、大鴻、神農、皇直、封巨人鎮大山，稽鬼、臾區、封胡、孔甲等，或以為師，或以為將，分掌四方，各如己視，故號曰黃帝四目。又使岐伯嚐味百草，典醫療疾，今經方、本草之書咸出焉。其史倉頡，又取像鳥跡，始作文字。史官之作，蓋自此始。記其言行，策而藏之，名曰書契。黃帝一號帝鴻氏，或曰歸藏氏，或曰帝軒。吹律定姓，有四妃，生二十五子，在位百年而崩，年百一十歲。」

金天：古帝少昊，亦作少皞的稱號。傳說為中古時代東夷首領，名摯（一作質），號金天氏。東夷曾以鳥為圖騰，相傳少皞曾以鳥名為官名。傳說少皞死後為西方之神。

《太平御覽・皇王部四》：「《帝王世紀》：少昊帝名摯，字青陽，姬姓也。母曰女節。黃帝時有大星如虹，下流華渚。女節夢接意感，生少昊，是為玄囂。降居江水，有聖德，邑於窮桑，以登帝位，都曲阜，故或謂之窮桑帝，以金承土，《帝圖讖》所謂白帝朱宣者也。故稱少昊，號金天氏。在位百年而崩。」

晉葛洪《抱樸子・對俗》：「金天據九鳳以正時。」王明校釋：「金天氏，即少昊，名摯，黃帝之子。」

《左傳・昭西元年》：「昔金天氏有裔子曰昧，為玄冥師。」杜預注：「金天氏，帝少昊。」

《漢書・古今人表》：「上上聖人，少昊帝，金天氏。」顏師古注引張晏曰：「以金德王，故號曰金天。」

《左傳・昭公十七年》：「郯子曰：『我高祖少皞摯之立也，鳳鳥適至，故紀於鳥，為鳥師而鳥名。』」杜預注：「少皞，金天氏，黃帝之子，己姓之祖也。」

《呂氏春秋・孟秋》：「孟秋之月，日在翼，昏斗中，旦畢中，其日庚辛，其帝少皞。」高誘注：「庚辛，金日也。少皞……以金德王天下，號為金天氏，死配金，為西方金德之帝，為金神。」

顓頊：**顓**：，頭顓顓謹貌；朱緣切，竝音專。**頊**：，頭頊頊謹貌；籲玉切，竝音旭。

《史記・卷一・五帝本紀・第一》：「帝顓頊高陽者，黃帝之孫而昌意之子也。靜淵以有謀，疏通而知事；養材以任地，載時以象天，依鬼神以制義，治氣以教化，絜誠以祭祀。北至於幽陵，南至於交阯，西至於流沙，東至於蟠木。動靜之物，大小之神，日月所照，莫不砥屬。帝顓頊生子曰窮蟬。顓頊崩，而玄囂之孫高辛立，是為帝嚳。」

《太平御覽・皇王部四》：「《帝王世紀》：帝顓頊高陽氏，黃帝之孫，昌意之子，姬姓也。母曰景僕，蜀山氏女，為昌意正妃，謂之女樞。金天氏之末，女樞生顓頊於若水，首戴干戈，有聖德。父昌意，雖黃帝之嫡，以德劣降居若水，為諸侯。及顓頊生，十年而佐少昊，十二年而冠，二十而登帝位，平九黎之亂，以水事紀官。命南正重司天，以屬神；北正黎司地，以屬民。於是神民不雜，萬物有序。始都窮桑，後徙商丘，命飛龍效八風之音作樂，作五音以祭上帝。納勝墳氏女娽，音祿生老童。有才子八人，號八凱。顓頊在位七十八年，年九十一歲。歲在鶉火而崩，葬東郡頓丘廣陽里。」

罔罟：指漁獵的網具。

《易・繫辭下》：「包犧氏作結繩而為罔罟，以佃以漁。」

《莊子・逍遙遊》：「子獨不見狸狌乎……中於機辟，死於罔罟。」

《荀子・王制》：「黿、鼉、魚、鱉、鰌（此由切，竝音秋。鰼也。同鰍）、鱣（張連切，竝音沾。鯉類也。）孕別之時，罔罟毒藥不入澤。」

罟：。

清陳昌治刻本《說文解字・卷七・网部》：「罔也。果五切，竝音古。」

《玉篇》：「魚罔也。」

《易・繫辭》：「結繩而為罔罟。」《釋文》：「取魚曰罟。」

《詩・小雅》：「畏此罪罟。」《傳》：「罟，網也。」

日角：額骨中央部分隆起，形狀如日。舊時相術家認為是大貴之相。

《後漢書・光武帝紀上》：「身長七尺三寸，美鬚眉，大口，隆準，日角。」李賢注引鄭玄《尚書中候》注：「日角謂庭中骨起，狀如日。」

宋孫奕《履齋示兒編・雜記・事同》：「光武日角，唐高祖亦日角。」

太平天国洪仁玕《英傑歸真》：「若吾真聖主面形日角，眼若日輪，毫光映射，無敢仰視之者，即在遊天下時而然也。」相術家亦稱額骨隆起入左邊髮際為日角，入右邊髮際為月角。

《文選・劉孝標・辯命論》：「龍犀日角，帝王之表。」李善注引朱建平《相書》：「額有龍犀入髮，左角日，右角月，王天下也。」

珠衡：謂人眉間骨隆起如連珠，古人以為帝王聖賢之相。

《孝經援神契》：「伏羲大目山準，日角而連珠衡。」宋均注：「珠衡，衡中有骨，表如連珠，象玉衡星。」

南朝陳徐陵《勸進梁元帝表》：「握圖秉鉞，將在御天；玉勝珠衡，先彰元後。」

隋薛道衡《老氏碑》：「珠衡日角，天表冠於百王；明鏡衢罇，聖德會於千祀。」

戴勝：戴玉琢之華勝。為古神話人物西王母的服飾。

《山海經・西山經》：「西王母其狀如人，豹尾虎齒而善嘯，蓬髮戴勝。」郭璞注：「勝，玉勝也。」郝懿行箋疏：「郭云：『玉勝者，蓋以玉為華勝也。』」

漢司馬相如《大人賦》：「覩西王母，皬然白首戴勝而穴處兮。」

龜書：謂神龜負書。

《文選・張衡・東京賦》：「龍圖授羲，龜書畀（賜也。浦至切，竝音比）姒（女子同出，先生為姒，後生為娣。詳子切，竝音似）。」薛綜注：「《尚書》傳曰：『天與禹，洛出書，謂神龜負文而出，列於背。』」

唐張九齡《龍池聖德頌》：「浩浩洪水，包山襄陵。舜亦命禹，夏氏以興。龍圖龜書，二王是膺。湯武以下，夫何足徵。」

明楊慎《觀論衡有感衍其義為韻語》：「龍圖天苞呈，龜書地符示。」

《宋書・符瑞志上》：「洛出龜書六十五字，是為《洪範》，此謂洛出書者也。」

常羊：古代傳說中的山名。

《山海經・海外西經》：「形天與帝至此爭神，帝斷其首，葬之常羊之山。」

形天：神話人物，無首。

《山海經・海外西經》：「形天與帝至此爭神，帝斷其首，葬之常羊之山，乃以乳為目，以臍為口，操干戚以舞。」

《宋書・符瑞志上》：「炎帝神農氏，母曰女登，游於華陽，有神龍首感女登於常羊山，生炎帝。」

耒耜：古代耕地翻土的農具。**耒**（。手耕曲木也。竝盧對切，音累）是耒耜的柄，**耜**（。臿也。本作杞。序姊切，竝音似）是耒耜下端的起土部分。

《禮記・月令》：「孟春之月，天子親載耒耜，措之於參保介之御間。」鄭玄注：「耒，耜之上曲也。」

又農具的總稱。

《孟子・滕文公上》：「陳良之徒陳相，與其弟辛，負耒耜而自宋之滕。」

嵬：。

清陳昌治刻本《說文解字・卷九・嵬部》：「高不平也。五回切，竝音巍。」

《爾雅・釋山》：「石戴土謂之崔嵬。」《注》：「石山上有土者。」

《詩・周南》：「陟彼崔嵬。」

又高大貌。

《班固・西都賦》：「增盤崔嵬。」

壽丘：亦作壽邱。古地名。在今山東省曲阜縣東。

《史記・五帝本紀》：「舜作什器於壽丘。」

晉皇甫謐《帝王世紀》：「附寶孕二十五月，生黃帝於壽邱。」

明張居正《軒轅皇問道治世長生頌》：「蚤徵靈瑞，葉壽邱之符。」

天庭：術指人兩眉之間。亦指前額中央。

《三國志・魏志・管輅傳》：「此二人天庭及口耳之間同有凶氣。」

《黃庭內景經・黃庭》：「天庭地關列斧斤。」梁丘子注：「兩眉間為天庭。」

中宿：古天文學將二十八宿分為四方，每方各七宿，其居中一宿稱中宿。

《宋書・律曆志下》：「直以月維四仲，則中宿常在衛陽。」

《新唐書・曆志一》：「七宿畢見，舉中宿言耳。」

文昌：星座名。共六星，在斗魁之前，形成半月形狀。

《史記・天官書》：「斗魁戴匡六星曰文昌宮：一曰上將，二曰次將，三曰貴相，四曰司命，五曰司中，六曰司祿。」

《南史・宋紀中・文帝》：「元嘉十九年九月丙辰，有客星在北斗，因為彗，入文昌，貫五車。」

又特指文昌宮六星的第四星，即大熊星座中的f星。指斗魁戴匡六星之一。舊時傳說主文運，故俗又稱文曲星或文星。

明謝肇淛《五雜俎・天部一》：「俗言，南斗注生，北斗注死，故以北斗為司命。而文昌者，斗魁戴匡六星之一也。俗以魁故祠文星以祈科第，因其近斗也，故亦稱文昌司命云。傅會甚矣。至以蜀梓潼神為文昌化身者，又可笑也。」

清陳康祺《郎潛紀聞》卷一：「故自戊辰至於丑五科狀元……珠聯璧合，名應文昌，非偶然也。」

梁啟超《變法通議・論幼學》：「今之學塾於孔子之外，乃兼祀文昌魁星等……夫文昌者，槱燎司命，或稱為天神。」

黃龍：古代傳說中的動物名。讖諱家以為是帝王之瑞徵。

《呂氏春秋・知分》：「禹南省，方濟乎江，黃龍負舟。」

唐杜甫《秋日荊南述懷三十韻》：「赤雀翻然至，黃龍豈假媒。」仇兆鼇注：「《尚書中候》：『舜沉璧於河，榮光休至，黃龍負卷舒圖，出入壇畔。』」

又星座名。

唐楊炯《渾天賦》：「南宮則黃龍賦象，朱鳥成形。五帝之座，三光之庭。」

鳳皇：同鳳凰。古代傳說中的百鳥之王。雄的叫鳳，雌的叫凰。通稱為鳳或鳳凰。羽毛五色，聲如簫樂。

常用來象徵瑞應。

《詩・大雅・卷阿》：「鳳皇鳴矣，於彼高岡。」

唐韓愈《與崔群書》：「鳳皇、芝草，賢愚皆以為美瑞；青天、白日，奴隸亦知其清明。」

又比喻地位高貴或德才高尚的人。

漢劉楨《贈從弟》詩之三：「鳳凰集南嶽，徘徊孤竹根。」

《南史・范雲傳》：「昔與將軍俱為黃鵠，今將軍化為鳳皇。」

來儀：謂鳳凰來舞而有容儀，古人以為瑞應。

《書・益稷》：「簫韶九成，鳳皇來儀。」孔穎達疏：「簫韶之樂作之九成，以致鳳皇來而有容儀也。」

《後漢書・左雄傳》：「漢世良吏，於茲為盛，故能降來儀之瑞，建中興之功。」李賢注：「宣帝時鳳皇五至，因以紀年。」

唐鄭嵎《津陽門詩》：「花萼樓南大合樂，八音九奏鸞來儀。」後因此用以代稱鳳凰。

又比喻傑出人物的降臨。

漢劉楨《贈從弟》詩之三：「何時當來儀，將須聖明君。」

晉干寶《搜神記》卷十六：「不悟陰陽運，哲人忽來儀。」

華渚：古代傳說中的地名。

《宋書・符瑞志上》：「帝摯少昊氏，母曰女節，見星如虹，下流華渚，既而夢接意感，生少昊。登帝位，有鳳皇之瑞。」

宋柳永《送征衣》詞：「過昭陽。璿樞電繞，華渚虹流，運應千載會昌。」

明張居正《聖母圖贊・女節應星》：「有美軒妃，神風遐卲，睆彼長虹，中天垂耀，光流華渚，於昭慶兆。」

渚：。

清陳昌治刻本《說文解字・卷十一・水部》：「水。在常山中丘逢山，東入湡。之與切，竝音煮。」

《爾雅・釋水》：「小洲曰渚。」《釋名》：「渚，遮也。能遮水使旁迴也。」

《詩・召南》：「江有渚。」《傳》：「水岐成渚。」《釋文》引韓詩：「一溢一否曰渚。」

嚳：。

清陳昌治刻本《說文解字・卷二・告部》：「急告之甚也。枯沃切，竝音酷。」

《史記・本紀・五帝本紀》：「帝嚳高辛者，黃帝之曾孫也。高辛父曰蟜極，蟜極父曰玄囂，玄囂父曰黃帝。自玄囂與蟜極皆不得在位，至高辛即帝位。高辛於顓頊為族子。高辛生而神靈，自言其名。普施利物，不於其身。聰以知遠，明以察微。順天之義，知民之急。仁而威，惠而信，修身而天下服。取地之財而節用之，撫教萬民而利誨之，歷日月而迎送之，明鬼神而敬事之。其色鬱鬱，其德嶷嶷。其動也時，其服也士。帝嚳溉執中而遍天下，日月所照，風雨所至，莫不從服。帝嚳娶陳鋒氏女，生放勛。娶娵訾氏女，生摯。帝嚳崩，而摯代立。帝摯立，不善（崩），而弟放勛立，是為帝堯。」

《太平御覽・皇王部四》：「《帝王世紀》：帝嚳，高辛氏，姬姓也。其母不見，生而神異，自言其名曰『逡齝齒』。有聖德，年十五而佐顓頊，三十登帝位，都亳。以人事紀官，故以勾芒為木正，祝融為火正，蓐收為金正，玄冥為水正，後土為土正，是五行之官，分職而治諸侯，於是化被天下。遂作樂六莖以康位。世有才子八人，號曰八元。亦納四妃，卜其子皆有天下。元妃，有邰氏女，曰姜嫄，生后稷。次有娀氏女，曰簡翟，生卨；次陳豐氏女，曰慶都，生放勛；次娵訾氏女，曰常儀，生帝摯。帝嚳在位七十五年，年一百五歲而崩，葬東郡頓丘廣陽里。」

駢齒：同齝齒。謂牙齒重迭，即前齒並生為一。

《竹書紀年》卷上：「帝嚳高辛氏，生而駢齒，有聖德。」

漢班固《白虎通・聖人》：「帝嚳駢齒，上法月參。」

《新五代史・南唐世家・李煜》：「煜為人仁孝，善屬文，工書畫，而豐額、駢齒，一目重瞳子。」

駢：。俗駢字。

清陳昌治刻本《說文解字・卷十・馬部》：「駕二馬也。部田切。」

《尚書大傳》：「然後得乘飾車駢馬。」

又聚集，羅列。

《集韻》：「亦作倂。」

載：。

《史記・三代世表》：「帝俈，黃帝曾孫。」

《廣韻》、《集韻》、《韻會》、《正韻》「竝作代切，音再。」
清段玉裁《注》：「《說文》：『乘也。』乘者，覆也。上覆之則下載之。」
又承也，勝也。
《易・坤卦》：「君子以厚德載物。」
又事也。
《書・舜典》：「有能奮庸，熙帝之載。」《注》：「言奮起其功，以廣帝堯之事也。」
又始也。與哉通。
《詩・豳風》：「春日載陽。」
《孟子》：「湯始征，自葛載。」
又則也，助語詞。
《詩・周頌》：「載戢干戈，載櫜弓矢。」
又成也。
《書・益稷》：「乃賡載歌。」《注》：「賡，續也。續歌以成其義也。」
又行也。
《書・皐陶謨》：「載采采。」《注》：「言其所行某事某事也。」
又滿也。
《詩・大雅》：「厥聲載路。」
又記載也。

《書・洛誥》：「丕視功載。」《注》：「視羣臣有功者記載之。」

干：干。

清陳昌治刻本《說文解字・卷三・干部》：「犯也。居寒切，竝音竿。」

《左傳・文四年》：「其敢干大禮，以自取戾。」

《晉書・衞玠傳》：「非意相干，可以理遣。」

《爾雅・釋言》：「干，求也。」

《書・大禹謨》：「罔違道以干百姓之譽。」《論語》：「子張學干祿。」

又盾也。

《揚子・方言》：「盾，自關而東或謂之〈盾支〉，或謂之干，關西謂之盾。」

《爾雅・釋言》：「干，扞也。」《注》：「相扞衞。」《疏》：「孫炎曰：干盾，自蔽扞。」

《詩・周南》：「公侯干城。」《疏》：「干城者，言以武夫自固，為扞蔽如盾，為防守如誠然。」

又自甲至癸為天干。

《皇極經世》：「十干，天也。十二支，地也。支干，配天地之用也。」

《皇極內篇》：「十為干，十二為支。十干者。五行有陰陽也。十二支者，六氣有剛柔也。」

上法：崇尚法令。上，通尚。

《韓非子・忠孝》：「廢常上賢則亂，舍法任智則危。故曰：『上法而不上賢。』」

《史記・封禪書》：「於是秦更命河曰：『德水』，以冬十月為年首，色上黑，度以六為名，音上大呂，事統上法。」裴駰集解引服虔曰：「政尚法令也。」

參：《唐韻》、《集韻》、《韻會》、《正韻》：「竝倉含切，音驂。」《集韻》：「謀度也，間厠也。」

《玉篇》：「相謁也。」《廣韻》：「參，承也，覲也。」

《增韻》：「干與也，參錯也。」

又星名。

《前漢・天文志》：「參為白虎三星，直者是為衡石。」《注》：「參三星者，白虎宿中，東西直似稱衡也。」

成紀：成其紀綱，合乎法度。

《文選・顏延之・宋文皇帝元皇后哀策文》：「發音在詠，動容成紀。」李善注：「《韓詩》曰：『……成其紀綱。』」

三辰：指日、月、星。

《左傳・桓公二年》：「三辰旂旗，昭其明也。」杜預注：「三辰，日、月、星也。」

堯：。

清陳昌治刻本《說文解字・卷十三・土部》：「高也。倪幺切，竝音僥。」清段玉裁《注》：「堯本謂高。陶唐氏以為號。白虎通曰：『堯猶嶢嶢。嶢嶢，至高之貌。』」

《史記・本紀・五帝本紀》：「帝堯者，放勛。其仁如天，其知如神。就之如日，望之如雲。富而不驕，貴而不舒。黃收純衣，彤車乘白馬。能明馴德，以親九族。九族既睦，便章百姓。百姓昭明，合和萬國。乃命羲、和，敬順昊天，數法日月星辰，敬授民時。分命羲仲，居郁夷，曰暘谷。敬道日出，便程東作。日中，星鳥，以殷中春。其民析，鳥獸字微。申命羲叔，居南交。便程南為，敬致。日永，星火，以正中夏。其民因，鳥獸希革。申命和仲，居西土，曰昧谷。敬道日入，便程西成。夜中，星虛，以正中秋。其民夷易，鳥獸毛毨。申命和叔，居北方，曰幽都。便在伏物。日短，星昴，以正中冬。其民燠，鳥獸氄毛。歲三百六十六日，以閏月正四時。信餝百官，眾功皆興。」

《太平御覽・皇王部五》：「《帝王世紀》：帝堯，陶唐氏，祁姓也。母曰慶都，孕十四月而生堯於丹陵，名曰放勛。或從母姓伊祁氏，年十五而佐帝摯，授封於唐，為諸侯。身長十尺，常夢攀天而上，故年二十而登帝位。以火承木，都平陽。置敢諫之鼓，天下大和。命羲和四子：羲仲、羲叔、和仲、和叔，分掌四嶽。諸侯有苗氏，處南蠻而不服，堯征而克之於丹水之浦。乃以尹壽、許由為師，命伯夔訪山川谿谷之音，作樂六章，天下大和，百姓無事。有八十老人擊壤歌於道，觀者嘆曰：『大哉，帝之德也！』老人曰：『吾日出而作，日入而息，鑿井而飲，耕田而食，帝何力有於我哉！』有僬僥氏來貢沒羽，廚中自生肉脯，如翣形。搖鼓自生風，使食物寒自不臭，名曰翣脯。又有草夾階而生，隨月生死，王者以是占日月之數，惟盛德之君，應和而生，故堯有之，名蓂莢，一名歷莢。始封稷、契、咎繇，褒進伯禹，納舜於大麓。後年二月，又率群臣刻璧為書，東沉於洛，言天命當傳舜之意，今《中候》、《運衡》之篇是也。舜攝政二十八年，堯與方回遊陽城而崩，《尚書》所謂『二十有八載，放勛乃殂落』是也。百姓如喪考妣三載，四海遏密八音。凡堯即位九十八年，年百一十八歲。墨子以為，堯堂高三尺，土階三等。堯取散宜氏女，曰皇，生丹朱。又有庶子九人，皆不肖，故以天下命舜。」

《左傳・襄公二十四年》：「宣子曰：『昔匄之祖，自虞以上，為陶唐氏，在夏為御龍氏，在商為豕韋氏，在周為唐杜氏。』」杜預注：「陶唐，堯所治地，太原晉陽縣也。終虞之世以為號，故曰自虞以上。」

《左傳・襄公二十九年》：「為之歌《唐》曰：『思深哉！其有陶唐氏之遺民乎？不然，何憂之遠也？』」

宋羅泌《路史・後紀・陶唐氏》：「帝堯，陶唐氏，姬姓，高辛氏之第二子也。」

丹陵：傳說為堯的誕生地。

晉皇甫謐《帝王世紀》：「慶都孕十四月，而生堯於丹陵。」

南朝梁江淹《為建平王慶王太后正位章》：「丹陵蘊德，玄丘棲聖。」

玄丘：傳說中的地名。

漢劉向《列女傳・契母簡狄》：「簡狄與其妹娣浴於玄丘之水。有玄鳥銜卵過而墜之……簡狄得而含之，誤而吞之，遂生契焉。」

又泛稱神仙居處。

南朝宋謝莊《宋孝武宣貴妃誄》：「玄丘煙熅，瑤臺降芬。」

唐儲光羲《題辛道士房》詩：「先生秀衡嶽，玉立居玄丘。」

又指孔子。

《文選・班固・典引》：「故先命玄聖。」李善注引《春秋演孔圖》：「玄丘制命，帝卯行也。」

唐楊炯《右將軍魏哲神道碑》：「則有英靈間出，丹陵諧白獸之祥。」

八彩：同八采。亦作八綵。指八種彩色。

梁沈約《內典序》：「莫不龍章八采，瓊花九色。」
《新唐書・南蠻傳下・驃》：「裙襦畫鳥獸草木，文以八綵雜華。」
《孔叢子・居衛》：「昔堯身修十尺，眉分八采。」後因以八彩指堯眉或形容帝王容顏。
宋柳永《御街行・聖壽》詞：「九儀三事仰天顏，八彩旋生眉宇。」
清鄒容《革命歌》：「但要救民登衽席，不須八彩與重瞳。」

剬： 。古同制。

清陳昌治刻本《說文解字・卷四・刀部》：「斷齊也。竝多官切，音端。」
《廣韻》：「同剸（徒官切，竝音團。截也）。細割也。」《增韻》：「整敕貌。」
《揚子・法言》：「魯仲連傷（他朗切，音倘。長貌）而不剬，藺相如剬而不傷。」《注》：「傷，古蕩字。剬，古剸字。」
又裁制也。
《史記・顓頊紀》：「依鬼神以剬義。」《注》：「剬有制義。」《淮南子・主術訓》：「人君揄策廟堂，剬有司。」

四表： 指四方極遠之地，亦泛指天下。
《書・堯典》：「光被四表，格於上下。」孔穎達疏：「聖德美名，充滿被溢於四方之外，又至於上天下地。」
《魏書・西域傳序》：「太祖初，經營中原，未暇及於四表。」
唐李德裕《謝恩不許讓官表狀》：「況今四表無事，六氣斯和，簫勺可致於治平，文軌盡同於元化。」

又古代讖緯家謂地與星辰升降運行的終極之處。

孔穎達題解引漢鄭玄注《尚書考靈曜》：「天旁行四表之中，冬南、夏北、春西、秋東，皆薄四表而止，地亦升降於天之中……地與星辰俱有四遊。」

《續博物志》卷一引《尚書考靈曜》：「二十八宿之外，上下東西，各有萬五千里，是為四遊之極，謂之四表。」

舜：。

清陳昌治刻本《說文解字・卷五・舜部》：「艸也。楚謂之葍，秦謂之藑。蔓地連華。竝輸閏切，音順。」

《史記・本紀・五帝本紀》：「虞舜，名重華。冀州人也。作什器於壽丘，就時於負夏。舜父頑，母嚚，弟象傲，皆欲殺，不可得；即求，在側。舜耕歷山，歷山之人皆讓畔；漁雷澤，雷澤之人皆讓居；陶河濱，器皆不苦窳。堯乃賜舜絺衣與琴，為築倉廩，與牛羊。舜舉八凱，使主後土，以揆百事；舉八元，使布教於四方。皋陶為大理，民服其實。伯夷主禮，上下咸讓。垂主工師，百工致功。益主虞，山澤開辟。棄主農，則百穀時茂，契主司徒，百姓親和。龍主賓客，遠人至。四海咸戴帝舜之功。於是，禹乃興《九韶》之樂，鳳凰來翔。舜年五十，攝行天子事，年五十八而堯崩，年六十一代堯踐帝位。即位三十九年，南巡狩，崩於蒼梧之野。葬於九疑，是為零陵。」

《太平御覽・皇王部六》：「《帝王世紀》：舜，姚姓也。其先出自顓頊。顓頊生窮蟬，窮蟬有子曰敬康，生勾芒。勾芒有子曰橋牛，橋牛生瞽瞍。妻曰握登，見大虹，意感而生舜於姚墟，故姓姚，名重華，字都君。龍顏大口，黑色，身長六尺一寸，有聖德，始遷於夏，販於頓丘，責於傅虛，家本冀州，每徙則百姓歸之。其母早死，瞽瞍更娶生象。象傲而父頑母嚚咸欲殺舜，舜能和諧，大杖則避，小杖則受。年二十始以孝聞。堯以二女娥皇、女英妻之。見舜於貳宮，設饗禮，送為賓主，南面而問政。命為司徒太尉，試以五典，有大功。二十，夢眉長與發等，堯乃賜舜以昭華之玉，老而命舜代已攝政。明年正月上日，始受終於文祖，太尉行事。堯崩三年喪畢。以仲冬甲子月，次於畢，始即真。以土代火，色尚黃。乃詢四嶽，辟四門，明四目，達四聰。東巡狩，登南山，觀河洛，受圖書，表賜群臣，尊伯禹、稷、契、皋陶皆益地。有苗氏負固不服，禹請征之。舜曰：『我德不厚，行武非道也。吾其敷吾未也。』乃修教三年，執干戚而舞之，有苗請服。立誹謗之木，申命九官十二牧及殳斨、朱虎、熊羆等二十五人，三載一考績，黜陟幽明。於是俊乂在官，群後德讓，百僚師師，以五采章施於五色為服，以六律、五聲、八音協治。烝民乃粒，萬邦作乂，庶績咸熙，乃作《大韶》之樂，《簫韶》九成，鳳凰來儀，擊石拊石，百獸率舞。故孔子稱《韶》盡美矣，又盡善也。景星曜於房，群瑞畢臻，德被天下。初，舜既踐帝位，而父瞽瞍尚存，舜常戴天子車服而朝焉。天下大之，故曰大舜。都乎咸陽，或營蒲阪、嬀汭，嬪於虞，故因號有虞氏。有二妃，元妃娥皇無子，次妃女英生商均。次妃登北氏，生二女：霄明、燭光。有庶子八人，皆不肖，故以天下禪禹。舜年八十即真，八十一三而薦禹，九十五而使禹攝政。攝五年，有苗氏叛，南征，崩於鳴條，年百歲，殯以瓦棺，葬蒼梧九嶷山之陽，是為零陵，謂之紀市，在今營道縣下，有群象為之耕。』」

重瞳：又稱重瞳子。謂目中有兩個瞳人。舊時認為是一種異相、貴相。

《史記・項羽本紀論》：「吾聞之周生曰『舜目蓋重瞳子』，又聞項羽亦重瞳子。」裴駰集解引《尸子》：「舜兩眸子，是謂重瞳。」

《五燈會元・六祖大鑑禪師法嗣・道場如訥禪師》：「師目有重瞳，手垂過膝。」

又代稱虞舜或項羽。

唐李白《遠別離》詩：「或言堯幽囚，舜野死，九疑連綿皆相似，重瞳孤墳竟何是。」比喻像舜一樣的聖明天子。

清錢謙益《徐州雜題》詩之二：「重瞳遺跡已冥冥，戲馬臺前鬼火青。十丈黃樓臨泗水，行人猶說霸王廳。」

宋文瑩《玉壺清話》卷四：「楊大年以詩貽館中諸公曰：『聞戴宮花滿鬢紅，上林絲管侍重瞳。』」

明邵璨《香囊記・瓊林》：「三策獻重瞳，獨佔鰲頭聖恩重。」

瞳：。

《廣韻》、《正韻》：「徒紅切。」《集韻》、《韻會》：「徒東切，𠀤音同。」

《玉篇》：「目珠子也。」《釋名》：「瞳子。瞳，重也，膚幕相裹重也。」

《靈樞經》：「骨之精為瞳子。」《注》：「腎之精也。」

又通作童。

《前漢書》：「作童。」《神仙傳》：「李根兩目童子皆方。仙經云：『八百歲人童子方也。』」

又無心直視之貌。《莊子・知北遊》：「女瞳焉如新生之犢。」

茲：古同玄：，幽遠也，黑而有赤色者為玄。胡涓切。

諒：。

清陳昌治刻本《說文解字・卷三・言部》：「信也。力仗切，竝良去聲。」

《詩・小雅》：「諒不我知。」《鄭箋》：「信也。」《朱傳》：「誠也。」

《禮・內則》：「請肄簡諒。」《注》：「言語信實也。」

又小信也。

《論語》：「豈若匹夫匹婦之為諒也。」

《揚子・方言》：「悛諒，知也。」

《廣雅》：「哲也。」

《玉篇》：「相也，助也。」

《廣韻》：「佐也。」《正韻》：「照察也。」《集韻》：「或作亮。」

《爾雅・釋詁》：「亮，信也。」《疏》：「方言云：『眾信曰諒。』」

《詩・鄘風》：「不諒人只。」《傳》：「諒，信也。本亦作亮。」

鶬：。

清陳昌治刻本《說文解字・卷四・鳥部》：「麋鴰（竝古活切，音括）也。」《郭注》：『今呼鶬鴰。』千剛切，竝音倉。」

《正義曰》：「鶬似鴈而黑。」
《韓詩外傳》：「鶬胎生也。」
《正字通》：「鶬大如鶴，青蒼色，亦有灰色者，長頸高腳，頂無丹，兩頰紅。關西呼鴰鹿，山東呼鶬鴰，南人呼為鶬雞，江人呼為麥雞。」
又鶬鶊，鳥名。本作倉。
《詩・豳風》：「有鳴倉庚。」

鶬鶬：也作鏘鏘，音義皆同。

鏘：《集韻》、《正韻》：「千羊切，竝音瑲。」
《玉篇》：「鏘鏘，聲也。」
《廣韻》：「鏗鏘。」《集韻》：「玉聲也。一曰樂聲。」
《詩・大雅》：「八鸞鏘鏘。」《箋》：「鏘鏘，鳴聲。」

豫：。
清陳昌治刻本《說文解字・卷九・象部》：「象之大者。羊茹切，竝音預。」
《爾雅・釋詁》：「安也。」《又》：「樂也。」
《玉篇》：「怠也，佚也。」
《正韻》：「悅也。」
《易・豫卦疏》：「謂之豫者，取逸豫之義，以和順而動，動不違眾，眾皆悅豫也。」
《爾雅・釋言》：「敘也。」《疏》：「事豫備者亦有敘也。」

《玉篇》：「早也，逆備也。」

《易・既濟》：「君子思患而豫防之。」

又猶、豫，二獸名，性多疑。凡人臨事遲疑不決者，藉以為喻。

《史記・呂後紀》：「計猶豫未有所決。」

《禮・曲禮》：「作猶與。」《注》：「與，本亦作豫。」《疏》：「猶，玃屬。與，象屬。二獸皆進退多疑，人多疑惑者似之。」

《集韻》：「商居切，音書。與舒同。伸也。」

又參與。

《正韻》：「豫，與『與』通。」

符瑞：吉祥的徵兆。多指帝王受命的徵兆。

《管子・水地》：「是以人主貴之，藏以為寶，剖以為符瑞。」

漢司馬相如《封禪文》：「符瑞臻茲，猶以為德薄，不敢道封禪。」

會昌：謂會當興盛隆昌。

《三國志・蜀志・秦宓傳》：「蜀有汶阜之山，江出其腹，帝以會昌，神以建福，故能沃野千里。」

《文選・左思・蜀都賦》：「天帝運期而會昌，景福肸蠁而興作。」李逵注：「昌，慶也。言天帝於此會慶建福也。」

北魏楊衒之《洛陽伽藍記・龍華寺》：「璽運會昌，龍圖受命。」

鬚：《集韻》、《韻會》：「詢趨切，竝音須。」
《玉篇》：「髭須也。本作須。」

須：。
清陳昌治刻本《說文解字・卷九・須部》：「面毛也。詢趨切，竝音需。」
《易・賁卦》：「賁其須。」《注》：「須之為物上附者也。」《疏》：「須上附於面。」
《釋名》：「頤下曰須。須，秀也。」

髯：。
《說文》：「頰須也。字亦作髯。」
《集韻》《韻會》：「如占切。」《正韻》：「而占切，竝冉平聲。」
《前漢・高帝紀》：「美須髯。」《注》：「師古曰：『在頤曰須，在頰曰髯。』」
《釋名》：「隨口動搖髯髯然也。」
《廣韻》《集韻》：「竝而豔切，音染。頷毛。」

顙：。
清陳昌治刻本《說文解字・卷九・頁部》：「額也。蘇朗切，桑上聲。」
《易・說卦》：「震其於馬也為的顙。」《又》：「巽其於人也為廣顙。」
《儀禮・士喪禮》：「主人哭拜稽顙。」《注》：「頭觸地無容。」

兑：。同兑。

清陳昌治刻本《說文解字・卷八・儿部》：「說也。徒外切，竝頼去聲。」
《釋名》：「物得備足，皆喜悅也。」
《荀子・修身》：「佞兌而不曲。」注：「兌，悅也。」
通銳。鋒利也。
《管子・小匡》：「為人巧轉而兌利。」
《荀子・議兵》：「兌則若莫邪之利鋒。」

夾：。
清陳昌治刻本《說文解字・卷十・大部》：「左右持也。訖洽切，竝音甲。」清段玉裁《注》：
「捉物必以兩手。故凡持曰夾。」
《左傳・僖二十六年》：「夾輔成王。」
又同狹。
《後漢・東夷傳》：「東沃沮，其地東西夾，南北長。」

反羽：同反宇。比喻中間凹四周高的頭頂。
漢王充《論衡・講瑞》：「皋陶馬口，孔子反宇。」漢王充《論衡・骨相》：「傳言黃帝龍顏，
顓頊戴干……周公背僂，皋陶馬口，孔子反羽。」

馬口：指人的嘴像馬的嘴，是帝王聖賢的特徵之一。

龍顏：謂眉骨圓起。
《史記・高祖本紀》：「高祖為人，隆準而龍顏，美須髯，左股有七十二黑子。」

晉潘岳《西征賦》：「造長山而慷慨，偉龍顏之英主。」後因此用以指帝王的容貌。

戴干：一種奇異的相貌。指頭部有肉突起如干戈對立。

《春秋元命包》：「帝嚳戴干，是謂清明。」

漢班固《白虎通・聖人》：「顓頊戴午。」盧文弨校本謂午為干之誤。

背僂：背部彎曲，駝背也。

《孔叢子・居衛》：「禹湯文武及周公，勤思勞體，或折臂望視，或禿骭背僂亦聖。」

清袁枚《隨園隨筆・今疾病見古書》：「《論衡》言周公背僂，即今之背彎也。」

骭：。

清陳昌治刻本《說文解字・卷四・骨部》：「骹也。居案切，竝音幹。」

《爾雅・釋訓》：「骭瘍為微。」《注》：「骭，腳脛也。」

《說文》：「骸也。」

《廣韻》：「脅也。」

《甯戚・飯牛歌》：「短布單衣適至骭。」

煌：。

清陳昌治刻本《說文解字・卷十・火部》：「煇也。竝胡光切，音皇。」

《玉篇》：「光明也。」

《廣韻》：「火狀。」

《前漢・地理志》：「敦煌郡武帝後元年，分酒泉置。」《注》：「應劭曰：『敦，大也。煌，盛也。』」

煌煌燁燁：明亮光輝。形容火勢旺盛。

穉：。同稚。

《廣韻》：「直利切，音治。幼稚，亦小也，晚也。同穉。」

《說文》：「穉，幼禾也。字亦作稺，作稚。」

又物體細小。

《水經注》：「蓋稚水流耳。」

《列子・無瑞》：「純雄其名穉蜂。」《注》：「小也。」

祚：。

清陳昌治刻本《說文解字・卷一・示部》：「福也，祿也，位也。昨誤切，竝音胙。」

《詩・大雅》：「永錫祚胤。」《注》：「祚，福祚。」

《左傳・宣三年》：「天祚明德。」

《國語》：「皇天嘉之，祚以天下。」

又流傳。

《晉書》：「傳祚萬世。」

又歲也。

《曹植・元會詩》：「初歲元祚。」

《晉書・王沉傳》：「彈琴詠典，以保年祚。」

高祖斬白蛇：《史記・本紀・高祖本紀》：「高祖，沛豐邑中陽里人，姓劉氏，字季。父曰太公，母曰劉媼。其先劉媼嘗息大澤之陂，夢與神遇。是時雷電晦冥，太公往視，則見蛟龍於其上。已而有身，遂產高祖。高祖為人，隆準而龍顏，美須髯，左股有七十二黑子。仁而愛人，喜施，意豁如也。常有大度，不事家人生產作業。及壯，試為吏，為泗水亭長，廷中吏無所不狎侮，好酒及色。常從王媼、武負貰酒，醉臥，武負、王媼見其上常有龍，怪之。高祖每酤留飲，酒讎數倍。及見怪，歲竟，此兩家常折券棄責。

隆準：高鼻。

《史記・高祖本紀》：「高祖為人，隆準而龍顏。」裴駰集解引文穎曰：「準，鼻也。」

貰：貰。

清陳昌治刻本《說文解字・卷六・貝部》：「貸也。始制切，竝音世。」清段玉裁《注》：「賒，貰也。貸，借也。」

《廣雅》：「賒也。」

《史記・高祖紀》：「常從王媼、武負貰酒。」

《前漢・食貨志》：「諸賈人末作貰貸。」

折券：謂毀棄債券，不再索取。

《漢書・高帝紀上》：「高祖常從王媼、武負貰酒……歲竟，此兩家常折券棄責。」顏師古注：「以簡牘為契券，既不徵索，故折毀之，棄其所負。」

棄責：免除舊債。責，通債。
《國語‧晉語四》：「公屬百官，賦職任功，棄責薄斂，施捨分寡。」韋昭注：「棄責，除宿責也。」

高祖以亭長為縣送徒酈山，徒多道亡。自度比至皆亡之，到豐西澤中，止飲，夜乃解縱所送徒。曰：「公等皆去，吾亦從此逝矣！」徒中壯士願從者十餘人。高祖被酒，夜徑澤中，令一人行前。行前者還報曰：「前有大蛇當徑，願還。」高祖醉，曰：「壯士行，何畏！」乃前，拔劍擊斬蛇。蛇遂分為兩，徑開。行數里，醉，因臥。後人來至蛇所，有一老嫗夜哭。人問何哭，嫗曰：「人殺吾子，故哭之。」人曰：「嫗子何為見殺？」嫗曰：「吾，白帝子也，化為蛇，當道，今為赤帝子斬之，故哭。」人乃以嫗為不誠，欲告之，嫗因忽不見。後人至，高祖覺。後人告高祖，高祖乃心獨喜，自負。諸從者日益畏之。」

赤伏符：新莽末年讖緯家所造符籙，謂劉秀上應天命，當繼漢統為帝。後亦泛指帝王受命的符瑞。
《後漢書‧光武帝紀上》：「光武先在長安時同舍生彊華自關中奉赤伏符，曰：『劉秀發兵捕不道，四夷雲集龍鬬野，四七之際火為主。』羣臣因復奏曰：『受命之符，人應為大，萬里合信，不議同情，周之白魚，曷足比焉？今上無天子，海內淆亂，符瑞之應，昭然著聞，宜答天神，以塞羣望。』」

白魚：衣服、書籍中的一種蛀蟲。通稱蠹魚。
《爾雅‧釋蟲》：「蟫，白魚。」邢昺疏：「此衣、書中蟲也。一名蟫，一名白魚，一名蛃魚，《本草》謂之衣魚是也。」

第二十二卷

論諸官

論諸官

自三五已來。紀官無定。皆因符瑞。名號不同。或以鳥龍。或以雲火。莫不仰觀俯察。因事而置事。雖時世不一。五行無爽。至於顓頊。以人事紀官。南正重。司天。以屬神。北正黎。司地。以屬民。於是神民不離。高辛氏立。五行名官。以勾芒為木正。祝融為火正。蓐收為金正。玄冥為水正。后土為土正。分掌其職。少皓氏有四子。重。該。脩。熙。重為勾芒。木官之神。該為蓐收。金官之神。脩。熙。竝為玄冥。水官之神。顓頊氏子曰黎。為祝融。火官之神。共工氏子曰勾龍。為后土。土官之神。此五神。生而為上公。死為貴神。別稱五祀。已配五行。周書云。武王營洛邑未成。四海之神皆會。曰。周王神聖。當知我名。若不知。水旱敗之。明年雨雪十餘旬。深丈餘。五大夫乘車。從兩騎。止王門。太公曰。車騎無跡。謂人之變。乃使人持粥進之曰。不知客尊卑何。從騎曰。先進南海御。次東海御。次北海御。次西海御。次河伯。次風伯。次雨師。武王問太公。竝何名。太公曰。南海神名祝融。東海神名勾芒。北海神名玄冥。西海神名蓐收。禮記月令云。春之月。其神勾芒。夏之月。其神祝融。中央土。其神后土。秋之月。其神蓐收。冬之月。其神玄冥是也。此五方之神。以配五行。又黃帝置三公之職。以象三臺星。風后配上臺。天老配中臺。五聖配下臺。置左右二監。此亦五行之謂也。四司分掌四方。即四時之法也。堯以義和四子。分掌四時方嶽之職。謂之四嶽。太公曰。太師者。心腹之臣。所使是人之英。故曰前疑。常立於前。決疑事也。太史者。耳目之臣。所使視聽。是人之後故曰後承。常立於後。承主之過。取驗於天。太傅者。爪牙之臣。所使守衛。是人之傑。故曰左輔輔人主缺事。立於左。拒君之難。太保者。羽翼之臣。所使察伺。是人之警。故曰右弼。常立於右。

弼人主之邪。四輔既立。王者安而無為。百姓濟而無害。若四輔不具。猶格虎無備。濟河無舟。若王者。不知古今之務。遠方之緯。不謀於諸侯。不達言語。動作不合於制。太師爭之。不知天變。星曆之運。天官動靜。鐘律之音。山川怪異。不善災害。太史陳天文以爭之。發號令。不應先王法度。與大臣無禮。枉道於民。處刑不平。獨信自專。臨政不莊。又不恤臣僕。太傅爭之。昇車不應和鸞。揖讓不中磬珮。淫譆馳騁。沉冒酒色。宗廟不敬。輿服失度。朝廷無節。太保爭之。此則四時之官。四嶽之分職。前疑主夏。後承主冬。左輔主春。右弼主秋。唐虞之時。官名已百。尚書云。百僚師師。夏殷定名。為百二十。以應天地陰陽之大數也。故有三公。九卿。二十七大夫。八十一元士。三三相參。合有百二十也。帝王世紀云。殷湯問伊摯曰。古者立三公。九卿。大夫。元士者何。摯曰。三公以與主參王事。九卿以參三公。大夫以參九卿。元士以參大夫。故參而又參。是謂事宗。事宗不失。內外若一。又曰。相去幾何。摯曰。三公。智通於天地。應變而無窮。辨於萬物之情。其言足以調陰陽四時。而節風雨。如是者。舉之以為三公。故三公之事。常在於道。九卿者。不出四時。通溝渠。脩隄防。樹種五穀。通於地理。能通利不利。如此者。舉以為九卿。故九卿之事。常在於德。大夫者。出入與民同象。取去與民同解。通於人事。行內舉繩。不傷於言。言足法於世。不害於身。通關梁。寔府庫。如是者。舉以為大夫。故大夫之事。常在於仁。元士者。知義而不失期。事功而不獨專。中正強諫。而無姦詐。在私立公。而可立法度。如是者。舉以為元士。故元士之事。常在於義。道德仁義定。而天下正矣。又曰。三公。股肱之臣。九卿。手足之臣。大夫。筋脈之臣。元士。肌肉之臣。孔子曰。三公象五嶽。九卿法河海。二十七大夫法山陵。八十一元士法谷阜。三公在天為三能。九卿為北斗。少微之比為大夫。郎位之類為元士。合百二十。大數存焉。合誠圖云。天不獨立。陰陽俱動。扶佐立緒。

合於二六。以三為舉。故三能六星。兩兩而比。以為三公。三三而九。陽精起。故北斗九星。以為九卿。三九二十七。故有攝提。少微。司空。執法。五諸侯。其星二十七。以為大夫。九九八十一。故內列。倍衛。閣道。郎位。扶匡天子之類。八十一星。以為元士。凡有百二十官。下應十二月。數之經緯。皆五精流氣。以立官廷。尚書曰。立太師。太傅。太保。茲惟三公。論道經邦。燮理陰陽。官弗必備。惟其人。淮南子曰。舉天下之高。以為三公。一國之高。以為九卿。一縣之高。以為二十七大夫。一鄉之高。以為八十一元士。感精符曰。三公非其人。則山崩。三能移。九卿非其人。則江河潰。輔星角。大夫非其人。則丘陵偃墀。少微等有變。元士非其人。則穀阜毀。扶匡失。是以王者。仰視象於天。俯察法於地。中擇賢能以任之。任得其人。則國昌民安。任非其人。則邦危民弊。易曰。鼎折足。覆公餗。此喻三公。失人如鼎折足。不堪容著也。周官云。天官冢宰。地官司徒。春官宗伯。夏官司馬。秋官司寇。冬官司空。冢宰主會計。司徒主土地。宗伯主禮樂。司馬主兵戎。司寇主刑罰。司空主造作。孔子曰。冢宰之官以成道。司徒之官以成德。宗伯之官以成仁。司馬之官以成聖。司寇之官以成義。司空之官以成禮。以之道則國治。以之德則國安。以之仁則國和。以之聖則國平。以之禮則國定。以之義則國成。故屬不理。分體不明。法正不一。百事失紀。曰亂。亂。則飭冢宰。地宜不殖。財物不蕃。萬民飢寒。教化不行。風俗漂亂。人民流散。曰危。危。則飭司徒。父子不親。長幼失序。君臣上下。乖離異志。曰不和。不和。則飭宗伯。賢能而失官爵。功勞而失賞祿。士卒疾怨。兵弱不用。曰不平。不平。則飭司馬。刑罰暴亂。姦邪不勝。曰不義。不義。則飭司寇。度量不審。舉失事理。都鄙不脩。財物失所。曰貧。貧。則飭司空。故古之王者。常以季冬。考德正法。以觀治亂。德盛者。則脩法。德不盛者。則飭政。故法與政。盛而不衰。淮南子天文篇云。東方為田官。南方為司馬。西方為大理。

北方為司空。中央為都官。春秋繁露云。木司農。火司馬。土司空。金司徒。水司寇。此竝配五行也。周官以冢宰計會。司徒土地。竝中央之義。與淮南。繁露意同。春官主禮樂者。禮齊上下。樂和人情。皆是仁也。故云。宗伯之官。以成仁。仁屬木。東方也。淮南。繁露。竝主農者。取春是農之本也。夏官主兵戎者。火氣猛烈。兵之象也。然刑罰歸於司寇。司馬以禮節齊之。主而不用刑也。淮南。繁露竝同。秋官主刑罰者。金之本性。主殺伐也。淮南大理。亦主刑也。繁露為司徒者。名異事同。故云。因時之威。以成大理司徒。冬官主造作者。冬時萬物收藏。百工咸歸其所。故造器用。以供王事。淮南說同。繁露以為司寇者。謂執法之官。須平直之人。如水能平均也。故云。執法阿黨。不平則誅之。故土勝水。是其水取平直之意也。雖五運遞興。官名世革。而五行用事。其理齊同。所以禹平洪水。身任司空。九土納賦。伯夷秩宗。必備三禮。契為司徒。敬敷五教。咎繇士師。明用刑典。如此分職。則周官臣是也。自古已來。官數起自於三。極八十一者。陽成於三。極於九。故三公而九卿。九九八十一。黃鐘律之極數也。故尊官取其初數。卑官者取其末數。所以不云一者。一是元氣。屬於天子。故號天子為元首。以其一無二也。尚書曰。元首明哉。臣非元一。故自三而起。周止六卿者。以為通六合。因六氣而設六府也。此乃時代異。故非越五行。又三代命官。皆止於九。故士有三等。下士一命。中士二命。上士三命。大夫三等。下大夫四命。中大夫五命。上大夫六命。卿已上亦三。少卿七命。大卿八命。公則九命。三三而九。亦以陽之正數也。末代以命為品。亦不過九。但以一為尊官。九為卑官。取命。是出自上命。秩下官名。故以多者為重。品是品其次第。一既居先。故以一為貴。此竝方位及數配五行。今次為論。支干為官者。洪範五行傳云。甲為倉曹。共農賦。乙為戶曹。共口數。丙為辭曹。共訟訴。丁為賦曹。共獄捕。戊為功曹。共除吏。己為田曹。共群畜。庚為金曹。

共錢布。辛為尉曹。共本使。壬為時曹。共政教。癸為集曹。共納輸。子為傳舍。出入敬忌。丑為司空。守將班治。寅為市官。平準賣買。卯為鄉官。親事五教。辰為少府。金銅錢布。巳為郵亭。行書驛置。午為尉官。馳逐追捕。未為廚官。百味悉具。申為庫官。兵戎器械。酉為倉官。五穀畜積。戌為獄官。禁訊具備。亥為宰官。閉藏完具。支干配官。皆從其五行本體。意略可解。不勞繁述。翼奉云。肝之官尉曹。木性仁。尉曹主士卒。宜得仁。心之官戶曹。火性陽。戶曹主婚道之禮。肺之官金曹。金性堅。主銅鐵。腎之官倉曹。水性陰凝藏物。倉曹冬收也。先王以冬至閉關。不通商旅。慎陰氣也。脾之官功曹。土性信。出稟四方。功曹事君以信。授教四方也。尉曹以獄司空為府。主士卒。獄閉逋亡。與之姦。則螟蟲生。木性靜。與百性通。則魚食於民。從類故蟲。戶曹以傳舍為府。主名籍。傳舍主賓客。與之姦。則民去鄉里。戶曹主民。利戶口。奪民利。故悉去之。倉曹以廚為府。主廩假。廚主受付。與之姦。則賊盜起。倉曹收以民租。侵剋百姓窮。故功曹以小府為府。與四曹計議。小府亦與四府則用。故小府倉出納。主餉種。功曹有二府。所以為五官六府。遊徼。亭長。外部吏。皆屬功曹。與之姦。則虎狼食人。功曹職在刑罰。內為姦。故虎狼盜賊。殺奪於民。上姦下亂也。金曹以兵賊嗇夫為府。主討捕。與之姦。則城墎盜賊。起兩偏施。金曹主市租侵奪。故上下相承。故市賈不平。此竝從五行。以五藏配六府也。既竝名官。故於此釋。

註：

紀：。清陳昌治刻本《說文解字・卷十三・糸部》：「絲別也。居裡切，竝音己。」

《詩・大雅》：「綱紀四方。」《傳》：「理之為紀。」《疏》：「紀者，別理絲數。」

《書・洪範》：「五紀：一曰歲，二曰月，三曰日，四曰星辰，五曰曆數。」《疏》：「五紀者，五事，為天之經紀也。」

《書・畢命》：「既歷三紀。」《傳》：「十二年曰紀。」

《詩・秦風》：「有紀有堂。」《傳》：「紀，基也。」《疏》：「山基也。」

《禮・月令》：「月窮於紀。」《注》：「紀，會也。」

《穀梁傳・莊二十二年》：「災紀也。」《注》：「紀，治理也。」

《周語》：「數之紀也。」《注》：「數起於一，終於十。十則更，故曰紀。」

《史記・本紀注》：「索隱曰：『紀者，記也。』本其事而記之。」

官：。

清陳昌治刻本《說文解字・卷十四・𠂤部》：「史，事君也。𠂤猶眾也。此與師同意。沽歡切，竝音觀。」

《玉篇》：「宦也。」

《論語・撰考》：「黃帝受地形，象天文，以制官。」

《周禮・天官疏》：「上古以雲鳥紀官，六官之號見於唐虞，堯育重黎之後，羲氏和氏之子，使掌舊職天地之官。其時官名，蓋曰稷曰司徒，是天官稷也，地官司徒也。又分命仲叔，使掌四時之官，春為秩宗，夏為司馬，秋為士，冬為共工。共工，冬官也。合稷與司徒，是六官之名見也。夏之官百有二十，公卿大夫元士，具列其數，殷之官二百四十，至周三百六十而大備，故曰設官分職，以為民極。」
《增韻》：「職也，使也，公也。」
《書・咸有一德》：「任官惟賢材。」
《禮・王制》：「論定然後官之。」
《周禮・春官・大宗伯》：「六命賜官。」《注》：「謂自置其臣屬，治家邑也。」
又朝廷治事處曰官。
《禮・玉藻》：「在官不俟屨。」《注》：「趨君命也。」
《前漢・賈誼傳》：「學者所學之官也。」
重：。

清陳昌治刻本《說文解字・卷八・重部》：「厚也。儲用切，竝音蟲。」清段玉裁《注》：「徐鍇曰：『王者，人在土上，故為厚也。』」
《易・繫辭》：「夫茅之為物薄，而用可重也。」
《廣韻》：「更為也。」
《博雅》：「重，再也。」
又貴也。
《戰國策》：「張儀之殘樗裡疾也，重而使之。」《注》：「重，猶貴也。」
又尊也。
《禮・祭統》：「所以明周公之德，而又以重其國也。」《注》：「重，猶尊也。」

又神所依也。

《禮・檀弓》：「重主道也。」《注》：「始死未作主，以重主其神也。重既虞而埋之，乃復作主。」《疏》：「言始死作重，猶若吉祭本主之道。主者，吉祭，所以依神。在喪重亦所以依神，故云重主道也。」

黎：。

清陳昌治刻本《說文解字・卷七・黍部》：「履黏也，作履黏以黍米。鄰溪切，竝音犁。」

《正韻》：「黑也。與黧同。」

《書・堯典蔡傳》：「黎，黑也。黎民，黑髮之人。」《釋名》：「土青曰黎，似黎草色也。」

勾芒：古代傳說中主管樹木的神。

《尚書大傳・卷三》：「東方之極，自碣石東至日出榑木之野，帝太皞神勾芒司之。」

漢班固《白虎通・五行》：「其神勾芒者，物之始生，其精青龍。芒之為言萌也。」

祝融：神名。帝嚳時的火官，後尊為火神，命曰祝融。亦以為火或火災的代稱。

《國語・鄭語》：「夫黎為高辛氏火正，以淳燿敦大，天明地德，光照四海，故命之曰祝融，其功大矣。」

《呂氏春秋・孟夏》：「其神祝融。」高誘注：「祝融，顓頊氏後，老童之子，吳回也，為高辛氏火正，死為火官之神。」

唐張說《蒲津橋贊》：「飛廉煽炭，祝融理爐。」

飛廉：風神。一說能致風的神禽名。

《楚辭・離騷》：「前望舒使先驅兮，後飛廉使奔屬。」王逸注：「飛廉，風伯也。」洪興祖補注：「《呂氏春秋》：『風師曰飛廉。』應劭曰：『飛廉，神禽，能致風氣。』」

望舒：神話中為月駕車的神。

《楚辭・離騷》：「前望舒使先驅兮，後飛廉使奔屬。」王逸注：「望舒，月御也。」

元劉壎《隱居通議・駢儷三》：「令望舒、飛廉使奔屬，雜瑤象以駕龍。」

又南方之神，南海之神。

《管子・五行》：「得奢龍而辯於東方，得祝融而辯於南方。」

奢龍：相傳黃帝時六相之一。

《管子・五行》：「昔者黃帝得蚩尤而明於天道，得大常而察於地利，得奢龍而辯於東方。」

《漢書・揚雄傳上》：「麗鉤芒與驂蓐收兮，服玄冥及祝融。」顏師古注：「祝融，南方神。」

唐韓愈《南海神廟碑》：「考於傳記，而南海神次最貴，在北東西三神河伯之上，號為祝融。」

蓐收：古代傳說中的西方神名，司秋。

《禮記・月令》：「孟秋之月，日在翼，昏建星中，旦畢中。其日庚辛，其帝少皞，其神蓐收。」

鄭玄注：「蓐收，少皞氏之子，曰該，為金官。」

《國語・晉語二》：「虢公夢在廟，有神，人面白毛虎爪，執鉞立於西阿……覺，召史嚚占之，對曰：『如君之言，則蓐收也，天之刑神也。』」韋昭注：「蓐收，西方白虎金正之官也。《傳》曰：『少皞氏有子該，為蓐收。』」

玄冥：神名。水神。

《左傳・昭公十八年》：「禳火於玄冥、回祿。」杜預注：「玄冥，水神。」

回祿：傳說中的火神。

《左傳・昭公十八年》：「郊人助祝史除於國北，禳火於玄冥，回祿。」杜預注：「回祿，火神。」

《國語・周語上》：「昔夏之興也，融降於崇山，其亡也，回祿信於聆隧。」後用以指火災。

漢張衡《思玄賦》：「前長離使拂羽兮，委水衡乎玄冥。」一說為雨師。

又冬神。

《禮記・月令》：「孟冬、仲冬、季冬之月，其帝顓頊，其神玄冥。」

《楚辭・劉向・九歎・遠遊》：「就顓頊而陳詞兮，考玄冥於空桑。」王逸注：「玄冥，太陰之神。」

又北方之神。

《漢書・揚雄傳上》：「帝將惟田於靈之囿，開北垠，受不周之制，以終始顓頊、玄冥之統。」

顏師古注引應劭曰：「顓頊、玄冥，皆北方之神，主殺戮也。」

后土：指土神或地神。亦指祀土地神的社壇。

《周禮・春官・大宗伯》：「王大封，則先告后土。」鄭玄注：「后土，土神也。」

《禮記・檀弓上》：「君舉而哭於后土。」鄭玄注：「后土，社也。」

《漢書・武帝紀》：「朕躬祭后土地祇，見光集於靈壇，一夜三燭。」

五祀：古代祭祀的五種神祇。為祭祀五行之神。

《周禮．春官．大宗伯》：「以血祭祭社稷、五祀、五嶽。」鄭玄注：「此五祀者，五官之神。」
《左傳．昭公二十九年》：「故有五行之官，是謂五官。實列受氏姓，封為上公，祀為貴神。社稷五祀，是尊是奉。」
《太平御覽》卷五二九引《漢書議》：「祠五祀，謂五行金木水火土也。木正曰句芒，火正曰祝融，金正曰蓐收，水正曰玄冥，土正曰后土。皆古賢能治成五行有功者，主其神祀之。」
又祭祀住宅內外的五種神。
《禮記．月令》：「孟冬之月，天子乃祈來年於天宗，大割祀於公社及門閭，臘先祖五祀。」鄭玄注：「五祀，門、戶、中霤、灶、行也。」
漢王充《論衡．祭意》：「五祀報門、戶、井、灶、室中霤之功。門、戶，人所出入，井、灶，人所欲食，中霤，人所託處，五者功鈞，故俱祀之。」
清富察敦崇《燕京歲時記．門神》：「夫門為五祀之首，並非邪神，都人神之而不祀之，失其旨矣。」
又五類應享受祭祀的功臣。
漢蔡邕《獨斷》：「五祀之別名：法施於民則祀，以死勤事則祀，以勞定國則祀，能禦大災則祀，能扞大患則祀。」

旬：。
清陳昌治刻本《說文解字．卷九．勹部》：「徧也。十日為旬。詳倫切，竝音尋。」
《書．堯典》：「朞三百有六旬有六日。」

《大禹謨》：「三旬。」《傳》：「旬，十日也。」
《禮・曲禮》：「凡卜筮日，旬之外曰遠某日，旬之內曰近某日。」
《詩・大雅》：「來旬來宣。」《傳》：「旬，徧也。」
《易・豐卦》：「雖旬無咎。」《注》：「旬，均也。」
《前漢・翟方進傳》：「旬歲間，免兩司隸。」《注》：「師古曰：『旬，滿也。旬歲猶言滿歲也。』」

三公：古代中央三種最高官銜的合稱。
周以太師、太傅、太保為三公。
《書・周官》：「立太師、太傅、太保，茲惟三公，論道經邦，燮理陰陽。」一說以司馬、司徒、司空為三公。
西漢以丞相（大司徒）、太尉（大司馬）、御史大夫（大司空）為三公，東漢以太尉、司徒、司空為三公。

三臺：星名。
《晉書・天文志上》：「三臺六星，兩兩而居……在人曰三公，在天曰三臺，主開德宣符也。西近文昌二星曰上臺，為司命，主壽。次二星曰中臺，為司中，主宗室。東二星曰下臺，為司祿，主兵，所以昭德塞違也。」
又漢因秦制，以尚書為中臺，御史為憲臺，謁者為外臺，合稱三臺。
《後漢書・袁紹傳》：「坐召三臺，專制朝政。」李賢注引《晉書》：「漢官，尚書為中臺，御史為憲臺，謁者為外臺，是謂三臺。」

風后：相傳為黃帝臣之一。

《史記・五帝本紀》：「黃帝舉風后、力牧、常先、大鴻以治民。」裴駰集解引鄭玄曰：「風后，黃帝三公也。」張守節正義：「四人皆帝臣也。」

唐楊炯《中書令汾陰公薛振行狀》：「借如風后、力牧，左右軒皇，蕭何、曹參，謀猷漢室。」

《雲笈七籤・卷一百》：「黃帝得風后於海隅，得力牧於大澤，即舉風后以理民，初為侍中，後登為相。」

天老：相傳為黃帝輔臣。

《韓詩外傳・卷八》：「黃帝乃召天老而問之曰：『鳳象何如？』」

《後漢書・張衡傳》：「方將師天老而友地典，與之乎高睨而大談。」李賢注：「《帝王紀》：黃帝以風后配上臺，天老配中臺，五聖配下臺，謂之三公。」後因以指宰相重臣。

五聖：太公《六韜》曰：「風后、力牧、五聖為七公，則五聖五人也。」

羲和四子：指羲仲、羲叔、和仲、和叔。

《漢書・食貨志上》：「堯命四子以敬授民時。」顏師古注：「四子，謂羲仲、羲叔、和仲、和叔也。」

《隋書・百官志上》：「放勳即分命四子，重華乃爰置九官。」

又指王倪、齧缺、被衣、許由。

《莊子・逍遙遊》：「堯治天下之民，平海內之政，往見四子藐姑射之山，汾水之陽，窅然喪其天下焉。」陸德明釋文引司馬彪、李頤云：「王倪、齧缺、被衣、許由。」

四嶽：亦作四岳。

相傳為共工的後裔，因佐禹治水有功，賜姓姜，封於呂，並使為諸侯之長。

《國語・周語下》：「共之從孫四岳佐之。」韋昭注：「言共工從孫為四岳之官，掌師諸侯，助禹治水也。」

《史記・齊太公世家》：「太公望呂尚者，東海上人。其先祖嘗為四嶽，佐禹平水土，甚有功。虞夏之際封於呂，或封於申，姓姜氏。」司馬貞索隱引譙周曰：「炎帝之裔，伯夷之後，掌四岳有功，封之於呂，子孫從其封姓，尚有後也。」另說：四嶽為堯臣羲、和四子，分掌四方之諸侯。

《書・堯典》：「帝曰：諮，四嶽。」孔傳：「四嶽，即上羲、和之四子，分掌四岳之諸侯，故稱焉。」

章炳麟《官制索隱》：「《尚書》載唐虞之世，與天子議大事者為四嶽。」

太師：古三公之最尊者。周置，為輔弼國君之官。

《書・周官》：「立太師、太傅、太保。」孔傳：「師，天子所師法。」秦廢。漢復置。後代相沿，多為重臣加銜，做為最高榮典以示恩寵，並無實職。亦指太子太師，為輔導太子之官。

太史：官名。西周、春秋時太史掌記載史事、編寫史書、起草文書，兼管國家典籍和天文曆法等。秦漢曰太史令，漢屬太常，掌天時星曆。魏晉以後，修史之職歸著作郎，太史專掌曆法。隋改稱太史監，唐改為太史局，宋有太史局、司天監、天文院等名稱。元改稱太史院。明清稱欽天監；

修史之職歸之翰林院，故俗稱翰林為太史。

太保：古三公之一，位次太傅。周置，為輔弼國君之官。春秋後廢，漢復置。後代沿置，多為重臣加銜，以示恩寵，並無實職。亦指太子太保，為輔導太子之官。

太傅：官名。三公之一。周朝始置，輔弼天子治理天下。《書・周官》：「立太師、太傅、太保，茲惟三公，論道經邦，燮理陰陽。」秦廢。漢復置，次於太師。歷代沿置，多以他官兼領。明清則為贈官、加銜之用，並無實職。又輔導太子的官，西漢時稱為太子太傅。

莊：莊。

清陳昌治刻本《說文解字・卷一・艸部》：「草盛貌。𠀤側羊切，音裝。」又嚴也。《論語》：「臨之以莊則敬。」

鸞：鸞。

清陳昌治刻本《說文解字・卷四・鳥部》：「亦神靈之精也。赤色，五采，雞形。鳴中五音，頌聲作則至。盧官切，𠀤音鑾。」《山海經》：「女牀山有鳥，狀如翟而五彩文，名曰鸞。見則天下安寧。」《洽聞記》：「蔡衡曰：多赤色者鳳，多青色者鸞。」又鸞鈴。《詩・小雅》：「和鸞雝雝。」《毛傳》：「在軾曰和，在鑣曰鸞。」

《左傳・桓二年》：「錫鸞和鈴，昭其聲也。」《杜注》：「錫在馬額，鸞在鑣，和在衡，鈴在旂，動皆有聲。」

《埤雅》：「鸞鳥，雌曰和，雄曰鸞。禮云：『在輿則聞鸞和之聲，蓋取諸此。』古時鸞輿順動，此鳥飛集車上，雄鳴於前，雌應於後。」

磬：。

清陳昌治刻本《說文解字・卷九・石部》：「樂石也。詰定切，竝音慶。」清段玉裁《注》：「石樂也。石樂各本作樂石。誤。今正。樂下云：『五聲八音總名也。』」

《五經要義》：「磬立秋之樂。」

《白虎通》：「磬者，夷則之氣，象萬物之成。」

又磬折。

《禮・曲禮》：「立則磬折垂佩。」《疏》：「帶佩於兩邊，臣則身宜僂折如磬之背，故云磬折。」

《周禮・冬官考工記》：「韗人倨句磬折。」《注》：「磬折，中曲之不參正也。」

珮：

《集韻》：「蒲昧切。」《韻會》：「蒲妹切。」《正韻》：「步昧切，竝音佩。」

《玉篇》：「玉珮也。本作佩。或從玉。」

《廣韻》：「玉之帶也。三禮圖，凡玉佩上有雙衡，衡長五寸，博一寸，下有雙璜，璜徑三寸，衝牙蠙珠，以納其間，上下為衡，半璧為璜，璜中横以衝牙，以蒼珠為瑀。」

讌：。同宴。

《廣韻》：「於甸切。」《集韻》、《韻會》：「伊甸切，竝音宴。」

《類篇》：「合語也。」

《戰國策》：「孟嘗君讌坐。」《注》合語也。讌，即燕字。」

《玉篇》：「讌，設也。」

《廣韻》：「燕會也。與醼同。」

股肱：比喻左右輔佐之臣。

《書・益稷》：「臣作朕股肱耳目。」

《漢書・蘇武傳》：「上思股肱之美，乃圖畫其人於麒麟閣，法其形貌，署其官爵姓名。」

《左傳・僖公二十六年》：「昔周公、大公股肱周室，夾輔成王。」

《漢書・路溫舒傳》：「故大將軍受命武帝，股肱漢國。」

手足：比喻整體的分支。謂關係密切，不可分割。

《孟子・離婁下》：「君之視臣如手足，則臣視君如腹心。」

漢董仲舒《春秋繁露・立元神》：「天生之以孝悌，地養之以衣食，人成之以禮樂，三者相為手足，合以成體，不可一無也。」

唐陳子昂《上軍國利害事・牧宰》：「宰相，陛下之腹心；刺史縣令，陛下之手足。未有無腹心手足而能獨理者也。」

三能：星名。即三臺。

《史記・天官書》：「魁下六星，兩兩相比者，名曰三能。三能色齊，君臣和；不齊為乖戾。」

裴駰集解引蘇林曰：「能音臺。」

《漢書・王莽傳中》：「皇帝謙讓，以攝居之，未當天意，故其秋七月，天重以三能文馬。」

又指三公。

唐王灣《哭補闕亡友綦毋學士》詩：「崇儀希上德，近侍接三能。」

少微：星座名。共四星，在太微垣西南。

《史記・天官書》：「廷藩西有隋星五，曰少微，士大夫。」張守節正義：「少微四星，在太微西，南北列：第一星，處士也；第二星，議士也；第三星，博士也；第四星，士大夫也。占以明大黃潤，則賢士舉；不明，反是；月、五星犯守，處士憂，宰相易也。」

《晉書・隱逸傳・謝敷》：「初，月犯少微。少微一名處士星，占者以隱士當之。」

郎位：星座名。南宮（太微宮）五帝座後相聚的十五顆星，為一星座，稱郎位。

《史記・天官書》：「五帝座後聚一十五星，蔚然，曰郎位。」張守節正義：「郎位十五星，在太微中帝坐東北。」

《資治通鑑・漢桓帝延熹七年》：「帝在南陽，左右並通姦利，詔書多除人為郎，太尉楊秉上疏曰：『太微積星，名為郎位，入奉宿衛，出牧百姓，宜割不忍之恩，以斷求欲之路。』」

墀：墀。古代殿堂上經過塗飾的地面。

清陳昌治刻本《說文解字・卷十三・土部》：「涂地也。禮，天子赤墀。《徐曰》：『階上地也。漢制，青瑣丹墀。』陳尼切。竝音持。」

《漢典職儀》：「以丹漆地，故曰丹墀。砌以玉石曰玉墀。」

《前漢・梅福傳》：「願登文石之殿，陟赤墀之途。」

餗：。

《集韻》《正韻》：「蘇穀切。」《韻會》：「蘇木切，竝音速。鼎實也。」

《易・鼎卦》：「鼎折足，覆公餗。」《正義》：「餗，糝也。八珍之膳，鼎之實也。」

《周禮・天官・醢人・糝食注》：「糝食，菜餗蒸。」《疏》：「若今煮菜，謂之蒸菜也。」

周官：《尚書・周官》：「立太師、太傅、太保，茲惟三公。論道經邦，燮理陰陽。官不必備，惟其人。少師、少傅、少保，曰三孤。貳公弘化，寅亮天地，弼予一人。冢宰掌邦治，統百官，均四海。司徒掌邦教，敷五典，擾兆民。宗伯掌邦禮，治神人，和上下。司馬掌邦政，統六師，平邦國。司冦掌邦禁，詰奸慝，刑暴亂。司空掌邦土，居四民，時地利。六卿分職，各率其屬，以倡九牧，阜成兆民。六年，五服一朝。又六年，王乃時巡，考制度於四嶽。諸侯各朝於方嶽，大明黜陟。」

孔子：《大戴禮記・盛德》：「古之御政以治天下者，冢宰之官以成道，司徒之官以成德，宗伯之官以成仁，司馬之官以成聖，司寇之官以成義，司空之官以成禮。故六官以為轡，司會均入以為軜，故御四馬，執六轡，御天地與人與事者，亦有六政。是故善御者，正身同轡，均馬力，齊馬心，惟其所引而之，以取長道；遠行可以之，急疾可以御。天、地與人、事，此四者聖人之所乘也。是故天子御者，太史、內史左右手也，六官亦六轡也；天子三公合以執六官，均五政，齊五法，以御四者，故亦惟其所引而之，以之道則國治，以之德則國安，以之仁則國和，以之聖則國平，以之義則國成，以之禮則國定，此御政之體也。過，失也。人情莫不有過，過而改之，是不過也。是故官屬不理，分職不明，法政不一，百事失紀，曰『亂』也；亂則飭冢宰。地宜不殖，財物不蓄，萬民飢寒，教訓失道，風俗淫僻，百姓流亡，人民散敗，曰『危』也；

危則餝司徒。父子不親，長幼無序，君臣上下相乘，曰『不和』也；不和則餝宗伯。賢能失官爵，功勞失賞祿，爵祿失則士卒疾怨，兵弱不用，曰『不平』也；不平則餝司馬。刑罰不中，暴亂姦邪不勝，曰『不成』也；不成則餝司寇。百度不審，立事失禮，財務失量曰『貧』也；貧則餝司空。故曰：御者同是車馬，或以取千里，或數百里者，所進退緩急異也；治者同是法，或以治、或以亂者，亦所進退緩急異也。」

都鄙：周公卿、大夫、王子弟的采邑，封地。

《周禮・天官・大宰》：「以八則治都鄙。」鄭玄注：「都鄙，公卿大夫之采邑，王子弟所食邑。」孫詒讓正義：「凡公卿大夫貴戚有功德，得世祿者，皆頒邑以為其祿，是謂采邑；在王子弟無官者，雖無祿，而得以恩澤食邑。」又京城和邊邑。

《左傳・襄公三十年》：「子產使都鄙有章。」杜預注：「國都及邊鄙。」

《國語・吳語》：「天奪吾食，都鄙薦饑。」韋昭注：「都，國也，鄙，邊邑也。」借指全國。

宋蘇轍《西掖告詞・張元方權發遣府界提點》：「然朝廷置使以糾察政刑，則與諸道比。蓋所以詳治都鄙，而儀刑四方，不可不慎也。」

又美好和醜陋。

《文選・馬融・長笛賦》：「是以尊卑都鄙，賢愚勇懼。」李善注：「毛萇《詩傳》曰：『子都，世之美好者；鄙，陋也。』」

田官：即農官。職掌農事、糧稅等。

漢劉向《新序・雜事四》：「夫墾田剏邑，闢土殖穀，盡地之利，則臣不若甯戚，請置以為田官。」

甯戚：春秋衛人，齊大夫。

《楚辭・離騷》：「甯戚之謳歌兮，齊桓聞以該輔。」王逸注：「甯戚修德不用，退而商賈，宿齊東門外。桓公夜出，甯戚方飯牛，叩角而商歌。桓公聞之，知其賢，舉用為客卿，備輔佐也。」

晉葛洪《抱樸子・接疏》：「若積素行乃託政，則甯戚不顯於齊矣。」

三國魏曹植《七啟》：「采英奇於仄陋，宣皇明於巖穴，此甯子商歌之秋，而呂望所以投綸而逝也。」一本作寧。

漢桓寬《鹽鐵論・復古》：「孝武皇帝攘九夷，平百越，師旅數起，糧食不足。故立田官，置錢，入穀射官，救急贍不給。」

《文獻通考・田賦二》：「故先王之政，設田官以授天下之田，貧富強弱，無以相過，使各有其田得以自耕。」

又農務官署。

《史記・平準書》：「初置張掖、酒泉郡，而上郡、朔方、西河、河西開田官，斥塞卒六十萬人戍田之。」

《漢書・西域傳上・鄯善國》：「都護治烏壘城，去陽關二千七百三十八里，與渠犁田官相近。」

《詩・周頌・噫嘻》：「駿發爾私，終三十里。」唐孔穎達疏：「王者之立田官，每三十里分為一部，令一主田之吏主之。」

大理：掌刑法的官。秦為廷尉，漢景帝六年更名大理，武帝建元四年復為廷尉。北齊為大理卿，隋唐以後沿之。

《韓非子・外儲說左下》：「夷吾不如弦商，請立以為大理。」

陳奇猷集釋引太田方曰：「《禮・月令》注：『理，治獄官也。有虞氏曰士；夏曰大理；周曰大司寇。』」

都官：隋唐時指刑部尚書。

唐楊炯《遂州長江縣先聖孔子廟堂碑》：「符偉明以都官謝職，逢有道而相推；趙元淑以郡吏從班，見司徒而不拜。」

計會：會計，計算。

《戰國策・齊策四》：「後孟嘗君出記，問門下諸客：『誰習計會，能為文收責於薛者乎？』」

《太平廣記》卷二八一引唐戴孚《廣異記・李進士》：「此人尚有命，未合即留住，但令送錢還耳。王限十五日，計會不了，當更追對。」

又計慮，商量。

《韓非子・解老》：「人有欲則計會亂，計會亂而有欲甚。」

唐張九齡《敕平盧使烏知義書》：「已敕守珪與卿計會，可須觀釁裁之。」

章炳麟《國故論衡・原道上》：「萬物莫不有規榘，議言之士，計會規榘也，聖人盡隨於萬物之規榘。」

土地：測量地形。

《周禮・夏官・土方氏》：「以土地相宅而建邦國都鄙。」鄭玄注：「土地，猶度地知東西南北之深，而相其可居者。」

五運：古代據五行生剋說推算出的王朝興替的氣運。

《東觀漢記・光武紀》：「自帝即位，按圖讖，推五運，漢為火德，周蒼漢赤，木生火，赤代蒼。」

《舊五代史・梁書・太祖紀》：「是以三正互用，五運相生，前朝道消，中原政散，瞻烏莫定，失鹿難追。」

宋歐陽修《正統論上》：「帝王之興必乘五運者，繆妄之說也。」

九土：九州的土地。

《國語・魯語上》：「共工氏之伯九有也，其子曰后土，能平九土。」韋昭注：「九土，九州之土也。」

晉潘岳《籍田賦》：「夫九土之宜弗任，四人之務不一。」

又九州。

《後漢書・張衡傳》：「思九土之殊風兮，從蓐收而遂徂。」李賢注：「九土，九州也。」

宋司馬光《乞官劉恕一子劄子》：「至於十國五代之際，群雄競逐，九土分裂。」

伯夷：舜的臣子，齊太公的祖先。

《書・舜典》：「帝曰：『諮！四嶽。有能典朕三禮？』僉曰：『伯夷。』」孔傳：「伯夷，臣名，姜姓。」

《墨子・尚賢中》：「伯夷降典，哲民維刑。」

《文選・張衡・東京賦》：「伯夷起而相儀，後夔坐而為工。」薛綜注：「伯夷，唐虞時明禮儀之官也。」

秩宗：古代掌宗廟祭祀的官。

《書・舜典》：「諮伯，汝作秩宗。」

唐陳子昂《唐故袁州參軍妻張氏墓誌銘》：「天人之禮，位掌於秩宗；侯伯之尊，寵優於露冕。」

三禮：古祭天、地、宗廟之禮。

《書・舜典》：「帝曰：『諮！四嶽，有能典朕三禮？』」孔傳：「三禮，天、地、人之禮。」

《隋書・禮儀志序》：「唐虞之世，祭天之屬為天禮，祭地之屬為地禮，祭宗廟之屬為人禮。」

又指喪禮、葬禮、祭禮。

清王士禛《池北偶談・談藝六・三禮》：「楊太史用賓《致知小語》云：「《周禮》、《儀禮》、《大戴禮》，為三禮；喪禮、葬禮、祭禮，亦曰三禮；天神、人鬼、地祇，亦曰三禮。」

敷：敷。

《廣韻》、《集韻》、《韻會》、《正韻》：「竝芳無切，音夫。」

《書・舜典》：「敷奏以言。」《傳》：「敷，陳也。」

又通布。宣告，陳述。

《書・大禹謨》：「文命敷於四海。」《傳》：「言其外布文德教命。」
《臯陶謨》：「翕受敷施。」《傳》：「以布施政教。」
《書・康王之誥》：「勘定厥功，用敷遺後人休。」
《詩・商頌・長發》：「敷政優優，百祿是遒。」
《文心雕龍・鎔裁》：「善敷者辭殊而義顯。」

五教：五常之教。指父義、母慈、兄友、弟恭、子孝五種倫理道德的教育。
《書・舜典》：「汝作司徒，敬敷五教。」孔傳：「布五常之教。」
《左傳・文公十八年》：「舉八元，使布五教於四方，父義、母慈、兄友、弟恭、子孝。」
《舊唐書・玄宗紀下》：「敦風勸俗，五教攸光。」

咎繇：亦作咎陶。即皋陶。舜之賢臣。咎，通皋。
《楚辭・離騷》：「湯禹嚴而求合兮，摯咎繇而能調。」
《三國志・蜀志・諸葛亮傳》：「咎繇大賢也，周公聖人也。」
《孔子家語・正論》：「《夏書》曰：『昏、默、賊殺，咎陶之刑也。』」
宋沈作喆《寓簡》卷二：「吾於《春秋》，求為咎陶而已。」

士師：亦作士史。古代執掌禁令刑獄的官名。
《周禮・秋官・士師》：「士師之職，掌國之五禁之灋，以左右刑罰：一曰宮禁，二曰官禁，三曰國禁，四曰野禁，五曰軍禁。」
《孟子・公孫丑下》：「今有殺人者，或問之曰：『人可殺與？』則將應之曰：『可。』彼如曰：

『孰可以殺之？』則將應之曰：『為士師，則可以殺之。』」
《鶡冠子・王鈇》：「不待士史，蒼頡作書，故後世莫能云其咎。」陸佃注：「士，李官也。太古無法而治，不立士史，不造書契，而至德玄同，使由之者不能知，知之者不能名，尚何議其咎也哉。」
《孔子家語・致思》：「季羔為衛之士師，刖人之足。」王肅注：「獄官。」

元一：即一元。四千六百十七年的一個週期。
《漢書・律曆志上》：「三統合於一元，故因元一而九三之以為法。」
又事物的開始。
漢董仲舒《春秋繁露・玉英》：「謂一元者，大始也。」
《漢書・董仲舒傳》：「《春秋》謂一元之意，一者萬物之所從始也，元者辭之所謂大也。謂一為元者，視大始而欲正本也。」

六卿：指六官。
《書・周官》：「六卿分職，各率其屬，以倡九牧，阜成兆民。」
《漢書・百官公卿表上》：「夏殷亡聞焉，周官則備矣。天官冢宰，地官司徒，春官宗伯，夏官司馬，秋官司寇，冬官司空，是為六卿，各有徒屬職分，用於百事。」春秋末，宋國亦設六卿之官，其官名與周稍異。
《左傳・哀公二十六年》：「於是皇緩為右師，皇非我為大司馬，皇懷為司徒，靈不緩為左師，樂茷為司城，樂朱鉏為大司寇，六卿三族降聽政，因大尹以達。」後用以泛稱朝廷重臣。

漢桓寬《鹽鐵論・刺權》：「威重於六卿，富累於陶衞，輿服僭於王公，宮室溢於制度。」

南朝梁沉約《奏彈王源》：「聞之前典，豈有六卿之胄，納女於管庫之人？」隋唐後亦用以稱吏、戶、禮、兵、刑、工六部尚書。

六府：古以水、火、金、木、土、穀為六府。

《左傳・文公七年》：「六府、三事，謂之九功。水、火、金、木、土、穀，謂之六府。」

《書・大禹謨》：「地平天成，六府三事允治，萬世永賴。」孔穎達疏：「府者，藏財之處；六者，貨財所聚，故稱六府。」

《魏書・高閭傳》：「重光麗天，晨暉疊旦。六府孔修，三辰貞觀。」

宋王禹偁《擬封田千秋為富民侯制》：「是故朝有八政，貨食為先；世修六府，土穀在列。」

又上古六種稅官之總稱。

《禮記・曲禮下》：「天子之六府，曰司土、司木、司水、司草、司器、司貨，典司六職。」

鄭玄注：「府，主藏六物之稅者，此亦殷時制也。」

三代：指夏、商、周。

《論語・衛靈公》：「斯民也，三代之所以直道而行也。」邢昺疏：「三代，夏、殷、周也。」

南朝梁劉勰《文心雕龍・銘箴》：「斯文之興，盛於三代。夏商二箴，餘句頗存。」

命官：謂被任命為官吏。

宋陸游《老學庵筆記》卷七：「無己（陳師道）元祐中方自布衣命官。」

又指朝廷的官吏。因古有一至九命之別，故稱。

《說郛》卷三引宋灌圃耐得翁《古杭夢遊錄》：「上有教坊使，副鈐轄，都掌儀範者皆是命官。」

尉曹：官名。主徵集、輸送、抓捕服徭役的刑徒。

戶曹：漢朝公府之戶曹主民戶、祠祀、農桑，郡府戶曹亦以民戶為主，兼及獄訟、禮俗和祠祀等事。

金曹：官名。主市掾，主錢布事。

倉曹：官名。主主穀倉事。

功曹：官名。漢朝郡守有功曹史，簡稱功曹，除掌人事外，得以參與一郡的政務。北齊後稱功曹參軍。唐時，在府的稱為功曹參軍，在州的稱為司功。

分曹即分科辦公，如：

民政：戶曹。

比曹：主管檢核之事。

時曹：主時節祠祀之曹。又有祠祀掾史為郡國境內祭祀名山大川或先聖先賢廟所專設之掾史。

田曹：主農桑。勸農掾史。

水曹：同都水。職主興修水利。

財政：倉曹、金曹。

交通：集曹：主管各縣上計。

漕曹：主管漕運。

法曹：摯茂即為郡法曹。主郵驛科程事。

軍事：兵曹：同兵馬掾、監軍掾。主管徵集、輸送兵丁。兵曹也有書佐。

尉曹。

治安：賊曹：主盜賊事，和其他曹一樣，事多時往往有數名曹史，而且分佈負責。

司法：決曹：其執掌主要是決獄、斷獄、用法。用法行刑業有一定手續，即簽定文書，一則便於用刑，二則以備覆核。除治獄外，尚有行縣錄囚之職責。決曹多以曉習文法者為之。也可由縣獄史或守屬治獄者補之。又有仁恕掾，亦主案獄。

辭曹。

教育：學官：

衛生：醫曹：職當主醫藥事。

逋亡：逃亡。

《史記・秦始皇本紀》：「發諸嘗逋亡人、贅壻、賈人略取陸梁地。」

南朝宋劉義慶《世說新語・政事》：「謝公時，兵厮逋亡，多近竄南塘下諸舫中。」

又指逃亡的人。

《陳書・周迪傳》：「外誘逋亡，招集不逞，中調京輦，規冀非常。」

宋范仲淹《泰州張侯祠堂頌》：「逋亡幾千，咸復於田。」

逋：。

清陳昌治刻本《說文解字・卷二・辵部》：「亡也。逃也。奔謨切，竝音哺。」

《書・大誥》：「於伐殷逋播臣。」《注》：「逋亡播遷之臣也。」

《左傳．文六年》：「趙宣子為政，董逋逃。」《注》：「督竄逃有罪之人也。」

螟蟲：螟。亦泛指食禾的害蟲。

《史記．龜策列傳》：「螟蟲歲生，五穀不成。」

北魏賈思勰《齊民要術．雜說》：「正月朔旦，四面有黃氣，其歲大豐，此黃帝用事。土氣黃均，四方並熟，有青氣雜黃有螟蟲，赤氣大旱，黑氣大水。」

宋蘇軾《昭靈侯廟碑》：「救藥疾癘，驅攘螟蟲。」

魚食：魚做的食物。一說即魚羹。同魚飧。

漢桓寬《鹽鐵論．貧富》：「趙宣孟之魚食，甘於智伯之芻豢。」

《公羊傳．宣公六年》：「子為晉國重卿而食魚飧，是子之儉也。」

唐王維《京兆尹張公德政碑》：「自郊徂邑，室有魚飧。」

廩：廩。

《集韻》、《韻會》、《正韻》：「力錦切，竝音凜。」

《爾雅．釋言》：「廩，廯也。」

《玉篇》：「倉廩也。」《釋名》：「廩，矜也。實物可惜者，投之其中也。」

《詩．周頌》：「亦有高廩，萬億及秭。」

《禮．明堂位》：「米廩，有虞氏之庠也。」《注》：「庠序亦學也。魯謂之米廩，虞帝上孝，今藏粢盛之委焉。」

《周語》：「廩於藉東南，鍾而藏之。」《注》：「廩，御廩。一名神倉，東南生長之處。鍾，聚也。為稟以藏所藉田，以奉粢盛。」
《荀子．富國篇》：「垣窌倉廩者，財之末也。」《注》：「穀藏曰倉，米藏曰廩。」
又給也。
《後漢．章帝紀》：「恐人稍受廩，往來煩劇。」《注》：「廩，給也。」

假：。
清陳昌治刻本《說文解字．卷八．人部》：「非眞也。一曰至也。舉下切，竝音賈。」
《詩．小雅》：「不遑假寐。」《注》：「不脫衣冠而寢。」
又借也。
《禮．王制》：「大夫祭器不假。」
《左傳．桓六年》：「申繻曰：『取於物為假。』」

四曹：稱郡縣之屬官。
又指尚書省下分職治事的五個官署。漢初置尚書五人，其一為僕射，四人分為四曹，常侍曹主丞相御史事；二千石曹主刺史二千石事；民曹主庶人上書事；主客曹主外國事。成帝時置五人，設三公曹主斷獄事。
又魏文帝設度支尚書寺，晉及南朝宋、齊、北朝北魏、北齊均設度支尚書，領度支、金部、倉部、起部四曹。

四府：西漢以丞相、御史、車騎將軍、前將軍府為四府。
《漢書．趙充國傳》：「詔舉可護羌校尉者，時充國病，四府舉辛武賢小弟湯。」王先謙補注引胡三省曰：「丞相、御史、車騎將軍、前將軍府也。」

東漢以太尉、司徒、司空、大將軍（或太傅）府為四府。

《後漢書・趙典傳》：「建和初，四府表薦，徵拜議郎，侍講禁內，再遷為侍中。」李賢注：「四府，太尉、司徒、司空、大將軍府也。」

《後漢書・虞詡傳》：「脩（李脩）善其言，更集四府，皆從詡議。」李賢注：「四府謂太傅、太尉、司徒、司空之府也。」

嗇夫：古代官吏名。掌管幣禮的官員。

《書・胤征》：「瞽奏鼓，嗇夫馳。」孔傳：「嗇夫，主幣之官。」

又司空的屬官。

《儀禮・覲禮》：「嗇夫承命，告於天子。」鄭玄注：「嗇夫，蓋司空之屬也。」

又檢束群吏百姓的官員。

《管子・君臣上》：「吏嗇夫任事，人嗇夫任教。」尹知章注：「吏嗇夫謂檢束群吏之官，若督郵之比也。人嗇夫亦謂檢束百姓之官。」

又鄉官。秦制，鄉置嗇夫，職掌聽訟、收取賦稅，漢晉及南朝宋因之。

《漢書・百官公卿表上》：「十亭一鄉，鄉有三老、有秩、嗇夫、遊徼……嗇夫職聽訟，收賦稅。」

《晉書・職官志》：「鄉置嗇夫一人。」

《宋書・百官志下》：「鄉有鄉佐、三老、有秩、嗇夫、遊徼各一人……嗇夫主爭訟。」

第二十三卷

論諸人

一、論人配五行

禮記禮運篇云。人者。天地之德。陰陽之交。鬼神之會。五行之秀氣也。文子曰。人者。天地之心。五行之端。是以稟天地五行之氣而生。為萬物之主。配二儀以為三材。然受氣者。各有多小。受木氣多者。其性勁直而懷仁。受火氣多者。其性猛烈而尚禮。受土氣多者。其性寬和而有信。受金氣多者。其性剛斷而含義。受水氣多者。其性沉隱而多智。五氣湊合。共成其身。氣若清叡。則其人精俊爽如也。昏濁。則其人愚頑。老子云。陰陽精氣為人。氣有厚薄。得中和滋液。則生賢智人。得錯亂濁辱。則生貪婬人。祿命書云。金人剛強自用。木人多華而雅。水人開通智慧。火人自貴性急。土人忠信而直。周書云。人感十而生。天五行。地五行。合為十也。天五行為五常。地五行為五藏。故易曰。在天成象。在地成形者也。家語曰。天一。地二。人三。三三而九。九九八十一。一主日。日數十。故人十月而生。文子云。人受天地變化而生。一月而膏。二月而脈。三月而胞。四月而肌。五月而筋。六月而骨。七月而成形。八月而動。九月而躁。十月而生。形骸已成。五藏乃形。外為表。中為裡。頭員法天。足方象地。天有四時。五行。九星。三百六十日。人亦有四支。五藏。九竅。三百六十節。天有風雨寒暑。人亦有喜怒哀樂。淮南子及文子。竝云。膽為雲。肺為氣。脾為風。腎為雨。肝為雷。與天相類。而心為主。耳目者。日月也。氣血者。風雨也。素問云。夫人法天地。故聖人上配天以養頭。下象地以養足。中傍人事以養五藏。天氣通於肺。地氣通於咽。風氣通於肝。雷氣通於心。穀氣通於脾。雨氣通於腎。六經為川。腸胃為海。九竅為水。法天之紀。用地之理。則災禍去矣。左慈相決云。

人頭員以法天。足方以象地。左目為日。右目為月。左眉為青龍。右眉為白虎。鼻為勾陳。伏犀為朱雀。玉枕為玄武。又云。前為朱雀。後為玄武。左為青龍。右為白虎。是曰四躰。頭為勾陳。是身之主。又曰。左耳後為太山。右耳後為華山。額為衡山。頂後為恆山。鼻為嵩高山。相祕訣云。額為衡山。頭為恆山。鼻為嵩高山。眉為岱山。權為崑崙山。二儀象天地。三亭法三才。四瀆主四時。五官應五行。六府從六律。七門配七星。八節取八風。九候比九州。十指應十日。十二德象十二月。二十八節應二十八宿。家語云。人生三月微眴。然後目能見。八月生齒。然後能食。期而臏。然後能行。三年顋合。然後能言。陰窮反陽。故陰以陽變。陽窮反陰。故陽以陰化。是以男子八月生齒。八歲而齔。十六精通。然後能化。女子七月生齒。七歲而齔。十四而化。禮。男子二十而冠。有成人父之端。女子十五而笄。而許嫁。有成人母之道。此皆從天地五行之大數也。文子曰。昔者中黃子云。天有五行。地有五嶽。聲有五音。物有五味。色有五章。人有五位。故天地之間。二十有五人。上五有神人。真人。道人。至人。聖人。次五有德人。賢人。善人。中人。辨人。中五有仁人。禮人。信人。義人。智人。次五有仕人。庶人。農人。商人。工人。下五有眾人。小人。駑人。愚人。完人。上五之與下五。猶人之與牛馬也。聖人者。以目視。以耳聽。以口言。以足行。真人者。不視而明。不聽而聰。不言而云。不行而從。故聖人之所動天下者。真人未嘗遇焉。賢人之所矯世俗者。聖人未嘗觀焉。所謂道人者。無前無後。無左無右。萬物玄同。無非無是。文子發言二十五人。論止有四。未為具釋。今依諸經書略解。上五謂神人者。孔子曰。陰陽不測之謂神。曾子曰。陽之精氣為神。神以靈智為義。謂靈智其照如神。故曰神人也。孔子曰。堯之智如神。真人者。性合乎道。有若無。寔若虛。明白太素。至極弊然無為。故曰真人。道人者。孔子曰。其德大乎天地。其量總乎日月。莫之能測者。有此德量。故曰道人。至人者。真直為素。守一不移。善惡不能迴其慮。榮辱不能動其心。故曰至人。聖人者。家語曰。德合天地。變通無方。窮萬事之終始。協萬品之自然。敷其大道。遂成情性。明竝日月。化行若神。民人不知其德。覩者不識其善。此謂聖人也。莊子曰。以天為宗。以德為本。以道為門。明於變。謂之聖人。次五德人者。德被於物。使百姓各得其所欲。日用而不知。兼利無擇。與天地合。易曰。大人者。與天地合其德。與日月合其明。與鬼神合其吉凶。此謂德也。賢人者。智周萬物。動靜合理。孔子曰。好惡與民同情。取捨與民同統。行中規矩。言可法則。為匹夫而不怨。在諸侯而不驕。道足化於百姓。而不傷於身。施財天下。不貧。此賢人也。善人者。見善如不及。言滿天下無口過。孔子曰。躬行忠信。而心不怨。不置仁義。志意廣博。而色不伐。思慮明達。而辭不爭。篤行信道。自強不息。猶然如將可越而不可及。此君子人也。又謂善人。中人者。一心以事主。進思盡忠。退思補過。順美匡惡。犯而無隱。先公後私。不伐其勞。此中人也。辨人者。智思無窮。情鑒善惡。問無礙滯。巧言如流。去邪從正。無有可匿。此辨人也。中五仁人者。為上不侈其功。為下不羞其陋。慈施惻隱。終而不衰。此仁人也。禮人者。分別尊卑。廉讓謙謹。為上恭敬。為下思敬。此禮人也。信人者。誠寔不欺。片言折獄。達不肆意。窮不易操。此信人也。義人者。決斷分了。一度順理。從善屏惡。事無礙滯。此義人也。智人者。識達謀慮。鑒察物情。能知萌兆。豫覩善惡。此智人也。次五士人者。孔子曰。知不舉多。必審其所由。言不務多。必審其所謂。心有所定。計有所守。雖不能盡道術之本。必有從行也。雖不能遍百善之美。必有所慮也。行既由之。智既知之。言既得之。則性命形骸之不易也。富貴不足以益。貧賤不足以損。此士人也。庶人者。未入仕位。猶居壟畝之間。或始解褐。未沾品命。周禮云。庶人。在官者。始入秩也。此謂庶人也。農人者。用天之道。因地之利。春耕秋收。常在稼穡。

此曰農人也。商人者。負販市廛。隨時鬻貨。貴賤相易。以資產業。此商人也。亦曰賈人也。工人者。雕斲伎巧。備諸器用。造新脩故。以力貨財。此曰工人。下五眾人者。凡雜云眾人。豫讓曰。範中行氏。以眾人遇我也。小人者。卑鄙行惡。此曰小人。孔子曰。桀紂雖帝王。其猶小人也。文子曰。中繩。謂之君子。不中繩。謂之小人。君子雖死。其名不滅。小人雖得勢。其罪不除。駑人者。駑。鈍也。亦罪隷為名。古者。有罪為奴。尚書曰。予則奴戮汝。罪之也。紂以箕子為奴。亦戮辱也。馬有駑者。以其鈍也。愚人者。嚚闇無知。菽麥不辨。謂之愚人。孔子曰。其智可及。其愚不可及者。以其稟昬濁之氣而生。非學所得也。亦曰庸人。孔子曰。心不存始終之規。口不吐訓格之言。又不擇賢以託身。不力行以自定。見小闇大。而不知所傷。從物如流。而不知所仇。此庸人也。肉人者。狂癡無識。痛癢莫分。雖能動靜。與宍不異。是謂肉人。此二十五等人。由稟五行之氣。各有優劣。故有多等。善惡不同。今且分為四品。其神。真。道。至。聖。德。賢。七者。受王氣而生也。善。中。辨。仁。禮。信。義。智。八者。相氣而生也。士。庶。農。商。工。五者。休氣而生也。眾。小。駑。愚。完。五者。囚氣而生也。王氣當其盛時。故最靈聖。相氣微劣於王。故自善忠已下。伏王政。休氣已衰。故當仕庶之例。囚氣最劣。故當眾小之流。文子以上返下。喻人比畜。亦近之矣。然此五氣。有清有濁。有正有邪。有初有末。若得正氣。雖在卑劣。方為大善。若受卑氣。雖居尊勝。眾與大惡。至如桀覆夏宗。紂亡殷族。周衰幽厲。漢滅桓靈。此則處尊興惡者也。負鼎於殷廟。垂釣於磻溪。商賈南陽。飼牛車下。當此之時。其善未見。及登師輔。仁聖竝彰。此豈非卑下而能宏濟。其賢德已上。氣正無邪。故居最上。然氣之初也。齡齒終長。氣之末也。命相短促。此四氣又有四別。若上清秀。靈智愈高。上而濁汙。乃須脩飭。下而清秀。琢磨方以為器。加之昏濁。朽木不可復雕。兼貴賤。富貧。好醜。

善惡。性情。年命。乃有萬途。竝五行氣感所致。今且就文子。論其二十五等。以為階差。自外諸徒。難以具辨。知人則哲。惟帝其難。非明聖者。孰能辨識。祿命決云。王氣中生者。其人王相。宜爵祿。相氣中生者。其人多官。死氣中生者。其人多疾病短命。此竝論其生月。當五行氣盛衰時也。況其稟受氣者。其人形質。情性。骨肉。藏府。皆象五行。相書云。木人。細長。直身。火人。小頭。豐下。短小。土人。員面。大腹。金人。方面。兌口。水人。面薄。身偏。虵行。木人青色。真有白是害氣。火人赤色。真有黑是害氣。土人黃色。真有青是害氣。金人白色。真有赤是害氣。水人黑色。真有黃是害氣。配日。則甲乙為皮毛。丙丁為爪筋。戊己為宍。庚辛為骨。壬癸為血脈。配卦。則乾為頭。離為目。坎為耳。兑為口。坤為腹。艮為手。巽為股膝。震為足。其藏府。性情。各有別解。然人居天地之內。在山川之中。各隨方位。形性不等。所以東夷之人。其形細長。脩眉長目。衣冠亦尚狹長。東海句麗之人。其冠高狹。加以鳥羽。象於木枝。長目者。目主肝。肝。木也。故細而長。皆象木也。南蠻之人。短小輕壑。高口少髮。衣冠亦尚短輕。高口者。口人中主心。心。火也。火炎上。故高。炎上。故少髮也。西戎之人。深目高鼻。衣而無冠者。鼻主肺。肺。金也。故高。目。肝也。肝為木金之所制。故深。金主裁斷。故髮斷無冠。北狄之人。高權被髮。衣長者。權主腎。腎。水也。故高權。被髮者。象水流漫也。衣長。亦象水行也。中夏之人。容貌平整者。象土地和平也。其衣冠車服。備五色者。象土包含四行也。孔子曰。東僻之人曰夷。精以僥。南僻之人曰蠻。信以朴。西僻之人曰戎。頑以剛。北僻之人曰狄。肥以戾。中國之人。安居和味。帝王世紀云。堯流共工於幽州。以竄北狄。遷三苗於三危。以竄西戎。放驩兜於崇山。以竄南蠻。殛鯀於羽山。以竄東夷。春秋文耀鉤云。氣隨人形。故南方至溫。其人大口。象氣舒緩也。北方至寒。其人短頸。象氣急縮也。東方川谷所經。

其人小頭兌形。象木小上也。西方高土。日月所入。其人面多毛。象山多草木也。中央四通。雨露所施。其人面大。象土平廣也。家語云。孔子曰。堅土之人剛。弱土之人柔。墟土之人大。沙土之人細。息土之人美。耗土之人醜。南方有不死之草。北方有不釋之冰。東方有君子之國。西方有刑殘之尸。中土多聖人。皆象其氣也。故曰。山氣多男。澤氣多女。水氣多瘖。風氣多聾。休氣多癃。木氣多傴。岸下溼氣多腫。正氣多力。險阻之氣多癭。寒氣多壽。熱氣多夭。穀氣多痺。丘氣多狂。衍氣多仁。陵氣多貪。輕土多利足。重土多遲鈍。急水人輕。遲水人重。此竝隨陰陽五行之氣。故善惡斯別。

註：

昏：**古同昬**：。

清陳昌治刻本《說文解字・卷七・日部》：「日冥也。冥者，窈也。窈者，深遠也。竝呼昆切，音婚。」

《爾雅・釋詁》：「昏，代也。」《注》：「代，明也。」《疏》：「日入後二刻半為昏，昏來則明往，故云代明。」

《釋名》：「昏，損也，陽精損減也。」

《書・牧誓》：「昏棄厥肆祀弗答。」《傳》：「昏，亂也。」《疏》：「昏闇於事必亂，故昏為亂也。」

中和：中正平和。

《荀子・王制》：「公平者職之衡也，中和者聽之繩也。」楊倞注：「中和謂寬猛得中也。」

田北湖《論文章源流》：「聞其聲音，油然愉快，遊神宇下，含履中和。」
又中庸之道的主要內涵。儒家認為能致中和，則天地萬物均能各得其所，達於和諧境界。
《禮記・中庸》：「喜怒哀樂之未發謂之中，發而皆中節謂之和；中也者，天下之大本也，和也者，天下之達道也。致中和，天地位焉，萬物育焉。」
《東觀漢記・張純傳》：「謙儉節約，閨門中和。」
唐權德輿《奉和聖制中春麟德殿會百僚觀新樂》：「大樂本天地，中和序人倫。」
清趙翼《安寧州湯池》詩：「性真抱中和，元氣葆溫燠。」

滋液：謂滲透的汁液。
《史記・司馬相如列傳》：「滋液滲漉，何生不育！」
漢王褒《四子講德論》：「神雀仍集，麒麟自至；甘露滋液，嘉禾櫛比。」
北魏酈道元《水經注・湍水》：「源傍悉生菊草，潭澗滋液，極成甘美。」
又特指唾液。
漢班固《白虎通・情性》：「口能啖嘗，舌能知味，亦能出音聲，吐滋液。」

婬：。通作淫。
清陳昌治刻本《說文解字・卷十二・女部》：「私逸也。夷針切，竝音淫。」
《揚子・方言》：「婬，遊也。江沅之間謂戲為婬。」
《五經文字卷下》：「婬泆之婬，經典多用淫字。」朱駿聲曰：「小爾雅廣義：『上淫曰婬，下淫曰報，旁淫曰通。』經傳皆以淫為之。」

膏：。本義為溶化的油脂，無角動物的油脂。

清陳昌治刻本《說文解字‧卷四‧肉部》：「肥也。姑勞切，竝音高。」清段玉裁《注》：「按肥當作脂。膏謂人脂。」

《韻會》：「凝者曰脂，澤者曰膏。一曰戴角者脂，無角者膏。」

《元命苞》：「膏者，神之液也。」

《晉語》：「不能為膏，而祗離咎也。」《注》：「膏，肥也。」《又》：「夫膏粱之性，難正也。」《注》：「膏，肉之肥者。」

《史記‧田敬仲完世家》：「狶膏棘軸。」《注》：「狶膏，豬脂也。」

又指心靈深處。古代醫學稱心尖脂肪為膏，心臟與膈膜之間的膈膜為肓。

《左傳‧成公十年》：「疾不可為也，在肓之上，膏之下，攻之不可，達之不及，藥不至焉，不可為也！」

脈：。同脈。

《集韻》：「莫獲切。」《正韻》：「莫白切，竝音麥。」

《說文》：「血理分袤行體者。」

《玉篇》：「血理也。」

《正字通》：「五臟六府之氣分流四支也。」

《釋名》：「脈，幕也，幕絡一體也。」

《左傳・僖十五年》：「慶鄭曰：『張脈僨興。』」《注》：「血脈必周身而作。」

胞：。

清陳昌治刻本《說文解字・卷九・包部》：「兒生裹也。披交切，竝音抛。」清段玉裁《注》：「包謂母腹。胞謂胎衣。」

《博雅》：「人四月而胞。」

《莊子・外物篇》：「胞有重閬，心有天遊。」《注》：「胞，腹中胎。閬空曠也。」

《前漢・外戚傳》：「善臧我兒胞。」《師古注》：「音苞。謂胎之衣也。」

肌：。

清陳昌治刻本《說文解字・卷四・肉部》：「肉也。居宜切，竝音飢。」

《玉篇》：「肌膚也。」

《正韻》：「膚肉。」

《正字通》：「人身四支附骨者皆曰肌。」

骨：。

清陳昌治刻本《說文解字・卷四・骨部》：「肉之覈也。古忽切，竝音股。」清段玉裁《注》：「覈，實也。肉中骨曰覈。蔡邕注典引曰：『肴覈，食也。肉曰肴。骨曰覈。』」

《釋名》：「骨，滑也。骨堅而滑也。」

《靈樞經》：「腎主骨，張筋化髓幹，以立身。」

《周禮・天官・疾醫》：「以酸養骨。」《注》：「酸木味，木根立地中似骨。」《疏》：「謂似人之骨立肉中者。」

《列子・天瑞篇》：「精神者，天之分。骨骸者，地之分。屬天，淸而散。屬地，濁而聚。」

成形：成為某種形體。

《莊子・齊物論》：「吾一受其成形，而不化以待盡。」

唐柳宗元《柳州山水近治可遊者記》：「石成形，如肺肝，如茄房。」

動：。

清陳昌治刻本《說文解字・卷十三・力部》：「作也。杜孔切，竝同上聲。」清段玉裁《注》：「作者，起也。」

《書・說命》：「慮善以動，動惟厥時。」

《韻會》、《正韻》：「竝徒弄切，同去聲。」

《易・繫辭》：「雷以動之，風以散之。」

《韻會》：「凡物自動，則上聲。彼不動而我動之，則去聲。」

躁：。

《唐韻》、《集韻》、《韻會》、《正韻》：「竝則到切，音竈。」

《說文》：「作趮，疾也。今俗別作躁。非是。」

《釋名》：「躁，燥也。物燥乃動而飛揚也。」

《易・繫辭》：「躁人之辭多。」

《禮・月令》：「君子齋戒，處必掩身毋躁。」《注》：「躁，猶動也。」

《齊語》：「驕躁淫暴。」《注》：「躁，謂擾也。」

形骸：人的軀體。

《莊子・天地》：「汝方將忘汝神氣，墮汝形骸，而庶幾乎？」

南朝梁范縝《神滅論》：「死者之形骸，豈非無知之質邪？」

員：。

清陳昌治刻本《說文解字・卷六・員部》：「物數也。於權切，竝音圓。」清段玉裁《注》：「本為物數。引伸為人數。數木曰枚，曰梃。數竹曰箇。數絲曰紽，曰緫。數物曰員。」

《前漢・尹翁歸傳》：「責以員程。」《注》：「師古曰：『員，數也。』」

《孟子・離婁上》：「以為方員平置。」又园形。後作圓。

《後漢書・張衡傳》：「員徑八尺。」

九竅：指耳、目、口、鼻及尿道、肛門的九個孔道。

《周禮・天官・疾醫》：「兩之以九竅之變。」鄭玄注：「陽竅七，陰竅二。」

《楚辭・高唐賦》：「九竅通鬱，精神察滯。」

宋范成大《問天醫賦》：「百骸九竅，無一得適。」

三百六十節：古謂人體骨節有三百六十節。

凡人三百六十節，九竅、五藏、六府。《呂氏春秋・本生》：「天全則神和矣，目明矣，耳聰矣，鼻臭矣，口敏矣，三百六十節皆通利矣。」

淮南子：《淮南子・天文訓》：「天有十二月，以制三百六十日，人亦有十二肢，以使三百六十節。」《淮南子・精神訓》：「萬物背陰而抱陽，沖氣以為和。故曰：一月而膏，二月而胅，三月而胎，四月而肌，五月而筋，六月而骨，七月而成，八月而動，九月而躁，十月而生。形體以成，五臟乃形。是故肺主目，腎主鼻，膽主口，肝主耳，外為表而內為裡，開閉張歙，各有經紀。故頭之圓也象天，足之方也象地。天有四時、五行、九解、三百六十六日，人亦有四支、五藏、九竅、三百六十六節。天有風雨寒暑，人亦有取與喜怒。故膽為雲，肺為氣，肝為風，腎為雨，脾為雷，以與天地相參也，而心為之主。是故耳目者，日月也；血氣者，風雨也。日中有踆烏，而月中有蟾蜍。」

文子：《通玄真經・九守》：「老子曰：『人受天地變化而生，一月而膏，二月血脈，三月而胚，四月而胎，五月而筋，六月而骨，七月而成形，八月而動，九月而躁，十月而生。形骸已成，五藏乃形，肝主目，腎主耳，脾主舌，肺主鼻，膽主口，外為表，中為裡，頭員法天，足方象地，天有四時、五行、九解、三百六十日，人有四支、五藏、九竅、三百六十節。天有風雨寒暑，人有取與喜怒，膽為雲，肺為氣，脾為風，腎為雨，肝為雷，人與天地相類，而心為之主。耳目者日月也，血氣者風雨也，日月失行，薄蝕無光，風雨非時，毀折生災，五星失行，州國受其殃。』」

伏犀：指人前額至髮際骨骼隆起。舊時迷信者以為顯貴之相。
《後漢書・李固傳》：「固貌狀有奇表，鼎角匿犀，足履龜文。」唐李賢注：「匿犀，伏犀也。謂骨當額上入髮際隱起也。」
《舊唐書・方伎傳・袁天綱》：「馬侍御伏犀貫腦，兼有玉枕，又背如負物，當貴不可言。」
明劉若愚《酌中志・見聞瑣事雜記》：「此子頂圓眼秀，人中端正，山根直接印堂，合伏犀貫頂法，宜令讀書。」

玉枕：指玉枕骨。人腦後隆起之骨。即枕骨。
宋陶谷《清異錄・陳設》：「盧文紀有玉枕骨，故凡枕之堅實者，悉不可用。」

四躰：同四體。
四肢。
《論語・微子》：「四體不勤，五穀不分。」
晉陶潛《庚戌歲九月中於西田獲早稻》詩：「四體誠已疲，庶無異患干。」
又指整個身體，身軀。
唐顧況《謝王郎中贈琴鶴》詩：「因想羨門輩，眇然四體輕。」
《四遊記・靈耀分龍會為明輔》：「兒今此行，若再飲酒，有違父命，四體不得回鄉。」

頂後：指後腦杓。
相祕決：另《相書》：「二儀者，頭圓法天，足方象地；天欲得高，地欲得厚；若頭小足薄，貧賤人也；七門皆好，高貴人也；總而言之，額為天，頤為地，鼻為人，左目為日，右目為月，天欲張，地欲方，人欲深廣，日月欲光明。……五嶽者，額為衡山，頤為恆山，鼻為嵩山，左顴為泰山，右顴為華山；四瀆者，鼻孔為濟，目為河，口為淮，耳為江。」

權：。

清陳昌治刻本《說文解字・卷六・木部》：「黃華木。逵員切，竝音拳。」清段玉裁《注》：

「權，黃英。」

與顴通，兩頰也。

《前漢・高帝紀・隆準注》：「頰權，準也。」

《曹植・洛神賦》：「靨輔承權。」

顴：。

《集韻》、《韻會》、《正韻》：「逵員切，竝音權。」

《廣雅》：「頔也。」

頔：。

清陳昌治刻本《說文解字・卷九・頁部》：「頭頡頔也。朱劣切，竝音拙。」清段玉裁《注》：

「頰權準也。」

《五音集韻》：「面秀骨。」

《集韻》：「古忽切，音骨。面顴也。」

《集韻》：「輔骨曰顴。或作髖。通作權。」

顴骨。亦稱頰骨、輔骨。位於眼的外下方，在顏面隆起的部分。

三亭：同三停。

《意林》卷五引《傅子》：「相者曰：『三亭九候，定於一尺之面，愚智勇怯形於一寸之目。』」

一本作三停。

七門：道教煉養術語。謂天門在泥丸，地門在尾閭，中門在夾脊，前門在明堂，後門在玉枕，樓門在氣管，房門在心竅，均為修道養生的重要門戶，稱為人身七門。

《白雪遺音・馬頭調・麻衣神相》：「我看你五官六府，面生三亭，牙挑碎玉，唇紅齒白。」

《侶山堂類辯・卷上》：「越人《四十四難》曰：『唇為飛門，齒為戶門，會厭為吸門，胃為賁門，太倉下口為幽門，大小腸會為闌門，下極為魄門：是謂七沖門。人但知飲食從飛門而入，糟粕從魄門而出。』」

九候：《四聖心源・卷三・脈法解・三部九候脈法》：「十二經皆有動脈，上部之動脈在頭，中部之動脈在手，下部之動脈在足，是為三部。一部三候，是為九候。《素問・三部九候論》：『人有三部，部有三候。三候者，有天、有地、有人也。上部天，兩額之動脈，足少陽之頷厭也。上部地，兩頰之動脈，足陽明之地倉、大迎也。上部人，耳前之動脈，手少陽之和髎也。中部天，手少陰之太淵、經渠也。中部地，手陽明之合谷也。中部人，手少陰之神門也。下部天，足厥陰之五里也。下部地，足少陰之太溪也。下部人，足太陰之箕門也。下部之天以候肝，地以候腎，人以候脾胃之氣。中部之天以候肺，地以候胸中之氣，人以候心。上部之天以候頭角之氣，地以候口齒之氣，人以候耳目之氣也。下部之天，女子則取太沖。下部之人，胃氣則候於陽明之沖陽，仲景謂之趺陽。』此三部九候之法也。《難經》：『三部者，寸關尺也，九候者，浮中沉也。』」

《素問三部九候論篇》：「歧伯曰：『天地之至數，始於一，終於九焉。一者天，二者地，三者人。因而三之，三三者九，以應九野。故人有三部，部有三候，以決死生，以處百病，以調虛實，而除邪疾。』帝曰：『何謂三部？』歧伯曰：『有下部，有中部，有上部。部各有三候，三候者，有天有地有人也。必指而導之，乃以為真。上部天，兩額之動脈；上部地，兩頰之動脈；上部人，耳前之動脈。中部天，手太陰也；中部地，手陽明也；中部人，手少陰也。下部天，足厥陰也；下部地，足少陰也；下部人，足太陰也。故下部之天以候肝，地以候腎，人以候脾胃之氣。』帝曰：『中部之候奈何？』歧伯曰：『亦有天，亦有地，亦有人。天以候肺，地以候胸中之氣，人以候心。』帝曰：『上部以何候之？』歧伯曰：『亦有天，亦有地，亦有人。天以候頭角之氣，地以候口齒之氣，人以候耳目之氣。三部者，各有天，各有地，各有人。三而成天，三而成地，三而成人，三而三之，合則為九。九分為九野，九野為九藏。故神藏五，形藏四，合為九藏。五藏已敗，其色必夭，夭必死矣。』」

十二德：《書・皐陶謨》：「九德，寬而栗，柔而立，願而恭，亂而敬，擾而毅，直而溫，簡而廉，剛而塞，彊而義。」

《洪範》：「三德，一曰正直，二曰剛克，三曰柔克。」

《周禮・地官》：「六德：知、仁、聖、義、中、和。」

又一說為：孝、悌、忠、信、禮、義、廉、恥、仁、愛、和、平。

家語：《孔子家語・本命解》：「魯哀公問於孔子曰：『人之命與性何謂也？』孔子對曰：『分於道，謂之命；形於一，謂之性；化於陰陽，象形而發，謂之生；化窮數盡，謂之死。故命者，性之始也；死者，生之終也。有始則必有終矣。人始生而有不具者五焉，目無見，不能食，行，不能言，不能化。及生三月而微煦，然後有見；八月生齒，然後能食；三年顋合，然後能言；十有六而精通，然後能化。陰窮反陽，故陰以陽變；陽窮反陰，故陽以陰化。是以男子八月生齒，八歲而齓。女子七月生齒，七歲而齓，十有四而化。一陽一陰，奇偶相配，然後道合化成。性命之端，形於此也。』公曰：『男子十六精通，女子十四而化，是則可以生民矣。而禮、男必三十而有室，女必二十而有夫也。豈不晚哉？』孔子曰：『夫禮言其極不是過也。男子二十而冠，有為人父之端；女子十五許嫁，有適人之道。於此而往，則自婚矣。』」

顋：。同腮。

《集韻》、《韻會》、《正韻》：「桑才切，竝音鰓。」

《玉篇》：「頰顋。」

又角中之骨。

《說文》：「顋，角中骨也。」

又指肉中骨。

漢趙壹《非草書》：「展指畫地，以草劌壁，臂穿皮刮，指爪摧折，見顋出血，猶不體輟。」

齓：古同齔：。指小孩換牙，即乳齒脫落長出恆齒。

清陳昌治刻本《說文解字・卷二・齒部》：「毀齒也。男八月生齒，八歲而齓。女七月生齒，七歲而齔。初謹切，竝濶上聲。」

《史記・周本紀》：「漦化為黿，入王後宮，後宮之童妾既齔而遭之。」《韋昭曰》：「毀齒曰齔。」

昫：。**同煦**：。

清陳昌治刻本《說文解字・卷七・日部》：「日出溫也。匈於切，竝音訏。」

清陳昌治刻本《說文解字・卷十・火部》：「烝也。一曰赤皃。一曰溫潤也。吁句切，竝音姁。」

清段玉裁《注》：「煦煆，熱也。乾也。」

《玉篇》：「暖也。同煦。」

《淮南子・原道訓》：「昫嫗覆育。」《注》：「昫，溫恤也。」

又太陽光。

《玉篇》：「昫，日光也。」

又眼睛轉動。

《白虎通》：「人生三月，目煦，亦能笑。」

《大戴禮記・本命》：「三月而徹昫，然後能有見；八月生齒，然後食；期而生臏，然後能行；三年嘻合，然後能言；十有六情通，然後能化。」

期：。

清陳昌治刻本《說文解字・卷七・月部》：「會也。竝渠之切，音其。」清段玉裁《注》：「會者，合也。期者，要約之意。所以為會合也。」
《管子・侈靡》：「若旬虛期於月津。」注：「匝一月日期。」
《禮記・中庸》：「而不能期月守也。」

臏：。同髕。

《集韻》、《韻會》：「婢忍切，竝音牝。」
《說文》：「膝耑也。」
《增韻》：「膝蓋骨。」
《潘岳・西征賦》：「徂潛鉛而脫臏。」《注》：「膝蓋也。」
《玉篇》：「臏骨也。」
《史記・秦本紀》：「王與孟說舉鼎，絕臏。」《注》：「正義曰：『臏，脛骨也。』」
《集韻》：「一曰刖也。」
《周禮・秋官・司刑・刖罪五百注》：「刖，斷足也。周改臏作刖，殺死刑也。」
清陳昌治刻本《說文解字・卷十・囪部》：「在牆曰牖，在屋曰囪。初江切，竝音牕。」清段玉裁《注》：「牖，穿壁以木為交窗也。屋在上者也。此皆以交木為之。故象其交木之形。」

顖：音信。**同囪：**。

《集韻》：「俗作窓。」
《廣韻》：「倉紅切。」《集韻》：「麤叢切，竝音聰。竈突也。」

《集韻》：「通孔也。鄭康成曰：『窻助戶為明。』或作腮窗囟。」

亦同囟：。即連合胎兒或新生兒顱頂蓋各骨間的膜質部。

清陳昌治刻本《說文解字・卷十・囟部》：「頭會，腦蓋也。思晉切，竝音信。」清段玉裁《注》：「頟空，謂頟腔也。」

《魏校曰》：「頂門也。子在母胎，諸竅尚閉，唯臍內氣，囟為之通氣，骨獨未合。既生，則竅開，口鼻內氣，尾閭為之洩氣，囟乃漸合，陰陽升降之道也。」

《方書》：「頂中央旋毛中為百會，百會前一寸半為前頂，百會前三寸即囟門。」

《禮記・內則》：「注夾囟曰角。」

化：。

清陳昌治刻本《說文解字・卷八・匕部》：「教行也。火跨切，竝花去聲。」清段玉裁《注》：「教行於上。則化成於下。」

《增韻》：「凡以道業誨人謂之教。躬行於上，風動於下，謂之化。」

《老子・道德經》：「我無為而民自化。」

《韻會》：「天地陰陽運行，自有而無，自無而有，萬物生息則為化。又泛言改易，亦曰變化。」

《周禮・春官・大宗伯》：「合天地之化。」《注》：「能生非類曰化。」《疏》：「鳩化為鷹之類。皆身在而心化。若鼠化為鴽，雀化為蛤蜃之等，皆據身亦化，故云能生非類。」

《後漢・馮衍傳》：「與時變化。」《章懷太子注》：「音花。」

冠：。

清陳昌治刻本《說文解字・卷七・冖部》：「絭也。所以絭髮，弁冕之總名也。沽歡切，竝音官。」清段玉裁《注》：「絭者，纕臂繩之名。所以約束褎者也。冠以約束髮，故曰絭髮。引伸為凡覆蓋之稱。《徐曰》：『取其在首，故從元。古亦謂冠為元服。』」

《白虎通》：「冠者，卷也。卷持其髮也。」

《釋名》：「冠，貫也，所以貫韜髮也。」

《後漢・輿服志》：「上古穴居野處，衣毛冒皮。後世聖人見鳥獸有冠角髯鬍，遂制冠冕纓緌。」

《唐韻》、《集韻》、《韻會》、《正韻》：「古玩切，竝官去聲。」

《禮・曲禮》：「二十曰弱冠。」

《冠儀》：「冠者，禮之始也。故聖王重冠。」

《白虎通》：「男子幼，娶必冠。」

《韻會》：「男子二十加冠曰冠。」

笄：。

清陳昌治刻本《說文解字・卷五・竹部》：「簪也。古奚切，音雞。」

《篇海》：「婦人之笄，則今之簪也。本作筓。」

《儀禮・士冠禮》：「皮弁笄。爵弁笄。」

《淮南子・齊俗》：「中國冠笄。」

櫛：。

《儀禮・士冠禮》：「櫛設笄。」

清陳昌治刻本《說文解字・卷六・木部》：「梳比之總名也。側瑟切，竝音節。」清段玉裁《注》：「比讀若毗。疏者為梳。密者為比。釋名曰：『梳言其齒疏也。數言比。比於梳其齒差數也。比言細相比也。按比之尤細者曰笸（竝居之切，音姬。《說文》：『取蟣比也。比與篦同』）。』」

《左傳・僖二十二年》：「懷嬴曰：『寡君使婢子侍執巾櫛。』」

《說文・繫傳曰》：「櫛之言積也。」

《詩・周頌》：「其比如櫛。」《疏》：「言積之比密也。」

又理髮也。

《禮・內則》：「櫛縰笄總。」

《儀禮・喪服禮》：「惡笄者，櫛笄也。」《注》：「以櫛之木為笄或曰榛笄。」

《詩・周頌・良耜》：「其崇如墉，其比如櫛。」

又指女子十五歲成年。亦特指成年之禮。

《公羊傳・僖公九年》：「字而笄之。」

《國語・鄭語》：「既笄而孕。」《注》：「女十五而笄。」

文子：

《文子・微明篇》：「昔者中黃子曰：『天有五方，地有五行，聲有五音，物有五味，色有五章，人有五位，故天地之間有二十五人也。上五有神人、真人、道人、至人、聖人，次五有德人、賢人、智人、善人、辯人，中五有公人、忠人、信人、義人、禮人，次五有士人、工人、虞人、農人、商人，下五有眾人、奴人、愚人、肉人、小人，上五之與下五，猶人之與牛馬也。聖人者以目視，以耳聽，以口言，以足行。真人者，不視而明，不聽而聰，不行而從，不言而公。故聖人所以動天下者，真人未嘗過焉，賢人所以矯世俗者，聖人未嘗觀焉。所謂道者，無前無後，無左無右，萬物玄同，無是無非。』」

五位：指侯、大夫、卿、公、辟五種等級。

《後漢書・朱穆傳》：「天氣鬱冒，五位四候連失正氣，此互相明也。」王先謙集解引惠棟曰：「五位，謂侯、大夫、卿、公、辟。」

駑：《廣韻》：「乃都切。」《集韻》《韻會》：「農都切，竝音奴。」

《玉篇》：「最下馬也。」

《正字通》：「馬頓劣也。凡馬給宮中之役者曰駑。駑駘皆下乘。」

《說文解字・心部》：「懦。駑弱者也。」

又才能低劣。

《史記・廉頗藺相如列傳》：「相如雖駑，獨畏廉將軍哉？」

完人：指德行完美的人。

元劉祁《歸潛志》卷十三：「士之立身如素絲然，慎不可使點汙，少有點汙則不得為完人矣。」

明呂坤《呻吟語選・聖賢》：「為宇宙完人甚難；自初生以至屬纊，徹頭徹尾，無些子破綻，尤難。」

又指身體健全的人。

宋沈括《夢溪補筆談・藝文》：「縱其精神筋骨猶西施王嬙，而手足乖戾，終不為完人。」

完：。

清陳昌治刻本《說文解字・卷七・宀部》：「全也。竝胡官切，音桓。」

《論語》：「苟完矣。」

《莊子・天地篇》：「不以物挫志之謂完。」

《玉篇》：「保守也。」

《荀子・議兵》：「完全富足而趨趙。」

又充足，充實。

《後漢書》：「今天水完富，士馬最強。」

太素：古代謂最原始的物質。

《列子・天瑞》：「太素者，質之始也。」

漢班固《白虎通・天地》：「始起先有太初，後有太始，形兆既成，名曰太素。」

《陳書・高祖紀上》：「肇昔元胎剖判，太素氤氳。」

又引申為天地。

三國魏曹植《神龜賦》：「忽萬載而不恤，周無疆於太素。」

又樸素，質樸。

《淮南子・俶真訓》：「偃其聰明而抱其太素。」

漢班固《幽通賦》：「皓爾太素，曷渝色兮。」
漢班固《東都賦》：「昭節儉，示太素，去後宮之麗飾，損乘輿之服御。」
明宋應星《天工開物・乃服》：「然既曰布衣，太素足矣。」

弊：。古同蔽，隱蔽也。
《廣韻》、《集韻》、《韻會》：「竝毗祭切，音幣。」《廣韻》：「惡也。」
《前漢・元帝紀》：「重以周秦之弊。」
《玉篇》：「頓僕也。」
《周禮・天官・獸人》：「及弊田，令禽註於虞中。」《注》：「弊，僕也。」
《莊子・逍遙遊》：「弊弊然以天下為事。」
又弊弊，經營貌。
《集韻》、《韻會》：「竝必袂切，音必。」《集韻》：「斷也。」
《周禮・天官・大宰》：「以八灋治官府。八曰官計，以弊邦治。」《注》：「弊，斷也，所以斷羣吏之治。」

門：。
清陳昌治刻本《說文解字・卷十二・門部》：「聞也。謨昆切，竝音捫。」清段玉裁《注》：「聞者，謂外可聞於內。內可聞於外也。」
凡物關鍵處，皆謂之門。

《易・繫辭》：「道義之門。」《疏》：「物之得宜，從此易而來，故云道義之門，謂與道義為門戶也。」

《老子・道德經》：「眾妙之門。」

壟畝：亦作壠畝，猶阡陌。田畝，田野也。

《戰國策・齊策三》：「使曹沫釋其三尺之劍而操銚鎒，與農夫居壠畝之中，則不若農夫。」

《南史・隱逸傳上・宗彧之》：「我布衣草萊之人，少長壟畝，何宜枉軒冕之客。」

《舊唐書・王方慶傳》：「奈何列騎齊驅，交橫壟畝，野有遊客，巷無居人。」

《金史・食貨志五》：「且用功多而所種少，復恐廢壠畝之田功也。」

解褐：謂脫去布衣，擔任官職。

《晉書・曹毗傳》：「安期解褐於秀林，漁父罷鉤於長川。」

唐陳子昂《麈尾賦・序》：「甲申歲，天子在洛陽，余始解褐，守麟臺正字。」

秩：。

清陳昌治刻本《說文解字・卷七・禾部》：「積也。直質切，竝音姪。」

《廣韻》：「次也，常也，序也。」

《書・堯典》：「平秩東作。」《傳》：「次序東作之事以務農。」

《舜典》：「望秩於山川。」《傳》：「如其秩次望祭之。」

《增韻》：「職也，官也，整也。」

《周禮・天官・官伯》：「行其秩敘。」《注》：「秩，祿廩也。」《疏》：「謂依班秩受祿。」

《左傳・文六年》：「委之常秩。」《注》：「常秩，官司之常職。」

廛：。

清陳昌治刻本《說文解字・卷九・广部》：「一畝半，一家之居。澄延切，竝音纏。」

《周禮・地官・遂人》：「夫一廛田百畮（六尺為步，步百為畮。竝莫後切，音牡。畝本字）。」

《注》：「廛，城邑之居。」

《周禮・廛人・注》：「廛，民居區域之稱。」

《玉篇》：「市邸也。」

《禮・王制》：「市廛而不稅。」《注》：「廛市物邸舍，稅其舍，不稅其物。」

《周禮・地官・廛人》：「掌斂廛布，而入於泉府。」《注》：「廛布者，貨賄諸物邸舍之稅。」

《疏》：「謂在行肆，官有邸舍，人有置物於中，使之出稅，故云廛布也。」

鬵：。古同甑。

清陳昌治刻本《說文解字・卷三・鬲部》：「大釜也。一曰鼎大上小下若甑曰鬵。徐心切，竝音尋。」

《廣韻》：「鬵，疾也。」

斲：**俗斵**：。古同斫。

清陳昌治刻本《說文解字・卷十四・斤部》：「斫也。竝竹角切，音琢。」

《書・梓材》：「既勤樸斲。」《傳》：「已勞力撲治斲削。」

又協竹鹿切。《漢淮南王屏風賦》：「大匠治之，雕刻削斲。等化器類，庇蔭尊屋。」

罪隸：古時罪人家屬之男性收入官府為奴者。

《周禮・秋官・司厲》：「其奴，男子入於罪隸。」

《周禮・秋官・序官》：「罪隸百有二十人。」賈公彥疏：「古者身有大罪，身既從戮，男女緣坐，男子入於罪隸，女子入於舂槀。」

又泛指罪人。

《陳書・世祖紀》：「屢虧聽覽，事多壅積，寃滯靡申，幽枉弗鑒。念茲罪隸，有甚納隍。」

嚚闇：愚昧昏庸。

漢王符《潛夫論・考績》：「羣僚舉士者，或以頑魯應茂才……以嚚闇應明經，以殘酷應寬博。」

嚚：嚚。

清陳昌治刻本《說文解字・卷三・口部》：「語聲也。疑巾切，竝音銀。」清段玉裁《注》：「左傳曰：『口不道忠，信之言為嚚。』引伸之義也。」

《玉篇》：「愚也。」

《書・堯典》：「父頑母嚚。」

《左傳・僖二十四年》：「口不道忠信之言為嚚。」

宍：古同肉。

《淮南子・原道訓》：「欲宍之心亡於中，則饑虎可尾。」《注》：「欲宍，自戀其軀也。」

囚：。

清陳昌治刻本《說文解字・卷六・口部》：「繫也。從人，在口中。徐由切，竝音遒。」

《爾雅・釋言》：「拘也。」

《風俗通》：「遒也。辭窮情得，以罪誅遒也。」

又限制，圍困。

靈聖：神異的靈應。

晉干寶《搜神記》卷十五：「然汝有靈聖，使我見汝生平之面。若無神靈，從茲而別。」

又靈驗。

宋錢愐《錢氏私志》：「上將軍韓正誦畢，贊笑云：『這天童極靈聖。』王少師云：『若無靈聖，如何持得許多小人。』」

微劣：暗劣，昏憒。

漢趙曄《吳越春秋・越王無餘外傳》：「無餘傳世十餘，末君微劣，不能自立。」

又衰弱。

《三國志・吳志・孫登傳》：「臣以無狀，嬰抱篤疾，自省微劣，懼卒隕斃。」

幽厲：周朝昏亂之君幽王與厲王的並稱。

《禮記・禮運》：「我觀周道，幽厲傷之。」

南朝宋謝靈運《擬魏太子鄴中集詩・王粲》：「幽厲昔崩亂，桓靈今板蕩。」

桓靈：東漢末世桓帝與靈帝的並稱。

三國蜀諸葛亮《出師表》：「先帝在時，每與臣論此事，未嘗不嘆息痛恨於桓靈也。」

負鼎於殷廟：指伊尹，商初大臣。名伊（另說名摯），尹為官名。一說名摯。今山東省莘縣人。教民五味調和，創中華割烹之術，開後世飲食之河。尊為烹調之聖、烹飪始祖和廚聖。

《史記》：「伊尹欲干湯而無由，乃為有莘氏媵臣負鼎俎以滋味說湯致於王道，或曰：『伊尹處士，湯使人聘迎之，五反然後肯往從湯言素王及九主之事。』湯舉任以國政。」

《呂氏春秋・本味篇》：「有侁氏女子採桑，得嬰兒於空桑之中，獻之其君，其君令烰人養之。察其所以然。曰：『其母居伊水之上，孕，夢有神告之曰，臼出水而東走，毋顧。』明日，視臼出水，告其鄰，東走十里，而顧其邑，盡為水，身因化為空桑，故命之曰伊尹。此伊尹生空桑之故也。」

垂釣於磻溪：亦作磻谿。亦作磻磎。水名。在今陝西省寶雞市東南，傳說為周呂尚未遇文王時垂釣處。亦借指呂尚。

《韓詩外傳・卷八》：「太公望少為人壻，老而見去，屠牛朝歌，賃於棘津，釣於磻溪。」

晉李石《續博物志・卷八》：「汲縣舊汲郡，有硤水為磻溪，太公釣處，有太公泉、太公廟。」

《陳書・高祖紀上》：「是以文武之佐，磻磎蘊其玉璜；堯舜之臣，滎河鏤其金版。」

商賈南陽：指孔僅，西漢大臣，財政家。南陽人，為大鹽鐵商。武帝元鼎二年，任大農令，領鹽鐵事，主管鹽鐵專賣。後任大司農。孔僅因為精通鹽鐵生產技術，又對朝廷有所捐贈，因而漢武帝委以重任。當時掌握了國家經濟命脈的掌管鹽鐵事務的大農丞。

另指呂不韋，戰國末期衛國著名商人，後為秦丞相，為政治家、思想家，衛國濮陽（今河南濮陽）人。為陽翟（今河南省禹州市）的大商人，故里在城南大呂街，他往來各地，以低價買進，高價賣出，所以積累起千金家產。以奇貨可居聞名於世，曾輔佐秦莊襄王登上王位，任秦國相邦十三年，其門客三千人。以「兼儒墨，合名法」為思想中心，合力編撰《呂氏春秋》。

飼牛車下：指甯戚，姬姓，寧氏（同甯），名戚。春秋萊棠邑（今青島平度）人，衛國（今河南境內）人，早年懷經世濟民之才而不得志。齊桓公二十八年拜為大夫。後長期任齊國大司田，為齊桓公主要輔佐者之一。

《太平御覽・卷五百七十二・樂部十》：「《淮南子》曰：寧戚欲干齊桓公，困窮無以自達。為商旅，將任車以商於齊，暮宿於郭門之外。桓公郊迎客，夜開門。寧戚飯牛車下，望見桓公而悲擊牛角，而疾商歌，歌曰：『南山粲，白石爛，短褐單衣長止骭。生不逢堯與舜禪，終日飼牛至夜半，長夜漫漫何時旦。』桓公聞之，撫其僕之手，曰：『異哉？歌者非常人也。』命後車載之。」

宏濟：大力匡救。

清王韜《原才》：「凡有拔擢人才之責者，當隨時隨地以留心。有才堪大任者，有才可小受者，有才能勝艱鉅者，有才克遠到而能宏濟於艱難者，一一誌之而弗忘，悉收之於夾袋中，因才器使，各當其任。」

齡齒：年齡。

清孫枝蔚《衛武公規箴圖》詩：「古來富貴場，齡齒罕與齊。大德者必壽，斯言不我欺。」

孔子：《禮記・王制》：「中國戎夷，五方之民，皆有其性也，不可推移。東方曰夷，被髮文身，有不火食者矣。南方曰蠻，雕題交趾，有不火食者矣。西方曰戎，被髮衣皮，有不粒食者矣。北方曰狄，衣羽毛穴居，有不粒食者矣。中國、夷、蠻、戎、狄，皆有安居、和味、宜服、利用、備器，五方之民，言語不通，嗜欲不同。達其志，通其欲：東方曰寄，南方曰象，西方曰狄鞮，北方曰譯。」

僥：僥。

清陳昌治刻本《說文解字・卷八・人部》：「南方有焦僥。人長三尺，短之極。偽也。竝堅堯切，音驍。」

《唐韻》：「五聊切，音堯。焦僥，短人，西南夷別名。」

《集韻》：「吉了切，音矯。僥倖，求利不止貌。」

《魏書・清河王懌傳》：「昔新垣姦，不登於明堂；五利僥，終嬰於顯戮。」

朴：朴。

清陳昌治刻本《說文解字・卷六・木部》：「木皮也。又木素也。《徐曰》：『藥有厚樸，一名厚皮，木皮也。』竝匹角切，音璞。」

《本草別錄》：「其樹名榛，其子名逐折。」

又與樸同。

《史記・文帝紀》：「示敦朴為天下先。」

《戰國策》：「范雎曰：鄭人謂玉未理者朴，周人謂鼠未臘者朴。」
《博雅》：「朴，大也，猝也，離也。」
又葉蒲沃切，音僕。《陳琳・瑪瑙勒賦》：「太上去華尚素朴兮，所貴在人匪金玉兮。」
又質也。
《禮・郊特牲》：「素車之乘，尊其朴也。」
《集韻》：「普木切，音撲。」
《張衡・東京賦》：「遵節儉，尚素朴。思仲尼之克己，履老氏之常足。」

頑：。本義為難劈開的囫圇木頭。
清陳昌治刻本《說文解字・卷九・頁部》：「梱頭也。魚鰥切，竝刪平聲。」清段玉裁《注》：
「凡物渾淪未破者皆得曰梱。凡物之頭渾全者皆曰梱頭。」
唐元稹《畫松》：「纖枝無蕭灑，頑幹空突兀。」
又兇惡的人。
唐李白《豫章行》：「豈惜戰鬥死，為君掃凶頑。」
又頭腦遲鈍。
《廣雅・釋詁一》：「愚蠢。頑，愚也。」

梱：。
清陳昌治刻本《說文解字・卷六・木部》：「梡木未析也。胡昆切，音魂。」

肥：。

清陳昌治刻本《說文解字・卷四・肉部》：「多肉也。竝符非切，音腓。」

《禮・禮運》：「安之以樂，而不達於順，猶食而弗肥也。」

《博雅》：「肥，盛也。又饒裕也。」

《易・遯卦》：「上九肥遯。」《疏》：「肥，饒裕也。」

《集韻》：「補美切，音粃。薄也。」

《列子・黃帝篇》：「口所偏肥，晉國黜之。」《注》：「薄也。」

戾：。

清陳昌治刻本《說文解字・卷十・犬部》：「曲也。身曲戾也。力霽切，竝音麗。」

《呂氏春秋》：「飲必小咽，端直無戾。」

又至也。

《詩・大雅》：「鳶飛戾天。」

《禮・祭義》：「桑於公桑，風戾以食之。」《注》：「風至則桑葉乾，故以食蠶也。」

又止也。

《書・康誥》：「今惟民不靖，未戾厥心。」

又定也。

《詩・大雅》：「民之未戾，職盜為寇。」

《集韻》：「力至切，音利。乖也，罪也。」
《左傳・文四年》：「其敢干大禮，以自取戾。」
《謚法》：「不悔前過曰戾。」
又違背，違反。
唐韓愈《論語筆解》：「如子之說，文雖相反，義不相戾。」
《淮南子・覽冥訓》：「舉事戾蒼天。」
又乖張，違逆。
《字林》：「戾，乖背也。」
《詩・小雅・節南山》：「降此大戾。」
又貪婪兇猛。
《新唐書・楊於陵傳》：「悍戾貪肆。」

和味：適口之食。
《禮記・王制》：「中國、夷、蠻、戎、狄，皆有安居、和味、宜服、利用、備器。」
南朝梁沈約《三朝雅樂歌》：「實體平心待和味，庶羞百品多為貴。」
又調和五味。
《藝文類聚》卷九九引晉郭璞《鼎贊》：「和味養賢，以無化有。」

共工：共工炎帝裔。古代傳說中的天神，與顓頊爭為帝。
《淮南子・墜形訓》：「共工，景風之所生也。」高誘注：「共工，天神也。人面蛇身，離為景風。」
《淮南子・天文訓》：「昔者共工與顓頊爭為帝，怒而觸不周之山，天柱折，地維絕。天傾西北，故日月星辰移焉；地不滿東南，故水潦塵埃歸焉。」
《史記・補三皇本記》：「諸侯有共工氏，任智刑以強霸而不王；以水乘木，乃與祝融戰。不勝而怒，乃頭觸不周山崩，天柱折，地維缺。」
唐楊炯《少室山少姨廟碑》：「共工氏觸皇天之八柱。」
章炳麟《國故論衡・原儒》：「女媧銷石，共工觸柱。」
又古史傳說人物。為堯臣，和驩兜、三苗、鯀並稱為四凶，被流放於幽州。
《書・舜典》：「流共工於幽洲。」
銀雀山漢墓竹簡《孫臏兵法・見威王》：「昔者，神戎戰斧遂；黃帝戰蜀祿；堯伐共工。」
《山海經・海內經》：「炎帝之妻，赤水之子聽訞生炎居，炎居生節並，節並生戲器，戲器生祝融，祝融降處於江水，生共工。」
宋羅泌《路史、後紀二》注引《歸藏・啟筮》：「共工人面蛇身朱髮。」相傳共工為水神。
《淮南子・本經訓》：「舜之時，共工振滔洪水，以薄空桑。」

幽州：亦作幽洲。古九州之一。
《周禮・夏官・職方氏》：「東北曰幽州。」
《爾雅・釋地》：「燕曰幽州。」燕，指戰國燕地，即今河北北部及遼寧一帶。
《書・舜典》：「流共工於幽洲。」孔傳：「象恭滔天，足以惑世，故流放之幽洲北裔。」

三苗：古國名。又稱苗民、有苗。

《書・舜典》：「竄三苗於三危。」孔傳：「三苗，國名，縉雲氏之後，為諸侯，號饕餮。」

《史記・五帝紀》：「讙兜進言共工，堯曰不可而試之公師，共工果淫辟。四岳舉鯀治鴻水，堯以為不可，岳強請試之，試之而無功，故百姓不便。三苗在江淮、荊州數為亂，於是舜歸而言於帝，請流共工於幽陵，以變北狄；放讙兜於崇山，以變南蠻；遷三苗於三衛，以變西戎；殛鯀於羽山，四罪而天下咸服。」張守節正義：「吳起曰：『三苗之國，左洞庭而右彭蠡。』……以天子在北，故洞庭在西為左，彭蠡在東為右。今江州、鄂州、岳州，三苗之地也。」

三危：古代西部邊疆山名。

《書・禹貢》：「三危既宅。」孔傳：「三危為西裔之山也。」

《孟子・萬章上》：「舜流共工於幽州，放驩兜於崇山，殺三苗於三危，殛鯀於羽山，四罪而天下咸服，誅不仁也。」

驩兜：驩兜，又作歡兜或驩頭、鴅兜、鴅吺，是中國古代傳說中的三苗族首領。

《山海經》：「顓頊生驩頭，驩頭生苗民。」

《神異經・南荒經》：「南方有人，人面鳥喙而有翼，手足扶翼而行，食海中魚，有翼不足以飛，一名鴅兜。書曰：『放鴅兜於崇山。』一名驩兜。」

錢仲聯集釋：「《史記》『鴅吺』，即『驩兜』字。古文《尚書》亦以『驩兜』為『鴅吺』，堯放之於崇山，靳尚、鴅吺皆在南方，恐其為鬼為祟，故欲沉射之也。」

崇山：《孔穎達疏》：「蓋在衡嶺之南也。」

《直隸灃州志》：「崇山，峙縣西南，上與天門相連。山勢嵯峨，頂有村落，其地平曠，可容千人。有八峰，最上巨壟，人傳歡兜塚。」

鯀：字熙，亦號檮杌。黃帝後代，顓頊五世孫，大禹之父，封崇伯。

《左傳》：「顓頊有不才子，不可教訓，不知詁言，告之則頑，舍之則嚚，傲狠明德，以亂天常，天下之民，謂之檮杌。」

《韓非子・外儲說右上・說三》：「堯欲傳天下於舜。鯀諫曰：『不祥哉！孰以天下而傳之於匹夫乎？』堯不聽，舉兵而誅殺鯀於羽山之郊。」

《山海經・海內經》：「洪水滔天，鯀竊帝之息壤以堙洪水，不待帝命，帝令祝融殺鯀於羽郊。鯀腹生禹，帝乃命禹卒布土以定九州。」

羽山：原名禹山。位於山東，東臨東海。羽山山頂原有口長年不涸之泉井，傳鯀殛死羽山後，化為隻三條腿之大青鱉，住於泉井中，使井水變得腥不可聞，當地人稱之為殛鯀泉。

晉王嘉《拾遺記・夏禹》：「海民於羽山之中，修立鯀廟。四時以致祭祀，常見玄魚與蛟龍跳躍而出，觀者驚而畏矣。」

墟土：指丘陵之地。

息土：猶息壤。

《淮南子・墬形訓》：「禹乃以息土填洪水，以為名山。」高誘注：「息土不耗減，掘之益多，故以填洪水也。」

又一說指沃土。

《大戴禮記・易本命》：「息土之人美，耗土之人醜。」盧辯注：「息土，謂衍沃之田。耗土，謂疏薄之地。」

故曰：《淮南子・墬形訓》：「土地各以其類生，是故山氣多男，澤氣多女，障氣多喑，風氣多聾，林氣多癃，木氣多傴，岸下氣多腫，石氣多力，險阻氣多癭，暑氣多夭，寒氣多壽，穀氣多痺，丘氣多狂，衍氣多仁，陵氣多貪。輕土多利，重土多遲，清水音小，濁水音大，湍水人輕，遲水人重，中土多聖人。皆象其氣，皆應其類。故南方有不死之草，北方有不釋之冰，東方有君子之國，西方有形殘之屍。寢居直夢，人死為鬼，磁石上飛，雲母來水，土龍致雨，燕雁代飛。蛤蟹珠龜，與月盛衰，是故堅土人剛，弱土人肥，壚土人大，沙土人細，息土人美，毛土人醜。食水者善游能寒，食土者無心而慧，食木者多力而奰，食草者善走而愚，食葉者有絲而蛾，食肉者勇敢而悍，食氣者神明而壽，食穀者知慧而夭。不食者不死而神。……東方川谷之所注，日月之所出，其人兌形小頭，隆鼻大口，鳶肩企行，竅通於目，筋氣屬焉，蒼色主肝，長大早知而不壽；其地宜麥，多虎豹。南方，陽氣之所積，暑濕居之，其人修形兌上，大口決眦，竅通於耳，血脈屬焉，赤色主心，早壯而夭；其地宜稻，多兕象。西方高土，川谷出焉，日月入焉，其人面末僂，修頸卬行，竅通於鼻，皮革屬焉，白色主肺，勇敢不仁；其地宜黍，多旄犀。北方幽晦不明，天之所閉也，寒水之所積也，蟄蟲之所伏也，其人翕形短頸，大肩下尻，竅通於陰，骨幹屬焉，黑色主腎，其人蠢愚，禽獸而壽；其地宜菽，多犬馬。中央四達，風氣之所通，雨露之所會也，其人大面短頤，美須惡肥，竅通於口，膚肉屬焉，黃色主胃，慧聖而好治；其地宜禾，多牛羊及六畜。」

𡙁：壯大也。一曰迫也。平祕切。

朓：同背。此移切，音雌。子腸也。

瘖：𤺺。同喑。

清陳昌治刻本《說文解字・卷七・疒部》：「不能言之病也。於禽切，竝音音。」

《釋名》：「瘖，唵然無聲也。」

《禮・王制》：「瘖聾跛躃斷者侏儒，百工各以其器食之。」《疏》：「瘖謂口不能言。」

癃：𤸇。足不能行、衰老病弱或小便不利。

清陳昌治刻本《說文解字・卷七・疒部》：「罷病也。良中切，竝音隆。」清段玉裁《注》：「罷者，廢置之意。凡廢置不能事事曰罷癃。然則凡廢疾皆得謂之罷癃也。」

《正韻》：「老也。」

《前漢・高帝紀》：「年老癃病勿遣。」

《後漢・光武紀》：「高年鰥寡孤獨，及篤癃無家屬，貧不能自存者如律。」《注》：「癃，病也。」

傴：𠐌。

清陳昌治刻本《說文解字・卷八・人部》：「僂也。委羽切，竝於上聲。」清段玉裁《注》：「傴，背曲也。曲脊謂之傴僂。」

《左傳・昭七年》：「一命而僂，再命而傴，三命而俯，循牆而走。」

《禮・喪服制》：「傴者不袒。」《注》：「袒露膞傴者可憎，故不露。」

腫：。

清陳昌治刻本《說文解字・卷四・肉足部》：「癰也。主勇切，竝音種。」清段玉裁《注》：「腫瘍癰而上生創者。按凡膨脹粗大者謂之雍腫。」

《廣韻》：「疾也。」

《周禮・天官・瘍醫》：「掌腫瘍，潰瘍，金瘍折瘍之祝藥，劀殺之齊。」《注》：「腫瘍，癰而上生創者。」

《爾雅・釋訓》：「腫足為尰。」《疏》：「膝之下有瘡腫，是涉水所為。」

癭：。

清陳昌治刻本《說文解字・卷七・疒部》：「頸瘤也。於郢切，竝音影。」清段玉裁《注》：「頸瘤則如囊者也。頸腫則謂暫時腫脹之疾。」

《釋名》：「癭，嬰也。在頸嬰喉也。」

《嵇康養生論》：「頸處險而癭。」

《張華・博物志》：「山居多癭，飲泉水之不流者也。」

《方書》：「癭有五，肉色不變為肉癭，筋脈現露為筋癭，筋脈交絡為血癭，憂惱消長為氣癭，堅硬不移為石癭。」

痺：。

清陳昌治刻本《說文解字・卷七・疒部》：「濕病也。竝必至切，音必。」清段玉裁《注》：「岐伯曰：『風寒濕三氣襍至，合而為痹也。』」

《正字通》：「內經曰：『風寒濕三氣雜至，合而為痹。風氣勝者為行痹，寒氣勝者為痛痹，濕氣勝者為著痹。』」《注》：「風屬陰中之陽，善行而數變，凡走注歷節之類，俗名流火是也。陰寒之氣，乘於肌肉筋骨，則凝閉不通，故為痛痹，即痛風也。著痹者，重著不移，濕從上化，故病在肌肉，不在筋骨也。有心痹，肺痹，肝痹，腎痹，腸痹，胞痹。凡痹之類，逢寒則急，逢熱則縱。言寒則筋攣，故急。熱則筋弛，故縱也。程子曰：醫書以手足痿痹為不仁。按病能篇云：痹而不仁，發為肉痿。痿與痹分為二，內經痹論痿論兩存，程子既舉而兼言之，以痿痺相續而至，其為不仁，一也。」

《淮南子・俶眞訓》：「谷氣多痹。」

《抱樸子至理卷》：「菖蒲乾薑之止痹濕。」

《嵇康與山巨源絕交書》：「危坐一時，痹不得搖。」《注》：「痹，濕病也。」

衍：。

清陳昌治刻本《說文解字・卷十一・水部》：「水朝宗於海也水溢也。。竝以淺切，音演。」

《小爾雅》：「澤之廣者謂之衍。」

又散開。

漢枚乘《七發》：「衍溢漂疾。」

又一片軟濕的土地，沼澤。

《楚辭》：「巡陸夷之曲衍隙兮。」

二、論人遊年年立

遊年凡有三名。而為二別。三名者。一遊年。二行年。三年立。遊年之名。皆以運動不住為義。以其隨歲行遊。不定一所也。年立即是行年。立者。是住立為義。以其今年立於北辰也。就人而論。常行不息。故謂曰行。就歲而論。今之一歲。年住於此。故謂之立。二別者。遊年從八卦而數。年立從六甲而行。六甲者。男從丙寅左行。女從壬申右轉。竝至其年數而止。即是行年所至。立於其處也。若欲筭知之者。男以寔年加二筭而左數。女以寔年加一筭而右數。竝從甲子旬始。盡其筭。即是立處也。所以男從丙寅數。何者。日生於寅。日為陽精。男從陽。故取日。丙為太陽。故取丙以配寅。女從壬申數。何者。月生於申。月為陰精。女從陰。故取月。壬為太陰。故取壬以配申。陽故左行。陰故右轉。孔子元辰經云。若甲子旬。男從丙寅。女從壬申。甲戌旬。男從丙子。女從壬午。甲申旬。男從丙戌。女從壬辰。甲午旬。男從丙申。女從壬寅。甲辰旬。男從丙午。女從壬子。甲寅旬。男從丙辰。女從壬戌。皆曰行年。此竝候病之法。非通常用。遊年者。男一歲。數從離起。左行八卦。二則在坤。三則在兌。四則在乾。五則在坎。六則在艮。七則在震。八則在巽。巽不受八。進而就離。離則是八。坤即九。兌即十。以次而數。一若至坤。坤不受一。還退就離。故至十數。皆在政方也。女年。一從坎右行。亦如離法。艮不受八。乾不受一。皆歸於坎。所以巽不受八。坤不受一者。坤巽依位。竝夾離宮。巽是陽位。有進義而無終義。八是卦之終數。故不受之。前以付離。坤是陰位。陰有退而無進。退則須滅。不敢當其陽始之數。故退讓就離。乾不受一。艮不受八者。乾是陽也。又為天也。自在其始。始是一義。重則數偶。數偶則成陰。故以付坎。艮是陰也。艮又為山。山則是終。遊年歷行八卦。卦數於八終。即止也。自有其終。理不重受。故付坎。或問云。天一之行。以坎為一宮。離為九宮。八卦遊年。乃以離為一宮者。何。答曰。天一於天下。九州之事。故從始一而行。遊年於人。年命之事。故以終九而起命。女遊年從坎。男以德苞終始。故九一竝數。起太陽之位。女以陰生陽。故從其創始陰位而行。坎位本一。受數一起。共為二。陰數也。遊年所至之卦。因三變之。一變為禍害。再變為絕命。三變為生氣。生氣則吉。禍害。絕命則凶。吉則可就其方。凶則宜避其所。禍害者。以其相剋害也。如乾初九。甲子水。變成巽。巽初六。辛丑土。是飛辰。來剋伏辰也。坎初六。戊寅木。變成兑。兑初九。丁巳火。是飛伏相害也。絕命者。以其卦躰被剋制也。如震變為兑。金剋木也。艮變為巽。木剋土也。生氣者。以其相生同躰也。如乾變成兑。躰同金也。震變成離。木生火也。禍害。絕命。亦有厭行。以其卦所至。相制者禳之。如沖火以避兵火。懸一柏木。而攘震死。此竝五行相制之驗也。遊年。年立。即是人之年命。皆配五行。故於此而釋之。

註：

筭：古同算。

《廣韻》、《集韻》、《韻會》、《正韻》：「竝蘇貫切，音算。義同算。」

政：政。

清陳昌治刻本《說文解字・卷三・攴部》：「正也。竝之盛切，音正。」

《釋名》：「政，正也，下所取正也。」

《易・賁卦》：「君子以明庶政。」

《書・舜典》：「以齊七政。」《傳》：「日月五星各異政。」

《洪範》：「農用八政。」《疏》：「食為八政之首，故以農言之。」

《周禮・天官・大宰》：「建邦之六典，四曰政典，以平邦國，以正百官，以均萬民。」

柏：。

清陳昌治刻本《說文解字・卷六・木部》：「鞠也。竝博陌切，音百。」清段玉裁《注》：「椈者鞠之俗。」

《六書精蘊》：「柏，陰木也。木皆屬陽，而柏向陰指西，蓋木之有貞德者，故字從白。白，西方正色也。」

又逼也。與迫同。

《周禮・春官》：「其柏席用萑黼純。」《鄭注》：「柏席，迫地之席。」

《史記・漢高紀》：「柏人者，迫於人也。」

第二十四卷

論禽蟲

一、論五靈

凡含生蠢動。有知之數。莫不藉五氣而成性。資陰陽以立形。故有陸處。水居。潛見。道別。遊翔。飛走。駑駿不同。皆由氣之清濁。稟性深淺。考異郵云。含牙。戴角。著脰。垂芒。皆為陰也。陰有殺氣。故備有爪牙之毒。螫蠆之類也。飛翔。羽翮。柔善之獸。皆為陽也。陽有仁氣。無殺性也。家語云。齕呑者。八竅而卵生。齟嚼者。九竅胎生。晝生似父。夜生類母。至陰者牝。至陽者牡。皆氣使然也。凡是蠢動之物。竝為蟲類。今略分三種。一曰禽。二曰獸。三曰蟲。有羽飛者為禽。有四足走者為獸。無羽足者為蟲。至如蜉蝣之羽。蟭蟟之翼。飛蚉百足。蚑蚋六手。此雖有羽足。猶是蟲例。其朝生暮死。腐穢蟲淫。此皆因變化。隨類生者。亦竝蟲也。考異郵云。蟲八日而化微。故今促。又鳥。魚二名。於此二者。其號雖別。鳥則飛翔。即是禽也。魚則潛遊。蟲之屬也。家語云。鳥。魚生於陰。而屬於陽。故皆卵生。魚游於水。鳥遊於雲。所以立冬。則鷰雀入海。化而為蛤。本其類也。禽名通於獸。獸名不通於禽。故知禽有趍地之能。獸無飛空之用。然此三等。名例甚多。不可具釋。今且先論五靈。次配卦及三十六禽。家語云。羽蟲三百六十。鳳為之長。毛蟲三百六十。麟為之長。甲蟲三百六十。龜為之長。鱗蟲三百六十。龍為之長。倮蟲三百六十。人為之長。又曰。毛蟲之精曰麒麟。羽蟲之精曰鳳。介蟲之精曰龜。鱗蟲之精曰龍。倮蟲之精曰聖人。毛蟲西方。羽蟲南方。甲蟲北方。鱗蟲東方。倮蟲中央。此則皆稱蟲也。五靈總為諸蟲之首。今止言其四。以人處中央者。謂有性情之物。人最為主故也。靈者。神靈之義。五禽於蟲獸之中最靈。故曰五靈。禮記月令云。春。其蟲鱗。鄭元注云。龍蛇之屬。

夏。其蟲羽。飛鳥之屬。中央。其蟲倮。虎豹淺毛之屬。秋。其蟲毛。狐狢之屬。冬。其蟲介。龜鼈之屬。又云。國君行。前朱雀。後玄武。左蒼龍。右白虎。尚書。刑德放言。東方。春。蒼龍。其智仁。南方。夏。朱鳥。好禮。西方。秋。白虎。執義。北方。冬。元龜。主信。會中央土之精。禮運則不論五德。止辨四靈而已。鉤命訣云。失仁則龍麟不舞。失禮則鸞鳳不翔。失智則黃龍不見。失義則白虎不出。失信則元龜不見。禮記曰。麟鳳龜龍。謂之四靈。左傳云。麟鳳五靈。王者之嘉瑞。禮云。麟鳳龜龍。不見有虎。於金行稱虎。義則不足。前朱雀。後玄武。是同。其餘三蟲。竝有差異。元命苞云。離為鳳。又言。鳳火精。靈龜生水。玄武。主北方。此同禮說。唯龍麟虎三者。不同。左青龍。右白虎。舊說不疑。衍孔圖以麟為木精。龍則非木。大戴禮以麟為毛蟲。麟復成金。麟若為金。虎則無用。公羊高以麟為木精。木生於火。夫子脩春秋。至麟而止。豈知為漢之瑞。今所不執。案蔡邕月令章句言。天官五獸。左蒼龍。大辰之貌。右白虎。大梁之文。前朱雀。鶉火之體。後玄武。龜虵之質。中有大角。軒轅麒麟之信。亦龍生於水。遊於木。鳥生於木。遊於火。麟生於火。遊於土。虎生於土。遊於金。龜生於金。遊於水。脩其母。致其子。五行之情也。故貌恭躰仁。則鳳凰來儀。言從和義。則神龜至。視明禮脩。則麒麟臻。智聽政事。則黃龍見。思叡信立。則白虎擾。此言當矣。禮斗威儀云。乘金而王。麒麟在郊。保乾圖又言。歲星為麟。考異郵言。麟者。陰精。此竝不同。今解以木者。觸也。有觸冒之義。麟有肉角。無所抵觸。龍角端無肉。有抵觸義。易象震為龍。故木之義扶龍。天官有軒轅黃龍。麒麟之信。信主於土。脩母子應。此意亦同。為漢出者。漢是火德。故子應也。是土之義扶麟。易通卦驗言。立秋。虎始嘯。孔衍圖云。虎。金精。大戴禮言。虎七月而生。應陽數。考異郵亦言。虎班文者。陰陽之雜。虎為毛蟲。定是金獸。考異郵云。參伐虎之德。義主斬刈。所以學門謂之虎門。

乃畫虎於門者。以兑居西方。兑是說言。言主講說。故又金有殺伐之威。虎有毒害之猛。故金義扶虎。問。寅位在東。何忽白虎居西。答曰。凡五行相雜。無有獨在一方之義。東方自是木行。相次白虎居西。是殺戮之威。如震在東方。正至於龍。乾之六爻。並是龍象。震取其運動。乾譬聖人。自取龍有飛潛之德。為象各異。故無定準也。如考異郵云。陰陽相雜。不妨分在東方。此竝靈通。隱顯無定。寧可一執。史蘇龜經云。木神蒼龍。歲星之精。火神朱雀。熒惑之精。灰土之神。名曰騰虵。土神勾陳。鎮星之精。金神白虎。太白之精。水神玄武。辰星之精。蒼龍主頭。朱雀主脣頸。騰虵主胸脇。勾陳主腰腹。白虎主股膝。玄武主腳脛。案此之六神。朱雀。玄武。蒼龍。白虎。與經緯說同。唯勾陳之神。其語有異。而天官有勾陳之星。在紫微之內。故為土神。此即蔡邕所云。麒麟之信也。騰虵居火之末。在土之初。而為灰神。以虵配龜。共為玄武。無有正方。故為灰神。其配頭足等。以東為首。故龍配頭也。以次南轉。故玄武配足。禽獸屬八卦者。易云。乾為馬。坤為牛。震為龍。巽為雞。坎為豕。離為雉。艮為狗。兑為羊。乾。健也。馬取其健也。坤。順也。牛取其順。震。動也。龍取其動。巽。風也。雞取其號令。以象風行。坎。陰也。豕取其陰。離。陽也。雉取其飛揚。艮。門也。狗取其守禦。兑。悦也。言也。羊取其悦草。又乾象六龍。取其潛躍之義。說卦云。馬取其強健之德。以健之。故稱良馬。以父。故稱老馬。以其乾乾不息。故稱瘠馬。以其有變化之用。故稱駮馬。然坤卦。又稱牝馬之貞。此止取順義。馬之為義。不獨乾坤。震又為善鳴之馬。以震有雷聲。故震雷之象。又為馵足馬。亦曰白頭。為的顙之馬。取其顯曜之義。坎為美脊之馬。以有居中之閏。故說卦龍馬。以配者多。以為行天莫若於龍。行地莫過於馬。故多所象也。坤稱子母牛者。重其蓄息。艮既為狗。亦為鼠。狗有守備之能。狗為能止。鼠為所止。竝屬於艮。離為鼈蟹螺蜯龜。皆取其有甲。象外陽之義也。此皆五行之所配合。故於此而釋也。

註：

含：。

清陳昌治刻本《說文解字・卷二・口部》：「嗛也。竝胡男切，音涵。」

《廣韻》：「銜也。」

《釋名・釋飲食》：「含，口也，合口亭之也。銜亦然也。」

脰：。

清陳昌治刻本《說文解字・卷四・肉部》：「項也。大透切，竝音豆。」清段玉裁《注》：「頭後也。按頭後即頸後也。」

《玉篇》：「頸也。」

《博雅》：「脰，項也。」

《左傳・襄十八年》：「兩矢夾脰。」《注》：「脰，頸也。」

又脰鳴。

《周禮・冬官考工記・梓人》：「以脰鳴者。」《注》：「脰鳴，鼃黽屬。」

垂芒：伸出芒刺。

《孝經援神契》：「蜂蠆垂芒，為其毒在後。」

爪牙：動物的尖爪和利牙。

《荀子・勸學》：「螾無爪牙之利、筋骨之強，上食埃土，下飲黃泉，用心一也。」

漢桓寬《鹽鐵論・險固》：「虎兕所以能執熊羆，服羣獸者，爪牙利而攫便也。」

螫：。

清陳昌治刻本《說文解字・卷十三・虫部》：「蟲行毒也。从施隻切，音釋。」

《詩・周頌》：「莫予荓蜂，自求辛螫。」

《史記・淮陰侯傳》：「猛虎之猶豫，不如蜂蠆之致螫。」

《史記・田儋傳》：「蝮螫手則斬手。」《索隱注》：「螫，音霍。」

蠆：《集韻》《韻會》：「丑邁切，𠀤音瘥。」

《玉篇》：「螫蟲。」

《詩・小雅》：「彼君子女，卷髮如蠆。」《箋》：「蠆尾末揵然，似婦人髮末曲上卷然。」

《孝經緯》：「蜂蠆垂芒，為其毒在後。」

《左傳・僖二十二年》：「蠭蠆有毒。」《注》：「《通俗文》云：『蠆，長尾謂之蠍。』」

《魏志・華佗傳》：「彭城夫人夜之廁，蠆螫其手，佗令溫湯漬其中。」

翮：。泛指鳥的翅膀。

清陳昌治刻本《說文解字・卷四・羽部》：「羽莖也。从下革切，音覈。」清段玉裁《注》：「莖，枝柱也。謂眾枝之柱。翮亦謂一羽之柱。」

《爾雅・釋器》：「羽本謂之翮。」《注》：「鳥羽根也。」

齕：。

清陳昌治刻本《說文解字・卷二・齒部》：「齧也。恨竭切，竝音紇。」

《禮・曲禮》：「削瓜庶人齕之。」《注》：「不橫斷也。」

《前漢・田儋傳》：「秦後得志於天下，則齮齕用事者墳墓矣。」《注》：「齮齕，猶齚齧也。」

蜉蝣：亦作蜉蝤。為蟲名。幼蟲生活在水中，成蟲褐綠色，有四翅，生存期極短。

《詩・曹風・蜉蝣》：「蜉蝣之羽，衣裳楚楚。」毛傳：「蜉蝣，渠略也，朝生夕死。」

《漢書・王褒傳》：「蟋蟀俟秋唫，蜉蝤出以陰。」顏師古注：「蝤音由，字亦作蝣。」

蟭蟟：蟬的一種。

宋沈括《夢溪筆談・雜誌一》：「蟭蟟之小而綠色者，北人謂之螓，即《詩》所謂『螓首蛾眉』者也，取其頂深且方也。」

蟭：《集韻》：「茲消切，竝音焦。」同焦螟，古代傳說中的一種極小的蟲子。

蟟：《集韻》：「憐蕭切，竝音遼。」蛁蟟。蟬的一種，身體長約三釐米，綠色，有黑色斑紋，七、八月出現，幼蟲危害桑、桐等的樹根。

蠀：《唐韻》：「七四切，音次。蟲似蜘蛛。」

百足：馬陸的別名。

晉張華《博物志》卷二：「百足，一名馬蚿，中斷成兩段，其頭尾各異行而去。」

蚊蚋：亦作蟁蚋。指蚊子。

唐項斯《遙裝夜》詩：「蚊蚋已生團扇急，衣裳未了剪刀忙。」

清唐孫華《秋雨不止書悶》詩：「梧竹清有聲，蝨蜹跡如掃。」

蜹：。《集韻》**蚋**：字省文。

清陳昌治刻本《說文解字・卷十三・虫部》：「秦晉謂之蜹，楚謂之蚊。儒稅切，竝音芮。」

小蚊。又名沙蚊。

《通俗文》：「小蚊曰蜹。」

《孟子・滕文公上》：「蠅蜹姑嘬之。」

六手：及六足，指昆蟲。

蟲：。

清陳昌治刻本《說文解字・卷十三・虫部》：「一名蝮，博三寸，首大如擘指。詡鬼切，竝音卉。」

《廣韻》：「鱗介總名。」

《玉篇》：「古文虺字。」

《集韻》、《韻會》、《正韻》：「持中切，竝音種。」

《說文》：「從三蟲，象形。凡蟲之屬皆從蟲。」

《大戴禮》：「有羽之蟲三百六十，而鳳凰為之長。有毛之蟲三百六十，而麒麟為之長。有甲之蟲三百六十，而神龜為之長。有鱗之蟲三百六十，而蛟龍為之長。有倮之蟲三百六十，而聖人為之長。」

《爾雅・釋蟲》：「有足謂之蟲，無足謂之豸。」

《周禮・冬官考工記・梓人》：「外骨內骨，卻行仄行，連行紆行，以脰鳴者，以注鳴者，以旁鳴者，以翼鳴者，以股鳴者，以胷鳴者，謂之小蟲之屬，以為雕琢。」

《大戴禮》：「二九十八，八主風，風主蟲。故蟲八月化也。」

鷰雀：燕子和麻雀。泛指小鳥。

《韓非子・喻老》：「甲胄生蟣蝨，鷰雀處帷幄。」

漢桓寬《鹽鐵論・復古》：「宇宙之內，鷰雀不知天地之高也。」

鷰：《廣韻》：「於甸切。」《集韻》：「伊甸切，竝音宴。與燕同。」

《說文》：「薾口，布翄，枝尾，象形，亦書作鷰。」

薾：。花盛開貌，指繁盛鮮豔。

清陳昌治刻本《說文解字・卷一・艸部》：「華盛。忍氏切，音爾。」清段玉裁《注》：「薾為華盛。濔為水盛。」

趍：。古同趨。

清陳昌治刻本《說文解字・卷二・走部》：「趨趙，久也。陳知切，竝音馳。」

《廣韻》：「趍，俗趨字。」

《詩・齊風》：「巧趨蹌兮。」

《釋文》：「趨，本亦作趍。」

倮蟲：身無羽毛鱗甲的動物。古代常用以指人。

《大戴禮記・易本命》：「倮之蟲三百六十，而聖人為之長。」

漢王充《論衡・遭虎》：「夫虎，毛蟲；人，倮蟲。毛蟲飢，食倮蟲，何變之有？」

清龔自珍《釋風》：「且吾與子何物？固曰：倮蟲。」

麒麟：古代傳說中的一種動物。形狀像鹿，頭上有角，全身有鱗甲，尾像牛尾。古人以為仁獸、瑞獸，拿牠象徵祥瑞。

《管子・封禪》：「今鳳凰麒麟不來，嘉穀不生。」

鳳：。

清陳昌治刻本《說文解字・卷四・鳥部》：「神鳥也。天老曰：『鳳之象也，鴻前麐後，蛇頸魚尾，鸛顙鴛思，龍文虎背，燕頷雞喙，五色備舉。出於東方君子之國，翺翔四海之外，過崐崘，飲砥柱，濯羽弱水，莫宿風穴。見則天下大安寧。』竝馮貢切，音奉。」

《爾雅・釋鳥》：「鶠鳳，其雌凰。」

《郭注》：「瑞應鳥，高六尺許。」

《山海經》：「丹穴山，鳥狀如鶴，五采而文，名曰鳳。」

《孔演圖》：「鳳為火精，生丹穴，非梧桐不棲，非竹實不食，非醴泉不飲，身備五色，鳴中五音，有道則見，飛則羣鳥從之。」

《廣雅》：「鳳凰，雞頭燕頷，蛇頸鴻身，魚尾骿翼。五色：首文曰德，翼文曰順，背文義，腹文信，膺文仁。雄鳴曰即即，雌鳴曰足足，昏鳴曰固常，晨鳴曰發明，晝鳴曰保長，舉鳴曰上翔，集鳴曰歸昌。」

龜：。

清陳昌治刻本《說文解字・卷十三・龜部》：「舊也。外骨內肉者也。從它，龜頭與它頭同。天地之性，廣肩無雄；龜鼈之類，以它為雄。甲蟲之長。居為切，竝音騩。」清段玉裁《注》：「劉向曰：『著之言者。龜之言久。龜千歲而靈。著百年而神。以其長久，故能辨吉凶。』」

《玉篇》：「文也，進也。外骨內肉，天性無雄，以蚆為雄也。」

《爾雅・釋魚》：「十龜：一神龜，二靈龜，三攝龜，四寶龜，五文龜，六筮龜，七山龜，八澤龜，九水龜，十火龜。」

《爾雅・釋魚》：「龜三足，賁。」《疏》：「龜之三足者名賁也。」

《廣雅》：「龜貝，貨也。」

《前漢・食貨志》：「天用莫如龍，地用莫如馬，人用莫如龜。」

龍：。傳說中一種極具靈性的動物。頭生角、鬚，身長，有鱗、爪。

清陳昌治刻本《說文解字・卷十一・龍部》：「鱗蟲之長。能幽，能明，能細，能巨，能短，能長；春分而登天，秋分而潛淵。盧容切，竝音籠。」

《廣雅》：「有鱗曰蛟龍，有翼曰應龍，有角曰虯龍，無角曰螭龍，未升天曰蟠龍。」

《本草注》：「龍耳虧聰，故謂之龍。」

聖人：指品德最高尚、智慧最高超的人。

《易・乾》：「聖人作而萬物睹。」
《孟子・滕文公下》：「堯舜既沒，聖人之道衰。」
《淮南子・俶真訓》：「下揆三泉，上尋九天，橫廓六合，揲貫萬物，此聖人之遊也。」
唐韓愈《原道》：「古之時，人之害多矣。有聖人者出，然後教之以相生養之道。」

狐：。哺乳動物的一屬，形狀略像狼。毛赤黃色，性狡猾多疑，遇見攻擊時肛門放出臭氣，趁機逃跑。
清陳昌治刻本《說文解字・卷十・犬部》：「祅獸也。鬼所乘之。有三德：其色中和，小前大後，死則丘首。洪孤切，竝音胡。」
《埤雅》：「狐性疑，疑則不可以合類，故從孤省。」
《爾雅・釋獸》：「貔，白狐。」《注》：「一名執移，虎豹之屬。」《疏》：「貔，一名白狐。或曰似熊。」

祅：。
清陳昌治刻本《說文解字・卷一・示部》：「地反物為祅也。通省作袄。於喬切。」清段玉裁《注》：「左氏傳：『伯宗曰：天反時為災。地反物為妖。民反德為亂。亂則妖災生。』釋例曰：『此傳地反物惟言妖耳。』洪範五行傳則妖孽禍痾眚祥六者。以積漸為義。」

貉：古同貈。哺乳動物，外形像狐，穴居河谷、山邊和田野間；雜食魚、鼠、蛙、蝦、蟹和野果、雜草等，皮很珍貴。

《集韻》、《類篇》：「竝曷各切，音涸。」

《廣韻》：「本作貈。亦作貉。」

貉：。

清陳昌治刻本《說文解字・卷九・豸部》：「北方豸穜。本作貈。竝曷各切，音鶴。」清段玉裁《注》：「此與西方羌從羊，北方狄從犬，南方蠻從蟲，東南閩越從蟲，東方夷從大，參合觀之。」

《正字通》：「貉似貍，銳頭，尖鼻斑色，毛深厚溫滑，可為裘。」

《墨客揮犀》：「貉狀似兔，性嗜紙，人或擊之，行數十步，輒睡，以物擊竹警之，乃起，既行復睡。」

嘯：。

清陳昌治刻本《說文解字・卷二・口部》：「吹聲也。蘇弔切。」

明歸有光《項脊軒志》：「俯仰嘯歌。」

明魏學洢《核舟記》：「若嘯呼狀。」

又鳥獸等的長聲鳴叫。

漢淮南小山《招隱士》：「猨狖群嘯兮虎豹嘷，攀援桂枝兮聊淹留。」

晉陸機《苦寒行》：「猛虎憑林嘯，玄猿臨岸歎。」

宋范仲淹《岳陽樓記》：「虎嘯猿啼。」

宋陸游《春夜讀書感懷》詩：「荒林梟獨嘯，野水鵝群鳴。」

班文：同斑紋，指動植物身上排列的斑點和條紋，一說花紋。
明劉基《苦齋記》：「其中多斑文小魚。」

班：。古同斑，雜色也，亦指雜色斑點或斑紋。本義為像用刀割玉，亦指分割玉。
清陳昌治刻本《說文解字・卷一・玨部》：「分瑞玉。布還切。」
屈原《離騷》：「紛總總其離合兮，班陸離其上下。」
《晏子春秋・外篇》：「有婦人出於室者，發班白，衣緇布之衣。」
《韓非子・外儲說左》：「班白者不徒行。」

馵：。
清陳昌治刻本《說文解字・卷十・馬部》：「馬後左足白也。之戍切，竝音注。」
《爾雅・釋畜》：「左白馵。又膝上皆白惟馵。」
《詩・秦風》：「駕我騏馵。」
《玉篇》：「馬懸足也。」

顙：。
清陳昌治刻本《說文解字・卷九・頁部》：「額也。竝蘇郎切，音桑。」
《玉篇》：「額也。」
《易・說卦》：「震其於馬也為的顙。」《又》：「巽其於人也為廣顙。」

曜：《儀禮・士喪禮》：「主人哭拜稽顙。」《注》：「頭觸地無容。」
《廣韻》：「弋照切。」《正韻》：「弋笑切，竝音燿。日光也。」
《釋名》：「光明照燿也。」
《詩・檜風》：「日出有曜。」
《前漢・韋玄成傳》：「光曜晻而不宣。」
《玉篇》：「亦作燿。」

蜯：《集韻》：「步項切，音棒。」
《玉篇》：「與蚌同。」
《說文》：「一曰美珠。」
《班固・答賓戲》：「隋侯之珠，藏於蜯蛤。」
《干祿字書》：「蚌俗字。」

二、論三十六禽

禽蟲之類。名數甚多。今解三十六者。蓋取六甲之數。拭經所用也。其十二屬。配十二支。支有三禽。故三十有六禽。所以支有三者。分一日為三時。旦及晝暮也。若以意求。正應十二屬竝居晝位。不應或旦或暮。今依拭經法。以氣而取。孟則在暮。仲則在中。季則在旦。是十二屬當十二辰也。餘二十四。既是配禽。以不當支位。所以孟在暮者。孟是一時之首。氣初則未盛。向仲方盛。故屬也。取近盛氣。所以在暮也。仲則在晝者。以其氣盛在中也。季則在旦者。以季為一時之末。其氣已衰。當初近仲。尚有王勢。故屬旦也。於拭當位。二俱不失。王簡云。子。朝為鷰。晝為鼠。暮為伏翼。丑。朝為牛。晝為蟹。暮為鼈。寅。朝為狸。晝為豹。暮為虎。本生經云。旦為生木。又云。晝為虎。暮為狸。卯。朝為蝟。晝為兔。暮為貉。一云。朝為狐。本生經云。暮為鶴。辰。朝為龍。晝為蛟。暮為魚。巳。朝為蟮。晝為蚯蚓。暮為魚虵。一云。暮為龜。本生經言。旦為赤土。晝為虵。暮為蟬。午。朝為鹿。晝為馬。暮為獐。本生經言。旦為馬。晝為鹿。暮為麞。未。朝為羊。晝為鷹。暮為鴈。本生經云。暮為老木。申。朝為猫。晝為猨。暮為猴。一云。旦為羊。本生經言。暮為死石。酉。朝為雉。晝為雞。暮為馬。一云。朝為雞。暮為死石。禽變云。暮為死土。本生經言。暮為鳶。戌。朝為狗。晝為狼。暮為犲。一云。暮為死金。禽變云。暮為死火。亥。朝為豕。晝為玃。暮為豬。一云。旦為生木。晝為豕。暮為蟻蝓。一云。旦為豘。晝為貙。一云。暮為朽木。雖本生經及禽變。互有不同。晝暮之位。理從前解。子為鼠鷰伏翼者。色皆玄也。取水之色。鼠之為性。晝伏夜遊。象陰氣也。

出於穴。常見首者。象陽氣萌動於子。欲見之伏也。鷰口下有赤者。象陰之懷陽。其尾分者。陰數二也。春分而至。隨陽見也。秋分而蟄。隨陰伏也。禮記月令云。仲春之月。玄鳥至。至日以太牢。祀於高禖。以祈子孫也。秋分。玄鳥歸也。是見二月者。子刑卯也。易通卦驗云。玄鳥。陰鳥也。伏翼者。鼠老為之。謂之仙鼠。方言云。自關已東。謂之伏翼。三者皆是陰蟲。故竝居子也。丑為牛蟹鼈者。丑為艮。立春之節。農事既興。牛之力也。又上當牛宿。說題辭曰。牛為陰事。牽耦耜耕也。故在丑。蟹者。立春之時。卉木生根。如其足也。艮為山。巨靈贔負。首頂靈山。負蓬萊山。即巨蟹也。鼈者。土之精氣而生。中軟外堅。象土含陰陽也。其藏黃者。土之色也。牛亦有黃。蟹中亦黃。皆土精也。丑在北方。水位。故兼主水土。寅為虎豹狸者。三獸形類皆相似。寅為木位。木主藂林。寅又屬艮。艮為山。虎之所處。集靈經云。寅為少陽。五色玄黃。寅又有生火。火主文章。三獸俱班。竝有文也。上有箕宿。箕主風。虎嘯風起。易云。風從虎。家語云。三九二十七。七主星。星主虎。虎七月生。申衝寅。故虎在寅。狸豹以同類相從也。本生經云。主木者。以寅有相木。正月方生也。卯為兔猬狢者。兔。陽蟲也。居月中者。陰懷陽也。元命苞云。兔居月中者。陰懷陽也。坎之氣。坎在子位。子刑在卯。故也屬卯。老兔為猬。狢亦兔類。故竝居卯。一云。狢者。狐也。狐狢相類也。本生經言鶴者。此音同字誤也。辰為龍鮫魚者。申為水之源。子為中流。辰為水之末。如百川東注。皆歸於海。龍能興雲致雨。為水蟲之長。非海不能苞容。故其神而大。鮫魚亦是水蟲之長者。故竝在辰。巳為虵蟮蚯蚓者。拭經云。巳有騰虵之將。因而配之。虵。陽也。本在南。龜。陰也。本在北。以虵配龜。為玄武。二蟲共為一神。以陰偶。故從數。在北方。蟮及蚯蚓。皆形同也。禮記云。小滿之節。蚯蚓出見。慎子云。騰虵遊霧。與蚯蚓同。黃帝有大螟如蚯。以應土德。巳有寄生之土。故竝配之。本生經言土者。以火相合生土也。檢衆書。蟮或為鼉。鼉字復作蟬。本生經解蟬云。常水藏。畏羅網。悲吟不言。且欲歌。
言其悲吟。與蟬相類。論其水藏。與鼉相類。其形狀及土氣。巳為蚍蟮蚯蚓相類。鼉與蟬竝。此非也。
又射覆經云。遇蟬者。水蟲也。當知是蜆也。午為鹿馬麞者。午為太陽。馬有員蹄。象於陽也。午為
天路。馬有駿足。涉遠之日。牝牡有時。故家語云。八九七十二。偶以承奇。奇主辰。辰為月。月主馬。
馬十二月生。丑沖未。未與午合。故在午。鹿蹄坼者。以象陰也。而居陽位者。象懷陰也。禮記月令云。
仲夏之月。鹿角解。易緯通卦驗云。鹿者。獸中陽也。夏至解角。家語云。四九三十六。六主律。律
主鹿。故鹿六月生。未與午合。故亦在午。獐鹿同類。因而配之。問曰。八卦配禽。離不言馬。禽變
乃以午為馬者何。答曰。坤為牝馬之貞。坤既在未。未與午合。故馬居午。問曰。乾亦稱馬。震亦稱馬。
何不竝取其合。答曰。行地莫過於馬。坤既是地。取其正用。乾天震木。非是地體。故不取合。問曰。
若如所解。乾之六爻。皆稱為龍。行天不過於龍。龍德應乾。何忽居辰。答曰。未若為馬。誠如來難。
馬既在午。正取其合。乾位居戌。戌沖在辰。所以龍配於辰。問云。坤既取合。乾忽用沖。此義難解。
答曰。坤為陰也。取其柔順。從陽之義。故用合。乾為陽也。陽體剛強。故取其沖。未為羊鷹鴈者。
拭經云。未為小吉。主婚姻禮娉。禮娉有羊鴈之用。鄭元婚禮謁文云。鴈候陰陽。待時乃舉。易以坤
為羊。坤在未也。禮記月令云。季夏之月。鷹初學習。此因候以配之。本生經云。老木者。以未為木墓。
木至六月衰老也。申為猴猿猫者。秋為殺氣。萬物衰老。猴猿之貌。竝似老人。七月山菓皆熟。猴猿
以其儲粮之時為王。拭經云。金氣盛時。能老萬物。猴猿貌也。家語云。五九四十五。五為音。音主猿。
猿五月生。午中有沐浴金。殺氣未壯。至申金王。殺氣始強。又言。在火中未有音聲。出火其音方成。
故竝在申。本生經言。旦為玉者。玉有溫潤鏗鏘之音。故取其旦。暮為死石者。石是玉類。亦有音聲。

言其氣衰。故在暮曰死。玉石皆金之本。故皆配金位。猫亦是同類。故以配焉。酉為雞雉烏者。酉為金。威武之用。雞有五德。以武為先。見敵必鬬。是其本性。説題辭云。雞為積陽。南方之象。火陽精物炎上。故陽出則雞鳴。以類感也。考異郵云。雞火畜。鳴近寅。寅陽。有生火。喜故鳴。武事必有號令。故在西方。巽為雞。亦為號令。辰巳竝與酉合。故在酉。雉是火鳥。為武之威。方伎傳云。太白揚光。則雞鳴。熒惑流燿。則雉驚。易通卦驗云。雉者。是陽。雄鳴則雌應。陽唱陰和之義。當時則雊。亦號令之義。烏者。陰之禽。而居日中。元命苞云。烏在日中。象陽懷陰也。以其在日中得陽氣。故仁而能反哺。在酉者。春時日臨兌。酉是二八之門。日所入處。取其終也。故竝配酉。又云。暮為死石者。取其金氣衰也。禽變曰。暮為死土者。土至金末。氣衰敗也。本生經云。暮為鳶者。亦迅擊有武用也。無五德。故在暮。戌為狗狼豺者。戌為黃昏。乾為天門。戌既屬乾。昏闇之時。以警備也。京氏別對曰。狗為主行。以防間奸也。易曰。艮為狗。艮既是門闕。狗以守防也。家語云。七九六十三。三主斗。斗主狗。狗三月生。辰沖戌。寅戌合。故在戌。禮記月令云。九月之時。豺乃祭獸。因候配之。狼形相似。説文云。豺。狼屬也。故竝居戌。一曰。暮死金者。金至戌衰敗故也。禽變云。暮為死火者。戌為火墓也。亥為豬豕猚者。拭經云。亥為雜水。穢濁廁溷之象。豬之所居。豬色玄。象水色也。其蹄分者。陰象也。五更必起。不失其常。如水有潮。不違期也。家語云。六九五十四。四主時。時主豕。豕四月生也。沖巳。故在亥。豕。豬之小者。猚亦取其類。而好夜行。以陰性也。故竝在亥。一云。旦為生木者。木生於亥也。暮為蛦蝓者。貐應是貙。恐字誤也。又云。旦為犺。犺豕同也。一云。暮為朽木者。木始生數。同水淹沒。故腐朽也。問曰。禽蟲之例數多。何故不取麟鳳為屬。乃取蚯蚓虵鼠小蟲。答曰。取十二屬者。皆以其知時候氣。或色或形。竝應陰陽故也。麟鳳已配五靈。非是虛而不用。又問曰。麟鳳已配五靈。更不取者。龍虎亦配。何為復用。答曰。龍動雲興。虎嘯風起。此是應陰陽之氣。所以須取。麟鳳雖靈。無所作動。故不重用。其十二屬。並是斗星之氣。散而為人之命。係於北斗。是故用以為屬。春秋運斗樞曰。樞星散為龍馬。旋星散為虎。機星散為狗。權星散為虵。玉衡散為雞兔鼠。闓陽散為羊牛。搖光散為猴猿。此等皆上應天星。下屬年命也。三十六禽。各作方位為禽蟲之長。領三百六十。十而倍之。至三千六百。並配五行。皆相貫領。既非占候之用。不復具釋。

註：

拭經：《摩訶止觀・卷第八・下》：「又一時為三。十二時即有三十六獸。寅有三。初是貍。次是豹。次是虎。卯有三。狐兔貉。辰有三。龍蛟魚。此九屬東方木也。九物依孟仲季傳作前後。巳有三。蟬鯉蛇。午有三。鹿馬獐。未有三。羊雁鷹。此九屬南方火也。申有三。狖猿猴。酉有三。烏雞雉。戌有三。狗狼豺。此九屬西方金也。亥有三。豕貐豬。子有三。貓鼠伏翼。丑有三。牛蟹鱉。此九屬北方水也。中央土王四季。若四方行用即是用土也。即是魚鷹豺鱉。三轉即有三十六。更於一中開三。即有一百八時獸。」

貍：貍。同狸。

清陳昌治刻本《說文解字・卷九・豸部》：「伏獸，似貙。陵之切，並音釐。」

《集韻》：「或作猍。」

《爾雅・釋獸》：「貍狐貒貈醜，其足蹯，其跡厹。」

《說文》：「伏獸似貙。」

《正字通》：「貍，野貓也。有數種：大小似狐，毛雜黃黑，有斑如貓。員頭大尾者為貓貍，善竊雞鴨。斑如貙虎，方口銳頭者為虎貍，食蟲、鼠、果實。似虎貍，尾黑白錢文相間者為九節貍，皮可為裘領。文如豹而作麝香氣者為香貍，即靈貓也。南方有白面尾似狐者為牛尾貍，亦名白面貍。又登州有貍頭魚尾者，名海貍。」

《書・禹貢》：「熊羆狐貍織皮。」

《左傳・定九年》：「晳白而衣貍製。」《疏》：「謂黃貍皮也。」

《周禮・夏官・射人》：「若王大射，則以貍步張三侯。」《注》：「貍，善搏者也。行則止而擬度焉，其發必獲，是以量侯道法之也。」

貙：。

清陳昌治刻本《說文解字・卷九・豸部》：「貙獌（狼屬也。無販切，竝音萬），似貍者。椿俱切，竝音踰。」

《爾雅・釋獸》：「貙獌似貍。」

《注》：「今貙虎也。大如狗，文如貍。」

《字林》：「似貍而大。一云似虎而五爪。」

《前漢・武帝紀》：「膢（楚俗，以二月祭飲食之神也。龍珠切，竝音僂）五日。」《注》：「蘇林曰：『膢，祭名也。貙，虎屬。常以立秋日祭獸，王者亦以此日出獵，還以祭宗廟，故有貙膢之祭也。』」

蛟：。古代傳說中所說興風作浪、能發洪水的龍。

清陳昌治刻本《說文解字・卷十三・虫部》：「龍之屬也，池魚三千六百，蛟來為之長，能率魚飛，置笱水中即去。居肴切，竝音交。」

《埤雅》：「蛟，其狀似蛇而四足，細頸，頸有白嬰，大者數圍，卵生，眉交，故謂之蛟。」

《山海經》：「蛟大者十數圍，卵如一二石甕，能吞人。」

《述異記》：「虎魚老者為蛟。」

《酉陽雜俎》：「魚二千斤為蛟。」

《禮・月令》：「季夏，命漁師伐蛟。」

《前漢・武帝紀》：「自尋陽浮江，親射蛟江中，獲之。又蛟羊。」

《述異記》：「蛟羊似羊而無角。」

獐：同麞：。像鹿，比鹿小，頭上無角，有長牙露出嘴外。皮可以做衣服。也叫牙獐。

清陳昌治刻本《說文解字・卷十・鹿部》：「麋屬。止良切，竝音章。」

《集韻》：「麋屬。」《廣韻》：「本作麞。」

《埤雅》：「麞如小鹿而美，故從章。章，美也。又麞性善驚，故從章。」

《吳越春秋》：「章者，憧惶也。李時珍曰：獵人舞采，則麞麋注視，麞喜文章，故字從章。」

《道書》：「麞鹿無魂。」

麋：。

清陳昌治刻本《說文解字・卷十・鹿部》：「鹿屬，麋冬至解其角。忙皮切，竝音眉。」

《釋名》：「澤獸也。」

《司馬相如・上林賦》：「沉牛麈麋。」《注》：「麋，似水牛。」

《爾雅・釋獸》：「麋，牡麔。牝麎，其子麇，其跡躔，絕有力狄。」《疏》：「此釋麋之種類也。」

《周禮・天官・獸人》：「冬獻狼，夏獻麋。」《注》：「狼膏聚，麋膏散，聚則溫，散則涼。又犨麋，醜人也。」

䴠：䴠。

《廣韻》、《韻會》、《正韻》、《集韻》：「烏浩切，竝音襖。」

《玉篇》：「麋子也。」

《魯語》：「獸長麛䴠。」《韋昭曰》：「鹿子曰麛，麋子曰䴠。」

狖：

《韻會》：「竝余救切，音柚。」

《玉篇》：「黑猿也。」

《廣韻》：「獸似猿。」

《楚辭・九歌》：「猨啾啾兮狖夜鳴。狖，一作又。」

《廣韻》：「亦作貁。」

一說為古書上說的一種猴，黃黑色，尾巴很長；另說為一種像狸的野獸。

貁：。古同狖，黑色的長臂猿。

清陳昌治刻本《說文解字・卷九・豸部》：「鼠屬。善旋。竝余救切，音蜏。」

《廣雅》：「⿰豸吏，貁也。」

《玉篇》：「猿屬。」

《前漢・揚雄傳》：「蝯貁擬而不敢下。」《注》：「師古曰：『貁似猴，卬鼻而長尾。』」

《正字通》：「貁，黑猿。」《倉頡篇》：「似貍。」

《集韻》：「或作狖。」

⿰豸吏：《康熙字典・豸部・六》：《廣韻》：「踈吏切，音駛。」

《廣雅》：「⿰豸吏，貁也。」

《集韻》：「爽士切，音史。⿰豸吏或從豸。獸名。似犬。」

貐：。

清陳昌治刻本《說文解字・卷九・豸部》：「⿰豸契貐，似貙，虎爪，食人，迅走。勇主切，竝音魚。」

《爾雅・釋獸》：「⿰豸契貐。」

《釋文》：「貐，或作窳。」

⿰豸契：《康熙字典・豸部・六》

《廣韻》：「烏黠切。」《集韻》、《韻會》、《正韻》：「乙黠切，竝音軋。」

猰：。古代傳說中的一種吃人的猛獸。

《釋文》：「貏，亦作猰。或作窫。」

清陳昌治刻本《說文解字・卷十・犬部》：「猰貐，獸名。乙黠切，竝音劄。」

《玉篇》：「烏八切，音婠。義同。」

《集韻》：「訖黠切，音戛。」

《玉篇》：「雜犬也。」

《集韻》：「犬也。」

《集韻》：「一結切，音噎。猰貐，似貙。或作貏。」

伏翼：即蝙蝠，又稱天鼠、仙鼠、飛鼠、夜燕。

蝟：。同猬。《康熙字典・虫部・九》

《唐韻》、《集韻》、《韻會》：「竝於貴切，音胃。」

《玉篇》：「蟲也，似豪豬而小。」

《韻會》：「通作彙。」

《爾雅・釋獸》：「彙，毛刺。」《注》：「即蝟也。」

《陸佃云》：「可治胃疾。」

《炙轂子》：「刺端分兩岐者蝟，如棘針者𧕟。蝟似鼠，性獰鈍，物少犯近，則毛刺攢起如矢。」

《前漢・賈誼傳》：「反者如蝟毛而起。」

《史記・龜筴傳》：「蝟辱於鵲。」《注》：「《續博物志》云：『蝟能跳入虎耳，見鵲便自仰腹受啄。』」

蝷：《康熙字典・蟲部・七》

《唐韻》：「呼恢切，音灰。豕掘地也。」

《集韻》：「豕發土也。又蝟屬。」

《炙轂子》：「刺端分兩岐者蝟，如棘針者蝷。」

蟮：《康熙字典・蟲部・十二》

《集韻》：「上演切，音善。蛩蟺，或作蟮。」

《玉篇》：「曲蟮也。蚯蚓的別名，又名蛐蟮。」

蚯：《康熙字典・蟲部・五》。環節動物；身體柔軟圓而長；生活在土壤中；能使土壤疏鬆、肥沃；是益蟲。通稱曲蟮。

《唐韻》：「去鳩切。」《集韻》：「袪尤切，竝音丘。」

《禮・月令》：「孟夏蚯蚓出。」《本草注》：「蚓之行也，引而後申，其塿如丘，故名蚯蚓。」

蚓：𧈩。《康熙字典・蟲部・四》

《正韻》：「以忍切，竝音引。」

《說文》：「螾或作蚓。」

《禮・月令》：「蚯蚓出。」

《孟子》：「充仲子之操，則蚓而後可者也。」

《本草》：「蚯蚓，一名曲蟺，一名土龍，入藥用。白頸是其老者。」《爾雅》：「謂之螼螾，巴人謂之朐䏰。」

《續博物志》：「蚯蚓長吟地中，江東謂之歌女。」

《埤雅》：「蚯蚓，土精，無心之蟲，與阜螽交。」

螼：。

清陳昌治刻本《說文解字・卷十三・虫部》：「螾也。遣忍切，竝音寑。」

《爾雅・釋蟲》：「螼蚓，豎蠶。」《注》：「江東呼寒蚓。互詳豎字注。」

螾：。古同蚓，蚯蚓也。後多作蚓。

清陳昌治刻本《說文解字・卷十三・虫部》：「側行者。夷真切，竝音寅。」

《類篇》：「蟲名，寒螿也。」

《正韻》：「螼螾。」

《賈誼・弔屈原文》：「夫豈從蝦與蛭螾。讀平聲。」

《集韻》：「羊進切，音釼。義與蚓同。」

《字彙補》：「神蚓也，大五六圍，長十餘丈。」

《史記・封禪書》：「黃龍地螾見。」

朐䏰：蟲名。漢中有朐䏰縣，地下多此蟲，因以為名。從肉旬聲。考其義，當作潤蠢。

《後漢・吳漢傳》：「宕渠楊偉，朐䏰徐容等。」《注》：「十三州志，朐音春，䏰音閏。」

其地下濕，多朐䏰蟲，因以名縣。」

朐：。屈曲的乾肉。
清陳昌治刻本《說文解字・卷四・肉部》：「脯挺也。又車軛也。其俱切，音衢。」
《左傳・昭二十六年》：「繇朐汰輈。」《注》：「朐，車軛。」
《釋文》：「朐，其俱反。本又作軥。」

䏰：清陳昌治刻本《說文解字・卷四・肉部》：「朐䏰也，縣名。爾軫切，竝音忍。」
《後漢・劉焉傳》：「韙以此遂屯兵朐䏰備表。」《注》：「屬蜀郡，故城在今夔州雲安縣西也。」

猨：同猿。《康熙字典・犬部・九》
《廣韻》：「雨元切。」《集韻》：「於元切，竝音袁。」
《玉篇》：「似獮猴而大，能嘯。」
《埤雅》：「猨，猴屬。長臂善嘯，便攀援，故其字從援省。或曰猨性靜緩，故從爰。爰，緩也。」
《論衡》：『猨伏於鼠。今人取鼠以繫猨頸，猨不復動。』」

鳶：《康熙字典・鳥部・三》
《韻會》：「餘專切。」《正韻》：「於權切，竝音緣。」
《說文》：「鷙鳥也。」
《玉篇》：「鴟類也。」
《詩・大雅》：「鳶飛戾天。」

《爾雅・釋鳥》：「鳶鳥醜，其飛也翔。」《疏》：「鳶，鴟也。鴟鳥之類，其飛也布翅翱翔。」《禮・曲禮》：「前有塵埃，則載鳴鳶。」《疏》：「鳶，鴟也。鳶鳴則將風，畫鴟於旌首而載之，眾見咸知以為備也。」

犲：《康熙字典・犬部・三》

《集韻》：「沐皆切，音儕。」

《玉篇》：「犲狼也。本作豺。」

豺：。一種哺乳動物。形狀像狼而小；性情殘暴；常成群出動傷害家畜。也叫豺狗。

清陳昌治刻本《說文解字・卷九・豸部》：「狼屬，狗聲。牀皆切，竝音儕。」

《爾雅・釋獸》：「豺，狗足。」《疏》：「豺，貪殘之獸。」

《急就篇・顏師古注》：「豺，深毛而狗足。」

《正字通》：「豺，長尾，白頰，色黃。陸佃云俗云：『瘦如豺。豺，柴也。豺體細瘦，故謂之豺棘。』」

《詩・小雅》：「投鼻豺虎。」《疏》：「豺虎食人。」

《禮・月令》：「季秋之月，豺乃祭獸。」

玃：。古同攫。

清陳昌治刻本《說文解字・卷十・犬部》：「大母猴也。爾雅云：『玃父善顧。』攫持人也。厥縛切，竝音矍。」

《廣韻》：「大猿也。」
《呂氏春秋》：「狗似玃，玃似母猴，母猴似人。」
《新論》：「犬似玃，玃似狙，狙似人。」

蝓：。

清陳昌治刻本《說文解字・卷十三・虫部》：「虒蝓也。容朱切，竝音俞。」
《爾雅・釋魚》：「蚹蠃，螔蝓。」《注》：「即蝸牛也。」
《儀禮・士冠禮注》：「蠃醢，螔蝓醢。」
《揚子・方言》：「蜘蛛謂之螔蝓。」

㹠：同豘：《康熙字典・豕部・四》。古同豚。

清陳昌治刻本《說文解字・卷九・豚部》：「小豕也。從彖省，象形。從又持肉，以給祠祀。徒孫切，竝音屯。」
《集韻》：「同豚。本作㹠。通作肫。」
《廣韻》：「或作㹠。」
《莊子・德充符》：「適見㹠子食於其死母者。」
《晉書・謝混傳》：「每得一㹠，以為珍膳。」
《音義》：「㹠，即豚字。」
《集韻》：「通作肫。」
《晉書・王濟傳》：「蒸肫甚美。」

《小爾雅》：「豬子曰豚。」

《易・中孚》：「豚魚吉。」《孔疏》：「豚，獸之微賤者。」

《禮・曲禮》：「凡祭宗廟之禮，豚曰腯肥。」

《周禮・天官・庖人》：「春行羔豚，膳膏香。」

玄鳥：玄鳥，即燕子。

《詩・商頌・玄鳥》：「天命玄鳥，降而生商。」

《史記・殷本紀》：「殷契母曰簡狄，有娀氏之女，為帝嚳次妃。三人行浴，見玄鳥墮其卵，簡狄取吞之，因孕生契。」

另一說為黑色怪鳥之屬。

《山海經》：「四翅鳥類，羽毛呈淡黃色，喜食鷹肉，性暴戾，居於平頂山。」

太牢：《大戴禮記・第五十八・曾子天圓》：「諸侯之祭，牲牛，曰太牢；大夫之祭，牲羊，曰少牢；士之祭，牲特豕，曰饋食。」

《禮記・王制第五》：「天子社稷皆大牢，諸侯社稷皆少牢。大夫士宗廟之祭，有田則祭，無田則薦。」

《本草綱目・獸・牛》：「牛《周禮》謂之大牢。牢乃豢畜之室，牛牢大，羊牢小，故皆得牢名。」

《禮記正義・卷十二・王制・第五》：「《膳夫》王日一舉，鼎十有二物，謂大牢也。是周公制禮，天子日食大牢，則諸侯日食少牢，大夫日食特牲，士日食特豚。」

高禖：高禖，即為句芒。句讀為勾。

《山海經・海外東經》：「東方句芒，鳥身人面，乘兩龍。」郭璞注：「木神也，方面素服。」

《尚書大傳・洪範》：「東方之極，自碣石東至日出扶木之野，帝太白皐、神句芒司之。」

《墨子・明鬼下》：「昔者鄭穆公，當晝日中處乎廟，有神入門而左，鳥身，素服三絕，面狀方正。鄭穆公……曰：『敢問神名?』曰：『予為句芒』。」

《淮南子・天文訓》：「東方，木也，其帝太白皐，其佐句芒，執規而治春。」

《淮南子・時則訓》：「東方之極，自碣石山過朝鮮，貫大人之國，東至日出之次，扶木之地，青丘樹木之野，大白皐、句芒之所司者，萬二千里。」

《呂氏春秋・孟春》：「其帝大白皐，其神句芒。」高誘注：「太白皐，伏羲氏，以木德王天下之號，死祀於東方，為木德之帝。……句芒。少白皐氏之裔子曰重，佐木德之帝，死為木官之神。」

《左傳・昭公二十九年》：「少白皐氏有四叔：曰重、曰該、曰修、曰熙。」

《玉函山房輯佚書》輯《隨巢子》：「昔三苗大亂，天命殛之，夏後受命於元宮。有大神人面鳥身，降而福之。司祿益食而民不饑，司金益富而國家安，司命易而民不夭，四方歸之。禹乃克三苗而神民不違，辟土為王。」

贔負：同贔屓。壯猛有力貌。傳說贔屓力大能負重，故稱。

宋尹陽《芝川新修太史公廟記》：「嗚呼！維公之文大肆於周漢之間，馳騁於千世之前，其力贔負，實斡造化。」

為蠵龜的別名。舊時石碑下的石座相沿雕作贔屓狀，即取其力大能負重之義。

唐元稹《野節鞭》：「詩緊紉野節鞭，本用鞭贔屭。」

明焦竑《玉堂叢語・文學》：「一曰贔屭，形似龜，好負重，今石碑下龜趺是也。」

贔：《康熙字典・貝部・十四》

《韻會》：「竝平祕切，音備。」

《玉篇》：「贔負，作力貌。」

《張衡・西京賦》：「巨靈贔屓。」《注》：「贔屓，作力之貌。」

《左思・吳都賦》：「巨鼇贔負，首冠靈山。」《注》：「贔負，用力壯貌。」

《類篇》：「贔屭，鼇也。一曰雌鼇為贔。」

《本草》：「贔屭，大龜，蟕蠵之屬，好負重。或名虮蝮。今石碑下龜趺象其形。」

《嶺南異物志》：「贔屭作係臂。」

屓：《康熙字典・厂部・七》

《字彙補》：「魚全切。同原。」

屭：《康熙字典・尸部・二十一》

《廣韻》、《集韻》、《韻會》：「虛器切。」《正韻》：「許意切，竝音戲。贔屭，作力貌。」

《張衡・西京賦》：「桃林之塞，綴以二華，巨靈贔屭，高掌遠蹠。」《注》：「巨靈，河神也，二華本一山，河神用力，手劈足蹋，分山為二，以通河流。」

螟：。螟蟲，螟蛾的幼蟲。主要生活在稻莖中，吃其髓部，危害很大。

清陳昌治刻本《說文解字・卷十三・虫部》：「蟲食穀葉者。吏冥冥犯法即生螟。忙經切，竝音冥。」

《玉篇》：「食苗心蟲也。」

《詩・小雅》：「去其螟螣，及其蟊賊。」《疏》：「李巡云：『言其姦，冥冥難知也。』陸璣云：『螟似虸蚄而頭不赤。』」

鼉：。

清陳昌治刻本《說文解字・卷十三・黽部》：「水蟲。似蜥易，長大。《陸璣云》：『鼉似蜥蜴，長丈餘，其甲如鎧，皮堅厚，可冒鼓。』唐何切，竝音駝。」

《詩・大雅》：「鼉鼓逢逢。一說鼓聲逢逢，象鼉鳴。」

《續博物志》：「鼉長一丈，其聲似鼓。」

《埤雅》：「鼉鳴應更，吳越謂之鼉更。又鼉欲雨則鳴，里俗以鼉識雨。」

《禮・月令》：「季夏，天子命漁師，伐蛟取鼉，登龜取黿。亦作鱓。」

《呂氏春秋》：「帝顓頊令鱓先為樂倡，鱓乃偃浸，以其尾鼓其腹，其音英，即鼉也。」

《史記・晉世家》：「曲沃桓叔子鱓。」

《索隱》：「鱓音陀。」

《集韻》：「唐干切，音壇。又時戰切，音繕。義竝同。又葉徒沿切，音田。」

《馬融・廣成頌》：「左挈夔龍，右提蛟鼉。春獻王鮪，夏薦鼈黿。」

蜆：。軟體動物，介殼圓形或心臟形，表面有輪狀紋。生活在淡水中或河流入海的地方。

清陳昌治刻本《說文解字・卷十三・虫部》：「縊女也。胡千切，音賢。義同。又呼典切，音顯。」

《類篇》：「小蛤。」

《隋書・劉臻傳》：「好啖蜆。以父諱顯，因呼蜆為扁螺。」

坼：。《康熙字典・土部・五》

《集韻》、《韻會》、《正韻》：「恥格切。竝同撤。裂也。」

《禮・月令》：「仲冬，地始坼。」

《後漢・安帝紀》：「日南地坼長百餘里。」

《晉史・天文志》：「惠帝中，張華為司空，三臺星坼。」

又龜坼。

《周禮・春官》：「史占墨卜人占坼。今江淮間天旱田裂亦曰龜坼。」

解：。《康熙字典・角部・五》。表示用刀把牛角剖開。本義為分解牛，後泛指剖開。

《集韻》、《韻會》：「舉謝切，竝皆上聲。」

《說文》：「判也。從刀判牛角。」

《莊子・養生主》：「庖丁解牛。」

《左傳・宣四年》：「宰夫解黿。」

《前漢・陳湯傳》：「支解人民。」《注》：「謂解戳其四支也。」

娉：。

清陳昌治刻本《說文解字・卷十二・女部》：「娉，問也。聘，訪也。雖女耳分部，義通。竝匹正切，同聘。」

《正韻》：「彼耕切，音浜。娉婷，美貌。」

雞有五德：《韓詩外傳》：「頭戴冠，文也；足搏距，武也；敵在前敢鬭，勇也；見食相呼，仁也；守夜不失時，信也。」

東漢許慎《說文解字》：「玉，石之美者有五德。潤澤以溫，仁之方也；䚡理自外，可以知中，義之方也；其聲舒揚，專以遠聞，智之方也；不撓而折，勇之方也；銳廉而不忮，潔之方也。」

太白：即金星，又名啟明星。俗指太白星宿，又稱金星、啟明、明星、長庚。因為金星在夜晚的天空出現時，大而能白，故曰太白。

《開元占經》：「一曰殷星，一曰大正，一曰營星，一曰明星，一曰觀星，一曰大衣，一曰大威，一曰太皞，一曰終星，一曰大相，一曰大囂，一曰爽星，一曰太皓，一曰序星。」

雊：。

清陳昌治刻本《說文解字・卷四・隹部》：「雄雌鳴也。雷始動，雉鳴而雊其頸。居候切，竝音遘。」

猚：《書・高宗肜日》：「越有雊雉。」

《禮・月令》：「雉雊，雞乳。」

。古書上說的一種長尾猿或一種鳥。

清陳昌治刻本《說文解字・卷四・隹部》：「鳥也。魚其切，音疑。」

《集韻》：「魯水切，竝音壘。」

《玉篇》：「似獼猴。」

《集韻》：「余救切，音袖。義同。本作蜼。或作貁。」

蜼：。一種體形較大的長尾猴，黃黑色，尾長數尺。

清陳昌治刻本《說文解字・卷十三・蟲部》：「如母猴，卬鼻，長尾。余季切。」

《山海經》：「鬲山，其獸多犀象熊羆，多猿蜼。」《注》：「蜼似猴，鼻向上，尾四五尺，頭有岐，蒼黃色，雨則自懸樹，以尾塞鼻孔，或以兩指塞之。」

敷：《康熙字典・攴部・十一》。

《廣韻》、《集韻》、《韻會》、《正韻》：「竝芳無切，音孚。」

《五經文字》：「敷，經典相承，隸省作敷。」

《書・舜典》：「敷奏以言。」《傳》：「敷，陳也。」

《書・大禹謨》：「文命敷於四海。」《傳》：「言其外布文德敎命。」

《廣韻》：「散也。」

國家圖書館出版品預行編目資料

五行大義 / 蔡振名著.
－－第一版－－臺北市：知青頻道出版；
紅螞蟻圖書發行，2020.08
面 ； 公分－－(Easy Quick；167)
ISBN 978-986-488-209-0（平裝）

1.五行

291.2 109009241

Easy Quick 167

五行大義

作　　者／蔡振名
發 行 人／賴秀珍
總 編 輯／何南輝
校　　對／周英嬌、蔡振名
美術構成／沙海潛行
出　　版／知青頻道出版有限公司
發　　行／紅螞蟻圖書有限公司
地　　址／台北市內湖區舊宗路二段121巷19號（紅螞蟻資訊大樓）
網　　站／www.e-redant.com
郵撥帳號／1604621-1　紅螞蟻圖書有限公司
電　　話／(02)2795-3656（代表號）
傳　　真／(02)2795-4100
登 記 證／局版北市業字第796號
法律顧問／許晏賓律師
印 刷 廠／卡樂彩色製版印刷有限公司
出版日期／2020年 8 月　　第一版第一刷

定價 580 元　　港幣 194 元

ISBN 978-986-488-209-0　　Printed in Taiwan